临济宗故里

菏泽佛教文化纵览

LINJIZONG GULI

HEZE FOJIAO WENHUA ZONGLAN

潘建荣 主编

齊魯書社

《临济宗故里·菏泽佛教文化纵览》
编辑委员会

主　　编：潘建荣
执行主编：岳贤雷　赵　晨
编　　委：张友云　孙　明　牛　鹏　李　胜

我觉得神没有创造人，是人创造神，这个是一个很重要的看法。那么神是什么呢？神其实就是自己心里要它，它才存在的。

——星云大师

主编简介

潘建荣 男，汉族，古稀老者。山东定陶人，中共党员，大学学历。少年务农，青年参军，后从政。先后从事职工教育工作八年，历任菏泽地区行署职工教育办公室副主任，单县副县长，菏泽行署计生委主任，菏泽市政协副主席，菏泽市人大副主任。自 2005 年起，担任菏泽历史文化与中华古代文明研究会会长；2011 年起，任菏泽市历史与考古研究所所长。先后编纂《二十五史人物与菏泽历史文化》《庄子故里考辨》《商都亳研究论集》《商汤伊尹文化概览》《史前文明与菏泽历史文化》《中华上古人物分类史料汇编》《菏泽古代儒学文化概览》等著述，撰写历史人物和地名研究文章近百篇，整理点校出版明清曹州及县方志七部。

执行主编简介

岳贤雷 男，山东省成武县人。先师从"长江学者"华东师范大学方勇教授，攻读中国古代文学专业，获硕士学位；现师从首都师范大学白奚教授，攻读中国哲学专业博士研究生。从 2008 年起，协助潘建荣先生做菏泽历史文献整理与菏泽历史文化研究。

赵　晨 女，山东省菏泽市牡丹区人。毕业于山东大学儒学高等研究院，硕士、博士研究生皆师从"长江学者"杜泽逊教授。2015 年 12 月到菏泽市历史与考古研究所工作。

目　录

上篇　临济宗

中篇　赵州和尚

佛教及佛教在菏泽的传播

赵　晨

一、佛教起源与发展概说

佛教创立于公元前6世纪至前5世纪的古印度地区，创立者为释迦牟尼。释迦牟尼，亦被译为“释迦文”，姓乔达摩，名悉达多。“释迦”是种族名，意为“能”；“牟尼”译为“文”，为尊称，意为“仁”“忍”“寂”“寂默”，二者之意合为“能仁”“能忍”“能寂”，意为释迦族的“圣人”。释迦牟尼佛是佛教徒对释迦牟尼的尊称，简称为释尊，或释迦佛。而“佛”亦为梵语音译，全译为“佛陀”，也译作“浮陀”“浮屠”等，意为“觉（悟）”“觉（悟）者”“智者”，也指普通的觉者，即修行到了一定果位的佛教徒。

相传释迦牟尼为古印度北部迦毗罗卫国（在今尼泊尔南部提罗拉科特附近）净饭王的太子，属刹帝利种姓。其母亲摩耶夫人是邻国拘力族天臂国女，在回娘家途中，于蓝毗尼（在今尼泊尔境内）分娩，七天后死去。释迦牟尼由其姨母摩诃波阇波提抚养成人。释迦牟尼自幼受传统的婆罗门教教育。二十九岁（一说十九岁）时，他有感于人世生老病死各种烦恼，又对当时的婆罗门教不满，于是舍弃王族生活，出家修道，开始到摩揭陀国王舍城附近追随阿罗逻·迦罗摩和乌陀迦·罗摩子学习禅定，后到尼连禅河附近树林中独修苦行六年。他体会到苦行不是达到解脱的道路，弃而到伽耶（菩提伽耶）毕波罗树下静坐禅定，最后达到觉悟，时年三十岁（或说三十五岁）。觉悟后，释迦牟尼先是在波罗奈城鹿野苑向其侍从憍陈如等五人说法，此后又一直在印度北部和中部恒河流域进行传教，并组成一定规模的传教僧团，奠定了原始佛教的基本教义。他在王舍城期间，摩揭陀国频婆娑罗王及其子阿阇世王先后皈依佛教。在舍卫城时，又受到拘萨罗国波斯匿王的皈依。释迦牟尼弟子众多，传说有五百余人。其中著名者有十位，称十大弟子。释迦牟尼八十岁时于拘尸那迦城逝世。最初，释迦牟尼被看作“先觉者”，被尊为“佛”（即佛陀），后渐被神化。记载其事迹的汉译佛典很多，如《过去现在因果经》《佛所行赞》《五分律》《四分律·受戒犍度》《释迦谱》《释迦氏谱》等。

佛教以“佛”为最高教主，以佛崇拜为基本特征，与基督教、伊斯兰教并称为世界三大宗教。其基本教义是：把现实人生断定为“无常”“无我”“不净”“苦”。苦的原因既不在超现实的梵天，也不在社会环境，而是由每人自身的“惑”“业”所致。“惑”指贪、嗔、痴等烦恼，“业”指身、口、意等活动。“惑”“业”为因，造成生死不息之果。根据善恶行为，轮回报应。因此，要摆脱痛苦之路，唯有依经、律、论三藏，修持戒、定、慧三学，彻底转变自己世俗欲望和认识，超出生死、三世轮回。达到这种转变的最高目标叫作“涅槃”或“解脱”。这些说法，包括在“三法印”“四谛”“五蕴”“十二因缘”“八正道”等最基本的教理之中，成为以后佛教各派教义的基础。又因佛教反对“婆罗门第一”，在因果报应和修行解脱方面主张“四种姓平等”，由此形成的僧团，主要受到刹帝利、吠舍种姓的支持，因而得到传播。

在古印度，佛教的演化大致分为四个阶段：

1. 公元前6世纪中叶至前4世纪中叶，释迦牟尼创立佛教及其弟子传承其说，为原始佛教。

2. 从公元前4世纪中叶起，由于佛教内部对教义和戒律产生认识分歧，分裂为若干教团，被称为“十八部”或“十二部”，为部派佛教。

3. 公元1世纪左右开始出现大乘佛教，而把此前和坚持此前教义的佛教派别称为小乘佛教。大乘佛教以大慈大悲、自利利人为号召，提倡主动入世，普度众生，参与社会生活。其教义亦由重点阐述人生观转向重点说明宇宙观，最终目标则由解脱转向成佛。由此，从尊释迦牟尼为佛，发展成为佛有“三身”之说。在时间上，有三世诸佛；在空间上，有十方诸佛。而涅槃则由消极的寂灭无生，开拓成为一种具有“常、乐、我、净”的人生理想和世界理想。

4. 7世纪以后，大乘派别的一部分同婆罗门教混合，逐步形成密教。13世纪初，佛教在印度本土趋于消亡。19世纪后，佛教在印度本土又渐有复兴。它的经典由口头传诵到书写成经文，在长时期内不间断地出现，大多成为各宗各派之说的依据。在历史上，佛教经典有梵文、巴利文、汉文、藏文四种主要文本。

二、佛教在中国的传播

从公元前3世纪孔雀王朝阿育王开始，中间经公元1世纪贵霜王朝迦腻色迦王，佛教开始从古印度向境外不断传播，并与东西方多种古老文化和宗教交流，终于发展成世界性宗教，在许多国家形成各具民族特色的教派。因语种不同，其所形成的经典也有差别。一般认为，传入中国汉地地区，并由中国传入朝鲜、日本等国的佛教，以大乘佛教为主，称为北传佛教，其经典属汉文系统，又称汉传佛教。传入中国西藏、内蒙古和蒙古国、西伯利亚等区域的，为北传佛教中的藏传佛教，其经典属藏文系统。传入今斯里兰卡、缅甸、泰国、柬埔寨、老挝以及中国云南等地区的，以南传上座部佛教为主，称为南传佛教，其经典系巴利文系统。近代以来，欧美各国也有佛教流传，信仰者多为亚裔。佛教思想影响相当广泛，既有哲学的，也有宗教的。据有关学者统计，全世界当今的佛教徒多达三亿人。

中国人何时知道西方有佛教？北宋初僧赞宁《大宋僧史略》认为，战国文献《列子》中有“西方圣人”之语，当是指释迦牟尼，但只言圣人，而不明其是宗教领袖。《史记·金日磾传》载驻守河西走廊道的匈奴休屠王有祭天金人，被当作战利品放在甘泉宫内，并以此金人赐休屠王子金日磾为金姓。王应麟等不少古代学者也认为此金人是释迦牟尼佛。由此得知，在西汉时佛教已在西域各国传播，并成为匈奴人的宗教信仰。但这只是一种推测，目前还没有其他史料加以旁证，也没有考古实物证明，西汉时西域境内已有佛教的传播。

据《佛经四十二章》记载，汉哀帝元寿元年（前2）时，佛教已陆续由西域传入内地，但多系西域故僧游方天下，居无定所，口头传播而已。正是由于这种传播，西方有佛的消息被汉明帝闻知，于是就杜撰出“夜梦见神人，身体有金色，项有日光，飞在殿前，意中欣然，甚悦之”的故事。汉明帝询问群臣“此为何神”，有通人傅毅曰：“臣闻天竺有得道者，号曰佛，飞行虚空，轻举能飞，殆将其神也。”于是上悟，就派遣使者张骞、羽林郎中将秦景、博士弟子王遵等十二人，于大月支写《佛经四十二章》，藏在兰台石室第十四间。时于洛阳城西雍门外起佛寺，于其壁画千乘万骑，绕塔三匝。又于南宫清凉台及开阳城门上制作佛像。明帝存时，预修造寿陵，陵曰“显节”，亦于其上绘制佛图像。佛教开始在中国经官方批准，正式传播。

佛教进入中国，不论是汉哀帝元寿元年（前2）博士弟子景庐受大月支王使伊存口授《浮屠经》，还是汉明帝夜梦神人，遣张骞、秦景、王遵等十二人赴西域抄回《四十二章经》，都表明佛教是一种和平的宗教，是中国皇帝“请进来”的。然而，这绝不意味着佛教在中国的发展是一帆风顺，没有任何阻力和挫折的。对佛教的怀疑、批评、讥讽甚至暴力打击时有发生。

首先，佛教在中国受到了儒教的激烈反对。儒教是中国的本土宗教，源自远古“敬天法祖”的宗教信仰，它是中国大一统的农业社会的产物。在原始人心目中，日、月、风、雨、雷、电都是令人尊崇而敬畏的神，一切由神灵主宰。人有灵魂，自然界的万物也有灵魂。为了确保人类能平安生活，于是就产生了对万物神灵的祭祀，以求神的保佑。古代氏族、部落都把祭祀看作头等大事。中国古代以农业为主要生活来源，对五谷之神和土地之神格外崇拜。“社”是土地之神，“稷”是五谷之神。“社稷”二字成为后世国家政权的代称。不论是社神还是稷神,又都是真正的存在的人来充任。在中国历史上,共工、大禹都曾担任过社神,即后土之神;炎帝和周人之祖后稷都曾担任过稷神。中国历史的自然神大都能在传说史上找到真正存在的人。因此,中国上古社会祭祀的神大多是死去的历史名人,而“鬼”则是死去的普通人。所以说,中国上古社会的人真正祭祀的是祖先。《左传·成公十三年》曰:“国之大事,在祀与戎。”祀是祭祀,戎是打仗。这种对祖先功德的祭祀,一直延续到清末民初。而现在农历的春节、清明等所举行的祭祖上坟活动,也是对祖先的祭祀。中国儒教正是在这种“敬天法祖”的基础上不断形成的。西汉中期,汉武帝提出“废黜百家,独尊儒术”的文化政策,这是政治上大一统在意识形态中的体现。从此,儒教学说始终保持了它的官方哲学地位,成为中国传统政治、伦理的主导形态。儒教重视人伦日用,关注现实,这一传统对外来的宗教具有强大的免疫力和制约力,佛教传入中国初期便首当其冲地受到儒教固有思想的碰撞与冲击。

其次,是道教的排斥。中国古代长期流行着祖先崇拜、先王崇拜、神仙方术、鬼神观念、卜筮星占等较为原始的多神信仰,直到东汉顺帝时(126—144),才由道家思想、神仙方术、阴阳五行、民间巫术等多因素相结合,发展出道教。佛教的传入,对道教的发展有很大的刺激和激发作用。佛、道两教在中国是相互影响,相互作用,并行发展的。但是,以本土宗教自居的道教对外来的佛教有着本能的拒斥意识。道教无论在教义、教规、经典、组织制度上都与佛教差别甚大,二教为争夺宗教利益和生存空间进行了长期的斗争。早在东汉时期,就有老子西入夷狄为浮屠的传说,继而增益为老子西游成佛,化佛陀为其弟子的故事,后来演化变成《老子化胡经》。《老子化胡经》在南北朝时期一直比较流行,佛道之间为此展开了激烈的“夷夏之辩”。

南朝宋末年,道士顾欢作《夷夏论》,表面上主张孔、老、释同为圣人,而实际上他却坚持以夷夏界限来排斥佛教。于是,南朝隐士明僧绍就写了《正二教论》来驳斥顾欢,以明释、道区别。明僧绍认为,佛教探生命之源头,明万物之根本,这些都是世俗无法验证的,也不能以俗事加以显示,其修炼、观照,与道教养正之功不同,与儒家贤能者所说的也迥然有异。其道重在忘形,而不是强调全生。

到了南朝齐、梁二朝,佛道二教矛盾对立日益加深。信仰佛教的儒学名家张融(444—497)尝试为两家作出调和。他于南朝齐永明年间(483—493)为其家族制定家训,谓之“门律”,提倡以道教为主的佛道一致论,主张二教并修,合而为一。这一“门律”受到名家周颙立于“佛教为主,儒教为次”的主场批判。周颙认为,不能混同佛教与道教,二者根本不同:“言道家者,岂不以二篇为主;言佛教者,亦应以般若为宗。二篇所贵,义极虚无;般若所观,照穷法性。”佛家的法性自不同于道家的虚无。张融撰文《重与周书并答所问》，坚持以道统佛。随之周颙又驳之。

南朝宋明帝时，散骑常侍谢镇之作《与顾道士书》《重书与顾道士》，驳斥顾欢之“佛是老子，老子是佛”“佛经繁显，道经简幽”等观点，强调佛道之间无夷夏之分，佛教比道教高明，明白通达，简明扼要而又能博大精深；道家经籍简陋，多生穿凿。南朝宋学者朱昭之撰《难顾道士〈夷夏论〉》，把顾欢对佛教的抨击列出十条，称为“十恨”。

对佛道之争，儒家名士出来调和。南朝齐名士朱广之依儒家立场，认为佛教二教各有其用，提出应以平等对待异域文化的观点，并从人性平等的角度提倡夷夏民族及其文化平等。

最后，僧侣经济和中国封建社会经济的矛盾。伴随佛教的迅速发展，一个前所未有的社会新阶层——僧侣阶层在中国崛起，佛教对社会的负面作用也日益凸现出来。西晋以前，佛教基本上是自由传播，政府不加限制。尽管如此，汉人出家者甚少。东晋十六国以来，特别是前赵、前秦、后赵、后燕、后秦、北魏等政权自觉地支持佛教的发展，给予出家人免税、免役等便利和特权，汉人沙门迅速膨胀起来。据唐法琳《辩正论》卷三载，东晋一百多年建寺达一千七百六十八所，南朝宋、齐、梁、陈四朝有增无减。北朝更是有过之而无不及。据《魏书・释老志》记载，北魏承明元年(476)全国有寺庙六千多所，僧尼七万多人。到了建昌二年(513)寺院数增加到一万二千多所。到了东魏兴和二年(540)，寺庙发展了三万所，僧尼二百多万人。在四十多年间，寺庙增加三倍，僧尼增加近三十倍。佛教将佛、法、僧看成“三宝”，而寺庙和僧人则是佛教兴衰的一大标志。但寺院要维持正常运转，就要接受施舍捐赠，经营土地以及商业、高利贷等，于是便形成了寺院经济或僧侣经济。僧人奉释迦牟尼为最高教主，以“释”为姓，自称“方外”“释子”，离父母家室，标榜“不敬王者”，却又必须依靠人间创造的粮食等物质财富来生存。而当时众多的出家人中也并不是人人都虔诚信奉佛教，有很多僧众是为了逃避压迫、兵役才遁入空门的，这就造成了沙门的泛滥成灾。如此，中国封建社会便形成了僧侣经济与世俗社会经济之间的矛盾。北朝的两次毁佛灭法，强迫僧尼还俗，驱赶甚至杀戮沙门，就是该新矛盾的激烈反映。

尽管如此，佛教与中国社会的各种矛盾，也在其传播的过程中通过一系列方法，不断调和、转化、化解，最终实现了佛教的中国化。

佛教初传中国时，影响极为微弱，史书上只能见到零星的记载。两汉谶纬思想盛行，社会上充斥着大量的迷信方术，佛教便与黄老一类的神仙方术混合在一起，人们误以为它就是斋戒祭祀之类的方术。东汉桓帝时，从西域来华的高僧安世高和支娄迦谶就是把佛教与道教巧妙结合的代表。安世高，原安息国太子。父死，让国与叔，出家为僧，到中国传布小乘佛教的毗昙学和禅定理论，并有意将佛教的禅法介绍进来，突出神秘的禅理,与道家神仙论合拍。《出三藏记集》卷十三称:“外国典籍,莫不该贯,七曜五行之象,风角云物之占,推步盈缩,悉穷其变,兼洞晓医术,妙善针脉。”这显然是道教之徒。东汉末年,湖南苍梧太守牟融崇佛,针对世人对佛教的不理解,作《牟子理惑论》,向人们介绍说:“佛者,谥号也,犹名三神、五帝圣也。佛乃道德之元祖,神明之宗绪。佛之言觉也。恍惚变化,分身散体,或存或亡,能小能大,能圆能方,能老能少,能隐能彰,蹈火不烧,履刃不伤,在污不染,在祸无殃,欲行则飞,坐则扬光,故号为佛也。”他将佛陀类比为儒家的道德圣人和道家的神仙,反映了当时人们对佛教的一知半解。

南北朝时期,佛教则通过与儒道等若干次的辩论,渐渐融合进中国传统文化中。南朝宋何尚之(382—460)撰《答宋文皇帝赞扬佛教事》,称扬佛教在维系世道人心、辅助现实政治中的巨大作用,言简意赅,契理契机,在整个佛教发展史上产生了广泛的影响,实开后世具有代表性的佛法辅政论之滥觞,是研究印度佛教文化与中国原有文化相融通的全部过程中重要的一环。南朝宋交州刺史李淼提出质疑,认为“佛不见形”;桓玄提出“佛拜皇帝”;范泰提出“踞食”变“方坐”。这些都是有意地改造外来佛教,使之转化为适应中国传统文化的佛教。

南朝齐张融撰《三破论》,著名学者刘勰(约465—520)作《灭惑论》以驳之。南朝梁高僧顺法亦撰《释〈三破论〉》,以十九项论说批驳《三破论》的妄谬,指出道教的错误。

南朝梁宜都太守范缜作《神灭论》,认为形体消灭时,心神亦随之消灭,心神既无,佛自不有。南朝梁武帝信佛,亲自撰文驳斥《神灭论》,撰《立神明成佛义记》。该文认为,肉体虽灭,然精神不灭,唯因心神不灭,始可成佛。范缜的内兄萧琛也撰文《难〈神灭论〉》,批判范缜。天监六年(507),梁武帝发出《敕答臣下神灭论》,当时王公大臣六十二人逐一表态,响应批驳《神灭论》。

南朝梁高僧玄兴法师作《辩惑论》。针对道教批判佛教的“三破”之说,将道教之罪归纳成“五逆”“六极”。笔者认为,张鲁、孙恩、卢循等道教领袖人物利用道教方术率众造反闹事,危害社会的罪行是“五逆”“六极”。

佛教在唐代也经历了被推崇—被尽毁—又被推崇的过程,并于此时形成中国特有的佛教派别。至宋代,佛教的中国化进程就基本完成了。中国的信众所接受的,正是中国化的佛教,并且在长期的历史过程中产生着积极的社会作用。

三、佛教在菏泽的传播

佛教在菏泽的广泛传播,与魏晋南北朝时期山东地区的佛教发展有密切关系。佛教自东汉末年传入山东，历经魏晋的发展壮大，在南北朝时期达到鼎盛。在魏晋时期，山东地区的佛教活动区域还比较狭窄，只在琅琊（今山东临沂北部）一带和山东西北部等十二处地区传播，而到了南北朝时期，佛教在山东的传播地域急速扩张，山东各地都有佛教活动的踪迹。据资料统计，南北朝时期，山东的佛教活动地有四十四处，相比魏晋时期有了长足的发展。这一时期，山东僧尼数量激增。北魏太武帝灭佛并未殃及山东，依照之前的史料记载，北齐时全国的僧尼人数有二百万，占全国总人口的十分之一。依此比例类推，北魏时期的山东僧尼数量亦不会低于这个比例。南北朝时期见诸佛教史籍的著名僧人约有四十人，如释昙度、释宝亮、释宝琼、释真玉、释道判等。僧人增多，对佛教的进一步传播和佛教典籍的刊刻与传播都起到了十分积极的作用。同时，这一时期的佛教造像也大大增多。迄今为止，在山东境内发现的佛教造像，以南北朝时期为最多。无棣、阳信、博兴、历城、长清、临淄、青州、临朐等地均有大量石刻佛教造像出土。最著名的是1996年发现的始建于北魏的青州龙兴寺佛教造像窖藏，出土北魏至北宋时期的佛教造像二百余尊，其中最著名的是现藏山东博物馆的北魏孝昌三年（527）弥勒佛像和东魏的蝉冠菩萨像。

山东地区佛教的兴盛给菏泽地区的佛教发展提供了坚实的基础和良好的环境。菏泽地区的佛教传播，有文字记载者，最早可追溯至北魏太安元年（455）的巨野前造像经碑碑文。现存石碑为明弘治十年（1497）重立。而有文字记载和出土石佛为证的最早的寺院，是成武东北魏白浮图寺，前些年曾出土大型石佛造像。其次是北齐皇建元年（560）的鄄城亿城寺，再次是北齐河清三年（564）的巨野石佛寺。而到了隋唐时期，菏泽地区佛教达到鼎盛，寺院林立。据统计，隋唐时期，曹州一带的寺院有文字记载者达一百六十余处，规模较大的有位于今牡丹区的开元寺、清邱寺、大佛寺、千佛寺、香山寺、普陀寺，位于今鄄城的亿城寺、观音寺，位于今巨野的大佛寺、石佛寺，位于今郓城的观音寺、启静寺，位于今曹县的开元寺等。

菏泽古来佛教昌盛，不但寺院多，名僧也多，隋唐以来尤盛。著名者有隋代终南山龙池道场释道判，曾西至高昌求法。隋开皇初，于终南山结草为庵，集众说法。其传记见于《续高僧传》卷十二。又有隋代京师扬化寺释法揩，于隋初开皇元年（581）回故乡曹州，建法元寺，奉敕供奉佛祖舍利。其传记见于《续高僧传》卷二十六。此外还有唐代的释香育、释惠安及后晋的释智朗等，都是颇有成就的高僧。在众多高僧中，最负盛名，至今也具有巨大影响力的两位高僧是唐代的赵州真际禅师和临济义玄禅师。赵州禅师为唐代曹州人，俗姓郝氏，幼年在曹州扈通院出家，一百二十岁圆寂，朝廷颁谥“真际大师”，后人称之为“赵州古佛”。而比赵州禅师影响更广的，是唐末的临济义玄禅师。义玄为曹州南华人，俗姓邢。早年于南华草寺出家，后来到河北镇州，在城东南隅滹沱河畔一寺院任住持，弘扬禅法。唐咸通八年(867)圆寂，朝廷颁谥“慧照禅师”。其所居之寺，被称为临济禅院，现为中国禅宗祖庭之一。有关这两位高僧的详细事迹，见本书上篇和中篇。赵州和临济对于整个佛教界的影响是十分深远的。赵州禅师是以公案闻名的高僧之一，其禅法被称为“赵州禅”，其语录《赵州禅师语录》扬名于世，在中国乃至日本、韩国都有相当大的影响力。而临济所创宗派，被称为临济宗，是当代最具有影响力的佛教宗派，在韩国、日本、东南亚甚至欧美都有深远的影响，尤其在日本，影响巨大，信众超过五百万人。

此外，菏泽地方文献及出土的碑刻记载了大量的佛教碑文，这些碑文是菏泽佛教昌明的有力证据。菏泽地区最早的佛教碑文，是北魏太安元年(455)巨野前造像经碑碑文，距今已有一千五百余年。现存碑刻为明弘治十年(1497)重立。晚者有清代末期的重修防城寺碑，载于民国十八年(1929)《单县志》。一千四百年间，佛教碑文不断，而存留的碑文记载了佛教在中国传播和佛教逐渐中国化的过程，以及众多寺院的历史渊源，是不可多得的佛教史料。如太安元年(455)巨野前造像经碑碑文云：“善男子，若食斋讫者，或裹斋食者，与父母兄弟君臣师长朋友知识，未来世中堕铁轮地狱，左腋入右胁出，融铜灌口。若受斋食者，亦复如是。”这段话引自《大方广华严十恶品经》，倡导僧人断酒食而吃斋，而这一习俗正是在中国兴起的，是佛教中国化的产物，这处碑文恰恰体现出了佛教的转化历程。又如北宋王禹偁于建隆年间(960—962)所作《济州众等寺新修大殿碑》云：“开运中，天子崇信佛法，广延僧耆。”记后晋开运年间(944—946)石重贵崇信佛法之事。后晋开运中，瓜州节度使曹元忠曾组织刻印佛像，大量散发，此碑文印证了这一点。又如王禹偁淳化三年(992)所作《济州龙泉寺修三门记》，云：“济州龙泉寺者，唐大历四年(769)建于郓州巨野县。县即春秋时西狩获麟之地，汉初彭越聚盗之所也。东距任、宿，西接曹、卫，北走汶水，南极芒砀，皆百余里。其中薮泽深陋，民俗犷戾，揭竿啸聚，率以为常。周广顺中(约953)，鲁侯以曲阜叛，六师薄伐，七旬来格，思欲屏萑蒲之盗，启符竹之封，乃诏有司，改邑为郡。缁徒兰若，从而兴焉。虽主者增修，而日不暇给。既而前有殿，俨像设也；后有堂，备说法也。虽廊庑未具，固已甲于佗寺矣。唯兹三门，基而弗构。盖地苦洪水，民无余资，殆三十年而编蓬横木矣。开宝丙子岁(976)，功德主大德某矢谟缔构，戮力经营，聚善舍之财，节衣盂之费，伐木辇石，鸠工庀徒，凡五年而有成。即以太平兴国某年月日迁化，弟子某嗣而葺之。丹青赭垩，焕乎有光，又立二金刚以守焉。望之巍巍，足为壮观。”记载龙泉寺历代兴修之事，是寺院的具体历史。

菏泽地区佛教的辉煌，持续到金元时代。金元两代二百年间，崇兴佛教，广置寺院。特别是巨野县东南金山汉昌邑王刘贺所遗废冢，自北宋末至金元，在摩崖断壁上留下大量佛家石刻,还有金元时期的官方,甚至帝王诏令石刻保存至今,反映出这一时期官方对待佛教的态度。但因黄河决溢,境内寺院保留甚少,仅留部分寺碑传世。明代以降,佛教时兴时衰。正统年间(1436—1449),皇帝曾下诏各地建纳老子、孔子、释迦牟尼为一室的“三教堂”,至今境内尚有数十处以“三教堂”为名的村庄,是那一时期宗教文化的遗存。清代以来,民间对佛、道之信仰大多分不清楚,入寺拜佛,入观敬神,入庙敬祖,反映出佛教影响的淡化和民间多神信仰的状况。因战争原因,菏泽境内大量佛寺毁于战火,也使众多僧侣离寺为民。近几十年来,在党的宗教政策支持下,境内寺院又有计划地恢复和发展起来。目前菏泽境内比较著名、较有规模的寺院有定陶县仿山寺、左山寺,牡丹区雷泽古寺、明教寺,巨野县金山寺,东明县沙窝禅寺,鄄城县东山禅寺、圆融禅寺(亿城寺)等,为众佛教徒提供了宗教活动场所。

菏泽地区的历代寺院、名僧及佛教碑文,无一不彰显着古曹州发达的佛教文化,而菏泽一地的佛教文化,也在一定程度上反映出中国佛教的繁荣。佛教在中国,历经千余年的变迁,成为中华文明的重要组成部分,融入了中国人的思维和生活,并且持续保持着生命力与影响力。

上篇

临济宗

一、临济义玄里籍·传记

(一)临济义玄里籍考辨

潘建荣

中国佛教禅宗五派,唯临济宗形成于北方,直到现在,仍是影响最大的一宗。长期以来,国内外学者对临济宗的研究著述不断问世,反映出临济宗的影响之大。对临济宗创立者义玄禅师生于曹州、学于黄檗、游方于大江南北、成名于河北正定、圆寂于河北大名,都取得一致意见。但是,对其出生于曹州境内的什么地方,出现多种说法,诸如南华说,南华在菏泽西北和南华在单县两说;曹南说,曹南在曹县和在定陶两说等。

这些说法,有的是不了解历代地理区划沿革,有的是不了解唐代南华县城的坐落位置和疆域界限,有的是望文生义,把代称、雅号误为其地。这不但会使古代历史地理发生错位,愈使读者对临济义玄故里在今天的地理位置更加模糊。

笔者根据历史文献,从地理区划入手,进行了认真探研,得出临济故里是曹州南华,即今菏泽市牡丹区李村镇李庄集村的结论;临济最先出家的寺庙在今李庄集南华故城内东北隅,名曰草寺。

一、曹州南华城是临济义玄故里

说曹州南华城是临济义玄故里,有历史文献为证。

最早记载临济义玄故里的是其弟子保寿延沼和尚所作《临济慧照禅师塔记》(以下简称《塔记》),《塔记》云:“师讳义玄,曹州南华人也,俗姓邢氏。”这段传记,又经同为义玄弟子、临终服侍他的兴化存奖和尚校勘,不应有误。

北宋初年,僧人赞宁撰《高僧传》卷十二《唐真定府临济院义玄传》云:“释义玄,俗姓邢,曹州南华人也。”这和《塔记》记载相同。

成书于北宋景德元年(1004),由僧人道原编撰,大学士杨亿作序的《景德传灯录》一书,卷十二有《镇州临济义玄禅师》云:“镇州临济义玄禅师,曹州南华人也。姓邢氏,幼负出尘之志,及落发进具,便慕禅宗。”

北宋仁宗时,高僧契嵩撰《传法正宗记》,卷七载有《临济义玄禅师略传》,亦云:“镇州临济义玄禅师,曹州南华人也,姓邢氏。”

南宋僧人普济,综合禅宗史书,撰《五灯会元》,进一步肯定临济义玄的里籍。卷十一《南岳下四世黄檗运禅师法嗣·镇州临济宗义玄禅师》云:“镇州临济义玄禅师,曹州南华邢氏子。”普济研究禅宗过去很多关于义玄的资料,进一步肯定了义玄为曹州南华人,邢氏子。

南宋僧人智昭撰《人天眼目》一书六卷,系统介绍了禅宗五派,对临济宗用一卷半的篇章加以介绍。对义玄故里,仍确认为“曹州南华人”。

到了元代至元丁亥年(1287),正议大夫、御史中丞、行御史台事王博文,应义玄十八世法孙之请,撰写《真定十方临济慧照玄公大宗师道行碑》时仍云:“师讳义玄,姓邢氏,曹州南华人。”

元代大书法家赵孟頫至镇州,奉诏撰《临济正宗之碑》,云:“临济生于曹州,游学江左。”元、明、清三代七百余年间,对临济义玄是曹州南华人,可以说是众口一词,别无他指。

然而,唐代的曹州南华县在今天的地理所在,却出现很大分歧。有人说南华县即今曹县,义玄在彼;有人说南华在定陶南;还有人说曹州南华在单县西北。唐代的曹州南华县究竟在今天的什么地方,这需要认真研究唐、宋二代的地理文献著作所记。

唐代李吉甫所撰《元和郡县图志》,正是临济义玄出家前后的地理著作。该志卷十一《河南道·曹州下》云:“南华县,东南至州一百二十里。本汉离狐县也,属东郡。旧传初置县在濮水之南,常为神狐所穿,遂移城濮水北,故曰离狐。后汉属济阴郡……隋开皇三年(583)罢郡,县属曹州,天宝元年(742)改曰南华。英公李勣,左仆射彭城郡公刘晏,皆此县人。濮水在县南五里。”《旧唐书》卷三十八《曹州下》载:“南华,汉离狐县,累代不改,天宝元年(742),改为南华。”《新唐书》卷三十八《曹州济阴郡下》:“南华,本离狐,天宝元年(742)更名。”

北宋初《太平寰宇记》卷十三《曹州下》载:“南华县,州西北一百二十里,本汉离狐县,属东郡,莽曰瑞狐。旧传初置县在濮水之南,常为神狐所穿,遂移濮水北,故曰离狐。后汉属济阴郡,晋、宋不改。按此前离狐,在今县西北三十三里,离狐故城是也。后魏时移于今理。高齐及周属郡不改。隋开皇三年(583)罢郡,属曹州。唐天宝元年

(742)改曰南华。濮水，西自滑州韦城县界入，在县南五里，又东入乘氏县界。”

北宋《元丰九域志》卷一《曹州下》载：“南华县，州西北一百一十七里。”

从以上五部地理著作中，使我们得知以下信息：

第一，南华县的前身是离狐县，天宝元年(742)，改为南华县。

第二，南华县南有濮水。濮水西自滑州韦城县来，即南华县南临濮水并与唐滑县相邻。

第三，南华县东南距曹州一百二十里左右。

符合此三条者，即唐宋时期南华县城所在。按《水经注》，濮水西自滑州韦城乡东流，入今东明境后分二流：南濮过今东明南，菏泽城北，东流入大野泽；北濮经东明城东北流，过煮枣北(东台寺)，离狐故城南(濮阳刁城镇)，东北流入鄄城境内瓠子河。两条濮水，全在菏泽市西北及北部，而单县在菏泽城东南一百六十里，距濮水二百里；曹县在菏泽城南一百里，距濮水一百五十里；定陶县在南濮水之南也百里有余。三地均与濮水南北相距太远，且无法与滑县为邻，南华在曹县、单县、定陶县之说不能成立。

元《文献通考》：“(曹州)建炎三年(1129)没于金。金隶河南路，而宛亭、南华、乘氏三县皆为黄河水淹废。”这是指1128年，南宋将领杜充决河于李固渡，三县被淹于地下。

明万历朝《兖州府志·曹州下》：“故离狐城在州西北四十里。汉初为县，唐改南华。今谓之李二庄。”顾炎武《肇域志·曹州下》：“离狐城，在州西北四十里，汉县，唐天宝初改南华，属曹州，金省，今名李二庄。”以后的文献，诸如《大清一统志》《曹州府志》《菏泽县志》皆同。查《菏泽市地名志》，李二庄即今牡丹区李村镇李庄集村。村北有一周边九里的低洼地，即唐宋时期的南华故城，城在地下六米。近日文物部门于李庄集东北四里王刘庄村，挖出万历年重修三教寺碑一通，碑文载：“离狐北渐东四里，有草寺一座……”反之，草寺西南四里即离狐故城。这又进一步证明李庄集即唐宋时期的南华故城。

据《元和郡县图志》《太平寰宇记》《兖州府志》《曹州府志》《定陶县志》《曹县志》记载，加之文物部门勘探，唐宋曹州故城在今曹县青冈集镇堤上范村与定陶县马集乡古左丘交界处。实地测量此地西北至李庄集村一百一十五里，符合文献所记里程。南华故城在今牡丹区李村镇李庄集村已是铁定事实。笔者曾在《庄周故里蒙及漆园考辨》中论及南华县的疆界。即南华县西界为今黄河，北界是瓠子河，东界是祢沟，南界是南濮水。在唐时为上县，辖七乡半，约万人。其南邻是冤句县，以南濮水为界；冤句县辖十乡，在唐时，其南界为济水故道，南北七十里；冤句县南邻是济阴县，其北界是济水故道，南界是古汳水，在今曹县南。如此看，唐南华县与当时隶属于济阴县南部的曹县，中隔冤句、济阴两县，相距二百余里，根本沾不上边。说曹县为唐宋南华县不论从哪个角度，根本站不住脚。

然而，说曹县有离狐城，倒也事出有因。明洪武元年（1368），黄河决曹州，州治（今菏泽城）被水；二年（1369），迁曹州于西南五十瑞安陵集；三年（1370），河溢，迁曹州于盘石镇，即曹县今城。随之，废曹州为曹县，原楚丘县（今曹县东部）、济阴县（元末济阴县在菏泽今城）及原曹州所辖，皆以一曹县代之。自此，原曹州境内所有古迹，均记在曹县名下。七十五年之后，即正统十年（1445），又复于金乘氏县、元曹州城（今菏泽城）重建曹州，其境约为今牡丹区全境，又辖曹县、定陶二县。即改明曹州故城盘石镇为曹县，辖境约为今曹县境。然而在后来修志时，由于惯性和修志人的水平局限，往往把洪武三年至正统十年间（1370—1445）的大曹县境内的古迹，仍延续到后来小曹县的辖域之中。成书于天顺年间（1457—1464）的《大明一统志》就是这样错误记载的。比如，位于曹州城（今菏泽城）西南的济阴，记为曹县西南五十里，若此，济阴则在民权县境；把乘氏故城列在曹县西北，而此时乘氏已为曹州治；又把位于菏泽城北的句阳故城、桂陵故城、葭密故城俱列在曹县之下。其中离狐故城也不例外。《大明一统志》云："离狐城即唐之南华县也，旧传初置县在濮水南，常为神狐所穿，遂移濮水北，故曰离狐城。"这分明全是曹州（今菏泽城）西北南华故城的文献资料，硬是放在曹县之下。更为荒谬的是，该志的编撰者又采取移花接木的笔法，以《水经注》中的濮水与济水相接，来证明离狐确在曹县，文曰：《水经注》云："濮水又东，经济阴离狐县，王莽之所谓瑞狐也，又东入乘氏县界（以上是濮水，以下是济水），东经秦相魏冉冢南，冉秦宣太后弟，代客卿寿烛为相，封于穰，益封于陶，号曰穰侯，富于王室。范雎说秦，秦王悟其擅权，免相，就封出关，辎车千乘，卒于陶，因葬焉，世谓之安平陵。"前说濮水，后说南济水所经。这些东拼西凑的错误记载，影响了历史地理名家顾炎武和顾祖禹。二顾尽管在离狐问题上未采其说，但其他不少菏泽北部的古迹及遗址，俱列在曹县之下。直到今日，仍有很多历史地理著作，往往把句阳、成阳、葭密、乘氏等城均以曹县为基点进行表述，其错误影响至今仍在。南华城在今曹县境内就是一例。

说南华曾在单县西北，似也有据。顾祖禹《读史方舆纪要》卷三十二云："离狐城在县西北。汉县，属东郡。后汉属济阴郡，晋因之。刘宋属北济阴郡，以单父县并入，后魏因之，后齐废。隋为单父县地。唐复置离狐县，属曹州，天宝初改为南华县，仍属曹州，宋因之。金大定六年（1166）圮于河，县废。"显然，顾氏是把东晋侨治于单父城内，为时不长的离狐县代天宝前之离狐城，天宝后之南华城了。

据《魏书·地形志》："北济阴郡，刘骏置，魏因之，治单父城。领县三：丰（县）、离狐、城(成)武。"其离狐县下云:"晋乱置,郡治。有单襄公祠、宓子贱祠、汉高祖祠、平乐城。"先说郡治在单父城,后说郡治在离狐城,显然是东晋失去濮水岸边的离狐,又于东南二百里的单父城侨置离狐县,被《魏书》称为乱置。同书《西兖州·济阴郡下》云:"前汉属东郡,后汉,晋同,有离狐城、桃城。"从《魏书·地形志》两个离狐城的记载介绍,不难看出,于单父城(今单县)的离狐为东晋乱置(侨)之城,而位于西兖州济阴郡境内的离狐城则是两汉魏晋的离狐县城,位于今河南省濮阳县习城镇,北魏太和十二年(488)移置于今李庄集村。

显然《读史方舆纪要》的作者是把侨置于单县的离狐城,当作汉晋离狐城,从而又把南华县也演绎至此。对《读史方舆纪要》的错误,清人叶圭绶在《续山东考古录》中已予以指出:"北济阴郡治单父离狐城,晋乱置郡治,盖侨置离狐县于单父城,非别筑城。《读史方舆纪要》称离狐城在县西北二里,非是。"南朝宋之徐州北济阴郡治离狐县,孝建三年(456)置郡,后魏因之,北齐郡县并废。东晋末年侨置的离狐县,至北齐废止,存县不过一百五十余年,且在单父城内。它和位于菏泽城西北四十里的离狐城(南华城)没有任何地缘关系。

大概说南华城在单县西北的学人,只见《纪要》所载,未深考其他文献,而得出离狐在单县西北的错误结论。历史上,唐宋的南华县与单县没有任何关系,更不是义玄大师的出生地。

二、曹南是曹州的雅号代称

近几年,成书于五代时期的禅宗灯录《祖堂集》,分别由中州古籍出版社、中华书局及韩国、日本等十几家海内外出版社出版发行。因《祖堂集》对临济义玄里籍问题的记载,与诸多佛家文献不同,所以在对义玄故里的诠释中,又增加了不同的说法。《祖堂集》是五代南唐保大十年(952),由泉州招庆寺静、筠两位禅师共同撰写,在我国已失传。20 世纪初,在韩国海印寺发现,为现在所见年代最早的禅宗灯录,其权威性、可信性不言而喻。

《祖堂集》卷十九云:"临济和尚嗣黄檗,在镇州。师讳义玄,姓邢,曹南人也。""曹南"二字,如一声雷鸣,引起佛界内外的热切关注。"曹南即曹州南部""曹南在定陶南""曹南即今曹县"等各种说法不约而起。曹南是何意?曹南现在哪里?不解决好曹南问题,义玄故里就难以定论。

曹南之名,最早见于《春秋公羊传》和《春秋穀梁传》。鲁僖公十九年(前 641),"夏六月,宋公、曹人、邾人盟于曹南"。东晋人范宁注:"曹南,曹之南鄙。"意指曹国的南边境。约公元前 1600 年,商汤灭夏桀于三朡(今定陶北),更其国曰曹。从此,定陶周围一带称曹。公元前1046年,周武灭商,武王封其六弟振铎于曹,曰曹国,为伯爵;其疆域的南境有一土山,时人称之为南山。《诗·曹风》云:“荟兮蔚兮,南山朝跻。”《毛传》注:“南山,曹南山也。”由此可知,曹南山,原名南山,自曹国建都陶丘,因山在曹国南境,故曰曹南山。因此曹南最初指曹南山。

但是,随着历史的演进,特别是曹州正式成为行政区划以后,曹州与曹南逐渐融合,尤其是在非官方的文学作品中,曹南逐渐成为曹州的雅号代称。

唐天宝三年(744),李白游历山东,多次到单父、曹州游访。李白的朋友、礼部员外郎独孤及作《送李白之曹南序》,直接道出曹南;序文中又有“是日也,出车桐门(商丘北门),将驾于曹,仙药满囊,道书盈箧……”题为曹南,文为曹,曹即曹州,曹南为曹州代称可见。李白在将要离开曹州府时,作《留别曹南群官之江南》诗。清人王琦注曰:“唐人谓曹州为曹南。”独孤及和李白以曹南代曹州,约在临济宗义玄出生前五十年。

《全唐文》卷八百六十九《歙州重建汪王庙记》曰:“洎僖皇岁庚子,盗起曹南,逆尘犯跸……”说唐僖宗庚子年,即广明元年(880),曹州义军首领黄巢攻入长安称帝,唐僖宗逃亡成都。曹南即曹州又是一证。另外,《新唐书》卷一百八十八《朱宣传》记载:朱宣“使朱珍先攻瑾,取曹州,壁乘氏(今菏泽城)。宣救曹不克,奔还范”。这里先直名曹州,后称曹,均指曹州。又云:“是夏,[朱]全忠壁曹州南。”说朱全忠屯兵于曹州南部,而不说曹南,是作者知曹南即曹州;怕读者误解,故特别指明屯兵于曹州南部,即今曹县境内。又云:“[朱]友恭退壁曹南。”作者特把曹字标为地名,而不标南,说明朱友恭屯兵于曹州之南,简称为曹南代之,唯恐读者混淆。《新唐书》的编撰者是欧阳修和宋祁,他们都知道曹南即曹州的代称,故在写屯兵曹州之南时特别谨慎,唯恐出现文字误导。

曹南作为曹州的代称,在宋、金、元、明、清的八百年间,不绝于书。

《元好问·曹南商氏谱序》称商怀钦“知南华县事,因家于曹……次子傅,官中书舍人,年未五十挂冠,筑室于曹南之西园”。“筑室于曹南之西园”,应认为是在曹州南华城之西园。

有宋一朝,曹州、曹南并行于书。《宋史》记载曹州济阴人任中正,宋真宗时任中正任曹州太守,而隐士林逋作《春暮寄怀曹南通守任寺丞》诗,称曹州为曹南;晁补之作《蠖轩狐生寄曹南教授八弟》诗,晁补之的八弟晁将之,时为曹州教授;北宋能吏、龙图阁大学士曹州人姚仲荪,《宋史》称“本曹南著姓”,即曹州名门望族也。

《金史》记商怀钦、商傅后裔曹州人商衡则之孙商琦,被元人马祖常称为“曹南商君”。元朝进士曹州人孙拗,被朝廷追封为曹南君公。《曹州济阴县儒学碑》云:“既兴今日之学校，必成异日之人材，将见复曹南儒风之旧惯，不待旋踵也。”①

明嘉靖进士、濮人李先芳由濮州至曹州作《曹南道中遇雪》《阳春白雪歌曹南道中》即从濮阳濮城镇南行至菏泽城，曹南仍指曹州。

明万历朝工部郎中谢肇淛曾在曹州治河，后在《五杂俎》记曰：“余过濮州（鄄城）、曹南一路，百里之中，香气迎鼻，盖家家圃畦中，俱植之，若蔬菜然……余忆司理东郡（濮州）时，在曹南一诸生家，见牡丹园可五十余亩……”以上两处曹南，皆指曹州。

清顺治五年（1648）七月，榆林军起义，攻陷曹州，《曹州府菏泽乡土志》称“曹南盗起”。

清康熙朝吏部尚书陈廷敬作《向云泽自曹州以牡丹见遗赋答》称“曹南今有洛阳花”。

清王衍惇《柿饼》诗中“园柿称佳果，曹南品最高”，指曹州耿饼。

王经袖《曹郡城上晚眺》称“曹南甘雨润嘉禾”。

民国初年，曹县徐继孺编撰《曹南文献录》，收集曹州全境十一县的文钞、诗歌、人物传记及名胜古迹。

以上文献证明，自唐至清，直至民国，曹南一直是曹州的雅称，几乎与曹州南部没有任何联系。最后，需要指出的是，如果曹南是曹州南部的方位专指，那么为什么在历代文献中没有曹北、曹西、曹东、曹中方位专指的出现？

据此曹南即唐以后曹州的雅号代称，而别无他意。

三、临济义玄与故里曹州南华

临济义玄在南华故里的事迹，文献记载很少。我们只能在临济义玄的行状中，分析推测其在故里的作为。

1. 在南华草寺出家为僧

临济义玄于咸通八年（867）圆寂后，门人慧然、存奖等以其全身建塔于大名府西北隅，皇帝诏敕谥号慧照禅师，塔号澄灵。大名，即义玄在世时的贵乡县，五代后梁改置广晋府，后汉在此置大名府，元时圮于河，在今大名县东。从临济去世，到后汉建塔，约八十年的时间。可是撰写《临济塔记》的却是亲见过临济的门人保寿寺延沼和尚，并经过存奖和尚的校勘，应是无误的记录。此记录比《祖堂集》所记应早八十年。《临

① 此碑于元延祐二年（1315）立于曹州济阴县县学之中（今菏泽城西师范院内），元代山东提学赵谊撰文。至正五年（1345）河决，淤湮地下；明弘治癸丑（1493）夏，被城西百姓掘地出土，经曹州学正濮炎辨识，复立于官学，记于州《志》。

济塔记》云："师讳义玄，曹州南华人也，俗姓邢氏，幼而颖异，长以孝闻。及落发受具，居于讲肆，精究毗尼，博赜经论。俄而叹曰：'此济世之医方也，非教外别传之旨。'即更衣游方。"佛律规定，二十岁方能受具足戒。义玄是在二十岁出家受戒的。在出家之前，以孝道闻名。从他学习和研究佛教戒律和经论（精究毗尼，博赜经论）看来，义玄出家前已是满腹经纶的饱学之士。他不避艰苦，居住在讲经的殿堂里，努力研读，不几年就认识到佛家戒律和经论，就像世间的医方那样，只能治表，不能从根本上断除世人的烦恼。于是便离开家乡，改而游方参学。义玄在家乡寺庙出家，学习戒律、经、论的时间，大约需三五年光景，否则，在短期内阅读大量佛家经典，并从中悟出只是济世药方，而不能解决人的烦恼的结论，是不可能的。临济义玄最早出家为沙弥的寺院，实为临济入门祖庭。文献未记临济出家寺院，但南华一带群众千百年相传，并于明清时刻碑记载，称：南华城东北隅有草寺一所，系北魏皇始年间（396—397）李绅始建，元和十二年（817）由义玄重修。此寺北临南华山，东临三官庙，西临祖师殿，南靠大官路，占地 12 亩。按照这个传说，牡丹区文物所进行实地勘察，发现地下 6.5 米处有建筑遗址一座，东西 16 米长，南北 5.4 米宽，且有东西厢房，中为砖地甬道。道两侧各有石质物二块，厚 30 厘米，宽 80 厘米，估计是石碑。如此较大的建筑遗址，在封建社会非寺庙莫属。

南华县城是在 1128 至 1168 年的 40 年间，被黄河逐渐淹没于地下的，又经元、明、清三代黄河的多次漫淹，唐宋时期的遗址平均在地下 8 米。而南华城因城墙相阻，掩埋比城外少 2 米。草寺遗址北 200 米处，于地下 2 米探出龙山文化遗址，反映出该遗址在淤积前至少高达 6 米，即传说中庄子隐居的南华山。

考古勘探与群众传说竟如此吻合，反映出临济出家寺院在此的可信性。

关于临济元和十二年（817）重修草寺之事，佛界内外颇有微词。认为临济三十岁前后尚未去镇州，怎能修寺。其实这个问题非常简单，只要稍作分析、推绎，临济重修草寺就是事实。《五灯会元》卷十一云："（临济）曹州南华邢氏子，幼负出尘之志，及落发进具，便慕禅宗。"临济大概是南华城里或城郊人，自幼在草寺玩耍，深受佛家文化熏陶，十几岁就要求出家，先做小沙弥，待二十岁才落发受具足戒。三五年完成经论研究，才决心改而游方参禅，时年二十四岁左右。临济义玄要么是在游方临行前修缮的草寺，要么是在侍奉大愚时，在游方河南少林寺达摩塔前后，重修的草寺，这时义玄的年龄约在三十岁左右。因草寺是临济初入佛门之寺，后来义玄又成名为宗，故修寺之事被后人口耳相传，至明清时方刻碑为记。

2. 学成归来，振兴禅宗

曹州南华是义玄故里，初入佛门之地。虽不能称开山立宗之庭，但是在佛界禅宗成名之所。因此义玄在家乡是有一番作为的。

《宋高僧传》卷十二《义玄传》载："义玄参学诸方，不惮艰苦。因见黄檗山运禅师，鸣啄同时，了然通彻，乃北归乡土。府徇赵人之请，住子城南临济焉。"

北宋道原《景德传灯录》卷十二《镇州临济义玄禅师传》云："师后还乡党。府徇赵人之请，住子城南临济禅苑。"

根据以上记载，义玄学成，受黄檗印可，北归乡土曹州南华一带是可以肯定的。因为对义玄来说，被称为乡土、乡党的地方，只有曹州南华。

义玄在曹州南华游方弘禅的事迹无考。但从唐以后，曹州及周边寺院名称的变化，可以隐约感到禅宗在曹州及周边的影响。

唐曹州府驻地有寺院曰法元寺，始建于隋开皇元年（581），五代时，更寺名曰兴化禅寺。

唐曹州府乘氏县北，今菏泽城北小留镇，原有寺院，曰句阳寺，始建年代不详，五代后更名兴禅寺。

唐单州成武县东有寿峰院，宋时更名为寿峰禅院。

唐乘氏县北有古寺一所，始建年不详，明碑曰圆通禅寺。

唐乘氏县东六十里，古菏泽东北岸，有古寺一所，元碑称为明教禅寺。

唐曹州乘氏县东南三十里，古菏泽西北岸，有古寺一所，出土宋碑称棠林寺，碑文数处为弘扬禅法之语。

唐乘氏县东南四十里，古菏泽北岸，有古寺一所，宋碑称为柏林禅寺。

唐曹州冤句县北有古寺一所，《大明一统志》云：旧贤寺，是临济同时人禅宗派系庞居士道场。

唐冤句县北三十里有智兴寺，据明碑称，此寺为禅院。

唐乘氏县东二十里有兴国寺，旧志云为兴国禅寺。

唐濮州雷泽县西南有乌龙寺，旧碑云为禅寺。

唐南华县城西四十里，有福兴禅寺。南华城东北四里有寺一所，曰草寺。万历碑云为北宋熙宁年间（1068—1077）建，为禅寺。

唐曹州济阴县西北二十里有古寺一所，曰塔岗寺，古碑云始建隋代，为禅寺。

唐济阴县西南六十里有寺曰大丰寺，系尉迟敬德监建，后为禅寺。

唐济州巨野县西五十里有寺曰甘露寺，为禅寺。

唐曹州考城县西南有白云庵，宋更名为白云禅寺，如此等等。其他如义玄游方的象田，可能在鄄城县，取舜时象耕田于历山之意，唐陆龟蒙有考。后人或在历山一带建有象田寺；再如明化无考，或许就是明教寺；等等。

另外，曹州匼通院出现赵州和尚、智朗和尚两位名僧，不能说不是匼通禅院的骄傲。

曹州境内的寺院虽然大兴禅风，但由于后世没有出现名僧名师，所以在临济行状中没有记录下来。

临济义玄回故里的时间，应在去湖南沩山送信之后，黄檗希运去洪州讲法之前。大和九年(835)，义玄奉黄檗之命赴湖南沩山送信，见到时任知客的仰山。仰山建议他到河北发展，反映出义玄在离开南华二十几年后，学黄檗，侍大愚，游方大江南北，对禅法已“了然通彻”，可以自立门户，开辟道场。待到当年秋冬，义玄辞师下山，北归乡土。有的学者认为义玄是在会昌五年(845)武宗毁佛时去的镇州。如此，则在家乡十年许。

还有的学者认为，从会昌五年(845)至大中十一年(857)的十二三年间，义玄似乎和成德军节度使王远逵、王绍鼎父子没有发生什么关系，这是和河北三镇对抗武宗毁佛的历史实事相悖。因此，笔者认为，义玄在会昌五年(845)毁佛时，可能不在镇州。其师黄檗希运隐居山林，赵州从谂逃隐徂徕山，沩山、仰山一度还俗，唯独没有临济在这一时期的记载。可以设想，义玄在家乡避难的可能性极大。

唐宣宗即位，恢复佛教，被毁寺院都面临再建问题。义玄在佛界的再一次成名，应是在宣宗恢复佛教之后。曹州境内众多禅院的出现，义玄很可能起了重大促进作用。也正因为义玄在曹州的道场名扬天下，才导致声播佛界，终于在家乡曹州南华，被赵人请走。这个时间，应是大中八年(854)，而不是会昌五年(845)。

临济义玄住进镇州临济院，得到普化禅师的帮助，正在积极传法顺利之时，却又“适丁兵革，师即弃去”。对这次直接威胁义玄生命的兵革之乱，笔者同意杨曾文先生的考证，可能是王绍鼎、王绍懿兄弟权力之争。这次义玄又到哪里？应是仍回家乡道场。不久，王绍懿上台，很快又把义玄请回来。从此，临济宗的名声日振。

3. 晚年思故乡

约在咸通四年(863)，义玄禅师被河中节度使蒋伸请到蒲州(今山西西南部)弘法，第二年离开蒲州，途经中条山时，遇到从江西仰山归来相迎的弟子存奖。师徒在滑州白马津黄河岸边，被魏博节度使何弘敬请到贵乡县，安置到观音寺的江西禅院，受到魏博官兵、民众的欢迎，在此住约三年余，圆寂。

现在要探讨的问题是，临济从蒲州回镇州，根本用不着走滑州白马津，更不需要渡黄河，因蒲州、镇州俱在黄河北岸。白马渡口时在黄河南岸，北岸曰鹿鸣津。义玄、存奖在白马津被何兵请走，说明师徒二人已渡过黄河，到达南岸。这可能是义玄过黄河，准备回曹州南华。有的学者认为，义玄就是从蒲州回曹州，在白马准备渡黄河时，被何弘敬劫持的。从此，临济宗义玄再也没有回家乡曹州南华。

(二)传　记

岳贤雷　点校

临济小传(《临济慧照禅师塔记》)

[唐]释延沼

师讳义玄,曹州南华人也。俗姓邢氏。幼而颖异,长以孝闻。及落发受具,居于讲肆,精究毗尼,博赜经论。俄而叹曰:"此济世之医方也,非教外别传之旨。"

即更衣游方。首参黄檗,次谒大愚。其机缘语句,载于行录。既受黄檗印可,寻抵河北镇州城东南隅,临滹沱河侧小院住持,其"临济"因地得名。时普化先在彼,佯狂混众,圣凡莫测。师至,即佐之。师正旺化,普化全身脱去,乃符仰山小释迦之悬记也。适丁兵革,师即弃去。

太尉默君和于城中舍宅为寺,亦以"临济"为额,迎师居焉。

后拂衣南迈,至河府。府主王常侍延以师礼。住未几,即来大名府兴化寺,居于东堂。

师无疾,忽一日摄衣据坐。与三圣问答毕,寂然而逝。时唐咸通八年丁亥(867)[按:《祖堂集》《宋高僧传》《景德传灯录》《祖庭事苑》诸本作"咸通七年(866)"]孟陬月十日也。

门人以师全身,建塔于大名府西北隅。敕谥慧照禅师,塔号澄灵[按:《祖堂集》《宋高僧传》诸本作"澄虚"]。

合掌稽首,记师大略

住镇州保寿嗣法小师延沼谨书

住大名府兴化嗣法小师存奖校勘

【据明万历年间(1573—1620)径山化城寺刻本《古尊宿语录》卷五,参校中华书局1994年版《古尊宿语录》本】

《祖堂集》卷十九《临济和尚》

[南唐]静、筠二禅师

临济和尚嗣黄檗,在镇州。

师讳义玄,姓刑(邢),曹南人也。

自契黄檗锋机，乃阐化于河北，提网(纲)峻速，示教幽深。其于枢秘，难陈示诲，略申少分。

师有时谓众云:“山僧分明向你道:五阴身田内，有无位真人，堂堂露现，无毫发许闻(间)隔。何不识取?”时有僧问:“如何是无位真人?”师便打之，云:“无位真人是什摩不净之物!”雪峰闻举，云:“林际(临济)太似好手。”

师问落浦(乐普):“从上有一人行棒，有一人行喝，还有亲疏也无?”落浦(乐普)云:“如某甲所见，两人总不亲。”师云:“亲处作摩生?”落浦(乐普)遂喝，师便打之。

因德山见僧参爰趁打。师委得，令侍者到德山:“打汝，汝便接取拄杖，以拄杖打一下。”侍者遂到德山，皆依师指(旨)。德山便归丈室。侍者却归，举似师。[师]云:“从来疑这个老汉。”因僧侍立次，师竖起拂子，僧便礼拜，师便打之。后因僧侍立次，师竖起拂子，其僧并不顾，师亦打之。云门代云:“只宜专甲。”

黄檗和尚告众曰:“余昔时同参大寂道友，名曰大愚。此人诸方行脚，法眼明彻，今在高安。愿不好群居，独捿(栖)山舍。与余相别时，叮嘱云:‘他后或逢灵利者，指一人来相访。’”于时师在众，闻已，便往造谒。

既到其所，具陈上说。至夜间，于大愚前说《瑜伽论》，谭(谈)唯识，复申问难。大愚毕夕峭(悄)然不对，及至旦来，谓师曰:“老僧独居山舍，念子远来，且延一宿，何故夜间于吾前无羞惭，放不净?”言讫，杖之数下，推出，关却门。

师回黄叶(檗)，复陈上说。黄檗闻已，稽首曰:“作者如猛火燃，喜子遇人，何乃虚往?”

师又去，复见大愚，大愚曰:“前时无惭愧，今日何故又来?”言讫便棒，推出门。

师复返黄檗，启闻和尚:“此回再返，不是空归。”黄檗曰:“何故如此?”师曰:“于一棒下入佛境界。假使百劫，粉骨碎身，顶擎绕须弥山，经无量帀，报此深恩，莫可酬得。”黄檗闻已，喜之异常，曰:“子且解歇，更自出身。”

师过旬日，又辞黄檗，至大愚所。大愚才见，便拟棒师。师接得棒子，则便抱倒大愚，乃就其背，殴之数拳。大愚遂连点头曰:“吾独居山舍，将谓空过一生，不期今日却得一子。”

先招庆和尚举终，乃问师演侍者曰:“既因他得悟，何以却将拳打他?”侍者曰:“当时教化全因佛，今日威拳总属君。”

师因此侍奉大愚经十余年。大愚临迁化时嘱师云:“子自不负平生，又乃终吾一世。已后出世传心，第一莫忘黄檗。”

自后师于镇府匡化，虽承黄檗，常赞大愚。至于化门，多行喝棒。有时谓众云:“但一切时中，更莫间断，触目皆是，因何不会?只为情生智隔，想变体殊，所以三界轮回，受种种苦。大德！心法无形，通贯十方，在眼曰见，在耳曰闻，在手执捉，在脚云（运）奔，本是一精明，分成六和合。心若不生，随处解脱。大德！欲得山僧见处，坐断报化佛头，十地满心犹如客作儿。何以如此？盖为不达三只劫空，所以有此障。若是真正道流，尽不如此。大德！山僧略为诸人大约话破纲宗，切须自看，可惜时光，各自努力！”

自余应机对答，广彰别录矣。

咸通七年丙戌岁（866）[按：《临济慧照禅师塔记》《五灯会元》《指月录》《人天眼目》《联灯会要》诸本作“咸通八年（867）”]四月十日示化，谥号慧照大师、澄虚[按：《景德传灯录》《五灯会元》诸本作“澄灵”]之塔。

【据《大藏经补编》本《祖堂集》卷十九，参校中华书局2007年版《祖堂集》本】

《宋高僧传》卷十二《唐真定府临济院义玄传》

[北宋]释赞宁

释义玄，俗姓邢，曹州南华人也。参学诸方，不惮艰苦，因见黄檗山运禅师，鸣啄同时，了然通彻。乃北归乡土，俯徇赵人之请，住于城南临济焉。罢唱经论之徒，皆亲堂室。示人心要，颇与德山相类。以咸通七年丙戌岁（866）[按：《临济慧照禅师塔记》《五灯会元》《指月录》《人天眼目》《联灯会要》诸本作“咸通八年（867）”]四月十日示灭。敕谥慧照大师，塔号澄虚[按：《景德传灯录》《五灯会元》诸本作“澄灵”]。言教颇行于世，今恒阳号临济禅宗焉。

【据《大正经》本《宋高僧传》卷十二】

《景德传灯录》卷十二《镇州临济义玄禅师》

[北宋]释道原

镇州临济义玄禅师，曹州南华人也，姓邢氏。幼负出尘之志，及落发进具，便慕禅宗。

初在黄檗，随众参侍。时堂中第一座勉令问话，师乃问：“如何是祖师西来的的意？”黄檗便打。如是三问三遭打，遂告辞第一座云：“早承激劝问话，唯蒙和尚赐棒。所恨愚鲁，且往诸方行脚去。”上座遂告黄檗，云：“义玄虽是后生，却甚奇特。来辞时，愿和尚更垂提诱。”来日师辞黄檗，黄檗指往大愚。

师遂参大愚。愚问曰：“什么处来？”曰：“黄檗来。”愚曰：“黄檗有何言教？”曰：

“义玄亲问西来的的意,蒙和尚便打,如是三问三转被打,不知过在什么处。”愚曰:“黄檗恁么老婆!为汝得彻困,犹觅过在?”

师于是大悟,云:“佛法也无多子!”愚乃挡师衣领,云:“适来道‘我不会’,而今又道‘无多子’,是多少来,是多少来?”师向愚肋下打一拳,愚托开云:“汝师黄檗,非干我事。”

师却返黄檗。黄檗问云:“汝回太速生!”师云:“只为老婆心切。”黄檗云:“遮大愚老汉,待见与打一顿!”师云:“说什么待见,即今便打!”遂鼓黄檗一掌。黄檗吟吟大笑。

黄檗一日普请锄薏谷次。师在后行,黄檗回头见师,乃问:“镢头在什么处?”师曰:“有人将去也。”黄檗曰:“近前来,共汝商量。”师近前叉手。黄檗竖起镢头云:“只这个,天下人拈掇不起。还有人拈掇得起么?”师就手掣得竖起云:“为什么却在义玄手里?”黄檗云:“今日自有人普请。”便归院。(沩山因仰山侍立次,方举此话未了,仰山便问:“在黄檗手里,为什么被临济夺却?”沩山云:“贼是小人,智过君子。”)

黄檗一日普请锄茶园,黄檗后至,师问讯,按镢而立。黄檗曰:“莫是困邪?”曰:“才镢地,何言困?”黄檗举拄杖便打。师接杖,推倒和尚。黄檗呼维那:“维那拽起我来!”维那拽起,曰:“和尚争容得遮风汉?”黄檗却打维那。师自镢地云:“诸方即火葬,我遮里活埋。”(沩山问仰山:“只如黄檗与临济,此时意作么生?”仰山云:“作贼人不死,罗贼人吃棒。”沩山云:“如是,如是。”)

师一日在黄檗僧堂里睡,黄檗入来,以拄杖于床边敲三下。师举首见是和尚,却睡。黄檗打席三下,去上间见第一座,黄檗曰:“遮醉汉,岂不知下间禅客坐禅,汝只管瞌睡!”上座曰:“遮老和尚患风邪?”黄檗打之。(沩山举问仰山:“只如黄檗,意作么生?”仰山云:“一彩两赛。”)

师与黄檗栽杉,黄檗曰:“深山里栽许多树作么?”师曰:“与后人作古记。”乃将锹拍地两下。黄檗拈起拄杖曰:“汝吃我棒了也!”师作嘘嘘声。黄檗曰:“吾宗到汝,此记方出。”(沩山举问仰山:“且道黄檗后语,但嘱临济,为复别有意旨?”仰山云:“亦嘱临济,亦记向后。”沩山云:“向后作么生?”仰山云:“一人指南,吴越令行。”南塔和尚注云:“独坐震威,此记方出。”又云:“若遇大风,此记亦出。”沩山云:“如是,如是。”)

师因半夏上黄檗山,见和尚看经,师曰:“我将谓是个人,元来是唵黑豆老和尚!”住数日,乃辞去。黄檗曰:“汝破夏来,不终夏去。”曰:“某甲暂来礼拜和尚。”黄檗遂打趁令去。师行数里,疑此事,却回终夏。

师一日辞黄檗。黄檗曰:“什么处去?”曰:“不是河南,即河北去。”黄檗拈起拄杖便打。师捉住拄杖曰:“遮老汉莫盲枷瞎棒,已后错打人!”黄檗唤侍者把将几案禅板来，师曰："侍者，侍者，把将火来！"黄檗曰："不然，子但将去，已后坐断天下人舌头在。"师即便发去。

师到熊耳塔头，塔主问："先礼佛，先礼祖？"师曰："祖佛俱不礼。"塔主曰："祖佛与长老有什么冤家，俱不礼？"师无对。（又别举云：师问塔主："先礼佛先礼祖？"塔主曰："祖佛是什么人弟子？"师拂袖便去。）

师后还乡党，俯徇赵人之请，住子城南临济禅苑，学侣奔凑。

一日上堂，曰："汝等诸人肉团心上有一无位真人，常向诸人面门出入，汝若不识，但问老僧。"时有僧问："如何是无位真人？"师便打，云："无位真人是什么干屎橛！"（后雪峰闻，乃曰："临济大似白拈贼。"）

师问乐普，云："从上来一人行棒，一人行喝，阿那个亲？"对曰："总不亲。"师曰："亲处作么生？"普便喝，师乃打。

师问木口和尚："如何是露地白牛？"木口曰："吽。"师曰："哑。"木口曰："老兄作么生？"师曰："遮畜生。"

大觉到参，师举拂子。大觉敷坐具，师掷下拂子。大觉收坐具入僧堂。众僧曰："遮僧莫是和尚亲故？不礼拜又不吃棒。"师闻，令唤新到僧。大觉遂出，师曰："大众道汝未参长老。"大觉云："不审。"便自归众。

麻谷（第二世）到参，敷坐具，问："十二面观音，阿那面正？"师下绳床，一手收坐具，一手搊麻谷，云："十二面观音向什么处去也？"麻谷转身，拟坐绳床，师拈拄杖打，麻谷接却，相捉入方丈。

师上堂云："大众！夫为法者，不避丧身失命，我于黄檗和尚处三遍吃棒，一似等闲。如今更思渴一顿痛棒吃，阿谁为我下得手？"时有僧曰："某甲下得手，和尚合吃多少？"师与拄杖，其僧拟接，师便打。

僧问："如何是第一句？"师曰："三要印开朱点窄，未容拟议主宾分。"曰："如何是第二句？"师曰："妙解岂容无着问，沤和争负截流机？"曰："如何是第三句？"师曰："看取棚头弄傀儡，抽牵全藉里头人。"师又曰："夫一句语须具三玄门，一玄门须具三要，有权有用。汝等诸人作么生会？"

师唐咸通七年丙戌（866）[按：《临济慧照禅师塔记》《五灯会元》《指月录》《人天眼目》《联灯会要》诸本作"咸通八年（867）"]四月十日，将示灭，乃说传法偈，曰："沿流不止问如何？真照无边说似他。离相离名人不禀，吹毛用了急须磨。"偈毕坐逝。

敕谥慧照大师，塔曰澄灵[按：《祖堂集》《宋高僧传》诸本作"澄虚"]。

【据《四部丛刊》三编本《景德传灯录》卷十二】

《祖庭事苑》卷二《雪窦拈古·林际(临济)》

[北宋]睦庵善卿

林际,当作临济,院名也。师名义玄,曹州南华人,姓邢氏。髫年出家,弱冠受具,早慕宗门,首参黄檗。堂中第一座谕令往问佛法的的大意,檗打之。凡三造丈室,被六十棒。因欲辞去,第一座留之;且谓檗曰:“义玄虽后生,似堪法器。”檗曰:“我知此子,譬如巨木在野,当为天下阴凉。”师方取别,檗曰:“汝宜往高安滩头见大愚,必为汝明此事。”

大愚见师来,问其所以,即举前话,因而问曰:“义玄凡三度被打,未审有甚么过?”愚曰:“黄檗与么老婆,为汝得彻困,更问有过无过!”师于言下知归,失声曰:“元来黄檗佛法无多子。”愚把住曰:“者尿床鬼,见个甚么,便与么道!”师于大愚肋下筑三拳,愚托开曰:“汝师黄檗,非干我也。”

师却回,黄檗见,便问:“来来去去,有甚了期?”师曰:“只为老婆心切。”便礼拜,方起,檗问曰:“汝甚么处去来?”师遂举见大愚之缘。檗曰:“如何得大愚者老口汉来?”师曰:“要见伊作甚么?”檗曰:“待伊来,痛与一顿。”师曰:“说甚么待来,即今便与。”遂打黄檗一掌。檗曰:“风汉却来者里捋虎须!”师便喝,檗云:“参堂去。”

师后因还乡,徇赵人之请,居镇府城南之临济禅苑。临终,上堂曰:“吾灭后,不得灭吾正法眼藏。”时三圣为院主,乃曰:“争敢灭却?”师曰:“已后有人问,你向伊道甚么?”院主便喝。师曰:“谁知吾正法眼藏,向者瞎驴边灭!”言讫,坐以示化,即唐懿宗咸通七年(866)[按:《临济慧照禅师塔记》《五灯会元》《指月录》《人天眼目》《联灯会要》诸本作“咸通八年(867)”]四月十日也。

【据《卍新纂续藏经》本《祖庭事苑》卷二】

附:

《祖庭事苑》卷四《雪窦拾遗·代别》

[北宋]睦庵善卿

举王常侍一日访临济,同于僧堂看。侍云:“一堂僧还看经么?”济云:“不看经。”侍云:“还参禅么?”济云:“不参禅。”侍云:“经又不看,禅又不参,毕竟作甚么?”济云:“总教成佛作祖去。”侍云:“金屑虽贵,落眼成翳,又作么生?”济云:“我将谓是个俗汉。”

师代别云："强将手下无弱兵，直饶临济全机，也较三千里。"

【据《卍新纂续藏经》本《祖庭事苑》卷四】

《传灯玉英集》卷六《镇州临济义玄禅师》

［北宋］王 随

黄檗普请锄蒉谷，回见师在后空手立，乃问："镬在何处？"师曰："上座将去也。"黄檗云："近前来，共汝商量。"师向前叉手。黄檗将镬头镬地，曰："我这镬天下人拈掇不起，还有人拈得起么？"师掣得，举起，云："镬在义玄手里。"黄檗曰："今日自有人赴普请，我不着去也。"便自归院。（沩山因仰山侍立次，方举此话未了，仰山便问："镬在黄檗手里，为什么被临济夺却？"沩山曰："贼是小人，智过君子。"）

师与黄檗栽杉，黄檗曰："深山里栽许多树作么？"师曰："与后人作古记。"乃将锹拍地两下。黄檗拈起拄杖曰："汝吃我棒了也！"师作嘘嘘声。黄檗曰："吾宗到汝，此记方出。"（沩山举问仰山："且道黄檗后语，但嘱临济，为复别有意旨？"仰山曰："亦嘱临济，亦记向后。"沩山云："向后作么生？"仰山云："一人指南，吴越令行。"南塔和尚注云："独坐震威，此记方出。"又云："若遇大风，此记亦出。"沩山云："如是，如是。"）

一日上堂，曰："汝等诸人肉团心上有一无位真人，常向诸人面门出入，汝若不识，但问老僧。"时有一僧问："如何是无位真人？"师便打，云："无位真人是什么干屎橛！"（后雪峰闻，乃曰："临济大似白拈贼。"）

师问乐普，云："从上来一人行棒，一人行喝，阿那个亲？"对曰："总不亲。"师曰："亲处作么生？"普便喝，师乃打。

麻谷到参，敷坐具，问："十二面观音，阿那面？"正师下床，一手收坐具，一手搊麻谷，云："十二面观音向什么处去也？"麻谷转身拟坐绳床，师拈拄杖打，麻谷接却，入方丈。

师将示灭，乃说偈曰："沿流不止问如何？真照无边说似他。离相离名人不禀，吹毛用了极还么。"

【据《赵城藏》本《传灯玉英集》卷六】

《传法正宗记》卷七《临济义玄禅师略传》

［北宋］释契嵩

大鉴之六世，曰镇州临济义玄禅师，曹州南华人也，姓邢氏。少有远志，戒后即务学宗乘。及往黄檗法会，其上座僧初劝禅师问法于黄檗，曰："如何是祖师西来的的意？"黄檗便打。禅师凡三问，黄檗皆三打之。师以此乃告辞其上座僧，上座遂谓黄檗曰："义玄虽后生，可教，若辞去，师宜多方接之。"明日义玄果辞，黄檗遂谓："汝可往大愚。"

及玄至，大愚因问曰："什处来？"玄曰："黄檗来。"大愚曰："黄檗有何言教？"曰："义玄尝三问'如何是西来的的意'，为其三度打之，不知过在何处？"大愚曰："黄檗恁么老婆，为汝得彻困，犹觅过在！"玄于是大悟，曰："元来佛法也无多子。"大愚遽捣玄曰："汝适来道我不会，而今又道无多子，是多少来？是多少来？"玄遂挥大愚肋下三拳，大愚托开玄，曰："汝师黄檗。非干我事！"玄却返黄檗，黄檗问曰："汝回何速？"玄曰："只为老婆心切。"黄檗曰："大愚这老汉，待见与打一顿！"玄曰："说什么待见，即今便打！"遂鼓黄檗一掌，黄檗吟吟大笑。

禅师后乃还赵，赵人慕之，遂命居临济。学者闻风，皆不远归之。其所出法嗣凡二十四人：一曰鄂州灌溪志闲者，一曰幽州谭空者，一曰镇州宝寿沼和尚者，一曰镇州三圣慧然者，一曰魏府存奖者，一曰定州善崔者，一曰镇州万岁和尚者，一曰云山和尚者，一曰桐峰庵主者，一曰杉洋庵主者，一曰涿州纸衣和尚者，一曰虎溪庵主者，一曰覆盆庵主者，一曰襄州历村和尚者，一曰沧州米仓和尚者，一曰齐耸者，一曰涿州秀禅师者，一曰善权彻禅师者，一曰金沙禅师者，一曰允诚禅师者，一曰新罗智异山和尚者，一曰魏府大觉者，一曰定上座者，一曰奯上座者。

【据民国四年（1915）江北刻经处刻本《传法正宗记》卷七】

《联灯会要》卷九《镇州临济义玄禅师》

[南宋]晦翁悟明

住泉州崇福禅寺嗣祖比丘　悟明　集

镇州临济义玄禅师（凡四十八），曹州南华邢氏子。

初参黄檗，凡三年，行业纯一。时陈睦州为首座，叹曰："此子虽后生，与众有异。"一日，问师云："上座在此多少时？"师云："三年。"座云："还曾参问也无？"师云："不曾。"座云："何不请问堂头和尚佛法？"师云："不知问个甚么？"座云："汝但去问：'如何是佛法的的大意？'"师依教上堂头请问，声未绝，檗拈棒便打。师罔措，下来，座问："你问话作么生？"师云："某甲问声未绝，和尚便打，某甲不会。"座云："你更去问。"如是三问，三遭痛棒，乃泣辞首座云："幸蒙慈悲，令去问讯和尚，三度发问，三遭痛棒。自恨障缘，不领深旨。今且辞首座下山。"座云："汝去，须辞和尚了行。"师作礼而退。

首座潜告黄檗云:“问话底后生,甚是如法。若辞和尚时,可方便提诲。他时异日成一株大树,与天下人作荫凉去在!”师辞黄檗,檗云:“不要别处去,向高安滩头大愚处去,必为汝说。”

师到大愚,大愚问:“甚处来?”师云:“黄檗来。”愚云:“有何言句?”师云:“某甲三度问‘如何是佛法的的大意’,三度遭棒,未审有过无过。”愚云:“黄檗恁么老婆心,为汝得彻困,更来这里,问有过无过!”师于言下大悟,不觉失声云:“恶!元来黄檗佛法无多子!”大愚搊住云:“这尿床鬼子,适来问有过无过,如今却道黄檗佛法与多子!汝见个甚么道理?速道!速道!”师于大愚肋下筑三拳,愚托开云:“汝师黄檗,非干我事。”

师辞大愚,却归黄檗。檗问:“这汉来来去去,有甚了期?”师云:“只为老婆心切。”便人事毕,侍立其傍。檗问:“甚么处来?”师云:“昨蒙慈悲,令见大愚来。”檗云:“有何言句?”师举前话。檗云:“这老汉饶舌,作么生得他来,待痛与一顿!”师云:“说甚么待他来?即今便吃!”道了,便打黄檗一掌。檗吟吟而笑云:“这风颠汉!来这里捋虎须!”师便喝。檗召侍者云:“引这风颠汉参堂去。”

(沩山问仰山:“临济得大愚力,得黄檗力?”仰云:“非但骑虎头,亦解把虎尾。”白云端颂云:“一拳拳倒黄鹤楼,一踢踢翻鹦鹉洲;有意气时添意气,不风流处也风流!”)

师栽松次,黄檗云:“深山里栽许多作甚么?”师云:“一与山门作境致,二与后人作标榜。”道了将镢打地一下。檗云:“虽然如是,子已吃吾二十棒了也。”师又打地一下云:“嘘嘘。”檗云:“吾宗到汝,大兴于世。”

(沩山问仰山:“黄檗当时只嘱临济一人,别更有在?”仰云:“有。只是年代深远,不欲举似和尚。”沩云:“虽然如是,吾亦要知,但举看。”仰云:“一人指南,吴越令行,遇大风即止。”)

师普请,锄地次,黄檗后至,师问讯了,按镢而立:“檗云,你困那?”师云:“才镢地,何言困?”檗拈拄杖便打,师接住,便推倒黄檗,檗唤云:“维那拽起我来!”维那云:“和尚争容得这风颠汉?”檗才起,却与维那一掌。师将镢镢地云:“诸方火葬,我这里活埋。”

(沩山问仰山:“黄檗与临济,此时意作么生?”仰云:“正贼走了,逻踪人吃棒!”大沩喆云:“黄檗推倒,维那扶起;火葬活埋,清风未已。”)

师因黄檗入厨,见饭头拣米,乃问:“作甚么?”云:“拣米。”檗云:“一日吃多少?”云:“二硕伍斗。”檗云:“莫太多么。”云:“恐少在。”檗便打。饭头举似师,师云:“待我为汝勘过这老汉。”即往侍立,檗举前话。师云:“饭头不会,请和尚代一转语。”师便问:“莫太多么?”檗云:“何不道来日更吃一顿!”师云:“说甚么来日,即今便吃!”道了,便打檗一掌。檗云:“这风颠汉,又来这里捋虎须!”师便喝,乃出去。

(沩山云:“养子方知父慈。”仰山云:“大似勾贼破家。”)

师半夏间上问讯黄檗,见檗看经,师云:“我将谓你是个人,元来只是个淹黑豆底(的)老和尚。”住数日,辞去,檗云:“汝破夏来,不终谓了去。”师云:“某甲暂来礼拜和尚。”檗便打,趁令出。师行数里,却回终夏。

师辞黄檗,云:“甚么处去?”师云:“不是河南,便是河北。”檗便打,师约住棒,与檗一掌。檗呵呵大笑。

唤侍者:“将先师禅版拂子来!”师唤侍者:“将火来!”檗云:“子但将去,已后坐却天下人舌头。”

(沩山举问仰山:“临济莫辜负他黄檗也无?”仰云:“不然。”沩云:“子作么生?”仰云:“知恩方解报恩。”沩云:“从上来,莫有报恩事么?”仰云:“有。只是年代深远,不欲举似和尚。”沩云:“虽然如是,吾也要知。子但举看。”仰云:“如楞严会上,阿难赞佛云:‘将此深心奉尘刹,是则名为报佛恩。’岂不是报恩之事?”沩云:“如是,如是!见与师齐,减师半德;智过于师,方堪传授。”)

师侍立德山次,山云:“今日困。”师云:“老汉寐语作么?”山便打,师便掀倒绳床。(雪窦云:“二员作者,具啐啄同时眼,有啐啄同时用。雪窦拟向饥鹰爪下夺肉,饿虎口里争餐,敢谓德山、临济,二俱瞎汉?有人辨得,天下横行。”云峰悦云:“奇怪诸禅德,看此二员作家,一拶一捺,略露风规,大似把手上高山。虽然如是,未免傍观者哂。且道谁是傍观者?”喝一喝。)

师到三峰平和尚处,平问:“发足甚处?”云:“黄檗。”平云:“有何言句?”师云:“金牛昨夜遭涂炭,直至如今不见踪。”平云:“秋风吹玉管,那个是知音?”师云:“直透万重关,不住青霄外。”平云:“此语太高生!”师云:“龙生金凤子,冲破碧琉璃。”平云:“且坐吃茶。”

师到襄州华严,严见来,横按拄杖,作瞌睡势,师云:“莫瞌睡。”严云:“作家禅客,宛尔不同。”师云:“侍者点茶来,与和尚吃。”严唤维那:“第三位安排着。”

师到凤林,林云:“有事相借问,得么?”师云:“何得剜肉作疮?”林云:“海月澄无影,游鱼逐浪迷。”师云:“海月既无影,游鱼何得迷。”林云:“观风知浪起,玩水野帆飘。”师云:“孤蟾独耀江山静,长啸一声天地秋。”林云:“任将三才辉天地,一句临机试道看。”师云:“路逢剑客须呈剑,不是诗人不献诗。”林休去。师乃有颂云:“大道绝同,各自西东;石火莫及,电光罔通。”

(沩山问仰山:“临济道‘石火莫及,电光罔通’,从上诸圣,以何为人?”仰云:“和尚作么生?”沩云:“但有言说,都无实义。”仰云:“不然。”沩云:“子又作么生?”仰云:

“官不容针，私通车马。”沩云：“如是，如是。”）

师到金牛，牛见来，横按拄杖，当门据坐，师以手敲杖三下，却归堂中第一位坐，牛下来见，乃问：“夫宾主相见，各有礼仪，上座从何而来？太无礼生！”师云：“老和尚道甚么？”牛拟开口，师便打，牛作倒势，师又打。牛云：“今日不着便。”

（沩山问仰山：“此二尊宿还有胜负也无？”仰云：“胜则总胜，负则总负。”）

师因径山有五百众，少人参请，每日绕佛殿前大树行道念观音接人，山与黄檗是同参，寄书来，具言其事，檗令师往。乃问：“你到彼，作么生？”师云：“某甲自有方便。”师到径山，装腰直上法堂，径山才举头，师便喝。山拟开口，师拂袖便行。寻有僧问径山：“适来这僧，有甚言句？便喝和尚？”山云：“这僧从黄檗来，你要知，自去问取他。”是时，五百众太半分散。

师到龙光，便问：“不展机锋，如何得胜？”光据坐，师云：“大善知识，岂无方便？”光瞪目云：“嗄！”师拍手云：“大众看这老汉，今日败阙。”便行。

师往凤林，路逢一婆子，问师：“甚么处去？”师云：“凤林去！”婆云：“恰值凤林不在。”师云：“甚么处去？”婆便行。师召婆，婆回首，师便行。（有本后语云：“谁云不在？深失旨也。”）

示众云：“夫为法者不避丧身失命。我二十年，在黄檗先师处，三度问佛法的的大意，三度赐棒，如蒿枝拂着相似。如今更思得一顿吃，谁为下手？”时有僧出云：“某甲下手。”师拈棒度与僧，僧拟接，师便打。

示众云：“赤肉团上有一无位真人，常在汝诸人面门出入。未证据者看看！”时有僧问：“如何是无位真人？”师下绳床搊住云：“道！道！”僧拟议，师托开云：“无位真人是甚么干屎橛！”便归方丈。

（雪峰云：“临济大似白拈贼。”琅琊觉云：“临济可谓冰凌上度过九鞠，剑刃上拾得全身。”雪窦云：“夫善窃者，鬼神不知。既被雪峰觑破，临济不是好手。”复召大众云：“雪窦今日换你诸人眼睛了也。你若不信，各归寮舍自摸索看。”妙喜颂云：“脑后见腮村僧，大开眼了作梦。虽然趁得老鼠，一棒打破油瓮。”）

示众云：“但有来者，不亏欠伊。总识得伊来处。与么来者，恰似失却；不与么来者，无绳自缚。一切时中，莫乱斟酌。会与不会，都来是错。分明与么道，一任天下人贬剥。”

示众云：“一人在孤峰顶上，无出身路；一人在十字街头，亦无向背。且道那个在前，那个在后？不作维摩诘，不作傅大士。”

示众云：“有一人论劫在途中，不离家舍；有一人离家舍，不在途中。那个合受人天供养？”

(妙喜云:“贼身已露。”)

师上堂,有僧出作礼,师便喝,僧云:“老和尚莫探头好。”师云:“你道落在甚么处?”僧便喝。又一僧问:“如何是佛法大意?”师便喝,僧作礼。师云:“你道好喝也无?”僧云:“草贼大败。”师云:“过在甚么处?”僧云:“再犯不容。”师云:“大众要会临济宾主句,问取堂中二首座。”便下座。

师见普化,乃云:“我在南方,驰书到沩山时,知你先在此住,待我来。及我来,得汝佐赞。我今欲建立黄檗宗旨,汝切须为我成褫。”普化珍重下去。克符后至,师亦如是道。符亦珍重下去。三日后,普化却上问讯云:“和尚前日道甚么?”师拈棒便打下。又三日,克符亦上问讯,乃问:“和尚前日打普化作甚么?”师亦拈棒打下。

至晚上堂云:“有时夺人不夺境,有时夺境不夺人,有时人境俱夺,有时人境俱不夺。”时有僧问:“如何是夺人不夺境?”师云:“煦日发生铺地锦,婴儿垂发白头[一作如]丝。”云:“如何是夺境不夺人?”师云:“王令已行天下遍,将军塞外绝烟尘。”云:“如何是人境两俱夺?”师云:“并汾绝信,独处一方。”云:“如何是人境俱不夺?”师云:“王登宝殿,野老讴歌。”

普化与克符俱出作礼,师便归方丈。

示众云:“今时学佛法者,且要求真正见解;若得真正见解,生死不染,去住自由,不要求殊胜,殊胜自至。道流,只如自古先德,皆有出人底路。如山僧指示人处,只要你不受人惑,要用便用,更莫迟疑。如今学者不得,病在甚处?病在不自信处!你若自信不及,即便忙忙地,循一切境转,被他万境回换,不得自由。你若能歇得念念驰求心,便与祖佛不别。你欲识祖佛么?只你面前听法底是。学人信不及,便向外驰求,设求得者,皆是文字胜相,终不得他活祖意。莫错!诸禅德!此时不遇,万劫千生,轮回三界,循好恶境掇去,驴牛肚里生!道流,约山僧见处,与释迦不别,每日多般用处,欠少甚么?六道神光,未曾间歇。若能如是见得,只是一生无事人。

“大德,三界无安,犹如火宅,此不是你久停住处。无常杀鬼,一刹那间,不拣贵贱老少。你要与祖佛不别,但莫外求;你一念心上清净光,是你屋里法身佛;你一念心上无分别光,是你屋里报身佛;你一念心上无差别光,是你屋里化身佛。此三种身是你即今目前听法底人,只为不向外驰求,有此功用。据经论家,取此三种身为极则,约山僧见处不然,此三种身是名言,亦是三种衣。古人云:‘身依义立,土据体论。’法性身、法性土,明知是光影。

“大德,你且识取弄光影底人,是诸佛之本源;一切处,是道流归舍处。是你四大色身,不解说法听法;脾胃肝胆,不解说法听法;虚空,不解说法听法。是甚么解说法听法?是你目前历历底,没一个形段,是这个解说法听法。如是见得,便与祖佛不别。但一切时中,更莫间断,触目皆是。只为情生智隔,想变体殊,所以轮回三界,受种种苦。若约山僧见处,无不甚深,无不解脱。

“道流!心法无形,通贯十方,在眼曰见,在耳曰闻,在鼻嗅香,在舌谈论,在手执捉,在足运奔,本是一精明,分为六和合,一心既无,随处解脱。山僧与么说,意在甚么处?只为道流一切驰求心不能歇,上他古人闲机境。道流,取山僧见处,坐断报化佛头,十地满心,如客作儿;等妙二觉,担枷带锁汉;罗汉辟支,犹如厕秽;菩提涅槃,如系驴橛。何以如此?只为道流不达三祇劫空,所以有此障碍。是真正道人,终不如是;但自随缘消旧业,任运着衣裳,要行即行,要坐即坐,无一念心希求佛果,缘何如此?古人云:‘若欲作业求佛,佛是生死大兆。’大德,时光可惜,只拟傍家波波地学佛学法、认名认句、求佛求祖、求善知识意度,莫错!

“道流!你只有一个父母,更求何物?你自返照看。古人云:‘演若达多失劫头,求心歇处即无事。’大德,且要平常,莫作模样。有一般不识好恶秃奴,便即见神见鬼,指东划西,好晴好雨。如是之流,尽须抵债,向阎老前,吞热铁丸有日在。好人家男女,被这一般野狐精魅所着,便即捏怪。瞎屡生,索饭钱有日在。”

示众云:“道流!切要求取真正见解,向天下横行,免被这一般精魅惑乱。无事是贵人,但莫造作,只是平常。你才拟心,早是错了也。且莫求佛,佛是名句,你还识驰求底么?三世十方佛祖出来,也只为求法;如今参学道流,也只为求法。得法始了;未得,依前轮回五道。云何是法?法者是心法,心法无形,通贯十方,目前现用。人信不及,便乃认名认句,向文字中求其意度,与佛法天地悬殊。道流!山僧说法,说甚么法?说心地法,便能入凡入圣,入净入秽,入真入俗,要且不是你真俗凡圣,能与一切真俗凡圣安着名字;——真俗凡圣,与此人安着名字不得。道流,把得便用,更莫安排,方契玄旨。山僧说法,与天下人别。只如有个文殊、普贤出来目前,各现一身问法,才道‘咨和尚’,我早辨了也。老僧稳坐。更有道流,来相见时,我尽辨了也。何以如此?只为我见处别。外不取凡圣,内不住根本,见彻本法,更不疑谬。”

示众云:“佛法无用功处,只是平常无事,着衣吃饭,屙屎送尿,困来即卧。愚人笑我,智乃知焉。古人云:‘向外作功夫,总是痴狂汉。’你且随处作主,立处皆真,一切境缘,回换不得;纵有从来习气,五无间业,皆为解脱大海。今时学者,总不识法,犹如触草羊,逢着物,安在口里,奴郎不辨,宾主不分。如是之流,邪心入道,闹处即入,不得名为真出家人,正是真俗家人。夫出家者,须辨得平常真正见解,辨佛辨魔,辨真辨伪,辨凡辨圣,若如是辨得,名真出家;若魔佛不辨,正是出一家,入一家,唤作造业众生,未得名为真出家。只如今有一个佛魔,同体不分,如水乳合。若是明眼道流,魔佛俱打,你若爱圣憎凡,生死海里浮沉,未有了日。”

僧问:“如何是佛魔?”师云:“你一念心疑处是佛魔,你若达得万法无生,心如幻化,更无一尘一法,处处清净,即无佛魔。佛魔是染净二境。约山僧见处,无佛无众生,无古无今。得者便得,不历时节,无修无证,无得无失,一切时中,更无别法,设有一法过此者,我说如梦如化,山僧所说是。道流!见今目前孤明历历地听法者,此人处处不滞,通彻十方,三界自在,入一切差别境,不能回换,一刹那间,透入法界,逢佛说佛,逢祖说祖,逢罗汉说罗汉,逢饿鬼说饿鬼,向一切处,游履国土,教化众生,未曾离一念,随处清净,光透十方,万法一如。道流!大丈夫儿,今日方知本来无事,只为你信不及,念念驰求,舍头觅头,自不能歇。如圆顿菩萨,入法界现身,向净土中厌凡欣圣,如此之流,取舍未忘,染净心在,如禅宗见解,又且不然。直是现今,更无时节。山僧说处,皆是一期药病相治,总无实法。若如是见得,是真出家,日消万两黄金。道流!莫取次被诸方老师印破面门,道我解禅解道,辩似悬河,皆是造地狱业。若是真正学道人,不见世间过,切急要求真正见解。若达真心,悟性圆明,方始了毕。”

僧问:“如何是真正见解?”师云:“汝但一切入凡入圣,入染入净,入诸佛国土,入弥勒楼阁,入毗卢遮那法界,处处皆现国土,成住坏空。佛出于世,转大法轮,入无余涅槃,不见有去来相貌,求其生死,了不可得,便入无生法界。处处游履国土,入华藏世界,尽见诸法空相,皆无实法。唯有听法无依道人,是诸佛之母,所以佛从无依生,若悟无依,佛亦无得。若如是见得,是真正见解。学人不了,为执名句,被他凡圣名碍,所以障其道眼,不得分明。只如十二分教,皆是表显之说。学者不会,便向表显名句上生解,皆是依倚,落在因果,未免三界生死。你若欲得生死去住,脱着自由,即今识取听法底人,无形无相,无根无本,无住处,活鲅鲅地,应是万种施设,用处只是无处,所以觅着转远,求之转乖。号之为秘密。道流!你莫认着个梦幻伴子,迟晚中间,便归无常。你向此世界中觅个甚么物作解脱?觅取一口饭吃,补毳过时。且要寻访知识,莫因循逐乐,虚生浪死。光阴可惜,念念无常,粗则被地水火风,细则被生住异灭,四相所逼。道流,今时且要识取四种无相境,免被境摆扑。”

僧问:“如何是四种无相境?”师云:“你一念心疑,被地碍;你一念心爱,被水溺;你一念心嗔,被火烧;你一念心喜,被风飘。若能如是辨得,不被境转,处处用境。东涌西没,南涌北没,中涌边没,边涌中没,履水如地,履地如水。缘何如此?为达四大如梦如幻故。道流!只今听法者,不是你四大,能用你四大。若能如是见得,便乃去住自由。约山僧见处,勿嫌底法,你若爱圣,圣是空名。有一般学人向五台求文殊,早错了也。五台无文殊。你欲识文殊么?只你目前用处,始终不异,处处不疑,此个是活文殊。你一念心,无差别光,处处总是普贤。你一念心自由自在,随处解脱,此是观音三昧法,互为主伴,出则一时出,一即三,三即一,必是解得,始好看教。”

示众云："如今学道人，且要自信，莫向外觅，总上他闲尘境，都不辨邪正。只如有佛有祖，皆是教迹中事。有人拈起一句子语，或隐显中出，便即疑生，照天照地，傍家寻问，也大茫然。大丈夫，莫只恁么论主论贼，论是论非，论色论财，闲话过日。山僧此间，不论僧俗，但有来者，尽识得伊，任伊向甚处出来，但有声名文句，皆是梦幻。却见乘境底人，是诸佛之玄旨。佛境不能自称我是佛境，还是这个无依道人，乘境出来。若有人出来，问我求佛，我即应清净境出；若有人问我菩萨，我即应慈悲境出；有人问我菩提，我即应净妙境出；有人问我涅槃，我即应寂静境出。境即万般差别，人即不别，所以应物现形，如水中月。道流！你若欲得如法，直须是大丈夫儿始得；若萎萎随随地，即不得也。夫如嗄之器，不堪贮醍醐；如大器者，直要不受人惑，随处作主，立处皆真，但有来者，皆不得受。你一念心疑，即魔入心府。如菩萨疑时，生死魔得其便。但须息念，更莫外求，物来即照。你但信现今用底，一个事也无。你一念心生，三界随缘，被境分为六尘。你如今应用处，欠少甚么？一刹那间，便入净入秽，入弥勒楼阁，入三眼国土，处处游履，唯见空名。"

僧问："如何是三眼国土？"师云："我共你入净妙国土中，着清净衣，说法身佛；又入无差别国土中，着无差别衣，说报身佛；又入解脱国土中，着光明衣，说化身佛。此三眼国土，皆是依变。约经论家，取法身为根本，报化二身为用。山僧见处，法身即不会说法。所以古人云：'身依义立，土据体论。'法性身，法性土，明知是建立之法，依通国土。空拳黄叶，用诳小儿。蒺蔾菱刺，枯骨上觅甚么汁？心外无法，内亦不可得，求甚么物？你诸方言，道有修有证。莫错！设有修证者，皆是生死业！你言六度万行齐修，我见皆是造业！求佛求法，即是造地狱业！求菩萨亦是造业！看经看教，亦是造业！——佛与祖师，是无事人。——所以有漏有为。无漏无为，为清净业。有一般瞎秃子，饱吃饭了，坐禅观行，把捉念漏，不令放起，厌喧求静，是外道法。祖师云：'你若住心观静，举心外照，摄心内澄，凝心入定，如是之流，皆是造作。是你如今与么听法底人，作么生拟修他，证他，庄严他？渠且不是修底物，不是庄严底物。若教他庄严，一切物即庄严得，你且莫错！道流，你取这一般老师口里语，为'是真道，是善知识，不思议；我是凡夫，心不敢测度他老宿'。瞎屡生，你一生只作这个见解，辜负这一双眼！冷噤噤地，如冻凌上驴驹相似，'我不敢毁善知识，怕生口业'。道流，夫大善知识，始敢毁佛毁祖，是非天下，排斥三藏教，骂辱诸小儿，向逆顺中觅人。所以我于十二年中求一个业性，如芥子许不可得。恰似新妇子禅师，便即怕趁出院，不与饭吃，不安不乐。自古先辈，到处人不信。被递出，始知是贵。若到处人尽肯，堪作甚么？所以师子一吼，野犴脑裂。道流，诸方说有道可修，有法可证，你说证何法，修何道？你今用处，欠少甚么物？修补何处？后生小阿师不会，便即信这般野狐精魅，许他说事，系缚他人。

言道:'理行相应,护惜三业,始得成佛。'如此说者,如春细雨。古人云:'路逢达道人,第一莫向道。'所以道:'若人修道道不行,万般邪境竞头生。智剑出来无一物,明头未显暗头明。'所以古人云:'平常心是道。'大德,觅甚么物?现今目前听法无依道人,历历地分明,未曾欠少。你若欲得与祖佛不别,但如是见,不用疑误。你心心不异,名之活祖;心若有异,则性与相别;心不异故,即性与相不别。"

问:"如何是心心不异处?"师云:"你拟问,早异了也,性相各分。道流,莫错!世出世诸法,皆无自性,亦无生性,但有空名,名字亦空。你只么认他闲名为实,大错了也。设有,皆是依变之境。有个菩提依、涅槃依、解脱依、三身依、境智依、菩萨依、佛依。你向依变国土中觅甚么物?乃至三乘十二分教,皆是拭不净故纸。佛是幻化身,祖是老比丘。你还是娘生已否?你若求佛,即被佛魔摄;你若求祖,即被祖魔缚;你若有求,皆苦,不如无事。

"有一般秃比丘,向学人道,佛是究竟,于三大阿僧祇劫,修行果满,方始成道。道流,你若道佛是究竟,缘甚么八十年后,向拘尸罗城双林树间,侧卧而死去,佛今何在?明知与我生死不别。你言三十二相、八十种好是佛;转轮圣王,应是如来。——明知是幻化。古人云:'如来举身相,为顺世间情;恐人生断见,权且立虚名;假名三十二,八十也虚声;有身非觉体,无相乃真形。'你道佛有六通,是不可思议;一切诸天、神仙、阿修罗、大力鬼,亦有神通,应是佛否?道流,莫错!只如阿修罗与天帝释战,战败,领八万四千眷属,入藕丝孔中藏,莫是圣否?如山僧所举,皆是业通、依通。夫如佛六通者不然,入色界不被色惑,入声界不被声惑,入香界不被香惑,入味界不被味惑,入触界不被触惑,入法界不被法惑。所以达六种,色声香味触法,皆是空相,不能系缚此无依道人。虽是五蕴漏质,便是地行神仙。道流,真佛无形,真法无相。你只么幻化头上,作摸作样,设求得者,皆是野狐精魅,并不是真佛,是外道见解。夫如真学道人,并不取佛,不取菩萨罗汉,不取三界殊胜,迥然独脱,不与物拘,乾坤倒覆,我更不疑。十方诸佛现前,无一念心喜;三涂地狱顿现,无一念念怖。缘何如此?我见诸法空相,变即有,不变即无,三界唯心,万法唯识。所以梦幻空花,何劳把捉?唯有道流目前现今听法底人,入火不烧;入水不溺;入三涂地狱,如游园观;入饿鬼畜生,而不受报。缘何如此?无嫌底法。你若爱圣憎凡,生死海里沉浮。烦恼由心故有,无心,烦恼何拘?不劳分别取相,自然得道须臾。你拟傍家波波地学得,于三祇劫中,终归生死,不如无事,向丛林中,床角头交脚坐。

"道流,如诸方有学人来,主客相见了,便有一句子语:'辨前头善知识,被学人拈出个机权语路,向善知识口角头撺过,看你识不识,你若识得是境,把得便抛向坑子里,学人便即寻常,然后便索善知识语,依前夺之。'学人云:'上智哉,是大善知识。'即云:

‘你大不识好恶。’如善知识,把出个境块子,向学人面前弄,前人辨得,下下作主,不受境惑。善知识即现半身,学人便喝。善知识又入一切差别语路中摆扑。学人云:‘不识好恶老秃奴。’善知识叹云:‘真正道流。’如诸方善知识,不辨邪正。学人来,问菩提涅槃,三身境智。瞎老师便与他解说,被他学人骂着,便把棒打他,言无礼度。自是你善知识无眼,不得嗔他。有一般不识好恶秃奴,即指东划西,好晴好雨,好灯笼露柱,你看眉毛有几茎?这个具机缘。学人不会,便即心狂。如是之流,总是野狐精魅魍魉。被他好学人,嗌嗌微笑,言:‘瞎老秃奴,惑乱他天下人!’

“道流,出家儿且要学道。只如山僧往日,曾向毗尼中留心;亦曾于经论寻讨,后方知是济世药方,表显之说。遂乃一时抛却,即访道参禅。后遇大善知识,方乃道眼分明,始识得天下老和尚,知其邪正,不是娘生下便会。还是体究练磨,一朝自省。道流,你欲得如法见解,但莫受人惑。向里向外,逢着便杀,逢佛杀佛,逢祖杀祖,逢罗汉杀罗汉,逢父母杀父母,逢亲眷杀亲眷,始得解脱,不与物拘,透脱自在。如诸方学道流,未有不依物出来底。山僧向此间,从头地打。手上出来,手上打;口里出来,口里打;眼里出来,眼里打。未有个独脱出来底,皆是上他古人闲机境。山僧无一法与人,只是治病解缚。你诸方道流,试不依物出来,我要共你商量。十年五载,并无一人,皆是依草附叶,竹木精灵,野狐精魅,向一切粪块上乱咬。瞎汉,枉消他十方信施。道我是出家儿,作如是见解。向你道,无佛无法,无修无证。只与么傍家拟求甚么物?瞎汉,头上安头。是你欠少甚么?

“道流,是你目前用底,与祖佛不别。只么不信,便向外求。莫错,向外无法,内亦不可得。你取山僧口里语,不如休歇无事去。已起者莫续,未起者不要放起,便胜你十年行脚。约山僧见处,无如许多般,只是平常,着衣吃饭,无事过时。你诸方来者,皆是有心,求佛求法,求解脱,求出离三界。痴人,你要出离三界,甚么处去?佛祖是赏系底名句。你欲识三界么?不离你今听法底心地。你一念心贪,是欲界;你一念心嗔,是色界;你一念心痴,是无色界。是你屋里家具子,三界不自道我是三界。还是道人,目前灵灵地,照烛万般,酌度世界底人,与三界安名。大德,四大色身是无常,乃至脾胃肝胆,发毛爪齿,唯见诸法空相。你一念心歇得处,唤作菩提树;你一念心,不能歇得处,唤作无明树。无明无住处,无明无始终。你若念念心歇不得,便上他无明树,便入六道四生,披毛带角;你若歇得,便是清净身界;你一念不生,便是上菩提树,三界神通变化,意生化身,法喜禅悦,身光自照,思衣罗绮千重,思食百味具足,更无横病。菩提无住处,是故无得者。

“道流,大丈夫汉,更疑个甚么?目前用处,更是阿谁?把得便用,莫着名字,号为玄旨。与么见得?勿嫌底法。古人云:‘心随万境转,转处实能幽;随流认得性,无喜

亦无忧。’

“道流，如禅宗见解，死活循然。参学之人，大须子细。如主客相见，便有言论往来，或应物现形，或全体作用，或把机权喜怒，或现半身，或乘师子，或乘象王。如真正学人便喝，先拈出个胶盆子，善知识不辨是境，便上他境上作摸作样，学人便喝，前人不肯放，此是膏肓之病，不堪医，唤作客看主。或是善知识，不拈出物，随学人问处即夺，学人被夺，抵死不放，此是主看客。或有学人，应一个清净境出善知识前，善知识辨得是境，把得抛向坑里。学人言：‘大好善知识。’即云：‘咄哉，不识好恶！’学人便礼拜。此唤作主看主。或有学人，披枷带锁出善知识前，善知识更与安一重枷锁，学人欢喜，彼此不辨，呼为客看客。大德，山僧如是所举，皆是辨魔拣异，知其邪正。

“道流，实情大难，佛法幽玄，解得可可地。山僧竟日为他说破，学者总不在意，千遍万遍，脚底踏过。黑没焌地，无一个形假，历历孤明。学人信不及，便向名句上生解。年登半百，只管傍家负死尸，担却担子天下走，索草鞋钱有日在。大德，山僧说向外无法，学人不会，便即向里作解，便即倚壁坐，舌拄上腭，湛然不动，取此为是祖门佛法，也大错。是你若取不动清净境为是，你即认他无明为郎主。古人云：‘湛湛黑暗深坑，实可怖畏。’此之是也。所以动者，是风大；不动者，是地大。动与不动，俱无自性。若向动处捉他，他向不动处立；若向不动处捉他，他向动处立。譬如潜泉鱼，鼓波而自跃。大德，动与不动，是二种境。还是无依道人，用动用不动。

“如诸方学人来，山僧此间作三种断：如中下根器来，我便夺其境而不除其法；或中上根器来，我便境法俱夺；如上上根器来，我便境法人俱不夺。如有出格道人来，山僧此间便全体作用，不历根器。

“大德，到这里学人着力处，不通风，石火电光，即过了也。学人若眼目定动，即没交涉，拟心即差，动念即乖。有人解者，不离目前。大德，你担钵囊屎担子，傍家走，求佛求法。只今与么驰求底，你还识渠么？活拨拨地，只是没根株。拥不聚，拨不散，求着即转远，不求还在目前，灵音属耳。若人不信，徒劳百年。道流，一刹那间，便入华藏世界，入毗卢遮那国土，入解脱国土，入神通国土，入清净国土，入法界，入秽入净，入凡入圣，入饿鬼畜生。处处讨觅寻，皆不见有生有死，唯有空名，幻化空花，不劳把捉，得失是非，一时放却。

“道流，山僧佛法的的，从麻谷和尚、丹霞和尚、道一和尚、庐山拽石头和尚，一路行遍天下，无人信得，尽皆起谤。如道一和尚，用处纯一无杂，学人三百五百，尽皆不见他意。如庐山和尚，自在真正，逆顺用处，学人不测涯际，悉皆茫然。如丹霞和尚，玩珠隐显，学人来者，皆悉被骂。如麻谷用处，苦如黄檗，近皆不得。如石巩用处，向箭头上觅人，来者皆惧。

“如山僧今日用处，真正成坏，玩弄神变，入一切境，随处无事，境不能换。但有来求者，我便出看渠，渠不识我。我便着数般衣，学人生解，一向入我言句，苦哉！瞎秃子！无眼人，把我着底衣认青黄赤白。我脱却，入清净境中，学人一见，便生欣欲。我又脱却，学人失心，茫然狂走，言我无衣。我即向渠道：‘你识我着衣底人么？’忽尔回头，认我了也。大德，你莫认衣，衣不能动，人能着衣。有个清净衣，有个无生衣、菩提衣、涅槃衣，有祖衣、有佛衣。大德，但有声名文句，皆悉是衣变，从脐轮气海中鼓激，牙齿敲磕，成其句义。明知是幻化。大德，外发声语业，内表心所法，以思有念，皆悉是衣。只么认他着底衣为实解，纵经尘劫，只是衣通，三界循环，轮回生死。不如无事，相逢不相识，共语不知名。今时学人不得，盖为认名字为解，大策子上，抄死老汉子语，三重五重复子裹，不教人见，道是玄旨，以为保重，大错！瞎屡生，你向枯骨上觅甚么汁？有一般不识好恶，向教乘中取，意度商量，成于句义。如把屎块子口里含了，吐过与别人。犹如俗人，打传口令相似。一生虚过。也道我出家，被他问着佛法，便即杜口无辞，眼似漆突，口如匾担。如此之类，逢弥勒出世，移至他方世界，寄地狱受苦。大德，你波波地往诸方觅甚么物？踏你脚板阔，无佛可求，无道可成，无法可传。外求有相佛，与汝不相似。欲识汝本心，非合亦非离。道流，真佛无形，真道无体，真法无相，三法混融，和合一处。既辨不得，唤作忙忙业识众生。”

僧问：“如何是真佛真法真道？乞垂开示。”师云：“佛者心清净是，法者心光明是，道者处处无碍净光是。三即一，皆是空名而无实有。如真正道人，念念心不间断。自达磨大师从西土来，只是觅个不受人惑底人。后遇二祖，一言便了，始知从前虚用工夫。山僧今日见处，与祖佛不别。若第一句中荐得，与祖佛为师；若第二句中荐得，与人天为师；若第三句中荐得，自救不了。”

僧问：“如何是西来意？”师云：“若有意，自救不了。”云：“既无意，二祖如何得法？”师云：“得者是不得。”云：“如何是不得底意？”师云：“为你向一切处驰求心不能歇。所以祖师云：‘咄哉！丈夫，将头觅头。’你言下便自回光返照，更不别求，知身心与祖佛不别，当下无事，方名得法。

“大德，山僧今日，事不获已，话度说出许多不才净，你且莫错。据我见处，实无许多般道理。要用便用，不用便休。只如诸方，说六度万行，以为佛法。我道是庄严门、佛事门，非是佛法。乃至持斋持戒，擎油不，道眼不明，尽须抵债，索饭钱有日在！何故如此？入道不通理，复身还信施。长者八十一，其树不生耳。乃至孤峰独宿，一食卯斋，长坐不卧，六时行道。皆是造业底人。乃至头目髓脑，国城妻子，象马七珍，尽皆舍施。如是等见，皆是苦身心故，还招苦果。不如无事，纯一无杂。乃至十地满心菩萨，皆求此道流踪迹，了不可得。所以诸天欢喜，地神捧足，十方诸佛，无不称叹。缘何如此？为今听法道人，用处无踪迹。”

僧问：“大通智胜佛，十劫坐道场，佛法不现前，不得成佛道。未审此意如何？乞师指示。”师云：“大通者，是自己。于处处达其万法，无性无相，名为大通。智胜者，于一切处不疑，不得一法，名为智胜也。佛者，心清净光明，透彻法界，得名为佛。十劫坐道场者，十波罗蜜是。佛法不现前者，佛本不生，法本不灭。云何更有现前？不得成佛道者，佛不应更作佛。古人云：‘佛常在世间，而不染世间法。’道流，你欲得作佛，莫随万物。心生种种法生，心灭种种法灭。一心不生，万法无咎。世出世间，无佛无法。亦不现前，亦不曾失。设有者，皆是名言章句，接引小儿，施设药病，表显名句。且名句不自名句，还是你目前昭昭灵灵，鉴觉闻知、照烛底安一切名句。大德，造五无间业，方得解脱。”

僧问：“如何是五无间业？”师云：“杀父，杀母，出佛身血，破和合僧，焚烧经像等，此是五无间业。”云：“如何是父？”师云：“无明是父。你一念心，求起灭处不可得，如响应空，随处无事，名为杀父。”云：“如何是母？”师云：“贪爱为母。你一念心入欲界中，求其贪爱。唯见诸法空相，处处无着，名为害母。”云：“如何是出佛身血？”师云：“你向清净法界中，无一念心生解，便处处黑暗，是出佛身血。”云：“如何是破和合僧？”师云：“你一念心，正达烦恼结使，如空无所依，是破和合僧。”云：“如何是焚烧经像？”师云：“见因缘空，心空，法空，一念决定断，迥然无事，便是焚烧经像。

“大德，若如是达得，免被伊凡圣名碍。你一念心，只向空拳指上生实解，根境法中虚捏怪，自轻而退屈，言‘我是凡夫，他是圣人’，秃屡生，有甚死急。披他师子皮，却作野犴鸣。大丈夫汉不作丈夫气息。自家屋里物不肯信，只么向外觅，上他古人闲名句，倚阴愽阳，不能特达。逢境便缘，逢尘便执，触处惑起，自无准定。道流，莫取山僧说处。何故？说无凭据。一期间图画虚空，如彩画像等喻。道流，莫将佛为究竟，我见犹如厕孔。菩萨罗汉，尽是枷锁，缚人底物。所以文殊仗剑，杀于瞿昙；鸯崛持刀，害于释氏。道流，无佛可得。乃至三乘五性，圆顿教迹，皆是一期药病相治，并无实法。设有，皆是相似表显路布、文字差排，且如是说。道流，有一般秃子，便向里许着功，拟求出世之法，错了也。若人求佛，是人失佛；若人求道，是人失道；若人求祖，是人失祖。大众莫错！我且不取你解经论，我亦不取你国王大臣，我亦不取你辩似悬河，我亦不取你聪明智慧，唯要你真正见解。

“道流，设解得百本经论，不如一个无事底阿师。你解得，即轻灭他人，胜负修罗，人我无明，长地狱业。如善星比丘，解十二分教，生身陷地狱，大地不容。不如无事休歇去。饥来吃饭，困来合眼，愚人笑我，智乃知焉。道流，莫向文字中求，心动疲劳，吸冷气无益。不如一念缘起无生，超出三乘权学菩萨。

“大德，莫因循过日。山僧往日未有见处时，黑漫漫地，光阴空过。腹热心忙，奔波访道。后还得力，始到今日。共道流如是话度。劝诸道流，莫为衣食。看世界易过，善知识难逢。如优昙花，时一现耳。你诸方闻道有个临济老汉，出来便拟问难，教语不得，被山僧全体作用，学人空开得眼口，总动不得，懵然不知以何答我。我向伊道，龙象蹴踏，非驴所堪。你诸处只指胸点肋，道我解禅解道，三个两个到这里不奈何，咄哉！你将这个身心，到处簸两片皮，诳呼阎闾，吃铁棒有日在！非出家儿，尽向阿修罗界摄。夫如至理之道，非诤论而可求，激扬铿枪，以摧外道。至于佛祖相承，更无别意。设有言教，落在化仪，三乘五性，人天因果。如圆顿之教，又且不然，童子善财，皆不求过。大德，莫错用心，譬如大海不停，死尸只么担却，拟天下走。自起见障，以碍于心；日上无云，丽天普照；眼中无翳，空里无花。道流，你欲得如法，但莫生疑，展即弥纶法界，收即丝发不立。历历孤明，未曾欠少。眼不见，耳不闻，唤作甚么物？古人云：‘说似一物则不中。’你但自家看，更有甚么？说亦无尽，各自努力，珍重！”

赵州行脚时见师，值师洗脚次，州便问：“如何是祖师西来意？”师云：“恰值老僧洗脚。”州近前作听势。师云：“更要第二杓恶水泼在！”州便下去。

师闻德山示众云：“道！道！道得也三十棒，道不得也三十棒。”时洛浦作侍者。师令洛浦去，嘱之云：“汝去，若见渠恁么道，便问：‘既是道得，为甚么也三十棒？’他若打，你便接住拄杖推一推。”浦如所教。山果行棒，被浦推倒。山起，便归方丈。浦回，举似师。师云：“我从来疑着这汉。虽然如是，你还见德山么？”浦拟议，师便打。

麻谷来，才敷坐具，便问：“十二面观音，阿那个是正面？”师下绳床，以一手收坐具，以一手搊住，云：“十二面观音甚么处去也？”谷转身拟坐绳床，师拈棒便打。谷接却棒，与师相捉归方丈。

师会下。两堂首座一日举头相顾，各下一喝。僧举问师：“还有宾主也无？”师云：“宾主历然。”

师问院主：“甚么处来？”云：“州中粜黄米来。”师以拄杖划一划云：“还粜得这个么？”主便喝，师便打。须臾典座来，师举前话。座云：“院主不会和尚意。”师云：“你作么生会？”座作礼，师亦打。（黄龙南云：“院主下喝，不可放过。典座礼拜，放过不可。临济令行，归宗放过。三十年后，有人说破。”）

师会下。有同学二人相问，离却中下二机，请兄道一句子。一人云：“拟问即失。”一人云：“恁么则礼拜老兄去也。”前人云：“贼。”师闻得，升堂云：“要会临济宾主句，问取堂中二禅客。”便下座。

师应机多用喝，学徒多学之。师一日问僧：“汝总学我喝，我且问你：有一人从东廊出，一人从西廊出，两人齐喝一声，这里分得宾主，你作么生分？若分不得，已后不得学老僧喝。”

师升座次，有僧出，师便喝，僧亦喝，师便打。（翠岩芝云：“临济也粗心。好彩是这僧，若是今时衲僧，且作么生出得？”）

师问僧：“甚处来？”僧便喝，师揖坐，僧拟议，师便打。

师见僧来，竖起拂子，僧作礼，师便打。（翠岩芝云：“这僧有理难伸，死而不吊，且作么生会？如今作么生，与这僧出气。”）

师见僧来，竖起拂子，僧不顾，师亦打。（云门举三段了，云：“只宜老汉。”）

师拈胡饼示洛浦云：“万种千般，不离这个，其理不二。”浦云：“如何是不二之理？”师又拈饼示之。浦云：“恁么则万种千般也。”师云：“屙屎见解。”浦云：“罗公照镜。”

师问僧：“甚处来？”云：“定州。”师拈棒。僧拟议，师便打。僧不肯，师云：“已后遇明眼人去在。”僧后见三圣，才举前话，圣拈棒。僧拟议，圣便打。

有僧来问：“礼拜则是？不礼拜则是？”师便喝，僧作礼，师云：“这贼。”僧亦云：“这贼。”便出去。师云：“莫道无事好。”首座侍立，师回顾云：“还有过也无？”座云：“有。”师云：“宾家有过，主家有过？”座云：“二俱有过。”师云：“过在甚么处？”座便出去。师云：“莫道无事好。”

有僧来，师展两手，僧无语。师云：“会么？”云：“不会。”师云：“完囫擘不破，与你两文钱。”

师临迁化时，示众云：“吾去后，汝等诸人，不得灭却吾正法眼藏。”三圣出云：“谁敢灭却和尚正法眼藏。”师云：“已后有人问你，向伊道甚么？”圣便喝。师云：“谁知吾正法眼藏，向这瞎驴边灭却。”圣作礼。师示以偈云：“沿流不止问如何？真照无边说似他。离相离名人不委，吹毛用了急还磨。”言讫端坐而寂。咸通八年丁亥（867）［按：《祖堂集》《宋高僧传》《景德传灯录》《祖庭事苑》诸本作“咸通七年（866）”］孟陬月十日，全身塔于大名府西北隅，敕谥慧照禅师。

沩山问仰山：“黄檗只嘱临济一人，别更有人在？”仰山云：“有。只是年代深远，不欲举似和尚。”沩山云：“但举看，吾亦要知。”仰山云：“一人指南，吴越令行，遇大风而止。”

丛林皆以风穴沼禅师当是记。或者曰：“考其年代，风穴夜襄州华严，作维那时，兴廓侍者同夏，即朋辈也。廓尚及见德山，沼虽不见临济，已致身丛林久矣，安得年代深远乎？”又云：“吴越令行，遇大风而止，皆无所谓，此记盖预谶妙喜也。妙喜为临济十二世孙，可谓年代深远，先住吴之径山，后住越之阿育王，可谓吴越令行也。”然贤圣谶记，故不可得而知。宗门既无利害，闻诸群议，谩笔卷末，智者审其疑似焉。

【据民国二十五年（1936）北平刻经处《百纳藏·卍新纂续藏经》本《联灯会要》卷九】

《五灯会元》卷十一《镇州临济义玄禅师》

[南宋]释普济

镇州临济义玄禅师,曹州南华邢氏子。幼负出尘之志,及落发进具,便慕禅宗。初在黄檗会中,行业纯一。时睦州为第一座,乃问:“上座在此多少时?”师曰:“三年。”州曰:“曾参问否?”师曰:“不曾参问,不知问个甚么?”州曰:“何不问堂头和尚,如何是佛法的的大意?”师便去,问声未绝,檗便打。师下来,州曰:“问话作么生?”师曰:“某甲问声未绝,和尚便打,某甲不会。”州曰:“但更去问。”师又问,檗又打。如是三度问,三度被打。师白州曰:“早承激劝问法,累蒙和尚赐棒,自恨障缘,不领深旨。今且辞去。”州曰:“汝若去,须辞和尚了去。”师礼拜退。州先到黄檗处曰:“问话上座,虽是后生,却甚奇特。若来辞,方便接伊。已后为一株大树,覆荫天下人去在。”师来日辞黄檗,檗曰:“不须他去,只往高安滩头参大愚,必为汝说。”

师到大愚,愚曰:“甚处来?”师曰:“黄檗来。”愚曰:“黄檗有何言句?”师曰:“某甲三度问佛法的的大意,三度被打。不知某甲有过无过?”愚曰:“黄檗与么老婆心切,为汝得彻困,更来这里问有过无过?”师于言下大悟,乃曰:“元来黄檗佛法无多子。”愚搊住曰:“这尿床鬼子,适来道有过无过,如今却道黄檗佛法无多子。你见个甚么道理?速道!速道!”师于大愚肋下筑三拳,愚拓开曰:“汝师黄檗,非干我事。”

师辞大愚,却回黄檗。檗见便问:“这汉来来去去,有甚了期?”师曰:“只为老婆心切。”便人事了,侍立,檗问:“甚处去来?”师曰:“昨蒙和尚慈旨,令参大愚去来。”檗曰:“大愚有何言句?”师举前话。檗曰:“大愚老汉饶舌,待来痛与一顿。”师曰:“说甚待来,即今便打。”随后便掌。檗曰:“这风颠汉来这里捋虎须。”师便喝。檗唤侍者曰:“引这风颠汉参堂去。”(沩山举问仰山:“临济当时得大愚力,得黄檗力?”仰云:“非但骑虎头,亦解把虎尾。”)

黄檗一日普请次,师随后行。檗回头见师空手,乃问:“镬在何处?”师曰:“有一人将去了也。”檗曰:“近前来共汝商量个事。”师便近前,檗竖起镬曰:“只这个天下人拈掇不起。”师就手掣得,竖起曰:“为甚么却在某甲手里?”檗曰:“今日自有人普请。”便回寺。(仰山侍沩山次,沩举此话未了,仰便问:“镬在黄檗手里,为甚么却被临济夺却?”沩云:“贼是小人,智过君子。”)

师普请锄地次,见黄檗来,拄镬而立。檗曰:“这汉困那?”师曰:“镬也未举,困个甚么?”檗便打。师接住棒,一送送倒,檗呼维那:“扶起我来。”维那扶起曰:“和尚争容得这风颠汉无礼?”檗才起便打维那。师镬地曰:“诸方火葬,我这里活埋。”(沩山问仰山:“黄檗打维那意作么生?”仰云:“正贼走却,逻赃人吃棒。”)

师一日在僧堂里睡，檗入堂见，以拄杖打板头一下。师举首见是檗，却又睡。檗又打板头一下。却往上间，见首座坐禅，乃曰："下间后生却坐禅，汝在这里妄想作么？"座曰："这老汉作甚么？"檗又打板头一下，便出去。（沩山举问仰山："只如黄檗，意作么生？"仰云："两彩一赛。"）

师栽松次，檗曰："深山里栽许多松作甚么？"师曰："一与山门作境致，二与后人作标榜。"道了，将镢头斲地三下。檗曰："虽然如何，子已吃吾三十棒了也。"师又斲地三下，嘘一嘘。檗曰："吾宗到汝，大兴于世。"（沩山举问仰山："黄檗当时只嘱临济一人，更有人在？"仰云："有。只是年代深远，不欲举似和尚。"沩云："虽然如是，吾亦要知，汝但举看。"仰云："一人指南，吴越令行，遇大风即止。"）

黄檗因入厨下，问饭头："作甚么？"头曰："拣众僧饭米。"檗曰："一顿吃多少？"头曰："二石五。"檗曰："莫太多么？"头曰："犹恐少在。"檗便打。头举似师，师曰："我与汝勘这老汉。"才到侍立。檗举前话，师曰："饭头不会，请和尚代一转语。"檗曰："汝但举。"师曰："莫太多么？"檗曰："来日更吃一顿。"师曰："说甚么来日，即今便吃。"随后打一掌。檗曰："这风颠汉，又来这里捋虎须。"师喝一喝，便出去。（沩山举问仰山："此二尊宿意作么生？"仰山云："和尚作么生？"沩山云："养子方知父慈。"仰山云："不然。"沩山云："子又作么生？"仰山云："大似勾贼破家。"）

师半夏上黄檗山，见檗看经。师曰："我将谓是个人，元来是唵（或作揞）黑豆老和尚。"住数日，乃辞，檗曰："汝破夏来，何不终夏去？"师曰："某甲暂来礼拜和尚。"檗便打趁令去。师行数里，疑此事，却回终夏。

后又辞檗，檗曰："甚处去？"师曰："不是河南，便归河北。"檗便打。师约住与一掌，檗大笑。乃唤侍者："将百丈先师禅板几案来。"师曰："侍者将火来。"檗曰："不然。子但将去，已后坐断天下人舌头去在。"

师到达磨塔头，塔主问："先礼佛，先礼祖？"师曰："祖佛俱不礼。"主曰："祖佛与长老有甚冤家？"师拂袖便出。

师为黄檗驰书至沩山，与仰山语次，仰曰："老兄向后北去，有个住处。"师曰："岂有与么事。"仰曰："但去，已后有一人佐辅汝。此人只是有头无尾，有始无终。"（悬记普化。）

师后住镇州临济，学侣云集。一日，谓普化、克符二上座曰："我欲于此建立黄檗宗旨，汝且成褫我。"二人珍重下去。三日后，普化却上来问："和尚三日前说甚么？"师便打。三日后，克符上来问："和尚前日打普化作甚么？"师亦打。至晚小参，曰："有时夺人不夺境，有时夺境不夺人，有时人境两俱夺，有时人境俱不夺。"（问答语具克符章。）僧问："如何是真佛、真法、真道？乞师开示。"师曰："佛者心清净是，法者心光明是，道者处处无碍净光是。三即一，皆是空名而无实有。如真正作道人，念念心不间断。自达磨大师从西土来，只是觅个不受人惑底人。后遇二祖，一言便了，始知从前虚用工夫。山僧今日见处，与祖佛不别。若第一句中荐得，堪与祖佛为师；若第二句中荐得，堪与人天为师；若第三句中荐得，自救不了。”僧便问：“如何是第一句？”师曰：“三要印开朱点窄，未容拟议主宾分。”曰：“如何是第二句？”师曰：“妙解岂容无着问，沤和争负截流机？”曰：“如何是第三句？”师曰：“但看棚头弄傀儡，抽牵全藉里头人。”乃曰：“大凡演唱宗乘，一句中须具三玄门，一玄门须具三要。有权有实，有照有用。汝等诸人作么生会？”

师谓僧曰：“有时一喝如金刚王宝剑，有时一喝如踞地师子，有时一喝如探竿影草，有时一喝不作一喝用。汝作么生会？”僧拟议，师便喝。

示众：“参学之人，大须子细。如宾主相见，便有言论往来。或应物现形，或全体作用，或把机权喜怒，或现半身，或乘师子，或乘象王，如有真正学人便喝，先拈出一个胶盆子，善知识不辨是境，便上他境上作模作样，便被学人又喝，前人不肯放下，此是膏肓之病，不堪医治，唤作宾看主。或是善知识，不拈出物，只随学人问处即夺，学人被夺，抵死不肯放，此是主看宾。或有学人应一个清净境，出善知识前，知识辨得是境，把得抛向坑里。学人言：‘大好善知识。’知识即云：‘咄哉！不识好恶。’学人便礼拜。此唤作主看主。或有学人，披枷带锁，出善知识前，知识更与安一重枷锁。学人欢喜，彼此不辨，唤作宾看宾。大德，山僧所举，皆是辨魔拣异，知其邪正。”

师问洛浦：“从上来，一人行棒，一人行喝，阿那个亲？”曰：“总不亲。”师曰：“亲处作么生？”浦便喝，师乃打。

上堂：“有一人论劫在途中，不离家舍。有一人离家舍，不在途中。那个合受人天供养？”

师问院主：“甚么去来？”曰：“州中粜黄米来。”师曰：“粜得尽么？”主曰：“粜得尽。”师以拄杖画一画曰：“还粜得这个么？”主便喝，师便打。典座至，师举前话。座曰：“院主不会和尚意？”师曰：“你又作么生？”座礼拜，师亦打。

上堂：“一人在孤峰顶上，无出身路。一人在十字街头，亦无向背。且道那个在前，那个在后？不作维摩诘，不作傅大士。珍重！”

有一老宿参，便问：“礼拜即是，不礼拜即是？”师便喝，宿便拜。师曰：“好个草贼。”宿曰：“贼！贼！”便出去。师曰：“莫道无事好！”时首座侍立，师曰：“还有过也无？”座曰：“有。”师曰：“宾家有过，主家有过？”曰：“二俱有过。”师曰：“过在甚么处？”座便出去。师曰：“莫道无事好！”（南泉闻云：“官马相踏。”）

师到京行化，至一家门首，曰：“家常添钵。”有婆曰：“太无厌生！”师曰：“饭也未曾得，何言太无厌生？”婆便闭却门。

师升堂，有僧出，师便喝，僧亦喝，便礼拜，师便打。

赵州游方到院，在后架洗脚次，师便问：“如何是祖师西来意？”州曰：“恰遇山僧洗脚。”师近前作听势，州曰：“会即便会，啖啄作什么？”师便归方丈。州曰：“三十年行脚，今日错为人下注脚。”

问：“僧甚处来？”曰：“定州来。”师拈棒，僧拟议，师便打，僧不肯。师曰：“已后遇明眼人去在。”僧后参三圣，才举前话，三圣便打。僧拟议，圣又打。

师应机多用喝，会下参徒亦学师喝。师曰：“汝等总学我喝，我今问汝：‘有一人从东堂出，一人从西堂出，两人齐喝一声，这里分得宾主么？汝且作么生分？’若分不得，已后不得学老僧喝。”

示众：“我有时先照后用，有时先用后照，有时照用同时，有时照用不同时。先照后用有人在，先用后照有法在，照用同时，驱耕夫之牛，夺饥人之食，敲骨取髓，痛下针锥。照用不同时，有问有答，立宾立主，合水和泥，应机接物。若是过量人，向未举已前，撩起便行，犹较些子。”

师行脚时到龙光，值上堂，师出问：“不展锋芒，如何得胜？”光据坐。师曰：“大善知识，岂无方便？”光瞪目曰：“嗄。”师以手指曰：“这老汉今日败缺也。”

次到三峰平和尚处，平问：“甚处来？”师曰：“黄檗来。”平曰：“黄檗有何言句？”师曰：“金牛昨夜遭涂炭，直至如今不见踪。”平曰：“金风吹玉管，那个是知音？”师曰：“直透万重关，不住青霄内。”平曰：“子这一问太高生！”师曰：“龙生金凤子，冲破碧琉璃。”平曰：“且坐吃茶。”又问：“近离甚处？”师曰：“龙光。”平曰：“龙光近日如何？”师便出去。

又往凤林，路逢一婆子。婆问：“甚处去？”师曰：“凤林去。”婆曰：“恰值凤林不在。”师曰：“甚处去？”婆便行。师召婆，婆回首，师便行。（一作师曰：“谁道不在。”）

到凤林，林曰：“有事相借问，得么？”师曰：“何得剜肉作疮。”林曰：“海月澄无影，游鱼独自迷。”师曰：“海月既无影，游鱼何得迷？”林曰：“观风知浪起，玩水䁖帆飘。”师曰：“孤蟾独耀江山静，长啸一声天地秋。”林曰：“任张三寸挥天地，一句临机试道看。”师曰：“路逢剑客须呈剑，不是诗人不献诗。”林便休。师乃有颂曰：“大道绝同，任向西东。石火莫及，电光罔通。”（沩山问仰山：“石火莫及，电光罔通，从上诸圣，以何为人？”仰云：“和尚意作么生？”沩云：“但有言说，都无实义。”仰云：“不然。”沩云：“子又作么生？”仰云：“官不容针，私通车马。”）

麻谷问：“十二面观音，那个是正面？”师下禅床擒住，曰：“十二面观音，甚处去也？速道！速道！”谷转身拟坐，师便打。谷接住棒，相捉归方丈。

师问一尼:“善来? 恶来?”尼便喝。师拈棒曰:“更道! 更道!”尼又喝,师便打。

师一日拈胡饼示洛浦曰:“万种千般,不离这个,其理不二。”浦曰:“如何是不二之理?”师再拈起饼示之。浦曰:“与么则万种千般也。”师曰:“屙屎见解。”浦曰:“罗公照镜。”

师见僧来,举起拂子。僧礼拜,师便打。又有僧来,师亦举拂子。僧不顾,师亦打。又有僧来参,师举拂子。僧曰:“谢和尚指示。”师亦打。(云门代云:“只宜老汉。”大觉云:“得即得,犹未见临济机在。”)

麻谷问:“大悲千手眼,那个是正眼?”师搊住曰:“大悲千手眼,作么生是正眼? 速道! 速道!”谷拽师下禅床,却坐。师问讯曰:“不审。”谷拟议,师便喝。拽谷下禅床,却坐。谷便出。

上堂,僧问:“如何是佛法大意?”师竖起拂子,僧便喝,师便打。又僧问:“如何是佛法大意?”师亦竖拂子,僧便喝,师亦喝。僧拟议,师便打。乃曰:“大众! 夫为法者,不避丧身失命。我于黄檗先师处,三度问佛法的的大意,三度被打,如蒿枝拂相似。如今更思一顿,谁为下手?”时有僧出曰:“某甲下手。”师度与拄杖,僧拟接,师便打。

同普化赴施主斋次,师问:“毛吞巨海,芥纳须弥,为复是神通妙用,为复是法尔如然。”化趯倒饭床。师曰:“太粗生!”曰:“这里是甚么所在,说粗说细?”次日又同赴斋,师复问:“今日供养,何似昨日?”化又趯倒饭床。师曰:“得即得,太粗生!”化喝曰:“瞎汉,佛法说甚么粗细?”师乃吐舌。

师与王常侍到僧堂,王问:“这一堂僧还看经么?”师曰:“不看经。”曰:“还习禅么?”师曰:“不习禅。”曰:“既不看经,又不习禅,毕竟作个甚么?”师曰:“总教伊成佛作祖去!”曰:“金屑虽贵,落眼成翳。”师曰:“我将谓你是个俗汉。”

师上堂次,两堂首座相见,同时下喝。僧问师:“还有宾主也无?”师曰:“宾主历然。”师召众曰:“要会临济宾主句,问取堂中二首座。”

师后居大名府兴化寺东堂。

咸通八年丁亥(867)[按:《祖堂集》《宋高僧传》《景德传灯录》《祖庭事苑》诸本作“咸通七年(866)”]四月十日,将示灭,说传法偈曰:“沿流不止问如何? 真照无边说似他。离相离名人不禀,吹毛用了急须磨。”复谓众曰:“吾灭后,不得灭却吾正法眼藏。”三圣出曰:“争敢灭却和尚正法眼藏?”师曰:“已后有人问,你向他道甚么?”圣便喝。师曰:“谁知吾正法眼藏,向这瞎驴边灭却。”言讫,端坐而逝。塔全身于府西北隅,谥慧照禅师,塔曰澄灵[按:《祖堂集》《宋高僧传》诸本作“澄虚”]。

【据宋宝祐本《五灯会元》卷十一,参校中华书局1984年版《五灯会元》本】

《大光明藏》卷下《镇州临济义玄禅师》

[南宋]释宝昙

师初在黄檗会中,第一座勉令问话,师乃上问曰:“如何是佛法的的意?”黄檗便打。如是三问,三回被打。将辞,往诸方。第一座告黄檗曰:“义玄上座虽是后生,却甚奇特。来辞和尚,愿更垂提诱。”来日,师上辞,黄檗指往高安见大愚。

师到大愚,愚问曰:“什么处来?”师曰:“黄檗来。”愚曰:“黄檗有何言教?”师曰:“义玄三度问西来的的意,三蒙赐棒,不知过在什么处?”愚曰:“黄檗恁么老婆心,为汝得彻,犹觅过在?”师于言下大悟,云:“元来黄檗佛法无多子!”愚扭住师,云:“者尿床鬼子,适道过在什么处,如今却道黄檗佛法无多子!你见个什么道理?速道!速道!”师于大愚肋下筑三拳,大愚托开云:“汝师黄檗,非干我事!”

师辞大愚,回黄檗,黄檗云:“汝回太速生!”师云:“只为老婆心切,便人事了。”侍立次,黄檗云:“大愚有何言句?”师遂举前话,黄檗云:“这大愚老汉,待见痛与一顿!”师云:“说什么待见?即今便与!”随后便打黄檗一掌。黄檗云:“这风颠汉!却来这里捋虎须!”师便喝。黄檗云:“侍者,引这风颠汉参堂去!”

师自此后半夏上黄檗山,见黄檗看经,师曰:“我将谓是个人,元来是个唵黑豆老和尚。”住数日,乃去。黄檗曰:“汝破夏来,不终夏去。”师曰:“某甲暂来礼拜和尚。”黄檗遂打趁令出去。师行数里,疑此事,却回终夏。

辞黄檗,檗曰:“什么处去?”师曰:“不是河南,便是河北。”黄檗拈起拄杖便打。师捉住云:“这老汉,莫盲枷瞎棒,已后错打人在!”黄檗遂唤侍者:“把将几案禅板来!”师曰:“把将火来!”黄檗曰:“不然。汝但将去,已后坐断天下人舌头在。”师即便发去。师到态耳祖塔,塔主问曰:“先礼佛,先礼祖?”师曰:“祖佛俱不礼。”塔主曰:“祖佛与长老有什么冤家,俱不礼?”师便拂袖出。

师后还乡,住于城南临济院。一日,上堂云:“汝等诸人赤肉团上有一无位真人,常向汝诸人面门出入,未证据者看看!”时有僧问:“如何是无位真人?”师下禅床把住云:“道!道!”僧拟议,师托开云:“无位真人是什么干屎橛!”便归方丈。

师问乐普:“从上来人,行棒行喝,阿那个亲?”对曰:“总不亲。”师曰:“亲处作么生?”普便喝,师便打。

师问木口和尚:“如何是露地白牛?”木口:“吽。”师曰:“哑。”木口曰:“老师作么生?”师曰:“这畜生。”

大觉来参,师举拂子;大觉敷坐具,师掷下拂子;大觉收坐具,入僧堂。众僧疑曰:“这僧莫是和尚亲故,不礼拜,又不吃棒?”师闻,令唤新到来。大觉遂出,师曰:“大众道汝未参长老。”大觉云：“不审。”便自归众。

麻谷到参，敷坐具，便问云：“十二面观音，阿那面正？”师下禅床一手收麻谷坐具，一手捎麻谷云：“十二面观音向什么处去也？”麻谷转身拟坐禅床，师拈拄杖打，麻谷接住，捉入方丈。

师上堂云：“大众，夫为法者不避丧身失命。我昔于黄檗先师处，三度问佛法的的意，三度蒙他赐棒，如蒿枝拂相似。如今更思得一顿，谁为下手？”时有僧出云：“某甲下得。”师拈棒与他，僧拟接，师便打。

僧问：“如何是第一句？”师曰：“三要印开朱点窄，未容拟议主宾分。”曰：“如何是第二句？”师曰：“妙解岂容无着问，沤和争负截流机？”问：“如何是第三句？”师曰：“看取棚头弄傀儡，牵抽全藉里头人。”师乃曰：“夫一句语须具三玄门，一玄门须具三要，有权有用。汝等诸人作么会？”

师一日上堂曰：“吾灭后不得灭却吾正法眼藏。”三圣出云：“争敢灭却和尚正法眼藏？”师曰：“已后有人问你，向他道什么？”三圣便喝。师曰：“谁知吾正法眼藏向这瞎驴边灭却！”乃有颂曰：“沿流不止问如何？真照无边说似他。离相离名人不禀，吹毛用了急须磨。”

（宝昙曰：“或拟议临济三顿棒曰：‘若药不瞑眩，厥疾不瘳。’是未梦见吾临济也。但观渠曰：‘我于黄檗处，三度问佛法大意，三度吃六十拄杖，如蒿枝拂相似，如今更思一顿，谁为下手？’此真临济骨髓也。肋下三拳，连腮一掌，以明有信，初非棒下无生忍，临机不见师之谓也。学者宜审之。半夏辞黄檗，中道复回，始终光明，不留丝毫许也。故其平生一喝，如旱天霹雳，佛来也喝，祖来也喝，明来也喝，暗来也喝。有时一喝如金刚王宝剑，有时一喝如踞地狮子，有时一喝如探竿影草，有时一喝不作一喝用。四喝面目现在，此喝决定非彼，而彼喝决定非此也，故能一喝中建立一切法，亦能破除一切法。正当喝时，孰知其为彼喝此喝中者，但知死者死而活者活也。又曰：‘一句中须具三玄，一玄中须具三要，有权有实，有照有用。’又曰：‘有一人长在涂中，不离家舍；有一人长在家舍，不离涂中；那个合受人天供养？’又有四料拣、四宾主三句，皆吾临济宗旨。非从黄檗得来也。至力诋禅病，直指本根，琅琅数千万言，如迦陵仙音，遍十方界，所谓虽圣，临济不居也。正法眼藏十有二传，而至于今不泯，吾知其待阿逸多出世，更千万传，皆吾济北之道也。复何虑哉！”）

【据民国二十五年（1936）北平刻经处《百纳藏·卍新纂续藏经》本《大光明藏》卷下】

真定十方临济慧照玄公大宗师道行碑铭

[元]王博文

正议大夫御史中丞行御史台事王博文撰并书

通奉大夫参知政事枢密副使商挺题额

佛氏之祖,由毗婆尸七世至释迦牟尼;嗣释迦之法者,迦叶尊者为第一祖;由迦叶二十八传而得达磨;达磨至中国为初祖,曹溪始派别为五;大鉴传南岳让,让传马祖一,一传百丈海,海传黄檗运,运传临济。此临济一宗相传授之大概也。

师讳义玄,姓邢氏,曹之南华人。性颖异,以孝闻卿(乡)里。幼喜佛氏之学。既落发受具,即留心于经论,穷幽探赜。既而曰:"此济世之医方也,非教外别传之旨。"遂从事于禅宗,参黄檗运禅师,证据提警,意融心会,引申触长,种种解悟,而又切磋于大愚、沩山间,以至道业纯一,夐出侪辈。黄檗遂以其师百丈之禅板几案授焉。

唐宣宗大中八年(854)行脚至真定,住于城东南临济院。以其近于滹沱之津渡,遂以临济自名。后太尉墨君和舍宅为寺,迎师居之,亦号临济焉。

师道阶既高,当时闻人胜士,咸来向慕,无间远迩,问法求道,肩摩踵接。普化、克符二上座,师之法叔行也,以雄杰相与辅翼,而甘处下风焉。其善知识如龙牙、洛浦、麻谷、风材,皆炷香敷具,愿执弟子礼。但得一言半句,发药者即成令器。

既而往河中,府主王常侍延以师礼。住持未几,杖锡归大名,居兴化寺之东堂。一日摄衣据座,与三圣然公问答,即以正法眼藏授之,而说偈曰:"源流不止问如何?真照无边说向他。离名离相还自禀,吹毛用了急须磨!"说此偈竟,端然示寂。实(时)懿宗咸通八年(867)四月十日也。荼毗所得舍利,其徒分而为二,一塔于魏府,一塔于镇阳。诏谥曰慧照禅师,扁(匾)其塔曰澄灵,子孙相继主之。金国兵兴,寺为焦土,唯塔独存,岿然于瓦砾中。(金)大定二十三年(1183),世宗夜梦师乞徙塔于净域,遣使视之,果为粪坏芜(污)秽所埋拥;使还以闻,世宗命官吏率高行师德熏(董)其役,距故址进二十步,树砖浮图九级,藏舍利焉。

皇朝抚有方夏,为主僧所居,殿宇荒摧。海云大宗师,临济之十七世孙也。监寺定明、白府致礼,请海云主是席。丙午(元大德十年,1306)春复为十方禅寺,命其嗣子庵主通公、慵庵坚公、可庵朗公相继住持。殿宇佛像庄严完好,皆海云之力也。

师传授之法,曰"三玄三要,宾主料拣,四喝八棒"之属,洪规深旨,为天下学者入道之门,皆师之所自得,非授之于黄檗也。嗣师之法者,若子若孙,为龙为象,不可殚纪。其大略则由兴化奖而下,四世而至汾阳昭。其上足曰慈明圆、琅琊觉。慈明圆传杨岐会,会传白云端,端传五祖演,演传佛果勤、佛鉴、天目齐。佛果传虎丘隆、大慧杲。

虎丘隆传应庵华，华传密庵杰，杰传破庵先、松源岳。破庵传石田熏，熏传净慈愚极慧。松源传无德通，通传虚舟度，度传径山虎岩伏。天目齐传汝州和，和传竹林宝，宝传竹林安，安传竹林海，海传归云宣、白涧一、庆寿璋。归云宣传平山亮；白涧一传冲虚昉、懒牧归；庆寿璋传竹林彝、海云大宗师。竹林彝传龙华惠；海云传可庵朗、龙宫玉、赜庵儇。可庵传太傅刘文贞公、庆寿满；龙宫玉传大名海；赜庵传庆寿安。琅琊觉传泐潭月，月传毗陵真，真传白水白，白传天宁党，党传慈照纯，纯传郑州宝，宝传竹林藏、庆寿亨、少林鉴。庆寿亨传东平汴、太原昭；少林鉴传法王通，通传安闲觉，觉传南京智、西庵赟[按："西菴赟"，据刘友恒、李秀婷《〈真定十方临济慧照玄公大宗师道行碑铭〉浅谈》引作"西安赟"；引文据20世纪80年代日本佛教临济宗访华团赠送]；南京智传寿峰湛，西庵赟传雪堂仁公。由临济十八世矣。

至元丁亥（二十四年，1287）秋八月，雪堂赍圣上御香，将诣杭浙诸名刹焚修祝厘[按："祝厘"，据刘友恒、李秀婷《〈真定十方临济慧照玄公大宗师道行碑铭〉浅谈》引作"祝禧"]，至广陵来谒予言："山僧今年春过镇阳，拜临济祖师塔，抚循遗迹，旌纪寂寥，因与僧统满公议，将以师之道行刻之贞石，以诏学者，幸公为我当笔也。"予固辞，不许，即相与考证诸家传录，以次第之，谓雪堂曰："自曹溪派而为五之后，今法眼、沩仰传者至少，云门、洞下差多于二家；唯临济一宗演溢盛大。既为嗣法高弟，发明师之宗旨，昭揭师之学行，俾传无穷，宜矣。"仍（乃）系之以铭曰：

达磨至中国，传佛法与心。无言语文字，直超向上寻。神光最坚笃，雪立不厌深。豁然悟本体，提印开未今。六祖派为五，同锺（钟）而异音。四传得黄檗，黄檗传临济。临济何雄伟，龙象真可拟！镬头下乘机，虎须边悟旨。铲除诸相妄，洞彻万物理。每与学者云：驰求漫劳耳；得真正见解，佛祖不远矣；只于赤肉团，有无为（位）真人；十方与三界，在汝屋与身；持求唯自信，殊胜自相亲。一棒与一喝，机锋砉然新。盲癞莫漫来，鹅王食乳真。雷惊狮子吼，魔魅俱消沦。耆宿善知识，蜂附而蚁聚。门人与高弟，龙骞而凤翥。付却正法眼，径归[按："归"，原作"山"，据刘友恒、李秀婷《〈真定十方临济慧照玄公大宗师道行碑铭〉浅谈》引文改正]兜率去。曹溪唯此脉，如海百川赴。一灯发千灯，散为万寚炬。神光照十方，不在舍利数。高名传万古，不在澄灵固。骨朽舍利尘，自在不已住。书此刻贞珉，庶俾后学谕。

年　月　日立石大功德主

前江淮福建等处释教总统十八世孙雪堂野衲普仁立石

杭州净慈寺住持袭祖传法十七世孙愚极至慧

杭州灵隐寺住持袭祖传法十八世孙玉山德珍

杭州径山寺住持袭祖传法十八世孙虎岩净伏

【据日本柳田圣山主编《禅学丛书》之十《临济录钞书集成》影印之日本元禄十一年戊寅(1698)孟春上浣日皇都书肆田中庄兵卫藏版《临济录摘叶》卷末附】

《释氏通鉴》卷十一《临济义玄禅师》

[南宋]括山本觉

临济义玄禅师,自黄檗得法。归乡住临济禅苑,学徒奔凑。寻以兵动弃去。太尉默和舍宅为寺,延请师居。亦以临济为额。次至河府,府主王常侍,与师道契。晚迁大名府兴化寺闲居。存奖执侍,师乃付法。偈曰:"沿流不止问如何?真照无边说似他。离相离名人不禀,吹毛用了急还磨!"是年四月谓众曰:"吾灭后,不得灭却吾正法眼。"三圣云:"争敢灭却和尚法眼?"师云:"已后有人问你,作么生道?"三圣便喝。师云:"谁知吾正法眼藏,向这瞎驴边灭却!"言讫,端坐而化。敕谥慧照禅师。

嗣法二十一人。其上首三圣兴化也。

师尝示众云:"赤肉团上有一无位真人,常从诸人面门出入,未证据者看。"时有僧问:"如何是无位真人?"师挡住云:"道!道!"其僧拟议。师托开云:"无位真人是什么干屎橛!"

师示众有云:"不如歇业无事去。已起者莫续,未起者不要放起。便胜十年行□。诸人皆是有心求佛,求出三界。痴人!你要出,甚处去?你一念心贪是欲界;一念心嗔是色界;一念心痴是无色界,是你屋里具三界。你一念心歇得处,唤作菩提树;一念心不歇处,唤作无明树。"师又云:"道流,且要识取四种无相境,免被境缘摆扑。你一念心爱,被水溺;一念心嗔,被火烧;一念心疑,被地碍;一念心喜,被风飘。若能如是辨得,不被境转。处处用境,东涌西没,边涌中没,为达四大如梦如幻故。"

【据民国二十五年(1936)北平刻经处《百纳藏·卍新纂续藏经》本《释氏通鉴》卷十一】

《佛祖历代通载》卷十七《临济义玄禅师》

[元]释念常

镇州临济义玄禅师,曹州南华人,姓邢氏。

参黄檗运禅师,问:"如何是佛法的的大意?"声未绝,运便打。如是三度致问,三度被打,遂辞下山。运指往高安大愚处去。

师至大愚。问:“黄檗近日有何言句?”师曰:“某甲三度问佛法的的大意,三度被打。不知有过无过。”愚云:“黄檗恁么老婆心! 更问有过无过?”师于是大悟,云:“元来黄檗佛法无多子!”愚捣住曰:“尿床鬼子,适来问有过无过;而今却道黄檗佛法无多子! 汝见个甚么?”师于大愚肋下筑三拳。愚托开云:“汝师黄檗,非干我事。”师由是再回黄檗。

师资契会,大机大用,卓冠一时。后还乡,徇赵人之请,住子城南临济禅苑。学徒奔凑。

师示众曰:“赤肉团上有一无位真人,常从女等诸人面门出入,未证据者看。”时有僧问:“如何是无位真人?”师下禅床捣住,云:“道! 道!”其僧拟议,师托开云:“无位真人是什么干屎橛!”

师问乐普云:“从上来,一人行棒,一人行喝。阿那个亲?”对曰:“总不亲。”师曰:“亲处作么生?”普便喝,师乃打。

师问木口和上:“如何是露地白牛?”木口曰:“吽。”师曰:“哑!”木口曰:“老兄作么生?”师曰:“遮畜生!”

大觉到参,师举拂子;大觉敷坐具,师掷下拂子。大觉收坐具入僧堂。众僧曰:“遮莫是和上亲故,不礼拜,又不吃棒。”师闻,令唤新到僧,大觉遂出。师曰:“大众道汝未参长老。”大觉云:“不审。”便自归众。

麻谷到参,敷坐具,问:“十二面观音,阿那面正?”师下绳床,一手收坐具,一手捣麻谷云:“十二面观音向什么处去也?”麻谷转身,拟坐绳床,师拈拄杖打。麻谷接却,相捉入方丈。

师上堂云:“大众! 夫为法者,不避丧身失命。我于黄檗和上处三度吃棒,如蒿枝拂相似,如今更思一顿吃。谁为我下得手?”时有僧曰:“某甲下得手,和上合吃多少?”师与拄杖,其僧拟接,师便打。

僧问:“如何是第一句?”师曰:“三要印开朱点窄,未容拟议主宾分。”曰:“如何是第二句?”师曰:“妙解岂容无着问,沤和争负截流机。”曰:“如何是第三句?”师曰:“看取棚头弄傀儡,抽牵全藉里头人。”师又曰:“夫一句语须具三玄门,一玄门须具三要,有权有用。汝等诸人作么生会?”

师唐咸通七年丙戌(866)[按:《临济慧照禅师塔记》《五灯会元》《指月录》《人天眼目》《联灯会要》诸本作“咸通八年(867)”]四月十日将示灭,乃说传法偈曰:“沿流不止问如何? 真照无边说似他。离相离名如不禀,吹毛用了急须磨!”偈毕坐逝。敕谥慧照大师,塔曰澄灵[按:《祖堂集》《宋高僧传》诸本作“澄虚”]。(具如《传灯》)

【据民国二十五年(1936)北平刻经处本《百纳藏·卍新纂续藏经》本《佛祖历代通载》卷十七】

《指月录》卷十四《镇州临济义玄禅师》(选录)

[明]瞿汝稷

曹州南华邢氏子,幼负出尘之志,及落发进具,便慕禅宗。

……

师后住镇州临济,学侣云集。一日谓普化、克符二上座曰:“我欲于此建立黄檗宗旨,汝且成褫我。”二人珍重下去。三日后,普化却上来问:“和尚三日前说甚么?”师便打。三日后,克符上来问:“和尚三日前打普化作么?”师亦打。至晚,小参曰:“有时夺人不夺境,有时夺境不夺人,有时人境两俱夺,有时人境俱不夺。”克符问:“如何是夺人不夺境?”师曰:“煦日发生铺地锦,婴儿垂发白如丝。”符曰:“如何是夺境不夺人?”师曰:“王令已行天下遍,将军塞外绝烟尘。”符曰:“如何是人境俱夺?”师曰:“并汾绝信,独处一方。”符曰:“如何是人境俱不夺?”师曰:“王登宝殿,野老讴歌。”符于言下领旨。

([妙喜云:]诸方自此为四料拣。师又尝示众曰:“如诸方学人,来山僧此间作三种根器断,如中下根器来,我便夺其境而不除其法;或中上根器来,我便境法俱夺,如上上根器来,我便境法人俱夺。如有出格见解人,来山僧此间,便全体作用,不历根器。大德到这里,学人着力处不通风,石火电光即过了也。学人若眼定动,即没交涉,拟心即差,动念即乖。有人解者,不离目前。”

大慧宗杲禅师因悦禅人请普说。僧问:“临济示众云:‘有时夺人不夺境,有时夺境不夺人,有时人境两俱夺,有时人境俱不夺。’如何是夺人不夺境?”师云:“三千里外绝诸讹。”进云:“如何是夺境不夺人?”师云:“拔出眼中楔。”进云:“临济道:‘煦日发生铺地锦,婴孩垂发白如丝。’未审与和尚答底,是同,是别?”师云:“咬人屎橛,不是好狗。”进云:“‘王令已行天下遍,将军塞外绝烟尘’时如何?”师云:“适来犹自可,而今更郎当。”复云:“此事决定,不在言语上。所以从上诸圣,次第出世,各各以善巧方便,忉忉怛怛,唯恐人泥在语言上。若在言语上,一大藏教五千四十八卷,说权说实,说有说无,说顿说渐,是岂无言说?因甚么达磨西来,却言‘单传心印,不立文字语言,直指人心,见性成佛’?因何不说‘传玄,传妙,传言,传语’?只要当人各各直下明自本心,见自本性。事不获已,说个心,说个性,已大段狼藉了也。若要拔得生死根株尽,切不得记我说底。纵饶念得一大藏教,如瓶泻水,唤作运粪人,不名运粪出。却被这些子障却自己正知见,不得现前。自己神通不能发现,只管弄目前光影,理会禅,理会道,理会心,理会性,理会奇特,理会玄妙,大似掉棒打月,枉费心神。如来说为可怜悯者。古人凡有一言半句,设一个金刚圈栗棘蓬,教伊吞,教伊透。若是个英灵独脱,出情尘,超理性者,金刚圈栗棘蓬,是甚么弄猢孙家具,祭鬼神茶饭?盖你不能一念缘起无生,只管一向在心意识边作活计。才见宗师动口,便向宗师口里讨玄讨妙。却被宗师倒翻筋斗。自家本命元辰,依旧不知落处。脚跟下黑漫漫,依前只是个漆桶。只如适来上座问'夺人不夺境'一段话,只知册子上念将来。如法答他,又理会不得。问一段未了,又问一段。恰如村人打传口令相似。我今不惜口业,为你诸人葛藤注解一遍。"

临济一日示众云:"有时夺人不夺境,有时夺境不夺人,有时人境两俱夺,有时人境俱不夺。会么?"良久,左右顾视,便下座。"这个便是金刚王宝剑。我昨日说底,将蜈蚣、毒蛇、蝎子并诸杂毒,贮在一瓮里。你试将手就中拈一个不毒底出来看。若拈得出,不妨于此事有少分相应;若拈不出,自是你根性迟钝,夙无灵骨,也怪妙喜不得。"临济当时道:"这几句闲言长语,面目现在。自是你不会看得出。你若领得此意,自从胡乱后,三十年不少盐酱,钟楼上念赞,床脚下种菜之类,不着问人。一一自知下落。古人垂个方便,岂是闲开口?须知烂泥里有刺。"当时,有个克符道者理会得临济意,便出来问:"如何是夺人不夺境?"临济当时不知那里得许多闲言长语,斗凑得恰好,便道:"煦日发生铺地锦,婴孩垂发白如丝。"诸人还会么?煦日发生铺地锦是境,婴孩垂发白如丝是人。此两句,一句存境,一句夺人。

克符又作颂曰:"夺人不夺境,缘自带誵讹。"师云:"有甚么誵讹?""拟欲求玄旨,思量反责么?"师云:"诬人之罪。""骊珠光璨烂,仙桂影婆娑。"师云:"何不早恁么道?""觌面无差互,还应滞网罗。"师云:"依稀似曲才堪听,又被风吹别调中。"此颂大概在"骊珠光璨烂,仙桂影婆娑"之上,盖此两句是境。学者问不夺境,"拟欲求玄旨,思量反责么",大意只是不可思量拟议,思量拟议者人也。蹉却觌面相呈一着子,即被语言网罗矣。克符此颂,专明煦日发生铺地锦,所以有"骊珠光璨烂,仙桂影婆娑"之句,乃是存境而夺人,故曰:"觌面无差互,还应滞网罗。夺人之义,醍醐毒药,一道而行,具眼者方能辨别。"

又问:"如何是夺境不夺人?"答云:"王令已行天下遍,将军塞外绝烟尘。"师云:"王令已行天下遍,是夺了境;将军塞外绝烟尘,是存人而不夺境。"颂曰:"夺境不夺人,寻言何处真?"师云:"也须闲处作提防。问禅禅是妄,究理理非亲。"师云:"好事不如无,日照寒光澹,山摇翠色新。"师云:"贫儿思旧债,直饶玄会得,也是眼中尘。"师云:"自起自倒。"你要会"日照寒光澹,山摇翠色新"么?此两句是境。"直饶玄会得,也是眼中尘",便夺了也。其余人境两俱夺,人境俱不夺,尽是依语,就学家问处答。

又问:"如何是人境两俱夺?"答云:"并汾信绝,独处一方。便有人境两俱夺面目。"颂曰:"人境两俱夺,从来正令行。"师云:"已落第二。""不论佛与祖,那说圣凡情?"师云:"买石得云饶。""拟犯吹毛剑,还如值木盲。"师云:"识法者惧。""进前求妙会，特地斩精灵。”师云：“前箭犹轻后箭深。正令既行，不留佛祖。到这里，进之退之，性命都在师家手里。如吹毛剑，不可犯其锋。”

又问：“如何是人境俱不夺？”答云：“王登宝殿，野老讴歌。”颂曰：“人境俱不夺，思量意不偏。”师云：“会么？”“是法住法位。主宾言不异。”师云：“世间相常住。”“问答理俱全。”师云：“添一毫不得，减一毫不得。”“蹋破澄潭月。”师云：“犹有这个在。”“穿开碧落天。”师云：“劳而无功。”“不能明妙用。”师云：“动着即错。”“沦溺在无缘。”师云：“却依旧处着。”

这个是适来上座请益底公案，谓之四料拣。你若要分明理会得临济意，但向他当时垂示处看。如何看？“山僧有时夺人不夺境，有时夺境不夺人，有时人境两俱夺，有时人境俱不夺。”若恁么便是。你若作“山僧有时夺人不夺境，有时夺境不夺人，有时人境两俱夺，有时人境俱不夺”，便不是了也。所以五祖师翁有言：“如何是祖师西来意？庭前柏树子。”恁么会，便不是了也。“如何是祖师西来意？庭前柏树子。”恁么会方始是。你诸人还会么？这般说话，莫道是你诸人理会不得，妙喜也自理会不得。我此门中无理会得。理会不得，蚊子上铁牛，无你下嘴处。须信古人垂慈，则有法无法；不垂慈，道眼未开，大法未明，岂免向他人口里。觅禅、觅道、觅玄、觅妙觅得了？惟恐人知，及至说时，又恐说尽了。末后无可说。这个是无限量底法。你以有限量心，拟穷他落处，且莫错。只如世尊在灵山会上，百万众前拈华普示，独迦叶破颜微笑。何曾怕人知？又何曾密室里传授来？我这里禅，许你众人闻，不许你众人会。如上所解注者四料拣，你诸人齐闻齐会了，临济之意果如是乎？若只如是，临济宗旨岂到今日？你诸人闻妙喜说得落，将谓“止如此”。我实向你道：“此是第一等恶口。”若记着一个元字脚，便是生死根本也。你诸人诸方学得底“玄中又玄，妙中又妙”，是甚么屎禅！一向塑在皮袋里，将谓实有恁么事。莫错！诸上座，你真个要参妙喜禅，尽将诸方学得底埽向他方世界，百不知，百不会，虚却心来，共你理会。）

僧问：“如何是真佛，真法，真道？乞师开示。”师曰：“佛者心清净是，法者心光明是，道者处处无碍净光是。三即一，皆是空名而无实有。如真正作道人，念念心不间断。自达磨大师从西土来，只是觅个不受人惑底人。后遇二祖，一言便了，始知从前虚用工夫。山僧今日见处，与祖佛不别。若第一句中荐得，堪与祖佛为师；若第二句中荐得，堪与人天为师；若第三句中荐得，自救不了。”僧问：“如何是第一句？”师曰：“三要印开朱点窄，未容拟议主宾分。”曰：“如何是第二句？”师曰：“妙解岂容无着问，沤和争负截流机。”曰：“如何是第三句？”师曰：“但看棚头弄傀儡，抽牵全藉里头人。”乃曰：“大凡演唱宗乘，一句中须具三玄门，一玄门须具三要，有权有实，有照有用。汝等诸人作么生会？”

(南院颙问风穴沼曰:“临济有三句。当日有问:‘如何是第一句?’临济曰:‘三要印开朱点窄,未容拟议主宾分。’”风穴随声便喝。又问:“‘如何是第二句?’临济曰:‘妙解岂容无着问,沤和争负截流机。’”风穴曰:“未问已前错。”又问曰:“‘如何是第三句?’临济曰:‘但看棚头弄傀儡,抽牵全藉里头人。’”风穴曰:“明破即不堪。”南院深许之。

后神鼎諲举云:“若人问神鼎如何是第一句?云:苍天!苍天!如何是第二句?云:有什么驴汉?如何是第三句?云:近前来向你道!才近前便打。若恁么会得,也不孤负祖师西来。若是从头一一问过,几时得休?佛法不是磨棱合缝底道理,似这一脉说话,须是久在他门风来始得。直是嫌佛不作,嫌法不说,方可如是。子细,珍重!”

首山上堂,举三句语,时有僧问:“如何是第一句?”山曰:“大用不扬眉,棒下须见血。”曰:“慈悲何在?”山曰:“送出三门外。”问:“如何是第二句?”山曰:“不打恁么驴汉。”曰:“将何接人?”山曰:“如斯争奈何。”问:“如何是第三句?”山曰:“解问无人答。”曰:“即今衹对者是谁?”山曰:“莫使外人知。”曰:“和尚是第几句荐得?”山曰:“月落三更穿市过。”

洪觉范智证传引《涅槃经》“圆伊三点”语及“涂毒鼓”语而为传曰:“岩头奯禅师尝曰:‘《涅槃经》此三段义似宗门。夫言似,则非宗门旨要,明矣。然宗门旨要,虽即文字语言不可见;离文字语言,亦安能见哉?’临济曰:‘大凡举唱,须一句中具三玄,一玄中具三要,有玄有要。’此涂毒鼓声也。临济殁二百年,尚有闻而死者。夫分宾主,如并;存照用,如别;立君臣,如纵。”慈明曰:“一句分宾主,照用一时行。要会个中意,日午打三更。”同安曰:“宾主穆时全是妄,君臣合处正中邪。还乡曲调如何唱,明月堂前枯树花。如前语句,皆非一代时教之所管摄。摩酰首罗面上亚竖一目,非常目也。”幻寄曰:“洪师如并、如别、如纵语,若错认,则罪深于荐福古也。”

觉范著《临济宗旨》曰:……

荐福古示众云:“众生久流转者,为不明自己。欲出苦源,但明取自己。自己者,有空劫时自己,有今时日用自己。空劫自己是根蒂,今时日用自己是枝叶。”又曰:“一夏将没,空劫已前事,还得相应也未?若未得相应,争奈永劫轮回何!有什么心情学佛法?广求知解,被知解风吹入生死海。若是知解,诸人过去生,总曾学来多知多解,说得辩慧过人,机锋迅疾,只是心不息。与空劫已前事不相应。因兹恶道轮回,动经尘劫,不复人身。如今生出头来,得个人身,在袈裟之下,依前广求知解,不能息心,未免六趣轮回。何不歇心去?如痴如迷去,不语五七年去,已后佛也不奈汝何!”

古德云:“一句语之中,须得具三玄,故知此三玄法门,是佛知见。诸佛以此法门,度脱法界众生,皆令成佛。今人却言三玄是临济门风,误矣。”汾州偈曰:“三玄三要事难分。”古注曰:“此句总颂三玄也。下三句,别列三玄也。”“得意忘言道易亲。”古注曰:“此玄(或作意中)玄也。”“一句明明该万象。”古注曰:“此体中玄也。”“重阳九日菊花新。”古注曰:“此句中玄也。”

僧问:“三玄三要之名,愿为各各标出。”古曰:“三玄者,一体中玄,二句中玄,三玄中玄。此三玄门,是佛祖正见,学道人但随入得一玄,已具正见,入得诸佛阃域。”

僧问:“依何圣教参详,悟得体中玄?”古曰:“如肇法师云:‘会万物为自己者,其唯圣人乎!’又曰:‘三界唯心,万法唯识。’又曰:‘诸法所生,唯心所现。一切世间因果,世界微尘,因心成体。’六祖云:‘汝等诸人,自心是佛,更莫狐疑。外无一法而能建立,皆是自心。心生万种法。’又云:‘于一毫端现宝王刹,坐微尘里转大法轮。’如此等方是正见,才缺纤毫,即成邪见,便有剩法,不了唯心。”僧又问:“如何等语句及时节因缘是体中玄?”古曰:“佛以手指地曰:‘此处宜建梵刹。’天帝释将一茎草插其处曰:‘建梵刹竟。’佛乃微笑。水潦被马祖一踏踏倒,起曰:‘万象森罗,百千妙义。’只向一毫上,便识得根源。僧问赵州:‘如何是学人自己?’州对曰:‘山河大地。’此等所谓合头语,直明体中玄,正是泼恶水,自无出身之路。所以云门诫曰:‘大凡下语,如当门剑,一句之下须有出身之路。若不如是,死在句下。’又南院云:‘诸方只具啐啄同时眼,不具啐啄同时用。’”僧进曰:“有何言句,明出身之路?”古曰:“如杏山问石室:‘曾到五台否?’对曰:‘曾到。’曰:‘见文殊否。’对曰:‘见。’又问:‘文殊向汝道什么?’对曰:‘道和尚父母抛在荒草里。’僧问甘泉:‘维摩以手掷三千大千世界于他方,意旨如何?’答曰:‘填沟塞壑。’僧曰:‘一句道尽时如何?’答曰:‘百杂碎。’云门问僧:‘甚处来?’曰:‘南岳来。’又问:‘让和尚为甚入洞庭湖里?’僧无对。云门代云:‘谢和尚降尊就卑。’此等语,虽赴来机,亦自有出身之路,要且未得脱洒洁净,更须知有句中玄。”僧曰:“既悟体中玄,凡有言句,事理俱备,何须句中玄?”古曰:“体中玄,临机须看时节,分宾主。又认法身,法性,能卷舒万象,纵夺圣凡。被此见解所缠,不得脱洒。所以须明句中玄。若明得,谓之透脱一路,向上关棙,又谓之本分事。祇对更不答话。”

僧曰:“何等语句是句中玄?”古曰:“如比丘问佛:‘说甚法?’佛云:‘说定法。’又问:‘明日说甚法?’佛云:‘不定法。’曰:‘今日为甚定,明日为甚不定?’佛曰:‘今日定,明日不定。’僧问思和尚:‘如何是佛法大意?’答曰:‘庐陵米作么价?’又僧问赵州:‘承闻和尚亲见南泉来,是否?’答曰:‘镇州出大萝卜头。’又问云门:‘如何是超佛越祖之谈?’答曰:‘糊饼。’‘如何是向上关棙?’曰:‘东山西岭青。’又问洞山:‘如何是佛?’答曰:‘麻三斤。’若于此等言句中,悟入一句,一切总通。所以体中玄,见解一时净尽,从此已后,总无佛法知见,便能与人去钉楔,脱笼头。更不依倚一物。然但脱得知见见解,犹在于生死,不得自在。何以故?为未悟道故。于它分上所有言句,谓之不答话。今世以此为极则,天下大行,祖风歇灭,为有言句在。若要不涉言句,须明玄中玄。”

僧曰："何等语句时节因缘是玄中玄？"古曰："如外道问佛：'不问有言，不问无言。'世尊良久。外道曰：'世尊大慈大悲，开我迷云，令我得入。'又僧问马大师：'离四句，绝百非。请师直指西来意。'答曰：'我今日无心情，但问取智藏。'僧问藏，藏曰：'我今日头痛，问取海兄。'又问海，海曰：'我到这里却不会。'又临济问黄檗：'如何是佛法的的大意？'三问，三被打。此等因缘，方便门中以为玄极。惟悟者方知。若望上祖初宗，即未可也。"

僧曰："三玄须得一时圆备，若见未圆备，有何过？"古曰："但得体中玄，未了句中玄，此人常有佛法知见。所出言句，一一要合三乘。对答句中，须依时节，具理事，分宾主，方谓之圆。不然谓之偏枯。此人以不忘知见故，道眼未明。如眼中有金屑。须更悟句中玄乃可也。若但悟句中玄，即透得法身。然反为此知见奴使，并无实行，有憎爱人我。以心外有境，未明玄中玄也。云门、临济下儿孙，多如此。凡学道人，纵悟得一种玄门，又须明取玄中玄，方能不坐在脱洒路上，始得平稳脚蹋寔地。"

僧曰："既云于佛祖言句棒喝中学，何故有尽善不尽善者？"古曰："一切言句棒喝，以悟为则。但学者下劣不悟道，但得知见。知见是学成，非悟也。所以认言句作无事，作点语，作纵语，作夺语，作照作用，作同时不同时语。此皆邪师过谬，非众生咎。学者本意，只欲悟道见性，为其师不达道，只将知见教渠。故曰：我眼本正，因师故邪。"

僧曰："师论三玄法门，名既有三，法门亦有三，而语句各各不同。如何又言一句之中，须具三玄三要？"古曰："空空法界，本自无为，随缘应现，无所不为。所以虚空世界，万象森罗，四时阴阳，否泰八节，草木荣枯，人天七趣，圣贤诸佛，五教三乘，外道典籍，世出世间，皆从此出。故云无不从此法界流，究竟还归此法界。经云：'一切诸佛及诸佛阿耨多罗三藐三菩提法，皆从此经出。'《楞严》曰：'于一毫端现宝王刹，坐微尘里转大法轮。'《维摩》曰：'或为日月天，梵王世界主；或时作地水，或时作火风。'李长者云：'于法界海之智水，示作鱼龙；处涅槃之大宅，现阴阳而化物。'真觉云：'一月普现一切水，一切水月一月摄。'三祖云：'一即一切，一切即一。'故曰：万物本无，揽真成立，真性无量，理不可分。故知无边法界之理，全体遍在一法一尘之中。《华严》曰：'法性遍在一切处，一切众生及国土，三世悉在无有余，亦无形相而可得。'到此境者，一法一尘，一色一声，皆具周遍含容四义。理性无边，事相无边。参而不杂，混而不一。何疑一语之中不具三玄三要耶？"

僧又进曰："古人何故须要一语之中具三玄三要？其意安在哉？"古曰："盖缘三世诸佛所有言句教法，出自体中玄；三世祖师所有言句并教法，出自句中玄；十方三世佛之与祖所有心法，出自玄中玄。故祖道门中，没量大人，容易领解。且如亲见云门尊宿，具大声价。如德山密、洞山初、智门宽、巴陵鉴，只悟得言教，要且未悟道见性。何以知之？如僧问‘巴陵提婆宗’，答曰‘银碗里盛雪’；问‘吹毛剑’，答曰‘珊瑚枝枝撑着月’；问‘祖意教意是同，是别’，答曰‘鸡寒上树，鸭寒下水’。云‘我此三转语，足报云门恩了也。更不为作忌斋大众’。云门道：‘此事若在言句，一大藏教，岂无言句？岂可以三转语便报师恩乎？’”

觉范《僧宝传赞》曰：“古说法有三失：其一判三玄三要，为玄沙所立三句；其二罪巴陵三语，不识活句；其三分两种自己，不知圣人立言之难。何谓三玄三要为玄沙所立三句耶？曰：所言一句中具三玄，一玄中具三要。有玄有要者，临济所立之宗也。在百丈、黄檗，但名大机大用；在岩头、雪峰，但名陷虎却物。譬如火聚，触之为烧，背之非火。古谓非是临济门风，则必有据。而言有据，何不明书以绝学者之疑？不然，则是臆说。肆为臆说，则非天下之达道也。见立三玄，则分以为体中，为句中，为玄中。至言三要，则独不分辨乎？方讥呵学者溺于知见，不能悟道，及释一句之中具三要，则反引《金刚》《首楞严》《维摩》等义证成，曰：‘理性无边，事相无边，参而不杂，混而不一。何疑一语之中不具三玄三要？’夫叙理叙事，岂非知见乎？且教乘既具此义，则安用复立宗门？古以气盖人，则毁教乘为知见，自宗不通，则又引知见以为证。此一失也。

“何谓罪巴陵三语不识活句耶？曰：巴陵真得云门之旨。夫语中有语，名为死句；语中无语，名为活句。使问提婆宗，答曰外道是；问吹毛剑，答曰利剑是；问祖教同异，答曰不同；则鉴作死语，堕言句中。今观所答三语，谓之语，则无理；谓之非语，则皆赴来机，活句也。古非毁之，过矣。二失也。

“何谓分二种自己，不知圣人立言之难耶？曰：世尊偈曰：‘陀那微细识，习气如瀑流。真非真恐迷，我常不开演。’以第八识，言其为真也耶？则虑迷自性；言其非真也耶？则虑迷为断灭。故曰‘我常不开演’。立言之难也。为阿难指示即妄即真之旨，但曰二种错乱修习：一者用攀缘心为自性者，二者识精圆明，能生诸缘缘所遗者。然犹不欲间隔其辞，虑于一法中生二解故。古创建两种自己，疑误后学，三失也。”

《林间录》云：“临济大师曰：‘大凡举唱宗乘，须一句中具三玄，一玄中具三要，有玄有要。’今诸方衲子，多溟涬其语。独汾阳无德禅师，能妙达其旨，作偈通之，曰：‘三玄三要事难分，得意忘言道易亲。一句明明该万象，重阳九日菊花新。’非特临济宗喜论三要，石头所作《参同契》，备具此旨，窃尝深观之，但易玄要之语为明暗耳。文止四十余句，而以明暗论者半之。篇首便标曰：‘灵源明皎洁，枝派暗流注。’又开通发扬之曰：‘暗合上中言，明明清浊句。在暗则必分上中，在明则须明清浊。此体中玄也。’至指其宗而示其意，则曰：‘本末须归宗，尊卑用其语。故下广叙明暗之句，奕奕联连不已。此句中玄也。’及其辞尽也，则又曰：‘谨白参玄人，光阴莫虚度。道人日用，能不遗时失候，则是真报佛恩。此意中玄也。’法眼为之注释，天下学者宗承之；然予独恨其不分三法，但一味作体中玄解，失石头之意。李后主读'当明中有暗'注辞曰：'玄黄不真，黑白何咎？'遂开悟。此悟句中玄为体中玄耳。如安楞严破句读《首楞严》亦有明处。予惧学者雷同其旨，宗门妙意旨趣，今丛林绝口不言，老师宿德日以凋丧，未学小生日以哗喧，无复明辨，因记先德诠量大法宗趣于此，以俟有志者。"

又云："此方教体，以音闻应机。故明导者，假以语言发其智用。然以言遣言，以理辨理，则妙精圆明，未尝间断。谓之流注真如。此汾阳所谓'一句明明该万象'者也。得之者神而明之，不然死于语下。故其应机而用，皆脱略窠臼，使不滞影迹。谓之有语中无语。此汾阳所谓'重阳九日菊花新'者也。三玄之设，本犹遣病，故达法者贵知其意，知意则索尔虚闲，随缘在运。谓之不遗时。此汾阳所谓'得意忘言道易亲'者也。古塔主喜论明此道。然论三玄，则可以言传；至论三要，则未容无说。岂不曰一玄中具三要，有玄有要；自非亲证此道，莫能辨也。"

海印昙珍曰："古德于三玄语，类能言之；而于三要，则皆杜口。[按：《净名经·香积佛品》注中，罗什曰：'如来说法，其要有三：一软善语，二刚强语，三杂说。善行乐果，软善语也；恶行苦果，刚强语也；赞善毁恶，杂说也。'三要盖本于此也。]"

幻寄曰："临济曰：'凡演唱宗乘，一句中须具三玄门，一玄门须具三要。'荐福古分擘古人公案，谓此为体中玄，此为句中玄，无论未达临济落处，即于'一句具三玄，一玄具三要'文义亦相戾甚矣。寂音力斥之良是。而谓荐福误认玄沙三句为三玄，则其误与荐福等。盖玄沙三句，初未尝有体中句中之名。两家所陈，俱以第三为极则。沙之第一句，谓尽十方世界，更无他故，只是仁者等语已尽福之所谓体中玄义矣。寂音乃摘其数语，而为句中玄。复以沙之第三句为体中玄。浅深既自倒置，强合其所本二，强析其所本一。傅会欺众，何异束蒲为脯！原福立二种自己之意，谓'体中是教乘极则语，句中是宗乘极则语，尚是今时自己言句边事；必不涉言句，契空劫自己，始得其所谓玄中玄，而尽佛祖心法'。其诃巴陵三语，未足以报佛恩。即指庐陵米价、镇州萝卜，为句中玄。谓悟此等言句，未为悟道意也。殊不知庐陵米价，即空劫自己，即具三玄三要。佛佛授手，授不可授之授，授此而已；灯灯相续，续无所续之续，续此而已。谓此是言句，别求空劫自己，吾知其愈远也。寂音谓福不识陵活句，彼岂以庐陵米价为死句？固识为宗乘极则语，直未识此语即空劫自己之分身。虽终日言，而未尝言，与福所举玄中玄诸公案，无异道耳。福既不能识此，则玄中之所列，世尊良久，马师无心情，黄檗打临济，又何能窥藩乎？于不二法强生二解，佛祖亦不奈渠何矣！呜呼！世尊拈花，便是青原拈米价，使人尽解一笑，而承受金色头陀，又何足贵哉！宜乎荐福之未达也。寂音又引《楞严》罪荐福立二种自己。而《楞严》固有二种根本，谓根本可云二种自己，不可，福肯俯首乎？且福之言曰：'空劫自己是根蒂，今时自己是枝叶。'福亦何尝截然二之？必以此为罪，则凡云真心、妄心、本来识神，皆负罪哉？福之分擘三玄，实不知而妄作；而音之斥福，则又不能无疵。音太息‘立言之难’不诬也。《林间录》所载论玄要语，悉本荐福；其引《参同契》责法眼更自穿凿。当撰《临济宗旨》时，音之见已日劫远矣。昙珍三要乃荐福流裔，玄沙三句具沙章中。咦！欲契三玄三要句，请看金色笑拈花。窥鞭良马今何处？高树扶疏挂晚霞。”

……

师应机多用喝，会下参徒亦学师喝……

上堂次，两堂首座相见，同时下喝……

上堂。僧出作礼，师便喝。僧曰：“老和尚莫探头好。”……师曰：“大众要会临济宾主句，问取堂中二禅客。”

（崇觉空颂云：“孔明诸葛隐蓬庐，明主求贤三下车。为报将军莫轻躁，先生谋策必无虞。”）

……

示众：“参学之人，大须子细。如宾主相见，便有言论往来。……山僧所举，皆是辨魔拣异，知其邪正。”

（僧问克符禅师：“如何是宾中宾？”符曰：……僧问神鼎諲：“如何是宾中宾？”鼎云：“瞎。”云：“如何是宾中主？”鼎云：“一似瞎。”云：“如何是主中宾？”鼎云：“故汝三十棒。”云：“如何是主中主？”鼎云：“耶了。”僧问雪窦显：“如何是宾中宾？”显曰：“满面埃尘。”又曰：“噫！”复颂云：“宾中之宾，少喜多嗔。丈夫壮志，当付何人？”曰：“如何是宾中主？”曰：“兆分其五。”又曰：“引。”复颂曰：“宾中之主，玄沙猛虎，半合半开，唯自相许。”曰：“如何是主中宾？”曰：“月带重轮。”又曰：“收。”复颂曰：“主中之宾，温故知新。互换相照，师子颦呻。”曰：“如何是主中主？”曰：“大千捏聚。”又曰：“揭。”复颂曰：“主中之主，正令齐举，长剑倚天，谁敢当御？”总颂曰：“宾主分不分，颟顸绝异闻；解布劳生手，寄言来白云。”华严普孜举四宾主话云：“宾中问主，互换机锋；主中问宾，同生同死；主中辨主，饮气吞声；宾中觅宾，白云万里。故句中无意，意在句中。于斯明得，一双孤雁扑地高飞；于斯未明，一对鸳鸯池边独立。知音禅客，相共证明，影响异流，切须子细。”良久曰：“若是陶渊明，攒眉便归去。”）

示众：“我有时先照后用……”

（汾阳云：“先照后用，且共汝商量……”琅琊觉云：“先照后用，露师子之爪牙。……”卓拄杖下座。慈明云：“有时先照后用……”径山杲云：“若也先照后用，则瞎一切人眼；若也先用后照，则开一切人眼；若也照用同时，则半瞎半开；若也照用不同时，则全开全瞎。此四则语，有一则有宾无主，有一则有主无宾，有一则宾主俱无，有一则全具宾主。即今众中或有个不受人瞒底汉来道：‘者里是甚么所在，说有说无，说虚说实，说照说用，说主说宾？’拦胸挡住，拽下禅床，痛椎一顿，也怪伊不得。”）

……

僧问：“如何是佛法大意？”师竖起拂子，僧便喝，师便打。又僧问：“如何是佛法大意？”师亦竖起拂子，僧便喝，师亦喝。僧拟议，师便打，乃曰：“大众，夫为法者不避丧身失命，我于黄檗先师处，三度问佛法的的大意，三度被打，如蒿枝拂相似，如今更思一顿，谁为下手？”……问僧：“甚处来？”曰：“定州来。”师拈棒，僧拟议，师便打。僧不肯，师曰：“已后遇明眼人去在。”僧后参三圣，才举前话，三圣便打；僧拟议，圣又打。

（天童华云：“临济、三圣，当时若有转身句，后代儿孙未至埽土。”蓦拈拄杖云：“更有一个甚处去？”卓拄杖一下。）

……

同普化赴施主斋次，师问：“毛吞巨海，芥纳须弥，为复是神通妙用，为复是法尔如然？”……次日又同赴斋，师复问……

（妙喜曰：“且道临济两次休去，还有商量分也无？若有，且如何商量？”）

师一日与河阳木塔长老，同在僧堂地炉内坐，因说普化每日在街市掣风掣颠，知他是凡是圣。……一日，普化在僧堂前吃生菜。师见云：“大似一头驴。”普化便作驴鸣。师谓直岁云：“细抹草料着。”普化云：“少室人不识，金陵又再来。临济一只眼，到处为人开。”……

……

……佛出于世，转大法轮，入无余涅槃，不见有去来相貌。求其生死，了不可得，便入无生法界，处处游履国土，入华藏世界，尽见诸法全真，皆是实相。（《语录》作“尽见诸法空相，皆无实法。”此从《正法眼藏》）惟有听法无依道人，是诸佛之母。……

咸通八年丁亥(867)[按：《祖堂集》《宋高僧传》《景德传灯录》《祖庭事苑》诸本作“咸通七年(866)”]四月十日，将示灭，说传法偈曰：……

（寂音曰：“急须磨者，船子曰：‘直须藏身处没踪迹，没踪迹处莫藏身也。’”幻寄曰：“寂音只识菜刀子，未梦见吹毛剑在。”）

【据民国二十五年(1936)北平刻经处《百纳藏·卍新纂续藏经》本《指月录》卷十四】

《教外别传》卷八《临济宗·临济义玄禅师》(选录)

[明]黎眉(郭凝之)

镇州临济义玄禅师，曹州南华邢氏子。幼负出尘之志，及落发进具，便慕禅宗。初在黄檗会中,行业纯一……“引这风颠汉参堂去。”(沩山祐举问仰山:“临济当时得大愚力,得黄檗力?”……白云端颂云:“一拳拳倒黄鹤楼,一趯趯翻鹦鹉洲。有意气时添意气,不风流处也风流。”保宁勇颂云:“雷电喧轰海岳昏,一家愁闭雨中门。狂风忽起乌云散,白日满天星斗分。”)

……

师普请锄地次,见黄檗来,拄镬而立。黄檗曰:“这汉困那?”……“我这里活埋。”(……真净文颂云:“夺旗掣鼓着精神,父子虽亲法不亲。为报四方禅客道,等闲莫作守株人。”月堂昌颂云:“黄檗活作死医,临济死作活用。维那听事不真,未免唤钟作瓮。”)

……

师栽松次……“吾宗到汝,大兴于世。”(沩山举问仰山:“黄檗当时,只嘱临济一人,更有人在?”仰山云:“有。只是年代深远,不欲举似和尚。”沩山云:“虽然如是,吾亦要知,汝但举看。”仰山云:“一人指南,吴越令行,遇大风即止。”沩山喆云:“临济与么大似平地吃交。虽然如是,临危不变,方称丈夫。黄檗云:‘吾宗到汝,大兴于世。’也是怜儿不觉丑。”天童华云:“黄檗道:‘虽然如是,子已吃吾三十棒了也。’养子之缘,故当如是。临济正令虽行,可惜甘自向镬头边活埋。仰山见解,未出常流,岂止遇大风则止?当时何不道‘直待虚空界尽,此话方始大行’?岂不头正尾正?应庵今日捋下面皮,要与诸人相见去也。”蓦拈拄杖,卓一下云:“惊群须是英灵汉,敌胜还他师子儿。”)

……

师后住镇州临济,学侣云集。一日,谓普化、克符二上座曰:“我欲于此建立黄檗宗旨,汝且成褫我。”二人珍重下去。三日后,普化却上来问:“和尚三日前说甚么?”师便打。三日后,克符上来问:“和尚前日打普化作甚么?”师亦打。(长芦仁云:“普化克符,不可放过;临济老人,放过不可;若是且庵,一生担板。无人成褫,然虽恁么,须知远烟浪,别有好商量。”)

至晚,小参曰:“有时夺人不夺境,有时夺境不夺人,有时人境两俱夺,有时人境俱不夺。”(问答语具克符章。中峰本云:“有时夺人错,有时夺境错,有时人境两俱夺错,有时人境俱不夺错。临济大师到这里,锁却咽喉了也。莫有为伊出气者么?切忌将错就错!”)

同普化赴施主斋次……师乃吐舌。(雪窦显云:“两个老贼,吃饭也不了,好与三十棒。棒虽行,且那个是正贼?”昭觉勤云:“精金不百炼,争见光辉?至宝不酬价,争辨真假?不是临济,不能验他普化;不是普化,不能抗他临济。所谓如水入水,如金博金。虽然如是，放过则彼此作家，点检则二俱失利。具择法眼者，试请辨看。”南堂静云：“二尊宿如二龙争珠，拏云攫雾，不动波澜；如二虎争餐，活捉生擒，不伤物命。或有人问：毛吞巨海，芥纳须弥，为复神通妙用，为复法尔如然？只向道：不见先师翁云‘一拳拳倒黄鹤楼，一踢踢翻鹦鹉洲。有意气时添意气，不风流处也风流？’”南华昺云：“临济觌面提撕，普化全机酬酢。直得南山鳖鼻，吞却东海鲤鱼。陕府铁牛触倒嘉州大像。为甚如此？相逢不下马，各自奔前程。”天童华云：“一出一没，一往一来。猛虎口里夺餐，毒蛇头上揩痒，要且未称大丈夫事。二老名喧宇宙，价重当时，山僧岂可谨密三寸？二俱放过，为他弄假像真；二俱不放过，为他搕？太甚。是汝诸人，若作佛法商量，达磨一宗，扫土而尽。”）

……

上堂：“有一人，论劫在途中，不离家舍；有一人，离家舍不在途中。那个合受人天供养？”（径山杲云：“贼身已露。”云岩游云：“识取钩头意，莫认定盘星。”楚石琦云：“天共白云晓，水和明月流。”）

师问院主：“甚处去来？”曰：“州中粜黄米来。”……典座礼拜，师亦打。（黄龙南云：“寺主下喝，不可放过；典座礼拜，放过不可；临济令行，归宗放过；三十年后，有人说破。”黄龙新云：“典座礼拜，有过无功；寺主一喝，有功无过。既是有功，为甚么却被打？棒头有眼明如日，要识真金火里看。”径山杲颂云：“一堆红焰亘晴空，不问金银铁锡同。入里尽教成水去，那容蚊蚋泊其中？”天童华云：“二尊宿虽则力提纲要，检点将来，未免依草附木。殊不知大小临济，被这两个汉破家散宅。还会么？杀人刀，活人剑！”）

……

有一老宿参，便问：“礼拜即是，不礼拜即是？”师便喝，老宿便拜。师曰：“好个草贼。”老宿曰：“贼！贼！”便出去。师曰：“莫道无事好。”时首座侍立，师曰：“还有过也无？”首座曰：“有。”师曰：“宾家有过，主家有过？”曰：“二俱有过。”师曰：“过在甚么处？”首座便出去。师曰：“莫道无事好。”（南泉愿闻云：“官马相踏。”保宁勇云：“这一群贼！其中有正贼，有草贼。那个是正贼，那个是草贼？还辨得么？口款易招，赃物难认。”护国元云：“这僧身挨白刃，临济剑不虚施。首座不善傍观，惹得一身泥水。虽然如是，且道前头无事，与后头无事，相较几何？于此缁素分明，不但穿却临济鼻孔，亦许你眼光烁破四天下。其或未然，莫道无[事好]。”）

……

师升堂。有僧出，师便喝；僧亦喝，便礼拜；师便打。（翠岩芝云：“临济也心粗好彩，赖是这僧；若是今时衲僧，且作么生出得？”东禅观云：“临济除是不作，作则万窍怒号，这僧传扶摇而上九万里。”）

赵州游方到院，在后架洗脚次，师便问：“如何是祖师西来意？”赵州曰：“恰遇山僧洗脚。”师近前作听势，赵州曰：“会即便会，啖啄作什么？”师便归方丈。赵州曰：“三十年行脚，今日错为人下注脚。”（一作：“赵州行脚时，参师，遇师洗脚次。赵州便问：‘如何是祖师西来意？’师云：‘恰值老僧洗脚。’赵州近前作听势。师云：‘更要第二杓恶水泼在。’赵州便下去。”法云秀云：“众中商量道，赵州不识临济作贼，却为他下个注脚；临济当时作听势，何不劈耳便掌？若恁么商量，何曾梦见赵州，识得临济？殊不知两个尽是老贼。须知一个好手。敢问诸人，那个是好手？具眼者辨取。”教忠光云：“临济有验人眼，赵州又饱丛林。等闲略露风规，自然头正尾正。还会么？若不得流水，还应过别山。”）

……

师应机多用喝，会下参徒亦学师喝，师曰：“汝等总学我喝。我今问汝：有一人从东堂出，一人从西堂出，两人齐喝一声，这里分得宾主么？汝且作么生分？若分不得，已后不得学老僧喝。”

示众：“我有时先照后用，有时先用后照，有时照用同时，有时照用不同时。先照后用有人在；先用后照有法在；照用同时，驱耕夫之牛，夺饥人之食，敲骨取髓，痛下针锥；照用不同时，有问有答，立宾立主，合水和泥，应机接物。若是过量人，向未举已前，撩起便行，犹较些子。”

（汾阳昭云：“先照后用，且共汝商量；先用后照，汝也是个人始得；照用同时，汝作么生当抵？照用不同时，汝作么生凑泊？”琅琊觉云：“先照后用，露师子之爪牙；先用后照，纵象王之威猛；照用同时，如龙得水，致雨腾云；照用不同时，提奖婴儿，俯怜赤子。此是古人建立法门，为合如是，不合如是？若合如是，纪信乘九龙之辇；不合如是，项羽失千里之骓。还有为琅琊出气底么？如无，山僧自道去也。”卓拄杖下座。慈明圆云：“有时先照后用，有时先用后照，有时照用同时，有时照用不同时。所以道，有明有暗，有起有倒。”乃喝一喝云：“且道是照是用？还有缁素得出底么？若有，试出来呈丑拙看；若无，山僧今日失利。”径山杲云：“若也先照后用，则瞎一切人眼；若也先用后照，则开一切人眼；若也照用同时，则半瞎半开；若也照用不同时，则全开全瞎。此四则语，有一则有宾无主，有一则有主无宾，有一则宾主俱无，有一则全具宾主。即今众中或有个不受人瞒底汉来道：‘这里是甚么所在，说有说无，说虚说实，说照说用，说主说宾？’拦胸挡住，拽下禅床，痛椎一顿，也怪伊不得。”）

师行脚时，到龙光。值上堂，师出问：“不展锋铓，如何得胜？”龙光据坐。师曰：“大善知识岂无方便？”龙光瞪目曰：“嗄！”师以手指曰：“这老汉，今日败缺也。”（径山杲云:“可惜龙光放过这汉。虽然如是。也须救取临济老汉始得。”)

……

师侍德山次,德山曰:“今日困。”师曰:“这老汉,寐语作么?”德山便打,师掀倒禅床。(雪窦显云:“二员作者,具啐啄同时眼,有啐啄同时用。雪窦拟向饥鹰爪下夺肉,饿虎口里争餐,敢谓德山、临济俱是瞎汉?有人辩得,天下横行。”云峰悦云:“奇怪诸德,看此二员作家,一拶一捺,略露风规,大似把手上高山。虽然如是,未免傍观者哂。且道谁是傍观者?”喝一喝,下座。径山杲云:“云峰与么批判,大似普州人。径山若见,缚作一束,送在河里。不见道蚌鹬相持,俱落渔人之手?”西堂显云:“然则德山门下,草偃风行;争奈临济当机不让!虽然如是,未出葛藤窠里。”护国元云:“奇怪诸禅德,二老汉忒煞傍若无人!当时真如若见,每人与二十棒。且道利害在什么处?有人明得,许汝亲见临济、德山。要见真如,亦未可。何故?鹤有九皋难翥翼,马无千里谩追风。”楚石琦云:“众中道,德山、临济好手手中呈好手,红心心里中红心。殊不知用尽自己心,笑破他人口。”)

……

师一日拈糊饼,示洛浦曰:“万种千般,不离这个。其理不二。”洛浦曰:“如何是不二之理?”师再拈起饼示之。洛浦曰:“与么则万种千般也。”师曰:“屙屎见解。”洛浦曰:“罗公照镜。”(沩山喆云:“临济便风帆挂,洛浦鼓棹扬波。然虽如是,临济门下则得,沩山门下不得。”)

……

麻谷问:“大悲千手眼,那个是正眼?”师搊住曰:“大悲千手眼,作么生是正眼?速道!速道!”麻谷拽师下禅床,却坐。师问讯曰:“不审。”麻谷拟议,师便喝,拽麻谷下禅床,却坐。麻谷便出。(因圣颖云:“诸德,此二尊宿如此,且道怎生?今时人总道照用,照什么碗?一切人只解,自骑马去捉贼,自持刀去杀贼。此二人便能夺贼马捉贼,夺贼刀杀贼。虽然如是,临济虽是得便宜,却是失便宜。”)

上堂。僧问:“如何是佛法大意?”师竖起拂子。僧便喝,师便打。又僧问:“如何是佛法大意?”师亦竖拂子。僧便喝,师亦喝;僧拟议,师便打,乃曰:“大众夫为法者不避丧身失命,我于黄檗先师处,三度问佛法的的大意,三度被打,如蒿枝拂相似。如今更思一顿,谁为下手?”时有僧出曰:“某甲下手。”师度与拄杖。僧拟接,师便打。(雪窦显云:“临济放去较危,收来太速。”五祖戒云:“临济大似贫儿思旧债。”雪窦宗云:“且道临济今日用底棒,与当时吃底棒,是同,是别?若道同,孤负他黄檗;若道别,屈他临济。若也尽其机来,且道在阿谁分上?”乃拈拄杖云:“退后!退后!”天童华云:“临济在黄檗处三度吃棒底意旨,诸人还觑得透也未?直饶一咬便断,也未是大丈夫汉。三世诸佛，口挂壁上，天下老和尚，将什么吃饭?”灵隐岳举雪窦语了，拈拄杖云：“临济据令而行，不知孤负黄檗；雪窦尽力担板，也只见一边。且道荐福节文在甚处?”掷下拄杖。千岩长云：“二尊宿，一人聋双耳朵，一人瞎只眼睛，不惟孤负临济，亦乃丧我儿孙。无明今日路见不平，且要与渠雪屈。”良久云：“不得动着，动着打折你驴腰!”天奇瑞云：“临济钩头着饵，为钓锦鳞；这僧不识誊城，自取丧身。若是作家，擒纵杀活，一一现成。纵然他得便宜，也是李广陷番，死中得活。雪窦也是扶强不扶弱。汝等诸人到这里，如何即是？鸳鸯绣出从君看，不把金针度与人。”)

师示众曰：“有一无位真人，常向汝等诸人面门出入，未证据者看看。”时有僧出问：“如何是无位真人?”师下绳床捣住曰：“道！道!”僧无语。师拓开曰：“无位真人是什么干屎橛!”(雪峰存云：“临济大似白拈贼。”雪窦显云：“夫善窃者，鬼神莫知；既被雪峰觑破，临济不是好手。”复召大众：“雪窦今日，换却你诸人眼睛了也。你若不信，各归寮舍，自摸索看。”琅琊觉云：“临济可谓‘冰棱上度九，剑刃上得全身’。”荐福行云：“临济老人一条脊梁硬似铁，拗不折。可怜末后不奈船何！打破戽斗。”)

师与王常侍到僧堂，王问：“这一堂僧还看经么?”师曰：“不看经?”曰：“还习禅么?”师曰：“不习禅。”曰：“既不看经，又不习禅，毕竟作个甚么?”师曰：“总教伊成佛作祖去。”曰：“金屑虽贵，落眼成翳。”师曰：“我将谓你是个俗汉。”

师上堂次，两堂首座相见，同时下喝。(广慧琏云：“诸人且道，还有宾主也无？若道有宾主，只是个瞎汉；若道无宾主，亦是个瞎汉。不有不无，万里崖州。若向这里道得，也好与三十棒；若道不得，亦与三十棒。衲僧家到这里，作么生出得山僧圈襀去?”良久云：“苦哉！虾蟆、蚯蚓跳上三十三天，撞着须弥山百杂碎。”遂拈拄杖云：“一队无孔铁锤，速退！速退!”)僧问师：“还有宾主也无?”师曰：“宾主历然。”师召众曰：“要会临济宾主句，问取堂中二首座。”(承天宗云：“临济此语走杀天下衲僧，我即不然，当时见僧举，但云一对无孔铁锤。”昭觉勤云：“正来既行，诸侯避道。”大沩智云：“作么生是宾主历然底道理？若也会得，一双孤雁扑地高飞；其或未然，一对鸳鸯池中独立。”)

师后居大名府兴化寺东堂。咸通八年丁亥(867)[按：《祖堂集》《宋高僧传》《景德传灯录》《祖庭事苑》诸本作“咸通七年(866)”]四月十日，将示灭，说传法偈曰……(沩山秀云：“古者忍死待来，因何正法眼藏。却向瞎驴边灭，临济行计速速。三圣又却匆匆；因斯父子情忘，遂使后人失望。若不得流水，多应过别山。”)

【据民国二十五年(1936)北平刻经处《百衲藏·卍新纂续藏经》本《教外别传》卷八】

附:

魏州故禅大德奖公塔碑

[唐]公乘亿

盖闻妙谛惟玄,不可以一理测;真筌至奥,不可以诸相求。随万化而泯色空,而不生不灭;超三界而越尘垢,故无去无来。此乃不思议者,其惟西方释迦牟尼佛之谓乎?

伏自教传西域,化被中原,汉明推入梦之祥,梁武显施身之愿。语其大也,外不见须弥之广;言其小也,内不知芥子之微。斯乃梵玺褒然,代代相付。肇自摩诃迦叶,迄于师子尊者,统为二十三代。而后达摩多罗降于汉土,至能、秀分之为七;而后苞披叶附,派别脉分。其真宗不泯不灭者,则我大觉大师固有系焉。

和尚姓孔,字存奖。家本邹鲁,即阙里之裔孙也。乃祖乃父,因官隶于蓟门,历祀既深,籍同编人。

和尚以无量劫中,修菩萨行。及兹降世,岂同凡伦?当衣采之妙龄,蓄披缁之大志。未逾七岁,即悟三乘,启白所亲,恳求剃落。遂于蓟州盘山甘泉院依止禅大德晓方,乃亲承杖履,就侍瓶盂。启顾全身,惟思半偈。

大中五年(851),伏遇卢龙军节度使张公奏致(置)坛场,和尚是时戒相方具。而后大中九年(855),再遇侍中张公重起戒坛于涿郡。众请和尚以六逾星纪,三统讲筵,宣金石之微言,示玉毫之真相。三千大千之世界,靡不瞻依;十一十二之因缘,竟无凝滞。

禅大德玄公者,即临济大师也。和尚一申礼谒,得奉指归,传黄檗之真筌,授白之秘诀。所为醍醐味爽,乍灌顶以皆醒;薝葡花香,才经手而分馥。一旦旋辞旧刹,愿离(历)诸方:西自京华,南经水国,至于攀萝冒险,踏石眠云,经吴会兴废之都,尽梁武庄严之地,无不追穷圣迹,探讨朝宗。后过钟陵,伏遇仰山大师,方开法宇,大启禅扃。赴地主之邀迎,会天人之供施,面陈奥义,众莫能分,和尚立以剖之,如刀解物。仰山目眙击指,称叹再三。

遽闻临济大师已受蒲相蒋公之请,才凝省侍,飞锡而遽及中条,寻获参随,致林(置杯)而将渡白马。当道先太尉中令何公,专发使人,迎请临济大师。和尚翼从一行,不信宿而至于府下。而乃止于观音寺江西禅院,而得簪裾继踵,道俗连肩。曾未期年,是至迁化。斯盖和尚服勤道至,展敬情深,无乖灵堵之仪,克尽荼毗之礼云。

乾符二年(875),有幽州节度、押两蕃副使、检校秘书兼御史中丞、赐紫金鱼袋董廓,及幽州临坛律大德沙门僧惟信,并涿州石经寺监寺律大德宏屿等,咸欲指陈盘岭,祈请北归。和尚欲徇群情，将之蓟部，晨诣衙庭，启述行迈。先时，中丞韩公之叔曰赞中，遽闻告云，抚掌大惊，乃曰："南北两地，有何异也？魏人何薄，燕人何厚？如来之敬，岂如是耶？"和尚辞不获已，许立精舍。韩公之叔常侍及诸檀信，鸠集财货，卜得胜概，在于南砖门外，通衢之左。成是院也，有如化成，松楠将杞俱（梓）俱来，文石与武夫荐至。重廊复道，竹翠松青，四户八窗，风轻月朗。和尚乐兹幽致，用化群迷。开解脱门，演无量法，能使天花散地，水月澄空。常与四众天人，皆臻法要。六州士庶，尽结胜因。

岂谓一念俱尸，奄从物化，斯乃文德元年（888）七月十二日也，享龄五十九，僧腊四十一。有亲信弟子藏晖、行简，一以主丧，一以传法。

大德奉先师之遗命，于龙纪元年（889）八月二十二日，于本院焚我真身，用观法相。阖城禅律，继踵争来；四达簪裾，连肩悉至。于是幡花蔽日，螺嗔（呗）喧天。火才发而云自愁，薪不加而风助势。三日三夜，号礼如斯。于香烬中得舍利一千余粒。诸寺大德，各各作礼，请分供养焉。

於戏！雪氈如故，其仪宛然。倴（捧）一履以徒悲，仰双林而莫见。遂建塔于府南贵乡县熏风里，附于先师之塔志也。亿到职之初，曾获瞻礼。法主大德藏晖，不以亿才业庸浅，具闻于我公，相请撰斯文。亿秉笔惕然，得尽芜鄙。铭曰：

传如来教，厥惟大雄。百千劫外，方丈室中。慈悲是念，色相皆空。端然不动，岂染尘蒙。（其一）

矫迹三界，安心四禅。身虽是假，道本无边。璞内有玉，火中生莲。传法何处，随其有缘。（其二）

越绝支遁，匡庐远公。高情远致，迹异心同。既离邪缚，肯处凡笼？松轩竹径，空悲夜风。（其三）

我性不动，我心就燃。果得舍利，粒粒珠圆。幡花艳闪，螺嗅（呗）交连。唱偈作礼，声彻梵天。（其四）

宝刹新建，招提旧踪。莲芳不见，葱岭谁逢？响亮朝磬，清泠夜钟。历千万祀，传我禅宗。（其五）

【据《文苑英华》卷八六八；参校中华书局1983年版《全唐文》卷八一三《魏州故禅大德奖公塔碑》】

《松雪斋文集》卷九《临济正宗之碑奉敕撰》

[元]赵孟頫

佛以大智慧，破一切有；以大圆觉，摄一切空；以大慈悲，度一切众。始于不言，而至于无所不言，无所不言而至于无言。夫道，非言不传，传而不以言，则道在言语之外矣。是为佛法最上上乘。如以薪传火，薪尽而火不穷也。故世尊捻花，迦叶微笑，一笑之顷，超然独得，尚何以言语求哉？自摩诃迦叶廿八传，而为菩提达磨；达磨始入中国，居嵩山少林寺，面壁坐者九年。达磨六传而为能，能十传为临济。

临济生于曹州，游学江左，事黄檗。黄檗种松，劚地有声，师闻之，豁然大悟。归镇州，筑室滹沱河之上，今临济院是也，因号临济大师。师之于道，得大究竟。由临济而上至于诸佛，由诸佛之下至于临济，前圣后圣，无间然矣。直指示人，机若发矢，学者闻之，耳目尽丧，表衷无据。自能后，禅分为五，唯师所传，号为正宗。一传为兴化奖，再传为南院颙，三传为风穴昭，四传为首山念，又五传为五祖演；演传天目齐，齐传懒牛和，和传竹林宝，宝传竹林安，安传海西堂容庵，容庵传中和璋，璋传海云大宗师简公。海云性与道合，心与法冥，细无不入，大无不包。师住临济院，能系祖传，以正道统。佛法盖至此而中兴焉。

当世祖圣德神功文武皇帝在潜邸，数屈至尊，请问道要，虽其言往复䌷绎，而独以慈悲不杀为本。师之大弟子二人，曰可庵朗、赜庵儇。朗公度莘庵满及太傅刘文贞；儇公度西云大宗师安公。师以文贞公机智宏达，使事世祖皇帝。当是时，君臣相得，策定天下，深功厚德，及于元元，卒为佐命之臣，皆自此启之也。

元贞元年(1295)成宗有诏，迎西云住天都大庆寿寺。进承清问，经历三朝。发扬玄言，得诸佛智；悬判三乘，如一二数。由是临济之道，愈扩而大。

今皇帝钦承祖武，独明妙心，刻玉为印，以赐西云，其文曰："临济正宗之印。"特加师荣禄大夫、大司空，领临济一宗事。仍诏立碑临济院，且命臣孟頫为文，称扬佛祖之道，以示不朽。臣孟俯既叙其所传授，又系之铭，铭曰：

佛有正法，觉妙明心；二十八传，至于少林。
赫赫少林，师我震旦；使为佛种，不镇而断。
传后十世，而得临济；为道坦然，如指而示。
又传十世，是为海云；坐祖道场，能绍厥闻。
维我世祖，诞膺天命；威震九有，维佛是敬。
闻师之名，若古贤圣；尝进一言，深入圣听。
不杀之仁，其利甚弘；俾大弟子，为帝股肱。

至西云公，能嗣其业；据狮子坐，为众演说。
闻者赞叹，信者乡风；得者如宝，悟者如空。
今皇帝圣，深契道要；曰临济宗，繄尔能绍。
即心即佛，时乃世守；传不以言，而以心受。
皇帝万年，正法永传；尚迪后人，勿昧其原。

【据《四部丛刊》初编本《松雪斋文集》卷九】

二、临济语录

岳贤雷　点校

镇州临济慧照禅师语录序

[北宋]马　防

延康殿学士金紫光禄大夫真定府路安抚使兼马步军都总管兼知成德军府事　马防撰

黄檗山头，曾遭痛棒。大愚肋下，方解筑拳。饶舌老婆，尿床鬼子。这风颠汉，再捋虎须。岩谷栽松，后人标榜。镬头劚地，几被活埋。肯个后生，蓦口自掴。辞焚机案，坐断舌头。不是河南，便归河北。

院临古渡，运济往来。把定要津，壁立万仞。夺人夺境，陶铸仙陀。三要三玄，钤锤衲子。常在家舍，不离途中。无位真人，面门出入。两堂齐喝，宾主历然。照用同时，本无前后。菱花对像，虚谷传声。妙应无方，不留朕迹。拂衣南迈，戾止大名。兴化师承，东堂迎侍。铜瓶铁钵，掩室杜词。松老云闲，旷然自适。面壁未几，密付将终。正法谁传，瞎驴边灭。

圆觉老演，今为流通。点捡将来，故无差舛。唯余一喝，尚要商量。具眼禅流，冀无赚举。

宣和庚子（1120）中秋日谨序

临济慧照玄公大宗师语录序

[元]从　伦

曹溪派列，淘涌而流注无穷；南岳岐分，巍峨而联绵不尽。云仍曼衍，枝叶滋荣。非止荫覆人天，抑亦光扬祖道。无说之说，须知意不在言；无闻之闻，果信言非有意。

此皆理极无喻之道，绪余影响者也。

故临济祖师以正法眼，明涅槃心，兴大智大慈，运大机大用。棒头喝下，剿绝凡情，电掣星驰，卒难构副。岂容拟议，那许追思。非唯鸡过新罗，欲使风趋霄汉，不留朕迹，透脱玄关。令三界迷徒，归一真实际，天下英流，莫不仰瞻。为一宗之祖，理当然也。

今总统雪堂禅师，乃临济十八代孙。河北、江南遍寻是录，偶至余杭，得获是本。如贫得宝，似暗得灯，踊跃欢呼，不胜感激，遂舍长财，绣梓流通，俵施诸刹。此一端奇事，实千载难逢。咦，掷地金声闻四海，定知珠玉价难酬。

元贞二年(1296)岁次丁未，大都报恩禅寺住持嗣祖林泉老人从伦盥手焚香谨序

临济慧照玄公大宗师语录序

[元]郭天锡

薄伽梵正法眼藏、涅槃妙心，付摩诃迦叶，是为第一祖。逮二十八祖菩提达磨，提十方三世诸佛密印而来震旦，是时中国始知佛法有教外别传，不立文字，直指人心，见性成佛。厥后优钵罗花于时出现，芬芳馥郁，一华五叶，香风匝地，宝色照天，各放无量光明，辉映大千世界。

其中一大苾刍，为一大事因缘，依栖黄檗山中，三度参请，三度被打。后向高安滩头大愚老师处，始全印证。平生用金刚王宝剑，逢凡杀凡，逢圣杀圣，风行草偃，号令八方。如雪色象王，如金毛师子，踞地哮吼，狐狸野干心破脑裂，百兽见之，无不股栗。如惊涛险崖，壁立万仞，使途中之人，其行次且(趑趄)，不敢举足，下足惟恐丧身失命。虽老子钳槌者，见之无不汗下。若夫三玄三要，夺境夺人，金章玉句，如风樯阵马，如迅雷奔霆，凌轹波涛，穿穴险固，破碎阵敌，天回地转，七纵八横，几于截断众流，四海学徒莫不望风披靡。

故门庭峻峭，孤硬难入。盖妙用功夫，不在文字，不离文字，尽大地作一只眼者，乃能识之。末后将正法眼藏，却向瞎驴边灭却。师之出处，具载《传灯》等录，兹不复赘。自兴化奖公而下，子孙云仍，最为繁衍盛大，多大根器人，冠映河岳，腾跃古今，在在处处，法席丛林，化俗谈真，重规叠矩，出广长舌相，为人开堂演法。如慈明圆公、琅琊觉公，皆大法王、人天师也。

今雪堂大禅师，临济十八代嫡孙，琅琊第十世的派，王臣尊礼，缁素向慕，是亦僧中之龙象尔。不忘祖师恩德，每恨：临济一言一句，一棒一喝，参承咨决，升堂入室语录，未大发明。刻梓流行，用广禅林观听。仍求北山居士郭天锡，为作序引。

呜呼，雪堂老师，行从上祖师难能之事，慎终追远，知恩报恩；则不无将五百年风颠

老汉，吐下唾团，重新拈出供养，今代衲僧还肯咀嚼么？合浦还珠，固为奇特，冷灰爆豆，亦自不妨。

大德二年(1298)八月，前监察御史郭天锡焚香九拜书

临济慧照玄公大宗师语录序

[元]释普秀

窃以黄檗山高，便敢当头捋虎；滹陀岸远，亦能顺水操舟。既露恶毒爪牙，仍显慈悲手段。栏(拦)腮一掌，免烦着齿粘唇；劈肋三拳，可谓倾心吐胆。三玄在手，七事随身，触之则石裂崖崩，拟之则雷轰电掣。门庭孤峻，阃奥宏深，只可望崖，不可趣向。

兹者总统雪堂和尚，悯巴歌唱而和寡，嗟雪曲弹而应稀，语录阙文，丛林罕见，遂旁求释子，而再起斯文，欲镂板以广流通，俾参玄而得受用，弘扬祖道，垂裕后昆。棒头喝下，须明石火电光；正案旁提，要顾眉毛鼻孔。其他机缘，备载前录，不劳再举。

噫，临济祖师六传而至汾阳大宗师。汾阳下，杰出六大尊者：曰慈明圆，曰琅琊觉。圆传阳(杨)岐会，会传白云端，端传五祖演，演传佛果勤、佛鉴、天目齐。佛果传虎丘隆、大慧杲，虎丘隆传应庵华，华传密庵杰，杰传松源岳，岳传无德通，通传虚舟度，度传径山虎岩伏；天目齐传汝州和，和传竹林宝，宝传竹林安，安传竹林海，海传庆寿璋、白涧一、归云宣。宣传平山亮；白涧一传冲虚昉、懒牧归；庆寿璋传海云大宗师、竹林彝。彝传龙华惠；海云传可庵朗、龙宫玉、颐(赜)庵儇。可庵传太傅刘文贞公、庆寿满；龙宫玉传大名海；颐(赜)庵传庆寿安。

琅琊觉传泐潭月，月传毗陵真，真传白水白，白传天宁党，党传慈照纯，纯传郑州宝，宝传竹林藏、庆寿亨、少林鉴。庆寿亨传东平汴、大(太)原昭；少林鉴传法王通，通传安闲觉，觉传南京智、西庵赟。南京智传寿峰湛；西庵赟传雪堂仁。雪堂乃临济十八世孙也。

莫不门庭孤峻，机辩纵横，俱是克家子孙，灯灯续焰，直至如今。可谓源清流长，此之谓也。

雪堂禅师乃吾三世祖，嘱子(予)为序，率尔书之。脑后见腮，顶门具眼者，大发一笑。

开泰退堂、袭祖第二十世孙五峰普秀斋沐焚香拜书

【序皆据《大正藏》本《镇州临济慧照禅师语录》】

镇州临济慧照禅师语录

[唐]释慧然

住三圣嗣法小师　慧然　集

府主王常侍与诸官请师升坐。师上堂云:“山僧今日,事不获已,曲顺人情,方登此座。若约祖宗门下,称扬大事,直是开口不得,无你措足处。山僧此日,以常侍坚请,那隐纲宗?还有作家战将,直下展阵开旗么?对众证据看。”

僧问:“如何是佛法大意?”师便喝,僧礼拜。师云:“这个师僧,却堪持论。”

问:“师唱谁家曲,宗风嗣阿谁?”师云:“我在黄檗处,三度发问,三度被打。”僧拟议,师便喝,随后打,云:“不可向虚空里钉橛去也!”

有座主问:“三乘十二分教,岂不是明佛性?”师云:“荒草不曾锄。”主云:“佛岂赚人也?”师云:“佛在什么处?”主无语。师云:“对常侍前,拟瞒老僧,速退!速退!妨他别人诸(请)问。”

复云:“此日法筵,为一大事故。更有问话者么?速致问来!你才开口,早勿交涉也。何以如此?不见世尊云‘法离文字,不属因,不在缘故’?为你信不及,所以今日葛藤。恐滞常侍与诸官员,昧他佛性,不如且退。”

喝一喝云:“少信根人,终无了日。久立,珍重!”

师因一日到河[北]府。府主王常侍请师升座。时麻谷出问:“大悲千手眼,那个是正眼?”师云:“大悲千手眼,那个是正眼?速道,速道!”

麻谷拽师下座,麻谷却坐。师近前云:“不审。”麻谷拟议,师亦拽麻谷下座,师却坐,麻谷便出去,师便下座。

上堂云:“赤肉团上有一无位真人,常从汝等诸人面门出入,未证据者看看!”时有僧出问:“如何是无位真人?”师下禅床把住,云:“道!道!”其僧拟议,师拖开云:“无位真人是什么干屎橛!”便归方丈。

上堂,有僧出礼拜,师便喝。僧云:“老和尚,莫探头好!”师云:“你道,落在什么处?”僧便喝。

又有僧问:“如何是佛法大意?”师便喝,僧礼拜。师云:“你道好喝也无?”僧云:“草贼大败。”师云:“过在什么处?”僧云:“再犯不容。”师便喝。

是日,两堂首座相见,同时下喝。僧问师:“还有宾主也无?”师云:“宾主历然。”

师云:“大众,要会临济宾主句,问取堂中二首座。”便下座。

上堂。僧问:“如何是佛法大意?”师竖起拂子。僧便喝,师便打。

又僧问:“如何是佛法大意?”师亦竖起拂子。僧便喝,师亦喝。僧拟议,师便打。

师乃云："大众，夫为法者不避丧身失命。我二十年前在黄檗先师处，三度问佛法的的大意，三度蒙他赐杖，如蒿枝拂着相似。如今更思得一顿棒吃，谁人为我行得？"

时有僧出众云："某甲行得。"师拈棒与他，其僧拟接，师便打。

上堂。僧问："如何是剑刃上事？"师云："祸事，祸事！"僧拟议，师便打。

问："只如石师行者踏碓，忘却移脚，向什么处去？"

师云："没溺深泉。"

师乃云："但有来者，不亏欠伊，总识伊来处。若与么来，恰似失却；不与么来，无绳自缚。一切时中，莫乱斟酌。会与不会，都来是错。分明与么道，一任天下人贬剥。久立，珍重！"

上堂云："一人在孤峰顶上，无出身之路；一人在十字街头，亦无向背。那个在前？那个在后？不作维摩诘，不作傅大师！珍重！"

上堂。僧问："如何是第一句？"师云："三要印开朱点侧（窄），未容拟议主宾分。"

问："如何是第二句？"师云："妙解岂容无着问，沤和争负截流机。"

问："如何是第三句？"师云："看取棚头弄傀儡，抽牵都来里有（藉里头）人。"

师又云："夫一句语须具三玄门，一玄门须具三要，有权有用。汝等诸人作么生会？"

师晚参，示众云："有时夺人不夺境，有时夺境不夺人，有时人境俱夺，有时人境俱不夺。"

时有僧问："如何是'夺人不夺境'？"师云："煦日发生铺地锦，婴孩垂发白如丝。"

僧云："如何是'夺境不夺人'？"师云："王令已行天下遍，将军塞外绝烟尘。"

僧云："如何是'人境两俱夺'？"师云："并汾绝信，独处一方。"

僧云："如何是'人境俱不夺'？"师云："王登宝殿，野老讴歌。"

师乃云："今时学佛法者，且要求真正见解。若得真正见解，生死不染，去住自由，不要求殊胜，殊胜自至。

"道流！只如自古先德，皆有出人底路。如山僧指示人处，只要你不受人惑，要用便用，更莫迟疑。

"如今学者不得，病在甚处？病在不自信处。你若自信不及，即便忙忙地徇一切境转，被他万境回换，不得自由。你若能歇得念念驰求心，便与佛祖不别。你欲得识祖佛么？只你面前听法底是。

"学人信不及，便向外驰求。设求得者，皆是文字胜相，终不得他活祖意。莫错！诸禅德，此时不遇，万劫千生，轮回三界，徇好境掇去驴牛肚里生。

"道流！约山僧见处，与释迦不别。今日多般用处，欠少什么？六道神光，未曾间歇。若能如是见得,只是一生无事人。

“大德!三界无安,犹如火宅,此不是你久停住处。无常杀鬼,一刹那间,不拣贵贱老少。你要与祖佛不别,但莫外求。你一念心上‘清净光’,是你屋里‘法身佛’;你我一念上‘无分别光’,是你屋里‘报身佛’;你一念心上‘无差别光’,是你屋里‘化身佛’。此三种身,是你即今目前听法底人。只为不向外驰求,有此功用。据经论家,取三种身为极则,约山僧见处,不然。此三种身是名言,亦是三种依。古人云:‘身依义立,土据体论。’法性身、法性土,明知是光影。大德!你且识取弄光影底人是诸佛之本源,一切处是道流归舍处。是你四大色身不解说法、听法;脾胃肝胆不解说法、听法;虚空不解说法、听法。是什么解说法、听法?是你目前历历底勿一个形段孤明,是这个解说法、听法。若如是见得,便与祖佛不别。但一切时中,更莫间断!触目皆是。只为情生智隔,想变体殊,所以轮回三界,受种种苦。若约山僧见处,无不甚深,无不解脱。

“道流!心法无形,通贯十方,在眼曰见,在耳曰闻,在鼻嗅香,在口谈论,在手执捉,在足运奔。本是一精明,分为六和合。一心既无,随处解脱。山僧与么说,意在什么处?只为道流一切驰求心不能歇,上他古人闲机境。

“道流!取山僧见处,坐断报化佛头。十地满心,犹如客作儿。等妙二觉,担枷锁汉;罗汉、辟支,犹如厕秽;菩提、涅槃,如击驴橛。何以如此?只为道流不达‘三祇劫空’,所以有此障碍。若是真正道人,终不如是。但能随缘消旧业,任运着衣掌,要行即行,要坐即坐,无一念希求佛果。缘何如此?古人云:‘若欲作业求佛,佛是生死大兆。’

“大德!时光可惜。只拟傍家波波地学禅、学道,认名、认句,求佛、求祖,求善知识意度。莫错!道流,你只有一个父母,更求何物?你自返照看。古人云:‘演若达多失却头,求心歇处即无事。’大德!且要平常,莫作模样。有一般不识好恶秃奴,便即见神、见鬼,指东、划西,好晴、好雨,如是之流,尽须抵债,向阎老前吞热铁丸有日。好人家男女,被这一般野狐精魅所着,便即捏怪。瞎屡生,索饭钱有日在。”

师示众云:“道流!切要求真正见解,向天下横行,免被这一般精魅惑乱。无事是贵人,但莫造作,只是平常。你拟向外旁家求过,觅脚手,错了也。

“只拟求佛,佛是名句。你还识驰求底么?三世十方佛祖出来,也只为求法。如今参学道流,也只为求法。得法始了,未得,依前轮回五道。

“云何是法?法者是心法,心法无形,通贯十方,目前现用。人信不及,便乃认名、认句,向文字中求,意度佛法,天地悬殊。道流!山僧说法,说什么法?说心地法,便能入凡入圣、入净入秽、入真入俗。要且不是尔真俗、凡圣,能与一切真俗、凡圣安着名字;——真俗、凡圣与此人安着名字不得。

“道流！把得便用，更不着名字，号之为玄旨。山僧说法，与天下人别。只如有个文殊、普贤出来目前，各现一身问法，才道‘咨和尚’，我早辨了也。老僧稳坐，更有道流来见时，我尽辨了也。何以如此？只为我见处别：外不取凡圣，内不住根本，见彻更不疑谬。”

师示众云：“道流！佛法无用功处，只是无常无事——屙屎送尿，着衣吃饭，困来即卧。愚人笑我，智乃知焉。

“古人云：‘向外作工夫，只是痴顽汉。’尔且随处作主，立处皆真，境来回换不得。纵有从来习气、五无间业，自为解脱大海。

“今时学者，总不识法。犹如触鼻羊，逢着物安在口里，奴郎不辨，宾主不分。如是之流，邪心入道，闹处即入，不得名为真出家人，正是真俗家人。

“夫出家者，须辨得平常真正见解，辨佛辨魔，辨真辨伪，辨凡辨圣……若如是辨得，名真出家。若魔佛不辨，正是出一家，入一家，唤作造业众生，未得名为真出家。只如今有一个佛魔，同体不分，如水乳合，鹅王吃乳。——如明眼道流，魔佛俱打，你若爱圣憎凡，生死海里浮沉。”

问：“如何是佛魔？”师云：“你一念心疑处是魔；你若达得万法无生，心如幻化，更无一尘一法，处处清净，是佛。然而佛与魔是染净二境，约山僧见处，无佛无众生，无古无今，得者便得，不历时节；无修无证，无得无失，一切时中，更无别法。设有出一法过此者，我说如梦如化。山僧所说皆是。

“道流！即今目前孤明历历地听者，此人处处不滞，通贯十方，三界自在。入一切境差别，不能回换。一刹那间，透入法界，逢佛说佛，逢祖说祖，逢罗汉说罗汉，逢饿鬼说饿鬼，向一切处游履国土，教化众生，未曾离一念！随处清净，光透十方，万法一如。

“道流！大丈夫儿，今日方知本来无事。只为你信不及，念念驰求，舍头觅头，自不能歇。如圆顿菩萨，入法界现身，向净土中厌凡欣圣。如此之流，取舍未忘，染净心在。

“如禅宗见解，又且不然。直是现今，更无时节。山僧说处，皆是一期，药病相治，总无实法。若如是见得，是真出家，日消万两万金。

“道流！莫取次被诸方老师印破面门，道我解禅解道，辩以悬河，皆是造地狱业。若是真正学道人，不求世间过，切急要求真正见解。若达真正见解圆明，方始了毕。”

问：“如何是真正见解？”师云：“你但一切入凡入圣、入染入净、入诸佛国土、入弥勒楼阁、入毗卢遮那法界，处处皆现国土，成住坏空。佛出于世，转大法轮，却入涅槃，不见有去来相貌，求其生死，了不可得，便入无生法界，处处游履国土，入华藏世界，尽见诸法空相，皆无实法。唯有听法无依道人，是诸佛之母，所以佛从无依生。若悟无依，佛亦无得。若如是见得者，是真正见解。

“学人不了，为执名句，被他凡圣名碍，所以障其道眼，不得分明。只为十二分教，皆是表显之说。学者不会，便向表显名句上生解，皆是依倚，落在因果，未免三界生死。你若欲得生死、去住、脱着自由，即今识取听法底人，无形无相，无根无本，无住处，活拨拨（泼泼）地。应是万种施设用处，只是无处。所以觅着转远，求之转乖，号之为秘密。

“道流！你莫认着个梦幻伴子，迟晚中间便归无常。你向此世界中觅个什么物作‘解脱’？觅取一口饭吃，补毳过时。且要访寻知识，莫因循逐乐，光阴可惜，念念无常，粗则被地、水、火、风，细则被生、住、异、灭，四相所逼。道流！今时且要识取四种无相境，免被境摆扑。”

问：“如何是四种无相境？”师云：“你一念心疑，被地来碍；你一念心爱，被水来溺；你一念心嗔，被火来烧；你一念心喜，被风来飘。若能如是辩得，不被境转，处处用境。东涌西没，南涌北没，中涌边没，边涌中没，履水如地，履地如水。缘何如此？为达四大如梦如幻故。

“道流！你只今听法者，不是你四大，能用你四大，若能如是见得，便乃去住自由。约山僧见处，勿嫌底法。你若爱圣，圣者圣之名。有一般学人，向五台山里求文殊，早错了也。五台山无文殊。你欲识文殊么？只你目前用处，始终不异，处处不疑，此个是活文殊；你一念心无差别光，处处总是真普贤；你一念心自能解缚，随处解脱，此是观音三昧法。互为主伴，出则一时出，一即三，三即一。如是解得，始好看教。”

师示众云：“如今学道人，且要自信，莫向外觅。总上他闲尘境，都不辩（辨）邪正。只如有祖有佛，皆是教迹中事。有人拈起一句子话，或隐显中出，便即疑生，照天照地，旁家寻问，也大忙（茫）然。大丈夫儿，莫只么论主论贼、论是论非、论色论财、论说闲话过日。

“山僧此间，不论僧俗，但有来者，尽识得伊。任伊向甚处出来，但有声名文句，皆是梦幻。却见乘境地的人，是诸佛之玄旨。佛境不能自称‘我是佛境’，还是这个无依道人乘境出来。若有人出来，问我求佛，我即应清净境出；有人问我菩萨，我即应兹（慈）悲境出；有人问我菩提，我即应净妙境出；我人问我涅槃，我即应寂静境出。境即万般差别，人即不别。所以应物现形，如水中月。

“道流！你若欲得如法，直须是大丈夫儿始得，若萎萎随随地，则不得也。夫如嗄之器，不堪贮醍醐。如大器者，直要不受人惑，随处作主，立处皆真。但有来者，皆不得受。你一念疑，即魔入心。如菩萨疑时，生死魔得便。但能息念，更莫外求，物来即照。你但信现今用底，一个事也无。你一念生三界，随缘被境，分为六尘。你如今应用处，欠少什么？一刹那间便入净入秽、入弥勒楼阁，入三眼国土，处处游履，唯见空名。”

问："如何是三眼国土？"师云："我共你入净妙国土中，着清净衣，说法身佛；又入无差别国土中，着无差别衣，说报身佛；又入解脱国土中，着光明衣，说化身佛。此三眼国土，皆是依变。约经论家，取法身为根本，报、化二身为用。山僧见处，法身即不解说法。所以古人云：'身依义立，土据体论。'法性身、法性土，明知是建立之法，依通国土。空拳黄叶，用诳小儿。蒺藜夌（菱）刺、枯骨上觅什么汁？心外无法，内亦不可得，求什么物？你诸方言道'有修有证'。莫错！设有修得者，皆是生死业。你言'六度万行齐修'，我见皆是造业；求佛求法，即是地狱造业；求菩萨亦是造业；看经看教亦是造业：佛与祖师，是无事人。所以有漏有为。无漏无为为清净业。有一般瞎秃子，饱吃饭了，便坐禅观行，把捉念漏，不令放起，厌喧求静，是外道法。祖师云：'你若住心看净，举心外照，摄心内证，凝心入定，如是之流，皆是造作。'是你如今与么听法底人，作么生拟修他，证他，庄严他？渠且不是修底物，不是庄严底物。若教他庄严你，一切物即庄严得，你且莫错！

"道流！你取这一般老师口里语，为'是真道、是善知识、不思议，我是凡夫心，不敢测度他老宿'。瞎屡生！你一生只作这个见解，辜负这一双眼，冷噤噤地，如冻凌上驴驹相似，'我不敢毁善知识，怕生口业'。

"道流！夫大善知识，始敢毁佛毁祖，是非天下，排斥三藏教，骂辱诸小儿，向逆顺中觅人。所以我于十二年中，求一个'业性'，知（如）芥子许，不可得。若似新妇子禅师，便即怕趁出院，不与饭吃，不安不乐。自古先辈，到处人不信，被递（趁）出，始知是贵。若到处人尽肯，堪作什么？所以师子一吼，野干脑裂。

"道流！诸方说：'有道可修，有法可证。'你说证何法？修何道？你今用处，欠少什么物？修补何处？后生小阿师不会，便即信这般野狐精魅，许他说事，系缚他人，言道：'理行相应，护惜三业，始得成佛。'如此说者，如春细雨。古人云：'路逢达道人，第一莫向道。'所以言：'若人修道道不行，万般邪境竞头生。智剑出来无一物，明头未显暗头明。'所以古人云：'平常心是道。'大德觅什么物？现今目前听法'无依道人'历历地分明，未曾欠少。你若欲得与祖佛不别，但如是见，不用疑误。你心心不异，名之活祖；心若有异，则性相别；心不异故，即性相不别。"

问："如何是心心不异处？"师云："你拟问早异了也，性相各分。道流！莫错。世出世诸法，皆无自性，亦无生性。但有空名，名字亦空。你只么认他闲名为实？大错了也。

"设有，皆是依变之境。有个菩提依、涅槃依、解脱依、三身依、境智依、菩萨依、佛依。你向依变国土中觅什么物？

"乃至三乘十二分教，皆是拭不净故纸。佛是幻化身，祖是老比丘。你还是娘生已否？你若求佛，即被佛魔摄；你若求祖，即被祖魔缚；你若有求，皆苦。不如无事。

“有一般秃比丘向学人道：‘佛是究竟，于三大阿僧祇劫修行果满，方始成道。’道流！你若道佛是究竟，缘什么八十年后，向拘尸罗城双林树间，侧卧而死去？佛今何在？明知与我生死不别。

“你言三十二相、八十种好是佛，转轮圣王应是如来。明知是幻化。古人云：‘如来举身相，为顺世间情；恐人生断见，权且立虚名；假言三十二，八十也虚声；有身非觉体，无相乃真形。’

“你道佛有六通，是不可思议；一切诸天、神仙、阿修罗、大力鬼，亦有神通，应是佛否？道流！莫错。只如阿修罗与天帝释战，战败，领八万四千眷属入藕丝孔中藏，莫是圣否？如山僧所举，皆是‘业通’‘依通’。夫如佛‘六通’者不然：入色界不被色惑，入声界不被声惑，入香界不被香惑，入味界不被味惑，入触界不被触惑，入法界不被法惑。所以达六种：色声香味触法，皆是空相，不能系缚此‘无依道人’。虽是五蕴漏质，便是地行神通。

“道流！真佛无形，真法无相。你只么幻化上头作模作样？设求得者，皆是野狐精魅，并不是真佛，是外道见解。

“夫如真学道人，并不取佛，不取菩萨、罗汉，不取三界殊胜，迥无(然)独脱，不与物拘。乾坤倒覆，我更不疑。十方诸佛现前，为(无)一念心喜；三涂地狱顿现，无一念心怖。缘何如此？我见诸法空相，变即有，不变即无。三界唯心，万法唯识，所以梦幻空花，何劳把捉？

“唯有道流目前现今听法底人，入火不烧，入水不溺，入三涂地狱如游园观，入饿鬼畜生而不受报。缘何如此？无嫌底法。你若爱圣憎凡，生死海里沉浮。

“烦恼由心故有，无心烦恼何拘？不劳分别取相，自然得道须臾。你拟旁家波波地学得，于三祇劫中终归生死。不如无事，向丛林中床角头交脚坐。

“道流！如诸方有学人来，主客相见了，便有一句子语，辨前头善知识。被学人拈出个机权语路，向善知识口角头撺过，看你识不识？你若识得是境，把得便抛向坑子里。学人便即寻常，然后便索善知识语。依前夺之。学人云：‘上智哉。’是大善知识即云：‘你大不识好恶。’如善知识把出个境块子，向学人面前弄，前人辨得，下下作主，不受境惑，善知识便即现半身。学人便喝。善知识又入一切差别语路中摆扑。学人云：‘不识好恶老秃奴。’善知识叹曰：‘真正道流。’

“如诸方善知识不辨邪正。学人来问菩提、涅槃、三身境智。瞎老师便与他解说，被他学人骂着。便把棒打他，言无礼度。自是你善知识无眼，不得瞋他。

“有一般不识好恶秃奴，即指东划西，好晴好雨，好灯笼露柱，你看眉毛有几茎？

这个具机缘，学人不会，便即心狂。如是之流，总是野狐精魅魍魉，被他好学人嗌嗌微笑，言：‘瞎老秃奴，惑乱他天下人。’

“道流！出家儿且要学道。只如山僧，往日曾向毗尼中留心，亦曾于经论寻讨，后方知是济世药、表显之说。遂乃一时抛却，即访道参禅，后遇大善知识，方乃道眼分明，始识得天下老和尚，知其邪正。不是娘生下便会，还是体究练磨，一朝自省。

“道流！你欲得如法见解，但莫受人惑，向里向外，逢着便杀，逢佛杀佛，逢祖杀祖，逢罗汉杀罗汉，逢父母杀父母，逢亲眷杀亲眷，始得解脱，不与物拘，透脱自在。如诸方学道流，未有不依物出来底。山僧向此间从头打，手上出来手上打，口里出来口里打，眼里出来眼里打。未有一个独脱出来底，皆是上他古人闲机境。山僧无一法与人，只是治病解缚。

“你诸方道流，试不依物出来，我要共你商量，十年五载，并无一人，皆是依草附叶竹木精灵、野狐精魅，向一切粪块上乱咬。瞎汉，枉消他十方信施，道‘我是出家儿’，作如是见解。向你道：无佛无法，无修无证，只与么旁家拟求什么物？瞎汉，头上安头，是你欠少什么？

“道流！是你目前用底，与祖佛不别。只么不信，便向外求。莫错！向外无法，内亦不可得。你取山僧口里语，不如休歇无事去。已起者莫续，未起者不要放起，便胜你十年行脚。约山僧见处，无如许多般。只是平常着衣吃饭，无事过时。你诸方来者，皆是有心，求佛、求法、求解脱、求出离三界。痴人，你要出三界，什么处去？佛祖是赏系底名句。你欲识三界么？不离你今听法底心地。你一念心贪，是欲界；你一念心瞋，是色界；你一念心痴，是无色界，是你屋里家具子。三界不自道‘我是三界’，还是道流目前，灵灵地照烛万般、酌度世界底人，与三界安名。

“大德，四大色身是无常，乃至脾胃肝胆、发毛爪齿，唯见诸法空相。你一念心歇得处，唤作菩提树；你一念心不能歇得处，唤作无明树。无明无住处，无明无始终。你若念念心歇不得，便上他无明树，便入六道四生，披毛戴角；你若歇得，便是清净身界。你一念不生，便是上菩提树，三界神通变化，意生化身，法喜禅悦，身光自照，思衣罗绮千重，思食百味具足，更无横病。菩提无住处，是故无得者。

“道流！大丈夫汉，更疑个什么？目前用处更是阿谁？把得便用，莫着名字，号为玄旨。与么见得，勿嫌底法。古人云：‘心随万境转，转处实能幽；随流认得性，无喜亦无忧。’

“道流！如禅宗见解，死活循然。参学之人，大须仔细。如主客相见，便有言论往来：或应物现形，或全体作用，或把机权喜怒，或现半身，或乘师子，或乘象王。如有真正学人，便喝，先拈出一个胶盆子。善知识不辨是境，便上他境上作模作样。学人便喝，前人不肯放。此是膏肓之病，不堪医，唤作‘客看主’。

“或是善知识不拈出物，随学人问处即夺。学人被夺，抵死不放。此是‘主看客’。

“或有学人，应一个清净境，出善知识前。善知识辨得是境，把得抛向坑里。学人言：‘大好。’善知识即云：‘咄哉，不识好恶。’学人便礼拜。此唤作‘主看主’。

“或有学人，披枷带锁，出善知识前。善知识更与安一重枷锁。学人欢喜，彼此不辨，呼为‘客看客’。

“大德，山僧如是所举，皆是辨魔拣异，知其邪正。

“道流！实情大难。佛法幽玄，解得可可地。山僧竟日与他说破，学者总不在意，千遍万遍，脚底踏过。黑没焌地，无一个形段，历历孤明。学人信不及，便向名句上生解，年登半百，只管旁家负死尸行，担却担子天下走，索草鞋钱有日在。

“大德，山僧说向外无法，学人不会，便即向里作解，便即倚壁坐，舌拄上颚，湛然不动，取此为是祖门佛法，也大错。是你若取不动清净境为是，你即认他无明为郎主。古人云‘湛湛黑暗深坑，实可怖畏’，此之是也。你若认他动者是，一切草木皆解动，应可是道也。所以动者是‘风大’，不动者是‘地大’，动与不动，俱无自性：你若向动处捉他，他向不动处立；你若向不动处捉他，他向动处立。譬如潜泉鱼，鼓波而自跃。大德，动与不动是二种境。还是无依道人，用动用不动。

“如诸方学人来，山僧此间作三种根器断：如中下根器来，我便夺其境，而不除其法；或中上根器来，我便境法俱夺；如上上根器来，我便境法人俱不夺；如有出格见解人来，山僧此间便全体作用，不历根器。

“大德，到这里学人，着力处不通风，石火电光即过了也。学人若眼定动，即没交涉。拟心即差，动念即乖。有人解者，不离目前。大德，你担钵囊屎担子傍家走，求佛求法。即今与么驰求底你，还识渠么？活拨拨（泼泼）地，只是勿根株，拥不聚，拨不散，求着即转远，不求还在目前，灵音属耳。若人不信，徒劳百年。

“道流！一刹那间便入华藏世界，入毗卢遮那国土，入解脱国土，入神通国土，入清净国土，入法界，入秽入净，入凡入圣，入饿鬼畜生。处处讨觅寻，皆不见有生有死，唯有空名。幻化空花，不劳把捉；得失是非，一时放却。

“道流！山僧佛法，的的相承，从麻谷和尚、丹霞和尚、道一和尚、庐山拽石头［与石巩］和尚，一路行遍天下，无人信得，尽皆起谤。如道一和尚用处，纯一无杂，学人三百五百，尽皆不见他意；如庐山和尚，自在真正，顺逆用处，学人不测涯际，悉皆忙（茫）然；如丹霞和尚，玩珠隐显，学人来者皆悉被骂；如麻谷用处，苦如黄檗，近皆不得；如石巩用处，向箭头上觅人，来者皆惧。

“如山僧今日用处，真正成坏，玩弄神变，入一切境，随处无事，境不能换。但有来求者，我即便出看渠，渠不识我，我便着数般衣。学人生解，一向入我言句。苦哉瞎秃子无眼人，把我着的衣，认青黄赤白。我脱却，入清净境中，学人一见，便生欣欲。我又脱却，学人失心，忙(茫)然狂走，言我无衣。我即向渠道：'你识我着衣底人否？'忽尔回头，认我了也。

“大德，你莫认衣，衣不能动，人能着衣。有个'清净衣'，有个'无生衣'、菩提衣、涅槃衣，有祖衣，有佛衣。大德，但有声名文句，皆悉是衣变。从脐轮气海中鼓激，牙齿敲磕，成其句义，明知是幻化。大德，外发声语业，内表心所法，以思有念，皆悉是衣。你只么认他着底衣为实解，纵经尘劫，只是衣通。三界循还，轮回生死。不如无事，相逢不相识，共语不知名。

“今时学人不得，盖为认名字为解，大策子上抄死老汉语，三重五重复子里，不教人见，道是玄旨，以为保重。大错，瞎屡生，你向枯骨上觅什么汁？有一般不识好恶，向教中取意度商量，成于句义，如把屎块子向口里含了，吐过与别人。犹如俗人打传口令相似，一生虚过。也道我出家，被他问着佛法，便即杜口无词，眼似漆突，口如扁担。如此之类，逢弥勒出世，移置他方世界，寄地狱受苦。

“大德，你波波地往诸方觅什么物？踏你脚板阔，无佛可求，无道可成，无法可得。外求有相佛，与汝不相似；欲识汝本心，非合亦非离。道流！真佛无形，真道无体，真法无相，三法混融，和合一处。辨既不得，唤作忙忙(茫茫)业识众生。”

问：“如何是真佛、真法、真道？乞垂开示。”

师云：“佛者，心清净是；法者，心光明是；道者，处处无碍净光是。三即一，皆是空名，而无实有。如真正学道人，念念心不间断。自达磨大师从西土来，须是觅个不受人惑底人。后遇二祖，一言便了，始知从前虚用功夫。山僧今日见处，与祖佛不别。若第一句中得，与祖佛为师；若第二句中得，与人天为师；若第三句中得，自救不了。”

问：“如何是西来意？”师云：“若有意，自救不了。”问：“既无意，云何二祖得法？”师云：“得者是不得。”云：“既若不得，云何是不得底意？”师云：“为你向一切处驰求，心不能歇。所以祖师言：'咄哉，丈夫，将头觅头！'你言下便自回光返照，更不别求，知身心与祖佛不别，当下无事，方名得法。

“大德，山僧今时事不获已，话度说出许多不才净，你且莫错。据我见处，实无许多般道理。要用便用，不用便休。只如诸方说'六度万行'，以为佛法，我道是庄严门、佛事门，非是佛法。乃至'持斋持戒'，擎油不，道眼不明，尽须抵债，索饭钱有日在。

“何故如此？入道不通理，复身还信施，长者八十一，其树不生耳。乃至孤峰独宿，一食卯斋，长坐不卧，六时行道，皆是'造业底人'。乃至头目髓脑、国城妻子、象马七珍，尽皆舍施，如是等见，皆是苦身心故，还招苦果。不如无事，纯一无杂。乃至十地满心菩萨,皆求此道流踪迹,了不可得。所以诸天欢喜,地神捧足,十方诸佛无不称叹。缘何如此?为今听法道人用处,无踪迹。”

问:“大通智胜佛,十劫坐道场,佛法不现前,不得成佛道。未审此意如何?乞师指示?”

师云:“大通者,是自己于处处达其万法无性无相,名为大通;智胜者,于一切处不疑,不得一法,名为智胜;佛者,心清净光明,透彻法界,得名为佛。十劫坐道场者,十波罗密(或作蜜)是。佛法不现前者,佛本不生,法本不灭,云何更有现前。不得成佛道者,佛不应更作佛。古人云:‘佛常在世间,而不染世间法。’

“道流!你欲得作佛,莫随万物。心生,种种法生,心灭,种种法灭。一心不生,万法无咎。世与出世,无佛无法,亦不现前,亦不曾失。设有者,皆是名言章句,接引小儿,施设药病,表显名句。且名句不自名句,还是你目前昭昭灵灵,鉴觉闻知照烛底,安一切名句。大德,造五无间业,方得解脱。”

问:“如何是五无间业?”师云:“杀父、害母、出佛身血、破和合僧、焚烧经像等,此是五无间业。”

云:“如何是父?”师云:“无明是父。你一念心求起灭处不得,如响应空,随处无事,名为杀父。”

云:“如何是母?”师云:“贪爱为母。你一念心入欲界中,求其贪爱。唯见诸法空相,处处无着,名为害母。”

云:“如何是出佛身血?”师云:“你向清净法界中,无一念心生解,便处处黑暗,是出佛身血。”

云:“如何是破和合僧?”师云:“你一念心正达烦恼结使,如空无所依,是破和合僧。”

云:“如何是焚烧经像?”师云:“见因缘空,心空,法空,一念决定断,迥然无事,便是焚烧经像。

“大德,若如是达得,免被他凡圣名碍。你一念心,只向空拳指上生实解,根境法中虚捏怪,自轻而退屈,言:‘我是凡夫,他是圣人。’秃屡生,有甚死急?披他师子皮,却作野干鸣。大丈夫汉,不作丈夫气息,自家屋里物不肯信,只么向外觅,上他古人闲名句,倚阴博阳,不能特达,逢境便缘,逢尘便执,触处惑起,自无准定。

“道流!莫取山僧说处。何故?说无凭据,一期间图画虚空,如彩画像等喻。道流,莫将佛为究意,我见犹如厕孔,菩萨罗汉,尽是枷锁,缚人底物。所以文殊仗剑杀于瞿昙,鸯掘持刀害于释氏。

“道流!无佛可得,乃至三乘五性、圆顿教迹,皆是一期药病相治,并无实法。设有，皆是相似表显路布、文字差排。且如是说。

“道流！有一般秃子，便向里许着功，拟求出世之法。错了也。若人求佛，是人失佛。若人求道，是人失道。若人求祖，是人失祖。

“大德，莫错。我且不取你解经论，我亦不取你国王大臣，我亦不取你辩似悬河，我亦不取你聪明智慧，唯要你真正见解。

“道流！设解得百本经论，不如一个无事底阿师。你解得，即轻蔑他人，胜负修罗，人我无明，长地狱业。如善星比丘解十二分教，生身陷地狱，大地不容。不如无事休歇去，饥来吃饭，睡来合眼。愚人笑我，智乃知焉。

“道流！莫向文字中求，心动疲劳，吸冷气无益；不如一念缘起无生，超出三乘权学菩萨。

“大德，莫因循过日。山僧往日，未有见处时，黑漫漫地。光阴不可空过。腹热心忙，奔波访道，后还得力，始到今日，共道流如是话度。劝诸道流，莫为衣食，看世界易过，善知识难遇，如优昙花，时一现耳。你诸方闻道有个临济老汉，出来便拟问难，教语不得，被山僧全体作用，学人空开得眼，口总动不得，懵然不知以何答我。我向伊道：龙象蹴踏，非驴所堪。你诸处只指胸点肋，道我解禅解道，三个两个到这里不奈何。咄哉，你将这个身心，到处簸两片皮，诳呼闾阎，吃铁棒有日在。非出家儿，尽向阿修罗界摄。

“夫如至理之道，非诤论而求，激扬铿锵，以摧外道。至于佛祖相承，更无别意。设有言教，落在化仪三乘五性、人天因果。如圆顿之教，又且不然，童子善财，皆不求过。

“大德，莫错用心。如大海不停，死尸只么担却，拟天下走，自起见障，以碍于心。日上无云，丽天普照；眼中无翳，空里无花。道流！你欲得如法，但莫生疑。展则弥纶法界，收则丝发不立，历历孤明，未曾欠少。眼不见，耳不闻，唤作什么物？古人云：‘说似一物，则不中。’你但自家看，更有什么？说亦无尽，各自着力，珍重！”

勘　辨

黄檗因入厨次，问饭头：“作什么？”饭头云：“拣众僧米。”黄檗云：“一日吃多少？”饭头云：“二石五。”黄檗云：“莫太多么？”饭头云：“犹恐少在。”黄檗便打。

饭头却举似师，师云：“我为汝勘这老汉。”

才到，侍立次，黄檗举前话。师云：“饭头不会。请和尚代一转语。”师便问：“莫太多么？”黄檗云：“何不道‘来日更吃一顿’？”师云：“说什么来日，即今便吃！”道了便掌。黄檗云：“这风颠汉，又来这里捋虎须。”师便喝，出去。

（后沩山问仰山："此二尊宿，意作么生？"仰山云："和尚作么生？"沩山云："养子方知父慈。"仰山云："不然。"沩山云："子又作么生？"仰山云："大似勾贼破家。"）

师问僧："什么处来？"僧便喝。师便揖坐。僧拟议，师便打。

师见僧来，便竖起拂子。僧礼拜，师便打。

又见僧来，亦竖起拂子。僧不顾，师亦打。

师一日同普化赴施主家，斋次，师问："毛吞巨海，芥纳须弥，为是神通妙用，本体如然？"普化踏倒饭床。师云："太粗生。"普化云："这里是什么所在？说粗说细！"

师来日又同普化赴斋。问："今日供养何似昨日？"普化依前踏倒饭床。师云："得即得，太粗生。"普化云："瞎汉，佛法说什么粗细。"师乃吐舌。

师一日与河阳、木塔长老，同在僧堂地炉内坐。因说普化每日在街市掣风掣颠，知他是凡是圣？言犹未了，普化入来。师便问："汝是凡是圣？"普化云："汝且道我是凡是圣。"师便喝。普化以手指云："河阳新妇子，木塔老婆禅，临济小厮儿，却具一只眼。"师云："这贼。"普化云："贼！贼！"便出去。

一日，普化在僧堂前吃生菜。师见云："大似一头驴。"普化便作驴鸣。师云："这贼。"普化云："贼！贼！"便出去。

因普化常于街市摇铃云："明头来，明头打；暗头来，暗头打；四方八面来，旋风打；虚空来，连架打。"师令侍者去，才见如是道便把住，云："总不与么来时如何？"普化托开云："来日大悲院里有斋。"

侍者回，举似师。师云："我从来疑着这汉。"

有一位老宿参师，未曾人事，便问："礼拜即是？不礼拜即是？"师便喝。老宿便礼拜。师云："好个草贼！"老宿云："贼！贼！"便出去。师云："莫道无事好！"

首座侍立次，师云："还有过也无？"首座云："有。"师云："宾家有过，主家有过？"首座云："二俱有过。"师云："过在什么处？"首座便出去。师云："莫道无事好。"（后有僧举似南泉。南泉云："官马相踏。"）

师因入军营赴斋，门首见员僚，师指露柱问："是凡是圣？"员僚无语。师打露柱云："直饶道得，也只是个木橛。"便入去。

师问院主："什么处来？"主云："州中粜黄米去来。"

师云："粜得尽么？"主云："粜得尽。"

师以杖面前画一画云："还粜得这个么？"主便喝，师便打。

典座至，师前举前语，典座云："院主不会和尚意？"

师云："你作么生？"典座便礼拜，师亦打。

有座主来，相看次，师问："座主讲何经说（论）？"主云："某甲荒虚，粗习《百法论》。”

师云：“有一人于三乘十二分教明得，有一人于三乘十二分教明不得，是同是别？”主云：“明得即同，明不得即别。”

乐普为侍者，在师后立，云：“座主，这里是什么所在，说同说别？”

师回首问侍者：“汝又作么生？”侍者便喝。

师送座主回来，遂问侍者：“适来是汝喝老僧？”侍者云：“是。”师便打。

师闻第二代德山垂示云：“道得也三十棒，道不得也三十棒。”

师令乐普去问：“‘道得为什么也三十棒？’待伊打汝，接住棒送一送，看他作么生？”

普到彼如教而问，德山便打。普接住送一送，德山便归方丈。

普回，举似师，师云：“我从来疑着这汉。虽然如是，汝还见德山么？”普拟议，师便打。

王常侍一日访师，同师于僧堂前看，乃问：“这一堂僧还看经么？”师云：“不看经。”

侍云：“还学禅么？”师云：“不学禅。”

侍云：“经又不看，禅又不学，毕竟作个什么？”师云：“总教伊成佛作祖去。”

侍云：“金屑虽贵，落眼成翳。又作么生？”师云：“将为你是个俗汉。”

师问：“杏山，如何是‘露地白牛’？”山云：“吽！吽！”师云：“哑那？”山云：“长老作么生？”师云：“这畜生！”

师问乐普云：“从上来一人行棒，一人行喝，阿那个亲？”普云：“总不亲。”师云：“亲处作么生。”普便喝，师乃打。

师见僧来，展开两手，僧无语，师云：“会么？”云：“不会。”师云：“浑仑擘不开，与你两文钱。”

大觉到参，师举起拂子。大觉敷坐具，师掷下拂子。大觉收坐具，入僧堂。众僧云：“这僧莫是和尚亲故，不礼拜，又不吃棒。”师闻，令唤觉。觉出，师云：“大众道汝未参长老。”觉云：“不审”，便自归众。

赵州行脚时参师，遇师洗脚次。州便问：“如何是祖师西来意？”师云：“恰值老僧洗脚。”州近前作听势。师云：“更要第二杓恶水泼在？”州便下去。

有定上座到参，问：“如何是佛法大意？”师下绳床，擒住与一掌。便托开，定伫立。傍僧云：“定上座何不礼拜？”定方礼拜。大悟。

麻谷到参，敷坐具，问：“十二面观音，阿那面正？”师下绳床，一手收坐具，一手搊麻谷，云：“十二面观音，向什么处去也？”麻谷转身拟坐绳床，师拈拄杖打。麻谷接却，相捉入方丈。

师问僧："有时一喝如金刚王宝剑，有时一喝如踞地金毛师子，有时一喝如探竿影草，有时一喝不作一喝用。汝作么生会？"僧拟议，师便喝。

师问一尼："善来？恶来？"尼便喝。师拈棒云："更道，更道！"尼又喝，师便打。

龙牙问："如何是祖师西来意？"师云："与我过禅板来。"牙便过禅板与师。师接得便打。牙云："打即任打，要且无祖师意。"

牙后到翠微，问："如何是祖师西来意？"微云："与我过蒲团来。"牙便过蒲团与翠微。翠微接得便打。牙云："打即任打，要且无祖师意。"

牙住院后，有僧入室请益，云："和尚行脚时参二尊宿因缘，还肯他也无？"牙云："肯即深肯，要且无祖师意。"

径山有五百众，少人参请。黄檗令师到径山，乃谓师曰："汝到彼作么生？"师云："某甲到彼自有方便。"

师到径山，装腰上法堂见径山。径山方举头，师便喝。径山拟开口，师拂袖便行。寻有僧问径山："这僧适来有什么言句，便喝和尚？"径山云："这僧从黄檗会里来。你要知么，且(自)问取他。"

径山五百众太(大)半分散。

普化一日于街市中，就人乞直裰，人皆与之，普化俱不要。师令院主买棺一具。普化归来。师云："我与汝做得个直裰了也。"普化便自担去，绕街市叫云："临济与我做直裰了也，我往东门迁化去，市人竞随看之。"普化云："我今日未，来日往南门迁化去。"如是三日，人皆不信。至第四日无人随看。独出城外自入棺内，倩路行人钉之。即时传布，市人竞往开棺，乃见全身脱去，只闻空中铃响隐隐而去。

行　录

师初在黄檗会下，行业纯一，首座乃叹曰："虽是后生，与众有异。"遂问："上座在此多少时？"师云："三年。"首座云："曾参问也无？"师云："不曾参问，不知问个什么？"首座云："汝何不去问堂头和尚，如何是佛法的的大意。"师便去问，声未绝，黄檗便打。师下来，首座云："问话作么生？"师云："某甲问声未绝，和尚便打。某甲不会。"首座云："但更去问。"师又去问。黄檗又打。如是三度发问，三度被打。师来白首座云："幸蒙慈悲，令某甲问讯和尚，三度发问，三度被打。自恨障缘，不领深旨，今且辞去。"首座云："汝若去时，须辞和尚去。"师礼拜退。首座先到和尚处，云："问话底后生甚是如法，若来辞时，方便接他。向后穿凿成一株大树，与天下人作荫凉去在。"师去辞黄檗，檗云："不得往别处去，汝向高安滩头大愚处去，必为汝说。"

师到大愚。大愚问："什么处来？"师云："黄檗处来。"大愚云："黄檗有何言句？"

师云:“某甲三度问佛法的的大意,三度被打。不知某甲有过无过?”大愚云:“黄檗与么老婆[心切],为汝得彻困。更来这里问有过无过!”师于言下大悟,云:“元来黄檗佛法无多子。”大愚搊住云:“这尿床鬼子。适来道有过无过,如今却道黄檗佛法无多子,你见个什么道理? 速道,速道!”师于大愚胁下筑三拳。大愚托开云:“汝师黄檗,非于我事。”

师辞大愚,却回黄檗。黄檗见来便问:“这汉来来去去,有什么了期?”师云:“只为老婆心切。”便人事了,侍立。黄檗问:“什么处去来?”师云:“昨奉慈旨,令参大愚去来。”黄檗云:“大愚有何言句?”师遂举前话。黄檗云:“作么生得这汉,来待(待来)痛与一顿。”师云:“说什么待来,即今便吃。”随后便掌。黄檗云:“这风颠汉,却来这里捋虎须。”师便喝。黄檗云:“侍者,引这风颠汉参堂去。”(后沩山举此话问仰山:“临济当时得大愚力,得黄檗力?”仰山云:“非但骑虎头,亦解把虎尾。”)

师栽松次。黄檗问:“深山里栽许多作什么?”师云:“一与山门作景致,二与后人作标榜。”道了,将镬头打地三下。黄檗云:“虽然如是,子已吃吾三十棒了也。”师又以镬头打地三下,作嘘嘘声。黄檗云:“吾宗到汝,大兴于世。”(后沩山举此语问仰山:“黄檗当时只嘱临济一人,更有人在?”仰山云:“有。只是年代深远,不欲举似和尚。”沩山云:“虽然如是,吾亦要知。汝但举看。”仰山云:“一人指南,吴越令行,遇大风即止,[谶风穴和尚也]。”)

师侍立德山次。山云:“今日困。”师云:“这老汉寐语作什么?”山便打。师掀倒绳床,山便休。

师普请锄地次,见黄檗来,拄镬而立。黄檗云:“这汉困那?”师云:“镬也未举,困个什么?”黄檗便打。师接住棒,一送送倒。黄檗唤维那:“维那扶起我。”维那近前扶云:“和尚争容得这风颠汉无礼!”黄檗才起,便打维那。师镬地云:“诸方火葬,我这里一时活埋。”(后沩山问仰山:“黄檗打维那,意作么生?”仰山云:“正贼走却,逻踪人吃棒。”)

师一日在僧堂前坐,见黄檗来,便闭却目。黄檗乃作怖势,便归方丈。师随至方丈礼谢。首座在黄檗处侍立。黄檗云:“此僧虽是后生,却知有此事。”首座云:“老和尚脚跟不点地,却证据个后生。”黄檗自于口上打一掴。首座云:“知即得。”

师在堂中睡。黄檗下来见,以拄杖打板头一下。师举头见是黄檗,却睡。黄檗又打板头一下,却往上间,见首座坐禅,乃云:“下间后生却坐禅,汝这里妄想作什么?”首座云:“这老汉作什么?”黄檗打板头一下,便出去。(后沩山问仰山:“黄檗入僧堂,意作么生?”仰山云:“两彩一赛。”)

一日,普请次。师在后行,黄檗回头,见师空手,乃问:“镬头在什么处?”师云:“有一人将去了也。"黄檗云:"近前来,共汝商量个事。"师便近前。黄檗竖起镢头云:"只这个,天下人拈掇不起。"师就手掣得,竖起,云:"为什么却在某甲手里?"黄檗云:"今日大有人普请。"便归院。(后沩山问仰山:"镢头在黄檗手里,为什么却被临济夺却?"仰山云:"贼是小人,智过君子。")

师为黄檗驰书去沩山。时仰山作知客,接得书便问:"这个是黄檗底?那个是专使底?"师便掌。仰山约住,云:"老兄知是般事便休。"

同去见沩山,沩山便问:"黄檗师兄多少众?"师云:"七百众。"

沩山云:"什么人为导首?"师云:"适来已达书了也。"

师却问沩山:"和尚此间多少众?"沩山云:"一千五百众。"师云:"太多生。"沩山云:"黄檗师兄亦不少。"

师辞沩山。仰山送出云:"汝向后北去,有个住处。"师云:"岂有与么事?"仰山云:"但去,已后有一人佐辅老兄在。此人只是有头无尾,有始无终。"

师后到镇州,普化已在彼中。师出世,普化佐赞于师。师住未久。普化全身脱去。

师因半夏上黄檗,见和尚看经,师云:"我将谓是个人,元来是揞黑豆老和尚。"

住数日,乃辞去。黄檗云:"汝破夏来,不终夏去。"师云:"暂来礼拜和尚。"黄檗遂打趁令去。

师行数里,疑此事,却回终夏。

师一日辞黄檗。檗问:"什么处去?"师云:"不是河南,便归河北。"黄檗便打。师约住,与一掌。黄檗大笑,乃唤侍者:"将百丈先师禅板、机案来。"师云:"侍者将火来。"黄檗云:"虽然如是,汝但将去。已后坐却天下人舌头在。"

(后沩山问仰山:"临济莫辜负他黄檗也无?"仰山云:"不然。"沩山云:"子又作么生?"仰山云:"知恩方解报恩。"沩山云:"从上古人还有相似底也无?"仰山云:"有。只是年代深远,不欲举似和尚。"沩山云:"虽然如是,吾亦要知。子但举看。"仰山云:"只如楞严会上阿难赞佛云:将此深心奉尘刹,是则名为报佛恩。岂不是报恩之事?"沩山云:"如是,如是。见与师齐,减师半德;见过于师,方堪传授。")

师到达磨塔头。塔主云:"长老先礼佛,先礼祖?"师云:"佛、祖俱不礼。"塔主云:"佛、祖与长老是什么冤家?"师便拂袖而出。

师行脚,时到龙光。光上堂。师出问云:"不展锋铓,如何得胜?"光据坐。师云:"大善知识岂无方便?"光瞪目云:"嗄。"师以手指云:"这老汉,今日败阙也。"

到三峰,平和尚问曰:"什么处来?"师云:"黄檗来。"

平云:"黄檗有何言句?"师云:"金牛昨夜遭涂炭,直至如今不见踪。"

平云:"金风吹玉管,那个是知音?"师云:"直透万重关,不住清霄内。"

平云:“子这一问太高生。”师云:“龙生金凤子,冲破碧琉璃。”

平云:“且坐吃茶。”

又问:“近离甚处?”师云:“龙光。”平云:“龙光近日如何?”师便出去。

到大慈。慈在方丈内坐。师问:“端居丈室时如何?”慈云:“寒松一色千年别,野老拈花万国春。”

师云:“今古永超圆智体,三山锁断万重关。”慈便喝,师亦喝。慈云:“作么?”师拂袖便出。

到襄州华严。严倚拄杖作睡势。师云:“老和尚瞌睡作么?”严云:“作家、禅客,宛尔不同。”

师云:“侍者,点茶来与和尚吃。”严乃唤维那:“第三位安排这上座。”

到翠峰。峰问:“甚处来。”师云:“黄檗来。”

峰云:“黄檗有何言句指示于人?”师云:“黄檗无言句。”

峰云:“为什么无?”师云:“设有,亦无举处。”

峰云:“但举看。”师云:“一箭过西天。”

到象田。师问:“不凡不圣,请师速道。”田云:“老僧只与么。”师便喝云:“许多秃子在这里觅什么碗?”

到明化。化问:“来来去去作什么?”师云:“只徒踏破草鞋。”化云:“毕竟作么生?”师云:“老汉话头也不识。”

往凤林,路逢一婆。婆问:“甚处去?”师云:“凤林去。”婆云:“恰值凤林不在。”师云:“甚处去?”婆便行。师乃唤婆,婆回头,师便打[按:《四家语录》本作“行”]。

到凤林。林问:“有事相借问,得么?”师云:“何得剜肉作疮?”

林云:“海月澄无影,游鱼独自迷。”师云:“海月既无影,游鱼何得迷?”

凤林云:“观风知浪起,玩水野帆飘。”师云:“孤轮独照江山静,自笑一声天地惊。”

林云:“任将三寸辉天地,一句临机试道看。”师云:“路逢剑客须呈剑,不是诗人莫献诗。”凤林便休。

师乃有颂:“大道绝同,任向西东;石火莫及,电光罔通。”

(沩山问仰山:“石火莫及,电光罔通,从上诸圣将什么为人?”仰山云:“和尚意作么生?”沩山云:“但有言说,都无实义。”仰山云:“不然。”沩山云:“子又作么生?”仰山云:“官不容针,私通车马。”)

到金牛。牛见师来,横按拄杖,当门踞坐。师以手敲拄杖三下,却归堂中第一位坐。牛下来见,乃问:“夫宾主相见,各具威仪。上座从何而来?太无礼生。”师云:“老和尚道什么?”牛拟开口,师便打。牛作倒势,师又打。牛云:“今日不着便。”(沩山问仰山:“此二尊宿还有胜负也无?”仰山云:“胜即总胜,负即总负。”)

师临迁化时,据坐云:“吾灭后,不得灭却吾正法眼藏。”三圣出云:“争敢灭却和尚正法眼藏?”师云:“已后有人问你,向他道什么?”三圣便喝:师云:“谁知吾正法眼藏,向这瞎驴边灭却。”言讫,端然示寂。

……

镇州临济慧照禅师语录终

住大名府兴化嗣法小师存奖校勘

永享九年(1437)八月十五日板在法性寺东经所

【据《大正藏》本《镇州临济慧照禅师语录》;参校明版《四家语录》《古尊宿语录》诸本】

临济宗旨

[北宋]释慧洪

明白庵居沙门慧洪撰

汾阳昭禅师示众曰:“先圣云:‘一句语须具三玄,一玄中须具三要。’阿那个是三玄三要底句?快会取好。各自思量,还得稳当也未?古德已前行脚,闻一个因缘,未明中间,直下饮食无味,睡卧不安,火急抉择,岂将为小事?所以大觉老人,为一大事因缘出现于世。想计他从上来行脚,不为游山玩水,看州府奢华,片衣口食,皆为圣心未通,所以驱驰行脚,抉择深奥,传唱敷扬,博问先知,亲近高德,盖为续佛心灯,绍隆佛种祖代,兴崇圣种,接引后机,自利利他,不忘先迹。如今还有商量者么?有即出来,大家商量。”

僧问:“如何是接初机底句?”答曰:“汝是行脚僧。”又问:“如何是辨(辩)衲僧底句?”答曰:“西方日出卯。”又问:“如何是正令行底句?”答曰:“千里持来呈旧面。”又问:“如何是立乾坤底句?”答曰:“北俱卢州长粳米,食者无嗔亦无喜。”师曰:“只将此四转语验天下衲僧,才见汝出来,验得了也。”

僧问:“如何是学人着力处?”答曰:“嘉州打大像。”问:“如何是学人转身处?”答曰:“陕府灌铁牛。”问:“如何是学人亲切处?”答曰:“西河弄师子。”师曰:“若人会此三句,已辨三玄。更有三要语在,切在荐取,不是等闲。与大众颂出曰:三玄三要事难分,得意忘言道易亲。一句明明该万象,重阳九日菊花新。还会么?恁么会得不是性燥,衲僧作么生会好?”

又举三玄语曰:“汝还会三玄底时节么?直须会取古人意旨,然后自心明去,更得通变自在,受用无穷,唤作自受用身佛。不从他教,便识得自家活计。所以南泉曰:王老师十八上解作活计。”

僧便问：“古人十八上解作活计，未审作个什么活计？”答曰：“两只水牯牛，双角无栏桊。”复云：“若要于此明得去，直须得三玄旨趣，始得受用无碍，自家庆快，以畅平生。大丈夫汉，莫教自辜，触事不通，彼无利济。与汝一切颂出曰：第一玄，法界广无边，森罗及万象，总在镜中圆；第二玄，释尊问阿难，多闻随事答，应器量方圆；第三玄，直出古皇前，四句百非外，闾氏问丰干。”师乃曰：“这个是三玄底颂。作么生是三玄底旨趣？直教抉择分明，莫只与么望空里妄解，道‘我曾亲近和尚来，与我说了’，脱空漫语，诳吓他人。吃铁棒有日，莫言不道。”

又因采菊，谓众曰：“金花布地，玉蕊承天；杲日当空，乾坤朗曜；云腾致雨，露结为霜，不伤物义，道将一句来。还有道得底么？若道不得，眼中有屑，直须出却始得。所以风穴云：若立一尘，家国兴盛，野老颦蹙；不立一尘，家国丧亡，野老安贴。于此明去，阇梨无分，全是老僧；于此不明，老僧即是阇梨。阇梨与老僧，亦能悟却天下人，亦能瞎却天下人。要知老僧与阇梨么？”——拊其膝曰：“这里是阇梨，这里是老僧。且问诸上座，老僧与阇梨，是同是别？若道是同去，上座自上座，老僧自老僧；若道是别去，又道老僧即是阇梨。若能于此明得去，一句中有三玄三要，宾主历然，平生事办，参寻事毕。所以永嘉曰：粉骨碎身未足酬，一句了然超百亿。”又曰：“临济两堂首座，一日相见齐下喝。僧问临济：还有宾主也无？答曰：宾主历然。”师作偈曰：“两堂首座总作家，其中道理有分拿。宾主历然明似镜，宗师为点眼中花。”

无尽居士谓予曰：“汾阳，临济五世之嫡孙，天下学者宗仰。观其提纲渠渠，唯论三玄三要。今其法脉，皆以谓三玄三要，一期建立之语，无益于道，但于诸法不生异见，一切平常，即是祖意。其说是否？”

予曰：“居士闻其说，晓然了解，宁复疑汾阳提纲乎？”

曰：“吾固疑而未决也。”

予曰：“此其三玄三要之所以设也。所言一句中具三玄，一玄中具三要，有玄有要者，一切众生热恼海中清凉寂灭法幢也。此幢之建，譬如涂毒之鼓，挝之则闻者皆死，唯远闻者后死；若不横死者，虽闻不死。临济无恙时，兴化、三圣、保寿、定上座辈，闻而死者。今百余年犹有悟其旨者，即后死者也。而诸法脉谓无益于道者，即不横死者也。祖宗门风，壁立万仞，而子孙畏之，喜行平易坦涂，此所谓法道陵夷也。譬如衣冠称孔门弟子而毁《易·系辞》，三尺童子笑之。

“临济但曰：一句中具三玄，一玄中具三要。有玄有要而已，初未尝自为句中玄、意中玄、体中玄也。古塔主者误认玄沙三句为三玄，故但分三玄而遗落三要，丛林安之，不以为非，为可太息。

“玄沙曰：真常流注为平等法。但是以言遣言，以理逐理，为之明前不明后；盖分证法身之量，未有出格之句，死在句下；若知出格之量，则不被心魔所使，入到手中，便转换落落地，言通人道，不坐平常之见。此第一句也，古谓之句中玄。回机转位，生杀自在，纵夺随宜，出生入死，广利一切，回脱色欲爱见之境。此第二句也，古谓之意中玄。明阴洞阳，廓周沙界，一真体性，大用现前，应化无方，全用全不用，全生全不生，方便唤作慈定之门。此第三句也，古谓之体中玄。浮山远公亦曰意中玄，非意识之意。古不足道，远亦迷倒。予不可以不辨。”

无尽颔之。又曰：“吾顷见谢师，直称吴僧简程者有大知见，亲见慈明，盖是真点胸。杨岐道，吾之流亚，接人多举汾阳十智同真颂。遂闻其说。”

予曰：“十智同真与三玄三要，同一关捩。

（汾阳曰：“夫说法者须具十智同真，若不具十智同真，邪正不辨，缁素不分，不能与人天为眼目，决断是非。如鸟飞空而折翼，如箭射的而断弦。弦断故射的不中，翼折故空不可飞。弦壮翼牢，空的俱彻。作么生是十智同真？与诸上座点出：一同一质，二同大事，三总同参，四同真智，五同遍普，六同具足，七同得失，八同生杀，九同音吼，十同得入。”又云：“与什么人同得入？与谁同音吼？作么生是同生杀？什么物同得失？阿那个同具足？是什么同遍普？何人同真智？孰能总同参？那个同大事？何物同一质？有点得出底么？点得出者不吝慈悲，点不出者未有参学眼在。切须辨取，要识是非面目见在。”）

“今此法门，丛林怕怖，不欲闻其名。何以言之？诸方但爱平实见解，执之不移，唯欲传授，不信有悟。借使汾阳复生，亲为剖折，亦以为非。昔阿难夜经行，闻童子诵佛偈曰：‘若人生百岁，不善水潦鹤，未若生一日，而得决了之。’阿难就教之曰：‘不善诸佛机，非水潦鹤也。’童子归白其师，师笑曰：‘阿难老昏矣，当以我语为是。于今学者之前，语三玄十智旨趣，何以异此？’”

于是，无尽嗟咨曰：“然其旨趣，岂无方便？”

予作偈曰：“十智同真面目全，于中一智是根源，若人欲见汾阳老，劈破三玄作两边。”

又问：“四种宾主，亦临济建立法门乎？”

予曰：“三世如来，诸代祖师，锻出凡圣情见之炉锤，非止临济用之。

“如龙山本见马祖。洞山价禅师初游方，与密师伯者偕行，经长沙龙山之下，见溪流菜叶。价回瞻峰峦深秀，谓密曰：‘个中必有隐者。’乃并溪而进十许里，有老僧癯甚，以手加额，呼曰：‘此间无路，汝辈何自而至？’价曰：‘无路且置，庵主自何而入？’曰：‘我不曾（从）云水。’价曰：‘庵主住山几许时？’曰：‘春秋不涉。’价曰：‘庵主先住耶？此山先住耶？'曰：'不知。'价曰：'为什么不知？'曰：'我不曾(从)人天来。'价曰：'得何道理，便尔住山？'曰：'我见泥牛斗入海，直至而今无消息。'价即班密之下而拜之。问：'如何是主中宾？'曰：'青山覆白云。'又问：'如何是主中主？'曰：'长年不出户。'又问：'主宾相去几何？'曰：'长江水上波。'又问：'宾主相见，有何言说？'曰：'青风拂白月。'价再拜，求依止。老僧笑曰：'三间茅屋从来住，一道神光万境闲。莫作是非来辨我，浮生穿凿不相关。'于是，自焚其庵，深入层峰。

"其后价住山，问僧：'何者是汝主人公？'对曰：'现祗对者。'价仰而咨嗟曰：'此所谓马后驴前事，奈何认以为自己乎。佛法平沉，此其兆也。客中主尚未明，况主中主哉？'僧曰：'如何是主中主？'价曰：'汝自道看。'曰：'道得即是客中主，如何是主中主？'价良久曰：'不辞向汝道，相续也大难。'"

予观龙山老僧之意，如萧何之识韩信，岂有法哉？而价公之论，如霍光之立朝，进止亦有律度。呜呼，后生之不见古人之大全也，必矣。价亦置"主中主"于胸中，可疑也。

予尝至临川与朱世英游相好，俄上蓝长老者至，上蓝谓世英曰："觉范闻工诗耳，禅则其师犹错，矧弟子耶？"世英笑曰："师能勘验之乎？"上蓝曰："诺。"居一日，同游疏山，饭于逆族。上蓝以手画案，谓余曰："经轴之上，必题以字，是何义？"予亦画圆相，横一画曰："是此义也。"上蓝愕然。予为作偈曰："以字不成八不是，法身睡着无遮闭。衲僧对面不知名，百众人前呼不起。"上蓝归，举似世英。世英拊手曰："孰为诗僧，亦能识字义乎！"

因同看汾阳作《牸牛偈》曰："有头无角实堪嗟，百劫难逃这作家。凡圣不能明得尽，现前相貌有些些。"予谓世英曰："此偈又予字义之训诂也。"世英问余："《华严经》曰：毗目仙人执善财童子手，即时善财自见其身往十佛刹微尘数诸佛所，见彼佛刹及其众会、诸佛相好种种庄严，乃至或经百千亿不可说佛刹微尘数劫，乃至时彼仙人放善财童子手，即时自见其身还在本处。此一段义，何以明之？"予曰："皆象也。方执其手，即入观法之时，见自他不隔于毫端，始终不移于当念。及其放手，即是出定之时。永明于是知不动本位，远近之刹历然。一念靡移，延促之时宛尔。世尊盖以莲为譬，而世莫有知者。予特知之，夫莲方开华时，中已有子，子中已有薏。因中有果，果中有因。三世一时也。其子分布，又曾(从)属焉。相续不断，十方不隔也。"

又问："《法华经》曰：世尊于一切众前现大神力，出广长舌相，上至梵世，极难和会。而解者曰：佛音深妙，触处皆闻，超越圣凡，则其舌广长，高出梵世。此说如何？"予曰："此殆所谓随语生解，非如来世尊之意。沩山曰：凡圣情尽，体露真常。理事不二，即如如佛。而学者不能深味此语，苟认意度而已。譬如众盲摸象，随其所得为是。

故象偏为尾、为蹄、为腰、为牙，而全象隐矣。《般若经》曰：无二无二分，无别无断故者，真常也。非凝然一物，卓然不坏坏[按：疑衍一‘坏’字]之真常也。舌相之至梵世，其可以情求哉。”

唐僧玄奘至西竺见戒贤论师，贤时已一百六岁，众所宗向，号正法藏。奘修敬讫，贤使坐，问：“从何来?”对曰：“从支那国来，欲学《瑜伽》等论。”于是，贤流涕，呼弟子觉贤，指以谓曰：“我前所梦何如?”弟子谓奘曰：“和尚三年前得疾危甚，如人以刀划其腹，欲不食而死。夜梦男子身金色曰：‘汝勿自厌其身，汝昔作贵近，多害物命，当自悔责，自尽何益？有支那国僧来此学法，已在途矣，三年当至。以法惠彼，彼复流通，汝罪自灭。我，曼殊室利也，故来晓汝耳。’和尚疾损已三年，而阇梨果至，前梦有征也。”

予涉世多艰，盖其夙障。闻曼殊室利之言，以法惠人则罪自灭，故有撰述佛祖旨诀之意，欲以惠人而自灭夙障耳，非有他求也。

【据清光绪六年(1880)常熟刻经处重刻《禅林僧宝传》后附《临济宗旨》】

《人天眼目》(选录)

[南宋]释智昭

临济宗

师讳义玄，曹州南华人也。俗姓邢，幼而颖异，长以孝闻。及落发受具，居于讲肆，精究毗尼，博赜经论。俄叹曰：“此济世医方也，非教外别传之旨。”即更衣游方，首参黄檗，次谒大愚。其机缘语句，载于行录。既受黄檗印可，寻抵河北镇州城东南隅，临滹沱河侧，小院住持。其临济，因地得名。

唐咸通八年丁亥(867)[按：《祖堂集》《宋高僧传》《景德传灯录》《祖庭事苑》诸本作“咸通七年(866)”]四月十日，摄衣据坐，与三圣问答毕，寂然而逝。门人以师全身，建塔于大名府西北隅。敕谥慧照禅师，塔号澄灵[按：《祖堂集》《宋高僧传》诸本作“澄虚”]。

四料拣

师初至河北住院，见普化、克符二上座，乃谓曰：“我欲于此建立黄檗宗旨，汝可成褫我。”二人珍重下去。三日后，普化却上来问云：“和尚三日前说什么?”师便打。三日后，克符上来问：“和尚昨日打普化作什么?”师亦打。

至晚小参，云：“我有时夺人不夺境，有时夺境不夺人，有时人境俱夺，有时人境俱不夺。”

僧问：“如何是夺人不夺境？”师云：“煦日发生铺地锦，婴儿垂发白如丝。”（大慧云：“此二句，一句存境，一句夺人。”）

僧问：“如何是夺境不夺人？”师云：“王令已行天下遍，将军塞外绝烟尘。”（大慧云：“上句夺境，下句存人。”）

僧问：“如何是人境俱夺？”师云：“并汾纪（绝）信，独处一方。”（大慧云：“便有人境俱夺面目。”又云：“吾初读诸家禅录，见并汾绝信之语，深以为疑，虽诘诸老，皆含糊不辨。既读临济语，则知绝信二字，盖并汾二州名。僧问人境两俱夺，答云：独处一方。其旨晓然。方悟诸师之集，皆有乌焉之误。”）

僧问：“如何是人境俱不夺？”师云：“王登宝殿，野老讴歌。”（大慧云：“此是人境俱不夺也。”）

克符颂

夺人不夺境，缘自带譊讹。拟欲求玄旨，思量反责么。骊珠光灿烂，蟾桂影婆娑。觌面无回互，还应滞网罗。（大慧云：“此颂大概在‘骊珠光灿烂，蟾桂影婆娑’之上，盖此二句是境也。学人问夺人不夺境，‘拟欲求玄旨，思量反责么’，大意只是不可思量拟议，思量拟议，学人蹉却觌面相呈一着，则被语言罗网矣。”）

夺境不夺人，寻言何处真？问禅禅是妄，究理理非亲。日照寒光澹，山遥翠色新。直饶玄会得，也是眼中尘。（大慧云：“要会‘日照寒光澹，山摇翠色新’么？此二句是境；‘直饶玄会得，也是眼中尘’，便夺了也。”）

人境两俱夺，从来正令行。不论佛与祖，那说圣凡情。拟犯吹毛剑，还如值目盲。进前求解会，特地斩精灵。（大慧云：“正令既行，不留佛祖，到这里进之退之。性命总在师家手里，如吹毛剑，不可犯其锋也。”）

人境俱不夺，思量意不偏。主宾言不异，问答理俱全。踏破澄潭月，穿开碧落天。不能明妙用，沦溺在无缘。（大慧云：“若要分明理会得临济意，但向当时垂示处看。”）

师示众云：“如诸方学人来，山僧此问（间）作三种根器断：如中下根器来，我便夺其境，而不除其法；或中上根器来，我便境法俱夺；如上上根器来，我便境法人俱不夺。如有出格见解人来，山僧此间，便全体作用，不历根器。大德到这里，学人着力处不通风，石火电光即蹉过了也。学人若眼目定动，即没交涉。”（凡五家宗主垂示处称师，后皆仿此。）

南院颙问风穴昭（亦作沼）云：“汝道四料拣，料拣何法？”穴云：“凡语不滞凡情，既堕圣解，学者大病。先圣哀之，为施方便，如楔出楔。”

院问："如何是夺人不夺境？"（首山等答皆附）穴云："新出红炉金弹子，簉破阇黎铁面门。"首山云："人前把出，远送千峰。"法华举云："白菊乍开重日暖，百年公子不逢春。"慈明圆云："神会曾磨普寂碑。"道吾真云："庵中闲打坐，白云起峰顶。"圆悟勤云："老僧有眼不曾见。"达观颖云："家里已无回日信，路遥空有望乡牌。"石门聪云："山河大地。"

"如何是夺境不夺人？"穴云："刍草乍分头脑裂，乱云初绽影犹存。"山云："打了不曾嗔，冤家难解免。"华云："大地绝消息，翛然独任真。"明云："须信壶中别有天。"吾云："闪烁红旗散，仙童指路亲。"圆悟云："阇黎问得自然亲。"观云："沧海尽教枯到底，青山直得碾为尘。"门云："番人失氊帐。"

"如何是人境俱夺？"穴云："蹑足进前须急急，促鞭当鞅莫迟迟。"山云："万人作一家，时人尽带悲。"华云："草荒人变色，凡圣两俱忘。"明云："寰中天子敕，塞外将军令。"吾云："刚骨尽随红影没，苕苗总逐白云消。"悟云："收。"观云："天地尚空秦日月，山河不见汉君臣。"门云："有何佛祖？"

"如何是人境俱不夺？"穴云："帝忆江南三月里，鹧鸪啼处百花香。"山云："问处分明答处亲。"华云："清风伴明月，野老笑相亲。"明云："明月清风任往来。"吾云："久旱逢初雨，他乡遇故知。"悟云："放。"观云："莺啭上林花满地，客游三月草侵天。"门云："问答甚分明。"

翠岩颂（名可真，兴化莆田人，嗣慈明）

夺人不夺境，日月自流迁。山河及大地，片雨过蛮天。
夺境不夺人，问禅何处亲。相逢不只揖，晓夜渡关津。
人境两俱夺，声鼓坠红楼。纵横施巨阙，谁敢立当头。
人境俱不夺，阎浮转几遭。面南看北斗，争得合伊曹。

佛鉴（名惠勤）[颂并总颂]

瓮头酒熟人皆醉，林上烟浓花正红。夜半无灯香合静，秋千垂在月明中。
莺逢春暖歌声滑，人遇时平笑脸开。几片落花随水去，一声长笛出云来。
堂堂意气走雷霆，凛凛威风掬霜雪。将军令下斩荆蛮，神剑一挥千里血。
圣朝天子坐明堂，四海生灵尽安枕。风流年少倒金樽，满院桃花红似锦。
千溪万壑归沧海，四塞八蛮朝帝都。凡圣从来无二路，莫将狂见逐多途。

三　句

师因僧问："如何是真佛、真法、真道？乞垂开示。"师云："佛者，心清净是；法者，心光明是；道者，处处无碍净光是。三即一，皆空而无实有。如真正[学]道人，念念

[心]不间断。[自]达磨大师从西土来,只是觅个不受惑底人,后遇二祖,一言便了,始知从前虚用工夫。山僧今日见处,与佛祖(祖佛)不别。若第一句中荐得,堪与祖佛为师;若第二句中荐得,堪与人天为师;若第三句中荐得,自救不了。”

僧问:“如何是第一句?”(风穴以下答附)师云:“三要印开朱点窄,未容拟议主宾分。”风穴云:“随声便喝。”道吾真云:“直下冲云际,东山绝往来。”海印信云:“那吒忿怒。”云峰悦云:“垂手过膝。”

“如何是第二句?”师云:“妙解岂容无着问,沤和争负截流机。”穴云:“未开口前错。”吾云:“面前渠不见,背后称冤苦。”印云:“衲僧罔措。”峰云:“万里崖州。”

“如何是第三句?”师云:“看取棚头弄傀儡,抽牵元是里头人。”穴云:“明破则不堪。”吾云:“头上一堆尘,脚下三尺土。”印云:“西天此土。”峰云:“粪箕扫帚。”

慈明示众云:“先宝应曰:‘第一句荐得,堪与佛祖为师;第二句荐得,堪与人天为师;第三句荐得,自救不了。’山僧即不然:第一句荐得,和泥合水;第二句荐得,无绳自缚;第三句荐得,四棱着地。所以道:起也海晏河清,行人避路;住也乾坤黯黑,日月无光。汝等诸人,何处出气,如今还有出气者么?有即出来,对众出气看。若无,山僧今日与尔出气去也。”乃嘘一声,卓拄杖下座。

石门聪云:“第一句荐得,石里迸出;第二句荐得,挨拶将来;第三句荐得,自救不了。”

三玄三要

师云:“大凡演唱宗乘,一语须具三玄门,一玄门须具三要,有权有实,有照有用。汝等诸人作么生会?”

后来汾阳昭和尚因举前话,乃云:“那个是三玄三要底句?”

僧问:“如何是第一玄?”汾阳云:“亲嘱饮光前。”吾云:“释尊光射阿难肩。”

“如何是第二玄?”汾云:“绝相离言诠。”吾云:“孤轮众象攒。”

“如何是第三玄?”汾云:“明镜照无偏。”吾云:“泣向枯桑泪涟涟。”

“如何是第一要?”汾云:“言中无作造。”吾云:“最好精粗照。”

“如何是第二要?”汾云:“千圣入玄奥。”吾云:“闪烁乾坤光晃耀。”

“如何是第三要?”汾云:“四句百非外,尽踏寒山道。”吾云:“夹路青松老。”

汾阳颂并总[颂]

第一玄,照用一时全,七星光灿烂,万里绝尘烟。

第二玄,钩锥利便尖,拟议穿腮过,裂面倚双肩。

第三玄，妙用具方圆，随机明事理，万法体中全。

第一要，根境俱忘绝朕兆，山崩海竭洒飘尘，荡尽寒灰始得妙。

第二要，钩锥察辨呈巧妙，纵去夺来掣电机，透匣七星光晃耀。

第三要，不用垂钩并下钓，临机一曲楚歌声，闻者尽教来反照（一作“闻了悉皆忘反照”）。

三玄三要事难分，得意忘言道易亲。一句明明该万象，重阳九日菊花新。

慈　明［颂并总颂］

第一玄，三世诸佛拟何宣，垂慈梦里生轻薄，端坐还成落断边。

第二玄，灵利衲僧眼未明，石火电光犹是钝，扬眉瞬目涉关山。

第三玄，万象森罗宇宙宽，云散洞空山岳静，落花流水满长川。

第一要，岂话圣贤妙，拟议涉长途，抬头已颠倒。

第二要，峰顶敲楗召，神通自在来，多闻门外叫。

第三要，起倒令人笑，掌内握乾坤，千差都一照。

报汝通玄士，棒喝要临时，若明端的旨，半夜太阳辉。

竹　庵［圭颂］（名士圭，成都史氏子，嗣佛眼）

示众云：“临济道：‘一句中须具三玄门，一玄门须具三要。’大众，事因叮嘱起，展转见誵讹。听取一颂：句中难透是三玄，一句该通空劫前。临济命根元不断，一条红线手中牵。”

四　喝

师问僧：“有时一喝如金刚王宝剑，有时一喝如踞地师子，有时一喝如探竿影草，有时一喝不作一喝用。汝作么生会？”僧拟议，师便喝。

寂音尊者颂

金刚王剑，觌露堂堂，才涉唇吻，即犯锋铓。

踞地师子，本无窠臼，顾伫停机，即成渗漏。

探竿影草，不入阴界，一点不来，贼身自败。

有时一喝，不作喝用，佛法大有，只是牙痛。

首山示众云：“老僧寻常问汝道，这里一喝不作一喝用，有时一喝作问行，有时一喝作探竿影草，有时一喝作踞地师子，有时一喝作金刚王宝剑。若作问行来时，急着眼看始得；若作探竿影草，尔诸人合作么生？若作踞地师子，野干须屎尿出始得；若作金刚王宝剑用时，天王也须脑裂。只与么横喝竖喝，总唤作道理商量。”

汾　阳［颂］

金刚宝剑最威雄，一喝能摧万仞峰。遍界乾坤皆失色，须弥倒卓半空中。
金毛踞地众威全，一喝能令丧胆魂。岳顶峰高人不见，猿啼白日又黄昏。
词锋探草辨当人，一喝须知伪与真。大海渊澄涵万象，休将牛迹比功深。
一喝当阳势自彰，诸方真有好商量。盈衢溢路歌谣者，古往今来不变常。

智海普融［平颂］

一喝金刚剑用时，寒光烁烁射坤维。语言拟议伤锋刃，遍界髑髅知不知。
一喝金毛轻踞地，檀林袅袅香风起。虽然爪距不曾施，万里妖狐皆远避。
一喝将为探竿草，南北东西无不到。短长轻复位锱铢，平地茫茫须靠倒。
一喝不作一喝用，三世古今无别共。落花三月睡初醒，碧眼黄头皆作梦。

宾主句

师上堂。有僧出礼拜，师便喝。僧云："老和尚莫探头好。"师云："落在什么处？"僧便喝，师便打。

又有僧问："如何是佛法大意？"师便喝，僧礼拜。师云："汝道好喝也无？"僧云："草贼大败。"师云："过在什么处？"僧云："再犯不容。"师便喝。

是日，两堂首座相见同时下喝，僧问师："还有宾主也无？"师云："宾主历然。"师云："大众要会临济宾主句，问取堂中二首座。"

慈明颂

啐啄之机箭拄锋，瞥然宾主当时分。宗师愍物垂缁素，北地黄河彻底浑。

竹　庵［颂］

作家相见终不错，两两同时齐啐啄。喝下虽然宾主分，争知普化摇铃铎。

四宾主

师一日示众云："参学人，大须仔细，如宾主相见，便有言说往来：或应物现形，或全体作用，或把机权喜怒，或现半身，或乘师子，或乘象王。

“如有真正学人，便喝，先拈出一个胶盆子。善知识不辨是境，便上他境上做模做样。学人又(便)喝，前人不肯放。此是膏肓之病，不堪医治。唤作宾看主。

“或是善知识，不拈出物，随学人问处即夺，学人被夺，抵死不放。此是主看宾。

“或有学人，应一个清净境界，出善知识前，善知识辨得是境，把得住抛向坑里。学人言：大好。善知识即云：咄哉，不识好恶！学人便礼拜。此唤作主看主。

“或有学人披枷带锁，出善知识前，善知识更与安一重枷锁，学人欢喜，彼此不辨，唤作宾看宾。

“大德山僧所举，皆是辨魔拣异。知其邪正。”

宾主问答

僧问风穴：“如何是宾中宾？”穴云：“攒眉坐白云。”克符云：“倚门傍户犹如醉，出言吐气不惭惶。”汾阳云：“终日走红尘，不识自家珍。”又云：“合掌庵前问世尊。”慈明云：“礼拜更殷勤。”石门云：“礼拜甚分明。”雪窦云：“满目是埃尘。”又云：“噫。”

“如何是宾中主？”穴云：“入市双瞳瞽。”符云：“口念弥陀双拄杖，目瞽瞳人不出头。”汾云：“识得衣中宝，端坐解区分。”又云：“对面无俦侣。”明云：“拄杖长在手。”门云：“觑地无回顾。”窦云：“兆分其五。”又云：“引。”

“如何是主中宾？”穴云：“回鸾两曜新。”符云：“高提祖印当机用，利物应知语带悲。”汾云：“金钩抛四海，玉烛续明灯。”又云：“阵云横海上，拔剑搅龙门。”明云：“横担楖栗拨乾坤。”门云：“往复问前程。”窦云：“月带重轮。”又云：“收。”

“如何是主中主？”穴云：“磨砻三尺剑，待斩不平人。”符云：“横按镆铘全正令，太平寰宇斩痴顽。”僧云：“既是太平寰宇，为甚却斩痴顽？”符云：“不许夜行刚把火，直须当道与人看。”汾云：“高提日月光寰宇，大阐洪音唱楚歌。”又云：“三头六臂擎天地，忿怒那吒扑帝钟。”明云：“剑握甑人手。”门云：“万里绝同侣。”窦云：“大千捏聚。”又云：“揭。”

浮山[远]颂

宾中宾，双眉不展眼无筋，他方役役投知己，失却衣中无价珍。

宾中主，尽力追寻无处所，昔年犹自见些些，今日谁知目双瞽。

主中宾，我家广大实难论，所求不吝无高下，贵贱同途一路平。

主中主，七宝无亏金殿宇，千子常围绕圣颜，诸天不顺飞轮举。

翠　岩［真颂］

宾中宾，出语不相因，未谛审思惟，骑牛过孟津。

宾中主，相牵日卓午，展拓自无能，且历他门户。

主中宾，南越望西秦，寒山逢拾得，拟议乙卯寅。

主中主，当头坐须怖，万里涉流沙，谁云佛与祖。

雪　窦［颂并总颂］

宾中之宾，少喜多嗔，丈夫壮志，当付何人。

宾中之主，玄沙猛虎，半合半开，惟自相许。

主中之宾，温故知新，互换相照，师子颦呻。

主中之主，正令齐举，长剑倚天，谁敢当御。

宾主分不分，瞒顸绝异闻，解布劳生手，寄言来白云。

华　严（东京名孜）［宾主问答］

僧问："如何是宾中宾？"孜云："客路如天远。"

"如何是宾中主？"云："侯门似海深。"

"如何是主中主？"云："寰中天子敕。"

"如何是主中宾？"云："塞外将军令。"

孜云："宾中问主，互换之机；主中问宾，同生同死；主中辨主，饮气吞声；宾中觅宾，白云万里。故句中无意，意在句中。于斯明得，一双孤雁，扑地高飞；于斯不明，一对鸳鸯，池中独立。知音禅客，相与证明，影响之流，切须子细。"良久云："若是陶渊明，攒眉便归去。"

四照用

师一日示众云："我有时先照后用，有时先用后照，有时照用同时，有时照用不同时。先照后用有人在；先用后照有法在；照用同时，驱耕夫之牛，夺饥人之食，敲骨取髓，痛下针锥；照用不同时，有问有答，立主立宾，合水和泥，应机接物。若是过量人，向未举时（已前），撩起便行，犹较些子。"

时有僧出问佛法大意，师云："汝试道看。"僧便喝，师亦喝。僧又喝，师便打。（先照后用）

"问如何是佛法大意？"师便喝。复云："汝道好喝么？"僧便喝，师亦喝。僧又喝，

师便打。(先用后照)

僧入门,师便喝,僧亦喝。师便打云:“好打,只有先锋,且无殿后。”(照用同时)

僧来参,师便喝,僧亦喝。师又喝,僧亦喝,师便打云:“好打,为伊作主,不到头,无用处。主家须夺而用之。千人万人,到此出手不得。直须急着眼看始得。(照用不同时)

古德云:“主一喝验宾,宾一喝验主。主再喝验宾,宾再喝验主。四喝后无宾主也。到这里主家便夺却,更不容他。”慈明示众云:“有时先照后用,有时先用后照,有时照用同时,有时照用不同时。所以道,有明有暗,有起有倒。”乃喝一喝云:“且道是照是用？还有缁素得出底么？若有,试出来呈丑拙看;若无,山僧失利。”

照用问答

问:“如何是先照后用?”首山云:“南岳岭头云,太行山下贼。”佛陀逊云:“红旗曜日催征骑,骏马嘶风卷阵云。”道吾真云:“语路分明说,投针不回避。”黄龙新云:“清风拂明月。”五祖演云:“王言如丝。”

“如何是先用后照?”首山云:“太行山下贼,南岳岭头云。”陀云:“斩得匈奴首,还归细柳营。”吾云:“金刚觌面亲分付,语道分明好好陈。”龙云:“明月拂清风。”祖云:“其出如纶。”

“如何是照用同时?”山云:“收下南岳岭头云,捉得太行山下贼。”陀云:“太行(公)招手,子夏扬眉。”吾云:“佛祖道中行异路,森罗影里不留身。”龙云:“清风明月。”祖云:“举起轩辕镜,蚩尤失却威。”

“如何是照用不同时?”山云:“昨日晴,今日雨。”陀云:“午后打斋钟。”吾云:“清净金色光先照,峨眉银界一时铺。”龙云:“非清风,非明月。”祖云:“金将火试。”

汾阳云:“凡一句语,须具三玄门,每一玄门,须具三要路,有照有用。或先照后用,或先用后照,或照用同时,或照用不同时。先照后用,且共汝商量;先用后照,汝也是个人始得;照用同时,汝作么生当抵？照用不同时,汝作么生凑泊?”琅琊觉云:“先照后用,露师子之爪牙;先用后照,纵象王之威猛;照用同时,如龙得水,致雨腾云;照用不同时,提奖婴儿,抚怜赤子。此古人建立法门,为合如是,不合如是。若合如是,纪信乘九龙之辇;不合如是,项羽失千里之骓。还有为琅琊出气底么？如无,山僧自道去也。”卓拄杖下座。

慈明颂(并总颂)

照时把断乾坤路,验彼贤愚丧胆魂。饶君解佩苏秦印,也须归款候皇恩。

用便生擒到命殂，却令苏醒尽残躯。归款已彰天下报，放汝残年解也无。

照用同时棒下玄，不容拟议验愚贤。轮剑直冲龙虎阵，马丧人亡血满田。

照用不同时，时人会者稀。秋空黄叶坠，春尽落花飞。

一喝分宾主，照用一时行。会得个中意，日午打三更。

……

临济门庭

临济宗者，大机大用，脱罗笼，出窠臼，虎骤龙奔，星驰电激，转天关，斡地轴，负冲天意气，用格外提持，卷舒擒纵，杀活自在。是故示三玄、三要、四宾主、四料拣、金刚王宝剑、踞地师子、探竿影草；一喝不作一喝用，一喝分宾主，照用一时行。

四料拣者，中下根人来，夺境不夺法；中上根人来，夺境夺法不夺人（一作夺法不夺境，非）；上上根人来，人境两俱夺［按：《临济录》作"境法人俱不夺"］；出格人来，人境俱不夺［按：《临济录》作"全体作用，不历根器"］。

四宾主者，师家有鼻孔，名主中主；学人有鼻孔，名宾中主；师家无鼻孔，名主中宾；学人无鼻孔，名宾中宾。与曹洞宾主不同。

三玄者，玄中玄、体中玄、句中玄。三要者，一玄中具三要，自是一喝中体摄三玄三要也。

金刚王宝剑者，一刀挥尽一切情解；踞地师子者，发言吐气，威势振立，百兽恐悚，众魔脑裂；探竿者，探尔有师承无师承，有鼻孔无鼻孔；影草者，欺瞒做贼，看尔见也不见；一喝分宾主者，一喝中自有宾有主也；照用一时行者，一喝中自有照有用；一喝不作一喝用者，一喝中具如是三玄三要、四宾主、四料拣之类。

大约临济宗风，不过如此。要识临济么？青天轰霹雳，陆地起波涛。（山堂淳辨三玄门："临济曰：'一句语须具三玄门，一玄门须具三要，大机大用。其容以句义名数劈析之邪？'诸方问答玄要，亦只言如何是第一、第二、第三。汾阳偈曰：'三玄三要事难分，得意忘言道易亲。一句明明该万像，重阳九日菊花新。'至古塔主始裂为体中玄、句中玄、玄中玄，而三要则说之不行，付诸瞒盱而已。此篇说临济门头户底，则且从；至三玄三要，则又堕塔主之覆辙矣。不可不辨。"）

要　诀（山堂淳）

大雄正续，临济纲宗。因问黄檗西来，痛与乌藤三顿；遂往大愚打发，亲挥肋下三拳；言下便见老婆心，悬知佛法无多子。奋奔雷喝，捋猛虎须，迸开于赤肉团边，到处用白拈手段。飞星爆竹，裂石崩崖，冰棱上行，剑刃上走。全机电卷，大用天旋，赤手杀人，单刀直入。人境俱夺，照用并行。明头来，暗头来，佛也杀，祖也杀。辨古今于三玄三要，验龙蛇于一主一宾。透脱罗笼，不存玄解。操金刚王剑，扫除竹木精灵；奋师子全威，振群狐心胆。下梢正法眼藏，灭却这瞎驴边。彻骨彻髓，而血脉贯通；透顶透底，而乾坤独露。绵绵不漏，器器相传。盖其宗祖高明，子孙光大。此临济宗也。

古德纲宗颂（此有讹舛）

横按镆铘烜赫光，八方全敌谩茫茫。
龙蛇并隐肌鳞脱，雷雨全（同）施计略荒。
佛祖点为涓滴响，江山结抹并芬芳。
回途索寞郊垧远，失舶波斯落楚乡。

【据《大正藏》本《人天眼目》卷一、卷二；参校《大正藏》底注】

三、临济义玄研究资料散见选辑三种

岳贤雷 选辑

《古尊宿语录》临济义玄研究资料散见选辑

师讳存奖，初谒临济，济令师充侍者。济问新到："甚处来?"云："銮城。"济云："有事相借问得么?"云："新戒不会。"济云："打破大唐国，觅个不会人难得。参堂去!"师问："适来新到是成褫伊耶?"济云："我谁管你成褫不成褫!"师云："和尚只会将死雀就地弹，不解将一转语盖覆却。"济云："你又作么生?"师云："请和尚作新到。"济遂云："新戒不会。"师云："却是老僧罪过。"济云："你语藏锋。"师拟议，济便打。至晚，济谓师云："我今日问新到，是将死雀就地弹，就窠里打。及你出得语，又喝起向青云里打。"师云："草贼大败。"济又打。

师开堂日，拈香云："此一炷香，本为三圣师兄。三圣为我太孤，便合承嗣大觉，大觉为我太赊。我于三圣处会得宾主句。若不遇大觉师兄，洎乎误却我平生。我于大觉处吃棒，见得临济先师在黄檗处吃棒底道理。此一炷香，供养我临济先师。"

【《古尊宿语录》卷五《兴化(存奖)禅师语录》】

吴居士为师龙门创坦然庵。请上堂："……公明居士希风摩诘，接迹庞公，大省幻身，久趋正觉。愿延瓶锡，修建庵宇。遂尔来此，聚集禅徒。记得昔日临济栽松次，黄檗问云：'深山里栽许多松作什么?'济云：'一与山门作境致，二与后人作标榜。'道了，以锄头打地两下。檗云：'吾宗到子，大行于世。'大众，临济所栽者松，可谓根盘沙界，叶覆弥卢，三贤十圣为憩息之方，诸佛祖师为作止之地。故得后代子孙昌盛，永茂宗枝，自古及今，绵绵不断。如今众中若有一员禅客出来道：'深山里用起庵作什么?'山僧也只向伊道：'一与山门作境致，二与后人作标榜。'且道与他古人相去多少？大众，一与山门作境致，见者顿超无学地；二与后人作标榜，凡圣悟迷皆一样。若是丛林向上关，有人踏着喜无量。”下座。

【《古尊宿语录》卷二十七《舒州龙门（清远）佛眼和尚语录》】

上堂，提拄杖卓一下，乃顾视曰：“拄杖子，拄杖子，你无住持干怀，又无病痛苦恼，如此黑瘦，何也？”拈拄杖，呵呵大笑云：“是何言也？若色见声求，是行邪道。昔临济、德山由之发明见谛，后来明眼尊宿由之接物度人。岂不见黄檗普请次，檗谓临济云：‘我最得者拄杖气力。’临济近前夺下拄杖，推倒黄檗。黄檗遂云：‘扶起我来，扶起我来。’时有一僧近前扶起云：‘和尚争容得者风颠汉，恁地无礼。’檗却打其僧数下。临济乃云：‘苍天，苍天！’大众，当时拄杖子，如今却在龙门手里。”乃提起召大众云：“还有临济手段底么？出来，出来！龙门却是放得下。”遂抛下拄杖，放身便倒，云：“有扶得者出来！”良久云：“既无临济之人，又无扶起之者，龙门自起自倒，有甚用处？归堂去。”下座。

【《古尊宿语录》卷二十九《舒州龙门（清远）佛眼和尚语录》】

“今时佛法淡泊，众中也难得人。诸人既在龙门学道，不可空过十二时，管带构取，觑见诸人也似不争多。你不见临济和尚道：‘赤肉团上有一无位真人，常从汝等诸人面门出入，未证据者看！’时有僧出问：‘如何是无位真人？’济下禅床把住曰：‘道，道！’僧拟议，济便拓开。又道：‘汝眼放光，照破山河也。’古人多少慈悲，如今人不以为事，须是寻人决择。你不见岩头、雪峰、钦山去见临济，路上逢定上座。头问：‘什么处来？’定云：‘临济来。’头云：‘和尚万福。’定云：‘和尚已迁化也。’头云：‘某等特去礼拜，又值和尚迁化，不知和尚有何言句？请上座举一两则。’定遂举临济上堂示众云：‘赤肉团上有一无位真人，常从汝等诸人面门出入。未证据者看看。’时有僧问：‘如何是无位真人？’济下禅床擒住云：‘道，道！’僧拟议，济便托开云：‘无位真人是什么干屎橛？’便归方丈。岩头不觉吐舌。钦山云：‘何不道赤肉团上非无位真人？’定便擒住云：‘且道无位真人与非无位真人相去多少？速道，速道！’钦山直得面青面黑。岩头、雪峰同劝云：‘者新戒触忤上座，且望慈悲。’定云：‘若不是者两个老汉，杀者尿床子。’你看他道非无位真人，定何故不肯？今时学者那里到者般田地？只管认个五蕴身田，强作主宰，不能放下。……”

【《古尊宿语录》卷三十二《舒州龙门（清远）佛眼和尚普说语录》】

上堂，举临济一日与普化在施主家斋。济云：“毛吞巨海，芥纳须弥。为复是神通妙用？法尔如然？”化便踏倒卓子。济云：“得即得，太粗生。”化云：“者里是什么所在，说粗说细？”至明日，又去一家斋。济又问：“昨日供养何似今日？”化又踏倒卓子。济云：“得即得，太粗生。”化云：“瞎汉，佛法说甚粗细？”师云：“古人一等参禅，悟得脱洒，见处明白，得用便用，不在拟议之间，何也？为他无佛法知见为碍。而今莫有无佛法为碍者么？”良久喝云：“设有，又打在无事甲里。”

【《古尊宿语录》卷四十三《宝峰云庵真净禅师住金陵报宁语录》】

临济三度问黄檗佛法大意，三度被打。

资粮更不着些些，岐路年深恐转赊。直下痛施三顿棒，夜来依旧宿芦花。

临济到大愚处悟

便言黄檗无多法，大丈夫儿岂自乖。胁下两拳明有信，不从黄檗付将来。

……

临济锄茶园次，见黄檗来，遂拄锄头而立。檗云：“者汉困那？”济云：“锄也未锄，困个什么？”檗以拄杖便打，济接住一送，檗便倒，叫云：“维那相救！”维那近前扶云：“争容得这风颠汉与么无礼！”檗以拄杖却打维那。济乃连锄地数下，云：“诸方火葬，这里一时活埋。”

夺旗掣鼓着精神，父子虽亲法不亲。为报四方禅者道，等闲莫作守株人。

【《古尊宿语录》卷四十五《宝峰云庵真净禅师偈颂》】

举临济示众云：“但有问讯，不亏欠伊，总识得伊来处。与么来者，恰似失却。不与么来，无绳自缚。一切时中，莫乱斟酌。会与不会，都来是错。分明与道，一任天下人贬剥。”

师拈云：“作么生贬？作么生剥？”良久云：“垂钩四海，为钓骊龙。格外玄谈，盖寻知己。”喝一喝。

……

举临济上堂云：“赤肉团上有一无位真人，常从汝等面门出入，未证据者看。”时有僧出问：“如何是无位真人？”临济下禅床捣住。其僧拟议，济乃托开云：“无位真人是什么干屎橛！”便归方丈。

师拈云：“临济可谓冰凌上度过九鞠，剑刃上拾得全身。”

……

举临济上堂，有僧出礼拜，济便喝。僧云：“老和尚莫探头好。”济云：“你道落在什么处?”僧便喝。又僧问:“如何是佛法大意?”济便喝,僧礼拜。济云:“你道好喝也无?”僧云:“草贼大败。”济云:“过在什么处?”僧云:“再犯不容。”临济乃云:“要会临济宾主句,请问取适来问话二禅客。”

师拈云:“真金须入火。”

【《古尊宿语录》卷四十六《滁州琅琊山(慧)觉和尚语录·拈古》】

举黄檗示众云:“汝等诸人,尽是噇酒糟汉。恁么行脚,何处有?今日还知大唐国里无禅师么?”时有僧出问:“只如诸方匡徒领众,又作么生?”黄檗云:“不道无禅,只是无师。”

东林颂

大唐国内无禅师,礼拜归堂更不疑。堪笑河阳新妇子,不如临济小厮儿。

云门颂

身上着衣方免寒,口边说食终不饱。大唐国里老婆禅,今日为君注破了。

举临济凡见僧,入门便喝。

东林颂

一喝喝上四禅天,临济元来不会禅。尽道朝阳生户外,不知夜月落阶前。

云门颂

入门便喝,全无巴鼻。引得儿孙,弄粥饭气。

举临济坐次,麻谷问:“十二面观音,那个是正面?”济下禅床擒住云:“十二面观音甚处去也?速道,速道!”麻谷却转身坐禅床。济拈棒便打,麻谷接住相捉归方丈。

东林颂

大悲观音开正面,官不容针通一线。鼠拽葫芦有底忙,鬼争漆桶无人颂。

云门颂

昧却当阳个一着,牵来拽去牙施呈。不知除却王维手,更有何人画得成。

举临济问僧："什么处来？"僧便喝，济便揖坐。僧拟议，济便打。又一僧来，济竖起拂子，僧礼拜，济便打。复见僧来，立竖起拂子，僧不顾，济亦打。

东林颂

主宾都落第三机，阵阵开旗不展旗。石火光中分胜负，倒骑铁马上须弥。

云门颂

五月五日午时书，赤口毒舌尽消除。更饶急急如律令，不须门上画蜘蛛。

举临济云："赤肉团上有一无位真人，常在汝等诸人面门出入。未证据者看看。"时有僧出问："如何是无位真人？"济下绳床挡住云："道，道！"僧拟议。济托开云："无位真人是什么干屎橛！"

东林颂

面门出入见还难，无位真人只尺间。去路一身轻似叶，高名千古重如山。

云门颂

脑后见腮村僧，大开眼了作梦。虽然趁得老鼠，一棒打破油瓮。

举赵州访临济。州才洗脚，济便下来问："如何是祖师西来意？"州云："正值老僧洗脚。"济近前侧听，州云："会即便会，啖啄作么？"济拂袖便行。州云："三十年行脚，今日为人错下注脚。"

东林颂

洗脚处更不安排，侧聆时非是啖啄。赵州临济二老人，相见何曾不注脚。

云门颂

一人眼似鼓槌，一人头似木杓。两个老不识羞，至今无处安着。

……

举临济会中，两堂首座齐下喝。僧问："还有宾主也无？"济云："宾主历然。"

东林颂

作家相见终不错，两两同时看啐啄。喝下虽然宾主分，争如普化摇铃铎。

云门颂

以平报不平，王法本无亲。临济虽明眼，也是黄龙精。

举普化常于街市摇铃云："明头来，明头打；暗头来，暗头打；四方八面来，旋风打；虚空来，连架打。"临济令侍者去，才见如是道，便把住云："总不与么来时如何？"普化托开云："来日大悲院里有斋。"

东林颂

忄娄须要逞聪明，金榜何曾得挂名。埒下幞头归去也，莫骑驴子傍人门。

云门颂

先师会里呈真处，临济堂前吃菜时。连此三回露拴索，咄这沿台盘乞儿。

……

举临济迁化时示众云："吾灭后，不得灭却吾正法眼藏。"三圣出云："争敢灭却和尚正法眼藏！"济云："已后有人问你，向他道什么？"三圣便喝。济云："谁知吾正法眼藏，向这瞎驴边灭却！"

东林颂

到老不曾开话路，临行回首却叮咛。深深海底犹嫌浅，直向金刚水际行。

云门颂

瞎驴一跳众皆惊，正法那堪付与人。三要三玄俱丧尽，堂堂把手出重城。

……

举僧问五祖："如何是临济下事？"祖云："五逆闻雷。"

东林颂

从来五逆怕闻雷，不似大虫看水磨。孤峰顶上要同行，十字街头还共坐。

云门颂

五逆闻雷，曾参颜回。一粒豆子，爆出冷灰。

【《古尊宿语录》卷四十七《东林和尚云门庵主颂古》】

(南)宋淳熙三年(1176)十一月初三日，孝宗皇帝召对便殿……上曰："临济因缘，可举一二。"师遂举临济在黄檗，因第一座勉令问黄檗："如何是佛法的的大意？"檗遂与三十棒。如是三次问，每蒙赐棒。所恨愚鲁，且往诸方去。第一座遂白黄檗云："义玄上座虽是后生，却甚奇特。他日为一株大树，荫覆天下人去在！他若来辞和尚，愿垂提诲。"济明日力辞黄檗，檗指往大愚处，"必为汝说"。济至大愚，愚问："甚处来？"济云："黄檗来。"愚云："黄檗有何言句？"济遂举前话。复云："不知过在甚处？"愚云："黄檗恁么老婆心切，为汝得彻困，犹觅过在！"济于是大悟，乃云："元来黄檗佛法无多子。"愚云："尿床鬼子，适来道我不会，而今道甚无多子。是多少？"扭住云："道，道！"济便向大愚肋下筑三拳，愚托开云："汝师黄檗，非干我事。"济返黄檗，檗问云："来来去去，有甚了期？"济云："只为老婆心切。"遂举前话。檗云："这大愚老婆饶舌，待见与打一顿！"济云："说甚待见，即今便打！"遂与黄檗一掌。檗吟吟而笑，云："这风颠汉，来这里捋虎须！"济便喝。檗云："侍者引这风颠汉来参堂去。"上曰："悟了直是快活。"

师云："沩山问仰山云：'临济得大愚力，得黄檗力？'仰云：'非但捋虎须，亦解坐虎头。'自此临济法道大兴。"上曰："源流好。"师云："臣曾有颂。"上曰："举看。"师举云："黄檗山头遭痛棒，大愚肋下报冤仇。当机一喝惊天地，直得曹溪水逆流。"

……

师淳熙戊戌(1178)十月初二日召对……上曰："秀才家多不信佛法。"师云："佛者觉也，须是当人见性成佛。昔有一官人著《无佛论》呈仰山。接得便问云：'公所述论，意谓本来有佛故论，谓本来无佛故论？'官人无对。山又云：'若本来有，公争得云无；若本来无，今制此论，岂不成有？'官人又无对。"上曰："好一拶。"师云："三教圣人设教，只要整顿今人脚手。且如孔子道：'二三子以我为隐乎？吾无隐乎尔。'此乃八字打开，自是时人不会。"上曰："孔子好，孟子辨[按：疑当作便]不及孔子。"师云："陛下圣明，见得甚亲切。昔德山和尚道：'凡有文字语言，尽是依草附木、竹石精灵。所以老僧从头棒将出去，待有独脱底出来，共伊商量。'陛下须是独脱，始得。"上曰："朕未尝放舍此事。"师云："此事无有穷尽，譬如入海转深。"

上曰："是宗门紧要因缘，更举一二。"师云："昔兴化和尚一日见同参来，才上法堂,化便喝,僧亦喝。行三两步,化又喝,僧亦喝。须臾近前,化拈棒,僧又喝。化云:‘你看这汉,犹作主在?”僧拟,化便打,直打下法堂,却归方丈。侍僧问云:“适来僧有甚言句触忤和尚?’化云:‘是他适来也有权,也有实,也有照,也有用。我将手向伊面前横两遭,却去不得。似这般汉,不打更待何时?’”上曰:“如此作家。”师云:“只如兴化道‘我将手向伊面前横两遭’处,这些子须是着眼向上看得透,始得。此是临济骨髓。”上曰:“山中想多有衲子理会得者。”师云:“做工夫者极多,亦有受得钳锤者。”上曰:“闻说住持得甚好。”师云:“上感圣恩。”乃辞下殿。

……

师淳熙九年(1182)十月十一日,恭奉圣旨召对……上曰:“……别有甚因缘,更举一二。”师云:“昔兴化大觉会下每云:‘我在南方二十年,脚尖头未尝踢着个会佛法底。’觉云:‘你据什么道理?’化便喝,觉便打。化又喝,觉又打。至明日,大觉在法堂上见兴化,乃云:‘我直下疑你昨日两喝。’化便喝,觉便打。化又喝,觉又打。化云:‘我在三圣处学得宾主句,总被师兄折倒了也。’觉云:‘这汉来这里纳败阙,脱下衲衣,痛打一顿!’化于是大悟。”上曰:“古人相见,直是痛快!”师云:“临济下作用当如此。”上曰:“见禅师举此,胸次豁然。”

【《古尊宿语录》卷四十八《佛照禅师奏对录》】

【以上据明万历年间(1573—1620)径山化城寺刻本《古尊宿语录》,参照中华书局1994年版《古尊宿语录》本】

《景德传灯录》临济义玄研究资料散见选辑

因临济和尚云:“肉团上有无位真人。”师乃有偈云:“万法一如不用拣,一如谁拣谁不拣?即今生死本菩提,三世如来同个眼。”

【《景德传灯录》卷十《池州南泉普愿禅师法嗣·湖南长沙景岑禅师》】

灌溪志闲禅师,魏府馆陶人也,姓史氏。幼从柏岩禅师披剃,二十受具。后见临济和尚,和尚捋住,良久放之。师曰:“领矣。”住后谓众曰:“我见临济无言语,直至如今饱不饥。”

【《景德传灯录》卷十二《镇州临济义玄禅师法嗣·鄂州灌溪志闲禅师》】

初问临济:“如何是夺人不夺境?”临济曰:“春煦发生铺地锦,婴儿垂发白如丝。”师曰:“如何是夺境不夺人?”曰:“王令已行天下遍,将军塞外绝烟尘。”师曰:“如何是人境俱不夺?”曰:“王登宝殿,野老讴歌。”师曰:“如何是人境俱夺?”曰:“并汾已信,独处一方。”师于言下领旨，深入三玄、三要、四句之门，颇资化道。

【《景德传灯录》卷十二《镇州临济义玄禅师法嗣·涿州纸衣和尚》】

师寻常遇僧到参，多以拄杖打。临济闻之，遣侍者来参，教令：“德山若打汝，但接取拄杖，当胸一拄。”侍者到方礼拜，师乃打。侍者接得拄杖，与一拄。师归方丈。侍者回举似临济，济云：“从来疑遮个汉。”（岩头云：“德山老人寻常只据目前一个杖子，佛来亦打，祖来亦打，争奈较些子。”东禅齐云：“只如临济道‘我从前疑遮汉’，是肯底语，不肯语？为当别有道理？试断看。”）

【《景德传灯录》卷十五《澧州龙潭崇信禅师法嗣·朗州德山宣鉴禅师》】

师在翠微时，问：“如何是祖师意？”翠微曰：“与我将禅板来！”师遂过禅板，翠微接得便打。师曰：“打即任和尚打要，且无祖师意。”又问临济：“如何是祖师意？”临济曰：“与我将蒲团来。”师乃过蒲团，临济接得便打。师曰：“打即任和尚打要，且无祖师意。”后有僧问：“和尚行脚时，问二尊宿祖师意，未审二尊宿道眼明也未？”师曰：“明即明也，要且无祖师意。”（东禅齐云：“众中道佛法即有，只是无祖师意。若恁么会有何交涉？别作么生会无祖师意底道理？”）

【《景德传灯录》卷十七《袁州洞山良价禅师法嗣·湖南龙牙山居遁证空禅师》】

［按：此段亦见于《五灯会元》卷十三《曹洞宗·洞山价禅师法嗣·潭州龙牙山居遁证空禅师》］

雪峰尝问师曰：“见说临济有三句，是否？”师曰：“是。”曰：“作么生是第一句？”师举目视之。雪峰曰：“此犹是第二句。如何是第一句？”师叉手而退。自此雪峰深器之。

【《景德传灯录》卷十九《福州雪峰义存禅师法嗣·太原孚上座》】

临济见僧来，举起拂子，僧礼拜，师便打。别僧来，师举拂子，僧并不顾，师亦打。又一僧来参，师举拂子，僧曰：“谢和尚见示。”师亦打。（云门代云：“只疑老汉。”大觉云：“得即得，犹未见临济机在。”）

【《景德传灯录》卷二十七《诸方杂举征拈代别语》】

【以上据《四部丛刊》三编本《景德传灯录》】

《五灯会元》临济义玄研究资料散见选辑

临济访师，到路口先逢一嫂在田使牛。济问嫂：“平田路向甚么处去？”嫂打牛一棒曰：“这畜生到处走，到此路也不识。”济又曰：“我问你平田路向甚么处去？”嫂曰：“这畜生五岁尚使不得。”济心语曰：“欲观前人，先观所使。”便有抽钉拔楔之意。及见师，师问：“你还曾见我嫂也未？”济曰：“已收下了也。”师遂问：“近离甚处？”济曰：“江西黄檗。”师曰：“情知你见作家来！”济曰：“特来礼拜和尚。”师曰：“已相见了也。”济曰：“宾主之礼，合施三拜。”师曰：“既是宾主之礼，礼拜着。”有偈示众曰：“大道虚旷，常一真心。善恶莫思，神清物表。随缘饮啄，更复何为？”

【《五灯会元》卷四《百丈海禅师法嗣·平田普岸禅师》】

澧州洛浦山元安禅师，凤翔麟游人也。丱年出家，具戒通经论。问道临济，后为侍者。济尝对众美之曰：“临济门下一只（枝）箭，谁敢当锋？”师蒙印可，自谓已足。一日侍立次，有座主参济，济问：“有一人于三乘十二分教明得，有一人不于三乘十二分教明得，且道此二人是同是别？”主曰：“明得即同，明不得即别。”师曰：“这里是甚么所在？说同说别？”济顾师曰：“汝又作么生？”师便喝。济送座主回，问师：“汝岂不是适来喝老僧者？”师曰：“是。”济便打。师后辞济，济问：“甚么处去？”师曰：“南方去。”济以拄杖画一画，曰：“过得这个便去。”师乃喝，济便打。师作礼而去。济明日升堂曰：“临济门下有个赤梢鲤鱼，摇头摆尾，向南方去，不知向谁家齑瓮里淹杀。”

【《五灯会元》卷六《夹山会禅师法嗣·洛浦元安禅师》】

示众曰：“道得也三十棒，道不得也三十棒。”临济闻得，谓洛浦曰：“汝去问他，道得为甚么也三十棒？待伊打汝，接住棒送一送，看伊作么生？”浦如教而问，师便打。浦接住送一送，师便归方丈。浦回举似临济，济曰：“我从来疑着这汉。虽然如是，你还识德山么？”浦拟议，济便打。（岩头云：“德山老人寻常只据一条白棒，佛来亦打，祖来亦打，争奈较些子。”东禅齐云：“只如临济道，我从前疑着这汉，是肯底语，不肯底语？为当别有道理。试断看。”）

【《五灯会元》卷七《龙潭信禅师法嗣·德山宣鉴禅师》】

杭州灵隐玄本禅师。僧……问：“临济入门便喝，德山入门便棒，此意如何？”师曰："天晴不肯去。"

【《五灯会元》卷十《法眼宗·支提隆禅师法嗣·灵隐玄本禅师》】

师后到大觉为院主。一日觉唤院主："我闻你道，向南方行脚，一遭拄杖头，不曾拨着一个会佛法底。你凭个甚么道理，与么道？"师便喝，觉便打。师又喝，觉又打。师来日从法堂过，觉召院主："我直下疑你昨日这两喝。"师又喝，觉又打。师再喝，觉又打。师曰："某甲于三圣师兄处，学得个宾主句，总被师兄折倒了也。愿与某甲个安乐法门。"觉曰："这瞎汉来言里纳败缺，脱下衲衣，痛打一顿。"师于言下荐得临济先师于黄檗处吃棒底道理。师后开堂日，拈香曰："此一炷香本为三圣师兄，三圣于我太孤；本为大觉师兄，大觉于我太赊。不如供养临济先师。"

……

师在临济为侍者，洛浦来参，济问："甚处来？"浦曰："銮城来。"济曰："有事相借问，得么？"浦曰："新戒不会。"济曰："打破大唐国，觅个不会底人也无，参堂去！"师随后，请问曰："适来新到，是成褫他，不成褫他？"济曰："我谁管你成褫不成褫？"师曰："和尚只解将死雀就地弹，不解将一转语盖覆却。"济曰："你又作么生？"师曰："请和尚作新到。"济遂曰："新戒不会。"师曰："却是老僧罪过。"济曰："你语藏锋。"师拟议，济便打。至晚，济又曰："我今日问新到，是将死雀就地弹，就窠子里打？及至你出得语，又喝起了向青云里打。"师曰："草贼大败！"济便打。

【《五灯会元》卷十一《临济宗·临济玄禅师法嗣·兴化存奖禅师》】

魏府大觉和尚，参临济。济才见，竖起拂子。师展坐具，济掷下拂子。师收坐具，参堂去。时僧众曰："此僧莫是和尚亲故，不礼拜又不吃棒？"济闻说，令侍者唤适来新到上来。师随侍者到方丈，济曰："大众道汝来参长老，又不礼拜，又不吃棒，莫是老僧亲故？"师乃珍重下去。

【《五灯会元》卷十一《临济宗·临济玄禅师法嗣·魏府大觉和尚》】

灌溪志闲禅师，魏府馆陶史氏子。幼从柏岩禅师披剃受具。后见临济，济蓦胸搊住，师曰："领，领。"济拓开曰："且放汝一顿。"师离临济至末山。（语见末山章）师住后，上堂曰："我在临济爷爷处得半杓，末山娘娘处得半杓，共成一杓吃了，直至如今饱不饥。"

【《五灯会元》卷十一《临济宗·临济玄禅师法嗣·灌溪志闲禅师》】

涿州纸衣和尚(即克符道者),初问临济:“如何是夺人不夺境?”济曰:“煦日发生铺地锦,婴儿垂发白如丝。”师曰:“如何是夺境不夺人?”济曰:“王令已行天下遍,将军塞外绝烟尘。”师曰:“如何是人境俱夺?”济曰:“并汾绝信,独处一方。”师曰:“如何是人境俱不夺?”济曰:“王登宝殿,野老讴歌。”师于言下领旨。后有颂曰:

夺人不夺境,缘自带誵讹。拟欲求玄旨,思量反责么。骊珠光灿烂,蟾桂影婆娑。觌面无差互,还应滞网罗。

夺境不夺人,寻言何处真?问禅禅是妄,究理理非亲。日照寒光澹,山摇翠色新。直饶玄会得,也是眼中尘。

人境两俱夺,从来正令行。不论佛与祖,那说圣凡情。拟犯吹毛剑,还如值木盲。进前求妙会,特地斩情灵。

人境俱不夺,思量意不偏。主宾言少异,问答理俱全。踏破澄潭月,穿开碧落天。不能明妙用,沦溺在无缘。

【《五灯会元》卷十一《临济宗·临济玄禅师法嗣·涿州纸衣和尚》】

定上座,初参临济,问:“如何是佛法大意?”济下禅床擒住。师拟议,济与一掌,师伫思。傍僧曰:“定上座何不礼拜?”师方作礼,忽然大悟。

后南游,路逢岩头、雪峰、钦山三人。岩头问:“上座甚处来?”师曰:“临济来。”岩曰:“和尚万福。”师曰:“和尚已顺世也。”岩曰:“某甲三人特去礼拜,薄福不遇,不知和尚在日,有何言句?请上座举一两则。”师遂举临济上堂曰:“赤肉团上有一无位真人,常在汝等诸人面门出入,未证据者看看。”时有僧问:“如何是无位真人?”济下禅床搊住曰:“道!道!”僧拟议,济拓开曰:“无位真人是甚么干屎橛?”岩头不觉吐舌。雪峰曰:“临济大似白拈贼。”钦山曰:“何不道赤肉团上非无位真人?”师便擒住曰:“无位真人与非无位真人相去多少?速道,速道!”钦山被擒,直得面黄面青,语之不得。岩头、雪峰曰:“这新戒不识好恶,触忤上座,且望慈悲。”师曰:“若不是这两个老汉,杀这尿床鬼子。”

【《五灯会元》卷十一《临济宗·临济玄禅师法嗣·定上座》】

汝州西院思明禅师,僧……问:“如何是临济一喝?”师曰:“千钧之弩,不为鼷鼠而发机。”曰:“和尚慈悲何在?”师便打。

【《五灯会元》卷十一《临济宗·宝寿沼禅师法嗣·西院思明禅师》】

上堂:“临济两堂首座相见,同时下喝,诸人且道还有宾主也无?若道有,只是个瞎汉;若道无,亦是个瞎汉;不有不无,万里崖州。若向这里道得,也好与三十棒;若道不得,亦与三十棒。衲僧家到这里,作么生出得山僧圈䙡去。”良久曰:“苦哉!虾蟆蚯蚓,跳上三十三天,撞着须弥山百杂碎。”拈拄杖曰:“一队无孔铁锤。速退!速退!”

【《五灯会元》卷十一《临济宗·首山念禅师法嗣·广慧元琏禅师》】

问:“临济推倒黄檗,因甚维那吃棒?”师曰:“正狗不偷油,鸡衔灯盏走。”

【《五灯会元》卷十一《临济宗·首山念禅师法嗣·三交智嵩禅师》】

潭州石霜楚圆慈明禅师,全州李氏子。少为书生,年二十二,依湘山隐静寺出家。其母有贤行,使之游方。闻汾阳道望,遂往谒焉。阳顾而默器之。经二年,未许入室。每见必骂诟,或毁诋诸方,及有所训,皆流俗鄙事。一夕诉曰:“自至法席已再夏,不蒙指示,但增世俗尘劳,念岁月飘忽,已事不明,失出家之利。”语未卒,阳熟视,骂曰:“是恶知识,敢裨贩我!”怒举杖逐之。师拟伸救,阳掩师口,乃大悟曰:“是知临济道出常情。”

【《五灯会元》卷十二《临济宗·汾阳昭禅师法嗣·石霜楚圆禅师》】

去年假守兹郡,适会广慧禅伯,实承嗣南院念。念嗣风穴,穴嗣先南院,南院嗣兴化,兴化嗣临济,临济嗣黄檗,黄檗嗣百丈,丈嗣马祖,祖出让和尚,让即曹溪之长谪也。

【《五灯会元》卷十二《临济宗·广慧琏禅师法嗣·文公杨亿居士》】

南岳云峰文悦禅师……初造大愚……未几,愚移翠岩,师纳疏罢,复过翠岩求指示……服勤八年,后出世翠岩。时首座领众出迎,问曰:“德山宗乘即不问,如何是临济大用?”师曰:“你甚处去来?”座拟议,师便掌。座拟对,师喝曰:“领众归去!”自是一众畏服。

【《五灯会元》卷十二《临济宗·大愚芝禅师法嗣·云峰文悦禅师》】

上堂:“德山棒,临济喝,尽是无风波匝匝。灯笼跳过青天,露柱魂惊头脑裂。然虽如是,大似食盐加得渴。”喝一喝。

【《五灯会元》卷十二《临济宗·净土思禅师法嗣·万寿法诠禅师》】

上堂,拈起拄杖曰:“昔日德山、临济,信手拈来,便能坐断十方,壁立千仞。直得冰河焰起，枯木花芳。诸人若也善能横担竖夯，遍问诸方；苟或不然，少林倒行此令去也。”击禅床一下。

……

上堂，横按拄杖曰：“便与么休去，已落二三。更若忉忉，终成异见。既到这里，又不可弓折箭尽去也。且衲僧家远则能照，近则能明。”乃拈起拄杖曰：“穿却德山鼻孔，换却临济眼睛，掀翻大海，拨转虚空，且道三千里外，谁是知音？于斯明得，大似杲日照天。苟或未明，不免云腾致雨。”卓一下。

【《五灯会元》卷十四《曹洞宗·投子青禅师法嗣·大洪报恩禅师》】

师举临济三句语问塔主：“只如塔中和尚得第几句？”主无对。师曰：“你问我。”主便问，师曰：“不快即道。”主曰：“作么生是不快即道？”师曰：“一不成，二不是。”

【《五灯会元》卷十五《云门宗·雪峰存禅师法嗣·云门文偃禅师》】

上堂，举临济示众曰：“恁么来者，恰似失却。不恁么来者，无绳自缚。十二时中，莫乱斟酌。会与不会，都卢是错。分明与么道，一任天下人贬剥。”

【《五灯会元》卷十五《云门宗·云门偃禅师法嗣·德山缘密禅师》】

问：“临济举拂，学人举拳，是同是别？”师曰：“讹言乱众。”曰：“恁么则依令而行也。”师曰：“天涯海角。”问：“一喝分宾主，照用一时行，此意如何？”师曰：“干柴湿茭。”僧便喝，师曰：“红焰炎天。”

【《五灯会元》卷十五《云门宗·云门偃禅师法嗣·荐福承古禅师》】

上堂：“一不守，二不向，上下四维无等量。大洋海里泛铁船，须弥顶上翻鲸浪。临济缩却舌头，德山阁却拄杖。千古万古独巍巍，留与人间作榜样。”

【《五灯会元》卷十六《云门宗·天依怀禅师法嗣·瑞岩子鸿禅师》】

兴化军西台其辩禅师，上堂，举临济无位真人语，乃召大众曰：“临济老汉，寻常一条脊梁硬似铁，及乎到这里，大似日中迷路，眼见空花，直饶道无位真人是干屎橛，正是泥龟曳尾。其僧只知季夏极热，不知仲冬严寒。若据当时，合着得甚么语，塞断天下人舌头。西台只恁么休去，又乃眼不见为净。不免出一只手，狼藉去也。临济一担，西台一堆，一担一堆，分付阿谁？从教撒向诸方去，笑杀当年老古锥。”

【《五灯会元》卷十六《云门宗·天依怀禅师法嗣·西台其辩禅师》】

上堂，举临济示众曰：“一人在高高峰顶，无出身之路；一人在十字街头，亦无向背。且道那个在前，那个在后？”师曰：“更有一人不在高高峰顶，亦不在十字街头，临济老汉因甚不知？”便下座。

【《五灯会元》卷十八《临济宗·长灵卓禅师法嗣·道场居慧禅师》】

拈起拄杖云：“山河大地，水鸟树林，情与无情，今日尽向《法华》拄杖头上作大师子吼，演说摩诃大般若。且道天台、南岳说个甚么法门？南岳说：‘洞上五位修行，君臣父子，各得其宜。莫守寒岩异草青，坐却白云宗不妙。’天台说：‘临济下，三玄三要四料拣，一喝分宾主，照用一时行。要会个中意，日午打三更。’庐山出来道：‘你两个正在葛藤窠里，不见道，欲得不招无间业，莫谤如来正法轮。’大众据此三个汉见解，若上衲僧秤子上称，一个重八两，一个重半斤，一个不直（值）半分钱。且道那个不直（值）半分钱？”良久云：“但愿春风齐着力，一时吹入我门来。”卓拄杖，下座。

【《五灯会元》卷十九《临济宗·杨歧会禅师法嗣·白云守端禅师》】

洎谒圆照本禅师，古今因缘会尽，唯不会“僧问兴化：‘四方八面来时如何？’化云：‘打中间底。’僧作礼。化云：‘我昨日赴个村斋，中逢（途）遇一阵卒风暴雨，却向古庙里避得过。’”请益本。本云：“此是临济下因缘，须是问他家儿孙始得。”

师遂谒浮山远禅师，请益前话。远云：“我有个譬喻，说似你。你一似个三家村里卖柴汉子，把个匾（扁）担向十字街头，立地问人，中书堂今日商量甚么事？”师默计云：“若如此，大故未在。”远一日语师曰：“吾老矣，恐虚度子光阴，可往依白云。此老虽后生，吾未识面，但见其颂临济三顿棒话，有过人处。必能了子大事。”师潸然礼辞。

至白云，遂举僧问南泉摩尼珠话。请问，云叱之，师领悟。献投机偈曰：“山前一片闲田地，叉手叮咛问祖翁。几度卖来还自买，为怜松竹引清风。”云特印可，令掌磨事。未几，云至，语师曰：“有数禅客自庐山来，皆有悟入处。教伊说，亦说得有来由。举因缘，问伊亦明得。教伊下语亦下得，只是未在。”师于是大疑，私自计曰：“既悟了，说亦说得，明亦明得。如何却未在？”遂参究累日，忽然省悟。从前宝惜，一时放下。走见白云，云为手舞足蹈，师亦一笑而已。

师后曰：“吾因兹出一身白汗，便明得下载清风。”

云一日示众曰："古人道，如镜铸像，像成后镜在甚么处？"众下语不契，举以问师。师近前问讯曰："也不较多。"云笑曰："须是道者始得。"乃命分座，开示方来。

【《五灯会元》卷十九《临济宗·白云端禅师法嗣·五祖法演禅师》】

上堂，举临济参黄檗之语，白云端和尚颂云："一拳拳倒黄鹤楼，一趯趯翻鹦鹉洲，有意气时添意气，不风流处也风流。"师曰："大随即不然。行年七十老龍踵(龙钟)，眼目精明耳不聋。忽地有人欺负我，一拳打倒过关东。"

【《五灯会元》卷十九《临济宗·五祖演禅师法嗣·大随元静禅师》】

上堂曰："德山入门便棒，多向皮袋里埋踪。临济入门便喝，总在声尘中出没。若是英灵衲子，直须足下风生，超越古今途辙。"拈拄杖，卓一下，喝一喝曰："只这个何似生，若唤作棒喝，瞌睡未惺。不唤作棒喝，未识德山、临济。毕竟如何？"复卓一下曰："总不得动着。"

【《五灯会元》卷十九《临济宗·昭觉勤禅师法嗣·育王端裕禅师》】

建炎三年(1129)春，示众，举临济入灭嘱三圣因缘，师曰："正法眼藏瞎驴灭，临济何曾有是说？今古时人皆妄传，不信但看后三月。"至闰三月，贼钟相叛，其徒欲举师南奔者，师曰："学道所以了生死，何避之有！"贼至，师曰："速见杀，以快汝心。"贼即举槊残之，血皆白乳；贼骇，引席覆之而去。

【《五灯会元》卷十九《临济宗·太平勤禅师法嗣·文殊心道禅师》】

上堂："临济三遭痛棒，大愚言下知归。兴化于大觉棒头，明得黄檗意旨。若作棒会，入地狱如箭射；若不作棒会，入地狱如箭射。众中商量，尽道赤心片片，恩大难酬。总是识情卜度，未出阴界。且如临济悟去，是得黄檗力，是得大愚力？若也见得，许你顶门眼正，肘后符灵。其或未然，鸿福更为诸人通个消息。丈夫气宇冲牛斗，一踏鸿门两扇开。"

【《五灯会元》卷二十《临济宗·径山杲禅师法嗣·育王德光禅师》】

上堂："临济在黄檗处三度吃棒底意旨，你诸人还觑得透也未？直饶一咬便断，也未是大丈夫汉。三世诸佛，口挂壁上。天下老和尚，将甚么吃饭？"

【《五灯会元》卷二十《临济宗·虎丘隆禅师法嗣·天童昙华禅师》】

上堂，举临济和尚四喝公案，乃召众曰："这个公案，天下老宿拈掇甚多，第恐皆未尽善。焦山不免四棱着地，与诸人分明注解一遍。如何是踞地师子，咄！如何是金刚王宝剑，咄！如何是探竿影草，咄！如何是一喝不作一喝用，咄！若也未会，拄杖子与焦山吐露看。"卓一下曰："笑里有刀。"又卓一下曰："毒蛇无眼。"又卓一下曰："忍俊不禁。"又卓一下曰："出门是路，更有一机，举话长老也理会不得。"

【《五灯会元》卷二十《临济宗·护国元禅师法嗣·焦山师体禅师》】

【以上据宋宝祐本《五灯会元》，参校中华书局 1984 年版《五灯会元》本】

四、临济义玄宗师传略

岳贤雷　点校

潭州沩山灵祐禅师

[南宋]释普济

潭州沩山灵祐禅师，福州长溪赵氏子。年十五出家，依本郡建善寺法常律师，剃发于杭州龙兴寺，究大小乘教。二十三游江西，参百丈，丈一见，许之入室，遂居参学之首。侍立次，丈问："谁？"师曰："某甲。"丈曰："汝拨炉中有火否？"师拨之曰："无火。"丈躬起深拨得少火，举以示之曰："汝道无，这个聻！"师由是发悟，礼谢陈其所解。丈曰："此乃暂时歧路耳。经云：欲识佛性义，当观时节因缘。时节既至，如迷忽悟，如忘忽忆，方省己物不从他得。故祖师云：悟了同未悟，无心亦无法。只是无虚妄凡圣等心，本来心法元自备足。汝今既尔，善自护持。"

次日，同百丈入山作务。丈曰："将得火来么？"师曰："将得来。"丈曰："在甚处？"师乃拈一枝柴吹两吹，度与百丈。丈曰："如虫御木。"

司马头陀自湖南来，谓丈曰："顷在湖南寻得一山，名大沩，是一千五百人善知识所居之处。"丈曰："老僧住得否？"陀曰："非和尚所居。"丈曰："何也？"陀曰："和尚是骨人，彼是肉山。设居徒不盈千。"丈曰："吾众中莫有人住得否？"陀曰："待历观之。"时华林觉为第一座，丈令侍者请至。问曰："此人如何？"陀请謦咳一声，行数步。陀曰："不可。"丈又令唤师，师时为典座。陀一见乃曰："此正是沩山主人也。"丈是夜召师入室，嘱曰："吾化缘在此。沩山胜境，汝当居之，嗣续吾宗，广度后学。"而华林闻之曰："某甲忝居上首，典座何得住持？"丈曰："若能对众下得一语出格，当与住持。"即指净瓶问曰："不得唤作净瓶，汝唤作甚么？"林曰："不可唤作木楔也。"丈乃问师，师踢倒净瓶便出去。丈笑曰："第一座输却山子也。"师遂往焉。

是山峭绝，寻无人烟。猿猱为伍，橡栗充食。经于五七载，绝无来者。师自念言，我本住持,为利益于人,既绝往还,自善何济? 即舍庵而欲他往。行至山口,见蛇虎狼豹,交横在路。师曰:“汝等诸兽,不用拦吾行路。吾若于此山有缘,汝等各自散去;吾若无缘,汝等不用动。吾从路过,一任汝吃。”言讫,虫虎四散而去,师乃回庵。未及一载,安上座(即懒安也)。同数僧从百丈来,辅佐于师。安曰:“某与和尚作典座,待僧及五百人,不论时节即不造粥,便放某甲下。”自后山下居民,稍稍知之,率众共营梵宇。连帅李景让奏号同庆寺,相国裴公休尝咨玄奥,繇是天下禅学辐辏焉。

上堂:“夫道人之心,质直无伪,无背无面,无诈妄心。一切时中,视听寻常,更无委曲,亦不闭眼塞耳,但情不附物即得。从上诸圣,只说浊边过患,若无如许多恶觉情见想习之事,譬如秋水澄渟,清净无为,澹泞无碍。唤他作道人,亦名无事人。”时有僧问:“顿悟之人更有修否?”师曰:“若真悟得本他自知时,修与不修是两头语。如今初心虽从缘得,一念顿悟自理,犹有无始旷劫习气未能顿净,须教渠净除现业流识,即是修也。不可别有法,教渠修行趣向,从闻入理,闻理深妙,心自圆明,不居惑地。纵有百千妙义,抑扬当时,此乃得坐披衣,自解作活计,始得。以要言之,则实际理地,不受一尘,万行门中,不舍一法。若也单刀直入,则凡圣情尽,体露真常,理事不二,即如如佛。”

仰山问:“如何是祖师西来意?”师指灯笼曰:“大好灯笼。”仰曰:“莫只这便是么?”师曰:“这个是甚么?”仰曰:“大好灯笼。”师曰:“果然不见。”

一日,师谓众曰:“如许多人,只得大机,不得大用。”仰山举此语,问山下庵主曰:“和尚恁么道,意旨如何?”主曰:“更举看。”仰拟再举,被庵主踏倒。仰归举似师,师呵呵大笑。

师在法堂坐,库头击木鱼,火头掷却火抄,拊掌大笑。师曰:“众中也有恁么人?”遂唤来问:“你作么生?”火头曰:“某甲不吃粥肚饥,所以欢喜。”师乃点头。(后镜清怤云:“将知沩山众里无人。”卧龙球云:“将知沩山众里有人。”)

师摘茶次,谓仰山曰:“终日摘茶只闻子声,不见子形。”仰撼茶树,师曰:“子只得其用,不得其体。”仰曰:“未审和尚如何?”师良久,仰曰:“和尚只得其体,不得其用。”师曰:“放子三十棒。”仰曰:“和尚棒某甲吃,某甲棒教谁吃?”师曰:“放子三十棒。”(玄觉云:“且道过在甚么处。”)

上堂,僧出曰:“请和尚为众说法。”师曰:“我为汝得彻困也!”僧礼拜。(后人举似雪峰,峰曰:“古人得恁么老婆心切。”玄沙云:“山头和尚蹉过古人事也。”雪峰闻之,乃问沙曰:“甚么处是老僧蹉过古人事处?”沙曰:“大小沩山被那僧一问,直得百杂碎。”峰乃骇然。)

师坐次,仰山入来。师曰:“寂子速道,莫入阴界。”仰曰:“慧寂信亦不立。”师曰:

“子信了不立，不信不立？”仰曰：“只是慧寂，更信阿谁？”师曰：“若恁么即是定性声闻。”仰曰：“慧寂佛亦不立。”

师问仰山：“《涅槃经》四十卷，多少是佛说，多少是魔说？”仰曰：“总是魔说。”师曰：“已后无人奈子何！”仰曰：“慧寂即一期之事，行履在甚么处？”师曰：“只贵子眼正，不说子行履。”

仰山蹋衣次，提起问师曰：“正恁么时，和尚作么生？”师曰：“正恁么时，我这里无作么生？”仰曰：“和尚有身而无用。”师良久，却拈起问曰：“汝正恁么时，作么生？”仰曰：“正恁么时，和尚还见伊否？”师曰：“汝有用而无身。”师后忽问仰山：“汝春间有话未圆，今试道看。”仰曰：“正恁么时，切忌勃诉。”师曰：“停囚长智。”

师一日唤院主，主便来。师曰：“我唤院主，汝来作甚么？”主无对。（曹山代云：“也知和尚不唤某甲。”）又令侍者唤第一座，座便至。师曰：“我唤第一座，汝来作甚么？”座亦无对。（曹山代云：“若令侍者唤，恐不来。”法眼云：“适来侍者唤。”）

师问云岩：“闻汝久在药山，是否？”岩曰：“是。”师曰：“如何是药山大人相？”岩曰：“涅槃后有。”师曰：“如何是涅槃后有？”岩曰：“水洒不着。”岩却问师：“百丈大人相如何？”师曰：“巍巍堂堂，炜炜煌煌。声前非声，色后非色。蚊子上铁牛，无汝下嘴处。”

师过净瓶与仰山，山拟接，师却缩手曰：“是甚么？”仰曰：“和尚还见个甚么？”师曰：“若恁么，何用更就吾觅？”仰曰：“离然如此，仁义道中与和尚提瓶挈水，亦是本分事。”师乃过净瓶与仰山。

师与仰山行次，指柏树子问曰：“前面是甚么？”仰曰：“柏树子。”师却问耘田翁，翁亦曰：“柏树子。”师曰：“这耘田翁向后亦有五百众。”

师问仰山：“何处来？”仰曰：“田中来。”师曰：“禾好刈也未？”仰作刈禾势。师曰：“汝适来作青见，作黄见，作不青不黄见？”仰曰：“和尚背后是甚么？”师曰：“子还见么？”仰拈禾穗曰：“和尚何曾问这个？”师曰：“此是鹅王择乳。”

师问仰山：“天寒人寒？”仰曰：“大家在这里。”师曰：“何不直说？”仰曰：“适来也不曲，和尚如何？”师曰：“直须随流。”

上堂：“仲冬严寒年年事，晷运推移事若何？”仰山进前，叉手而立。师曰：“我情知汝答这话不得！”香严曰：“某甲偏答得这话。”师蹑前问，严亦进前，叉手而立。师曰：“赖遇寂子不会。”

师一日见刘铁磨来，师曰：“老澜牛，汝来也。”磨曰：“来日台山大会斋，和尚还去么？”师乃放身作卧势，磨便出去。

有僧来礼拜，师作起势。僧曰：“请和尚不用起。”师曰：“老僧未曾坐。”僧曰：“某甲未曾礼。”师曰：“何故无礼？”僧无对。（同安代云：“和尚不怪。”）

僧问：“如何是道？”师曰：“无心是道。”曰：“某甲不会。”师曰：“会取不会底好！”曰：“如何是不会底？”师曰：“只汝是，不是别人。”复曰：“今时人但直下体取不会底，正是汝心，正是汝佛。若向外得一知一解，将为禅道，且没交涉。名运粪入，不名运粪出，皑汝心田。所以道不是道。”

问：“如何是百丈真？”师下禅床，叉手立。曰：“如何是和尚真？”师却坐。

师坐次，仰山从方丈前过，师曰：“若是百丈先师见，子须吃痛棒始得。”仰曰：“即今事作么生？”师曰：“合取两片皮。”仰曰：“此恩难报。”师曰：“非子不才，乃老僧年迈。”仰曰：“今日亲见百丈师翁来。”师曰：“子向甚么处见？”仰曰：“不道见只是无别。”师曰：“始终作家。”

师问仰山：“即今事且置，古来事作么生？”仰叉手近前。师曰：“犹是即今事，古来事作么生？”仰退后立。师曰：“汝屈我，我屈汝。”仰便礼拜。

仰山香严侍立次，师举手曰：“如今恁么者少，不恁么者多。”严从东过西立，仰从西过东立。师曰：“这个因缘，三十年后如金掷地相似。”仰曰：“亦须是和尚提唱始得。”严曰：“即今亦不少。”师曰：“合取口。”

师坐次，仰山入来，师以两手相交示之。仰作女人拜，师曰：“如是！如是！”

师方丈内坐次，仰山入来，师曰：“寂子，近日宗门令嗣作么生？”仰曰：“大有人疑着此事。”师曰：“寂子作么生？”仰曰：“慧寂只管困来合眼，健即坐禅，所以未曾说着在。”师曰：“到这田地也难得。”仰曰：“据慧寂所见，只如此一句也着不得。”师曰：“汝为一人也不得。”仰曰：“自古圣人，尽皆如此。”师曰：“大有人笑汝恁么祇对。”仰曰：“解笑者是慧寂同参。”师曰：“出头事作么生？”仰绕禅床一匝，师曰：“裂破古今。”

仰山香严侍立次，师曰：“过去现在未来，佛佛道同，人人得个解脱路。”仰曰：“如何是人人解脱路？”师回顾香严曰：“寂子借问，何不答伊？”严曰：“若道过去未来现在，某甲却有个祇对处。”师曰：“子作么生祇对？”严珍重便出。师却问仰山曰：“智闲恁么祇对，还契寂子也无？”仰曰：“不契。”师曰：“子又作么生？”仰亦珍重出去。师呵呵大笑曰：“如水乳合。”

一日，师翘起一足谓仰山曰：“我每日得他负载，感伊不彻。”仰曰：“当时给孤园中，与此无别。”师曰：“更须道始得。”仰曰：“寒时与他袜着，也不为分外。”师曰：“不负当初，子今已彻。”仰曰：“恁么更要答话在。”师曰：“道看。”仰曰：“诚如是言。”师曰：“如是！如是！”

师问仰山：“生住异灭，汝作么生会？”仰曰：“一念起时不见有生住异灭。”师曰：“子何得遣法？”仰曰：“和尚适来问甚么？”师曰：“生住异灭。”仰曰：“却唤作遣法。”

师问仰山："妙净明心，汝作么生会？"仰曰："山河大地，日月星辰。"师曰："汝只得其事。"仰曰："和尚适来问甚么？"师曰："妙净明心。"仰曰："唤作事得么？"师曰："如是！如是！"

石霜会下有二禅客到，云："此间无一人会禅。"后普请般柴，仰山见二禅客歇，将一橛柴问曰："还道得么？"俱无对。仰曰："莫道无人会禅好！"仰归举似师曰："今日二禅客，被慧寂勘破。"师曰："甚么处被子勘破？"仰举前话，师曰："寂子又被吾勘破。"（云居锡云："甚处是沩山勘破仰山处。"）

师睡次，仰山问讯，师便回面向壁。仰曰："和尚何得如此！"师起曰："我适来得一梦，你试为我原看。"仰取一盆水，与师洗面。少顷，香严亦来问讯。师曰："我适来得一梦，寂子为我原了，汝更与我原看。"严乃点一碗茶来，师曰："二子见解，过于鹙子。"

师因泥壁次，李军容来，具公裳，直至师背后，端笏而立。师回首见，便侧泥盘作接泥势。李便转笏作进泥势，师便抛下泥盘，同归方丈。僧问："不作沩山一顶笠，无由得到莫穷村。如何是沩山一顶笠？"师唤曰："近前来。"僧近前，师与一踏。

上堂："老僧百年后，向山下作一头水牯牛。左胁下书五字，曰：'沩山僧某甲。'当恁么时，唤作沩山僧又是水牯牛，唤作水牯牛又是沩山僧。毕竟唤作甚么即得？"仰山出礼拜而退。

师敷扬宗教，凡四十余年，达者不可胜数。大中七年（853）正月九日，盥漱敷坐，怡然而寂。寿八十三，腊六十四。塔于本山，谥大圆禅师，塔曰清净。

【据宋宝祐本《五灯会元》卷九，参校中华书局1984年版《五灯会元》本】

黄檗和尚

[南唐]静、筠二禅师

黄檗和尚嗣百丈，在高安县。

师讳希运，福州闽县人也。

自少于黄檗寺出家。身长七尺，额有肉珠。闳阔天生，不拘小节。

初，与二三时流，游天台山，在途偶接一僧，与师同道言笑，便同囊（曩）故。道到溪礀，遇时水泛涨，遂阻步而暂息。其僧频催师而共渡，师不疑之，云："要渡但自渡。"其僧敛衣，蹑波而渡。至彼岸已，回顾招手，令师渡焉。师乃呵云："这贼汉！悔不预知！若知，则便打折脚！"其僧叹曰："大乘器者哉，吾辈不及也！"言已，忽然而隐。

后游上都，因行分卫，而造一门，云："家常。"屏后有老女云："和尚太无厌生。"师闻其言异，探而拔之，云："饭犹未得，何啧无厌？"女云："只这个，岂不是无厌？"师闻，驻而微笑。阿婆睹师容仪堂堂，特异常僧，遂命入内，供以斋。食毕，询问参学行止。师不能隐，竭露见知。阿婆提以再举微关，师则玄门顿而荡豁。师重致言谢，拟欲师承，阿婆曰："吾是五障之身，故非法器。吾闻江西有百丈大师，禅林郢匠，特秀群峰，师可诣彼参承。所贵他日为人天师，法不轻未（来）耳。"后人传说，此婆少年曾参见忠国师也。

师遂依言而造百丈，礼而问："从上相承之事，和尚如何指示于人？"百丈良久。师曰："不可教后人断绝去也。"百丈云："我本将谓汝是一个人。"遂起，入丈室，欲掩其户。师云："□□□□，某甲□来，只要这个印信，足矣。"丈回言："若然者，他后不得辜负于吾。"师遂驻泊，延于时岁。

后居黄檗山，玄徒竞凑，法鼓震于寰中；缁素奔风，智炬扬于海内。高安县令见已，方乃稽首泯伏，而有诗赞曰：

曾传达士心中印，额有圆珠七尺身。
挂锡十年栖蜀水，浮杯今日渡漳（章）滨。
一千龙象随高步，万劫香花结胜因。
愿欲事师为弟子，不知将法付何人？

僧问："如何是西来意？"师打之。师谓众曰："是你诸人患颠那作摩？"把棒一时趁出，云："尽是一队吃酒糟汉，与摩行脚，笑杀人去！兄弟莫只见八百一千人处，去那里不可只图热闹。这个老汉行脚时，或遇着草根下有个老汉，便从顶上啄一下锥看。他若识痛痒，便将布袋盛米供养他。古人个中总似你与摩容易，何处更有今日事也？兄弟！行脚人亦须着些子精神好，汝还知大唐国内无禅师？"

有人问："诸方尊宿尽皆匡化，和尚为什摩道无禅师？"师云："不道无禅，只道无师。"又云："阇梨可不见马大师下有八十八人坐道场，得马大师真正法眼者，只有一二。庐山是一人。夫出家者，须知有从上来事。不见四祖下有牛头融大师，横说竖说，未知有向上一个关捩子。若有此眼脑，不妨弁（辨）得邪正宗傥（党）。当人事不能会得，但知念言语，学向皮袋里，到处便道：'我会禅会道，还替得你输回摩？'轻忽老宿，入地狱如箭射，我亦见汝行脚人，入门便识得汝了也。还知摩？诸人亦须在意，急急努力，莫只拟取次容易事，持一片衣口食过一生。明眼人笑你，久后总被俗汉弄将去在。切须自看近远，且是阿谁面上事？若会则便会，若不会则散去。珍重！"

保福举师语云："不道无禅，只道无师。"福拈问殿主："作摩生是与禅为师底人？"殿主指和尚手中杖云："某甲惜这个拄杖。"保福不肯，殿主却问："作摩生是与禅为师底人？"福云："我不惜这个拄杖。"

莲花在潭州报恩时，僧问："只如保福道：'不惜拄杖。'意作摩生？"报恩云："他大意则是，只是无凭执。”僧云：“只如有凭执，意作摩生？”报恩云：“惜拄杖则不肯。”僧却问：“作摩生是与禅师底人？”报恩乃放下拄杖，归方丈。

僧问鼓山；“只如莲花放下柱杖，意作摩生？”师云：“作摩所在？”僧云：“只如事在放下拄杖处，事在归方丈处？”鼓山趁出，云：“莫向这里出头。”

保福闻举，云：“更有一般底，锥又锥不动，召又召不应，此人作摩生委得虚之与实？”翠岩云：“兄则乞米，某甲则拾柴。”保福云：“与摩则拆布袋，造浴裈着？”

师行脚时，到盐官。盐官有一日云：“色即是空，空义不成；空即是色，色义不成。”师出来问：“承和尚有言：‘色即是空，空义不成；空即是色，色义不成。’岂不是和尚与摩道？”盐官云：“是也。”师敲禅床云：“这个是色，阿那个是空？”盐官不对。

师令（领）八百来人到洪州，见州主。州主手执越杖，便问师：“这个是什摩字？”师云：“欠一点。”便掴。州主便礼拜为师。

裴相公有一日微微底不安，非久之间便死。师恰在宅里，不抛相公，头边底坐看相公。相公无限时却惺（醒），惺（醒）后说冥中事：“某一入冥界，有脚不曾行，有眼不曾见。行得个四五十里困了，忽然见一池水。某甲拟欲入池，有一个老和尚，不与某甲入池里，便喝，因此再见和尚。”师云：“若不遇老僧，相公洎合造龙。”

师又时握拳云：“诸方老宿.性命总在这里，放也得，不放也得。”僧拈问招庆：“诸方老宿，性命总在这里，要放也得，不要放也得。如何是要放底事？”庆云：“恕你此问。”“如何是不要放底事？”招庆云：“好与二十打。”

自余未睹行录。

敕谥断际禅师、广业之塔。

【据《大藏经补编》本《祖堂集》卷十六，参校中华书局2007年版《祖堂集》本】

黄檗希运禅师

［南宋］释普济

洪州黄檗希运禅师，闽人也。幼于本州岛黄檗山出家。额间隆起如珠，音辞朗润，志意冲澹。后游天台逢一僧，与之言笑，如旧相识，熟视之，目光射人，乃偕行。属涧水暴涨，捐笠植杖而止。其僧率师同渡，师曰：“兄要渡自渡。”彼即褰衣蹑波，若履平地，回顾曰：“渡来！渡来！”师曰：“咄！这自了汉。吾早知当斫汝胫。”其僧叹曰：“真大乘法器，我所不及。”言讫不见。

师后游京师，因人启发，乃往参百丈。丈问：“巍巍堂堂，从何方来？”师曰：“巍巍堂堂，从岭南来。”丈曰：“巍巍堂堂，当为何事？”师曰：“巍巍堂堂，不为别事。”便礼拜。

问曰："从上宗乘如何指示？"丈良久。师曰："不可教后人断绝去也。"丈曰："将谓汝是个人。"乃起，入方丈。师随后入，曰："某甲特来。"丈曰："若尔，则他后不得孤负吾。"

丈一日问师："甚么处去来？"曰："大雄山下采菌子来。"丈曰："还见大虫么？"师便作虎声，丈拈斧作斫势。师即打丈一掴，丈吟吟而笑，便归。上堂曰："大雄山下有一大虫，汝等诸人也须好看。百丈老汉今日亲遭一口。"

师在南泉普请择菜次。泉问："甚么处去？"曰："择菜去。"泉曰："将甚么择？"师竖起刀，泉曰："只解作宾，不解作主。"师以刀点三下。泉曰："大家择菜去。"

泉一日曰："老僧有牧牛歌请长老和。"师曰："某甲自有师在。"

师辞南泉，泉门送，提起师笠曰："长老身材没量大，笠子太小生？"师曰："虽然如此，大千世界总在里许。"泉曰："王老师聻！"师戴笠便行。

师在盐官殿上礼佛次，时唐宣宗为沙弥，问曰："不着佛求，不着法求，不着僧求，长老礼拜，当何所求？"师曰："不着佛求，不着法求，不着僧求，常礼如是事。"弥曰："用礼何为？"师便掌。弥曰："太粗生！"师曰："这里是甚么所在？说粗说细。"随后又掌。

裴相国镇宛陵，建大禅苑，请师说法。以师酷爱旧山，还以黄檗名之。公一日拓一尊佛于师前，跪曰："请师安名。"师召曰："裴休。"公应诺。师曰："与汝安名竟。"公礼拜。

师因有六人新到，五人作礼，中一人提起坐具，作一圆相。师曰："我闻有一只猎犬甚恶。"僧曰："寻羚羊声来。"师曰："羚羊无声到汝寻。"曰："寻羚羊迹来。"师曰："羚羊无迹到汝寻。"曰："寻羚羊晨来。"师曰："羚羊无晨到汝寻。"曰："与么则死羚羊也。"师便休去。明日升堂曰："昨日寻羚羊僧出来！"僧便出。师曰："昨日公案未了，老僧休去。你作么生？"僧无语。师曰："将谓是本色衲僧，元来将是义学沙门。"便打趁出。

师一日捏拳曰："天下老和尚，总在这里。我若放一线道，从汝七纵八横；若不放过，不消一捏。"僧问："放一线道时如何？"师曰："七纵八横。"曰："不放过，不消一捏时如何？"师曰："普。"

裴相国一日请师至郡，以所解一编示师。师接置于座，略不披阅。良久曰："会么？"裴曰："未测。"师曰："若便恁么会得，犹较些子。若也形于纸墨，何有吾宗？"裴乃赠诗一章曰："自从大士传心印，额有圆珠七尺身。豹锡十年栖蜀水，浮杯今日渡漳滨。一千龙象随高步，万里香花结胜因。拟欲事师为弟子，不知将法付何人？"师亦无喜色。自尔黄檗门风，盛于江表矣。

一日上堂，大众云集。乃曰："汝等诸人欲何所求？"以拄杖趁之，大众不散。师却复坐曰:“汝等诸人尽是噇酒糟汉。恁么行脚,取笑于人。但见八百一千人处便去,不可图他热闹也。老汉行脚时,或遇草根下有一个汉,便从顶门上一锥。看他若知痛盘,可以布袋盛米供养他。可中总似汝如此容易,何处更有今日事也。汝等既称行脚,亦须着些精神好。还知道大唐国内无禅师么?”

时有僧问:“诸方尊宿尽聚众开化,为甚么却道无禅师?”师曰:“不道无禅,祇是无师。阇黎不见马大师下有八十四人坐道场,得马师正法眼者止三两人。庐山归宗和尚是其一。夫出家人,须知有从上来事分始得。且如四祖下牛头,横说竖说,犹未知向上关捩子。有此眼目,方辨得邪正宗党,且当人事宜,不能体会得,但知学言语念,向皮袋瑞安着,到处称我会禅,遇替得汝生死么?轻忽老宿,入地狱如箭。我才见汝入门来,便识得了也。还知么?急须努力,莫容易事,持片衣口食,空过一生。明眼人笑汝,久后总被俗汉筭将去在。宜自看远近,是阿谁面上事。若会即便会,若不会即散去。珍重!”

问:“如何是西来意?”师便打。自余施设,皆被上机。中下之流,莫窥涯窥。

唐大中年(847—859)终于本山,谥断际禅师。

【据宋宝祐本《五灯会元》卷四,参校中华书局1984年版《五灯会元》本】

附:

《黄檗山断际禅师传法心要》

[唐]裴　休

《黄檗山断际禅师传法心要》卷上

[唐]希运　撰述　[唐]裴休　集并序

有大禅师,法讳希运,住洪州高安县黄檗山鹫峰下,乃曹溪六祖之嫡孙,西堂百丈之法侄。独佩最上乘离文字之印;唯传一心,更无别法;心体亦空,万缘俱寂。如大日轮升虚空中,光明照耀,净无纤埃。证之者无新旧,无浅深;说之者不立义解,不立宗主,不开户牖;直下便是,运念即乖。然后为本佛。故其言简,其理直,其道峻,其行孤。四方学徒望山而趋,睹相而悟,往来海众常千余人。予会昌二年(842)廉于钟陵,自山迎至州,憩龙兴寺,旦夕问道。大中二年(848)廉于宛陵,复去礼迎至所部,安居开元寺,旦夕受法。退而纪之,十得一二,佩为心印,不敢发扬。今恐入神精义不闻于未来,遂出之,授门下僧太舟法建,归旧山之广唐寺,问长老法众,与往日常所亲闻,同异何如也?

时唐大中十一年(857)十月初八日序

师谓休曰:“诸佛与一切众生,唯是一心,更无别法。此心无始已来,不曾生不曾灭,不青不黄,无形无相,不属有无,不计新旧,非长非短,非大非小,超过一切限量、名言、踪迹、对待,当体便是,动念即乖。犹如虚空,无有边际,不可测度。唯此一心即是佛,佛与众生更无别异。但是众生着相外求,求之转失;使佛觅佛,将心捉心,穷劫尽形,终不能得。不知息念忘虑,佛自现前;此心即是佛,佛即是众生。为众生时,此心不减;为诸佛时,此心不添。乃至六度万行,河沙功德,本自具足,不假修添;遇缘即施,缘息即寂。若不决定信此是佛,而欲着相修行,以求功用,皆是妄想,与道相乖。此心即是佛,更无别佛,亦无别心;此心明净,犹如虚空,无一点相貌;举心动念,即乖法体,即为着相。无始已来,无着相佛。修六度万行,欲求成佛,即是次第。无始已来,无次第佛;但悟一心,更无少法可得。此即真佛。佛与众生,一心无异,犹如虚空,无杂无坏;如大日轮照四天下,日升之时明遍天下,虚空不曾明;日没之时暗遍天下,虚空不曾暗。明暗之境,自相陵夺,虚空之性,廓然不变。佛及众生心亦如此。若观佛作清净光明解脱之相,观众生作垢浊暗昧生死之相,作此解者,历河沙劫,终不得菩提,为着相故。唯此一心,更无微尘许法可得,即心是佛。如今学道人,不悟此心体,便于心上生心,向外求佛,着相修行,皆是恶法,非菩提道。供养十方诸佛,不如供养一个无心道人,何故?无心者,无一切心也。如如之体,内如木石,不动不摇;外如虚空,不塞不碍;无能所,无方所,无相貌,无得失。趋者不敢入此法,恐落空无栖泊处,故望崖而退。例皆广求知见,所以求知见者如毛,悟道者如角。文殊当理,普贤当行。理者,真空无碍之理;行者,离相无尽之行。观音当大慈,势至当大智。维摩者,净名也;净者性也,名者相也;性相不异,故号净名。诸大菩萨所表者,人皆有之,不离一心,悟之即是。今学道人,不向自心中悟,乃于心外着相取境,皆与道背。恒河沙者,佛说是沙,诸佛、菩萨、释梵诸天步履而过,沙亦不喜;牛、羊、虫蚁践踏而行,沙亦不怒;珍宝馨香,沙亦不贪;粪尿臭秽,沙亦不恶。此心即无心之心,离一切相。众生、诸佛更无差别。但能无心,便是究竟。学道人若不直下无心,累劫修行,终不成道,被三乘功行拘系,不得解脱。然证此心有迟疾:有闻法一念,便得无心者;有至十信、十住、十行、十回向,乃得无心者;有至十地,乃得无心者。长短得无心乃住,更无可修可证,实无所得,真实不虚。一念而得,与十地而得者,功用恰齐,更无深浅,只是历劫枉受辛勤耳。造恶造善,皆是着相。着相造恶,枉受轮回;着相造善,枉受劳苦,总不如言下便自认取本法。此法即心,心外无法;此心即法,法外无心。心自无心,亦无无心者。将心无心,心却成有,默契而已,绝诸思议。故曰:言语道断,心行处灭。此心是本源清净佛,人皆有之,蠢动含灵,与诸佛菩萨,一体不异。只为妄想分别,造种种业果。本佛上实无一物,虚通寂静,明妙安乐而已。深自悟入,直下便是,圆满具足,更无所欠。纵使三祇,精进修行,历诸地位,及一念证时，只证元来自佛，向上更不添得一物，却观历劫功用，总是梦中妄为。故如来云：我于阿耨菩提，实无所得，若有所得，然灯佛则不与我授记。”

又云：“是法平等，无有高下，是名菩提，即此本源清净心，与众生诸佛，世界山河，有相无相，遍十方世界，一切平等，无彼我相。此本源清净心，常自圆明遍照。世人不悟，只认见闻觉知为心。为见闻觉知所覆，所以不睹精明本体。但直下无心，本体自现，如大日轮升于虚空，遍照十方更无障碍。故学道人唯认见闻觉知、施为动作，空却见闻觉知，即心路绝无入处。但于见闻觉知处认本心，然本心不属见闻觉知，亦不离见闻觉知；但莫于见闻觉知上起见解，亦莫于见闻觉知上动念，亦莫离见闻觉知觅心，亦莫舍见闻觉知取法。不即不离，不住不着，纵横自在，无非道场。世人闻道诸佛皆传心法，将谓心上别有一法可证可取，逐将心觅法，不知心即是法，法即是心，不可将心更求于心，历千万劫终无得日。不如当下无心，便是本法。如力士迷额内珠，向外求觅，周行十方，终不能得；智者指之，当时自见本珠如故。故学道人迷自本心，不认为佛，遂向外求觅，起功用行，依次第证，历劫勤求，永不成道。不如当下无心决定，知一切法本无所有，亦无所得，无依无住，无能无所，不动妄念，便证菩提。及证道时，只证本心佛。历劫功用，并是虚修，如力士得珠时，只得本额珠，不关向外求觅之力。故佛言：我于阿耨菩提，实无所得。恐人不信，故引五眼所见，五语所言，真实不虚，是第一义谛。学道人莫疑四大为身，四大无我，我亦无主，故知此身无我亦无主；五蕴为心，五蕴无我亦无主，故知此心无我亦无主。六根六尘六识，和合生灭，亦复如是。十八界既空，一切皆空。唯有本心，荡然清净。有识食，有智食。四大之身，饥疮为患，随顺给养，不生贪着，谓之智食；恣情取味，妄生分别，唯求适口，不生厌离，谓之识食。声闻者，因声得悟，故谓之声闻。但不了自心，于声教上起解。或因神通，或因瑞相，言语运动，闻有菩提涅槃，三僧祇劫修成佛道，皆属声闻道，谓之声闻佛。唯直下顿了自心本来是佛，无一法可得，无一行可修，此是无上道，此是真如佛。学道人只怕一念有，即与道隔矣。念念无相，念念无为，即是佛。学道人若欲得成佛，一切佛法总不用学，唯学无求无着。无求即心不生，无着即心不灭，不生不灭即是佛。八万四千法门，对八万四千烦恼，只是教化接引门。本无一切法，离即是法。知离者是佛，但离一切烦恼，是无法可得。学道人若欲得知要诀，但莫于心上着一物。言佛真法身犹若虚空，此是喻法身即虚空，虚空即法身。常人谓法身遍虚空处，虚空中含容法身。不知法身即虚空，虚空即法身也。若定言有虚空，虚空不是法身；若定言有法身，法身不是虚空。但莫作虚空解，虚空即法身；莫作法身解，法身即虚空。虚空与法身无异相，佛与众生无异相，生死与涅槃无异相，烦恼与菩提无异相，离一切相即是佛。凡夫取境，道人取心，心境双忘，乃是真法。忘境犹易，忘心至难。人不敢忘心，恐落空无捞摸处。不知空本无空，唯一真法界耳。此灵觉性，无始已来，与虚空同寿，未曾生未曾灭，未曾有未曾无，未曾秽未曾净，未曾喧未曾寂，未曾少未曾老，无方所，无内外，无数量，无形相，无色象，无音声，不可觅不可求，不可以智慧识，不可以言语取，不可以境物会，不可以功用到。诸佛菩萨与一切蠢动含灵，同此大涅槃性。性即是心，心即是佛，佛即是法。一念离真，皆为妄想。不可以心更求于心，不可以佛更求于佛，不可以法更求于法。故学道人直下无心，默契而已。拟心即差，以心传心，此为正见。慎勿向外逐境，认境为心，是认贼为子。为有贪嗔痴，即立戒定慧。本无烦恼，焉有菩提？故祖师云：佛说一切法，为除一切心，我无一切心，何用一切法？本源清净佛土，更不着一物，譬如虚空，虽以无量珍宝庄严，终不能住。佛性同虚空，虽以无量功德智慧庄严，终不能住；但迷本性，转不见耳。所谓心地法门，万法皆依此心建立，遇境即有，无境即无，不可于净性上，转作境解。所言定慧鉴用历历寂寂惺惺见闻觉知，皆是境上作解。暂为中下根人说即得，若欲亲证，皆不可作如此见解。尽是境法有没处，没于有地。但于一切法不作有无见，即见法也。”

九月一日，师谓休曰：“自达摩大师到中国，唯说一心，唯传一法，以佛传佛，不说余佛，以法传法，不说余法。法即不可说之法，佛即不可取之佛，乃是本源清净心也。唯此一事实，余二则非真。般若为慧，此慧即无相本心也。凡夫不趣道，唯恣六情，乃行六道。学道人一念计生死，即落魔道；一念起诸见，即落外道；见有生，趣其灭，即落声闻道；不见有生，唯见有灭，即落缘觉道。法本不生，今亦无灭，不起二见，不厌不欣，一切诸法，唯是一心，然后乃为佛乘也。凡夫皆逐境生心，心遂欣厌。若欲无境，当忘其心。心忘即境空，境空即心灭。若不忘心而但除境，境不可除只益纷扰。故万法唯心，心亦不可得，复何求哉？学般若人，不见有一法可得，绝意三乘，唯一真实，不可证得。谓我能证能得，皆增上慢人；法华会上拂衣而去者，皆斯徒也。故佛言我于菩提，实无所得，默契而已。凡人临欲终时，但观五蕴皆空，四大无我，真心无相，不去不来。生时性亦不来，死时性亦不去，湛然圆寂，心境一如。但能如是直下顿了，不为三世所拘系，便是出世人也。切不可有分毫趣向，若见善相，诸佛来迎，及种种现前，亦无心随去；若见恶相，种种现前，亦无心怖畏。但自忘心，同于法界，便得自在，此即是要节也。”

十月八日，师谓休曰：“言化城者，二乘及十地等觉妙觉，皆是权立接引之教，并为化城。言宝所者，乃真心本佛自性之宝，此宝不属情量，不可建立。无佛无众生，无能无所，何处有城？若问此既是化城，何处为宝所？宝所不可指，指即有方所，非真宝所也。故云在近而已，不可定量言之，但当体会契之即是。言阐提者，信不具也。一切六道众生，乃至二乘，不信有佛果，皆谓之断善根阐提。菩萨者，深信有佛法，不见有大乘、小乘，佛与众生同一法性，乃谓之善根阐提。大抵因声教而悟者，谓之声闻；观因缘而悟者，谓之缘觉；若不向自心中悟，虽至成佛，亦谓之声闻佛。学道人多于教法上悟，不于心法上悟，虽历劫修行，终不是本佛。若不于心悟，乃至于教法上悟，即轻心重教，遂成逐块，忘于本心。故但契本心，不用求法，心即法也。凡人多为境碍心，事碍理，常欲逃境以安心，摒事以存理；不知乃是心碍境，理碍事；但令心空，境自空，但令理寂，事自寂，勿倒用心也。凡人多不肯空心，恐落于空，不知自心本空。愚人除事不除心，智者除心不除事。菩萨心如虚空，一切俱舍，所作福德皆不贪着。然舍有三等：内外身心一切俱舍，犹如虚空，无所取着，然后随方应物，能所皆忘，是为大舍；若一边行道布德，一边旋舍，无希望心，是为中舍；若广修众善，有所希望，闻法知空，遂乃不着，是为小舍。大舍如火烛在前，更无迷悟；中舍如火烛在傍，或明或暗；小舍如火烛在后，不见坑穽。故菩萨心如虚空，一切俱舍；过去心不可得，是过去舍；现在心不可得，是现在舍；未来心不可得，是未来舍：所谓三世俱舍。自如来付法迦叶已来，以心印心，心心不异。印着空，即印不成文；印着物，即印不成法。故以心印心，心心不异，能印所印，俱难契会，故得者少。然心即无心，得即无得。佛有三身，法身说自性虚通法，报身说一切清净法，化身说六度万行法。法身说法，不可以言语、音声、形相、文字而求，无所说，无所证，自性虚通而已。故曰：无法可说，是名说法。报身、化身皆随机感现，所说法亦随事应根以为摄化，皆非真法。故曰：报化非真佛，亦非说法者。所言同是一精明，分为六和合。一精明者，一心也；六和合者，六根也。此六根各与尘合：眼与色合，耳与声合，鼻与香合，舌与味合，身与触合，意与法合。中间生六识，为十八界。若了十八界无所有，束六和合为一精明，一精明者即心也。学道人皆知此，但不能免作一精明、六和合解，遂被法缚，不契本心。如来现世，欲说一乘真法，则众生不信，兴谤没于苦海；若都不说，则堕悭贪。不为众生，溥舍妙道，遂设方便，说有三乘。乘有大小，得有浅深，皆非本法，故云：唯有一乘道，余二则非真。然终未能显一心法，故召迦叶同法座，别付一心离言说法。此一枝法令别行，若能契悟者，便至佛地矣。"

问："如何是道，如何修行？"师云："道是何物，汝欲修行？"问："诸方宗师相承，参禅学道，如何？"师云："引接钝根人语，未可依凭。"云："此既是引接钝根人语，未审接上根人，复说何法？"师云："若是上根人，何处更就人？觅他自己尚不可得，何况更别有法当情，不见教中云法法何状？"云："若如此，则都不要求觅也？"师云："若与么，则省心力。"云："如是，则浑成断绝，不可是无也。"师云："阿谁教他无，他是阿谁，尔拟觅他？"云："既不许觅，何故又言莫断他？"师云："若不觅，即便休，谁教尔断？尔见目前虚空，作么生断他？"云："此法可得便同虚空否？"师云："虚空早晚向尔道有同有异？我暂如此说，尔便向者里生解。"云："应是不与人生解耶？"师云："我不曾障尔。要且解属于情，情生则智隔。"云："向者里莫生情是否？"师云："若不生情，阿谁道是？"

问:“才向和尚处发言,为什么便道话堕?”师云:“汝自是不解语人,有什么堕负?”

问:“向来如许多言说,皆是抵敌语,都未曾有实法指示于人。”师云:“实法无颠倒。汝今问处自生颠倒,觅什么实法?”云:“既是问处自生颠倒,和尚答处如何?”师云:“尔且将物照面看,莫管他人。”又云:“只如个痴狗相似,见物动处便吠,风吹草木也不别。”又云:“我此禅宗从上相承以来,不曾教人求知求解,只云学道,早是接引之词,然道亦不可学。情存学解,却成迷道。道无方所,名大乘心。此心不在内外中间,实无方所。第一不得作知解。只是说汝如今情量尽处为道,情量若尽,心无方所。此道天真,本无名字。只为世人不识,迷在情中,所以诸佛出来说破此事,恐汝诸人不了,权立道名。不可守名而生解,故云得鱼忘筌。身心自然达道,识心达本源故,号为沙门。沙门果者,息虑而成,不从学得。汝如今将心求心,傍他家舍,只拟学取,有什么得时?古人心利,才闻一言,便乃绝学,所以唤作绝学无为闲道人。今时人只欲得多知多解,广求文义,唤作修行;不知多知多解,翻成壅塞。唯知多与儿酥乳吃,消与不消,都总不知。三乘学道人皆是此样,尽名食不消者。所谓知解不消,皆为毒药。尽向生灭中取,真如之中都无此事,故云我王库内无如是刀。从前所有一切解处,尽须并却令空,更无分别,即是空如来藏。如来藏者,更无纤尘可有,即是破有法王出现世间,亦云我于然灯佛所无少法可得。此语只为空尔情量知解,但销镕表里情尽,都无依执,是无事人。三乘教网,只是应机之药,随宜所说,临时施设,各各不同,但能了知,即不被惑,第一不得于一机一教边,守文作解。何以如此?实无有定法如来可说,我此宗门不论此事,但知息心即休,更不用思前虑后。”

问:“从上来皆云即心是佛,未审即那个心是佛?”师云:“尔有几个心?”云:“为复即凡心是佛,即圣心是佛?”师云:“尔何处有凡圣心耶?”云:“即今三乘中说有凡圣,和尚何得言无?”师云:“三乘中分明向尔道凡圣心是妄,尔今不解,反执为有,将空作实,岂不是妄?妄故迷心,汝但除却凡情圣境,心外更无别佛。祖师西来,直指一切人全体是佛。汝今不识,执凡执圣,向外驰骋,还自迷心,所以向汝道即心是佛。一念情生,即堕异趣,无始已来不异今日,无有异法,故名成等正觉。”云:“和尚所言即者,是何道理?”师云:“觅什么道理?才有道理,便即心异。”云:“前言无始已来,不异今日,此理如何?”师云:“只为觅故,汝自异他;汝若不觅,何处有异?”云:“既是不异,何更用说即?”师云:“汝若不认凡圣,阿谁向汝道即?即若不即,心亦不心,可中心即俱忘,阿尔更拟向何处觅去?”

问:“妄能障自心,未审而今以何遣妄?”师云:“起妄遣妄亦成妄,妄本无根,只因分别而有,尔但于凡圣两处情尽,自然无妄。更拟若为遣他,都不得有纤毫依执,名为我舍两臂,必当得佛。”云:“既无依执,当何相承?”师云:“以心传心。”云:“若心相传,云何言心亦无?”师云:“不得一法,名为传心,若了此心,即是无心无法。”云:“若无心无法,云何名传?”师云:“汝闻道传心,将谓有可得也。所以祖师云:认得心性时,可说不思议,了了无所得,得时不说知。此事若教汝会,何堪也?”

问:“只如目前虚空,可不是境,岂无指境见心乎?”师云:“什么心教汝向境上见?设汝见得,只是个照境底心,如人以镜照面,纵然得见眉目分明,原来只是影像,何关汝事?”云:“若不因照,何时得见?”师云:“若也涉因,常须假物,有什么了时?汝不见他向汝道,撒手似君无一物,徒劳谩说数千般。”云:“他若识了,照亦无物耶?”师云:“若是无物,更何用照?尔莫开眼呓语去。”

上堂云:“百种多知,不如无求,最第一也,道人是无事人,实无许多般心,亦无道理可说,无事散去。”

问:“如何是世谛?”师云:“说葛藤作什么?本来清净,何假言说问答?但无一切心,即名无漏智。汝每日行住坐卧、一切言语,但莫着有为法,出言瞬目,尽同无漏。如今末法向去,多是学禅道者,皆着一切声色,何不与我心心同虚空去,如枯木石头去,如寒灰死火去?方有少分相应。若不如是,他日尽被阎老子铐你在!尔但离却有无诸法,心如日轮,常在虚空,光明自然,不照而照,不是省力底事?至此之时,无栖泊处,即是行诸佛行,便是应无所住而生其心。此是尔清净法身,名为阿耨菩提。若不会此意,纵尔学得多知,勤苦修行,草衣木食,不识自心,尽名邪行,定作天魔眷属。如此修行当复何益?志公云:佛本是自心作,那得向文字中求?饶尔学得三贤四果、十地满心,也只是在凡圣内坐。不见道诸行无常,是生灭法?势力尽,箭还坠,招得来生不如意,争似无为实相门,一超直入如来地?为尔不是与么人,须要向古人建化门广学知解。志公云:不逢出世明师,枉服大乘法药。尔如今一切时中,行住坐卧,但学无心,久久须实得。为尔力量小,不能顿超,但得三年五年,或十年,须得个入头处,自然会去。为汝不能如是,须要将心学禅学道,佛法有什么交涉?故云:如来所说,皆为化人。如将黄叶为金,止小儿啼,决定不实;若有实得,非我宗门下客;且与尔本体有甚交涉?故经云:实无法少法可得,名为阿耨菩提。若也会得此意,方知佛道魔道俱错,本来清净皎皎地,无方圆,无大小,无长短等相,无漏无为,无迷无悟,了了见,无一物,亦无人,亦无佛,大千沙界海中沤,一切圣贤如电拂,一切不如心真实。法身从古至今,与佛祖一般,何处欠少一毫毛?既会如是意,大须努力,尽今生去,出息不保入息。”

问:“六祖不会经书,何得传衣为祖?秀上座是五百人首座,为教授师,讲得三十二本经论,云何不传衣?”师云:“为他有心,是有为法,所修所证,将为是也,所以五祖付六祖。六祖当时只是默契得,密授如来甚深意,所以付法于他。汝不见道‘法本法无法,无法法亦法’?今付无法时,法法何曾法?若会此意,方名出家儿,方好修行;若不信，云何明上座走来大庾岭头寻六祖，六祖便问：‘汝来求何事，为求衣，为求法？’明上座云：‘不为衣来，但为法来。’六祖云：‘汝且暂时敛念，善恶都莫思量。’明乃禀语。六祖云：‘不思善，不思恶，正当与么时，还我明上座父母未生时面目来。’明于言下忽然默契，便礼拜云：‘如人饮水，冷暖自知。某甲在五祖会中，枉用三十年功夫，今日方省前非。’六祖云：‘如是，到此之时，方知祖师西来，直指人心见性成佛，不在言说。’岂不见阿难问迦叶云：‘世尊传金襕外，别传何物？’迦叶召阿难，阿难应诺。迦叶云：倒却门前刹竿着，此便是祖师之标榜也。甚生阿难三十年为侍者，只为多闻智慧。被佛诃云：‘汝千日智慧，不如一日学道，若不学道，滴水难消。’”

问：“如何得不落阶级？”师云：“终日吃饭，未曾咬着一粒米；终日行，未曾踏着一片地。与摩时无人我等相，终日不离一切事，不被诸境惑，方名自在人；更时时念念不见一切相，莫认前后三际，前际无去、今际无住、后际无来，安然端坐，任运不拘，方名解脱。努力努力，此门中千人万人，只得三个五个。若不将为事，受殃有日在。故云：‘着力今生须了却，谁能累劫受余殃。’”

【据《大正藏》本《黄檗山断际禅师传心法要》】

《黄檗断际禅师宛陵录》卷下

［唐］裴　休

裴相公问师曰：“山中四五百人，几人得和尚法？”师云：“得者莫测其数。何故？道在心悟，岂在言说？言说只是化童蒙耳。”

问：“如何是佛？”师云：“即心是佛，无心是道。但无生心动念、有无长短、彼我能所等心。心本是佛，佛本是心。心如虚空，所以云：佛真法身犹若虚空，不用别求，有求皆苦。设使恒沙劫行六度万行，得佛菩提，亦非究竟。何以故？为属因缘造作之故。因缘若尽，还归无常。所以云：报化非真佛，亦非说法者。但识自心，无我无人，本来是佛。”

问：“圣人无心即是佛，凡夫无心，莫沉空寂否？”师云：“法无凡圣，亦无沉寂。法本不有，莫作无见；法本不无，莫作有见。有之与无，尽是情见，犹如幻翳。所以云：见闻如幻翳，知觉乃众生。祖师门中只论息机忘见，所以忘机则佛道隆，分别则魔军炽。”

问：“心既本来是佛，还修六度万行否？”师云：“悟在于心，非关六度万行，六度万行尽是化门接物度生边事。设使菩提，真如实际，解脱法身，直至十地四果圣位，尽是度门，非关佛心。心即是佛，所以一切诸度门中，佛心第一。但无生死烦恼等心，即不用菩提等法。所以道：佛说一切法，度我一切心，我无一切心，何用一切法？从佛至祖，并不论别事，唯论一心，亦云一乘，所以十方谛求，更无余乘。此众无枝叶，唯有诸真实，所以此意难信。达摩来此土，至梁魏二国，只有可大师一人密信自心，言下便会，即心是佛，身心俱无，是名大道；大道本来平等，所以深信含生同一真性，心性不异，即性即心，心不异性，名之为祖。所以云：认得心性时，可说不思议。”

问：“佛度众生否？”师云：“实无众生，如来度者，我尚不可得，非我何可得？佛与众生皆不可得。”云：“现有三十二相及度众生，何得言无？”师云：“凡所有相，皆是虚妄。若见诸相非相，即见如来。佛与众生，尽是汝作妄见，只为不识本心，谩作见解，才作佛见，便被佛障；作众生见，被众生障；作凡、作圣、作净、作秽等见，尽成其障。障汝心故，总成轮转，犹如猕猴，放一捉一，无有歇期。一等是学，直须无学，无凡无圣，无净无垢，无大无小，无漏无为。如是一心中，方便勤庄严。听汝学得三乘十二分教，一切见解，总须舍却。所以除去所有，唯置一床，寝疾而卧，只是不起诸见。无一法可得，不被法障，透脱三界凡圣境域，始得名为出世佛。所以云：稽首如空无所依，出过外道，心既不异，法亦不异；心既无为，法亦无为。万法尽由心变，所以我心空，故诸法空，千品万类悉皆同。尽十方空界同一心体，心本不异，法亦不异，只为汝见解不同，所以差别。譬如诸天共宝器食，随其福德，饭色有异。十方诸佛实无少法可得，名为阿耨菩提，只是一心，实无异相，亦无光彩，亦无胜负。无胜故无佛像，无负故无众生相。”云：“心既无相，岂得全无三十二相、八十种好化度众生耶？”师云：“三十二相属相，凡所有相皆是虚妄；八十种好属色，若以色见我，是人行邪道，不能见如来。”

问：“佛性与众生性，为同为别？”师云：“性无同异。若约三乘教，即说有佛性、有众生性，遂有三乘因果，即有同异。若约佛乘，及祖师相传，即不说如是事；惟指一心，非同非异，非因非果。所以云：唯此一乘道，无二亦无三，除佛方便说。”

问：“无边身菩萨，为什么不见如来顶相？”师云：“实无可见。何以故？无边身菩萨，便是如来，不应更见。只教你不作佛见，不落佛边；不作众生见，不落众生边；不作有见，不落有边；不作无见，不落无边；不作凡见，不落凡边；不作圣见，不落圣边：但无诸见，即是无边身；若有见处，即名外道。外道者乐于诸见，菩萨于诸见而不动，如来者即诸法如义。所以云：弥勒亦如也，众圣贤亦如也，如即无生，如即无灭，如即无见，如即无闻。如来顶即是圆见，亦无圆见，故不落圆边。所以佛身无为，不堕诸数。权以虚空为喻，圆同太虚，无欠无余，等闲无事，莫强辩他境，辩着便成识。所以云：圆成沉识海，流转若飘蓬。只道我知也，学得也，契悟也，解脱也，有道理也。强处即如意，弱处即不如意，似者个见解，有什么用处？我向汝道：等闲无事，莫谩用心，不用求真，唯须息见。所以内见、外见俱错，佛道、魔道俱恶。所以文殊暂起二见，贬向二铁围山。文殊即实智，普贤即权智。权实相对治，究竟亦无权实，唯是一心，心且不佛不众生，无有异见。才有佛见，便作众生见。有见无见，常见断见，便成二铁围山，被见障故。祖师直指一切众生，本心本体本来是佛，不假修成，不属渐次，不是明暗，不是明故无明，不是暗故无暗，所以无无明，亦无无明尽。入我此宗门，切须在意。如此见得，名之为法；见法故，名之为佛；佛法俱无，名之为僧，唤作无为僧，亦名一体三宝。夫求法者，不着佛求，不着法求，不着众求，应无所求。不着佛求，故无佛；不着法求，故无法；不着众求，故无僧。”

问：“和尚见今说法，何得言无僧亦无法？”师云：“汝若见有法可说，即是以音声求我。若见有我，即是处所。法亦无法，法即是心。所以祖师云：付此心法时，法法何曾法？无法无本心，始解心心法。实无一法可得，名坐道场。道场者，只是不起诸见，悟法本空，唤作空如来藏。本来无一物，何处有尘埃？若得此中意，逍遥何所论？”

问：“本来无一物，无物便是否？”师云：“无亦不是，菩提无是处，亦无无知解。”

问：“何者是佛？”师云：“汝心是佛。佛即是心，心佛不异，故云即心即佛。若离于心，别更无佛。”云：“若自心是佛，祖师西来如何传授？”师云：“祖师西来唯传心佛。直指汝等心本来是佛，心心不异，故名为祖。若直下见此意，即顿超三乘一切诸位，本来是佛，不假修成。”云：“若如此十方诸佛出世，说于何法？”师云：“十方诸佛出世，只共说一心法。所以佛密付与摩诃大迦叶，此一心法体，尽虚空遍法界，名为诸佛理。论这个法，岂是汝于言句上解得他，亦不是于一机一境上见得他，此意唯是默契得，这一门名为无为法门。若欲会得，但知无心忽悟即得；若用心拟学取，即转远去；若无歧路心、一切取舍心，心如木石，始有学道分。”云：“如今现有种种妄念，何以言无？”师云；“妄本无礼，即是汝心所起，汝若识心是佛，心本无妄，那得起心更认于妄。汝若不生心动念，自然无妄。所以云：心生则种种法生，心灭则种种法灭。”云：“今正妄念起时，佛在何处？”师云：“汝今觉妄起时，觉正是佛；可中若无妄念，佛亦无。何故如此？为汝起心作佛见，便谓有佛可成，作众生见，便谓有众生可度。起心动念，总是汝见处。若无一切见，佛有何处所。如文殊才起佛见，便贬向二铁围山。”云：“今正悟时，佛在何处？”师云：“问从何来，觉从何起？语默动静一切声色尽是佛事，何处觅佛？不可更头上安头，嘴上加嘴。但莫生异见，山是山，水是水，僧是僧，俗是俗，山河大地、日月星辰，总不出汝心。三千世界，都来是汝个自己，何处有许多般？心外无法，满目青山，虚空世界，皎皎地无丝发许与汝作见解。所以一切声色，是佛之慧目。法不孤起，仗境方生。为物之故，有其多智。终日说何曾说，终日闻何曾闻？所以释迦四十九年说，未曾说着一字。”云：“若如此，何处是菩提？”师云：“菩提无是处。佛亦不得菩提，众生亦不失菩提。不可以身得，不可以心求，一切众生即菩提相。”云：“如何发菩提心？”师云：

"菩提无所得。你今但发无所得心,决定不得一法,即是菩提心。菩提无住处,是故无有得者。故云:我于然灯佛所,无有少法可得,佛即与我授记。明知一切众生本是菩提,不应更得菩提。你今闻发菩提心,将谓一个心学取佛去,唯拟作佛,任你三祇劫修,亦只得个报化佛,与你本源真性佛,有何交涉?故云:外求有相佛,与汝不相似。"

问:"本既是佛,那得更有四生六道种种形貌不同?"师云:"诸佛体圆,更无增减,流入六道,处处皆圆,万类之中,个个是佛。譬如一团水银,分散诸处,颗颗皆圆,若不分时,只是一块。此一即一切,一切即一,种种形貌,喻如屋舍,舍驴屋入人屋,舍人身至天身,乃至声闻、缘觉、菩萨、佛屋,皆是汝取舍处,所以有别。本源之性,何得有别?"

问:"诸佛如何行大慈悲,为众生说法?"师云:"佛慈悲者,无缘故,名大慈悲。慈者,不见有佛可成,悲者,不见有众生可度。其所说法,无说无示。其听法者,无闻无得。譬如幻士为幻人说法,这个法,若为道我从善知识言下领得,会也悟也?这个慈悲,若为汝起心动念学得他见解,不是自悟本心,究竟无益。"

问:"何者是精进?"师云:"身心不起,是名第一牢强精进。才起心向外求者,名为歌利王爱游猎去,心不外游即是忍辱仙人,身心俱无,即是佛道。"

问:"若无心,行此道得否?"师云:"无心便是行此道,更说什么得与不得?且如瞥起一念便是境,若无一念便是境,妄心自灭,无复可追寻。"

问:"如何是出三界?"师云:"善恶都莫思量,当处便出三界。如来出世,为破三有,若无一切心,三界亦非有。如一微尘破为百分,九十九分是无,一分是有,摩诃衍不能胜出;百分俱无,摩诃衍始能胜出。"

上堂云:"即心是佛。上至诸佛,下至蠢动含灵,皆有佛性,同一心体。所以达摩从西天来,唯传一心法,直指一切众生本来是佛,不假修行。但如今识取自心,见自本性,更莫别求。云何识自心?即如今言语者正是汝心,若不言语,又不作用,心体如虚空相似,无有相貌,亦无方所,亦不一向是无,有而不可见故。祖师云:真性心地藏,无头亦无尾,应缘而化物,方便呼为智。若不应缘之时,不可言其有无;正应之时,亦无踪迹,既知如此,如今但向无中栖泊,即是行诸佛路。经云:应无所住而生其心。一切众生轮回生死者,意缘走作,心于六道不停,致使受种种苦。《净名》云:难化之人,心如猿猴,故以若干种法,制御其心,然后调伏,所以心生种种法生,心灭种种法灭。故知一切诸法皆由心造,乃至人天地狱六道修罗尽由心造。如今但学无心,顿息诸缘,莫生妄想分别,无人无我,无贪嗔,无憎爱,无胜负,但除却如许多种妄想,性本来清净,即是修行菩提法佛等。若不会此意,纵你广学,勤苦修行,木食草衣,不识自心,皆名邪行,尽作天魔外道水陆诸神,如此修行,当复何益?志公云:本体是自心作,那得文字中求。

如今但识自心，息却思惟，忘想尘劳，自然不生。《净名》云：唯置一床，寝疾而卧，心不起也。如人卧疾，攀缘都息，妄想歇灭，即是菩提。如今若心里纷纷不定，任你学到三乘四果十地诸位，合杀只向凡圣中坐，诸行尽归无常，势力皆有尽期。犹如箭射于空，力尽还坠，却归生死论回，如斯修行，不解佛意，虚受辛苦，岂非大错？志公云：未逢出世明师，枉服大乘法药，如今但一切时中，行住坐卧，但学无心，亦无分别，亦无依倚，亦无住着；终日任运腾腾，如痴人相似，世人尽不识你，你亦不用教人识不识，心如顽石头，都无缝罅；一切法透汝心不入，兀然无着，如此始有少分相应，透得三界境过，名为佛出世；不漏心相，名为无漏智；不作人天业，不作地狱业，不起一切心，诸缘尽不生，即此身心是自由人，不是一向不生，只是随意而生。经云：菩萨有意生身，是也。忽若未会无心，着相而作者，皆属魔业，乃至作净土佛事，并皆成业，乃名佛障，障汝心故。被因果管束，去住无自由分，所以菩提等法，本不是有。如来所说皆是化人，犹如黄业为金，权止小儿啼故，实无有法，名阿耨菩提。如今既会此意，何用区区；但随缘消旧业，更莫造新殃，心里明明，所以旧时见解总须舍却。《净名》云：除去所有。《法华》云：二十年中常令除粪，只是除去心中作见解处。又云：蠲除戏论之粪。所以如来藏本自空寂，并不停留一法。故经云：诸佛国土亦复皆空。若言佛道是修学而得，如此见解全无交涉。或作一机一境、扬眉动目，祇对相当，便道契会也，得证悟禅理也。忽逢一人不解，便道都无所知。对他若得道理，心中便欢喜；若被他折伏不如他，便即心怀惆怅。如此心意学禅，有何交涉？任汝会得少许道理，只得个心所法，禅道总没交涉。所以达摩面壁，都不令人有见处。故云：忘机是佛道，分别是魔境。此性纵汝迷时亦不失，悟时亦不得，天真自性，本无迷悟，尽十方虚空界，元来是我一心体，纵汝动用造作，岂离虚空。虚空本来，无大无小，无漏无为，无迷无悟，了了见无一物，亦无人，亦无佛，决纤毫的量，是无依倚，无粘缀，一道清流，是自性无生法忍，何有拟议。真佛无口，不解说法，真听无耳，其谁闻乎，珍重！”

有僧辞归宗，宗云：“往甚处去？”云：“诸方学五味禅去。”宗云：“诸方有五味禅，我这里只是一味禅。”云：“如何是一味禅？”宗便打。僧云：“会也，会也。”宗云：“道！道！”僧拟开口，宗又打。其僧后到师处，师问：“甚么处来？”云：“归宗来。”师云：“归宗有何言句？”僧遂举前话。师乃上堂举此因缘，云：“马大师出八十四人善知识，问着个个屙漉漉地，只有归宗较些子。”

师在盐官会里，大中帝为沙弥，师于佛殿上佛礼。沙弥云：“不着佛求，不着法求，不着众求，长老礼拜，当所何求？”师云：“不着佛求，不着佛法，不着众求，常礼如是事。”沙弥云：“用礼为何？”师便掌。沙弥云：“太粗生。”师云：“这里是什么所在，说粗说细？”随后又掌，沙弥便走。

师行脚时到南泉，一日斋时，捧钵向南泉位上坐。南泉下来见，便问："长老什么年中行道？"师云："威音王已前。"南泉云："犹是王老师孙在。"师便下去。师一日出次，南泉云："如许大身材，戴个些子大笠。"师云："三千大千世界总在里许。"南泉云："王老师喏！"师戴笠便行。

师一日在茶堂内坐，南泉下来，问："定慧等学，明见佛性，此理如何？"师云："十二时中不依倚一物。"泉云："莫便是长老见处么？"师云："不敢。"泉云："浆水钱且置，草鞋钱什么人还？"师便休。（后沩山举此因缘问仰山："莫是黄檗构他南泉不得么？"仰山云："不然，须知黄檗有陷虎之机。"沩山云："子见处得与么长。"）

一日，普请，泉问："什么处去？"师云："择菜去。"泉云："将什么择？"师竖起刀子。泉云："只解作宾，不解作主。"师扣三下。

一日，五人新到，同时相看，一人不礼拜，以手画一圆相而立。师云："还知道好只猎犬么？"云："寻羚羊气来。"师云："羚羊无气，汝向什么处寻？"云："寻羚羊踪来。"师云："羚羊无踪，汝向什么处寻？"云："寻羚羊迹来。"师云："羚羊无迹，汝向什么处寻？"云："与么则死羚羊也。"师便休。来日升座退，问昨日寻羚羊僧出来，其僧便出。师云："老僧昨日后头未有语在，作么生？"其僧无语。师云："将谓是本色衲僧，原来只是义学沙门。"

师曾散众在洪州开元寺，裴相公一日入寺行次，见壁画，乃问寺主："这画是什么？"寺主云："画高僧。"相公云："形影在这里，高僧在什么处？"寺主无对。相公云："此间莫有禅僧么？"寺主云："有一人。"相公遂请师相见，乃举前话问师，师召云："裴休！"休应诺。师云："在什么处？"相公于言下有省，乃再请师开堂。

夫学道者，先须摒却杂学诸缘，决定不求；闻甚深法，恰似清风届耳，瞥然而过，更不追寻，是为甚深，入如来禅，离生禅想。从上祖师唯传一心，更无二法，指心是佛，顿超等妙二觉之表，决定不流至第二念，始似入我宗门。如斯之法，汝取次人到这里拟作么生学。所以道拟心时，被拟心魔缚；非拟心时，又被非拟心魔缚。非非拟心时，又被非非拟心魔缚。魔非外来，出自你心。唯有无神通菩萨，足迹不可寻。若以一切时中心有常见，即是常见外道。若观一切法空作空见者，即是断见外道。所以三界唯心，万法唯识，此犹是对外道邪见人说。若说法身以为极果，此对三贤十圣人言。故佛断二愚：一者微细所知愚，二者极微细所知愚。佛既如是，更说什么等妙二觉来。所以一切人但欲向明，不欲向暗，但欲求悟，不受烦恼无明，便道佛是觉，众生是妄。若作如是见解，百劫千生轮回六道，更无断绝。何以故？为谤诸佛本源自性故。他分明向你道，佛且不明，众生且不暗，法无明暗故。佛且不强，众生且不弱，法无强弱故。佛且不智，众生且不愚，法无愚智故。是你出头总道解禅，开着口便病发。不说本，只说末；不说迷，只说悟；不说体，只说用，总无你话论处。他一切法且本不有，今亦不无，缘起不有，缘灭不无；本亦不有，本非本故；心亦不心，心非心故；相亦非相，相非相故。所以道无法无本心，始解心心法，法即非法，非法即法；无法无非法，故是心心法。忽然瞥起一念，了知如幻如化，即流入过去佛；过去佛且不有，未来佛且不无，又且不唤作未来佛。现在念念不住，不唤作现在佛。佛若起时，即不拟他是觉是迷，是善是恶，辄不得执滞他，断绝他。如一念瞥起，千重关锁锁不得，万丈绳索索他不住。既若如是，争合便拟灭他止他，分明向你道尔焰炽，你作么生拟断他。喻如阳焰，你道近，十方世界求不可得；你道远，看时只在目前；你拟趁他，他又转远去；你始避他，他又来逐你。取又不得，舍又不得。既若如此，故知一切法性自尔，即不用愁他虑他。

如言前念是凡，后念是圣，如手翻覆一般，此是三乘教之极也。据我禅宗中，前念且不是凡，后念且不是圣；前念不是佛，后念不是众生。所以一切色是佛色，一切声是佛声。举着一理，一切理皆然。见一事，见一切事；见一心，见一切心；见一道，见一切道，一切处无不是道；见一尘，十方世界山河大地皆然；见一滴水，即见十方世界一切性水。又见一切法，即见一切心。一切法本空，心即不无，不无即妙有，有亦不有，不有即有，即真空妙有。既若如是，十方世界，不出我之一心；一切微尘国土，不出我之一念。若然，说什么内之与外，如蜜性甜，一切蜜皆然，不可道这个蜜甜，余的苦也，何处有与么事，所以道虚空无内外，法性自尔。虚空无中间，法性自尔。故众生即佛，佛即众生，众生与佛，元同一体；生死涅槃，有为无为，元同一体。世间出世间，乃至六道四生，山河大地，有性无性，亦同一体，言同者，名相亦空，有亦空，无亦空，尽恒沙世界，元是一空。既若如此，何处有佛度众生，何处有众生受佛度，何故如此，万法之性自尔故。若作自然见，即落自然外道；若作无我无我所见，堕在三贤十圣位中。你如今云何将一尺一寸，便拟量度虚空。他分明向汝道法法不相到，法自寂故，当处自住，当处自真，以身空故名法空，以心空故名性空，身心总空，故名法性空。乃至千途异说，皆不离你之本心。如今说菩提涅槃真如佛性二乘菩萨者，皆指叶为黄金。拳掌之说，若也展手之时。一切大众若天若人，皆见掌中都无一物。所以道：本来无一物，何处有尘埃？本既无物，三际本无所有。故学道人单刀直入，须见这个意始得。故达摩大师从西天来至此土，经多少国土，只觅得可大师一人，密传心印，印你本心，以心印法，以法印心，心既如此，法亦如此。同真际，等法性，法性空中，谁是授记人，谁是成佛人，谁是得法人。他分明向你道，菩提者不可以身得，身无相故；不可以心得，心无相故；不可以性得，性即便是本源自性天真佛故。不可以佛更得佛，不可以无相更得无相，不可以空更得空，不可以道更得道，本无所得，无得亦不可得。所以道无一法可得，只教你了取本心。当下了时，不得了相，无了无不了相，亦不可得。如此之法，得者即得，得者不自觉知，不得者亦不自觉知。如此之法，从上已来，有几人得知，所以道，天下忘己者有几人。如今于一机一境、一经一教、一世一时、一名一字，六根门前领得，与机关木人何别？忽有一人出来，不于一名一相上作解者，我说此人尽十方世界觅这个人不可得，以无第二人故。继于祖位，亦云释种，无杂纯一。故言王若成佛时，王子亦随出家，此意大难知，只教你莫觅，觅便失却。如痴人山上叫一声，响从谷出，便走下山趁，及寻觅不得，又叫一声，山上响又应，亦走上山上趁。如是千生万劫，只是寻声逐响人，虚生浪死汉。汝若无声即无响。涅槃者，无闻无知无声，绝迹绝踪，若得如是，稍与祖师邻房也。

问："如王库藏内，都无如是刀，伏愿诲示。"师云："王库藏者，即虚空性也。能摄十方虚空世界，皆总不出你心，亦谓之虚空藏菩萨；你若道是有是无，非有非无，总成羊角；羊角者，即你求觅者也。"

问："王藏中有真刀否？"师云："此亦是羊角。"云："若王库藏中本无真刀，何故云王子持王库中真刀出至异国，何独言无？"师云："持刀出者，此喻如来使者，你若言王子持王库中真刀出去者，库中应空去也。本源虚空性，不可被异人将去，是什么语？设你有者，皆名羊角。"

问："迦叶受佛心印得为传语人否？"师云："是。"云："若是传语人，应不离得羊角。"师云："迦叶自领得本心，所以不是羊角；若以领得如来心，见如来意，见如来色相者，即属如来使，为传语人。所以阿难为侍者二十年，但见如来色相，所以被佛呵云：唯观救世者，不能离得羊角。"

问："文殊执剑于瞿昙前者如何？"师云："五百菩萨得宿命智，见过去生业障；五百者即你五阴身是，以见此夙命障故，求佛求菩萨涅槃，所以文殊将智解剑，害此有见佛心故，故言你善害。"云："何者是剑？"云："解心既是剑，断此有见佛心，只如能断见心，何能除得？"师云："还将你无分别智，断此有见分别心。"云："如作有见有求佛心，将无分别智剑断，争奈有智剑在何？"师云："若无分别智，害有见无见，无分别智亦不可得。"云："不可以智更断智，不可以剑更断剑。"师云："剑自害剑，剑剑相害，即剑亦不可得；智自害智，智智相害，即智亦不可得。母子俱丧，亦复如是。"

问："如何是见性？"师云："性即是见，见即是性，不可以性更见性，闻即是性，不可以性更闻性。只你作性见能，闻能见性，便有一异法生，他分明道所可见者，不可更见。你云：何头上更着头？他分明道：如盘中散珠，大者大圆，小者小圆，各各不相知，各各不相碍，起时不言我起，灭时不言我灭，所以四生六道，未有不如时。且众生不见佛，佛不见众生，四果不见四向，四向不见四果，三贤十圣不见等妙二觉，等妙二觉不见三贤十圣，乃至水不见火，火不见水，地不见风，风不见地，众生不入法界，佛不出法界。所以法性无去来，无能所见。既如此，因什么道我见我闻？善知识处得契悟，善知识与我说法，诸佛出世与众生说法。迦旃延只为以生灭心传实相法，被净名呵责。分明道：一切法本来无缚，何用解他；本来不染，何用净他？故云实相如是，岂可说乎？汝今只成是非心，染净心，学得一知一解，绕天下行，见人便拟定当取，谁有心眼，谁强谁弱，若也如此，天地悬殊，更说什么见性？”

问：“既言性即见，见即性，只如性自无障碍，无际限，云何隔物即不见？又于虚空中，近即见，远即不见者，如何？”师云：“此是你妄生异见，若言隔物不见，无物言见，便谓性有隔碍者，全无交涉。性且非见非不见，法亦非见非不见。若见性人，何处不是我之本性？所以六道四生，山河大地，总是我之性净明体。故云见色便见心，色心不异故。只为取相作见闻觉知，去却前物始拟得见者，即堕二乘人中依通见解也。虚空中近则见，远则不见，此是外道中收，分明道非内亦非外，非近亦非远，近而不可见者，万物之性也。近尚不可见，更道远而不可见，有什么意旨？”

问：“学人不会，和尚如何指示？”师云：“我无一物，从来不曾将一物与人，你无始已来，只为被人指示，觅契觅会，此可不是弟子与师俱陷王难；你但知一念不受，即是无受身；一念不想，即是无想身；决定不迁流造作，即是无行身；莫思量卜度分别，即是无识身。你如今才别起一念，即入十二因缘，无明缘行亦因亦果，乃至老死亦因亦果。故善财童子一百一十处求善知识，只向十二因缘中求，最后见弥勒，弥勒却指见文殊，文殊者即汝本地无明。若心心别异向外求善知识者，一念才生即灭，才灭又生，所以汝等比丘，亦生、亦老、亦病、亦死，酬因答果已来，即五聚之生灭，五聚者，五阴也。一念不起，即十八界空，即身便是菩提华果，即心便是灵智，亦云灵台，若有所住着，即身为死尸，亦云守死尸鬼。”

问：“净名默然，文殊赞叹云：‘是真入不二法门！’如何？”师云：“不二法门，即你本心也。说与不说，即有起灭。无言说时，无所显示。故文殊赞叹。”云：“净名不说，声有断灭否？”师云：“语即默，默即语，语默不二，故云声之实性亦无断灭，文殊本闻亦无断灭。所以如来常说，未曾有不说时；如来说即是法，法即是说，法说不二故。乃至报化二身、菩萨声闻、山河大地、水鸟树林，一时说法。所以语亦说，默亦说，终日说而未尝说。既若是，但以默为本。”

问：“声闻人藏形于三界，不能藏于菩提者，如何？”师云：“形者，质也。声闻人但能断三见修，已离烦恼；不能藏于菩提，故还被魔王于菩提中捉得；于林中宴坐，还成微细见菩提心也。菩萨人已于三界菩提决定不舍不取：不取，故七大中觅他不得；不舍，故外魔亦觅他不得。汝但拟着一法，印子早成也。印着有，及六道四生文出；印着空，即无相文现。如今但知决定不印一切物，此印为虚空，不一不二。空本不空，印本不有。十方虚空世界诸佛出世，如见电光一般；观一切蠢动含灵，如响一般；见十方微尘国土，恰似海中一滴水相似；闻一切甚深法，如幻如化。心心不异，法法不异，乃至千经万论，只为你之一心。若能不取一切相，故言如是一心中，方便勤庄严。”

问：“如我昔为歌利王割截身体，如何？”师云：“仙人者，即是你心，歌利王好求也，不守王位，谓之贪利。如今学人，不积功累德，见者便拟学，与歌利王何别。如见色时坏却仙人眼，闻声时坏却仙人耳，乃至觉知时亦复如是，唤作节节支解。”云：“只如仙人忍时，不合更有节节支解，不可一心忍，一心不忍也。”师云：“你作无生见，忍辱解，无求解，总是伤损。”云：“仙人割时，还知痛否？”又云：“此中无受者，是谁受痛？”师云：“你既不痛，出头来觅个什么？”

问：“然灯佛授记，为在五百岁中，五百岁外？”师云：“五百岁中不得授记，所言授记者，你本决定不忘，不失有为，不取菩提，但以了世非世，亦不出五百岁外别得授记，亦不于五百岁中得授记。”云：“了世三际相不可得已否？”师云：“无一法可得。”云：“何故言频经五百世，前后极时长。”师云：“五百世长远，当知犹是仙人，故然灯授记时，实无少法可得。”

问：“教中云：销我亿劫颠倒想，不历僧祇获法身者。如何？”师云：“若以三无数劫修行，有所证得者，尽恒沙劫不得。若于一刹那中获得法身，直了见性者，犹是三乘教之极谈也。何以故？以见法身可获故。皆属不了义教中收。”

问：“见法顿了者，见祖师意否？”师云：“祖师心出虚空外。”云：“有限际否？”师云：“有无限际，此皆数量对待之法。祖师云：且非有限量，非无限量，非非有无限量，以绝待故。你如今学者，未能出得三乘教外，争唤作禅师，分明向汝道，一等学禅，莫取次妄生异见，如人饮水，冷暖自知，一行一往、一刹那间，念念不异，若不是，不免轮回。”

问：“佛身无为，不堕诸数，何故佛身舍利八斛四斗？”师云：“你作如是见，只见假舍利，不见真舍利。”云：“舍利为是本有，为复功勋？”师云：“非是本有，亦非功勋。”云：“若非本有，又非功勋，何故如来舍利唯炼唯精，金骨常存？”师乃呵云：“你作如此见解，争唤作学禅人，你见虚空曾有骨否？诸佛心同太虚，觅什么骨？”云：“如今见有舍利，此是何法？”师云：“此从你妄想心生，即见舍利。”云：“和尚还有舍利否，请将出来看？”师云：“真舍利难见，你但以十指撮尽妙高峰为微尘，即见真舍利。夫参禅学道，须得一切处不生心，只论忘机即佛道隆，分别即魔军盛，毕竟无毛头许少法可得。”

问：“祖传法，付与何人？”师云：“无法与人。”云：“云何二祖请师安心？”师云：“你若道有，二祖即合觅得心，觅心不可得故。所以道：与你安心竟，若有所得，全归生灭。”

问：“佛穷得无明否？”师云：“无明即是一切诸佛得道之处，所以缘起是道场。所见一尘一色,便合无边理性,举足下足不离道场,道场者无所得也。我向你道只无所得,名为坐道场。”云:“无明者为明为暗?”师云:“非明非暗,明暗是代谢之法,无明且不明,亦不暗,不明只是本明,不明不暗,只这一句子,乱却天下人眼。所以道假使满世间,皆如舍利弗,尽思共度量,不能测佛智,其无碍慧,出过虚空,无你语论处。释迦量等三千大千世界,忽有一菩萨出来一跨,跨却三千大千世界,不出普贤一毛孔,你如今把什么本领拟学他?”云:“既是学不得,为什么道归源性无二,方便有多门,如之何?”师云:“归源性无二者,无明实性,即诸佛性。方便有多门者,声闻人见无明生,见无明灭;缘觉人但见无明灭,不见无明生,念念证寂灭;诸佛见众生终日生而无生,终日灭而无灭,无生无灭,即大乘果。所以道果满菩提圆,华开世界起。举足即佛,下足即众生。诸佛两足尊者,即理足,事足,众生足,生死足,一切等足,足故不求。是你如今念念学佛,即嫌着众生,若嫌着众生,即是谤他十方诸佛,所以佛出世来执除粪器,蠲除戏论之粪,只教你除却从来学心见心,除得尽,即不堕戏论,亦云搬粪出。只教你不生心,心若不生,自然成大智者,决定不分别佛与众生,一切尽不分别,始得入我曹溪门下。故自古先圣云:少行我法门,所以无行为我法门,只是一心门,一切人到这里尽不敢入,不道全无,只是少人得,得者即是佛,珍重!”

问:“如何得不落阶级?”师云:“终日吃饭,未曾咬着一粒米;终日行,未曾踏着一片地。与么时,无人我等相,终日不离一切事,不被诸境惑,方名自在人。念念不见一切相,莫认前后三际,前际无去,今际无住,后际无来。安然端坐,任运不拘,方名解脱。努力!努力!此门中千人万人只得三个五个,若不将为事,受殃有日在。故云:着力今生须了却,谁能累劫受余殃。”

【据《大正藏》本《黄檗断际禅师宛陵录》,参校中华书局1994年版《古尊宿语录》本】

传心偈

[唐]裴　休

予于宛陵钟陵皆得亲黄檗希运禅师,尽传心要,乃作传心偈尔:

心不可传,以契为传。心不可见,以无为见。
契亦无契,无亦无无。化城不住,迷额有珠。
珠是强名,城岂有形?即心即佛,佛即无生。
直下便是,勿求勿营。使佛觅佛,倍费功程。
随法生解,即落魔界。凡圣不分,乃离见闻。

无心似镜，与物无竞。无念似空，无物不容。
三乘外法，历劫希逢。若能如是，是出世雄。

【据《四部丛刊》三编本《景德传灯录》卷九】

袁州仰山慧寂禅师

[南宋]释普济

袁州仰山慧寂通智禅师，韶州怀化叶氏子。年九岁，于广州和安寺投通禅师出家。（即不语通。）十四岁，父母取归，欲与婚媾。师不从，遂断手二指，跪致父母前，誓求正法，以答劬劳。父母乃许。再诣通处，而得披剃。未登具，即游方。初谒耽源，已悟玄旨。后参沩山，遂升堂奥。

耽源谓师曰："国师当时传得六代祖师圆相，共九十七个，授与老僧。乃曰：'吾灭后三十年，南方有一沙弥到来，大兴此教，次第传受，无令断绝。'我今付汝，汝当奉持。"遂将其本过与师。师接得一览，便将火烧却。耽源一日问："前来诸相，甚宜秘惜。"师曰："当时看了便烧却也。"源曰："吾此法门无人能会，唯先师及诸祖师、诸大圣人方可委悉，子何得焚之？"师曰："慧寂一览，已知其意。但用得不可执本也。"源曰："然虽如此，于子即得，后人信之不及。"师曰："和尚若要重录不难，即重集一本呈上，更无遗失。"源曰："然。"耽源上堂，师出众，作此○相以手拓呈了，却叉手立。源以两手相交，作拳示之。师进前三步，作女人拜。源点头，师便礼拜。

师浣衲次，耽源曰："正恁么时作么生？"师曰："正恁么时向甚么处见？"后参沩山，沩问："汝是有主沙弥，无主沙弥？"师曰："有主。"曰："主在甚么处？"师从西过东立，沩异之。师问："如何是真佛住处？"沩曰："以思无思之妙，返思灵焰之无穷，思尽还源，性相常住。事理不二，真佛如如。"师于言下顿悟，自此执侍前后，盘桓十五载。

后参岩头，头举起拂子，师展坐具。岩拈拂子置背后，师将坐具搭肩上而出。岩曰："我不肯汝放，只肯汝收。"扫地次，沩问："尘非扫得，空不自生，如何是尘非扫得？"师扫地一下，沩曰："如何是空不自生？"师指自身又指沩，沩曰："尘非扫得，空不自生。离此二途，又作么生？"师又扫地一下，又指自身并指沩。

沩一日指田问师："这丘田那头高，这头低。"师曰："却是这头高，那头低。"沩曰："你若不信，向中间立，看两头。"师曰："不必立中间，亦莫住两头。"沩曰："若如是，着水看，水能平物。"师曰："水亦无定，但高处高平，低处低平。"沩便休。

有施主送绢与沩山，师问："和尚受施主如是供养，将何报答？"沩敲禅床示之。师曰："和尚何得将众人物作自己用？"

师在沩山，为直岁，作务归，沩问："甚么处去来？"师曰："田中来。"沩曰："田中多少人？"师插锹叉手。沩曰："今日南山，大有人刈茅。"师拔锹便行。（玄沙云："我若见，即踏倒锹子。"僧问镜清："仰山插锹，意旨如何？"清云："狗御赦书，诸侯避道。"云："只如玄沙踏倒，意旨如何？"清云："不奈船何？打破戽斗。"云："南山刈茅，意旨如何？"清云："李靖三兄，久经行阵。"云居锡云："且道镜清下此一判，着不着。"）

师在沩山牧牛，时踢天泰上座问曰："一毛头师子现即不问，百亿毛头百亿师子现，又作么生？"师便骑牛归，侍立沩山次，举前话方了，却见泰来。师曰："便是这个上座。"沩遂问："百亿毛头百亿师子现，岂不是上座道？"泰曰："是。"师曰："正当现时，毛前现，毛后现？"泰曰："现时不说前后。"沩山大笑。师曰："师子腰折也。"便下去。

一日，第一座举起拂子曰："若人作得道理，即与之。"师曰："某甲作得道理，还得否？"座曰："但作得道理便得。"师乃掣将拂子去。（云居锡云："甚么处是仰山道理？"）

一日，雨下，天性上座谓师曰："好雨！"师曰："好在甚么处？"性无语。师曰："某甲却道得。"性曰："好在甚么处？"师指雨，性又无语。师曰："何得大智而默。"

师随沩山游山，到盘陀石上坐。师侍立次，忽鸦衔一红柿落在面前。沩拾与师，师接得洗了度与沩。沩曰："子甚处得来？"师曰："此是和尚道德所感。"沩曰："汝也不得无分。"即分半与师。（玄沙云："大小沩山被仰山一坐，至今起不得。"）

沩山问师："忽有人问汝，汝作么生祇对？"师曰："东寺师叔若在，某甲不致寂寞。"沩曰："放汝一个不祇对罪。"师曰："生之与杀。只在一言。"沩曰："不负汝见，别有人不肯。"师曰："阿谁？"沩指露柱曰："这个。"师曰："道甚么？"沩曰："道甚么？"师曰："白鼠推迁，银台不变。"

师问沩山："大用现前，请师辨白？"沩山下座归方丈，师随后入。沩问："子适来问甚么话？"师再举，沩曰："还记得吾答语否？"师曰："记得。"沩曰："你试举看。"师便珍重出去。沩曰："错。"师回首，曰："闲师弟若来，莫道某甲无语好！"

师问东寺曰："借一路过那边还得否？"寺曰："大凡沙门不可只一路，也别更有么？"师良久，寺却问："借一路过那边得否？"师曰："大凡沙门不可只一路，也别更有么？"寺曰："只有此。"师曰："大唐天子决定姓金。"

师在沩山前坡牧牛次，见一僧上山，不久便下来。师乃问："上座何不且留山中？"僧曰："只为因缘不契。"师曰："有何因缘，试举看。"曰："和尚问某名甚么，某答归真和尚。曰：归真何在？某甲无对。"师曰："上座却回向和尚，道某甲道得也。和尚问作么生道，但曰眼里耳里鼻里。"僧回一如所教。沩曰："脱空谩语汉，此是五百人善知识语。”

师卧次，梦入弥勒内院，众堂中诸位皆足，惟第二住空，师遂就座。有一尊者白槌曰：“今当第二座说法。”师起白槌曰：“摩诃衍法，离四句，绝百非，谛听！谛听！”众皆散去。及觉举似沩，沩曰：“子已入圣位。”师便礼拜。

师侍沩行次，忽见前面尘起，沩曰：“面前是甚么？”师近前看了，却作此卐相。沩点头。

沩山示众曰：“一切众生皆无佛性。”盐官示众曰：“一切众生皆有佛性。”盐官有二僧往探问，既到沩山，闻沩山举扬，莫测其涯，若生轻慢。因一日与师言话次，乃劝曰：“师兄须是勤学佛法，不得容易！”师乃作此○相，以手拓呈了，却抛向背后，遂展两手就二僧索，二僧罔措。师曰：“吾兄直须勤学佛法，不得容易！”便起去。时二僧却回盐官，行三十里，一僧忽然有省，乃曰：“当知沩山道，一切众生皆无佛性，信之不错。”便回沩山。一僧更前行数里，因过水忽然有省，自叹曰：“沩山道，一切众生皆无佛性，灼然有他恁么道。”亦回沩山，久依法席。

沩山同师牧牛次，沩曰：“此中还有菩萨也无？”师曰：“有。”沩曰：“汝见那个是，试指出看。”师曰：“和尚疑那个不是，试指出看？”沩便休。

师送果子上沩山，沩接得，问：“子甚么处得来？”师曰：“家园底。”沩曰：“堪吃也未？”师曰：“未敢尝，先献和尚。”沩曰：“是阿谁底？”师曰：“慧寂底。”沩曰：“既是子底，因甚么教我先尝？”师曰：“和尚尝千尝万。”沩便吃，曰：“犹带酸涩在。”师曰：“酸涩莫非自知？”沩不答。

赤干行者闻钟声，乃问：“有耳打钟，无耳打钟？”师曰：“汝但问，莫愁我答不得。”干曰：“早个问了也！”师喝曰：“去！”

师夏末问讯沩山次，沩曰：“子一夏不见上来，在下面作何所务？”师曰：“某甲在下面，锄得一片畬，下得一箩种。”沩曰：“子今夏不虚过。”师却问：“未审和尚一夏之中作何所务？”沩曰：“日中一食，夜后一寝。”师曰：“和尚今夏亦不虚过。”道了乃吐舌。沩曰：“寂子何得自伤己命？”

沩山一日见师来，即以两手相交过，各拨三下，却竖一指。师亦以两手相交过，各拨三下，却向胸前仰一手覆一手，以目瞻视，沩山休去。

沩山喂鸦生饭，回头见师，曰：“今日为伊上堂一上。”师曰：“某甲随例得闻。”沩曰：“闻底事作么生？”师曰：“鸦作鸦鸣，鹊作鹊噪。”沩曰：“争奈声色何！”师曰：“和尚适来道甚么？”沩曰：“我只道为伊上堂一上。”师曰：“为甚么唤作声色？”沩曰：“虽然如此，验过也无妨。”师曰：“大事因缘又作么生验？”沩竖起拳，师曰：“终是指东画西。”沩曰：“子适来问甚么？”师曰：“问和尚大事因缘。”沩曰：“为甚么唤作指东画西。”师曰:“为着声色故,某甲所以问过。”沩曰:“并未晓了此事。”师曰:“如何得晓了此事?”沩曰:“寂子声色,老僧东西。”师曰:“一月千江,体不分水。”沩曰:“应须与么始得。”师曰:“如金与金,终无异色,岂有异名?”沩曰:“作么生是无异名底道理?”师曰:“瓶、盘、钗、钏、券、盂、盆。”沩曰:“寂子说禅如师子吼,惊散狐狼野干之属。”

师后开法王莽山,问僧:“近离甚处?”曰:“庐山。”师曰:“曾到五老峰么?”曰:“不曾到。”师曰:“阇黎不曾游山。”(云门云:“此语皆为慈悲之故,有落草之谈。”)

上堂:“汝等诸人,各自回光返照,莫记吾言。汝无始劫来,背明投暗,妄想根深,卒难顿拔。所以假设方便,夺汝粗识。如将黄叶止啼,有甚么是处,亦如人将百种货物,与金宝作一铺货卖。只拟轻重来机,所以道石头是真金铺,我这里是杂货铺。有人来觅鼠粪,我亦拈与他。来觅真金,我亦拈与他。”时有僧问:“鼠粪即不要,请和尚真金?”师曰:“啮镞拟开口,驴年亦不会。”僧无对。师曰:“索唤则有交易,不索唤则无。我若说禅宗,身边要一人相伴亦无,岂况有五百七百众邪?我若东说西说,则争头向前采拾。如将空拳诳小儿,都无实处。我今分明向汝说圣边事,且莫将心凑泊。但向自己性海,如实而修,不要三明六通。何以故?此是圣末边事,如今且要识心达本。但得其本,不愁其末。他时后日,自具去在。若未得本,纵饶将情学他亦不得。汝岂不见沩山和尚云:‘凡圣情尽,体露真常,事理不二,即如如佛。’”

问:“如何是祖师意?”师以手于空,作此○相示之。僧无语。

师谓第一座曰:“不思善,不思恶,正恁么时作么生?”座曰:“正恁么时是某甲放身命处。”师曰:“何不问老僧?”座曰:“正恁么时不见有和尚?”师曰:“扶吾教不起。”

师因归沩山省觐,沩问:“子既称善知识,争辨得诸方来者,知有不知有,有师承无师承,是义学是玄学?子试说看。”师曰:“慧寂有验处,但见僧来便竖起拂子,问伊诸方还说这个不说?又曰这个且置,诸方老宿意作么生?”沩叹曰:“此是从上宗门中牙爪。”

沩问:“大地众生,业识茫茫,无本可据,子作么生知他有之与无?”师曰:“慧寂有验处。”时有一僧从面前过,师召曰:“阇黎!”僧回首,师曰:“和尚,这个便是业识茫茫,无本可据。”沩曰:“此是师子一滴乳,迸散六斛驴乳。”

师问僧:“甚处来?”曰:“幽州。”师曰:“我恰要个幽州信,米作么价?”曰:“某甲来时,无端从市中过,踏折他桥梁。”师便休。

师见僧来,竖起拂子,僧便喝。师曰:“喝即不无,且道老僧过在甚么处?”曰:“和尚不合将境示人。”师便打。

有梵僧从空而至,师曰:“近离甚处?”曰:“西天。”师曰:“几时离彼?”曰:“今早。”师曰:“何太迟生!”曰:“游山玩水。”师曰:“神通游戏则不无,阇黎佛法须还老僧始得。”曰:“特来东土礼文殊,却遇小释迦。”遂出梵书贝多叶,与师作礼,乘空而去。自此号小释迦。

师住东平时,沩山令僧送书并镜与师。师上堂,提起示众曰:“且道是沩山镜,东平镜?若道是东平镜,又是沩山送来。若道是沩山镜,又在东平手里。道得则留取,道不得则扑破去也。”众无语,师遂扑破,便下座。

僧参次,便问:“和尚还识字否?”师曰:“随分。”僧以手画此○相拓呈,师以衣袖拂之。僧又作此○相拓呈,师以两手作背抛势。僧以目视之,师低头。僧绕师一匝,师便打,僧遂出去。

师坐次,有僧来作礼,师不顾。其僧乃问:“师识字否?”师曰:“随分。”僧乃右旋一匝。曰:“是甚么字?”师于地上书十字酬之。僧又左旋一匝,曰:“是甚字?”师改十字作卍字。僧画此○相,以两手拓,如笨罗掌日月势。曰:“是甚么字?”师乃画此○相对之,僧乃作娄至德势。师曰:“如是!如是!此是诸佛之所护念,汝亦如是,吾亦如是。善自护持!”其僧礼谢,腾空而去。时有一道者见,经五日后,遂问师。师曰:“汝还见否?”道者曰:“某甲见出门腾空而去。”师曰:“此是西天罗汉,故来探吾道。”道者曰:“某虽睹种种三昧,不辨其理。”师曰:“吾以义为汝解释,此是八种三昧,是觉海变为义海,体则同然。此义合有因有果,即时异时,总别不离隐身三昧也。”

师问僧:“近离甚处?”曰:“南方。”师举拄杖曰:“彼中老宿还说这个么?”曰:“不说。”师曰:“既不说这个,还说那个否?”曰:“不说。”师召大德,僧应诺。师曰:“参堂去。”僧便出。师复召曰:“大德!”僧回首,师曰:“近前来。”僧近前,师以拄杖头上点一下,曰:“去!”

刘侍御问:“了心之旨,可得闻乎?”师曰:“若要了心,无心可了。无了之心,是名真了。”

师一日在法堂上坐,见一僧从外来,便问讯了,向东边叉手立,以目视师,师乃垂下左足。僧却过西边叉手立,师垂下右足。僧向中间叉手立,师收双足。僧礼拜,师曰:“老僧自住此,未曾打着一人。”拈拄杖便打。僧便腾空而去。

陆希声相公欲谒师,先作此○相封呈。师开封于相下面书云:“不思而知,落第二头。思而知之,落第三首。”遂封回。(韦宙相公机语相似,磅不重出。)公见即入山,师乃门迎。公才入门,便问:“三门俱开,从何门入?”师曰:“从信门入。”公至法堂,又问:“不出魔界,便入佛界时如何?”师以拂子倒点三下。公便设礼,又问:“和尚还持戒否?”师曰:“不持戒。”曰:“还坐禅否?”师曰:“不坐禅。”公良久,师曰:“会么?”曰:“不会。”师曰:“听老僧一颂:滔滔不持戒,兀兀不坐禅。酽茶三两碗,意在旄头边。”师却问:“承闻相公看经得悟,是否?”曰:“弟子因看《涅槃经》有云,不断烦恼而入涅槃,得个安乐处。”师竖起拂子，曰：“只如这个作么生入？”曰：“入之一字，也不消得。”师曰：“入之一字，不为相公。”公便起去。（法灯云：“上座且道，入之一字为甚么人？”又云：“相公且莫烦恼。”）

庞居士问：“久向仰山，到来为甚么却覆？”师竖起拂子，士曰：“恰是。”师曰：“是仰是覆？”士乃打露柱，曰：“虽然无人，也要露柱证明。”师掷拂子，曰：“若到诸方，一任举似。”

师指雪师子，问众：“有过得此色者么？”众无对。（云门云：“当时便好与推倒。”）

师问双峰：“师弟近日见处如何？”曰：“据某见处，实无一法可当情。”师曰：“汝解犹在境。”曰：“某只如此，师兄又如何？”师曰：“汝岂不知无一法可当情者？”沩山闻曰：“寂子一句，疑杀天下人。”（玄觉云：“经道：实无有法。然灯佛与我授记，他道实无一法可当情。为甚么道：解犹在境；且道利害在甚么处？”）

师卧次，僧问：“法身还解说法也无？”师曰：“我说不得，别有一人说得。”曰：“说得底人在甚么处？”师推出枕子。沩山闻曰：“寂子用剑刃上事。”

师闭目坐次，有僧潜来身边立，师开目，于地上作此○相，顾视其僧。僧无语。师携拄杖行次，僧问：“和尚手中是甚么？”师便拈向背后，曰：“见么？”僧无对。师问一僧：“汝会甚么？”曰：“会卜。”师提起拂子，曰：“这个六十四卦中阿那卦收？”僧无对。师自代云：“适来是雷天大壮，如今变为地火明夷。”

问僧：“名甚么？”曰：“灵通。”师曰：“便请入灯笼。”曰：“早个入了也。”（法眼别云：“唤甚么作灯笼？”）

问：“古人道，见色便见心。禅床是色，请和尚离却色，指学人心。”师曰：“那个是禅床，指出来看。”僧无语。（玄觉云：“忽然被伊却指禅床，作么生对伊？”有僧云：“却请和尚道。”玄觉代拊掌三下。）

问：“如何是毗卢师？”师乃叱之。僧曰：“如何是和尚师？”师曰：“莫无礼！”

师共一僧语，旁有僧曰：“语底是文殊，默底是维摩。”师曰：“不语不默底莫是汝否？”僧默然。师曰：“何不现神通？”曰：“不辞现神通，只恐和尚收作教。”师曰：“鉴汝来处，未有教外底眼。”

问：“天堂地狱相去几何？”师将拄杖画地一画。

师住观音时，出榜云：“看经次不得问事。”有僧来问讯，见师看经，旁立而待。师卷却经，问：“会么？”曰：“某甲不看经，争得会？”师曰：“汝已后会去在。”其僧到岩头，头问：“甚处来？”曰：“江西观音来。”头曰：“和尚有何言句？”僧举前话，头曰：“这个老师，我将谓被故纸埋却，元来犹在。”

僧思鄬问：“禅宗顿悟，毕竟入门的意如何？”师曰：“此意极难，若是祖宗门下，上根上智，一闻千悟，得大总持。其有根微智劣，若不安禅静虑，到这里总须茫然。”曰：“除此一路，别更有入处否？”师曰：“有。”曰：“如何即是。”师曰：“汝是甚处人？”曰：“幽州人。”师曰：“汝还思彼处否？”曰：“常思。”师曰：“能思者是心，所思者是境。彼处楼台林苑，人马骈阗，汝反思底还有许多般也无？”曰：“某甲到这里，总不见有。”师曰：“汝解犹在心。信位即得，人位未在。”曰：“除却这个，别更有意也无？”师曰：“别有，别无即不堪也。”曰：“到这里作么生即是？”师曰：“据汝所解，只得一玄，得坐披衣，向后自看。”鄴礼谢之。

师接机利物，为宗门标准。再迁东平，将顺寂，数僧侍立，师以偈示之曰：“一二二三子，平目复仰视。两口一无舌，即是吾宗旨。”至日午，升座辞众，复说偈曰：“年满七十七，无常在今日。日轮正当午，两手攀屈膝。”言讫，以两手抱膝而终。阅明年，南塔涌禅师迁灵骨归仰山，塔于集云峰下。谥智通禅师、妙光之塔。

【据宋宝祐本《五灯会元》卷九，参校中华书局1984年版《五灯会元》本】

径山洪諲禅师

［南宋］释普济

杭州径山洪諲禅师，吴兴人也。僧问：“掩息如灰时如何？”师曰：“犹是时人功干。”曰：“干后如何？”师曰：“耕人田不种。”曰：“毕竟如何？”师曰：“禾熟不临场。”问：“龙门不假风雷势便透得者如何？”师曰：“犹是一品二品。”曰：“此既是阶级，向上事如何？”师曰：“吾不知有汝龙门。”问：“如霜如雪时如何？”师曰：“犹是污染。”曰：“不污染时如何？”师曰：“不同色。”

许州全明上座先问石霜：“一毫穿众穴时如何？”霜曰：“直须万年去。”曰：“万年后如何？”霜曰：“登科任汝登科，拔萃任汝拔萃。”后问师曰：“一毫穿众穴时如何？”师曰：“光靴任汝光靴，结果任汝结果。”

问：“如何是长？”师曰：“千圣不能量。”曰：“如何是短？”师曰：“蟭螟眼里着不满。”其僧不肯，便去举似石霜。霜曰：“只为太近实头。”僧却问霜：“如何是长？”霜曰：“不屈曲。”曰：“如何是短？”霜曰：“双陆盘中不喝彩。”

佛日长老访师。师问：“伏承长老独化一方，何以荐游峰顶？”日曰：“朗月当空豹，冰霜不自寒。”师曰：“莫是长老家风也无？”日曰：“峭峙万重关，于中含宝月。”师曰：“此犹是文言，作么生是长老家风？”日曰：“今日赖遇佛日，却问隐密全真，时人知有道不得，太省无辜，时人知有道得。于此二途，犹是时人升降处。未审和尚亲道自道如何道？”师曰：“我家道处无可道。”日曰：“如来路上无私曲，便请玄音和一场。”师曰：“任汝二轮更互照，碧潭云外不相关。”日曰：“为报白头无限客，此回年少莫归乡。”师曰：“老少同轮无向背，我家玄路勿参差。”日曰：“一言定天下，四句为谁宣。”师曰：“汝言有三四，我道其中一也无。”师因有偈曰：“东西不相顾，南北与谁留。汝言有三四，我道一也无。”光化四年(901)九月二十八日，白众而化。

【据宋宝祐本《五灯会元》卷九，参校中华书局1984年版《五灯会元》本】

五、临济义玄弟子传略

岳贤雷　点校

临济义玄禅师法嗣

[北宋]释道原

镇州临济义玄禅师法嗣二十二人

鄂州灌溪志闲禅师	幽州谭空和尚
镇州宝寿沼和尚	镇州三圣慧然禅师
魏府大觉禅师	魏府兴化存奖禅师
定州善崔禅师	镇州万岁和尚
云山和尚	桐峰庵主
杉洋庵主	涿州纸衣和尚
虎溪庵主	覆盆庵主
襄州历村和尚	沧州米仓和尚(已上一十六人见录)
齐耸大师	涿州秀禅师
浙西善权彻禅师	金沙禅师
允诚禅师	新罗国智异山和尚(已上六人无机缘语句不录)

灌溪志闲禅师,魏府馆陶人也,姓史氏。幼从柏岩禅师披剃,二十受具。后见临济和尚,和尚捣住良久,放之。师曰:“领矣。”往后谓众曰:“我见临济无言语,直至如今饱不饥。”问:请师不借。师曰:“我满口道不借。”师又曰:“大庾岭头佛不会,黄梅路上没众生。”师会下一僧去参石霜。石霜问:“什么处来?”云:“灌溪来。”石霜云:“我北山住,不如他南山住。”僧无对。师闻云:“但道修涅槃堂了也。”僧问:“久向灌溪,到来只见沤麻池。”师曰:“汝只见沤麻池,不见灌溪。”僧曰:“如何是灌溪?”师曰:“剪箭急。”(后人举似玄沙。玄沙云:“更学三十年,未会禅。”)问:“如何是古人骨?”师曰:

"安置不得。"曰:"为什么安置不得?"师曰:"金乌那教下碧天?"问:"金锁断后如何?"师曰:"正是法汝处。"问:"如何是细?"师曰:"回换不回换。"曰:"末后事如何?"师曰:"忌丈六口头。"问:"如何是一色?"师曰:"不随。"曰:"一色后如何?"师曰:"有阇梨承当分也无?"问:"今日一会,抵敌何人?"师曰:"不为凡圣。"问:"一句如何?"师曰:"不落千圣机。"问:"如何是洞中水?"师曰:"不洗人。"师唐乾宁二年(895)乙卯五月二十九日问侍者曰:"坐死者谁?"曰:"僧伽。""立死者谁?"曰:"僧会。"乃行六七步,垂手而逝。

幽州谭空和尚。有尼欲开堂说法,师曰:"尼女家,不用开堂。"尼曰:"龙女八岁成佛,又作么生?"师曰:"龙女有十八变。汝与老僧试一变看。"尼曰:"变得也是野狐精。"师乃打趁。宝寿和尚问:"除却中上二根人来时,师兄作么生?"师曰:"汝适来举,早错也。"寿曰:"师兄也不得无过。"师曰:"汝却与我作师兄。"寿侧掌云:"遮老贼!"

镇州宝寿沼和尚(第一世住)。僧问:"万境来侵时,如何?"师曰:"莫管他。"僧礼拜。师曰:"不要动着。动着即打折汝腰。"赵州谂和尚来,师在禅床背面而坐,谂展坐具礼拜。师起入方丈,谂收坐具而出。师问僧:"什么处来?"曰:"西山来。"师曰:"见猕猴么?"曰:"见。"师曰:"作什么伎俩?"曰:"见某甲,一个伎俩也作不得。"师打之,胡钉铰参。师问:"汝莫是胡钉铰?"曰:"不敢。"师曰:"还解钉得虚空否?"曰:"请和尚折破,某甲与钉。"师以拄杖打之。胡曰:"和尚莫错打某甲。"师曰:"向后有多口阿师,与汝点破在!"(赵州云:"只遮一缝,尚不奈何。"乃代云:"且钉遮一缝!")问:"万里无片云时,如何?"师曰:"青天亦须吃棒。"师将顺世,谓门人曰:"汝还知我行履处否?"对曰:"知和尚一生长坐不卧。"师又令近前,门人近前。师曰:"去!非吾眷属。"言讫而化。

镇州三圣院慧然禅师。自临济受诀,遍历丛林。至仰山,仰山问:"汝名什么?"师曰:"名慧寂。"仰山曰:"慧寂是我名。"师曰:"我名慧然。"仰山大笑而已。师到香严,严问:"什么处来?"师曰:"临济来。"严曰:"将得临济剑来么?"师以坐具蓦口打而去。师到德山。才展坐具,德山云:"莫展炊巾,遮里无馊饭。"师曰:"纵有,也无着处。"德山以拄杖打师。师接住,却推德山向禅床上。德山大笑,师哭苍天而去。师在雪峰闻峰垂语云:"人人尽有一面古镜,遮个猕猴亦有一面古镜。"师出问:"历劫无名,和尚为什么立(一作彰)为古镜?"峰云:"瑕生也。"师咄曰:"遮老和尚话头也不识。"峰云:"罪过。老僧住持事多。"师见宝寿和尚开堂,师推出一僧在宝寿前,宝寿便打其僧。师曰:"长老若恁么为人,瞎却镇州一城人眼在!"(法眼云:"什么是瞎却人眼处?")

魏府大觉禅师。兴化存奖禅师为院宰时,师一日问曰:"我常闻汝道向南行一回,拄杖头未曾拨着个会佛法底人。汝凭什么道理有此语?"兴化乃喝,师便打。兴化又喝,师又打。来日,兴化从法堂过,师召曰:“院主,我直下疑汝昨日行底喝,与我说来。”兴化曰:“存奖平生于三圣处学得底,尽被和尚折倒了也。愿与存奖个安乐法门。”师曰:“遮瞎驴来遮里纳败缺,卸却衲帔,待痛决一顿!”兴化即于语下领旨;虽同嗣临济,而常以师为助发之友。师临终时,谓众曰:“我有一只箭要付与人。”时有一僧出云:“请和尚箭。”师云:“汝唤什么作箭?”僧喝,师打数下,自归方丈。却唤其僧入来,问云:“汝适来会么?”僧云:“不会。”师又打数下,掷却拄杖云:“已后遇明眼人,分明举似!”便乃告寂。

魏府兴化存奖禅师。问僧:“什么处来?”曰:“崔禅处来。”师曰:“将得崔禅喝来否?”曰:“不将得来。”师曰:“恁么即不从崔禅处来。”僧喝之,师遂打。师谓众曰:“我只闻长廊也喝,后架也喝。诸子汝莫盲喝乱喝。直饶喝得兴化向半天里住,却扑下来,气欲绝。待兴化苏息起来,向汝道未在。何以故?我未曾向紫罗帐里撒真珠,与汝诸人虚空里乱喝作什么?”师谓克宾维那曰:“汝不久当为唱道之师。”克宾曰:“不入者保社。”师曰:“会了不入,不会不入。”宾云:“总不与么?”师便打。乃云:“克宾维那法战不胜,罚钱五贯,设饭一堂。”至明日,师自白槌云:“克宾维那法战不胜,罚钱五贯,设饭一堂,不得吃饭即时出院。”僧问:“国师唤侍者意作么生?”师曰:“一盲引众盲。”师有时唤僧某甲,僧应诺。师曰:“点即不到。”又别唤一僧,僧应诺。师曰:“到即不点。”师后为后唐庄宗师。庄宗一日谓师曰:“朕收大梁,得一颗无价明珠,未有人酬价。”师曰:“请陛下珠看。”帝以手舒开袱头脚。师曰:“君王之宝,谁敢酬价?”(玄觉征云:“且道兴化肯同光,不肯同光?若肯同光,兴化眼在什么处?若不肯同光,过在什么处?”)师灭后敕谥广济大师,塔曰通寂。

定州善崔禅师。州将王公于衙署张座,请师说法。师升坐良久,谓众曰:“出来也打,不出来也打。”时谭空和尚出曰:“崔禅聋。”师曰:“久立太尉珍重。”便下坐。

镇州万岁[按:《五灯会元》作“万寿”]和尚。僧问:“大众上堂,合谭何事?”师曰:“序品第一。”问:“僧家究竟如何?”师曰:“本来只是吹灰法,却向滩头卸却衣。”师访宝寿,初见便展坐具,宝寿即下禅床,师乃坐彼禅床。宝寿骤入方丈,少顷知事白师曰:“堂头和尚已关却门也,请和尚库头吃茶。”师乃归院。翌日宝寿来复谒,师踞禅床。宝寿展坐具,师亦下禅床,宝寿还坐禅床。师归方丈闭关,宝寿入,侍者寮内取灰,于方丈前围三道而退。

云山和尚。有僧从西京来。师问:“还得西京主人书来否?”僧曰:“不敢妄通消息。”师曰:“作家师僧天然有在。”僧曰:“残羹残菜谁吃?”师曰:“独有阇梨不甘吃。”其僧乃作吐势。师唤侍者曰:“扶出遮病僧着。”僧便出去。

桐峰庵主。僧问:“和尚遥里忽遇大虫,作么生?”师作吼声,僧作怖势,师大笑。

僧曰："遮老贼。"师曰："争奈老僧何？"有僧到庵前便去。师曰："阇梨，阇梨。"僧回首便喝。师良久，僧曰："死却遮老汉。"师乃打之，僧无语，师呵呵大笑。有僧入庵把住师，师曰："杀人！杀人！"其僧推开曰："叫作么？"师曰："谁？"僧乃喝，师打之。僧出，回首曰："且待，且待。"师大笑。

杉洋庵主。有僧到参。师问："阿谁？"曰："杉洋庵主。"师曰："是我。"僧便喝，师作嘘声。僧曰："犹要棒在。"师便打。僧问："庵主得什么道理后住此山？"师曰："也欲通个来由，又恐遭人点检。"僧曰："又争免得？"师乃喝之。僧曰："恰是。"师乃打，其僧大笑而出。师曰："今日大败！大败！"

涿州纸衣和尚。初问临济："如何是夺人不夺境？"临济曰："春煦发生铺地锦，婴儿垂发白如丝。"师曰："如何是夺境不夺人？"曰："王令已行天下遍，将军塞外绝烟尘。"师曰："如何是人境俱不夺？"曰："王登宝殿，野老讴歌。"师曰："如何是人境俱夺？"曰："并汾绝信，独处一方。"师于言下领旨，深入三玄三要四句之门，颇资化道。

虎溪庵主。僧到，抽坐具相看，师不顾。僧曰："知道庵主有此机锋。"师鸣指一声。僧曰："是何宗旨？"师便掴之。僧曰："知道今日落人便宜。"师曰："犹要棒在。"有僧才入门，师便喝，僧默然。师打之，僧却喝，师曰："好个草贼。"僧到，不审。师曰："阿谁？"僧喝。师曰："得恁么，无宾主。"僧曰："犹要第二喝在。"师乃喝之。有僧问："和尚何处人事？"师云："陇西人。"僧云："承闻陇西有鹦鹉，还实也无？"师云："是。"僧云："和尚莫不是也无？"师便作鹦鹉声。僧云："好个鹦鹉。"师便棒之。

覆盆庵主。问僧："什么处来？"曰："覆盆山下来。"师曰："还见庵主否？"僧便喝，师便掌。僧曰："作么？"师又喝。一日，有僧从山下哭上，师闭庵门，僧于门上画一圆月相。师从庵后出，却从山下哭上。僧喝曰："犹作遮个去就在。"师便换手捶胸曰："可惜先师一场埋没。"僧曰："苦，苦。"师曰："庵主被谩。"

襄州历村和尚。煎茶次，僧问："如何是祖师西来意？"师举茶匙子。僧曰："莫只遮便当否？"师掷向火中。问："如何是观其音声而得解脱？"师将火筋打柴头，问："汝还闻否？"曰："闻。"师曰："谁不解脱？"

沧州米仓和尚。州牧请师与宝寿和尚入厅供养，令人传语："请二长老谭（谈）论佛法。"寿曰："请师兄长老答话。"师喝之。寿曰："某甲尚未借问，何便行喝？"师曰："犹欠少在。"寿却与一喝。

【据《四部丛刊》三编本《景德传灯录》卷十二】

镇州三圣院慧然禅师

[南宋]释普济

镇州三圣院慧然禅师。自临济受诀,遍历丛林。至仰山,山问:"汝名甚么?"师曰:"慧寂。"山曰:"慧寂是我名。"师曰:"我名慧然。"山大笑而已。仰山因有官人相访,山问:"官居何位?"曰:"推官。"山竖起拂子曰:"还推得这个么?"官人无对。山令众下语,皆不契。时师不安,在涅槃堂内将息。山令侍者去请下语,师曰:"但道和尚今日有事。"山又令侍者问:"未审有甚么事?"师曰:"再犯不容。"

到香严,严问:"甚处来?"师曰:"临济。"严曰:"将得临济喝来么?"师以坐具蓦口打。

又到德山,才展坐具,山曰:"莫展炊巾,这里无残羹馊饭。"师曰:"纵有也无着处。"山便打,师接住棒,推向禅床上。山大笑,师哭苍天,便下参堂。堂中首座号踢天泰,问:"行脚高士,须得本道公验,作么生是本道公验?"师曰:"道甚么?"座再问,师打一坐具曰:"这漆桶前后触忤多少贤良!"座拟人事,师便过第二座人事。

又到道吾。吾预知,以绯抹额,持神杖于门下立。师曰:"小心祇候。"吾应喏。师参堂了,再上人事。吾真威仪,方丈内坐。师才近前,吾曰:"有事相借问,得么?"师曰:"也是适来野狐精。"便出去。

住后,上堂:"我逢人即出,出则不为人。"便下坐。(与化云:"我逢人即不出,出则便为人。")

僧问:"如何是祖师西来意?"师曰:"臭肉来蝇。"(兴化云:"破驴脊上足苍蝇。")

问僧:"近离甚处?"僧便喝,师亦喝。僧又喝,师又喝。僧曰:"行棒即瞎。"便喝。师拈棒,僧乃转身作受棒势。师曰:"下坡不走,快便难逢。"便棒,僧曰:"这贼!"便出去,师遂抛下棒。次有僧问:"适来争容得这僧?"师曰:"是伊见先师来。"

镇州宝寿沼禅师

[南宋]释普济

镇州宝寿沼禅师(第一世)。僧问:"万境来侵时如何?"师曰:"莫管他。"僧礼拜,师曰:"不要动着,动着即打折汝腰。"

师在方丈坐,因僧问讯次,师曰:"百千诸圣,尽不出此方丈内。"曰:"只如古人道,大千沙界海中沤,未审此方丈向甚么处着?"师曰:"千圣现在。"曰:"阿谁证明?"师便掷下拂子。

僧从西过东立,师便打。僧曰:"若不久参,焉知端的?"师曰:"三十年后,此话大行。”

赵州来，师在禅床背面而坐，州展坐具礼拜。师起入方丈，州收坐具而出。师问僧：“甚处来？”曰：“西山来。”师曰：“见猕猴么？”曰：“见。”师曰：“作甚么伎俩？”曰：“见某甲一个伎俩也不得。”师便打。

胡钉铰参，师问：“汝莫是胡钉铰么？”曰：“不敢。”师曰：“还钉得虚空么！”曰：“请和尚打破。”师便打，胡曰：“和尚莫错打某甲。”师曰：“向后有多口阿师与你点破在。”胡后到赵州，举前话，州曰：“汝因甚么被他打？”胡曰：“不知过在甚么处？”州曰：“只这一缝尚不奈何？”胡于此有省。赵州曰：“且钉这一缝。”

僧问：“万里无云时如何？”师曰：“青天也须吃棒。”曰：“未审青天有甚么过？”师便打。问：“如何是祖师西来意？”师曰：“面黑眼睛白。”西院来参，问：“踏倒化城来时如何？”师曰：“不斩死汉。”院曰：“斩。”师便打，院连道：“斩！斩！”师又随声打。师却回方丈曰：“适来这僧，将赤肉抵他乾棒，有甚死急！”

魏府兴化存奖禅师

[南宋]释普济

魏府兴化存奖禅师。在三圣会里为首座。常曰：“我向南方行脚一遭，拄杖头不曾拨着一个会佛法底人。”三圣闻得，问曰：“你具个甚么眼，便恁么道？”师便喝。圣曰：“须是你始得。”后大觉闻举，遂曰：“作么生得风吹到大觉门里来？”

师后到大觉为院主。一日，觉唤院主：“我闻你道，向南方行脚，一遭拄杖头，不曾拨着一个佛法底。你凭个甚么道理，与么道？”师便喝，觉便打。师又喝，觉又打。

师来日从法堂过，觉召院主：“我直下疑你昨日这两喝。”师又喝，觉又打。师再喝，觉又打。师曰：“某甲于三圣师兄处，学得个宾主句，总被师兄折倒了也。愿与某甲个安乐法门。”觉曰：“这瞎汉来这里纳败缺，脱下衲衣，痛打一顿。”师于言下荐得临济先师于黄檗处吃棒底道理。

师后开堂日，拈香曰：“此一炷香本为三圣师兄，三圣于我太孤；本为大觉师兄，大觉于我太赊。不如供养临济先脚。”

僧问：“多子塔前，共谈何事？”师曰：“一人传虚，万人传实。”

师有时唤僧，僧应诺。师曰：“点即不到。”又唤一僧，僧应诺。师曰：“到即不点。”僧问：“四方八面来时如何？”师曰：“打中间底。”僧便礼拜。师曰：“昨日赴个村斋，中途遇一阵卒风暴雨，却向古庙里躲避得过。”问僧：“甚处来？”曰：“崔禅处来。”师曰：“将得崔禅喝来否？”曰：“不将得来。”师曰：“恁么则不从崔禅处来。”僧便喝，师便打。

示众：“我闻前廊下也喝，后架里也喝。诸子！汝莫盲喝乱喝，直饶喝得兴化向虚空里，却扑下来一点气也无，待我苏息起来，向汝道‘未在’。何故？我未曾向紫罗帐里撒真珠与汝诸人去在，胡喝乱喝作么？”

云居住三峰庵时，师问：“权借一问，以为影草时如何？”居无对。师云：“想和尚答这话不得，不如礼拜了退。”二十年后。居云：“如今思量，当时不消道个何必。”后遣化主到师处，师问：“和尚住三峰庵时，老僧问伊话，对不得，如今道得也未？”主举前话，师云：“云居二十年只道得个何必，兴化即不然，争如道个不必。”

师谓克宾维那曰：“汝不久为唱导之师。”宾曰：“不入这保社。”师曰：“会了不入，不会了不入？”曰：“总不与么。”师便打。曰：“克宾维那法战不胜，罚钱伍贯，设饡饭一堂。”次日，师自白椎曰：“克宾维那法战不胜，不得吃饭。”即便出院。僧问：“国师唤侍者，意作么生？”师曰：“一盲引众盲。”

师在临济为侍者，洛浦来参，济问：“甚处来？”浦曰：“銮城来。”济曰：“有事相借问，得么？”浦曰：“新戒不会。”济曰：“打破大唐国，觅个不会底人也无？参堂去！”师随后，请问曰：“适来新到，是成褫他，不成褫他？”济曰：“我谁管你成褫不成褫？”师曰：“和尚只解将死雀就地弹，不解将一转语盖覆却。”济曰：“你又作么生？”师曰：“请和尚作新到。”济遂曰：“新戒不会。”师曰：“却是老僧罪过。”济曰：“你语藏锋。”师拟议，济便打。至晚济又曰：“我今日问新到，是将死雀就地弹，就窠子里打？及至你出得语，又喝起了向青云里打。”师曰：“草贼大败！”济便打。

师见同参来，才上法堂，师便喝，僧亦喝。师又喝，僧亦喝。师近前拈棒，僧又喝。师曰：“你看这瞎汉犹作主在！”僧拟议，师直打下法堂。侍者请问：“适来那僧有甚触忤和尚？”师曰：“他适来也有权，也有实，也有照，也有用。及乎我将手向伊面前横两横，到这里却去不得。似这般瞎汉，不打更待何时？”僧礼拜，问：“宝剑知师藏已久，今日当场略借看。”师曰：“不借。”曰：“为甚么不借？”师曰：“不是张华眼，徒窥射斗光。”曰：“用者如何？”师曰：“横身当宇宙，谁是出头人？”僧便作引颈势，师曰：“嗄。”僧曰：“喏。”便归众。

后唐庄宗车驾幸河北，回至魏府行宫，诏师问曰：“朕收中原，获得一宝，未曾有人酬价。”师曰：“请陛下宝看！”帝以两手舒幞头脚。师曰：“君王之宝，谁敢酬价？”（玄觉征云：“且道兴化肯庄宗，不肯庄宗，若肯庄宗，兴化眼在甚么处？若不肯庄宗，过在甚么处？”）龙颜大悦。赐紫衣、师号，师皆不受。乃赐马与师乘骑，马忽惊，师坠伤足。帝复赐药救疗。师唤院主：“与我做个木拐子。”主做了将来，师接得，绕院行，问僧曰：“汝等还识老僧么？”曰：“争得不识和尚？”师曰：“跛脚法师，说得行不得。”又至法堂，令维那声钟集众。师曰：“还识老僧么？”众无对。师掷下罢子，端然而逝。谥广济禅师。

（鄂州）灌溪志闲禅师

［南宋］释普济

灌溪志闲禅师。魏府馆陶史氏子。幼从柏岩禅师披剃受具。后见临济，济蓦胸搊住，师曰："领，领。"济拓开曰："且放汝一顿。"师离临济至末山（语见末山章）。

师住后，上堂曰："我在临济爷爷处得半杓，末山娘娘处得半杓，共成一杓。吃了，直至如今饱不饥。"僧问："请师不借借。"师曰："满口道不得。"师又曰："大庾岭头佛不会，黄梅路上没众生。"

师会下一僧，去参石霜。霜问："甚处来？"曰："灌溪来。"霜曰："我南山，不如他北山。"僧无对。僧回举似师，师曰："何不道灌溪修涅槃堂了也？"问："久向灌溪，到来只见沤麻池。"师曰："汝只见沤麻池，且不见灌溪。"曰："如何是灌溪？"师曰："劈箭急。"（后人举似玄沙，沙云："更学三十年未会禅。"）

问："如何是古人骨？"师曰："安置不得。"曰："为甚么安置不得？"师曰："金乌那教下碧天。"问："金锁断后如何？"师曰："正是法汝处。"问："如何是祖师西来意？"师曰："钵里盛饭，饋里盛羹。"曰："学人不会。"师曰："饥则食，饱则休。"

上堂："十方无壁落，四畔亦无门。露裸裸，赤洒洒，无可把。"便下座。问："如何是一色？"师曰："不随。"曰："一色后如何？"师曰："有阇黎承当分也无？"问："今日一会，只敌何人？"师曰："不为凡圣。"问："一句如何？"师曰："不落千圣机。"问："如何是洞中水？"师曰："不洗人。"唐乾宁二年（895）乙卯五月二十九日，问侍者曰："坐死者谁？"曰："僧伽。"师曰："立死者谁？"曰："僧会。"师乃行七步，垂手而逝。

幽州谭空和尚

［南宋］释普济

幽州谭空和尚。镇州牧有姑为尼，行脚回，欲开堂为人，牧令师勘过。师问曰："见说汝欲开堂为人，是否？"尼曰："是。"师曰："尼是五障之身，汝作么生为人？"尼曰："龙女八岁，南方无垢世界成等正觉又作么生？"师曰："龙女有十八变，你试一变看。"尼曰："设使变得，也只是个野狐精。"师便打。牧闻举乃曰："和尚棒折那！"僧问："德山棒，临济喝，未审那个最亲？"师曰："已前在众里，老僧也曾商量来。"僧便喝。师曰："却是汝会。"僧曰："错。"师便打。

上堂，众集。有僧出曰："拟问不问时如何？"师曰："嗄。"僧便喝。师曰："囮。"僧又喝。师拈拄杖，僧曰："瞎。"师抛下拄杖，曰："今日失利。"僧曰："草贼大败。"便归众。师以手向空点一点，曰："大众！还有人辩得么？若有辩得者，出来对众道看。"师良久,曰:“顶门上眼,也鉴不破。”便下座。

宝寿和尚问:“除却中上二根人来时,师兄作么生?”师曰:“汝适来举早错也。”寿曰:“师兄也不得无过?”师曰:“汝却与我作师兄。”寿侧掌曰:“这老贼!”

魏府大觉和尚

[南宋]释普济

魏府大觉和尚。参临济。济才见,竖起拂子。师展坐具,济掷下拂子。师收坐具,参堂去。时僧众曰:“此僧莫是和尚亲故,不礼拜又不吃棒?”济闻说,令侍者唤适来新到上来。师随侍者到方丈,济曰:“大众道汝来参长老,又不礼拜,又不吃棒,莫是老僧亲故?”师乃珍重下去。

师住后,僧问:“如何是本来身?”师曰:“头枕衡山,脚踏山岳。”问:“如何是佛法大意?”师曰:“良马不窥鞭,侧耳知人意。”问:“如何是镇国宝?”师曰:“穿耳卖不售。”问:“香草未生时如何?”师曰:“嗅着脑裂。”曰:“生后如何?”师曰:“脑裂。”问:“如何是祖师西来意?”师曰:“十字街头,望空启告。”问:“如何是大觉?”师曰:“恶觉。”曰:“乖极。”师便打。问:“忽来忽去时如何?”师曰:“风吹柳絮毛球走。”曰:“不来不去时如何?”师曰:“华岳三峰头指天。”问:“一饱忘百饥时如何?”师曰:“纵遇临岐食,随分纳些些。”

临终时谓众曰:“我有一只箭,要付与人。”时有一僧出,曰:“请和尚箭。”师曰:“汝唤甚么作箭?”僧喝,师打数下,便归方丈。却唤其僧入来,问曰:“汝适来会么?”曰:“不会。”师又打数下,掷却拄杖,曰:“已后遇明眼人,分明举似。”便乃告寂。

定州善崔禅师

[南宋]释普济

定州善崔禅师。州将王令公于衙署张座,请师说法,师升座,拈拄杖曰:“出来也打,不出来也打。”僧出曰:“崔禅聻!”师掷下拄杖曰:“久立令公,伏惟珍重!”僧问:“如何是祖师西来意?”师曰:“定州瓷器似钟鸣。”曰:“学人不会意旨如何?”师曰:“口口分明没咼斜。”

镇州万寿(岁)和尚

[南宋]释普济

镇州万寿[按:《景德传灯录》作“万岁”]和尚。僧问:“如何是迦叶上行衣?”师曰:“鹤飞千点雪,云锁万重山。”问:“如何是丈六金身?”师曰:“袖头打领,腋下剜襟。”曰：“学人不会。”师曰：“不会请人裁。”

师访宝寿，寿坐不起。师展坐具，寿下禅床。师却坐，寿骤入方丈，闭却门。知事见师坐不起，曰：“请和尚库下吃茶。”师乃归院。翌日，宝寿来复谒，师踞禅床。寿展坐具，师亦下禅床。寿却坐，师归方丈，闭却门。寿入侍者寮，取灰围却方丈门，便归去。师遂开门见曰：“我不恁么，他却恁么。”

（镇州）云山和尚

［南宋］释普济

（镇州）云山和尚。有僧从西京来，师问：“还将得西京主人书来否？”曰：“不敢妄通消息。”师曰：“作家师僧，天然有在。”曰：“残羹馊饭谁吃？”师曰：“独有阇黎不甘吃。”其僧乃作吐势，师唤侍者曰：“扶出这病僧着。”僧便出去。师见僧来，便作起势，僧便出去。师曰：“得恁么灵利。”僧便喝曰：“作这个眼目，承嗣临济，也太屈哉！”师曰：“且望阇黎善传。”僧回首，师喝曰：“作这个眼目，错判诸方名言。”随后便打。

（镇州）桐峰庵主

［南宋］释普济

（镇州）桐峰庵主。僧问：“和尚这里忽遇大虫，作么生？”师便作大虫吼。僧作怖势，师大笑。僧曰：“这老贼。”师曰：“争奈老僧何！”

有僧到庵前便去，师召阇黎，僧回首便喝。师良久，僧曰：“死却这老汉。”师便打。僧无语，师呵呵大笑。

有僧入庵便把住师，师叫：“杀人！杀人！”僧拓开曰：“叫唤作甚么？”师曰：“谁？”僧便喝，师便打。僧出外，回首曰：“且待！且待！”师大笑。

有老人入山参，师曰：“住在甚处？”老人不语。师曰：“善能对机。”老人地上拈一枝草示师，师便喝。老人礼拜，师便归庵。老人曰：“与么疑杀一切人在！”

（镇州）杉洋庵主

［南宋］释普济

（镇州）杉洋庵主。有僧到参，师问：“阿谁？”曰：“杉洋庵主。”师曰：“是我。”僧便喝，师作嘘声。僧曰：“犹要棒吃在。”师便打。僧问：“庵主得甚么道理，便住此山？”师曰：“也欲通个来由，又恐遭人点检。”僧曰：“又争免得。”师便喝，僧曰：“恰是。”师便打，僧大笑而出。师曰：“今日大败。”

涿州纸衣和尚

[南宋]释普济

涿州纸衣和尚(即克符道者)。初问临济:“如何是夺人不夺境?”济曰:“煦日发生铺地锦,婴儿垂发白如丝。”师曰:“如何是夺境不夺人?”济曰:“王令已行天下遍,将军塞外绝烟尘。”师曰:“如何是人境俱夺?”济曰:“并汾绝信,独处一方。”师曰:“如何是人境俱不夺?”济曰:“王登宝殿,野老讴歌。”师于言下领旨。后有颂曰:

夺人不夺境,缘自带諵讹。拟欲求玄旨,思量反责么。骊珠光灿烂,蟾桂影婆娑。觌面无差互,还应滞网罗。

夺境不夺人,寻言何处真。问禅禅是妄,究理理非亲。日照寒光澹,山摇翠色新。直饶玄会得,也是眼中尘。

人境两俱夺,从来正令行。不论佛与祖,那说圣凡情。拟犯吹毛剑,还如值木盲。进前求妙会,特地斩精灵。

人境俱不夺,思量意不偏。主宾言少异,问答理俱全。踏破澄潭月,穿开碧落天。不能明妙用,沦溺在无缘。

僧问:“如何是宾中宾?”师曰:“倚门傍户犹如醉,出言吐气不惭惶。”曰:“如何是宾中主?”师曰:“口念弥陀双拄杖,目瞽瞳人不出头。”曰:“如何是主中宾?”师曰:“高提祖印当机用,利物应知语带悲。”曰:“如何是主中主?”师曰:“横按镆铘全正令,太平寰宇斩痴顽。”曰:“既是太平寰宇,为甚么却斩痴顽?”师曰:“不计夜行刚把火,直须当道与人看。”

(涿州)虎溪庵主

[南宋]释普济

(涿州)虎溪庵主。僧问:“庵主在这里多少年也?”师曰:“只见冬凋夏长,年代总不记得。”曰:“大好不记得。”师曰:“汝道我在这里得多少年也?”曰:“冬凋夏长,嘾!”师曰:“闹市里虎。”僧到相看,师不顾。僧曰:“知道庵主有此机锋!”师鸣指一下,僧曰:“是何宗旨?”师便打。僧曰:“知道今日落人便宜。”师曰:“犹要棒吃在。”有僧才入门,师便喝。僧默然,师便打,僧却喝。师曰:“好个草贼。”有僧到,近前曰:“不审庵主。”师曰:“阿谁?”僧便喝。师曰:“得恁么无宾主?”曰:“犹要第二喝在。”师便喝。有僧问:“和尚何处人?”师曰:“陇西人。”曰:“承闻陇西出鹦鹉,是否?”师曰:“是”。曰:“和尚莫不是否?”师便作鹦鹉声。僧曰:“好个鹦鹉!”师便打。

覆盆庵主

［南宋］释普济

覆盆庵主。问僧:“甚处来?”僧曰:“覆盆山下来。”师曰:“还见庵主么?”僧便喝,师便打。僧曰:“作甚么!”师住棒。僧拟议,师又打。

一日,有僧从山下哭上,师闭却门。僧于门上画一圆相,门外立地。师从庵后出,却从山下哭上。僧喝曰:“犹作这个去就在。”师便换手捶胸曰:“可惜先师一场埋没。”僧曰:“苦! 苦!”师曰:“庵主被谩。”

襄州历村和尚

［南宋］释普济

襄州历村和尚。僧问:“如何是观其音声而得解脱?”师将火箸敲柴曰:“汝还闻么?”曰:“闻。”师曰:“谁不解脱?”师煎茶次,僧问:“如何是祖师西来意?”师举起茶匙。僧曰:“莫只这便当否?”师掷向火中。

沧州米仓和尚

［南宋］释普济

沧州米仓和尚。州牧请师与宝寿入厅供养,令人传语,请二长老谭(谈)论佛法。寿曰:“请师兄答话。”师便喝。寿曰:“某甲话也未问,喝作么?”师曰:“犹嫌少在。”寿却与一喝。

(沧州)齐耸禅师

［南宋］释普济

(沧州)齐耸禅师。僧问:“如何是佛?”师曰:“老僧并不知。”曰:“和尚是大善知识,为甚么不知?”师曰:“老僧不曾接下机?”问:“如何是道?”师曰:“往来无障碍。”复曰:“忽遇大海,作么生过?”僧拟议,师便打。

【以上十七人据宋宝祐本《五灯会元》卷十一,参校中华书局1984年版《五灯会元》本】

涿州秀禅师

［北宋］李遵勖

涿州秀禅师。开堂日,郡牧并诸官僚集。有僧出问:“人王与法王相见时如何?”

师云："僧俗各异。"进云："恁么，即不相见也。"师云："总在者里。"学云："大好各异！"师云："许阇梨一只眼。"

问："如何是祖师西来意？"师云："过海泛舶船。"学人不会："意旨如何？"师云："只履归西土。"

问："欲行千里，一步为初。如何是最初一步？"师云："登高人远望，何须紧系鞋？"进云："便恁么会去时，如何？"师云："千里途程在即今。"

师临示寂时，沐浴了，唤侍者点茶来。师吃茶了，侍者接盏，师缩却手云："汝还知吾去处么？"侍者云："某甲不知。"师便度盏云："去汝不知吾去处。"侍者送盏回来，见师端然而化。

【据《卍新纂续藏经》本《天圣广灯录》卷十二】

常州善权山彻禅师

［南宋］释普济

常州善权山彻禅师。僧问："祖意教意，是同是别？"师曰："冬寒夏热。"曰："此意如何？"师曰："炎天宜散袒，冬后更深藏。"

（浙西）金沙和尚

［南宋］释普济

（浙西）金沙和尚。僧问："如何是祖师西来意？"师曰："听。"曰："恁么则大众侧聆？"师曰："十万八千。"

【以上二人据宋宝祐本《五灯会元》卷十一，参校中华书局 1984 年版《五灯会元》本】

六、临济义玄师兄弟传略

岳贤雷　点校

睦州陈尊宿禅师

[南宋]释普济

睦州陈尊宿，讳道明，江南陈氏之后也。生时红光满室，祥云盖空，旬日方散。目有重瞳，面列七星，形相奇特，与众夺伦。因往开元寺礼佛，见僧如故知。归白父母，愿求出家。父母听许为僧，后持戒精严，学通三藏。游方契旨于黄檗，后为四众请住观音院，常百余众，经数十载，学者叩激，随问遽答。词语峻险，既非循辙，故浅机之流，往往嗤之，唯玄学性敏者钦伏。由是诸方归慕，咸以尊宿称。后归开元（今改兜率）。居房织蒲鞋以养母，故有陈蒲鞋之号。巢寇入境，师标大草屦于城门，巢欲弃之，竭力不能举。叹曰："睦州有大圣人。"舍城而去，遂免扰攘。

一日晚参，谓众曰："汝等诸人还得个入头处也未？若未得个入头处，须觅个入头处。若得个入头处，已后不得孤负老僧。"时有僧出礼拜，曰："某甲终不敢孤负和尚。"师曰："早是孤负我了也。"又曰："明明向你道，尚自不会，何况盖覆将来。"又曰："老僧在此住持，不曾见个无事人到来，汝等何不近前？"时有一僧方近前，师曰："维那不在，汝自领去三门外，与二十棒。"曰："某甲过在甚么处？"师曰："枷上更着杻。"

师寻常见衲僧来，即闭门。或见讲僧，乃召曰："座主。"主应诺。师曰："担板汉。"或曰："这里有桶，与我取水。"

一日，在廊阶上立。僧问："陈尊宿房在何处？"师脱草屦蓦头打，僧便走。师召："大德。"僧回首，师指曰："却从那边去！"

天使问："三门俱开，从那门入？"师唤尚书，使应诺。师曰："从信门入。"使又见画壁，问曰："二尊者对谭（谈）何事？"师掴露柱曰："三身中那个不说法？"

座主参，师问："莫是讲唯识论否？"曰："不敢。"师曰："朝去西天，暮归唐土。会么?”曰:“不会。”师曰:“咩!咩!五戒不持。”

师问一长老:“了即毛端吞巨海,始知大地一微尘。长老作么生?”曰:“问阿谁?”师曰:“问长老。”曰:“何不领话?”师曰:“汝不领话,我不领话?”

问:“座主讲甚么经?”曰:“讲《涅槃经》。”师曰:“问一段义得么?”曰:“得。”师以脚踢空,吹一吹,曰:“是甚么义?”曰:“经中无此义。”师曰:“脱空谩语汉!五百力士揭石义,却道无。”

师见僧乃曰:“见成公案,放汝三十棒。”曰:“某甲如是。”师曰:“三门头金刚为甚么举拳?”曰:“金刚尚乃如是。”师便打。

问:“如何是向上一路?”师曰:“要道有甚么难?”曰:“请师道。”师曰:“初三十一,中九下七。”

问:“以一重去一重即不问,不以一重去一重时,如何?”师曰:“昨朝栽茄子,今日种冬瓜。”

问:“如何是曹溪的的意?”师曰:“老僧爱嗔不爱喜。”曰:“为甚么如是?”师曰:“路逢剑客须呈剑,不是诗人莫说诗。”

问僧:“甚处来?”曰:“浏阳。”师曰:“彼中老宿祗对佛法大意道甚么?”曰:“遍地无行路。”师曰:“老宿实有此语否?”曰:“实有。”师拈拄杖打曰:“这念言语汉!”

师问一长老:“若有兄弟来,将何祗对?”曰:“待他来。”师曰:“何不道。”曰:“和尚欠少甚么?”师曰“请不烦葛藤。”

僧参,师曰:“汝岂不是行脚僧?”曰:“是。”师曰:“礼佛也未?”曰:“礼那土堆作么?”师曰:“自领出去。”

问:“某甲讲兼行脚,不会教意时如何?”师曰:“灼然实语当忏悔。”曰:“乞师指示。”师曰“汝若不问,老僧即缄口无言。汝既问,老僧不可缄口去也。”曰:“请师便道。”师曰:“心不负人,面无惭色。”

问:“一句道尽时,如何?”师曰:“义堕也。”曰:“甚么处是学人义堕处?”师曰:“三十棒教谁吃?”

问:“高揖释迦,不拜弥勒时,如何?”师曰:“昨日有人问,趁出了也。”曰:“和尚恐某甲不实那?”师曰:“拄杖不在,苕帚柄聊与三十。”

上堂:“我见百丈不识好恶。大众才集,以拄杖一时打下,复召大众,众回首。乃云:‘是甚么?’有甚共语处?又黄檗和尚亦然。复召大众,众回首。乃云:‘月似弯弓,少雨多风。’犹较些子。”

问僧:“近离甚处?”僧便喝。师曰:“老僧被你一喝。”僧又喝。师曰:“三喝四喝后作么生?”僧无语。师便打曰:“这掠虚汉!”

秀才访师,称会二十四家书。师以拄杖空中点一点,曰:"会么?"秀才罔措。师曰:"又道会二十四家书,永字八法也不识。"

上堂:"裂开也在我,捏聚也在我。"时有僧问:"如何是裂开?"师曰:"三九二十七,菩提涅槃,真如解脱,即心即佛。我且与么道,你又作么生?"曰:"某甲不与么道。"师曰:"盏子扑落地,碟子成七片。"曰:"如何是捏聚?"师乃敛手而坐。

问:"教意祖意是同是别?"师曰:"青山自青山,白云自白云。"曰:"如何是青山?"师曰:"还我一滴雨来。"曰:"道不得,请师道。"师曰:"《法华》锋前阵,《涅槃》句后收。"

问僧:"今夏在甚么处?"曰:"待和尚有住处即说。"师曰:"狐非师子类,灯非日月明。"

问僧:"甚处来?"僧瞪目视之。师曰:"驴前马后汉!"曰:"请师鉴。"师曰:"驴前马后汉!道将一句来。"僧无对。

师看经次,陈操尚书问:"和尚看甚么经?"师曰:"《金刚经》。"书曰:"六朝翻译,此当第几?"师举起经曰:"一切有为法,如梦幻泡影。"

看经次,僧问:"和尚看甚么经?"师曰:"《涅槃经》,《荼毗品》最在后。"

问僧:"今夏在甚处?"曰:"径山。"曰:"这吃夜饭汉!"曰:"尊宿丛林,何言吃夜饭?"师以棒趁出。

师闻一老宿难亲近,躬往相访。才入方丈,宿便喝。师侧掌曰:"两重公案。"宿曰:"过在甚么处?"师曰:"这野孤精!"便退。

问僧:"近离甚处?"曰:"江西。"师曰:"踏破多少草鞋?"僧无对。

与讲僧吃茶次,师曰:"我救汝不得也。"曰:"某甲不晓,乞师垂示。"师拈油饼曰:"这个是甚么?"曰:"色法。"师曰:"这入镬汤汉!"

紫衣大德到,礼拜。师拈帽子带问曰:"这个唤作甚么?"曰:"朝天帽。"师曰:"恁么则老僧不卸也。"复问:"所习何业?"曰:"唯识。"师曰:"作么生说?"曰:"三界唯心,万法唯识。"师指门扇曰:"这个是甚么?"曰:"是色法。"师曰:"帘前赐紫,对御谭(谈)经,何得不持五戒?"德无对。

问:"某甲乍入丛林,乞师指示。"师曰:"你不解问。"曰:"和尚作么生?"师曰:"放汝三十棒,自领出去。"

问:"教意请师提纲?"师曰:"但问将来,与你道。"曰:"请和尚道。"师曰:"佛殿里烧香,三门头合掌。"

问:"如何是展演之言?"师曰:"量才补职。"曰:"如何是不展演之言?"师曰:"伏惟尚飨。"

焦山借斧头次，师呼童子取斧来。童取斧至，曰："未有绳墨且斫粗。"师便喝。又问童曰："作么生是你斧头？"童遂作斫势。师曰："斫你老爷头不得。"

师问秀才："先辈治甚经？"才曰："治《易》。"师曰："《易》中道，百姓日用而不知。且道不知个甚么？"才曰："不知其道。"师曰："作么生是道？"才无对。

僧问："一气还转得一大藏教也无？"师曰："有甚饳饠子，快下将来。"

问："如何是一代时教？"师曰："上大人，丘乙己。"问："如何是禅？"师曰："猛火着油煎。"

僧参，师曰："汝是新到否？"曰："是。"师曰："且放下葛藤。会么？"曰："不会。"师曰："担枷陈状，自领出去。"僧便出。师曰："来！来！我实问你甚么来？"曰："江西。"师曰："泐潭和尚在汝背后，怕你乱道，见么？"僧无对。

问："寺门前金刚，拓即乾坤大地，不拓即丝发不逢时，如何？"师曰："吽！吽！我不曾见此。"师却问："先跳三千，倒退八百，你合作么生？"曰："诺。"师曰："先责一纸罪状好。"便打。其僧拟出，师曰："来！我共你葛藤。拓即乾坤大地，你且道洞庭湖水深多少？"曰："不曾量度。"师曰："洞庭湖又作么生？"曰："只为今时。"师曰："只这葛藤尚不会。"便打。

问："如何是触途无滞底句？"师曰："我不恁么道。"曰："师作么生道？"师曰："箭过西天十万里，却向大唐国里等候。"

看《华严经》次，僧问："看甚么经？"师曰："《大光明》云，青色光明云，紫色光明云。"却指面前曰："那边是甚么云？"曰："南边是黑云。"师曰："今日须有雨。"

问："以字不成，八字不是，是何章句？"师弹指一声，曰："会么？"曰："不会。"师曰："上来讲赞无限胜因。虾蟆蹦跳上天，蚯蚓蓦过东海。"

问僧："近离甚处？"曰："河北。"师曰："彼中有赵州和尚，你曾到否？"曰："某甲近离彼中。"师曰："赵州有何言句示徒？"僧举吃茶话。师乃呵呵大笑曰："惭愧！"却问："赵州意作么生？"曰："只是一期方便。"师曰："苦哉！赵州被你将一杓屎泼了也。"便打。师却问沙弥："你作么生会？"弥便设拜，师亦打。其僧往沙弥处，问："适来和尚打你作甚么？"弥曰："若不是我，和尚不打某甲。"

新到参，方礼拜，师叱曰："阇黎因何偷常住果子吃？"曰："学人才到，和尚为甚么道偷果子？"师曰："赃物见在。"

问僧："近离甚处？"曰："仰山。"师曰："五戒也不持。"曰："某甲甚么处是妄语？"师曰："这里不着沙弥。"

师临终召门人曰："此处缘息，吾当逝矣。"乃跏趺而寂。郡人以香薪焚之，舍利如雨。乃收灵骨，塑像于寺，寿九十八，腊七十六。

杭州千顷山楚南禅师

[南宋]释普济

杭州千顷山楚南禅师，福州张氏子。初参芙蓉，蓉见曰："吾非汝师，汝师江外黄檗是也。"师礼辞，遂参黄檗。檗问："子未现三界影像时，如何？"师曰："即今岂是有邪？"檗曰："有无且置，即今如何？"师曰："非今古。"檗曰："吾之法眼，已在汝躬。"

住后，上堂："诸子设使解得三世佛教，如瓶注水，及得百千三昧，不如一念修无漏道，免被人天因果系绊。"时有僧问："无漏道如何修？"师曰："未有阇黎时体取。"曰："未有某甲时教谁体？"师曰："体者亦无。"

问："如何是易？"师曰："着衣吃饭，不用读经看教，不用行道礼拜，烧身炼顶，岂不易邪？"曰："如何是难？"师曰："微有念生，便具五阴三界，轮回生死皆从汝一念生。所以佛教诸菩萨云：佛所护念。"

师虽应机无倦，而常寂然处定。或逾月，或浃旬。文德元年(888)五月迁化，塔于院之西隅。大顺二年(891)宣州孙儒寇镜塘，发塔，睹师全身俨然，爪发俱长，拜谢而去。

福州乌石山灵观禅师

[南宋]释普济

福州乌石山灵观禅师(时称老观)，寻常扃户，人罕见之。唯一信士每至食时送供，方开。一日，雪峰伺便扣门，师开门，峰蓦胸搊住曰："是凡是圣？"师唾曰："这野孤精！"便推出闭却门。峰曰："也只要识老兄。"

铲草次，问僧："汝何处去？"曰："西院礼拜安和尚去。"时竹上有一青蛇，师指蛇曰："欲识西院老野孤精，只这便是。"

师问西院："此一片地，堪着甚么物？"院曰："好着个无相佛。"师曰："好片地被兄放不净污了也。"

引面次，僧参，师引面示之，僧便去。师至暮，问小师："适来僧在何处？"小师曰："当时便去也。"师曰："是即是，只得一橛。"(玄觉云："甚么处是少一橛。")

问："如何是佛？"师出舌示之。其僧礼谢。师曰："住！住！你见甚么便礼拜？"曰："谢和尚慈悲，出舌相示。"师曰："老僧近日舌上生疮。"

僧到敲门，行者开门，便出去。僧入礼拜，问："如何是西来意？"师曰："适来出去者，是甚么人？"僧拟近前，师便推出，闭却门。

曹山行脚时，问："如何是毗卢师法身主？"师曰："我若向你道，即别有也。"曹山举似洞山，山曰："好个话头，只欠进语。何不问为甚么不道？"曹却来进前语，师曰："若言我不道，即哑却我口。若言我道，即謇却我舌。"曹山归举似洞山，山深肯之。

杭州罗汉院宗彻禅师

［南宋］释普济

杭州罗汉院宗彻禅师，湖州吴氏子。上堂，僧问："如何是祖师西来意？"师曰："骨铿也。"（师对机多用此语，时号骨铿和尚。）

问："如何是南宗北宗？"师曰："心为宗。"曰："还看教也无？"师曰："教是心。"

问："性地多昏，如何了悟？"师曰："烦云风卷，太虚廓清。"曰："如何得明去？"师曰："一轮皎洁，万里腾光。"

相国裴休居士

［南宋］释普济

相国裴休居士，字公美，河东闻喜人也。守新安日，属运禅师初于岭南黄檗山舍众入大安精舍，混迹劳侣，扫洒殿堂。公入寺烧香，主事只接。

因观壁画，乃问："是何图相？"主事对曰："高僧真仪。"公曰："真仪可观，高僧何在？"主事无对。公曰："此间有禅人否？"曰："近有一僧，投寺执役，颇似禅者。"公曰："可请求询问得否？"于是遽寻檗至，公睹之欣然曰："休适有一问，诸德吝辞，今请上人代酬一语。"檗曰："请相公垂问。"公举前话，檗朗声曰："裴休！"公应诺。檗曰："在甚么处？"公当下知旨，如获髻珠，曰："吾师真善知识也。示人克的若是，何故汨没于此乎？"寺众愕然。自此延入府署，执弟子礼，屡辞不已。复坚请住黄檗山，荐兴祖道。有暇即躬入山顶谒，或渴闻玄论，即请入州中。公既通彻祖意，复博综教相，诸方禅学咸谓裴相不浪出黄檗之门也。至迁镇宣城，还思瞻礼，亦创精蓝，迎请居之。虽圭峰该通禅讲，为裴之所重，未若归心于黄檗而倾竭服膺者也。

又撰《圭峰碑》云："休与师于法为昆仲，于义为交友，于恩为善知识，于教为内外护。"斯可见矣。仍集《黄檗语要》，亲书序引，冠于编首，留镇山门。又亲书《大藏经》五百函号，迄今宝之。又圭峰禅师著《禅源诠》《原人论》及《圆觉经疏注》《法界观》，皆为之序。公笃志内典，深入法会。有《发愿文》传于世。

【以上五人据宋宝祐本《五灯会元》卷四，参校中华书局1984年版《五灯会元》本】

七、临济义玄游方交往高僧传略

岳贤雷　点校

丹霞和尚

［南唐］静、筠二禅师

丹霞和尚嗣石头。师讳天然。少亲儒、墨，业洞九经。初，与庞居士同侣入京求选，因在汉南道寄宿次，忽夜梦日光满室。有鉴者云："此是解空之祥也。"又逢行脚僧，与吃茶次，僧云："秀才去何处？"对曰："求选官去。"僧云："可惜许功夫！何不选佛去？"秀才曰："佛当何处选？"其僧提起茶垸曰："会摩？"秀才曰："未测高旨。"僧曰："若然者，江西马祖今现住世说法，悟道者不可胜记，彼是真选佛之处。"

二人宿根猛利，遂返秦游而造大寂，礼拜已，马大师曰："这汉来作什摩？"秀才汰上幞头，马祖便察机，笑而曰："汝师石头摩？"秀才曰："若与摩，则与某甲指示石头。"马祖曰："从这里去南岳七百里，迁长老在石头。你去那里出家。"

秀才当日便发去，到石头，参和尚。和尚问："从什摩处来？"对曰："某处来。"石头曰："来作什摩？"秀才如前对。石头便点头曰："着槽厂去。"乃执爨役。经一二载余，石头大师明晨欲与落发，今夜童行参时，大师曰："佛殿前一搭草，明晨粥后铲却。"来晨诸童行竞持锹镬，唯有师独持刀、水，于大师前跪拜揩洗。大师笑而剃发。师有顶峰突然而起，大师按之曰："天然矣。"落发既毕，师礼谢度，兼谢名。大师曰："吾赐汝何名？"师曰："和尚岂不曰天然耶？"石头甚奇之，乃为略说法要，师便掩耳云："太多也。"和尚云："汝试作用看。"师遂骑圣僧头，大师云："这阿师！他后打破泥龛塑像去。"

师受戒已，而大寂耀摩尼于江西，师乃下岳，再诣彼，礼谒大寂。大寂问："从什摩处来？"对曰："从石头来。"大寂曰："石头路滑，还跶倒也无？"对曰："若跶倒，即不来此也。"大寂甚奇之。

师放旷情怀，涛违顺境，乐乎云水，去住逍遥。至洛京，参忠国师。初见侍者，便问:“和尚还在也无?”对曰:“在。只是不看客。”师曰:“大深远生!”侍者曰:“佛眼觑不见。”师曰:“龙生龙子,凤生凤子。”侍者举似国师,国师便打侍者。

师寻上邓州丹霞山,格调孤峻,少有攀者。爰有禅德远来问津,山下遇见师,遂辄申问:“丹霞山在什麽处?”师指山曰:“青青黤黤底是。”禅德曰:“莫只这个便是不?”师曰:“真师子儿! 一拨便转。”

次于天台,居花顶峰三载。又礼国一禅师。以元和初(806)上龙门香山,与伏牛禅师为莫逆侣。后于惠林寺遇天寒,焚木佛以御次,主人或讥,师曰:“吾荼毗觅舍利。”主人曰:“木头有何也?”师曰:“若然者,何责我乎?”主人亦向前,眉毛一时堕落。有人问真觉大师:“丹霞烧木佛,上座有何过?”大师云:“上座只见佛。”进曰:“丹霞又如何?”大师云:“丹霞烧木头。”

师有时到山院宿,见老宿共行者同床坐。师放下衣钵,便问讯二人,二人都不顾视。直至来朝,遂见行者将一铛饭向堂中心着,共老宿吃,又不唤师。师亦自向前共吃。行者见师向前,便顾视老宿云:“莫言侵早起。”师向老宿曰:“这个行者,何不教伊? 大无礼生!”老宿云:“好个人家男女,有什麽罪过? 点污他作什麽!”师云:“适来洎错放过。”

师作《孤寂吟》曰:

时人见余守孤寂,为言一生无所益;
余则闲吟孤寂章,始知光阴不虚掷。
不弃光阴须努力,此言虽说人不识;
识者同为一路行,岂可颠坠缘榛棘。
榛棘忙忙何是边? 只为终朝尽众喧。
众喧不觉无涯际,哀哉真实不虚传。
传之响之只不闻,犹如灯烛合盂盆;
共知总有光明在,看时未免暗昏昏。
昏昏不觉一生了,斯类尘沙比不少;
直似潭中吞钩鱼,何异空中荡罗鸟。
此患由来实是长,四维上下远茫茫;
倏忽之间迷病死,尘劳难脱哭怆怆。
怆怆哀怨终无益,只为将身居痛室;
到此之时悔何及,云泥未可访孤寂。
孤寂宇宙穷为良,长吟高卧一闲堂;
不虑寒风吹落叶,岂愁桑草遍遭霜。

但看松竹岁寒心，四时不变流清音；
春夏暂为群木暎，秋冬方见郁高林。
故知世相有刚柔，何必将心清浊流？
二时粗糖随缘过，一身遮莫布毛裘。
随风逐浪往东西，岂愁地迮与天低？
时人未解将为错，余则了然自不迷。
不迷须有不迷心，看时浅浅用时深；
此个真珠若采得，岂同樵夫负黄金？
黄金亨练转为真，明珠含光未示人；
了即毛端滴巨海，始知大地一微尘。
尘滴存乎未免愆，莫弃这边留那边；
直似长空搜鸟迹，始得玄中又更玄。
举一例诸足可知，何用喃喃说引词？
只见饿夫来取饱，未闻浆逐渴人死。
多人说道道不行，他家未悟诈头明；
三寸利刀开旷路，万株榛棘拥身生。
尘滓茫茫都不知，空将辩口泻玄微；
此物那堪为大用，千生万劫作贫儿。
聊书孤寂事还深，钟期能听伯牙琴；
道者知音指其掌，方贵名为《孤寂吟》。

师又有《玩珠吟》：

识得衣中宝，无明醉自惺。
百骸俱溃散，一物镇长灵。
知境浑非体，寻珠不见形。
悟即三身佛，迷疑万卷经。
在心心岂测，居耳耳难听。
象罔先天地，渊玄出杳冥。
木刚非锻炼，元净莫澄停。
盘泊逾朝日，玲珑暎晓星。
瑞光流不灭，真澄浊还清。
鉴照崆峒寂，劳笼法界明。
锉凡功不灭，超圣果非盈。

龙女心亲献，蛇王口自倾。
护鹅人却活，黄雀义犹轻。
解语非关舌，能言不是声。
绝边弥瀚漫，三际等空平。
演教非为教，闻名不认名。
二边俱不立，中道不须行。
见月休看指，归家罢问程。
识心岂测佛，何佛更堪成？

又颂曰：

丹霞有一宝，藏之岁月久。
从来人不识，余自独防守。
山河无隔碍，光明处处透。
体寂常湛然，莹彻无尘垢。
世间采取人，颠狂逐路走。
余则为渠说，抚掌笑破口。
忽遇解空人，放旷在林薮。
相逢不擎出，举意便知有。

师又有《骊龙珠吟》：

骊龙珠，骊龙珠，光明灿烂与人殊，
十方世界无求处，纵然求得亦非珠。
珠本有，不升沉，时人不识外追寻，
行尽天涯自疲极，不如体取自家心。
莫求觅，损功夫，转求转觅转元无，
恰如渴鹿趁阳焰，又似狂人在道途。
须自体，了分明，了得不用更磨莹，
深知不是人间得，非论六类及生灵。
虚用意，损精神，不如闲处绝纤尘，
停心息意珠常在，莫向途中别问人。
自迷失，珠元在，此个骊龙终不改，
虽然埋在五阴山，自是时人生懈怠。
不识珠，每抛掷，却向骊龙前作客，
不知身是主人公，弃却骊龙别处觅。

认取宝，自家珍，此珠元是本来人，
拈得玩弄无穷尽，始觉骊龙本不贫。
若能晓了骊珠后，只这骊珠在我身。

师有《弄珠吟》：

般若神珠妙难测，法性海中亲认得。
隐现时游五蕴山，内外光明大神力。
此珠无状非大小，昼夜圆明悉能照。
用时无处复无踪，行住相随常了了。
先圣相传相指授，信此珠人世希有。
智者号明不离珠，迷人将珠不识走。
吾师权指喻摩尼，采人无数入春池。
争拈瓦砾将为宝，智者安然而得之。
言下非近亦非远，体用如如转无转。
万机珠对寸心中，一切时中巧方便。
皇（黄）帝曾游于赤水，视听争求都不遂。
象罔无心却得珠，能见能闻是虚伪。
非自心，非因缘，妙中之妙玄中玄。
森罗万像光中现，寻之不见有根源。
烧六贼，烁四魔，能摧我山竭爱河。
龙女灵山亲献佛，贫儿衣里枉蹉跎。
亦非性，亦非心，非性非心超古今。
体绝名言名不得，权时题作《弄珠吟》。

师与麻谷游山，到涧边语话次。麻谷问："如何是大涅槃？"师回头云："急！"谷曰："急个什摩？"师云："涧水。"

师初开堂时，有人问："作摩生语话，即得不坠门风？"师曰："一任语话，即不坠门风。"僧云："便请和尚语话。"师曰："青山渌水不相似。"

师勘僧曰："什摩处来？"对曰："山下来。"师曰："吃饭也未？"对曰："吃饭了也。"师曰："将饭与阇梨吃底人还有眼也无？"僧无对。有人举似沩山，沩山云："有。"进曰："眼在什摩处？"沩山曰："眼在顶上。"有人持此语举似洞山，洞山云："若不是沩山，争解与摩道？"僧便问："作摩生是在顶上底眼？"洞山云："不昧向上。"招庆拈问保福："将饭与人吃，感恩则有分，为什摩却成不具眼去？"保福云："施者受者，二俱瞎汉。"庆云："忽有人尽其机来，还成瞎汉不？"保福曰："和尚还为人摩？"庆云："教某甲共阿谁商量?”保福寻后曰:“道某甲瞎汉,得摩?”

师又有《如意颂》曰:

真如如意宝,如意宝真如。
森罗及万像,一法更无余。
海澄孤月照,天地洞然虚。
寂寂空形影,明明一道如。

师以长庆三年癸卯岁(823)六月二十三日告门人,令备汤,沐讫云:“吾将行矣。”乃戴笠子,策杖入屦,垂一足未至地而逝。春秋八十六。敕谥智通大师、妙觉之塔。刘轲撰碑文。

【据《大藏经补编》本《祖堂集》卷四,参校中华书局2007年版《祖堂集》本】

麻谷和尚

[南唐]静、筠二禅师

麻谷和尚嗣马大师,在蒲州。师讳宝彻,未详姓氏。

师与丹霞游山,见水中鱼,师以手指丹霞。丹霞云:“天然。”师至明日却问:“昨日意作摩生?”丹霞便作卧势。师曰:“苍天!苍天!”

师行脚时,到三角。三角和尚上堂云:“此事眨上眉毛,早已差过也。”师便问:“承和尚有言:‘此事眨上眉毛,早已差过。’如何是此事?”三角云:“差过也。”师便担倒绳床,三角和尚便打之。

问:“十二分教某甲不疑。”师便起去。

问:“如何是佛法大意?”师良久。其僧却举似石霜:“此意如何?”石霜云:“主人殷勤,滞累阇梨,拖泥涉水。”

【据《大藏经补编》本《祖堂集》卷十五,参校中华书局2007年版《祖堂集》本】

归宗和尚(庐山和尚)

[南唐]静、筠二禅师

归宗和尚嗣马大师,在江州庐山。师讳智常,未详姓氏。

师久与南泉同道,神彩奇异,时人猜之,合有一人之分。师遂以药熏其眼令赤,时人号为赤眼归宗和尚焉。

白舍人为江州刺史,颇甚殷敬。舍人参师,师泥壁次。师回首云:“君子儒?小人儒?”白舍人云:“君子儒。”师以泥辖敲泥板,侍郎以泥挑挑泥,送与师。师便接了,云:“莫是俊机白侍郎以不?”对云:“不敢。”师云:“只有送泥之分。”

有李万卷,白侍郎相引,礼谒大师。李万卷问师:“教中有言:‘须弥纳芥子,芥子纳须弥。’须弥纳芥子,时不人疑;芥子纳须弥,莫成妄语不?”师却问:“于国家何艺出身?”抗声对云:“和尚岂不知弟子万卷出身?”师云:“公因何诳敕?”公云:“云何诳敕?”师云:“公四大身若子长大,万卷何处安着?”李公言下礼谢,而事师焉。万卷赞曰:

出廓送钱嫌不要,手提蓤笠向庐山。
昔日曾闻青霄鹤,更有青霄鹤不如。

师偈曰:

归宗事理绝,日轮正当午。
自在如师子,不与物依怙。
独步四山顶,优游三大路。
吹嘘飞禽堕,嚬呻众兽怖。
机竖箭易及,影没手难覆。
施张如工伎,剪截成尺度。
巧镂万盘名,归宗还似土。
语密音声绝,理妙言难措。
充个耳还聋,取个眼还瞽。
一镞破三关,分明箭后路。
可怜个丈夫,先天为心祖。

师有时拈起帽子,问:“会麽?”对曰:“不会。”师曰:“莫恠老僧头风,不下帽子。”

问:“如何是诸佛玄旨?”师云:“无人能会。”僧云:“向者如何?”师云:“有向则乖。”僧云:“无向者如何?”师云:“谁求玄旨?”其僧于时无语。师云:“去,无子用功处。”僧云:“岂无方便门,令学人得入?”师曰:“有。”僧云:“如何是方便门?”师云:“观音妙智力,能救世间苦。”僧云:“如何是‘观音妙智力,能救世间苦’?”师敲鼎盖三下,却问:“子还闻麽?”云:“闻。”“我为什麽不闻?”僧无对。师打之。

李万卷问:“大藏教明得个什麽边事?”师竖起拳,却问:“汝还会麽?”李公对云:“不会。”师云:“者李公,拳头也不识。”李公云:“某甲不会,请和尚指示。”师云:“遇人则途中授与,不遇人则世谛流布。”

师为众曰:“吾今合说禅,诸子总近前来。”大众尽近前。师云:

汝听观音行,善应诸方所。

弘誓深如海，历劫不思议。

侍多千亿佛，发大清净愿。

师又问："阿那个是观音行？"师却弹指一下，问："诸人还闻摩？"众皆云："闻。"师云："者一队汉，向这里觅什摩？趁出了！"呵呵大笑。

师入园中，见一株菜，尽（画）圆相裹却，谓众曰："辄不得损着者个。"众僧更不敢动着。师于时却来，见菜株犹在，便把杖趁打，呵云："者一队汉，无一个有智慧。"

师问僧："从什摩处来？"对云："某处来。"师云："还将得那个来不？"对云："将得来。"师云："在什摩处？"僧以手从顶上擎出，呈似师。师举手抛向后，僧无对。师云："者野狐儿。"

师铲草次，有一座主来相看。忽见一条蛇，师便镢断。座主云："久向归宗，元来只是粗行沙门。"后有人举问长庆："归宗镢蛇，意作摩生？"长庆云："错。"明真举似瑫庵主，庵主云："把将性命来。"明真不肯。石门代云："专甲在庵中，只是劈柴种菜。"

时有江州东林寺，长讲《维摩经》并《肇论》座主神建问："如何是触目菩提？"师乃跷起一脚示他。座主云："莫无礼。"师云："不无礼。三个现在，座主一任拣取。"座主不会，遂置状于江州，陈论刺史李万卷。李公判云：

"伏以三乘至教，一藏严持，所载文词，唯穷佛性。事能幽现，理实通玄。统三教之根源，作群迷之依仰。既有辞亲弃俗，被褐讲经。经有明文，疏无不尽。自是智辩不到，谬判三身。体解不圆，滥转八识。将智辩智，狂用功夫；将文执文，岂非大错？况师乃深穷《肇论》，洞达《维摩》。肇有'青青翠竹，尽是真如；郁郁黄花，无非般若'；大士有'菩提是障，能障诸愿'。此之两教，既非谬词，且师辩菩提之路，尚未分明；郁郁黄花，争能见性？如斯之见，何用讲经？高座宣扬，欺他中下，何不自玄究竟，擅骋愚聪？抱垢问禅，发言不谛。尊宿垂念，触目相呈。理既共通，何不自会？只如三个，何异法身？师鉴了能，略无般若。何不顿惺，便见无生？假相菩提，空有名字。信有法身，只共一源。改换形仪，凡心自乱。真心了了，无字无名；见性惺惺，何言何说？如师只问菩提之处，将言对敌，埋没达摩来踪。若领寂嘿为宗，维摩一生受屈。师岂不见，肇有四不迁之义，生有六不空之谈？乃知触目之义，不干智慧；不迁之理，永在恒沙。体似琉璃，色如啐啄，随其大小，好丑何安？即色即空，将何言对？

"奇哉！空门弟子，不会色空，却置状词，投公断理。只如儒教，尚有不出户而知一切事，不窥窗而知天下明。知之为知，知之不知为知（知之为知之，不知为不知），俱归智也。辩智之义，尚以如斯；学佛之人，何迷佛性？见师之貌，举意昂藏，将为业蕴无生，道弘大觉。及乎动用，全是凡情。词状但有诽谤之言，出口全乖声闻之行。再三奉劝,且自思惟:知识不屈于学徒,真如岂随于言句?真见无像,其像分明。实听无声,其声不绝。洞达如之,莫非一切。师之不肯,再把状来。忽以公穷,必无好事。聊申一判,略表玄猷。不出词锋,安能辩正?但执此判,将归寺中,集众声钟,诠谛真实。汝若不信,再将状来。若也定实,便自礼佛一百拜,仍更具威仪,往彼礼问知识。造罪忏悔,众罪如霜露,慧日忽顿消前罪去。”

报慈拈问僧:“作摩生道,则得不屈得古人?”僧对云:“这个僧将状出去。”报慈云:“据个什摩道理?”对云:“若是别人,大家吃饭。”

【据《大藏经补编》本《祖堂集》卷十五,参校中华书局2007年版《祖堂集》本】

江西马祖(道一和尚)

[南唐]静、筠二禅师

江西马祖嗣让禅师,在江西。师讳道一,汉州什方县人也,姓马。于罗汉寺出家。自让开心眼,来化南昌。

每谓众曰:“汝今各信自心是佛,此心即是佛心。是故达摩大师从南天竺国来,传上乘一心之法,令汝开悟。又数引《楞伽经》文以印众生心地,恐汝颠倒,不自信。此一心之法,各各有之,故《楞伽经》云:‘佛语心为宗,无门为法门。’”

又云:“‘夫求法者,应无所求。心外无别佛,佛外无别心。不取善,不舍恶,净秽两边,俱不依怙。达罪性空,念念不可得,无自性故。三界唯心,森罗万像,一法之所印。凡所见色,皆是见心。心不自心,因色故有心。汝可随时言说,即事即理,都无所碍。菩提道果,亦复如是。于心所生,即名为色。知色空故,生即不生。若体此意,但可随时着衣吃饭,长养圣胎,任运过时。更有何事?汝受吾教。听吾偈曰:

心地随时说,菩提亦只宁。
事理俱无碍,当生则不生。”

有洪州城大安寺主、讲经讲论座主只观(管)诽谤马祖。有一日夜三更时,鬼使来搥门。寺主云:“是什摩人?”对云:“鬼使来取寺主。”寺主云:“启鬼使:某甲今年得六十七岁,四十年讲经讲论,为众成持。只观(管)贪诤论,未得修行。且乞一日一夜,还得也无?”鬼使云:“四十年来贪讲经论,不得修行,如今更修行作什摩?临渴掘井,有什摩交涉?寺主适来道:‘只观(管)贪讲经论,为众成持。’无有是处。何以故?教有明文:‘自得度令他得度,自解脱令他解脱,自调伏令他调伏,自寂静令他寂静,自安隐令他安隐,自离垢令他离垢,自清净令他清净,自涅槃令他涅槃,自快乐令他快乐。’是汝自身尚乃未得恬静,何能令他道业成持?汝不见金刚藏菩萨告解脱月菩萨言:‘我当自修正行，亦劝于他令修正行。何以故？若自不能修行正行，令他修者，无有是处。'汝将生死不净之心，口头取办，错传佛教，诳号凡情。因此彼王嗔汝，教我取去彼中，便入刀树地狱，断汝舌根，终不得免。汝不见佛语：'言词所说法，小智妄分别。是故生障碍，不了于自心。不能了自心，云何知正道？彼由颠倒慧，增长一切恶。'汝四十年来作口业，不入地狱作什摩？古教自有明文：'言语说诸法，不能现实相。'汝将妄心，以口乱说，所以必受罪报。但责自嫌，莫怨别人。如今速行，若也迟晚，彼王嗔吾。"其第二鬼使云："彼王早知如是次第，何妨与他修行？"其第一鬼使云："若与摩，则放一日修行。某等去彼中谘白彼王。王若许，明日便来；王若不许，一饷时来。"其鬼使去后，寺主商量："这个事鬼使则许了也，某甲一日作摩生修行？"无可计，不待天明便去开元寺搥门。门士云："是什摩人？"对云："太安寺主来起居大师。"门士便开门，寺主便去和尚处，具陈前事后，五体投地礼拜，起云："生死到来，作摩生即是？乞和尚慈悲，救某甲残命。"师教他身边立地。天明了，其鬼使来太安寺里，讨主不见。又来开元寺，觅不得，转去也。师与寺主即见鬼使，鬼使即不师与寺主也。僧拈问龙华："只如寺主当时向什摩处去，鬼使觅不得？"花云："牛头和尚。"僧云："与摩则国师当时也太奇。"龙花曰："南泉和尚。"

有一日斋后，忽然有一个僧来，具威仪，便上法堂参师。师问："昨夜在什摩处？"对曰："在山下。"师曰："吃饭也未"？对曰："未吃饭。"师曰："去库头觅吃饭。"其僧应喏，便去库头。当时百丈造典座，却自个分饭与他供养。其僧吃饭了，便去。百丈上法堂。师问："适来有一个僧未得吃饭，汝供养得摩？"对曰："供养了。"师曰："汝向后无量大福德人。"对曰："和尚作摩生与摩说？"师曰："此是辟支弗僧，所以与摩说。"进问："和尚是凡人，作摩生受他辟支弗礼？"师云："神通变化则得，若是说一句佛法，他不如老僧。"

师有一日上禅床，才与摩坐，便洟唾。侍者便问："和尚适来因什摩洟唾？"师云："老僧在这里坐，山河大地，森罗万像，总在这里，所以嫌他，与摩唾。"侍者云："此是好事，和尚为什摩却嫌？"师云："于汝则好，于我则嫌。"侍者云："此是什摩人境界？"师云："此是菩萨人境界。"后鼓山举此因缘云："古人则与摩。是你诸人，菩萨境界尚未得，又故则嫌他。菩萨虽则是嫌，但以先证得菩萨之位，后嫌也嫌。老僧未解得菩萨之位，作摩生嫌他这个事？"

有西川黄三郎教两个儿子投马祖出家。有一年，却归屋里，大人才见两僧生佛一般，礼拜云："古人道：'生我者父母，成我者朋友。'是你两个僧便是某甲朋友，成持老人。"曰："大人虽则年老，若有此心，有什摩难？"大人欢喜，从此便居士相，共男僧便到马祖处。其僧具陈来旨，大师便上法堂。黄三郎到法堂前，师曰："咄！西川黄三郎岂不是?”对曰:“不敢。”师曰:“从西川到这里,黄三郎如今在西川?在洪州?”云:“家无二主,国无二王。”师曰:“年几?”云:“八十五。”“虽则与摩,算什摩年岁?”云:“若不遇和尚,虚过一生;见师后,如刀划空。”师曰:“若实如此,随处任真。”

黄三郎有一日到大安寺廊下,便啼哭。亮座主问:“有什摩事啼哭?”三郎曰:“啼哭座主。”座主云:“哭某等作摩?”三郎曰:“还闻道黄三郎投马祖出家,才蒙指示便契合,汝等座主说葛藤作什摩?”座主从此发心,便到开元寺。门士报大师曰:“大安寺亮座主来,欲得参大师,兼问佛法。”大师便升座。座主来参大师,大师问:“见说座主讲得六十本经论,是不?”对云:“不敢。”师云:“作摩生讲?”对云:“以心讲。”师云:“未解讲得经论在。”座主云:“作摩生?”云:“‘心如工技儿,意如和技者。’争解讲得经论在?”座主云:“心既讲不得,将虚空还讲得摩?”师云:“虚空却讲得。”座主不在意,便出。才下阶,大悟,回来礼谢。师云:“钝根阿师,礼拜作什摩?”亮座主起来,霡霂汗流。昼夜六日在大师身边侍立。后谘白云:“某甲离和尚左右,自看省路修行。唯愿和尚久住世间,广度群生,伏惟珍重!”座主归寺,告众云:“某甲一生功夫,将谓无人过得,今日之下,被马大师呵啧,直得情尽。”便散却学徒,一入西山,更无消息。座主偈曰:

三十年来作饿鬼,如今始得复人身。
青山自有孤云伴,童子从他事别人。

漳南拈问僧:“虚空讲经,什摩人为听众?”对云:“适来暂随喜去来。”漳南云:“是什摩义?”云:“若是别人,便教收取。”漳南曰:“汝也是把火之意。”

师上堂良久,百丈收却面前席,师便下堂。

问:“如何是佛法旨趣?”师云:“正是你放身命处。”

问:“请和尚离四句,绝百非,直指西来意,不烦多说。”师云:“我今日无心情,不能为汝说。汝去西堂,问取智藏。”其僧去西堂,具陈前问。西堂云:“汝何不问和尚?”僧云:“和尚教某甲来问上座。”西堂便以手点头,云:“我今日可杀头痛,不能为汝说,汝去问取海师兄。”其僧又去百丈,乃陈前问。百丈云:“某甲到这里却不会。”其僧却举似师,师云:“藏头白,海头黑。”

师遣人送书到先径山钦和尚处,书中只画圆相。径山才见,以笔于圆相中与一划。有人举似忠国师,忠国师云:“钦师又被马师惑。”

有人于师前作四划,上一划长,下三划短,云:“不得道一长,不得道三短,离此四句外,请师答某甲。”师乃作一划,云:“不得道长,不得道短,答汝了也。”忠国师闻举,别答云:“何不问某甲?”

有座主问师:“禅宗传持何法?”师却问:“座主传持何法?”对曰:“讲得四十本经论。”师云:“莫是师子儿不?”座主云:“不敢。”师作嘘嘘声。座主云:“此亦是法。”师云:“是什摩法?”对云:“师子出窟法。”师乃嘿然。座主云:“此亦是法。”师云:“是什摩法?”对云:“师子在窟法。”师云:“不出不入,是什摩法?”座主无对,遂辞出门。师召云:“座主。”座主应喏,师云:“是什摩?”座主无对,师呵云:“这钝根阿师!”后百丈代云:“见摩?”

师问僧:“从什摩处来?”对云:“从淮南来。”师云:“东湖水满也未?”对云:“未。”师云:“如许多时雨水,尚未满!”道吾云:“满也。”云岩云:“湛湛底。”洞山云:“什摩劫中曾欠小来?”

师明晨迁化,今日晚际。院主问:“和尚四体违和,近日如何?”师曰:“日面佛,月面佛。”

汾州和尚为座主时,讲四十二本论,来问师:“三乘十二分教,某甲粗知,未审宗门中意旨如何?”师乃顾示云:“左右人多,且去。”汾州出门,脚才跨门阆,师召座主,汾州回头应喏。师云:“是什摩?”汾州当时便省,遂礼拜,起来云:“某甲讲四十二本经论,将谓无人过得。今日若不遇和尚,洎合空过一生。”

师问百丈:“汝以何法示人?”百丈竖起拂子对。师云:“只这个?为当别更有?”百丈抛下拂子。僧拈问石门:“一语之中便占马大师两意,请和尚道。”石门拈起拂子,云:“寻常抑不得已。”

大师下亲承弟子总八十八人出现于世,及隐道者莫知其数。大师志性慈愍,容相环奇,足下二轮,颈有三约。说法住世四十余年,玄徒千有余众。

师贞元四年戊辰岁(788)二月一日迁化,塔在泐潭宝峰山,敕谥大寂禅师、大庄严之塔。裴相书额,左承相权德舆撰碑文。

净修禅师颂曰:

马师道一,行全金石。
悟本超然,寻枝劳役。
久定身心,一时抛掷。
大化南昌,寒松千尺。

【据《大藏经补编》本《祖堂集》卷十四,参校中华书局2007年版《祖堂集》本】

石巩和尚

[南唐]静、筠二禅师

石巩和尚嗣马大师,在抚州。师讳慧藏。

未出家时,趁鹿从马大师庵前过,问和尚:“还见我鹿过摩?”马大师云:“汝是什摩人？”对云：“我是猎人。”马师云：“汝解射不？”对云：“解射。”马师云：“一箭射几个？”对曰：“一箭射一个。”马师云：“汝浑不解射。”进曰：“和尚莫是解射不？”马师云：“我解射。”进曰：“一箭射几个？”［马］师云：“一箭射一群。”师云：“彼此生命，何得射他？”［马］师云：“汝既知如此，何不自射？”师曰：“若教某甲自射，无下手处。”［马］师云：“者汉无明烦恼一时顿消。”师当时拗折弓箭，将刀截发，投师出家。

师后因一日在厨作务次，马师问：“作什麼？”对云：“牧牛。”马师曰：“作麼生牧？”对曰：“一回入草去，便把鼻孔拽来。”马师云：“子真牧牛！”

师问西堂：“你还解捉得虚空麼？”西堂云：“捉得。”师云：“作麼生捉？”西堂以手撮虚空势。师云：“与摩作摩生捉得虚空？”西堂却问师：“作摩生捉？”师便把西堂鼻孔拽着。西堂作忍痛声，云：“太杀拽人鼻孔，直得脱去！”师曰：“直须与摩捉他虚空始得。”

有时僧参次，师云：“适来作麼处去来？”对云：“在。”师曰：“在什麼处？”僧弹指而对。

有僧礼拜师，师云：“从什麼处来？”对曰：“某处来。”师云：“还将得那个来麼？”对云：“将得来。”师云：“在什麼处？”僧弹指两三下。

三平和尚参师，师架起弓箭，云：“看箭！”三平擗开胸受。师便抛下弓箭云：“三十年在者里，今日射得半个圣人。”三平住持后云：“登时将谓得便宜，如今看却输便宜。”石门拈问明真：“作摩生道，即得免被唤作半个圣人？”明真便喝云：“这野狐情（精）！”石门云：“委得也，莫弄好手。”

师有《弄珠吟》曰：

落落明珠耀百千，森罗万像镜中悬，
光透三千越大千，四生六类一灵源。
凡圣闻珠谁不羡，瞥起心求浑不见，
对面看珠不识珠，寻珠逐物当时变。
千般万般况珠喻，珠离百非超四句，
只这珠生是不生，非为无生珠始住。
如意珠，大圆镜，亦有人中唤作性，
分身百亿我珠分，无始本净如今净。
日用真珠是佛陀，何劳逐物浪波波，
隐现则今无二相，对面看珠识得摩？

【据《大藏经补编》本《祖堂集》卷十四，参校中华书局2007年版《祖堂集》本】

石头和尚

[南唐]静、筠二禅师

石头和尚嗣吉州思和尚，在南岳。师讳希迁，姓陈，端州高要人也。

在孕之时，母绝膻秽；及诞之夕，满室光明。父母怪异，询乎巫祝。巫祝曰："斯吉祥之征也。"风骨端秀，方颐大耳，专静不杂，异乎凡童。及年甫龆龀，将诣佛寺，见尊像。母氏令礼。礼已曰："斯佛也。"师礼讫，瞻望久之，曰："此盖人也，形仪手足与人奚异？苟此是佛，余当作焉。"时道俗咸异斯言。亲党之内多尚淫祀，率皆宰犊以祈福祐。童子辄往林社，毁其祀具，夺牛而还，岁盈数十，悉巡之于寺。自是亲族益修净业。

时六祖正扬真教。师世业邻接新州，遂往礼覲。六祖一见欣然，再三抚顶，而谓之曰："子当绍吾真法矣！"与之置馔，劝令出家。于是落发离俗。开元十六年(728)具戒于罗浮山。略探律部，见得失纷然，乃曰："自性清净，谓之戒体。诸佛无作，何有生也？"自尔不拘小节，不尚文字。

因读肇公《涅槃无名论》云："览万像以成己者，其唯圣人乎？"乃叹曰："圣人无己，靡所不己；法身无量，谁云自他？圆镜虚鉴于其间，万像体玄而自现。境智真一，孰为去来？至哉斯语也！"

尚于山舍假寐，如梦见吾身与六祖同乘一龟，游泳深池之内，觉而详曰："龟是灵智也；池，性海也。吾与师同乘灵智，游于性海久矣。"

六祖迁化时，师问："百年后某甲依什摩人？"六祖曰："寻思去。"六祖迁化后，便去清凉山(青原山)靖居行思和尚处，礼拜侍立。和尚便问："从什摩处来？"对曰："从曹溪来。"和尚拈起和痒子曰："彼中还有这个也无？"对曰："非但彼中，西天亦无。"和尚曰："你应到西天也无？"对曰："若到，即有也。"和尚曰："未在，更道。"对曰："和尚也须取一半，为什摩独考专甲？"和尚曰："不辞向你道，恐已后无人承当。"和尚又问："你到曹溪得个什摩物来？"对曰："未到曹溪，亦不曾失。"师却问："和尚在曹溪时，还识和尚不？"思曰："你只今识吾不？"对曰："识又争能识得？"又问："和尚自从岭南出后，在此间多小时？"思曰："我亦不知。汝早晚离曹溪？"对曰："某甲不从曹溪来。"思曰："我也知你来处。"对曰："和尚幸是大人，莫造次。"思和尚见师异于常人，便安排于西侠(夹)，日夕只在和尚身边。

其师形貌端正，足人是非，直得到和耳里。和尚得消息，向师曰："汝正时是。"师便应喏。第二日，粥鼓鸣了，在西侠(夹)里坐，伸手取粥。厨下僧见其钵盂，寻来。元来其师取和尚粥，众人知是其人安排。凡夫不识圣人，谤和尚，又毁师。阖院一齐上来，于和尚前收过。思和尚向师曰："从今已后，第一不得行此事。你若行此事，你若行此事，是你正眼埋却也不难。”

师受戒后，思和尚问：“你已是受戒了也，还听律也无？”对曰：“不用听律。”思曰：“还念戒也无？”对曰：“亦不用念戒。”思曰：“你去让和尚处达书，得否？”对曰：“得。”思曰：“速去速来。你若迟晚些子，不见吾。你若不见吾，不得床下大斧。”师便去到南岳让和尚处。书犹未达，先礼拜问：“不慕诸圣、不重己灵时，如何？”让和尚曰：“子问太高生！向后人成阐提去。”师对曰：“宁可永劫沉沦，终不求诸圣出离。”师机既不投，书亦不达，便归师处。思和尚问：“彼中有信不？”师对曰：“彼中无信。”思曰：“有回报也无？”对曰：“信既不通，书亦不达。”师却问：“专甲去时，和尚有言，教速来床下收取大斧。今已来也，便请大斧。”思和尚良久，师作礼而退。斯之要旨，岂劣器之能持？乃佛佛径烛心灯，祖祖玄传法印。大师既投针而久亲于丈室，临歧而迥承方外之机，则能事将备，道可行矣。思和尚曰：“吾之法门，先圣展转递相嘱授，莫令断绝。祖师预记于汝，汝当保持，善自好去。”非久之间，思和尚迁化。师着麻一切了，于天宝初(742)方届衡岳，遍探岑壑，遂顿息于南台。

寺东有石如台，乃庵其上，时人号石头和尚焉。此台则梁海禅师得道之台也。师初至南台，师僧去看，转来向让和尚说：“昨来到和尚处问佛法轻忽底后生，来东石头上坐。”让曰：“实也无？”对曰：“实也。”让便唤侍者曰：“你去东边子细看石头上坐底僧。若是昨来底后生，便唤他；若有应，你便道：‘石上憷悖子，堪移此处裁(栽)。’”侍者持此偈举似师。师答曰：“任你哭声哀，终不过山来。”侍者却来，举似让和尚。和尚云：“这阿师！他后子孙噤却天下人口去。”又教侍者问法。侍者问法。侍者去彼问：“如何是解脱？”师曰：“阿谁缚汝？”“如何是净土？”师曰：“阿谁垢汝？”“如何是涅般(槃)？”师曰：“谁将生死与汝？”侍者却来举似和尚。和尚便合掌顶戴。此时有坚固禅师、兰、让三人为世宗匠，佥曰：“彼石头有真师子吼。”师唤主事，具陈前事。主事曰：“乞师有事处分。”和尚领众去东边见石头。石头又强为不得，起来迎接。相看一切了，让和尚与石头起院成持也。

僧问：“如何是祖师西来意？”师曰：“问取露柱去。”僧曰：“不会。”师曰：“我更不会。”

大颠问：“古人道：‘道有道无，二谤。’请师除。”师曰：“正无一物，除个什摩？”师索大颠曰：“并却咽喉唇吻，速道将来。”对曰：“无这个。”师曰：“若与摩，则你得入门也。”

僧问：“如何是本来事？”师曰：“汝因何从我觅？”进曰：“不从师觅，如何即得？”师曰：“何曾失却那？作摩？”

药山在一处坐。师问：“你在这里作什摩？”对曰：“一物也不为。”师曰：“与摩则闲坐也。”对曰：“若闲坐，则为也。”师曰：“你道不为，不为个什摩？”对曰：“千圣亦不识。”师以偈赞曰：

从来共住不知名，任运相将作摩行。

自古上贤犹不识，造次常流岂可明？

僧拈问漳南：“既是千圣，为什摩不识？”答曰：“千圣是什摩碗鸣声！”

师问僧：“从什摩处来？”对曰：“从江西来。”师曰：“江西还见马祖不？”对曰：“见。”师乃指一柴橛曰：“马师何似这个？”僧无对。却回，举似师，请师为决。马师曰：“汝见柴橛大小？”对曰：“勿量大。”马师曰：“汝甚有壮大之力。”僧曰：“何故此说？”马师曰：“汝从南岳负一柴橛来，岂不是有壮大之力？”

师述《参同契》曰：

竺土大仙心，东西密相付。人根有利钝，道无南北祖。

灵源明皎洁，枝派暗流注。执事元是迷，契理亦非悟。

门门一切境，回互不回互。回而更相涉，不尔依位住。

色本殊质像，声源异乐苦。暗合上中言，明暗清浊句。

四大性自复，如子得其母。火热风动摇，水湿地坚固。

眼色耳声音，鼻香舌咸醋。然于一一法，依根叶分布。

本末须归宗，尊卑用其语。当明中有暗，勿以明相遇。

当暗中有明，勿以暗相睹。明暗各相对，譬如前后步。

万物自有功，当言用及处。事存函盖合，理应箭锋住。

承言须会宗，勿自立规矩。触目不见道，运足焉知路。

进步非远近，迷隔山河固。谨白参玄人，光阴勿虚度。

师与邓隐峰铲草次，见蛇。师过锹子与隐峰。隐峰接锹子了，怕，不敢下手。师却拈锹子截作两段，谓隐峰曰：“生死尚未过得，学什摩佛法？”

师将锹子铲草次，隐峰问：“只铲得这个，还铲得那个摩？”师便过锹子与隐峰。隐峰接得锹子，向师铲一下。师曰：“你只铲得这个。”洞山代曰：“还有堆阜摩？”

师唐贞元六年庚午岁（790）十二月六日终，春秋九十一，僧夏六十三。僖宗皇帝谥号无际大师、见相之塔。

【据《大藏经补编》本《祖堂集》卷四，参校中华书局2007年版《祖堂集》本】

洞山和尚

[南唐]静、筠二禅师

洞山和尚嗣云岩，在洪州高安县。师讳良价，姓俞，越州诸暨县人也。

初投村院院主处出家，其院主不任持，师并无欺嫌之心。过得两年，院主见他孝顺，教伊念《心经》。未过得一两日，念得彻，和尚又教上别经。师启师曰："念底《心经》尚乃未会，不用上别经。"院主云："适来可怜念得，因什摩道未会？"师曰："经中有一句语不会。"院主云："不会那里？"师曰："不会'无眼、耳、鼻、舌、身、意'，请和尚为某甲说。"院主杜口无言。从此法公不是寻常人也。院主便领上五泄和尚处，具陈前事："此法公不是某甲分上人，乞和尚摄收。"五泄容许，师蒙摄受。过得三年后，受戒一切了，谘白和尚："启师：某甲欲得行脚，乞和尚处分。"五泄云："寻取排择下，问取南泉去。"师曰："一去攀缘尽，孤鹤不来巢。"师便辞五泄，到南泉。

南泉因归宗斋，垂语云："今日为归宗设斋，归宗还来也无？"众无对。师出来，礼拜云："请师征起。"南泉便问。师对曰："待有伴则来。"南泉跳下来，抚背云："虽是后生，敢有雕琢之分。"师曰："莫压良为贱。"因此名播天下，呼为作家也。后参云岩，尽领玄旨。

止大中(847—859)末间，住于新丰山，大弘禅要。时有人问："学人欲见和尚本来师时，如何？"师曰："年涯相似，则无阻碍。"学人再举所疑，师曰："不蹑前踪，更请一问。"云居代云："与摩则某甲不得见和尚本来师也。"后教上座拈问长庆："如何是年涯相似？"长庆云："古人与摩道，教阇梨来这里觅什摩？"

问："师见南泉，因什摩为云岩设斋？"师曰："我不重他云岩道德，亦不为佛法，只重他不为我说破。"

问："如何是毗卢师、法身主？"师曰："禾茎、粟柄。"

师到百颜，颜问："近离什摩处？"师曰："近离湖南。"颜云："观察使姓什摩？"师曰："不得他姓。"颜云："名什摩？"师曰："不得他名。"颜曰："还曾出不？"师曰："不曾出也。"颜曰："合句当事不？"师曰："自有郎幕在。"颜曰："虽不出，合处分事。"师乃拂袖而出。百颜经宿，自知不得，入堂问："昨日二头陀何在？"师曰："某甲是。"颜曰："昨夜虽对阇梨，一夜不安，将知佛法大难！大难！头陀若在此间过夏，某甲则陪随二头陀，便请代语。"师代云："也太尊贵。"

因云岩问院主游石室云："汝去入石室里许，莫只与摩便回来？"院主无对。师云："彼中已有人占了也。"岩云："汝更去作什摩？"师云："不可人情断绝去也。"

问："如何是西来意？"师云："大似骇鸡犀。"

有人问洞山："'时时勤拂拭'，大杀好，因什摩不得衣钵？"洞山答曰："直道'本来无一物'，也未得衣钵在。"进曰："什摩人合得衣钵？"师曰："不入门者得。"进曰："此人还受也无？"师曰："虽然不受，不得不与他。"

问："蛇吞虾蟆，救则是？不救则是？"师云："救则双目不睹，不救则形影不彰。"

因云岩斋，有人问："和尚于先师处得何指示？"师曰："我虽在彼中，不蒙他指示。"僧曰："既不蒙他指示，又用设斋作什麼？"师曰："虽不蒙他指示，亦不敢辜负他。"又设斋次，问："和尚设先师斋，还肯先师也无？"师曰："半肯半不肯。"僧曰："为什麼不全肯？"师曰："若全肯，则辜负先师。"僧拈问安国："全肯为什麼却成辜负？"安国曰："金屑虽贵。"白莲云："不可认儿作爷。"有人拈问凤池："如何是半肯？"凤池云："从今日去向人，且留亲见。""如何是半不肯？"凤池云："还是汝肯底事摩？"僧曰："全肯为什摩辜负先师？"凤池云："守着合头，则出身无路。"

问："三身中阿那个身不随众数？"师曰："吾常于此切。"僧问曹山："先师道'吾常于此切'，意作摩生？"曹山云："要头则斫将去。"问雪峰，雪峰以杖拦口撼云："我亦曾到洞山来。"

因夜不点灯，有僧出来问话。师唤侍者点灯来。侍者点灯来，师曰："适来问话上座出来，出来。"其僧便出。师曰："将取三两粉，与这个上座。"僧拂袖而出。后因此得入路，将衣钵一时设斋。得三五年后，辞和尚。和尚云："善为，善为。"雪峰在身边侍立，问："者个上座适来辞去，几时再来？"师曰："只知一去，不知再来。"此僧归堂，衣钵下座而迁化。雪峰见上座迁化，便报师，师曰："虽然如此，犹教老僧三生在。"

又一家举则别：因两个僧造同行，一人不安，在涅槃堂里将息，一人看他。有一日，不安底上座唤同行云："某甲欲得去，一时相共去。"对曰："某甲未有病，作摩生相共去？"病僧云："不得。比来同行去，也须同行去，始得。"对曰："好！与摩则某甲去辞和尚。"其僧到和尚处，具说前事。师云："一切事在你，善为，善为。"其僧去涅槃堂里，两人对坐，说话一切后，当胸合掌，峭底便去。雪峰在法席造饭头，见其次第，便去和尚处说："适来辞和尚僧去涅槃堂里，两人对座迁化，极是异也。"师云："此两人只解与摩去，不解传来。若也与老僧隔三生在。"

师有时示众曰："吾有闲名在世，谁能与吾除得？"有沙弥出来云："请师法号。"师自槌曰："吾闲名已谢。"石霜代云："无人得他肯。"进曰："争那闲名在世何？"霜曰："张三、李四他人事。"云居代云："若有闲名，非吾先师。"曹山代曰："从古至今，无人弁得。"疏山代云："龙有出水之机，人无弁得之能。"

问："如何是正问正答？"师曰："不从口里道。"僧曰："有如是人问，和尚还道不？"师曰："汝问也未曾问。"

问："如何是病？"师曰："瞥起是病。"进曰："如何是药？"师曰："不续是药。"

洞山问僧曰："什摩处来？"对曰："三祖塔头来。"师曰："既从祖师处来，要见老僧作什摩？"对曰："祖师则别，学人与和尚不别。"师云："老僧欲见阇梨本来师，得不？"对曰："亦须师自出头来，始得。"师云："老僧适来暂时不在。"

问："承教中有言：誓度一切众生，我则成佛。此意如何？"师曰："譬如十人同选，一人不及第，九人总不得。一人若及第，九人总得。"僧曰："和尚还及第不？"师曰："我不读书。"

师问僧："名什摩？"对曰："专甲。"师曰："阿那个是阇梨主人公？"对曰："现祇对和尚即是。"师曰："苦哉，苦哉！今时学者，例皆如此。只认得驴前马后，将当自己眼目。佛法平沉，即此便是。客中主尚不弁得，作摩生弁得主中主？"僧问："如何是主中主？"师曰："阇梨自道取。"僧云："某甲若道得，则是客中主。"师曰："与摩道则易，相续则大难，大难。"云居代云："某甲若道得，不是客中主。"

师问雪峰："汝去何处？"对曰："入岭去。"师云："汝从飞猿岭过不？"对曰："过。"师曰："来时作摩生？"对曰："亦彼处来。"师曰："有一人不从飞猿岭，便到者里，作摩生？"对曰："此人无来去。"师曰："汝还识此人不？"对曰："不识。"师曰："既不识，争知无来去？"雪峰无对。师代云："只为不识，所以无来去。"

师有时曰："体得佛向上事，方有些子语话分。"僧便问："如何是语话分？"师曰："语话时阇梨不闻。"僧曰："和尚还闻不？"师曰："待我不话语时则闻。"

师有时云："直须向万里无寸草处立。"有人举似石霜，石霜云："出门便是草。"师闻举云："大唐国内能有几人？"

师举："盐官法会有一僧，知有佛法，身为主事，未得修行，大限将至，见鬼使来取僧，僧云：'某甲身为主事，未得修行，且乞七日，得不？'鬼使云：'待某甲去白王。王若许，得七日后方始来。若不许，须臾便到。'鬼使七日后方来，觅僧不得。"有人问："他若来时，如何祇对他？"师曰："被他觅得也。"

有僧从曹溪来，师问："见说六祖在黄梅八个月踏碓，虚实？"对曰："非但八个月踏碓，黄梅亦不曾到。"师曰："不到且从，从上如许多佛法，什摩处得来？"对曰："和尚还曾佛法与人不？"师曰："得则得，即是太抵突人。"师代曰："什摩劫中曾失却来？"中招庆代云："和尚禀受什摩处？"

问："如何是古人百答而无一问？"师曰："清天朗月。""如何是今时百问而无一答？"师云："黑云叆叇。"

问："师见什摩道理，更住此山？"师曰："见两个泥牛斗入海，直至如今无消息。"问："'饭百千诸佛，不如饭一无修无证之者。'未审百千诸佛有何过？"师曰："无过，只是功勋边事。"僧曰："非功勋者，如何？"师曰："不知有，保任即是。"

问："承和尚有言，教人行鸟道，未审如何是鸟道？"师曰："不逢一人。"僧曰："如何是行？"师曰："足下无丝去。"僧曰："莫是本来人也无？"师曰："阇梨因什摩颠倒？"僧云："学人有何颠倒？"师曰："若不颠倒，你因什摩认奴作郎？"僧曰："如何是本来人？"

师曰："不行鸟道。"

问："六国不宁时如何?"师曰："臣无功。"僧曰："臣有功时如何?"师云："国界安清。"僧曰："安清后如何?"师曰："君臣道合。"僧云："臣传身后如何?"师曰："不知有君。"

问："知识出世，学人有依，迁化去后，如何得不被诸境惑?"师曰："如空中轮。"僧曰："争奈今时妄起何?"师曰："正好烧却。"问："和尚出世，几人肯重佛法?"师曰："实无一人肯重。"僧曰："为什摩不肯重?"师曰："他各各气宇如王相似。"

问云居："你爱色不?"对曰："不爱。"师曰："你未在。好与。"云居却问："和尚还爱色不?"师曰："爱。"居曰："正与摩，见色时作摩生?"师曰："如似一团铁。"

师问僧："名什摩?"对曰："请和尚安名。"师自称良价。僧无对。云居代云："与摩则学人无出头处也。"又云："与摩则总被和尚占却也。"

师问太长老："有一物，上柱天，下柱地，常在动用中，黑如漆，过在什摩[处]?"对曰："过在动用。"师便咄："出去!"石门代云："觅不得。"有人进曰："为什摩觅不得?"石门云："黑如漆。"

因雪峰搬柴次，师问："重多少?"对曰："尽大地人提不起。"师云："争得到这里?"雪峰无对。雪居代云："到这里方知提不起。"疏山代云："只到这里，岂是提得起摩?"

有一僧到参，师见异，起来受礼了，问："从何方而来?"对曰："从西天来。"师曰："什摩时离西天?"曰："斋后离。"师曰："太迟生。"对曰："迤逦游山玩水来。"师曰："即今作摩生?"其僧进前，叉手而立，师乃只揖，云："吃茶去。"

师问僧："什摩处来?"僧云："游山来。"师曰："还到顶上不?"曰："到。"师曰："顶上还有人不?"对曰："无人。"师曰："与摩则阇梨不到顶上也。"对曰："若不到，争知无人?"师曰："阇梨何不且住?"对曰："某甲不辞住，西天有人不肯。"

师问云居："什摩处去来?"对曰："踏山去来。"师曰："阿那个山敢住?"对曰："阿那个山不敢住?"师曰："与摩则大唐国内总被阇梨占却了也。"对曰："不然。"师曰："与摩则子得入门也。"对曰："无路。"师曰："若无路，争得与老僧相见?"对曰："若有路，则与和尚隔生。"师云："此子已后，千万人把不住。"

师到泐潭，见政上座谓众说话云："也太奇，也大奇！道界不可思议，佛界不可思议。"师便问："道界、佛界则不问，且说道界、佛界是什摩人？只请一言。"上座良久无言，师催云："何不急道!"上座云："争则不得。"师云："道也未曾道，说什摩争即不得?"上座无对。师曰："佛之与道，只是名字，何不引教?"上座曰："教道什摩?"师曰："得意忘言。"上座云："犹将教意向心头作病在。"师曰："说道界、佛界者病多少?"上座因兹而终。

师问雪峰："什麼处去来？"对曰："斫槽去来。"师曰："几斧得成？"对曰："一斧便成。"师云："那边事作麼生？"对曰："无下手处。"师曰："此犹是这边事，那边事作麼生？"雪峰无对。疏山代云："不堕，无斤斧。"

问："单刀直入，拟取师头时，如何？"师曰："堂堂无边表。"僧曰："争奈今时羸劣何？"师曰："四邻五舍，谁人无之？暂寄旅店，足什麼可怪？"

大师又(有)《劝学徒》曰：天地之内，宇宙之间，中有一宝，秘在形山。

识物灵照，内外空然，寂寞难见，其位玄玄。

但向己求，莫从他借，借亦不得，舍亦不堪。

总是他心，不如自性，性如清净，即是法身。

草木之生，见解如此。

住止必须择伴，时时闻于未闻；远行要假良朋，数数清于耳目。

故云：生我者父母，成我者朋友。

亲于善者，如雾里行，虽不湿衣，时时有润。

蓬生麻竹，不扶自直；白砂在泥，与之俱黑。

一日为师，终世为天；一日为主，终身为父。

玉不琢不成器，人不学不知道。

师问病僧："不易，阇梨？"对曰："生死事大，和尚。"师曰："何不向粟畲里去？"病僧曰："若与摩，则珍重。"峭然便去。

问："'一切皆放舍，犹若未生时'，如何？"师曰："有一人不知阇梨手空。"

师示众云："诸方有惊人之句，我这里有刮骨之言。"时有人问："承和尚有言：诸方有惊人之句，我之里有刮骨之言。岂不是？"师曰："是也，将来与你刮。"僧曰："四面八方请师刮。"师曰："不刮。"僧曰："幸是好手，为什麼不刮？"师曰："汝不见道，世医拱手？"云门到西峰，西峰问："某甲只闻洞山刮骨之言，不得周旋，请上座与某举看。"云门具陈前话。西峰便合掌云："得与摩周旋。"云门拈问西峰："洞山前语道：将来与你刮。宾家第二机来，为什麼道不刮？"西峰沉吟后云："上座。"上座应喏，西峰曰："堆阜也。"

师示众曰："展手而学，鸟道而学，玄路而学。"宝寿不肯，出法堂外道："这老和尚有什麼事急？"云居便去和尚处，问："和尚与摩道，有一人不肯。"师曰："为肯者说，不为不肯底，只如不肯底人，教伊出头来，我要见。"居云："无不肯底。"师曰："阇梨适来道，有一人不肯，因什麼道无不肯？更道。"居云："出来则肯也。"师曰："灼然，肯则不肯，出则不出。"

问："古人有言：'青青翠竹，尽是真如；郁郁黄花，无非般若。'此意如何？"师曰：

"不遍色。"僧曰:"为什摩不遍色?"师曰:"不是真如,亦无般若。"僧曰:"还彰也无?"师曰:"不露世。"僧曰:"为什摩不露世?"师曰:"非世。"僧曰:"非世者如何?"师曰:"某甲则与摩道,阇梨如何?"对曰:"不会。""将会与阇梨。"僧曰:"和尚为什摩不与施设?"师曰:"看,看,不奈何。"僧曰:"为什摩承当不得?"师曰:"汝为什摩泥他有言?"僧曰:"与摩则无言。"师曰:"非无言。"僧曰:"无言为什摩却非?"师曰:"不是无言。"

问:"'相逢不擎出,举意便知有。'此意如何?"师合掌顶戴。报慈拈问僧:"只如洞山口里与摩道,合掌顶戴,只与摩是合掌顶戴?"僧无对。自代曰:"一脉两中。"

问:"清河彼岸,是什摩草?"师曰:"不萌之草。"僧曰:"渡河就者如何?"师曰:"一切都尽。"师又云:"不萌之草为什摩能藏香象?香象者,今时功成果;草者,本来不萌之草;藏者,本不认圆满行相,故云藏。"

有一尼到僧堂前云:"如许多众僧,总是我儿子也。"众僧道不得。有人举似师,师代云:"我因所生。"

有僧持钵家常,俗人问:"上座要个什摩?"僧云:"拣什摩!"俗人将草满钵盂着,云:"上座若解道得,则供养;若道不得,则且去。"其僧无对。有人举似师,师代云:"这个是拣底,不拣底把将来!"

师问僧:"'心法双亡性则真',是第几座?"对曰:"是第二座。"师曰:"为什摩不与他第一座?"僧曰:"非心非法。"师曰:"心法双亡,是非心非法也,何更如是道?"师代曰:"非真,不得座。"

问:"如何是父少?"师云:"阇梨春秋多少?""如何是子老?"师曰:"某甲寻常向人道玄去。"

问:"古人有言:'但以神会,不可以事求。'此意如何?"师曰:"从门入者非宝。"曰:"不从门入者,如何?"师曰:"此中无人领览。"

问:"心法灭时如何?"师曰:"口里道得,有什摩利益?莫信口头办,直得与摩去,始得。设使与摩去,也是佛边事。"学进曰:"请师指示个佛向上人。"师曰:"非佛。"

问:"四大违和,还有不病者也无?"师曰:"有。"僧曰:"不病者还看和尚不?"师曰:"某甲看他则有分,他谁彩某甲?"僧曰:"和尚病,争看得他?"师曰:"某甲若看,则不见有病。"

问:"正与摩时如何?"师曰:"是阇梨窠窟。"僧曰:"不与摩时如何?"师曰:"不顾占。"僧云:"不顾占,莫是和尚重处不?"师曰:"不顾占,重什摩?"僧曰:"如何是和尚重处?"师曰:"不擎拳向阇梨。"僧曰:"如何是学人重处?"师曰:"莫合掌向某甲。"僧曰:"任摩则不相干也。"师曰:"谁共你相识?"僧曰:"毕竟如何?"师曰:"谁肯作大?谁肯作小?"

问："牛头未见四祖时，百鸟衔花供养时，如何？"师曰："如珠在掌。"僧曰："见后为什麼不衔花？"师云："通身去也。"

问："如何是无心意识底人？"师曰："非无心意识人。"僧曰："还参请得也无？"师曰："不曾闻人传语，不曾受人嘱托。"僧曰："还亲近得也无？"师曰："非但阇梨一人，老僧亦不得。"僧曰："和尚为什麼不得？"师曰："不是无心意识人。"

问："蛤中有珠，蛤还知不？"师曰："知则失。"僧曰："如何则得？"师曰："莫依前言。"

问："古人有言：'以虚空之心，合虚空之理。'如何是虚空之理？"师曰："荡荡无边表。""如何是虚空之心？"师曰："不挂物。""如何得合去？"师曰："阇梨与摩道则不合也。"

问："古人有言：'佛病最难治。'佛是病？佛有病？"师曰："佛是病。"僧曰："佛与什麼人为病？"师曰："与渠为病？"僧曰："佛还识渠也无？"师曰："不识渠。"僧曰："级部识渠，争得与他为病？"师曰："你还闻道，带累他门风？"

问："语中取的时如何？"师曰："的中取什麼？"僧曰："与摩则的中非。"师曰："非中还有的也无？"

师问僧："有一人在千万中，不向一人，不背一人，此唤作什麼人？"僧曰："此人常在目前，不随于境。"师曰："阇梨此语是父边道？子边道？"对曰："据某甲所见，向父边道。"师不肯。师却问典座："此是什麼人？"对曰："此人无面背。"师不肯。又别对曰："此人无面目。"师曰："不向一人，不背一人，便是无面目，何必更与摩道？"师代曰："绝气息者。"

问："一切处不乖时如何？"师曰："此犹是功勋边事，有无功之功，子何不问？"僧曰："无功之功，莫是那边人也无？"师曰："已后有眼人笑阇梨与摩道。"僧云："与摩则调然也。"师曰："调然非调然，非不调然。"僧曰："如何是调然？"师曰："唤作那边人则不得。"僧曰："如何是非调然？"师曰："无弁处。"

师蓦唤侍者，侍者来，师良久，云："传语大众：寒者向火，不寒者上堂来。"

师有时谓众曰："这里直须句句不断，始得，如似长安路上，诸道信耗不绝。若有一道不通，便是不奉于君，此人命如悬丝。直饶学得胜妙之事，亦是不奉于君，岂况自余，有什麼用处？莫为人间小小名利，失于大事。假使起模画样，觅得片衣口食，总须作奴婢偿他定也。专甲敢保。先德云：'随其诸类，各有分齐。'既得人身，的不皮衣土食。任运随缘，莫生住着。专甲家风，只如此也。肯与不肯，终不抑勒，阇梨一任东西，珍重。"

师自咸通十年己丑岁（869）三月一日剃发被衣，令击钟，俨然而往。大众号恸，师复觉曰:“夫出家儿心不依物,是真修行,何有悲恋?”则呼主事僧,令办愚痴斋。主者仰恋,渐办斋筵,至七日备。师亦少食。竟日,师云:“僧家何太粗率,临行之际,喧恸如斯。”至八日,使开浴,浴讫,端坐长往。春秋六十二,僧夏四十一。敕谥悟本禅师、慧觉之塔。勖励偈颂等并通流于参徒,宝篋笥,此中不录矣。

净修禅师赞曰:

师居洞山,聚五百众。眼处闻声,境缘若梦。

洞畔贞筠,天边瑞凤。不堕三身,吾于此痛。

【据《大藏经补编》本《祖堂集》卷六,参校中华书局2007年版《祖堂集》本】

夹山和尚

[南唐]静、筠二禅师

夹山和尚嗣花亭,在澧州。师讳善会,姓廖氏,汉广岘亭人也。受业龙牙山,依年受戒于荆门。后通经论,时称学海,聪辩天机。初曾京口已转法轮,后因道吾指,参承花亭,密契玄关,便栖夹岫。

师有时曰:“夫有佛、有法、有祖已来,时人错会,谓言佛边、祖边、法边递代相承,至于今日,须依佛、祖、法句意,与汝为师言方是。因此天下出无眼狂人,却成无智。不然,他只如无法本来是道,无一法当情。没佛可成,没道可修,没法可舍。故目前无法,意在目前。他不是目前法,非耳目之所到。三乘十二分教是老僧坐具;祖师玄旨是破草鞋,宁可赤脚,不着最好;目睹瞿昙犹如黄叶。汝若向佛边举法,此人未有眼目在。何以故?此皆属所依之法,不得自在。本只为生死忙忙,法法依着识性,无有自在分。他千里求善知识,须有眼目,永脱虚谬之见,不堕幻惑之法,方达。后人直须目前生死,定取一言来看,为复实有,实无?若人定得,老僧许伊出头。所以老僧道:‘垂丝千丈,意在深潭,语覆机而不顾,舌头玄而不参。’”

有人问:“如何是道?”师曰:“太阳溢目,万里不挂片云。”僧曰:“学人如何得会去?”师曰:“清潭之水,游鱼自迷。”

有大德发心行脚,到先白马,乃问:“承教中有言‘一尘含法界之无边’时,如何?”师答曰:“如鸟二翼,如车二轮。”座主云:“将谓禅宗别有奇特之处,元来不出教乘。”便却归本寺。后闻师出世,遣少师持前问问师,师云:“雕砂无镂玉之谈,结草乖道人之思。”少师却归,举似师。师遥礼夹山,赞曰:“将为禅宗与教不殊,天然有奇特之事。”

夹山不着后生。佛日到,维那不许参和尚。佛日云:“某甲暂来礼和尚,不宿。”维那白和尚云:“有个后生到来,暂礼和尚,不宿。”师乃许参见。佛日到法堂阶下,未上。

师云："三道宝阶，阇梨从何而上？"佛日云："三道宝阶，曲为今时，向上一路，请师速道！速道！"便上阶，礼拜和尚了，师问："从什摩处来？"对曰："天台国清寺来。"师曰："承闻天台有青青之水、绿绿之波。谢子远来，子意如何？"对曰："久居岩谷，不挂森萝（罗）。"师曰："此犹是春意，秋意如何？"佛日无对。师曰："看君只是撑船汉，终归不是弄潮人。"福先代云："凉风吹落叶，高低任意游。"凤池拈问僧："作摩生祇对，免得撑船汉？"对曰："待和尚自出来即商量。"凤池曰："若出来时作摩生商量？"僧无对。自代："不可预搔而待痒。"又代问："若到，有什摩难道？"

师又问曰："与什摩人为同行？"对曰："木上座。"师曰："在什摩处？"对曰："在堂中。"师曰："唤来。"佛日便归堂，取拄杖抛下师前。师云："莫从天台采得来不？"对曰："非五岳之所生。"师曰："莫从须弥顶上采得来不？"对曰："月宫不曾逢。"师曰："与摩则从人得也。"对曰："自己尚怨家，从人得堪作什摩？"师曰："冷灰里豆子爆。"师唤维那："安排向明灯下着。"

又问："你名什摩？"对曰："佛日。"师曰："日在什摩处？"对曰："日在夹山顶上。"师曰："与摩则超一句不得也。"

师令大众镬地次，佛日倾茶与师。师伸手接茶次，佛日问："酽茶三两碗，意在镬头边。速道！速道！"师云："瓶有盂中意，蓝中几个盂？"对曰："瓶有倾茶意，蓝中无一盂。"师曰："手把夜明符，终不知天晓。"

罗秀才问："请和尚破题。"师曰："龙无龙躯，不得犯于本形。"秀才云："龙无龙躯者何？"师云："不得道着老僧。"秀才曰："不得犯于本形者何？"师云："不得道着境地。"又问："如何是夹山境地？"师答曰："猿抱子归青嶂后，鸟衔花落碧岩前。"

座主出来，便问："洞明三教底人，还通此理也无？"师云："夜月明珠，不如天晓。"又问："等、妙二觉底人，还通此理也无？"师云："金鸡玉兔，不堕鱼父之手。"座主曰："此意如何？"师云："句中无法，意不度人。"座主曰："步步踏莲华，犹是今时升降；螺髻向上事，乞师一言。"师云："铁牛无声，不用闻之。"

师问云盖："近离什摩处？"对云："近离朗州。"师曰："此间无路，你争得到这里？"对云："既无路，因什摩有人到这里？"师许之。

师问法志："近离什摩处？"对云："近离朗州。"师曰："作什摩来？"对云："寻和尚迹。"师曰："老僧不动步，你向什摩处寻？"对云："咄！随根汉！"师曰："未屈阇梨在。"对曰："不动步，岂是不屈？"师便失声。

师问僧："从什摩处来？"对云："新丰来。"师曰："彼中是什摩人道首？"对云："上字有良，下字是价。"师云："吾识竟。"又问："有什摩佛法因缘，汝举看。"其僧便举云："和尚示众曰：'欲行鸟道，须得足下无丝；欲得玄学，展手而学。'"师低却头，其僧便礼拜，问："某甲初入藂林，不会洞山意旨，如何。"师云："贵持千里抄，林下道人悲。"其僧礼拜退立。师云："咄！者阿师，近前来！"僧便近前而立。师云："某甲初见先师，先师问某甲：'阿那个寺里住？'某甲对云：'寺则不住，住即不寺。'先师曰：'为什麽故如此？'某甲对曰：'目前无寺。'先师曰：'什麽处学得此语来？'某甲对云：'非耳目之所到。'先师云：'一句合头意，万劫系驴橛。如今改为四句偈曰：目前无法，意在目前。他不是目前法，非耳目之所到。'某甲无赠物与阇梨，这个是老僧见先师因缘，囊中之宝，将去举似诸方。若有人弹得破，莫来；若也无人弹得破，却还老僧。"其僧便辞，却归洞山。洞山问："阿那里去来？"对云："到夹山。"洞山曰："有什麽佛法因缘，汝举看。"对云："彼中和尚问当头因缘，某甲情切，举似彼中和尚。"洞山曰："举什麽因缘？"僧曰："某甲举和尚示众曰：'欲行鸟道，须得足下无丝；欲得玄学，展手而学。'"洞山便失声云："夹山道什麽？"对云："贵持千里抄，林下道人悲。"洞山云："灼然，夹山是作家！"

夹山小师当时在洞山。洞山教小师："你速去！是你和尚在夹山，匡二百众，有如是次第。"小师对云："某甲和尚无佛法，兼不在夹山。"其僧向小师云："旧时则合山，如今改为夹山也。"小师方始得信，便辞洞山，却归本山。才到门前，高声哭入，向和尚说："某甲是师初住山时，与和尚何事不造作？何事不经历？有与摩奇特之事，当时因什麽不与某甲说？"和尚云："当初时是你涛（淘）米，老僧烧火；是你行饭，老僧展受。又怪我什麽处？"小师便悟，是韶山和尚也。

问："迷子归家时，如何？"师云："家破人亡，子归何处？"僧云："不欲得见旧时人，如何？"师答云："庭前残雪日轮消，室内游尘教谁扫？"

问："迅速不停时，如何？"师云："有眼不窥王子乐，目前弁取老僧歌。"

问："南北则不问，和尚足下事，如何？"师云："雕砂无镂玉之机，结草亏道人之目。"

有一座主参师。师问："久习何业？"对云："《法花经》留心。"师曰："《法花经》以何为极则？"对云："露地白牛为极则。"师云："爱着舍那之服、璎珞之衣，驾以白牛，届此道场，岂不是座主家风？"对云："是。"师曰："旁边有人樑根迦叶，起来不肯。诸子幼稚，惟无所知。老僧者里百草头与一镬。座主，向上一路富贵处，因何不问？"座主曰："与摩则有第二月也。"师云："老僧要坐却日头，天下黯黑忙然者匝地普天。"座主问："如何是向上一路富贵处？"师云："滴雪峰外，白云不挂。座主作摩生？"

师又云："一句子十方共参，一句子天下人不那（奈）何，一句子活却天下人，一句子死却天下人。巧拙临时自看。所以道：'贵持千里抄，林下道人悲。'直得灵草不挂，犹非九五之位；明珠夜月，不是天晓。"

问："如何是沙门行？"师云："动则影现，觉则病生。"

钦山教侍者问师："学人拟欲斩身千断，谁人下手？"师云："道无横径，立者皆危。"侍者又问："当风扬壳时如何？"师云："者里无风，扬什摩？"侍者又问："青山无霞，云从何生？"师云："骏马不露峰骨，朗然清虚。"侍者云："骏马何在？"师曰："蒲麻作针，札布袋不入；白云千丈之线，寄在碧潭，浮定有无，离钩三寸。子何不问？"侍者却归，举似钦山。钦山云："夹山是作家。"漳南举此因缘，僧便问："'道无横径，立者皆危。'与摩道只是说道话道，未审如何是道？"漳南云："大家总觑汝。"

师教僧问石霜："如何是一老一不老？"霜云："白云听你白云，青山听你青山。"其僧却归，举似师，师云："门前把弄，不如老僧；入理之谭（谈），欠他三步。"

师自天门、夹山首末十二年，通前凡三处转法轮。至中和初年辛丑岁（881）十一月七日，自烧却门屋，谓众曰："苦哉！苦哉！石头一枝埋没去也。"乐蒲出来云："听也埋没去，自有青龙在。"师问："青龙意旨如何？"对曰："贵人不借衣。"师便救火，因此造偈曰：

大江沉尽小江现，明月高峰法自流。

石牛水上卧，影落孤峰头。

荒田闻我语，如同不系舟。

师便示化矣。春秋七十七，僧夏五十七。塔于夹山，谥号传明大师、永济之塔。韶州刺史金夔撰碑文。

【据《大藏经补编》本《祖堂集》卷七，参校中华书局2007年版《祖堂集》本】

德山和尚

［南唐］静、筠二禅师

德山和尚嗣龙潭，在朗州。师讳宣鉴，姓周，剑南西川人也。生不熏食，幼而敏焉。丱岁从师，依年受具。毗尼胜藏，靡不精研；解脱相宗，独探其妙。每曰："一毛吞巨海，海性无亏；纤芥投针锋，锋利不动。然学与非学，唯我知焉。"

遂云游海内，访谒宗师，凡至击扬，皆非郢哲。后闻龙潭则石头之二叶，乃摄衣而往焉。初见而独室小驻门徒，师乃看侍数日。因一夜参次，龙潭云："何不归去？"师对曰："黑。"龙潭便点烛与师。师拟接，龙潭便息却。师便礼拜。潭云："见什摩道理？"师云："从今向去，终不疑天下老师舌头。"师便问："久向龙潭。及至到来，潭又不见、龙又不见时，如何？"潭云："子亲到龙潭也。"师闻不糅之言，喜而叹曰："穷诸玄辩，如一毫置之太虚；竭世枢机，似一滴投于巨壑。"遂乃摄金牙之勇敌，藏敬德之雄征，继立雪之玄徒，俟传衣之秘旨，给侍瓶屦，日扣精微，更不他游，盘泊沣源三十余载乎。澄汰后，咸通初年(860)，武陵太守薛廷望迎请，始居德山。自是四海玄徒冬夏常盈五百矣。

师有时谓众曰："汝等诸方，更谁敢铭邈？有摩？出来！吾要识汝。"闻此语者惕栗钳结，无敢当对。

师又曰："汝但无事于心，无心于事，乃虚而妙矣。若毫厘系念，皆为自欺；瞥尔生情，万劫羁锁去。"

师问曰："维那，今日几个新到？"对曰："有八个。"师曰："一时令来，生案过却。"僧问禾山："'一时令来，生案过却'，此意如何？"禾山云："才出门便知委下客。"僧曰："如何免得此过？"禾山曰："万里无来却肯伊。"

钦山问："天皇也与摩，未审德山作摩生道？"师曰："试举天皇、龙潭看。"钦山礼拜，师乃打之。云大师代曰："与摩则自置，虚言已失。"

师又时云："问则有过，不问则又乖。"僧便礼拜，师乃打之。僧云："某甲始礼，为什摩却打？"师云："待你开口，堪作什摩？"

师见僧来，便闭却门。僧便敲门，师问："阿谁？"僧云："师子儿。"师便开门，其僧便礼拜。师骑却头云："者畜生什摩处去来？"

师因病次，问："和尚病，还有不病者无？"云："有。"进曰："如何是不病者？"师云："阿耶！阿耶！"

龙牙问："学人仗镆铘之剑拟取师头时，如何？"云："你作摩生下手？"龙牙曰："与摩则师头落也。"师不答。龙牙后到洞山，具陈上事。洞山云："把将德山落底头来！"龙牙无对。问："如何是菩提？"师便咄云："出去！莫向这里屙！"

岩头问："凡圣相去多少？"师喝一声。

因南泉第一座养猫儿，邻床损脚，因此相诤。有人报和尚。和尚便下来，拈起猫儿云："有人道得摩？有人道得摩？若有人道得，救这个猫儿命。"无对。南泉便以刀斩作两橛。雪峰问师："古人斩猫儿，意作摩生？"师便趁打雪峰。雪峰便走。师却唤来云："会摩？"对云："不会。"师云："我与摩老婆，你不会！"师问岩头："还会摩？"对曰："不会。"云："成持取不会好。"进曰："不会，成持个什摩？"师云："你似铁橛。"

雪峰在德山时，上法堂，见和尚便转。师曰："此子难偕。"长庆拈问："什摩处是雪峰与德山相见处？"僧无对。庆代云："还得当摩？"

更有枢要，备陈《广海》。咸通六年乙酉岁(865)十二月三日，忽告诸徒："扪空追响，劳你神耶？梦觉觉非，觉有何事？"言讫，宴坐安详，奄然顺化。春秋八十四，僧夏六十五。敕谥见性大师。沙门元会撰碑文。

净修禅师赞曰：

德山朗州，刚骨无俦。
尚祛祖佛，岂立证修？
释天杲日，苦海慈舟。
谁攀真躅？雪峰岩头。

【据《大藏经补编》本《祖堂集》卷五，参校中华书局2007年版《祖堂集》本】

雪峰义存禅师

[南宋]释普济

福州雪峰义存禅师，泉州南安曾氏子。家世奉佛，师生恶荤茹，于襁褓中闻钟梵之声，或见幡花像设，必为之动容。年十二，从其父游莆田玉涧寺，见庆玄律师，遽拜曰："我师也。"遂留侍焉。十七落发，谒芙蓉常照大师。照抚而器之。后往幽州宝刹寺受戒。久历禅会，缘契德山。唐咸通中(860—873)回闽中雪峰创院，徒侣翕然。懿宗锡号真觉禅师，仍赐紫袈裟。

初与岩头至澧州鳌山镇阻雪，头每日只是打睡。师一向坐禅，一日唤曰："师兄！师兄！且起来。"头曰："作甚么？"师曰："今生不着便，共文邃个汉行脚，到处被他带累。今日到此，又只管打睡？"头喝曰："噇！眠去。每日床上坐，恰似七村里土地，他时后日魔魅人家男女去在。"师自点胸曰："我这里未稳在，不敢自谩。"头曰："我将谓你他日向孤峰顶上盘结草庵，播扬大教，犹作这个语话？"师曰："我实未稳在。"头曰："你若实如此，据你见处一一通来。是处与你证明，不是处与你铲却。"师曰："我初到盐官，见上堂举色空义，得个入处。"头曰："此去三十年，初忌举着。"

又见洞山过水偈曰："切忌从他觅，迢迢与我疏。渠今正是我，我今不是渠。"头曰："若与么，自救也未彻在。"师又曰："后问德山：'从上宗乘中事，学人还有分也无？'德山打一棒曰：'道甚么！'我当时如桶底脱相似。"头喝曰："你不闻道，从门入者不是家珍。"师曰："他后如何即是？"头曰："他后若欲播扬大教，一一从自己胸襟流出，将来与我盖天盖地去。"师于言下大悟，便作礼起，连声叫曰："师兄，今日始是鳌山成道。"

师在洞山作饭头，淘米次，山问："淘沙去米？淘米去沙？"师曰："沙米一时去。"山曰："大众吃个甚么？"师遂覆却米盆。山曰："据子因缘，合在德山。"

洞山一日问师："作甚么来？"师曰："斫槽来。"山曰："几斧斫成？"师曰："一斧斫成。"山曰："犹是这边事，那边事作么生？"师曰："直得无下手处。"山曰："犹是这边事，那边事作么生？"师休去。(汾阳代云："某甲早困也。")

师辞洞山，山曰："子甚处去？"师曰："归岭中去。"山曰："当时从甚么路出？"师曰："从飞猿岭出。"山曰："今回向甚么路去？"师曰："从飞猿岭去。"山曰："有一人不从飞猿岭去，子还识么？"师曰："不识。"山曰："为甚么不识？"师曰："他无面目。"山曰："子既不识，争知无面目？"师无对。

住后，僧问："和尚见德山，得个甚么，便休去？"师曰："我空手去，空手归。"

问："祖意教意，是同是别？"师曰："雷声震地，室内不闻。"又曰："阇黎行脚，为甚么事？"

问："我眼本正，因师故邪时，如何？"师曰："迷逢达磨。"曰："我眼何在？"师曰："得不从师。"

问："剃发染衣，受佛依荫，为甚么不许认佛？"师曰："好事不如无。"

师问座主："如是两字尽是科文，作么生是本文？"主无对。（五云代云："更分三段著。"）

问："如何是佛？"师曰："寐语作甚么！"

问："如何是觌面事？"师曰："千里未是远。"

问："如何是大人相？"师曰："瞻仰即有分。"

问："文殊与维摩对谈何事？"师曰："义堕也。"

问："寂然无依时，如何？"师曰："犹是病。"曰："转后如何？"师曰："船子下扬州。"

问："承古有言。"师便作卧势，良久起曰："问甚么？"僧再举，师曰："虚生浪死汉！"

问："箭头露锋时，如何？"师曰："好手不中的。"曰："尽眼没标的时，如何？"师曰："不妨随分好手。"

问："古人道，路逢达道人，不将语默对。未审将甚么对？"师曰："吃茶去。"

问僧："甚处来？"曰："神光来。"师曰："昼唤作日光，夜唤作火光，作么生是神光？"僧无对。师自代曰："日光火光。"

栖典座问："古人有言，知有佛向上事，方有语话分。如何是语话？"师把住曰："道！道！"栖无对。师遂蹋倒，栖当下汗流。

问僧："甚处来？"曰："近离浙中。"师曰："船来？陆来？"曰："二途俱不涉。"师曰："争得到这里？"曰："有甚么隔碍？"师便打。

问："古人道，觌面相呈时，如何？"师曰："是。"曰："如何是觌面相呈？"师曰："苍天！苍天！"

师谓众曰："此个水牯牛年多少？"众皆无对。师自代曰："七十九也。"僧曰："和尚为甚么作水牯牛去？"师曰："有甚么罪过？"

问僧："甚处去？"曰："礼拜径山和尚去。"师曰："径山若问汝：此间佛法如何？汝作么生只对？"曰："待问即道。"师便打。后举问镜清："这僧过在甚么处？"清曰："问得径山彻困。"师曰："径山在浙中，因甚么问得彻困？"清曰："不见道远问近对？"师曰："如是！如是！"

一日谓长庆曰："吾见沩山问仰山：从上诸圣向甚么处去？他道或在天上，或在人间。汝道仰山意作么生？"庆曰："若问诸圣出没处，恁么道即不可。"师曰："汝浑不肯，忽有人问，汝作么生道？"庆曰："但道错。"师曰："是汝不错。"庆曰："何异于错？"

问僧："甚处来？"曰："江西。"师曰："与此间相去多少？"曰："不遥。"师竖起拂子曰："还隔这个么？"曰："若隔这个，即遥去也。"师便打出。

问："学人乍入丛林，乞师指个入路。"师曰："宁自碎身如微尘，终不敢瞎却一僧眼。"

问："四十九年后事即不问，四十九年前事如何？"师以拂子蓦口打。

僧辞去，参灵云。问："佛未出世时如何？"云举拂子。曰："出世后如何？"云亦举拂子。其僧却回。师曰："返太速乎！"曰："某甲到彼，问佛法不契，乃回。"师曰："汝问甚么事？"僧举前话。师曰："汝问，我为汝道。"僧便问："佛未出世时如何？"师举起拂子。曰："出世后如何？"师放下拂子。僧礼拜，师便打。（后僧举问玄沙，沙云："汝欲会么？我与汝说个喻。如人卖一片园，东西南北一时结契了也，中心树子犹属我在。"崇寿稠云："为当打伊解处，别有道理。"）

师举："六祖道：不是风动，不是幡动，仁者心动。"乃曰："大小祖师，龙头蛇尾，好与二十拄杖。"时太原孚上座侍立，不觉咬齿。师曰："我适来恁么道，也好吃二十拄杖。"

师行脚时参乌石观和尚，才敲门，石问："谁？"师曰："凤凰儿。"石曰："来作么？"师曰："来啖老观。"石便开门扭住曰："道！道！"师拟议，石拓开，闭却门。师住后示众曰："我当时若入得老观门，你这一队噇酒糟汉向甚么处摸索？"

师问慧全："汝得入处作么生？"全曰："共和尚商量了。"师曰："甚么处商量？"曰："甚么处去来？"师曰："汝得入处又作么生？"全无对，师便打。

全坦问："平田浅草，麈鹿成群，如何射得麈中主？"师唤全坦，坦应诺。师曰："吃茶去。"

问僧："甚处来？"曰："沩山来。"师曰："沩山有何言句？"曰："某甲曾问如何是祖师西来意，沩山据坐。"师曰："汝肯他否？"曰："某甲不肯他。"师曰："沩山古佛，汝速去忏悔。"（玄沙云："山头老汉蹉过沩山也。"）

闽王问曰："拟欲盖一所佛殿去时如何？"师曰："大王何不盖取一所空王殿？"曰：

"请师样子。"师展两手。(云门云:"一举四十九。")

僧问:"学人道不得处,请师道。"师曰:"我为法惜人。"

师举拂子示一僧,其僧便出去。(长庆举似王延彬太傅了,乃曰:"此僧合唤转与一顿棒。"王曰:"和尚是甚么心行?"曰:"几放过。")

师问长庆:"古人道前三三,后三三,意作么生?"庆便出去。(鹅湖别云:"诺。")

问僧:"甚处来?"曰:"蓝田来。"师曰:"何不入草?"(长庆云:"险。")

上堂:"南山有一条鳖鼻蛇,汝等诸人切须好看。"长庆出曰:"今日堂中大有人丧身失命。"云门以拄杖撺向师前,作怕势。有僧举似玄沙,沙曰:"须是棱兄始得。然虽如是,我即不然。"曰:"和尚作么生?"沙曰:"用南山作么?"

一日,有两僧来,师以手拓庵门,放身出曰:"是甚么?"僧亦曰:"是甚么?"师低头归庵。

僧辞去,师问:"甚么处去?"曰:"湖南。"师曰:"我有个同行住岩头,附汝一书去。"书曰:"某书上师兄。某一自鳖山成道后,迄至于今,饱不饥。同参某书上。"僧到岩头问:"甚么处来?"曰:"雪峰来,有书达和尚。"头接了,乃问僧:"别有何言句?"僧遂举前话。头曰:"他道甚么?"曰:"他无语低头归庵。"头曰:"噫!我当初悔不向伊道末后句。若向伊道,天下人不奈雪老何!"僧至夏末,请益前话。头曰:"何不早问?"曰:"未敢容易。"头曰:"雪峰虽与我同条生,不与我同条死。要识末后句,只这是。"

上堂:"尽大地撮来如粟米粒大,抛向面前,漆桶不会打鼓,普请看!"(长庆问云门曰:"雪峰与么道,还有出头不得处么?"门曰:"有。"曰:"作么生?"门曰:"不可总作野狐精见解。"又曰:"狼藉不少。")

问僧:"甚么处去?"曰:"识得即知去处。"师曰:"你是了事人,乱走作么?"曰:"和尚莫涂污人好!"师曰:"我即不涂污你,古人吹布毛作么生?与我说来看。"曰:"残羹馊饭已有人吃了。"师休去。

有一僧在山下卓庵多年,不剃头。畜一长柄杓,溪边舀水。时有僧问:"如何是祖师西来意?"主曰:"溪深杓柄长。"师闻得,乃曰:"也甚奇怪。"一日,将剃刀同侍者去访,才相见便举前话,问:"是庵主语否?"主曰:"是。"师曰:"若道得,即不剃你头。"主便洗头,胡跪师前。师即与剃却。

师领徒南游,时黄涅槃预知师至,硅策前迎,抵苏溪邂逅。师问:"近离何处?"般曰:"辟支岩。"师曰:"岩中还有主么?"般以竹策敲师轿,师乃出轿相见。般曰:"曾郎万福。"师遽展丈夫拜,般作女人拜。师曰:"莫是女人么?"般又设两拜,遂以竹策画地,右绕师轿三匝。师曰:"某甲三界内人,你三界外人。你前去,某甲后来。"般回,师随至,止囊山憩数日。般供事随行徒众,一无所缺。

上堂:“此事如一片田地相似,一任诸人耕种,无有不承此恩力者。”玄沙曰:“且作么生是这田地?”师曰:“看。”沙曰:“是即是,某甲不与么。”师曰:“你作么生?”沙曰:“只是人人底。”

三圣问:“透网金鳞,以何为食?”师曰:“待汝出网来向汝道。”圣曰:“一千五百人善知识,话头也不识。”师曰:“老僧住持事繁。”

上堂:“尽大地是个解脱门,把手拽伊不肯入。”时一僧出曰:“和尚怪某甲不得。”又一僧曰:“用入作甚么?”师便打。

玄沙谓师曰:“某甲如今大用去,和尚作么生?”师将三个木球一时抛出。沙作斫牌势。师曰:“你亲在灵山方得如此。”沙曰:“也是自家事。”

一日升座,众集定,师辊出木球,玄沙遂捉来安旧处。

师一日在僧堂内烧火,闭却前后门。乃叫曰:“救火!救火!”玄沙将一片柴从窗棂中抛入,师便开门。

问:“古涧寒泉时如何?”师曰:“瞪目不见底。”曰:“饮者如何?”师曰:“不从口入。”僧举似赵州,州曰:“不从口入,不可从鼻孔里入。”僧却问:“古涧寒泉时如何?”州曰:“苦。”曰:“饮者如何?”州曰:“死。”师闻得,乃曰:“赵州古佛。”遥望作礼,自此不答话。

师因闽王封柑橘各一颗,遣使送至,柬问:“既是一般颜色,为甚名字不同?”师遂依旧封回,王复驰问玄沙,沙将一张纸盖却。

问僧:“近离甚处?”曰:“覆船。”师曰:“生死海未渡,为甚么覆却船?”僧无语,乃回举似覆船。船曰:“何不道渠无生死?”僧再至,进此语,师曰:“此不是汝语。”曰:“是覆船恁么道。”师曰:“我有二十棒寄与覆船,二十棒老僧自吃,不干阇黎事。”问:“大事作么生?”师执僧手曰:“上座将此问谁?”

有僧礼拜,师打五棒。僧曰:“过在甚么处?”师又打五棒,喝出。

问僧:“甚处来?”曰:“岭外来。”师曰:“还逢达磨也无?”曰:“青天白日。”师曰:“自己作么生?”曰:“更作么生?”师便打。

师送僧出,行三五步,召曰:“上座。”僧回首,师曰:“途中善为。”

问:“拈槌竖拂,不当宗乘,未审和尚如何?”师竖起拂子。僧乃抱头出去,师不顾。(法眼代云:“大众看此一员战将。”)

问:“三乘十二分教,为凡夫开演,不为凡夫开演?”师曰:“不消一曲杨柳枝。”

师谓镜清曰:“古来有老宿,引官人巡堂曰:‘此一众尽是学佛法僧。’官人曰:‘金屑虽贵,又作么生?’老宿无对。”清代曰:“比来抛砖引玉。”(法眼别云:“官人何得贵耳贱目!”)

上堂,举拂子曰:“这个为中下。”僧问:“上上人来时如何?”师举拂子。僧曰:“这个为中下。”师便打。

问:“国师三唤侍者意如何?”师乃起入方丈。

问僧:“今夏在甚么处?”曰:“涌泉。”师曰:“长时涌,暂时涌?”曰:“和尚问不着。”师曰:“我问不着?”僧曰:“是。”师乃打。

普请次,路逢一猕猴,师曰:“人人有一面古镜,这个猕猴亦有一面古镜。”三圣曰:“旷劫无名,何以彰为古镜?”师曰:“瑕生也。”圣曰:“这老汉着甚么死急,话头也不识。”师曰:“老僧住持事繁。”

闽帅施银交床,僧问:“和尚受大王如此供养,将何报答?”师以手拓地曰:“轻打我! 轻打我!”(僧问疏山云:“雪峰道‘轻打我’,意作么生?”山云:“头上插瓜蝉,垂尾脚跟齐。”)

问:“吞尽毗卢时如何?”师曰:“福唐归来还平善否?”

上堂:“我若东道西道,汝则寻言逐句。我若羚羊豹角,汝向甚么处扪摸?”(僧问保福:“只如雪峰有甚么言教,便似羚羊豹角时。”福云:“我不可作雪峰弟子不得。”)

师之法席,常不减千五百众。[后]梁开平戊辰(908)三月示疾。闽帅命医,师曰:“吾非疾也。”竟不服药,遗偈付法。五月二日,朝游蓝田,暮归澡身,中夜入灭。

【据宋宝祐本《五灯会元》卷七,参校中华书局 1984 年版《五灯会元》本】

龙牙和尚

[南唐]静、筠二禅师

龙牙和尚嗣洞山,在潭州妙济。师讳居遁,俗姓郭,抚州南城人也。年十四,于吉州蒲田寺出家,依年具戒于嵩岳。初参翠微、香严、德山、白马,虽请益已劳,而机缘未契。后闻洞山言玄格外,语峻时机,遂乃策节而造其席。

师问曰:“有人持镆铘之剑拟取师头时如何?”洞山云:“取即且从,阇梨且唤什摩作老僧头?”师持此问,在处不契其机,忽闻洞山斯言,当时失对,遂有抠衣之意,不慕他游。既罢禅征,宁有请益。

洞山问:“阇梨名什摩?”对云:“玄机。”“作摩生是玄底机?”又无对。洞山放三日。无对。师因此造偈:“学道蒙师指却闲,无中有路隐人间。时人尽讲千经论:一句临时下口难。”洞山改末后语云:“一句教并下口难。”从此改名也。

师问洞山:“如何是祖师意?”洞山云:“待洞水逆流,则与汝说。”师于言下顿承玄旨,隐众栖息,七八年间,日研精妙。楚王殿下请赴妙济禅林,玄徒五百余人,爰奏章服、师号证空大师。

师示众曰:“夫参学者,须透过祖、佛始得,所以新丰和尚道:‘佛教、祖教如生怨家,始有学分。’汝若透过祖、佛不得,则被祖、佛谩。”有人问:“祖佛还有谩人之心也无?”云:“汝道江湖还有碍人之心也无?”师又云:“江湖虽无碍人之心,为时人透过不得,所以成碍人去,不得道江湖不碍人。祖、佛虽无谩人之心,为时人透过祖、佛不得,所以成谩人去,不得道祖、佛不谩人。若与摩透得祖、佛,此人却体得祖、佛意,方与向上人同;如未透得,但学佛、祖,则万劫无有得期。”

问:“达摩未来时如何?”师答曰:“可怜生。”进曰:“任摩去时如何。”师曰:“二祖得什摩?”

云居问洞山:“如何是祖师意旨?”洞山答曰:“忽有人问阇梨,阇梨作摩生道?”云居曰:“某甲罪过。”有僧持此语问师:“洞山还道得也无?”师曰:“洞山未道,云居也未得。”进曰:“既是未得,因什摩唤作云居?”云:“体得洞山意。”云:“洞山道什摩?”师云:“云居闻底。”又师云:“此是肉身成佛语。”

问:“一心不生时如何?”师答曰:“什摩时不生心?”进曰:“与摩时鸟道何分?”师云:“正伊摩时行鸟道。”曰“如何弁?”师曰:“却须行鸟道。”

问:“如何是道中用?”师答曰:“无心是道中用。”进曰:“无心还有用也无?”师云:“无心用即遍天下。”

师问德山:“远闻德山一句佛法,及至到来,未曾见和尚说一句佛法。”德山云:“嫌什摩?”师不肯,当时便发去。后到洞山,只问前话。洞山云:“争怪得专甲?”师当时便住。

问:“如何是祖师西来意?”师云:“待石乌龟解语即向汝道。”僧曰:“石乌龟解语也。”师曰:“向道者道什摩?”

又颂:

万般施设不如常,又不惊人又久长。
如常恰似秋风至,无意凉人人自凉。

问:“师见古人,得个什摩?”师云:“如贼入空室。”

又颂曰:

进道先须立自身,直交行处不生尘。
真僧不假俱严室,到处无心即在人。
参寻玄道莫因循,学处须教皂白分。
千圣从来无异路,忘缘机智有多闻。
未了之时亲遍礼,不应端坐守清贫。

直似罗睺行密行，岂如迦叶不闻闻。

人若无心称道情，识得无明道已明。

人能弘道道能现，道在人中人自宁。

师出世近四十年，凡歌行、偈颂，并广行于世，此不尽彰。至龙德三年癸未岁(923)九月十三日归寂矣。

【据《大藏经补编》本《祖堂集》卷八，参校中华书局2007年版《祖堂集》本】

落浦(乐普、洛浦、乐蒲)和尚

[南唐]静、筠二禅师

落浦和尚嗣夹山，在澧州。师讳元安，凤翔麟游人也，姓淡。自少岐阳怀恩寺从兄祐律师受业。至于论、经，无不该通。先礼翠微，次谒临济，各有所进。

后闻夹山，直造澧阳。才展座具，时夹山问："这里无残饭，不用展炊巾。"对曰："非但无，有亦无者处。"夹山曰："只今聻?"对曰："非今。"夹山云："什摩处得这个来?"对曰："无这个。"夹山云："这个犹被老僧坐却底。"云："学人亦不见有和尚。"夹山云："与摩则室内无老僧。"对曰："画影亦不得。"夹山赞曰："道者知音指其掌，钟期能听伯牙琴。"师问："久向宗风，请师一言。"夹山云："目前无法。"师云："莫错!"夹山云："缦缦阇梨，山溪各异，任你截断天下人舌头，争奈无舌人解语何？阇梨只知有杀人之刀，且无活人之剑。老僧这里亦有杀人之刀，亦有活人之剑。"师进问："如何是和尚活人之剑?"夹山曰："青山不挂剑，挂剑勿人知。"师又问："佛、魔不到处，犹未是学人本分事。如何是学人本分事?"夹山云："烛明千里像，暗室老僧迷。"师又问："朝阳已升，夜月未现时如何?"夹山曰："龙含海珠，游鱼不顾。"师闻此语，莫知所从，便止夹山。抠衣数载，不惮劳苦，日究精微。至夹山化缘毕，初开落浦，后住苏溪矣。

师有时上堂云："夫学道先须弁得自己宗旨，方可临机免失。只如锋铓未兆已前，都无是个非个。瞥尔暂起见闻，便有张三、李四，胡来汉去，四姓杂居，各亲其亲，相参是非互起，致使玄关固闭，识锁难开，疑网笼牢，智刀方剪。若不当扬晓示，迷子何以知归？欲得大用现前，但可顿亡诸见。见量若尽，昏雾不生，智照洞然，更无物与非物。今时学人触目有滞，盖为依他数量作解，被他数量该括得定，分寸不能移易。所以见不逾色，听不越声。鼻香、舌味、身触、意法亦然。假饶并当得门头净洁，自己未得通明，还同不了。若也单明自己，未明目前，此人只具一双眼，所以是非、欣厌贯系，不得脱折自由，谓之深可伤悯矣。"

问："如何救离生死?"师云："执水救延生，不闻天乐妙。"

问："四大从何而有？"师曰："湛水无波，沤因风击。"进曰："沤则不问，如何是水？"师云："不浑不澄，鱼龙任跃。"

问："如何是一藏收不得者？"云："雨滋三草秀，片玉本来晖。"

问："一毫吞尽巨海，于中更复何言？"云："家有《白泽之图》，必无如是妖怪。"后保福云："家无《白择之图》，亦无如是妖怪。"

问："凝然时如何？"师曰："时雷应时节，震岳惊蛰户。"僧云："千般运动，不异个凝然时如何？"师云："灵鹤翥空外，钝鸟不离巢。"云："如何？"师曰："白首拜少颜，举世人难信。"

师有《神剑歌》：

异哉神剑实标奇，自古求人得者稀。
在匣谓言无照耀，用来方觉转光辉。
破犹预，除狐疑，壮心胆兮定神姿。
六贼既因斯剪拂，八方尘劳尽乃挥。
斩邪徒，荡妖孽，生死荣枯齐了决。
三尺灵蛇覆碧潭，一片晴光莹寒月。
愚人忘剑克舟求，奔驰浊浪徒悠悠。
抛弃澄源逐浑派，岂知神剑不随流。
他人剑兮带血腥，我之剑兮含灵鸣。
他人有剑伤物命，我之有剑救生灵。
君子得时离彼此，小人得处自轻生。
他家不用我家剑，世上高低早晚平？
须知神剑功难纪，慑魔威兮定生死。
未得之者易成难，得剑之人难却易。
展则周遍法界中，收乃还归一尘里。
若将此剑镇乾坤，四塞终无阵云起。

福先拈问："一语中须道得在匣出匣底剑，你作摩生道？"僧无对。自代云："且出匣，与老兄商量。还会摩？"

问："诸圣与摩来，将何供养？"师云："土宿虽持锡，不是波罗门。"

问："西天一人传一人，彼此不垂委曲。谁是知音者？"师曰："野老门前不话朝堂之事。"进曰："不话朝堂之事，合谈何事？"师曰："未逢别者，终不开拳。"进曰："有一人不从朝堂门下来，合谈何事？"师曰："量外之机，徒劳击目。"

问："如何是无惭无愧底人？"师曰："不出家，不持戒。"进曰："不出家、不持戒来多少时也?”师曰:“劈破虚空看弁取。”进曰:“即今如何?”师曰:“不向你杜排行。”进曰:“与摩即该括不得也。”师曰:“未穑你与摩道在。”

问:“如何是大人相?”师曰:“坐端十方不点头。”

问:“廓落世界,为什摩不弁目前法?”师曰:“曙色未分人思觉,及乎天晓不当明。”云:“还留及也无?”师曰:“莫言及不及,但与我道。”云:“辩师宗不得。”师曰:“不辩即亲。”

问:“凡圣不到处即不问,不尽凡圣处如何?”师曰:“师宗窟中无异兽,象王行处勿狐踪。”

问:“瞥然便见时如何?”师曰:“晓星分曙色,争似太阳辉?”

“如何是本来者?”师云:“一粒在荒田,不耘苗自秀。”僧云:“若一向不耘,莫草埋却去也无?”师云:“肥骨异刍荛,稊稗终难暎。”

问:“如何是西来意?”师云:“飒飒当轩竹,经霜不自寒。”学人更拟申问,师云:“只闻风击响,不知几千竿。”

问:“行到不思议处时如何?”师云:“青山常运步,白月不移轮。”

问:“大众云集,师意如何?”师云:“开拳明旧宝,握手谢今时。”

问:“如何是沙门行?”师云:“逢佛蓦头坐。”僧曰:“忽遇和尚时如何?”师曰:“阇梨来时,老僧不在。”

问:“日未出时如何?”师云:“直木无乱枝,灵羊难挂角。”

问:“如何是云水意?”师云:“一轮孤月,万像齐耀。”僧曰:“移轮事如何?”师云:“潭中无影,户外非珍。”

问:“祖意与教意还同、别?”师云:“出群不戴角,三韵况难同。”进曰:“投机凭意句,焉得不同轮?”师云:“迥技测海底,三湘深可酌。”

问:“古人有言:‘动是法王苗,寂是法王根。’苗则不问,如何是法王根?”师竖起拂子。僧曰:“此犹是苗,如何是法王根?”师曰:“龙不出洞,谁人奈何?”

问:“量郭无涯,为什摩不容自己?”师云:“末后一句,始到牢关,锁断要津,不通凡圣。任你天下欣欣,老僧独然不顾。”却云:“庄周、胡蝶,二俱是梦。汝道梦从何来?”

问:“孤灯不自照,室内事如何?”师云:“飞针走线时人会,两边透过却还希。”

问:“满满龙宫该不得,一尘尘外事如何?”师云:“三跳出篣笼,不如云外者。”僧曰:“学人不重朝庭贵,不可条然只摩休。”师云:“去!你不会我语。”进曰:“三跳外事如何?”师云:“射虎不中,徒劳没羽。”

问:“万法归一,一归何所?”师云:“击水动波澜,其中难见影。”

问:“牛头未见四祖,百鸟衔花供养。见后为什摩不来?”师云:“玄河泛起雪花浪,无焰孤灯明暗宵。”

师有《浮沤歌》：

秋天雨滴庭中水，水上漂漂见沤起。
前者已灭后者生，前后相赎何穷已。
本因雨滴水成沤，还缘风激沤归水。
不知沤水性无殊，随他转变将为异。
外明莹，内含虚，内外玲珑若宝珠。
正在澄波看似有，及乎动着又如无。
有无动静事难明，无相之中有相形。
只知沤向水中出，岂知水不从沤生。
权将沤体况余身，五蕴虚攒假立人。
解达蕴空沤不实，方能明见本来真。

师临迁化时云：“老僧有事问诸人：若道这个是，头上更安头；若道这个不是，斫头更觅活。”第一座云：“青山不举足，日下不挑灯。”师便喝出：“我这里无人对。众中还有新生达士，出来与老僧掇送！”从上座对云：“于此二途，请师不问。”师云：“更道。”对云：“某甲道不尽。”师云：“我不管你尽不尽，更道！”对云：“某甲无侍者，不能祇对。”师便喝出：“请阿师且归堂！”当日初夜后，师教侍者唤从上座，上座便上来侍立。师问：“从上座年多少？”对云：“二十八。”师云：“太嫩在！甚须保持。生缘什摩处？”对云：“信州人。”师云：“今日事被阇梨道破，称得老僧意。我这里数年出世并无一个。今日阇梨掇送老僧。某甲先师初见船子时，船子问先师祇对因缘，改为颂曰：

目前无法，意在目前。
他不是目前法，非耳目之所到。”

“只如四句中，阿那个是主句？”从上座迟拟。师云：“速与！速与！下头橛子冷，不欲得辜负你，莫形迹！”从上座云：“实不会。”师便槌胸哭：“苍天！”从上座一走下，不去僧堂，直至如今更无消息。师前云：“磁舟不掉清波上，剑峡徒劳放木鹅。”

师光化元年戊午岁(898)十二月二日迁化，春秋六十五，僧夏四十六矣。

【据《大藏经补编》本《祖堂集》卷九，参校中华书局2007年版《祖堂集》本】

杏山鉴洪禅师

[南宋]释普济

涿州杏山鉴洪禅师。临济问：“如何是露地白牛？”师曰：“吽吽！”济曰：“哑却杏山口。”师曰：“老兄作么生？”济曰：“这畜生！”师便休。示灭后荼毗，收五色舍利建塔。

【据宋宝祐本《五灯会元》卷五，参校中华书局 1984 年版《五灯会元》本】

翠微和尚

［南唐］静、筠二禅师

翠微和尚嗣丹霞，在西京。师讳无学。僖宗皇帝诏入内，大敷玄教，帝情大悦，赐紫，法号广照大师。自余未睹行录，不决化缘终始。

师因供养罗汉次，僧问：“今日设罗汉，罗汉还来也无？”师云：“是你每日嗑什摩？”

【据《大藏经补编》本《祖堂集》卷五，参校中华书局 2007 年版《祖堂集》本】

八、缁门世谱

岳贤雷　点校

终南山天龙会集缁门世谱

[清]迅雷明喜禅师

释氏源流五宗世谱定祖图序

《传灯录》云:"古佛应世,绵历无穷,不可以周知而悉数也。故近谭(谈)贤劫,有千如来;暨于释迦,但纪七佛。案:《长阿含经》云:'七佛精进力,放光灭暗冥;各各坐树下,于中成正觉。又:曼殊室利为七佛祖师,金华善慧大士登松山顶行道,感七佛引前,维摩接后。今之撰述,断自七佛而下。'"故溯流于庄严劫。七佛以来,号至释迦文降灵之后,为天竺中华传法之始祖也。住世四十九年。后告弟子摩诃迦叶:"吾以清净法眼、涅槃妙心、实相无相、微妙正法,不立文字,教外别传,密付于汝;汝当护持!"并敕阿难,副贰传化,无令断绝。由是相继二十八代,传至菩提达磨。后达磨复持佛祖一枝正法眼藏,并世尊衣钵,航海西来,东至嵩山少林寺,面壁九年,又为东土之始祖也。于是绳绳蛰蛰,代代不绝。

二祖有慧可大祖禅师,三祖有僧璨鉴智禅师,四祖有道信大医禅师,五祖有弘忍大满禅师,六祖有慧能大鉴禅师。自六祖下,并出两枝:一曰青原行思禅师,一曰南岳怀让禅师。其后列五宗者,又以二师为始祖也。青原下出石头希迁禅师。迁下复出二枝:一曰药山惟俨禅师,一曰天皇道悟禅师。俨下出云岩昙晟禅师;晟下出洞山良价禅师;价下出曹山本寂禅师,由是遂创立曹洞一宗。天皇下出龙潭崇信禅师,信下出德山宣鉴禅师,鉴下出雪峰义存禅师。存下复出二枝:其一曰玄沙师备禅师;一曰云门文偃禅师,由是遂创立云门一宗。备下出罗汉桂琛禅师;琛下出清凉文益禅师,以示寂后,(起塔)谥大法眼禅师,由是遂创立法眼一宗。以上三宗,俱青原之后也。

又南岳下，出马祖道一禅师，一下出百丈怀海禅师。海下复出二枝：一曰沩山灵祐禅师，祐下出仰山慧寂禅师，由是遂创立沩仰一宗；一曰黄檗希运禅师，运下出临济义玄禅师，由是遂创立临济一宗。以上二宗，俱南岳之后也。

爰自六祖下，分青原、南岳二大枝。二大枝下，复分沩仰、临济、曹洞、云门、法眼五小枝；是为五宗。以应一花五叶之谶。此乃天伦有序，源远流长之定式也。

（喜）遵《传灯录》考之，则六祖下第五世，并有沩仰、临济。第六世方有曹洞，第七世始有云门，第九世才有法眼。后人错乱，岂可昧却源流古序乎？故谨按《传灯录》，编集《释氏源流五宗世谱定祖图》，并五宗法派。正枝旁出，沿流分派，渊源所自，一髅相从。汇成一帙，付梓刊行诸方。使后之世代云仍辨魔拣异，舍邪归正，知师资授受之有源，衣钵传持之有本矣。是为序。

时大清康熙岁次癸未（1703）孟夏佛诞日

中兴陕西西安府华州城东南十五里、入终南山猛虎峪太顶二十里许、古蟠龙山寺、传临济正宗第三十三世子肃超远和尚法嗣、创开建正兴陕西西安府华州城西南十五里、入终南山赤帝峪、又名马家峪、今名敕德峪太顶二十里许、天龙山寺、传临济正宗第三十四世迅雷明喜禅师，同十方缁素人等，盥沐焚香，稽首撰辑敬刊。

祖　图

初祖达磨[○—○]二祖慧可[○—○]三祖僧璨[○—○]四祖道信[○—○]五祖弘忍[○—○]六祖慧能。

六祖下有两枝：一曰青原行思禅师[○—○]石头希迁。迁下复出二枝：一曰药山惟俨[○—○]云岩昙晟[○—○]洞山良价[○—○]曹山本寂禅师，自此立为曹洞宗。

又迁下，一曰天皇道悟[○—○]龙潭崇信[○—○]德山宣鉴[○—○]雪峰义存。存下复出二枝：一曰玄沙师备[○—○]罗汉桂琛[○—○]清凉文益禅师，自此立为法眼宗。

又存下，一曰云门文偃禅师，自此立为云门宗。

上三宗乃青原之后也。

又六祖下，一曰南岳怀让禅师[○—○]马祖道一[○—○]百丈怀海。海下复出二枝：一曰沩山灵祐[○—○]仰山慧寂禅师，自此立为沩仰宗。

又海下，一曰黄檗希运[○—○]临济义玄禅师，自此立为临济宗。

上二宗乃南岳之后也。

以此递推溯流，则六祖下第五世，并有沩仰、临济，第六世方有曹洞，第七世始有云门，第九世才有法眼。有何差谬？

沩仰宗

仰山慧寂禅师[〇—〇]西塔光穆[〇—〇]资福如宝[〇—〇]报慈德韶[〇—〇]兴阳词铎禅师（后嗣无考）。

临济宗

临济义玄禅师[〇—〇]兴化存奖[〇—〇]南院宝应[〇—〇]风穴延沼[〇—〇]首山省念[〇—〇]汾阳善昭[〇—〇]石霜楚圆[〇—〇]杨岐方会[〇—〇]白云守端[〇—〇]五祖法演[〇—〇]昭觉克勤[〇—〇]虎丘绍隆[〇—〇]天童昙华[〇—〇]天童咸杰[〇—〇]卧龙祖先[〇—〇]径山师范禅师。范下并出二枝：一曰断桥伦禅师[〇—〇]方山宝[〇—〇]无见睹[〇—〇]白云度[〇—〇]古拙俊[〇—〇]无际悟[〇—〇]月溪澄[〇—〇]夷峰宁[〇—〇]宝芳进[〇—〇]野翁晓[〇—〇]无趣空[〇—〇]无幻冲[〇—〇]南明广（其后嗣未录）。

又径山师范禅师，范下一曰雪岩钦禅师[〇—〇]高峰原妙[〇—〇]中峰明本[〇—〇]千岩长[〇—〇]万峰蔚[〇—〇]宝藏持[〇—〇]东明昱[〇—〇]海舟慈[〇—〇]宝峰瑄[〇—〇]天奇瑞[〇—〇]无闻聪[〇—〇]笑岩宝[〇—〇]幻有传禅师。传下并出四人：一曰雪桥信，一曰抱璞莲，（二人后嗣未录）一曰天隐修，修下并出四人：即林皋豫〇玉林秀〇箬庵问〇山茨际（四人后嗣未录）。又幻有传禅师，传下一曰天童密云圆悟禅师。悟下复出一十二人：即五峰学〇汉月藏〇破山明〇费隐容〇石车乘〇朝宗忍〇木陈忞〇石奇云〇牧云门〇浮石贤（以上一十人后嗣未录）〇一曰林野通奇[〇—〇]宕山行远[〇—〇]奇然超智[〇—〇]文源明灿（后嗣未已）〇一曰龙池万如通微禅师。微下（余者未详）一曰浮山文弱行盈禅师。盈下（余者未详）一曰中兴陕西西安府华州城东南十五里、入终南山猛虎峪太顶二十里许、古蟠龙山寺、传临济正宗第三十三世子肃超远禅师。远下（有一十二人）即戒月慧[〇—〇]心印玺[〇—〇]空谷源[〇—〇]耕云信[〇—〇]松林友[〇—〇]松云澄[〇—〇]善惟朗[〇—〇]际云阔[〇—〇]半庵莹[〇—〇]智林接[〇—〇]深云瑞（以上一十一人后嗣不已）一曰创开建正兴陕西西安府华州城西南十五里、入终南山赤帝峪、又名马家峪、今名敕德峪太顶二十里许、天龙山寺迅雷明喜禅师。喜下（有一十二人）即此峰休[〇—〇]空怀心[〇—〇]大权任[〇—〇]瑞雪雨[〇—〇]大勇进[〇—〇]永志响[〇—〇]永住乾[〇—〇]善水海[〇—〇]般若果[〇—〇]慧空定[〇—〇]古崖固（以上一十一人后嗣不已）一曰偈曰：始来蟠龙行无边，创开天龙更胜先；蟠龙法孙天龙嗣，天龙二代第一禅。〇一曰涌莲实开禅师。开下（有一十二人）即中株松[〇—〇]大竖立[〇—〇]万行修[〇—〇]惟修安[〇—〇]须弥弘[〇—〇]秀山勤[〇—〇]慧目定[〇—〇]贯周通[〇—〇]灵珠光[〇—〇]天心顺[〇—〇]慧灵珍（以上一十一人后嗣不已）〇一曰威山际魁禅师[〇—〇]胜登了然（后嗣不已）。

曹洞宗

云居膺禅师[〇—〇]同安丕[〇—〇]同安志[〇—〇]梁山观[〇—〇]大阳玄[〇—〇]投子青[〇—〇]芙蓉楷[〇—〇]丹霞淳[〇—〇]长芦了[〇—〇]天童珏[〇—〇]雪窦鉴[〇—〇]天童净[〇—〇]鹿门觉[〇—〇]青州辨[〇—〇]大明宝[〇—〇]五山体[〇—〇]雪岩满[〇—〇]万松秀[〇—〇]雪庭裕[〇—〇]灵隐泰[〇—〇]还源遇[〇—〇]淳拙才[〇—〇]松庭岩[〇—〇]凝然改[〇—〇]俱空斌[〇—〇]无方从[〇—〇]月舟载[〇—〇]大章书。书下复出二枝：一曰廪山忠[〇—〇]寿昌经。经下复出四人，即阒然谧〇鼓山贤〇博山来〇东苑镜[〇—〇]天界盛（其后嗣俱未录）。又书下，一曰大千润。润下复出二人：一曰大觉念[〇—〇]云门澄（后嗣未录）。又润下，一曰无言道[〇—〇]心悦喜[〇—〇]彼岸宽（后嗣未录）。

云门宗

云门文偃禅师[〇—〇]香林远[〇—〇]智门祚[〇—〇]雪窦显[〇—〇]天衣怀[〇—〇]慧林本[〇—〇]长芦信[〇—〇]慧林深[〇—〇]灵隐光[〇—〇]中竺妙[〇—〇]光孝深禅师（后嗣无考）。

法眼宗

清凉文益禅师[〇—〇]清凉钦[〇—〇]云居齐[〇—〇]瑞岩海[〇—〇]翠岩元禅师（后嗣无考）。

沩仰派（计二十字）

派曰：崇福法德慧，普贤行愿深。文殊广大智，成等正觉果。

临济派（计二十字）

派曰：慧正普觉智，圆通湛寂清。广演法界性，永远德弘宗。〇至第十三世法鉴禅师，嗣法门人福庆，号云岩，旁出一枝（计三十字），派曰：福德弘慈广，普贤觉道成。利益无边量，宗本永兴隆。妙悟恒常满，自性证圆融。○又第十四世界源禅师，嗣法门人性金，号碧峰，又旁出一枝（计四十八字），派曰：智慧清净，道德圆明。真如性海，寂照普通。心源广续，本觉昌隆。能仁圣果，常演宽弘。惟传法印，证悟会融。坚持戒定，永继祖宗。○接此派，又新续一枝（计四十八字），派曰：湛然法界，方广严宏。弥满本觉，了悟心宗。惟灵廓彻，体用周隆。闻思修学，止观常融。传持妙理，继古贤公。信解行证，月朗天中。○又碧峰下第二世鹅头禅师，于北京西山建万寿戒坛，横出临济一枝（计二十四字），派曰：清净道德，文成佛法。能仁智慧，本来自性。圆明行理，大通无学。○又碧峰下第四十七世祖定禅师，入闽住雪峰山，复旁出一枝（计二十字）派曰：祖成戒定慧，放光正圆通。行超明实际，了达悟真空。○又祖定禅师下，第十三世明灿禅师，入晋住中条山万固寺，又横出一枝（计二十字），派曰：明德义幽玄，昭然廓性天。慧灯联海焰，万固永流传。○又祖定禅师下第十三世，创开建正兴陕西西安府华州城西南十五里、入终南山赤帝峪、又名马家峪、今名敕德峪太顶二十里许、天龙山寺传临济正宗第三十四世迅雷明喜禅师。遵上祖定派，下至第二十空字毕。后续出一枝（计二十字），后续枝派曰：智种金刚子，天龙宝地生。法雨心苗胜，华开果弘灵。

曹洞派

曹洞下有少林祖庭，并江西豫章两派。其豫章派（计二十八字），派曰：清净觉海圆弘广，悟本真常慧性宽。祖道兴隆传法眼，普周沙界定心安。○至第十二世慧经禅师，入江西寿昌，旁出一枝（计二十八字），派曰：慧圆道大兴慈济，悟本传灯续祖光。性海洞明彰法界，广弘行愿证真常。○经下又旁出博山大舣禅师，复续一枝（计二十字），派曰：元道弘传一，心光照普通。祖师隆法眼，永播寿昌宗。○其少林派（计七十字），派曰：福慧智子觉，了本圆可悟。周洪普广宗，道庆同玄祖。清净真如海，湛寂淳贞素。德行永延恒，妙体常坚固。心朗照幽深，性明鉴崇祚。衷正善禧祚，谨悫愿济度。雪庭为导师，弘汝皈玄路。○又第六世旁出蓬鹊山兴化寺一枝（计二十字），派曰：了因明祖道，觉海永洪宣。普度大千界，同登般若船。○又鹊山下，至彼岸宽，复新出一枝（计一百二十字），派曰：觉海永洪，宣授传宗。正脉遐衍，善庆福隆。自性周遍，本来圆通。真智妙理，清净澄明。实相寂照，慈悯利生。平等普度，方广权衡。教启贤哲，戒行克功。学繇悟达，法在信能。止观定慧，闻思修崇。庄严品位，玄契参同。德充果满，佛图续灯。秉持心印，师范寰中。我愿如是，世宜学从。彼岸为祖，贻训云仍。嗣先昌后，万代常兴。○又贾菩萨万安禅师，旁出一枝（计三十二字），派曰：广崇妙普，洪胜禧昌。继祖续宗，慧镇维方。圆明净智，德行福祥。澄清觉海，了悟真常。○又虚照大师，旁出一枝（计一十六字），派曰：弘子友可，福缘善庆。定慧圆明，永宗觉性。〇至无极明信禅师，复续一枝（计一十六字），派曰：性能广达，妙用无方。蕴空实际，祖道崇昌。〇又万松禅师后立一枝（计二十字），派曰：行从慧智立，贯彻入环中。化统三千界，弘开洞上宗。〇至智洪禅师，又岔一枝（计二十字），派曰：智信定德宝，志善了道行。妙净本明真，正法惟思敬。（又续新派）敬谨修持，功成福庆。绪续新灯，圆通自性。普度大千，权衡曹洞。衣钵传来，万松祖令。〇又妙相决定禅师，复岔一枝（计二十八字），派曰：净善香然喜敬宗，万光瑞宝显朗灯。世界皓月宣圆照，通天了道贯乾坤。

云门派（计二十字）

派曰：优昙从广政，了性悟真如。德智圆通品，方知绍祖灯。

法眼派（计二十字）

派曰：祖智悟本真，法性常兴胜。定慧广圆明，觉海玄清印。

以上五宗五派，原宗大纲，流行天下也。其余不从正枝正叶，接派分宗，惟凭各人一时家风，兴胜随机，自立一枝。尚有三十余家，不知自何宗岐，至此俱无实考，一概不曾强入。后人须明正派，切莫涉于别岐；欲穷始末根本，宜以斯为指南定式，云尔。

【据《卍新纂续藏经》本《终南山天龙会集缁门世谱》】

中篇

赵州和尚

一、赵州从谂里籍·传记

（一）赵州禅师里籍曹州略考

赵　晨

赵州真际禅师，法号从谂，生于唐大历十三年（778），卒于唐乾宁四年（897），是唐代中后期一位重要的高僧。关于真际禅师的籍贯，佛典历来有两种说法：一是青州淄川说，一是曹州郝乡说。这两种说法并行，多年来学术界对真际禅师的籍贯问题也没有作过多的讨论。笔者认为，研究人物，首先要明确的应是被研究者的身世，明了了字号、籍贯、行迹、交游、著作等一系列的问题之后，才能更好地理解和接受被研究者的思想。从这一点上来说，明确真际禅师的籍贯，也是十分必要的，并且对整体研究真际禅师具有积极意义。

笔者认为，真际禅师的籍贯，应该是曹州，而非青州。持曹州说的主要有《赵州和尚语录》后所附《赵州真际禅师行状》（以下简称《行状》），《行状》云："师即南泉门人也。俗姓郝氏，本曹州郝乡人也，讳从谂。"《五家正宗赞》《祖庭事苑》《景德传灯录》《联灯会要》《五灯会元》《佛祖历代通载》《释氏稽古略》《指月录》《教外别传》等皆从其说。持青州说者主要有《祖堂集》和《宋高僧传》两书。《祖堂集》卷十八云："师讳全谂，青社缁（淄）丘人也。"《宋高僧传》从其说，卷十一云"释从谂，青州临淄人也"。

《祖堂集》成书于南唐保大十年（952），《行状》成于南唐保大十一年（953），成书时间比其他书籍要早，故可知《祖庭事苑》《五灯会元》《宋高僧传》等书均据此二书记载，《祖堂集》和《行状》是其他佛教历史文献的依据。从时间上来看，《祖堂集》的成书时间比《行状》早一年，但年代早并不意味着可信度高。《祖堂集》作者为南唐时泉州僧人释静、释筠，此二僧为泉州招庆寺僧人，而赵州禅师居于赵州东院，二者并无交集。南唐保大十年（952）距赵州禅师圆寂的乾宁四年（897），也已经过去了五十五年，故很难保证释静、释筠所载赵州禅师籍贯的准确性。而《行状》为东都东院僧人释惠通所作。《行状》首句“师即南泉门人也”阐述了释惠通与赵州禅师有师承关系。赵州禅师曾居赵州东院(即观音院)。南唐时,扬州被称作“东都”,释惠通所在寺院应在扬州,此寺亦称“东院”,与赵州禅师所居东院亦应有所关联。《行状》为赵州门人所作,则其所载赵州禅师的籍贯信息可信度更高。《行状》又载一事云:“师受戒后,闻受业师在曹州西住护国院,乃归院省覲。到后,本师令郝氏云:‘君家之子游方已回。’其家亲属欣怿不已,只候来日,咸往观焉。师闻之,乃云:‘俗尘爱网,无有了期,已辞出家,不愿再见。’乃于是夜,结束前迈。其后自携瓶锡,遍历诸方。”此处载赵州禅师闻受业师居于曹州护国院,于是前往拜谒。师告知赵州禅师家人,家人均盼望其归来。但赵州禅师至曹州后并不愿见家人,只因出家僧人要断却俗世纷纭。此后赵州禅师行脚至赵州城东观音院(即东院),并从此落脚,所以才有赵州禅师之名。

从作者身份的角度,《行状》所云“曹州”的可靠度比《祖堂集》所云“青州”的可信度要高。同时,从曹州说的典籍亦比从青州说的典籍要多,这也从侧面表明了历代佛教历史文献的作者对此事的判断,即认为赵州禅师籍贯曹州者为多。这也更说明了曹州说的可信度。所以,笔者得出赵州禅师籍贯曹州的结论。

赵州禅师从曹州扈通院出家,游历诸方,最后在赵州东院落脚。其所说禅法负有盛名,《赵州和尚语录》亦广传于世,对宋元时期的佛教有较大的影响力。

(二)传　记

岳贤雷　点校

《祖堂集》卷十八《赵州和尚》

[南唐]静、筠二禅师

赵州和尚嗣南泉,在北地。

师讳全谂[按:《行状》《宋高僧传》《语录》等并作“从谂”],青社缁(淄)丘人也。[按:《行状》《景德传灯录》《祖庭事苑》《五灯会元》等并作:曹州郝乡人,姓郝氏;《宋高僧传》作“青州临淄人”;《祖堂集》卷十五《永泰和尚》:“……大化青社,故号青州和尚焉。”《汉语大词典》:青社借指青州;孙昌武等:“淄丘即临淄。”]少于本州龙兴寺出家[按:《景德传灯录》《五灯会元》记赵州出家于曹州扈通院],嵩山琉璃坛受戒。不味经律,遍参藂林,一造南泉,更无他往。既遭盛筵,宁无扣击?

师问:“如何是道?”南泉云:“平常心是道。”师云:“还可趣向否?”南泉云:“拟则乖。”师云：“不拟时如何知是道？”南泉云：“道不属知不知，知是妄觉，不知是无记。若也真达不拟之道，犹如太虚，廓然荡豁，岂可是非？”师于是顿领玄机，心如朗月，自尔随缘任性，笑傲浮生，拥毳携筇，周游烟水矣。

师问座主：“所业什摩？”对云：“讲《维摩经》。”师云：“维摩还有祖父也无？”对云：“有。”师云：“阿那[个]是维摩祖父？”对云：“则某甲便是。”师云：“既是祖父，为什摩却与儿孙传语？”座主(无对)。

问：“学人拟作佛去时如何？”师云：“费心力。”僧云：“不费心力时如何？”师云：“作佛去。”

问：“夜升兜率，昼降阎浮，其中摩尼为什摩不现？”师云：“道什摩？”僧再问，师云：“不见道‘毗婆尸佛早留心，直至如今不得妙’？”

有僧辞。[师云：]“什摩处去？”对云：“南方去。”师云：“三千里外逢人，莫喜。”[按：《联灯会要》作“三千里外逢人，不得错举！”《赵州录》作“莫戏”]僧云：“学人不会。”师云：“柳絮，柳絮！”[按：《赵州录》作“摘杨花，摘杨花！”]

问第一座：“堂中还有祖父摩？”对云：“有。”师云：“唤来与老僧洗脚。”

师示众云：“我这里亦有在窟师子，亦有出窟师子，只是无师子儿。”有僧出来弹指两三下，师云：“作什摩？”僧云：“师子儿。”师云：“我唤作师子，早是罪过，你又更蹴踏作什摩？”

问：“与摩来底人，师还接也无？”师云：“接。”“不与摩来底人，师还接也无？”师云：“接。”僧云：“与摩来底人从师接，不与摩来底人，师如何接？”师云：“止止不须说，我法妙难思。”

问：“如何是平常心？”师云：“虎狼野干是。”僧云：“还[受]教化也无？”师云：“不历你门户。”僧云：“与摩莫平沉，那个人也无？”师云：“太好平常心！”

大王礼拜师，师不下床。侍者问：“大王来，师为什摩不下地？”师云：“汝等不会。上等人来，上绳床接；中等人来，下绳床接；下等人来，三门外接。”

师问座主：“久蕴什摩业？”对云：“《涅槃经》。”师问座主：“一段义，得不？”对云：“得。”师以脚剔(踢)空中，口吹，却问：“这个是《涅槃经》中义不？”云：“是。”师云：“会摩？”“不会。”师云：“这个是五百力士结成(揭石)之义。”

师示众云：“我三十年前在南方，火炉头举无宾主话，直至如今无人道着。”有人举问雪峰：“赵州无宾主话，作摩生道？”雪峰便踏倒。

师又到一老宿处，老宿云：“老大人何不觅取住处？”师云：“什摩处是某甲住处？”老宿云：“老大人住处也不识！”师云：“三十年学骑马，今日被驴扑。”

问：“离教，请师决。”师云：“与摩人则得。”僧才礼拜，师云：“好问，好问。”僧云：

“谘和尚。”师云：“今日不答话。”

问：“澄澄绝点时如何？”师云：“我此间不着这个客作汉。”

问：“如何是和尚家风？”师云：“不向你道。”僧云：“为什麼不道？”师云：“是我家风。”

问：“如何得报国王恩？”师云：“念佛。”僧云：“街头贫儿也念佛。”师拈一个钱与。

问：“如何是本分事？”师指学人云：“是你本分事。”僧云：“如何是和尚本分事？”师云：“是我本分事。”

问：“如何是佛向上事？”师云：“我在你脚底。”僧云：“师为什麼在学人脚底？”师云：“为你不知有佛向上事。”

问：“如何是密室中人？”师展手云：“茶盐钱布施。”有人问云居：“赵州与摩道，意作摩生？”云居云：“八十老公出场屋。”

问：“柏树子还有佛性也无？”师云：“有。”僧云：“几时成佛？”师云：“待虚空落地。”僧云：“虚空几时落地？”师云：“待柏树成佛。”

新到展座具次，师问：“近离何方？”僧云：“无方面。”师起，向僧背后立，僧把座具起，师云：“太（大）好无方面！”

僧辞次，师问：“外方有人问：‘还见赵州也无？’作摩生向他道？”僧云：“只道见和尚。”师云：“老僧似一头驴，汝作摩生见？”僧无对。

师问新到：“近离什麼处？”云：“近离南方。”师云：“什麼人为伴子？”僧云：“畜生为伴子。”师云：“好个阇梨，为什麼却与畜生作伴子？”僧云：“无异故。”师云：“太好畜生！”僧云：“争肯？”师云：“不肯则一任，还我伴子来。”僧（无对）。

有僧才礼拜，师云：“珍重。”僧申问，师云：“又是也，又是也。”

问：“学人去南方，忽然雪峰问赵州意，作摩生祇对？”师云：“遇冬则寒，遇夏则热。”进曰：“究竟赵州意旨如何？”师云：“亲从赵州来，不是传语人。”其僧到雪峰，果如所问，其僧一一如上举对。雪峰曰：“君子千里同风。”

问：“如何是祖师西来意？”师云：“亭前柏树子。”僧云：“和尚莫将境示人。”师云：“我不将境示人。”僧云：“如何是祖师西来意？”师云：“亭前柏树子。”

问：“如何是学人师？”师云：“云有出山势，水无投涧声。”僧云：“不问这个。”师云：“是你师，不问！”

问：“头头到这里时，如何？”师云：“犹较老僧一百步。”

问：“方圆不就时如何？”师云：“不方不圆。”云：“与摩时作摩生？”师云：“是方是圆。”

师有时云：“佛之一字，吾不喜闻。”僧问：“师还为人不？”师云：“佛也，佛也。”

问："'一灯燃百千灯'，未审一灯是什摩灯？"师跳出只履，又云："若是作家，不与摩问。"

问："如何是本来人？"师云："自从识得老僧后，只这个汉更无别。"僧云："与摩则共和尚隔生也。"师云："非但[今生]，千生与万生，也不识老僧。"

师问沩山："如何是祖师意？"沩山唤侍者："将床子来。"师云："自住已来，未曾遇着一个本色禅师。"时有人问："忽遇时如何？"师云："千钧之弩，不为奚鼠而发机。"

有人问："诸佛还有师也无？"师云："有。"僧进曰："如何是诸佛师？"师云："阿弥陀佛。"又师云："佛是弟子。"有僧问长庆："赵州与摩道'阿弥陀佛'，是道底语？是嗟底语？"长庆云："若向两头会，尽不见赵州意。"僧进云："赵州意作摩生？"长庆便弹指一声。

镇州大王请师上堂，师升座便念经，有人问："请和尚上堂，因什摩念经？"师云："佛弟子念经不得摩？"

又别时上堂，师念《心经》，有人云："念经作什摩？"师云："赖得阇梨道念经，老僧洎忘却。"

问："如何是玄中又玄？"师云："那个师僧若在，今年七十四也。"

问："如何是玄中一句？"师云："不是'如是我闻'。"

问："寸丝不挂时如何？"师云："不挂什摩？"僧云："不挂寸丝。"师云："太好不挂！"

问："迦叶上行衣，什摩人合得被？"师云："七佛虚出世，道人都不知。"

师问僧："还曾到这里摩？"云："曾到这里。"师云："吃茶去。"师云："还曾到这里摩？"对云："不曾到这里。"师云："吃茶去。"师云："还曾到这里摩？"对云："不曾到这里。"师云："吃茶去。"又问僧："还曾到这里摩？"对云："和尚问作什摩？"师云："吃茶去。"

师问僧："你在这里得几年？"对云："五六年。"师云："还见老僧也无？"对云："见。"师云："见何似生？"对云："似一头驴。"师云："什摩处见似一头驴？"对云："入法界见。"师云："去！未见老僧在！"有人举似洞山，洞山代云："吃水吃草。"

问："朗月处空，时人尽委，未审室内事如何？"师云："自少出家，不作活计。"学曰："与摩则不为今时去也。"师云："老僧自疾不能救，争能救得诸人疾？"学曰："与摩则来者无依。"师云："依则榻着地，不依则一任东西。"

师问僧："从什摩处来？"对云："从五台山来。"师云："还见文殊也无？"对云："文殊则不见，只见一头水牯牛。"师云："水牯牛还有语也无？"对云："有。"师曰："道什摩？"对云："孟春犹寒，伏惟和尚尊体起居万福。"

师有一日向七岁儿子云:“老僧尽日来心造,与你相共论义。你若输,则买糊饼与老僧;老僧若输,则老僧买糊饼与你。”儿子云:“请师立义。”师云:“以劣为宗,不得诤胜,老僧是一头驴。”儿子云:“某甲是驴粪。”师云:“是你与我买糊饼。”儿子云:“不得,和尚,和尚须与某甲买糊饼,始得。”师与弟子相争,断不得。师云:“者个事,军国事一般,官家若判不得,须唤村公断。这里有三百来众,于中不可无人。大众与老僧断:宾主二家,阿那个是有路?”大众断不得。师云:“须是具眼禅师始得。”三日以后,沙弥觉察,买糊饼供养和尚矣。

古时有官长教僧拜,马祖下朗瑞和尚不肯拜,官长便嗔,当时打杀。有人问师:“瑞和尚为什摩却被打杀?”师云:“为伊惜命。”龙花拈问僧:“惜个什摩命?”无对。龙花代云:“嗔我不得。”问:“正与摩时作摩生?”师云:“生公忍死十年,老僧一时不可过。”

师唤沙弥,沙弥应喏,师云:“煎茶来。”沙弥云:“不辞煎茶,与什摩人吃?”师便动口。沙弥云:“大难得吃茶。”有人拈问漳南:“又须教伊煎茶,又须得吃茶,合作摩生道?”保福云:“虽然如此,何不学观音?”

有人问老婆:“赵州路什摩处去?”婆云:“蓦底去。”僧云:“莫是西边去摩?”婆云:“不是。”僧云:“莫是东边去摩?”婆云:“也不是。”有人举似师,师云:“老僧自去勘破。”师自去问:“赵州路什摩处去?”老婆云:“蓦底去。”师归院,向师僧云:“敢(勘)破了也。”

院主请上堂,师升座,唱《如来梵》。院主云:“比来请上堂,这个是《如来梵》。”师云:“佛弟子唱《如来梵》,不得摩?”

问:“开口是一句。如何是半句?”师便开口。

三峰见师云:“上座何不住去?”师云:“什摩处住好?”三峰指面前山。师云:“此是和尚住处。”

师为沙弥,扶南泉上胡梯,问:“古人以三道宝阶接人,未审和尚如何接?”南泉乃登梯,云:“一!二!三!四!五!”师举似师伯,师伯云:“汝还会摩?”师云:“不会。”师伯云:“[六!]七!八!九!十!”

南泉指铜瓶问僧:“汝道内净外净?”僧云:“内外俱净。”却问师,师便剔(踢)却。

师问南泉:“古人道:‘道非物外,物外非道。’如何是‘物外非道’?”泉便棒。师云:“莫错打!”南泉云:“龙蛇易弁,纳子难谩。”

问:“如何是西来意?”师云:“仲冬严寒。”有人举似云居,便问:“只如赵州与摩道,意作摩生?”居云:“冬天则有,夏月则无。”僧举似师:“只如云居与摩道,意作摩生?”师因此便造偈,曰:“石桥南,赵州北[按:《赵州录》作‘赵州南,石桥北’;孙昌武等:‘今柏林禅寺(旧称观音院)在赵县县城(古赵州)东南、安济桥北。'],中有观音有弥勒[按:《赵州录》作'观音院里有弥勒'],祖师留下一只履,直到如今觅不得。"

【据《大藏经补编》本《祖堂集》卷十八,参校中华书局2007年版《祖堂集》本】

赵州真际禅师行状

[南唐]释惠通

师即南泉门人也。俗姓郝氏,本曹州郝乡人也,讳从谂。镇府有《塔记》云,师得七百甲子欤!

值武王微沐,避地岨崃,木食草衣,僧仪不易。

师初随本师行脚,到南泉,本师先人事了,师方乃人事。南泉在方丈内卧次,见师来参,便问:"近离什么处?"师云:"瑞像院。"南泉云:"还见瑞像么?"师云:"瑞像即不见,即见卧如来。"南泉乃起,问:"你是有主沙弥,无主沙弥?"师对云:"有主沙弥。"泉云:"那个是你主?"师云:"孟春犹寒,伏惟和尚尊体起居万福。"泉乃唤维那,云:"此沙弥别处安排。"

师受戒后,闻受业师在曹州西住护国院,乃归院省觐。到后,本师令郝氏云:"君家之子游方已回。"其家亲属欣怿不已,只候来日,咸往观焉。师闻之,乃云:"俗尘爱网,无有了期,已辞出家,不愿再见。"乃于是夜,结束前迈。其后自携瓶锡,遍历诸方。

常自谓曰:"七岁童儿胜我者,我即问伊;百岁老翁不及我者,我即教他。"年至八十,方住赵州城东观音院,去石桥十里已来。住持枯槁,志效古人。僧堂无前后架,旋营斋食。绳床一脚折,以烧断薪用绳系之;每有别制新者,师不许也。住持四十来年,未尝赍一封书告其檀越。

因有南方僧来,举:"问雪峰:'古涧寒泉时,如何?'雪峰云:'瞪目不见底。'学云:'饮者如何?'峰云:'不从口入。'"师闻之曰:"不从口入,从鼻孔里入?"其僧却问师:"古涧寒泉时,如何?"师云:"苦。""学云:'饮者如何?'"师云:"死。"雪峰闻师此语,赞云:"古佛!古佛!"雪峰因此后不答话矣。

厥后,因河北燕王领兵收镇府,既到界上,有观气象者奏曰:"赵州有圣人所居,战必不胜。"燕、赵二王因展筵会,俱息交锋。乃问:"赵之金地,上士何人?"或曰:"有讲《华严经》大师,节行孤邈。若岁大旱,咸命往台山祈祷,大师未回,甘泽如泻。"乃曰:"恐未尽善。"或云:"此去一百二十里,有赵州观音院,有禅师年腊高邈,道眼明白。"佥曰:"此可应兆乎!"

二王税驾观焉。既届院内,师乃端坐不起。燕王遂问曰:"人王尊耶,法王尊耶?"

师云:“若在人王,人王中尊;若在法王,法王中尊。”燕王唯然矣。师良久中间,问:“阿那个是镇府大王?”赵王应喏:“弟子。”(缘赵州属镇府,以表知重之礼)师云:“老僧滥在山河,不及趋面。”须臾,左右请师为大王说法。师云:“大王左右多,争交老僧说法?”乃约令左右退。师身畔,时有沙弥文远,高声云:“启大王,不是者(这)个左右!”大王乃问:“是什么左右?”对曰:“大王尊讳多,和尚所以不敢说法。”燕王乃云:“请禅师去讳说法。”师云:“故知大王曩劫眷属,俱是冤家。我佛世尊,一称名号,罪灭福生。大王先祖,才有人触著名字,便生嗔怒。”师慈悲非倦,说法多时。二王稽首,赞叹珍敬无尽。

来日将回,燕王下先锋使闻师不起,凌晨入院,责师傲兀君侯。师闻之,乃出迎接。先锋乃问曰:“昨日见二王来,不起,今日见某甲来,因何起接?”师云:“待都衙得似大王,老僧亦不起接。”先锋聆师此语,再三拜而去。

寻后,赵王发使取师供养,既届城门,阖城威仪,迎之入内。师才下宝辇,王乃设拜,请师上殿正位而坐。师良久,以手斫额云:“阶下立者,是何官长?”左右云:“是诸院尊宿并大师大德。”师云:“他各是一方化主,若在阶下,老僧亦起。”王乃命上殿。

是日,斋筵将罢,僧官排定,从上至下,一人一问。一人问佛法,师既望见,乃问:“作什么?”云:“问佛法。”师云:“这里已坐却老僧,那里问什么法?二尊不并化。”(此乃语之词也)王乃令止。其时,国后与王俱在左右侍立,国后云:“请禅师为大王摩顶受记。”师以手摩大王顶,云:“愿大王与老僧齐年。”

是时,迎师权在近院驻泊,获时选地,建造禅宫。师闻之,令人谓王曰:“若动着一茎草,老僧却归赵州。”其时,窦行军愿舍果园一所,直(值)一万五千贯,号为真际禅院,亦云窦家园也。师入院后,海众云臻。

是时,赵王礼奉,燕王从幽州奏到命服,镇府具威仪迎接,师坚让不受。左右舁箱至师面前,云:“大王为禅师佛法故,坚请师着此衣。”师云:“老僧为佛法故,所以不着此衣。”左右云:“且看大王面。”师云:“又干俗官什么事?”乃躬自取衣挂身上。礼贺再三,师惟知应喏而已。

师住赵州二年,将谢世时,谓弟子曰:“吾去世之后,焚烧了,不用净淘舍利。宗师弟子不同浮俗,且身是幻,舍利何生?斯不可也。”今(令)小师送拂子一枝与赵王,传语云:此是老僧一生用不尽底。

师于丁巳岁(897)十一月十日端坐而终,于时窦家园道俗车马数万余人,哀声振动原野。赵王于时尽送终之礼,感叹之泣,无异金棺匿彩于俱尸矣,莫不高营雁塔,特竖丰碑。谥号曰真际禅师、光祖之塔。

后(南)唐保大十一年(953)孟夏月旬有三日,有学者咨问东都东院惠通禅师赵州先人行化厥由，作礼而退，乃授笔录之，具实矣。

【据《嘉兴大藏经》本《赵州和尚语录》后附】

赵王与师作真赞

［五代］王　镕

碧溪之月，清镜中头。我师我化，天下赵州。

【据明万历年间(1573—1620)径山化城寺刻本《古尊宿语录》卷十四后附，参校中华书局1994年版《古尊宿语录》本】

哭赵州和尚二首

［五代］王　镕

师离瀌水动王侯，心印光潜麈尾收。
碧落雾霾松岭月，沧溟浪覆济人舟。
一灯乍灭波旬喜，双眼重昏道侣愁。
纵是了然云外客，每瞻瓶几泪还流。

佛日西倾祖印隳，珠沉丹沼月沉辉。
影敷丈室炉烟惨，风起禅堂松韵微。
只履乍来留化迹，五天何处又逢归。
解空弟子绝悲喜，犹自潸然对雪帏。

【据明万历年间(1573—1620)径山化城寺刻本《古尊宿语录》卷十四后附，参校中华书局1994年版《古尊宿语录》本】

《五家正宗赞》卷一《赵州真际禅师》

［南宋］希叟绍昙

师嗣南泉，讳从谂，曹州人，姓郝氏。

一日，问南泉曰："如何是道？"泉曰："平常心是道。"师曰："还可趣向也无？"曰："拟向即乖。"师曰："不拟，争知是道？"曰："道不属知，不属不知。知是妄觉，不知是无纪(或作记)。若真达不疑(或作拟)之道，犹如太虚，廓然虚豁，岂可强是非耶？"师于言下悟理。

有僧游五台，问婆子曰：“台山路向甚处去？”婆曰：“蓦直去。”僧便去。婆曰：“好个师僧，又恁么去！”后僧举似师，师曰：“待我去勘破。”明日便去。问：“台山路向甚处去？”婆曰：“蓦直去。”师便去。婆曰：“好个师僧，又恁么去。”师归，谓僧曰：“台山婆子为汝勘破了也。”

僧问：“久响（向）赵州石桥，到来只见略彴。”师曰：“汝只见略彴，不见石桥。”曰：“如何是石桥？”师曰：“度驴度马。”

一日，真定帅王公携诸子入院。师坐而问曰：“大王会么？”王曰：“不会。”师曰：“自小持斋身已老，见人无力下禅床。”王尤加礼重。

僧问：“狗子还有佛性也无？”师曰：“无。”僧云：“一切众生皆有佛性，狗子因甚却无？”师曰：“为伊有业识在。”

师到黄檗，檗见来，便闭方丈门。师乃把火于法堂，叫云：“救火！救火！”檗开门捉住曰：“道！道！”师曰：“贼过后张弓。”

到茱萸，执主丈（拄杖）法堂上从东过西。萸曰：“作什么？”师曰：“探水。”萸曰：“我者里一滴也无，探个什么？”师以丈（杖）倚壁，便行。

僧问：“如何是祖师西来意？”师曰：“庭前柏树子。”后法眼问觉铁觜：“闻赵州有柏树子话，是否？”觉曰：“先师无此语，莫谤先师好。”

僧问雪峰：“古涧寒泉时如何？”峰曰：“瞪目不见底。”曰：“饮者如何？”曰：“不从口入。”师闻曰：“不可从鼻孔里入。”僧便问：“古涧寒泉时如何？”师曰：“苦。”曰：“饮者如何？”曰：“死。”僧举似雪峰，峰遥望作礼曰：“赵州古佛。”从此不答话。

严阳问：“一物不将来时如何？”师曰：“放下着。”曰：“既是一物不将来，放下个什么？”曰：“放不下，担取去。”严有省。

赞曰：

禅在口皮边，换尽衲僧眼。
中南泉毒，太虚寥廓，岂强是非？
死雪峰心，古涧寒泉，分明剖判。
见大王不下床接，表吾宗尊法有人。
勘庵主拽下帘归，知王老疑着者汉。
茱萸探水，靠丈（丈）立生根。
黄檗救焚，开门惊落胆。
狗子无佛性，露刃剑冷焰含霜。
台山勘破婆，葛藤桩一刀截断。
觉铁觜谓先师无此语，费口分疏。

严尊者问一物不将来，全肩荷担。

架略彴，非惟度马度驴；亘百世，援沉迷，使平步摩诃衍岸。

【据日本京都大学图书馆谷村文库藏和刻本《五家正宗赞》卷一】

《宋高僧传》卷十一《唐赵州东院从谂传》

［北宋］释赞宁

释从谂，青州临淄人也［按：《行状》《景德传灯录》《祖庭事苑》《五灯会元》等并作：曹州郝乡人，姓郝氏］。童稚之岁，孤介弗群。越二亲之羁绊，超然离俗，乃投本州龙兴伽蓝，从师剪落［按：《景德传灯录》《五灯会元》记赵州出家于曹州扈通院］，寻往嵩山琉璃坛纳戒。师勉之，听习于经律，但染指而已。

闻池阳愿禅师道化翕如，谂执心定志，钻仰忘疲。南泉密付授之；灭迹匿端，坦然安乐。后于赵郡，开物化迷，大行禅道。

以真定帅王氏阻兵，封疆多梗，朝廷患之。王氏抗拒过制，而偏归心于谂。谂尝寄麈拂上王氏曰："王若问何处得此拂子，答道老僧平生用不尽者物。"

凡所举扬天下传之，号赵州法道。语录大行，为世所贵也。

【据《大正藏》本《宋高僧传》卷十一】

《景德传灯录》卷十《赵州东院从谂禅师》

［北宋］释道原

赵州观音院（亦曰东院）从谂禅师，曹州郝乡人也，姓郝氏。［按：《祖堂集》作"青社淄丘人"；《宋高僧传》作"青州临淄人"］

童稚于本州扈通院从师披剃［按：《祖堂集》《宋高僧传》记赵州出家于青州龙兴寺（龙兴伽蓝）］，未纳戒，便抵池阳，参南泉。值南泉偃息，而问曰："近离什么处？"师曰："近离瑞像院。"曰："还见立瑞像么？"师曰："不见立瑞像，只见卧如来。"曰："汝是有主沙弥，无主沙弥？"师曰："有主沙弥。"曰："主在什么处？"师曰："仲冬严寒，伏惟和尚尊体万福。"南泉器之，而许入室。

异日问南泉："如何是道？"南泉曰："平常心是道。"师曰："还可趣向否？"南泉曰："拟向即乖。"师曰："不拟时，如何知是道？"南泉曰："道不属知、不知，知是妄觉，不知是无记；若是真达不疑（或作拟）之道，犹如太虚，廓然虚豁，岂可强是非邪？"师言下悟理。

乃往嵩岳琉璃坛纳戒，却返南泉。异日问南泉：“知有底人向什么处休歇？”南泉云：“山下作牛去。”师云：“谢指示。”南泉云：“昨夜三更月到窗。”

师作火头，一日闭却门烧，满屋烟，叫云：“救火，救火！”时大众俱到，师云：“道得即开门。”众皆无对。南泉将锁于窗间过与师，师便开门。

又到黄檗。黄檗见来，便闭方丈门。师乃把火于法堂内叫云：“救火，救火！”黄檗开门捉住云：“道，道！”师云：“贼过后张弓。”

又到宝寿。宝寿见来，即于禅床上背面坐。师展坐具礼拜。宝寿下禅床，师便出。

又到盐官，云：“看箭！”盐官云：“过也。”师云：“中也。”

又到夹山，将拄杖入法堂，夹山曰：“作什么？”师曰：“沁水。”夹山曰：“一滴也无，沁什么？”师倚杖而出。

师将游五台山次，有大德作偈留云：“何处青山不道场，何须策杖礼清凉？云中纵有金毛现，正眼观时非吉祥。”师云：“作么生是正眼？”大德无对。（法眼代云：“请上坐领某甲卑情。”同安显代云：“是上坐眼。”）师自此道化被于北地，众请住赵州观音。

上堂示众，云：“如明珠在掌，胡来胡现，汉来汉现。老僧把一枝草为丈六金身用，把丈六金身为一枝草用。佛是烦恼，烦恼是佛。”时有僧问：“未审佛是谁家烦恼？”师云：“与一切人烦恼。”僧云：“如何免得？”师云：“用免作么？”

师扫地，有人问云：“和尚是善知识，为什么有尘？”师曰：“外来。”又僧问：“清净伽蓝为什么有尘？”师曰：“又一点也。”

又有人与师游园，见兔子惊走，问云：“和尚是大善知识，为什么兔子见惊？”师云：“为老僧好杀。”

僧问：“觉华未发时，如何辨贞实？”师云：“开也。”僧云：“是贞是实？”师云：“贞是实，实是贞。”

僧云：“什么人分上事？”师云：“老僧有分，阇梨有分。”

僧云：“某甲不招纳，如何？”师佯不闻，僧无语。师云：“去。”

师院有石幢子被风吹折，僧问：“陀罗尼幢子作凡去，作圣去？”师云：“也不作凡，亦不作圣。”僧云：“毕竟作什么？”师云：“落地去也。”

师问一坐主：“讲什么经？”对云：“讲《涅槃经》。”师云：“问一段义，得否？”云：“得。”师以脚踢空，吹一吹云：“是什么义？”坐主云：“经中无此义。”师云：“五百力士揭石义，便道无！”

大众晚参，师云：“今夜答话去也，有解问者出来。”时有一僧便出礼拜。师云：“比来抛砖引玉，却引得个墼子。”（保寿云：“射虎不真，徒劳没羽。”长庆问觉上坐云：“那僧才出礼拜，为什么便收伊为墼子？”觉云：“适来那边亦有人恁么问。”庆云：“向伊道什么?”云:“也向伊恁么道。”玄觉云:“什么处却成蹩子去? 丛林中道,才出来便成蹩子。只如每日出入,行住坐卧,不可总成蹩子也。且道遮僧出来,具眼,不具眼?”)

有僧游五台,问一婆子云:“台山路向什么处去?”婆子云:“蓦直恁么去。”僧便去。婆子云:“又恁么去也。”其僧举似师,师云:“待我去勘破遮婆子。”师至明日便去问:“台山路向什么处去?”婆子云:“蓦直恁么去。”师便去。婆子云:“又恁么去也。”师归院,谓僧云:“我为汝勘破遮婆子了也。”(玄觉云:“前来僧也恁么道,赵州去也恁么道,什么处是勘破婆子?”又云:“非唯被赵州勘破,亦被遮僧勘破。”)

僧问:“恁么来底人师还接否?”师云:“接。”僧云:“不恁么来底,师还接否?”师云:“接。”僧云:“恁么来者从师接,不恁么来者如何接?”师云:“止止不须说,我法妙难思。”

师出院,路逢一婆子,问:“和尚住什么处?”师云:“赵州东院西。”婆子无语。师归院,问众僧:“合使那个西字?”或言东西字,或言栖泊字。师曰:“汝等总作得盐铁判官。”僧曰:“和尚为什么恁么道?”师曰:“为汝总识字。”(法灯别众僧云:“已知去处。”)

僧问:“如何是囊中宝?”师云:“合取口。”(法灯别云:“莫说似人。”)

有新到僧,谓师曰:“某甲从长安来,横担一条拄杖,不曾拨着一人。”师曰:“自是大德拄杖短。”(同安显别云:“老僧遮里不曾见恁么人。”)僧无对。(法眼代云:“呵呵。”同安显代云:“也不短。”)

有僧写得师真呈师。师曰:“且道似我不似我,若似我即打杀老僧,不似我即烧却真。”僧无对。(玄觉代云:“留取供养。”)师敲火问僧云:“老僧唤作火,汝唤作什么?”僧无语。师云:“不识玄旨,徒劳念静。”(法灯别云:“我不如汝。”)

新到僧参。师问:“什么处来?”僧云:“南方来。”师云:佛法尽在南方,汝来遮里作什么?”僧云:“佛法岂有南北邪?”师云:“饶汝从雪峰、云居来,只是个担板汉。”(崇寿稠别云:“和尚是据客置主人。”)

僧问:“如何是佛?”师云:“殿里底。”僧云:“殿里者岂不是泥龛塑像?”师云:“是。”僧云:“如何是佛?”师云:“殿里底。”

僧问:“学人迷昧,乞师指示。”师云:“吃粥也未?”僧云:“吃粥了也。”师云:“洗钵去。”其僧忽然省悟。

师上堂,云:“‘才有是非,纷然失心。’还有答话分也无?”僧举似洛普,浦扣齿;又举似云居,云居曰:“何必。”僧回举似师,师曰:“南方大有人丧身失命。”曰:“请和尚举。”师才举前语,僧指傍僧曰:“这个师僧吃却饭了,作恁么语话。”师乃休。[按:此段据“僧举似洛普(乐普)”,以下据《五灯会元》卷四《赵州从谂禅师》录文。《四部丛刊》

本作："乐普在众扣齿；云居云：'何必！'师云：'今日大有人丧身失命。'僧云：'请和尚举。'师才举前语，僧指傍僧云：'遮僧作恁么语话。'师乃休。"文理欠通]

僧问："久响(向)赵州石桥，到来只见掠彴。"师云："汝只见掠彴，不见赵州桥。"僧云："如何是赵州桥？"师云："过来。"又有僧同前问，师亦如前答。僧云："如何是赵州桥？"师云："度驴度马。"僧云："如何是掠彴？"师云："个个度人。"(云居锡云："赵州为当扶石桥，扶掠彴？")

师闻沙弥喝参，向侍者云："教伊去。"侍者乃教去，沙弥便珍重去。师云："沙弥得入门，侍者在门外。"(云居锡云："什么处是沙弥入门，侍者在门外？遮里若会得，便见赵州。")

师问新到僧："什么处来？"僧云："从南来。"师云："还知有赵州关否？"僧云："须知有不涉关者。"师云："遮贩私盐汉！"

僧问："如何是西来意？"师下禅床立。僧云："莫即遮个便是否？"师云："老僧未有语在。"

师问菜头："今日吃生菜，熟菜？"菜头拈起菜呈之。师云："知恩者少，负恩者多。"僧问："空劫中还有人修行也无？"师云："汝唤什么作空劫？"僧云："无一物是。"师云："遮个始称得修行，唤什么作空劫？"僧无语。

僧问："如何是玄中玄？"师云："汝玄来多少时邪？"僧云："玄之久矣。"师云："阇梨若不遇老僧，几被玄杀。"

僧问："万法归一，一归何所？"师云："老僧在青州，作得一领布衫，重七斤半。"

僧问："夜生兜率，昼降阎浮，于其中间，摩尼为什么不现？"师云："道什么？"其僧再问，师云："毗婆尸佛早留心，直至如今不得妙。"

师问院主："什么处来？"对云："送生来。"师云："鸦为什么飞去？"院主云："怕某甲。"师云："汝十年知事，作恁么语话？"院主却问："鸦为什么飞去？"师云："院主无杀心。"[按："师云"以下，福州东禅寺本作："师代云：'为某甲有杀心在。'"]

师托起钵云："三十年后若见老僧，留取供养；若不见，即扑破。"一僧出云："三十年后，敢道见和尚。"师乃扑破。

有僧辞，师问："什么处去？"僧云："雪峰去。"师云："雪峰忽若问汝云：'和尚有何言句？'汝作么生祗对？"僧云："某甲道不得，请和尚道。"师云："冬即言，寒夏即道热。"又云："雪峰更问汝：'毕竟事作么生？'"其僧又云："道不得。"师云："但道'亲从赵州来，不是传语人。'"其僧到雪峰，一依前语举似雪峰。雪峰云："也须是赵州始得。"玄沙闻云："大小赵州，败阙也不知。"(云居锡云："什么处是赵州败阙？若检得出，是上座眼。")

僧问："如何是赵州一句？"师云："老僧半句也无。"僧云："岂无和尚在？"师云："老僧不是一句。"

僧问："如何是出家？"师云："不履高名，不求苟得。"

僧问："澄澄绝点时，如何？"师云："遮里不着客作汉。"

僧问："如何是祖师意？"师乃敲床脚。僧云："只遮莫便是否？"师云："是即脱取去。"

僧问："如何是毗卢圆相？"师云："老僧自幼出家，不曾眼花。"僧云："岂不为人？"师云："愿汝常见毗卢圆相。"

人问和尚："还入地狱否？"师云："老僧末上入。"曰："大善知识为什么入地狱？"师云："若不入，阿谁教化汝？"

一日，真定帅王公携诸子入院。师坐而问曰："大王会么？"王云："不会。"师云："自小持斋身已老，见人无力下禅床。"王公尤加礼重。翌日，令客将传语，师下禅床受之。少间，侍者问："和尚见大王来，不下禅床；今日军将来，为什么却下禅床？"师云："非汝所知。第一等人来，禅床上接；中等人来，下禅床接；末等人来，三门外接。"

师寄拂子与王公曰："若问何处得来，但道老僧平生用不尽者。"

师之玄言布于天下，时谓赵州门风，皆悚然信伏矣。

唐乾宁四年(897)十一月二日，右胁而寂，寿一百二十。(有人问："师年多少？"师云："一串念珠数不尽。")后谥真际大师。

【据《四部丛刊》三编本《景德传灯录》卷十】

《景德传灯录》卷二十八《赵州从谂和尚语》

[北宋]释道原

赵州从谂和尚上堂云："金佛不度炉，木佛不度火，泥佛不度水，真佛内里坐。菩提涅槃、真如佛性，尽是贴体衣服，亦名烦恼；不问即无烦恼。且实际理，什么处着得？一心不生，万法无咎。汝但究理坐，看三二十年，若不会道，截取老僧头去。梦幻空华，何劳把捉？心若不异，万法一如。既不从外得，更拘执作什么？如羊相似，乱拾物安向口里。老僧见药山和尚道：'有人问着者，便教合却口。'老僧亦教合却口。[取我是垢，不][按：此五字据《赵州语录》补]取我是净。一似猎狗，专欲吃物。佛法在什么处？遮里一千人，尽是觅作佛汉子，于中觅一个道人无。若与空王为弟子，莫教心病最难医。未有世间时，早有此性；世界坏时，此性不坏。从一见老僧后，更不是别人，只是一个主人公，遮个更用向外觅物作什么？正恁么时，莫转头换脑。若转头换脑，即失却去也。”时有僧问：“承师有言‘世界坏时，此性不坏’。如何是此性？”师曰：“四大五阴。”僧曰：“此犹是坏底，如何是此性？”师曰：“四大五阴。”（法眼云：“是一个、两个？是坏、不坏？且作么生会？试断看。”）

【据《四部丛刊》三编本《景德传灯录》卷二十八】

《祖庭事苑》卷七《八方珠玉集·赵州》

［北宋］睦庵善卿

师讳从谂，姓郝氏，曹州郝乡人。［按：《祖堂集》作“青社淄丘人”；《宋高僧传》作“青州临淄人”］做沙弥时，造南泉之室，颖拔不群，南泉待之，异于流辈。一日，问：“如何是道？”泉曰：“平常心是道。”师曰：“还可趣向否？”曰“拟向即乖。”师曰：“不拟，那知是道？”曰：“道不属知、不知。知是妄觉，不知是无记。若真达不拟之道，犹如太虚廓然，岂可强是非邪？”师既领旨，却往嵩岳，请戒而归。晚游河朔，被檀越之请，唱道于赵州之观音。一日，真定帅王公镕访师，师坐而问曰：“会么？”王曰：“不会。”师曰：“自小持斋身已老，见人无力下禅床。”公益加敬仰。至唐昭宗乾宁未年［按：未疑当作末。《景德传灯录》《五灯会元》《联灯会要》诸本并作“乾宁四年（897）”。唐昭宗乾宁年号使用于894年正月至898年八月］仲冬二日右胁示寂，谥真际大师。

【据《卍新纂续藏经》本《祖庭事苑》卷七】

《联灯会要》卷六《赵州观音从谂禅师》

［南宋］晦翁悟明

赵州观音从谂禅师（凡七十），曹州郝氏子。初谒南泉，值泉偃息次，泉问：“近离甚处？”师云：“瑞像。”泉云：“还见瑞像么？”师云：“瑞像即不见，只见卧如来。”泉遂起，问：“你是有主沙弥，无主沙弥？”师云：“有主。”泉云：“那个是你主？”师云：“孟春犹寒，伏惟和尚尊体起居万福。”泉唤维那云：“此沙弥别处安排着。”

师问南泉：“如何是道？”云：“平常心是道。”师云：“还假趣向也无？”泉云：“拟向即乖。”师云：“不拟，争知是道？”泉云：“道不属知，不属不知；知是妄觉，不知是无记。若真达不拟之道，犹如太虚，廓然荡豁，岂可强是非耶？”师于言下顿领深旨。

南泉垂语云：“今时人须向异类中行，始得。”师便问：“异即不问，如何是类？”泉以两手托地。师近前一踏踏倒，却向涅槃堂叫云：“悔！悔！”泉令侍者问：“汝悔个甚么?”师云:“悔不更与两踏。”

师在井楼上打水,见南泉从下过,师抱楼柱,悬双脚云:“相救!相救!”泉以手敲扶梯,云:“一!二!三!四!五!”师遂下楼,具威仪,上方丈作礼云:“适来谢和尚相救。”

师问南泉:“离四句,绝百非,请师道。”泉下座,归方丈。师云:“这老汉,寻常口吧吧地,今日被我一问,直得无言可对,无理可伸。”侍者云:“莫道和尚无语好。”师打侍者一掴,云:“这一掴,合是王老师吃。”

师问南泉:“明头合,暗头合?”泉便归方丈。师归堂云:“老和尚被我一问,直得无言可对,无理可伸。”首座云:“莫道和尚无语,自是上座不会。”师打首座一掌,云:“这一掌,合是堂头老汉吃。”

(五祖戒云:“正贼走了,逻踪人吃棒。”又云:“南泉当断不断,返招其乱。”)

南泉见浴头烧浴,乃云:“记取来,请水牯牛。”浴头应诺。至晚,上方丈,云:“请水牯牛浴。”泉云:“还将得绳索来么?”头无对。泉举似师,师云:“某甲有语。”泉蹑前问,师近前,蓦鼻便拽。泉云:“是则是,太粗生。”

师在南泉作炉头。一日,闭却僧堂门,烧满屋烟,叫云:“救火!救火!”大众俱来,师云:“道得即开门。”众无对。泉将锁匙窗间度与师,师便开门。

师到百丈。丈问:“近离甚处?”师云:“南泉。”丈云:“有何言句?”师云:“未得之人,直须悄然去。”丈便喝,师作怕势,丈云:“大好悄然。”师作舞而退。(琅琊觉云:“赵州老人向师子窟中换得爪牙。”)

师到黄檗。檗见来,闭却方丈门。师于法堂上叫云:“救火!救火!”檗开门,拦胸扭住,云:“道!道!”师云:“贼过后张弓。”(雪窦云:“直是好笑!笑须三十年,忽有个衲僧,问:‘雪窦笑个甚么?’笑贼过后张弓。”)

师到云居。居云:“老老大大,何不觅个住处?”师云:“甚么处是某甲住处?”居云:“山前有个古寺基。”师云:“和尚自住取好。”后到茱萸。萸云:“老老大大,何不觅个住处?”师云:“甚么处是某甲住处?”萸云:“老老大大,住处也不知?”师云:“三十年弄马骑,今日被驴扑。”(大沩喆云:“云居、茱萸,为人如为己,争奈赵州不入绻缋。然虽如是,不得雪霜力,焉知松柏操?”)

师到茱萸。将拄杖于法堂上从西过东,从东过西,茱萸云:“作甚么?”师云:“探水。”萸云:“我这里一滴也无,探个甚么?”师靠却拄杖,便去。(琅琊觉云:“世乱奴欺主,时衰鬼弄人。”)

师一日又到茱萸。才上法堂,萸云:“看箭!”师亦云:“看箭!”萸云:“过!”师云:“中!”(雪窦云:“二俱作家,盖是茱萸、赵州;二俱不作家,箭锋不相拄。直饶齐发齐中，也只是个射垛汉。”）

师访道吾。吾见来，着豹皮裈，把桔撩棒，于三门外等候。才见师来，便高声唱喏而立。师云：“小心祇候着。”吾又唱喏一声而去。

师到保寿。寿见来，便背面而坐。师展坐具，寿便起，归方丈。师收坐具，便下去。（保福展云：“保寿忘头失尾，赵州平地吃交。”）

师访一庵主，问云：“有么，有么？”主竖起拳。师云：“水浅不是泊舡处。”又访一庵主，云：“有么，有么？”主亦竖起拳。师云：“能纵能夺，能杀能活。”便作礼。（云居舜云：“赵州当时甚生意气？虽然如是，要且鼻孔在二庵主手里。”教忠光云：“赵州气宇如王，向二庵面前，冰消瓦解。”）

有一老宿问师：“近离甚处？”师云：“滑州？”宿云：“几程到？”师云：“一跶到。”宿云：“好个捷疾鬼！”师云：“万福，大王。”宿云：“参堂去。”师云：“诺！诺！”

师欲游五台。有老宿作偈相留，云：“何处青山不道场，何须策杖礼清凉？云中纵有金毛现，正眼看来非吉祥。”师云：“作么生是正眼？”宿无对。

示众云：“金佛不度炉，木佛不度火，泥佛不度水，真佛内里坐。菩提涅槃，真如佛性，尽是帖体衣服，亦名烦恼；不问即无烦恼。且实际理地，甚么处着？一心不生，万法无咎。汝但究理而坐二三十年，若不会，截取老僧头去。梦幻空花，徒劳把捉；心若不异，万法一如。既不从外得，更拘执个甚么？如羊相似，乱拾物安口里。老僧见药山和尚道：‘有人问着，便教合取口。’老僧亦教合取口。取我是垢，不取我是净。一似猎狗相似，专欲吃物，佛性义在甚处？这里千人万人，尽是觅佛汉子，觅一个道人无。若与空王为弟子，莫教心病最难医。未有世界，早有此性；世界坏时，此性不坏。自从一见老僧后，更不是别人，只是个主人公。这个更用向外觅作么？正恁么时，莫转头转脑；若转头转脑，即失却去也。”

时有僧问：“承闻和尚有言‘世界坏时，此性不坏’，如何是此性？”师云：“四大五蕴。”云：“此犹是坏底，如何是此性？”师云：“四大五蕴。”（法眼云：“是一个，是两个？是坏，是不坏？且作么生会？试断看。”）

示众云：“此事的的没量，大人出这里不得。老僧到沩山，见僧问：‘如何是祖师西来意？’山云：‘与我过床子来。’若是宗师，须以本分事接人，始得。”时有僧问：“如何是祖师西来意？”师云：“庭前柏树子。”僧云：“和尚莫将境示人。”师云：“我不将境示人。”僧云：“如何是祖师西来意？”州云：“庭前柏树子。”（五祖戒云：“和尚何以将别人物作自己受用？”）

示众云：“兄弟莫久立，有事商量，无事向衣钵下穷理好。老僧行脚时，除二时粥饭是杂用心，余外更无别用心处。若不如此，出家大远在。”

示众云："你若一生不离丛林，不语十年五载，无人唤你，作哑汉。已后佛也不奈你何。"

示众云："兄弟，若从南方来者，即与下载；若从北方来者，即与上载。所以道，近上人问道即失道；近下人问道即得道。兄弟，正人说邪法，邪法悉皆正；邪人说正法，正法悉皆邪。诸方难见易识，我这里易见难识。"

示众云："此事如明珠在掌，胡来胡现，汉来汉现。老僧将一枝草作丈六金身，将丈六金身作一枝草。佛即是烦恼，烦恼即是佛。"

示众云："'才有是非，纷然失心。'还有答话分也无？"后僧举似洛浦，浦扣齿；又举似云居，居云："何必。"僧回举似师，师云："南方大有人丧身失命。"僧云："请和尚举。"师才举，僧指傍僧云："这僧作恁么语话。"师便休去。

示众云："'至道无难，唯嫌拣择。'才有语言，是拣择，是明白？老僧不在明白里，是汝诸人还护惜也无？"僧云："和尚既不在明白里，护惜个甚么？"师云："我亦不知。"云："和尚既不知，为甚么道不在明白里？"师云："问事即得。礼拜了退。"

师小参。示众云："今夜答话去也，有会问者出来。"时有僧才出礼拜。师云："抛砖引玉，引得个墼子。"后法眼问觉铁觜："先师意作么生？"觉云："如国家拜将，乃问：'甚人去得？'或云：'某甲去得。'复云：'汝去不得。'"眼云："我会也。"（雪窦云："灵利汉！闻举便知落处。然虽如是，放过觉铁觜。夫宗师语不虚发，出来必是作家。因甚么抛砖引墼？诸禅德，要识赵州么？从前汉马无人识，只要重论盖代功。"）

师垂语云："佛之一字，吾不喜闻。"又云："不识玄旨，徒劳念静。"僧问："如何是玄旨？"师云："壁上挂钱财。"

师垂语云："我向行脚到南方，时火炉头有个无宾主话，直至如今，无人举着。"

师一日于雪中倒，叫云："相救！相救！"时有一僧却去师边卧，师便起去。（翠岩芝云："这僧在赵州绻里，还有人出得么？"）

师因侍者报云："大王来。"师起身鞠躬云："万福，大王。"者云："未到在。"师云："又道来也。"（黄龙南云："头头漏泄，罕遇仙陀。侍者只解报客，不知身在帝乡。赵州入草求人，不觉浑身泥水。"）

师与文远论义，斗劣不斗胜；胜者输胡饼。远云："请和尚立义。"师云："我是一头驴。"远云："某甲是驴胄（胃）。"师云："我是驴粪。"远云："某甲是粪中虫。"师云："你在彼作甚么。"远云："在彼过夏。"师云："把将胡饼来！"

师闻沙弥喝参，乃向侍者道："教伊去。"者才教去，沙弥便珍重。师谓傍僧云："沙弥得入门，侍者在门外。"（云居锡云："甚么处是沙弥得入门，侍者在门外处？这里会得，便见赵州。"）

有僧辞，师问："甚么处去？"云："诸方学佛法去。"师云："有佛处不得住，无佛处急走过。三千里外逢人，不得错举［按：四字《祖堂集》作'莫喜'，《赵州录》作'莫戏'］。"僧云："恁么则不去也？"师云："摘杨花！摘杨花！"

师座下有二僧，相推不肯作第一座，主事白师，师云："总教作第二座。"主事云："第一座教谁作？"师云："装香着？"云："装香了也。"师云："戒香？定香？慧香？解脱香？"

有僧辞，往雪峰。师云："雪峰忽问汝，和尚有何言句，作么生祇对？"云："某甲道不得，请和尚道。"师云："冬即言寒，夏即言热。"又云："忽更问汝：'毕竟事作么生？'汝又如何？"僧又云："道不得。"师云："但道：'某甲亲从赵州来，不是传语汉。'"其僧到雪峰，峰问："甚处来？"云："赵州。"峰云："有何言句？"僧举前话，峰云："须是我赵州始得。"（玄沙云："大小赵州，败阙也不知。"）

师问僧："发足甚处？"云："雪峰。"师云："有何言句？"云："寻常道：'尽大地是沙门一只眼，你等诸人向甚么处屙？"师云："上座若回，寄个锹子去。"（雪窦云："这僧既不从雪峰来，可惜赵州锹子。"琅琊觉云："众中有云，寄锹子去，埋却赵州；若道寄钵盂去，便道盛粥饭。用狂解梦见，作么商量？不是僧繇手，徒说学丹青。"）

师见僧扫地，遂问："与么扫，还得净洁也无？"僧云："转扫转多。"师云："岂无拨尘者。"僧云："谁是拨尘者？"师顾视，云："会么？"僧云："不会。"师云："问取云居去。"僧问云居，居云："这瞎汉！"

师指火问僧云："这个是火，你不得唤作火。"僧无对。师筴火示之，云："会么？"云："不会。"师云："此去舒州有投子和尚，汝往问之，必为汝说。"其僧到投子。子问："甚处来？"云："赵州。"子云："有何言句？"僧举前话。子云："你作么生会？"云："某甲不会，乞师指示。"子下绳床，行三两步，却问云："会么？"云："不会。"僧回举似师，师云："投子恁么，不较多也。"

师与文远行次，师云："这里好作个巡铺。"远于路傍立，伸手云："把将公验来！"师打远一掴。远云："公验分明，过！"

师一日在东司，见文远过，蓦召云："文远！"远应诺。师云："东司上，不可与汝说佛法。"

师在僧堂后，逢一僧。师问云："大众向甚么处去？"云："普请去。"师袖中取刀，度与僧云："老僧住持事繁，请上座为我斫倒却。"乃引颈向前。其僧便走。

师扫地次，僧问："大善知识，为甚么却有尘？"师云："外来底。"云："既是清净伽蓝，为甚么有尘？"师云："又一点也。"

师问新到："曾到此间否？"云："曾到。"师云："吃茶去。"又问一僧，僧云："不曾到。”师云：“吃茶去。”院主问：“为甚曾到此间，吃茶去；不曾到此间，也吃茶去？”师召院主，主应诺。师云：“吃茶去。”（保福展云：“赵州惯得其便。”后镜清举问僧云：“作么生？”僧便出去。清云：“邯郸学唐步。”雪窦云：“这僧不是邯郸人，为甚却学唐步？若辨得出，与你茶吃。”）

僧写真呈师，师云：“且道似老僧，不似老僧？若似，即打杀老僧；若不似，即烧却。”僧无对。

师问僧：“甚处来？”云：“南方来。”师云：“还知有赵州关么？”云：“须知有不涉关者。”师云：“这贩私盐贼！”

僧问：“‘至道无难，唯嫌拣择。’如何是不拣择？”师云：“天上天下，唯我独尊。”云：“此犹是拣择。”师云：“田库（厍）奴，甚么处是拣择？”

僧问：“‘至道无难，唯嫌拣择。’和尚如何为人？”师云：“何不引尽此语？”云：“某甲只念得到这里。”师云：“只这‘至道无难，唯嫌拣择。’”

师问僧：“曾看《法华经》么？”云：“曾看来。”师云：“‘衲衣在空闲，假名阿练若，诳惑世间人’，作么生会？”僧拟议，师云：“你披衲衣来么？”僧云：“披来。”师云：“莫惑我。”僧云：“如何得不惑去？”师云：“莫取我语。”

师问座主：“讲甚么经？”云：“《涅槃经》。”师云：“问大德一段义，得么？”主云：“问甚么义？”师以脚踢空，吹一吹，云：“是甚么义？”主云：“经中无此义。”师云：“脱空谩语汉！此是五百力士揭石义。”（有老宿代云：“和尚谩某甲，谩大众？”雪窦云：“和尚惯得其便。”）

僧问：“狗子还有佛性也无？”师云：“无。”（五祖演颂云：“赵州露刃剑，寒霜光焰焰。更拟问如何，分身作两段。”妙喜颂云：“有问狗佛性，赵州答云无。言下灭胡族，犹为不丈夫。”）僧云：“上至诸佛，下及蝼蚁，皆有佛性，狗子为甚么却无？”师云：“为伊有业识在。”（真净文颂云：“言有业识在，谁云意不深？海枯终见底，人死不知心。”）

僧问：“昼生兜率，夜降阎浮。于中摩尼为甚么不现？”师云：“道甚么？”僧再问。师云：“毗婆尸佛早留心，直至如今不得妙。”

僧问：“学人乍入丛林，乞师指示。”师云：“吃粥了也未？”云：“吃粥了。”师云：“洗钵盂去。”其僧言下大悟。（云门云：“且道有指示，无指示？若言有，赵州向伊道甚么？若言无，这僧因甚悟去？”雪窦云：“我不似云门，为蛇画足，直言向你道：问者如虫御木，答者偶尔成文。然虽与么，瞎却衲僧眼。作么生免得此过？诸仁者要会么？还你赵州吃粥了也未？拈却这僧吃粥了，雪窦与你拄杖子。归堂。”雪峰悦云：“云门恁么道，大似为蛇画足，黄门栽须。云峰则不然。这僧于此悟去，入地狱如箭射。”妙喜云：“云门、云峰，更数百生为善知识，也未梦见洗钵盂话在。”又云：“诸方瞎长老，往往尽作洗钵话会。”)

僧问:“二龙争珠,谁是得者?”师云:“老僧只管看。”(雪窦云:“看即不无,争则不得。且道扶这僧,扶赵州?”)

师问僧:“甚处来?”云:“南方。”师云:“佛法尽在南方,汝来这里作甚么?”云:“佛法岂有南北?”师云:“饶汝从雪峰、云居来,也只是个担版(板)汉。”

僧问:“言诠不到处,请师直道。”师云:“老僧耳背多时。”僧绕绳床一匝,云:“请师直道。”师亦绕绳床一匝,云:“百千诸佛,皆从此门而入。”僧云:“如何是百千三昧门?”师便打。

僧问:“如何是佛法大意?”师云:“猫儿是一百五十文买。”云:“我不问猫儿,如何是佛法大意?”师云:“这橐子是大王送来。”云:“谢师答话。”师云:“作家师僧,天然有在。”

僧问:“如何是佛?”师云:“殿里底。”云:“殿里底岂不是泥龛塑像?”师云:“是。”云:“如何是佛?”师云:“殿里底。”

僧问:“久响(向)赵州石桥,到来只见略彴。”师云:“汝只见略彴,且不见石桥。”云:“如何是石桥?”师云:“度驴度马。”(雪窦颂:“孤危不立道方高,入海还须钓巨鳌。堪笑同时灌溪老,解言劈箭亦徒劳。”)

僧问:“如何是玄中玄?”师云:“汝玄来多少时了也?”云:“玄来久矣。”师云:“汝若不遇老僧,几被玄杀。”

僧问:“如何是祖师西来意?”师敲床脚示之。僧云:“莫只这是么?”师云:“若是,便脱取去。”

僧问:“如何是赵州?”师云:“东门,西门,南门,北门。”(雪窦颂云:“句里呈机劈面来,烁迦罗眼绝纤埃。东西南北门相对,无限轮锤击不开。”)

有官人问:“和尚还入地狱也无?”师云:“老僧末上入。”云:“既是大善知识,为甚么却入地狱?”师云:“我若不入,教阿谁教化你?”

真定帅王公来,师坐而问云:“会么?”王云:“不会。”师云:“自小持斋今已老,见人无力下绳床。”后军将来,师却下绳床。侍者问:“和尚见大王不下绳床;军将来,为甚么却下绳床?”师云:“非汝所知。上等人来,绳床上接;中等人来,下绳床接;下等人来,三门外接。”

师问婆子:“甚么处去?”云:“偷赵州笋去。”师云:“忽遇赵州时如何?”婆便掌,师便休。(雪窦云:“好掌!更下两掌,也无勘处。”)婆子问云:“和尚住在甚处?”师云:“赵州东院西。”婆无语。师归寺问僧:“你道使那个西字?”或云东西字,或云栖泊字。师云:“汝总作得盐铁判官。”僧云:“师意如何?”师云:“为汝总识字。”

台山下有婆子，凡有僧问："台山路向甚么处去？"便云："蓦直去。"僧才行，婆云："好个师僧，又恁么去。"每每如斯。僧举似师，师云："待我与汝勘过。"明日便去。亦如是问，婆亦如是答。师归，谓众云："婆子，我为汝勘破了也。"（玄觉征云："前来也恁么问答，后来也恁么问答，且那里是赵州勘破婆子处？"又云："非唯被赵州勘破，亦破这僧勘破。"琅琊觉云："大小赵州，去这婆子手中，丧身失命。虽然如是，错会者多。"大沩喆颂云："丛林老作世无俦，凛凛威风四百州。一击铁关成粉碎，恩大难将雨露酬。"）

僧问："万法归一，一归何处？"师云："我在青州，作一领布衫，重七斤。"

问："四山相逼时如何？"师云："无路是赵州。"

问："初生孩子，还具六识也无？"师云："急水上打球子。"

问："如何是毗卢顶相？"师云："老僧不曾眼花。"

问："承闻和尚亲见南泉，是否？"师云："镇州出大萝卜头。"

问："十二时中，如何用心？"师云："汝被十二时使，老僧使得十二时。"

问："澄澄绝点时，如何？"师云："这里不着客作汉。"

问："如何是赵州一句？"师云："老僧半句也无。"

问："道人相见时如何？"师云："呈漆器。"

师将示寂，寄拂子与真定帅王公，谓僧云："若问'何处得来'，但道'老僧平生用不尽底'。"

师于唐乾宁四年(897)十一月二日，右胁而寂，寿一百二十。

【据民国二十五年(1936)北平刻经处《百纳藏·卍新纂续藏经》本《联灯会要》卷六】

《天台山国清禅寺三隐集记》(选录)

［南宋］释志南

丰干禅师，唐贞观(627—649)初，居天台国清寺。……赵州到天台，行见牛迹。寒曰："上座还识牛么？此是五百罗汉游山。"州曰："既是罗汉，为什么作牛去？"寒曰："苍天！苍天！"州呵呵大笑，寒曰："笑作什么？"州曰："苍天！苍天！"寒曰："这小厮儿，却有大人之作！"……

……

淳熙十六年岁次己酉(1189)孟春十有九日，住山禹穴沙门志南谨记

【据《四部丛刊》初编本《寒山子诗集》前附】

《五灯会元》卷四《赵州从谂禅师》

[南宋]释普济

赵州观音院(亦曰东院)从谂禅师,曹州郝乡人也,姓郝氏。童稚于本州扈通院从师披剃。[按:《祖堂集》《宋高僧传》记赵州出家于青州龙兴寺(龙兴伽蓝)]未纳戒便抵池阳,参南泉。值泉偃息而问曰:“近离甚处?”师曰:“瑞像。”泉曰:“还见瑞像么?”师曰:“不见瑞像,只见卧如来。”泉便起坐,问:“汝是有主沙弥,无主沙弥?”师曰:“有主沙弥。”泉曰:“那个是你主?”师近前躬身曰:“仲冬严寒,伏惟和尚尊候万福。”泉器之,许其入室。

他日,问泉曰:“如何是道?”泉曰:“平常心是道。”师曰:“还可趣向也无?”泉曰:“拟向即乖。”师曰:“不拟,争知是道?”泉曰:“道不属知,不属不知。知是妄觉,不知是无记。若真达不疑(或作拟)之道,犹如太虚,廓然荡豁,岂可强是非邪?”师于言下悟理,乃往嵩岳琉璃坛纳戒,仍返南泉。

一日,问泉曰:“知有底人向甚么处去?”泉曰:“山前檀越家作一头水牯牛去。”师曰:“谢师指示。”泉曰:“昨夜三更月到窗。”泉曰:“今时人,须向异类中行始得。”师曰:“异即不问,如何是类?”泉以两手拓地,师近前一踏,踏倒。却向涅槃堂里叫曰:“悔!悔!”泉令侍者问:“悔个甚么?”师:“悔不更与两踏。”

南泉上堂,师出问:“明头合,暗头合?”泉便下座,归方丈。师曰:“这老和尚被我一问,直得无言可对。”首座曰:“莫道和尚无语好!自是上座不会。”师便打一掌曰:“此掌合是堂头老汉吃。”

师到黄檗,檗见来便闭方丈门。师乃把火于法堂内,叫曰:“救火!救火!”檗开门捉住曰:“道!道!”师曰:“贼过后张弓。”

到宝寿,寿见来,于禅床上背坐。师展坐具礼拜。寿下禅床,师便出。

又到道吾,才入堂,吾曰:“南泉一只箭来也!”师曰:“看箭!”吾曰:“过也。”师曰:“中。”

又到茱萸,执拄杖于法堂上,从东过西。萸曰:“作甚么?”师曰:“探水。”萸曰:“我这里一滴也无,探个甚么?”师以杖倚壁,便下。

师将游五台,有大德作偈,留曰:“无处青山不道场,何须策杖礼清凉?云中纵有金毛现,正眼观时非吉祥。”师曰:“作么生是正眼?”德无对。(法眼代云:“请上座领某卑情。”同安显代云:“是上座眼。”)

师自此道化被于北地。众请住观音院。上堂:“如明珠在掌,胡来胡现,汉来汉现。老僧把一枝草为丈六金身用,把丈六金身为一枝草用。佛是烦恼,烦恼是佛。”僧问："未审佛是谁家烦恼？"师曰："与一切人烦恼。"曰："如何免得？"师曰："用免作么？"

扫地次，僧问："和尚是大善知识，为甚么扫地？"师曰："尘从外来。"曰："既是清净伽蓝，为甚么有尘？"师曰："又一点也。"

师与官人游园次，兔见乃惊走。遂问："和尚是大善知识，兔见为甚么走？"师曰："老僧好杀。"

问："觉华未发时，如何辨贞实？"师曰："开也。"曰："是贞是实？"师曰："贞是实，实是贞。"曰："甚么人分上事？"师曰："老僧有分，阇黎有分。"曰："某甲不招纳时如何？"师佯不闻，僧无语。师曰："去！石幢子被风吹折。"僧问："陀罗尼幢子作凡去，作圣去？"师曰："也不作凡，亦不作圣。"曰："毕竟作甚么？"师曰："落地去也。"

僧辞，师曰："甚处去？"曰："诸方学佛法去。"师竖起拂子曰："有佛处不得住，无佛处急走过。三千里外，逢人不得错举。"曰："与么则不去也。"师曰："摘杨花，摘杨花。"

问："承闻和尚亲见南泉，是否？"师曰："镇州出大萝卜头。"

大众晚参，师曰："今夜答话去也。有解问者出来。"时有一僧便出礼拜。师曰："比来抛砖引玉，却引得个墼子。"（保寿云："射虎不真，徒劳没羽。"长庆问觉上座云："那僧才出礼拜，为甚么便收伊为墼子？"觉云："适来那边亦有人恁么问。"庆云："向伊道甚么？"觉云："也向伊恁么道。"玄觉云："甚么处却成墼子去，丛林中道才出来，便成墼子，将如每日出入，行住坐卧，不可总成墼子。且道这僧出来，具眼不具眼。"）

上堂："金佛不度炉，木佛不度火，泥佛不度水，真佛内里坐。菩提涅槃，真如佛性，尽是贴体衣服，亦名烦恼。实际理地甚么处着？一心不生，万法无咎。汝但究理，坐看三二十年，若不会，截取老僧头去。梦幻空华，徒劳把捉。心若不异，万法一如。既不从外得，更拘执作么？如羊相似，乱拾物安向口里。老僧见药山和尚道：'有人问着，但教合取狗口。'老僧亦教合取狗口。取我是垢，不取我是净。一似猎狗，专欲得物吃。佛法在甚么处？千人万人尽是觅佛汉子，于中觅一个道人无。若与空王为弟子，莫教心病最难医。未有世界，早有此性。世界坏时，此性不坏。一从见老僧后，更不是别人，只是个主人公。这个更向外觅作么？正恁么时，莫转头换脑。若转头换脑，即失却也。"

僧问："承师有言，世界坏时，此性不坏。如何是此性？"师曰："四大五阴。"曰："此犹是坏底，如何是此性？"师曰："四大五阴。"（法眼云："是一个，两个？是坏，不坏？且作么生会？试断看。"）

师因老宿问："近离甚处？"曰："滑州。"宿曰："几程到这里？"师曰："一踨到。"宿曰："好个捷疾鬼。"师曰："万福大王。"宿曰："参堂去！"师应喏喏。

尼问："如何是密密意？"师以手掐之。尼曰："和尚犹有这个在？"师曰："却是你有这个在。”

僧辞，师问：“甚么处去？”曰：“闽中去。”师曰：“彼中兵马隘，你须回避始得。”曰：“向甚么处回避？”师曰：“恰好。”

问：“如何是宾中主？”师曰：“山僧不问妇。”曰：“如何是主中宾？”师曰：“山僧无丈人。”

有僧游五台，问一婆子曰：“台山路向甚么处去？”婆曰：“蓦直去。”僧便去。婆曰：“好个师僧，又恁么去。”后有僧举似师，师曰：“待我去勘过。”明日，师便去问：“台山路向甚么处去？”婆曰：“蓦直去。”师便去。婆曰：“好个师僧，又恁么去。”师归院，谓僧曰：“台山婆子为汝勘破了也。”（玄觉云：“前来僧也恁么道，赵州去也恁么道，甚么处是勘破婆子处？”又云：“非唯被赵州勘破，亦被这僧勘破。”）

问：“恁么来底人，师还接否？”师曰：“接。”曰：“不恁么来底，师还接否？”师曰：“接。”曰：“恁么来者从师接，不恁么来者如何接？”师曰：“止止不须说，我法妙难思。”

师因出，路逢一婆。婆问：“和尚住甚么处？”师曰：“赵州东院西。”婆无语。师归问众僧：“合使那个西字？”或言东西字，或言栖泊字。师曰：“汝等总作得盐铁判官。”曰：“和尚为甚恁么道？”师曰：“为汝总识字。”（法灯别众僧云：“已知去处。”）

问：“如何是囊中宝？”师曰：“合取口。”（法灯别云：“莫说似人。”）

有一婆子令人送钱，请转藏经。师受施利了，却下禅床转一匝。乃曰：“传语婆，转藏经已竟。”其人回举似婆。婆曰：“比来请转全藏，如何只为转半藏？”（玄觉云：“甚么处是欠半藏处，且道那婆子具甚么眼，便与么道？”）

因僧侍次，遂指火问曰：“这个是火，你不得唤作火。老僧道了也。”僧无对。复筴起火曰：“会么？”曰：“不会。”师曰：“此去舒州，有投子和尚，汝往礼拜，问之，必为汝说。因缘相契，不用更来；不相契却来。”其僧到投子，子问：“近离甚处？”曰：“赵州。”子曰：“赵州有何言句？”僧举前话。子曰：“汝会么？”曰：“不会，乞师指示。”子下禅床，行三步却坐。问曰：“会么？”曰：“不会。”子曰：“你归举似赵州。”共僧却回，举似师。师曰：“还会么？”曰：“不会。”师曰：“投子举么，不较多也。”

有新到谓师曰：“某甲从长安来，横担一条拄杖，不曾拨着一人。”师曰：“自是大德拄杖短。”（同安显别云：“老僧这里不曾见恁么人。”）僧无对。（法眼代云：“呵呵。”同安显代云：“也不短。”）

僧写师真呈。师曰：“且道似我，不似我？若似我，即打杀老僧；不似我，即烧却真。”僧无对。（玄觉代云：“留取供养。”）

问：“如何是祖师西来意？”师曰：“庭前柏树子。”曰：“和尚莫将境示人。”师曰：“我不将境示人。”曰：“如何是祖师西来意？”师曰：“庭前柏树子。”

问："僧发足甚处？"曰："雪峰。"师曰："雪峰有何言句示人？"曰："寻常道尽十方世界，是沙门一只眼。你等诸人，向甚处屙？"师曰："阇黎若回，寄个锹子去。"

师谓众曰："我向行脚到南方，火炉头有个无宾主话，直至如今无人举着。"

上堂："'至道无难，唯嫌拣择。'才有语言是拣择，是明白。老僧不在明白里，是汝还护惜也无？"时有僧问："既不在明白里，护惜个甚么？"师曰："我亦不知。"僧曰："和尚既不知，为甚道不在明白里？"师曰："问事即得，礼拜了退。"

别僧问："'至道无难，唯嫌拣择。'是时人窠窟否？"师曰："曾有人问我，老僧直得五年分疏不下。"

又问："'至道无难，唯嫌拣择。'如何是不拣择？"师曰："天上天下，唯我独尊。"曰："此犹是拣择。"师曰："田库(厍)奴甚处是拣择？"僧无语。

问："'至道无难，唯嫌拣择。'才有语言是拣择。和尚如何为人？"师曰："何不引尽此语。"僧曰："某甲只念得到这里。"师曰："至道无难，唯嫌拣择。"

问："如何是道？"师曰："墙外底。"曰："不问这个。"师曰："你问那个？"曰："大道。"师曰："大道透长安。"

问："道人相见时如何？"师曰："呈漆器。"

上堂："兄弟若从南方来者，即与下载；若从北方来者，即与上载。所以道，近上人问道即失道，近下人问道即得道。"

师因与文远行，乃指一片地曰："这里好造个巡铺。"文远便去路傍立曰："把将公验来。"师遂与一掴。远曰："公验分明过。"

师与文远论义曰："斗劣不斗胜。胜者输果子。"远曰："请和尚立义。"师曰："我是一头驴。"远曰："我是驴胃。"师曰："我是炉粪。"远曰："我是粪中虫。"师曰："你在彼中作甚么？"远曰："我在彼中过夏。"师曰："把将果子来。"

新到参，师问："甚么处来？"曰："南方来。"师曰："佛法尽在南方，汝来这里作甚么？"曰："佛法岂有南北邪？"师曰："饶汝从雪峰、云居来，只是个担板汉。"(崇寿稠云："和尚是据客置主人。")

问："如何是佛？"师曰："殿里底。"曰："殿里者岂不是泥龛塑像？"师曰："是。"曰："如何是佛？"师曰："殿里底。"

问："学人乍入丛林，乞师指示。"师曰："吃粥了也未？"曰"吃粥了也。"师曰："洗钵盂去。"其僧忽然省悟。

上堂："'才有是非，纷然失心'，还有答话分也无？"僧举似洛浦，浦扣齿。又举似云居，居曰："何必。"僧回举似师。师曰："南方大有人丧身失命。"曰："请和尚举。"师才举前话，僧指傍僧曰："这个师僧吃却饭了，作恁么语话。"师休去。

问:“久向赵州石桥,到来只见略彴。”师曰:“汝只见略彴,且不见石桥。”曰:“如何是石桥?”师曰:“度驴度马。”曰:“如何是略彴?”师曰:“个个度人。”后有如前问,师如前答。又僧问:“如何是石桥?”师曰:“过来! 过来!”(云居锡云:“赵州为当扶石桥,扶略彴?”)

师闻沙弥喝参,向侍者曰:“教伊去。”者乃教去,沙弥便珍重。师曰:“沙弥得入门,侍者在门外。”(云居锡云:“甚么处是沙弥入门,侍者在门外? 这里若会得,便见赵州。”)

问僧:“甚么处来?”曰:“从南来。”师曰:“还知有赵州关否?”曰:“须知有不涉关者。”师曰:“这贩私盐汉。”

问:“如何是西来意?”师下禅床立。曰:“莫只这个便是否?”师曰:“老僧未有语在。”

问菜头:“今日吃生菜,吃熟菜?”头拈起菜呈之。师曰:“知恩者少,负恩者多。”

问:“狗子还有佛性也无?”师曰:“无。”曰:“上至诸佛,下至蝼蚁,皆有佛性,狗子为甚么却无?”师曰:“为伊有业识在。”

师问一婆子:“甚么处去?”曰:“偷赵州笋去。”师曰:“忽遇赵州,又作么生?”婆便与一掌,师休去。

师一日于雪中卧,曰:“相救! 相救!”有僧便去身边卧,师便起去。

问:“如何是赵州一句?”师曰:“老僧半句也无。”曰:“岂无和尚在?”师曰:“老僧不是一句。”

师问新到:“曾到此间么?”曰:“曾到。”师曰:“吃茶去。”又问僧,僧曰:“不曾到。”师曰:“吃茶去。”后院主问曰:“为甚么曾到也云吃茶去,不曾到也云吃茶去?”师召院主,主应喏。师曰:“吃茶去。”

问:“二龙争珠,谁是得者?”师曰:“老僧只管看。”

问:“空劫中还有人修行也无?”师曰:“汝唤甚么作空劫?”曰:“无一物是。”师曰:“这个始称得修行,唤甚么作空劫?”僧无语。

问:“如何是玄中玄?”师曰:“汝玄来多少时邪?”曰:“玄之久矣。”师曰:“阇黎若不遇老僧,几被玄杀。”

问:“万法归一,一归何所?”师曰:“老僧在青州作得领布衫,重七斤。”

问:“夜生兜率,昼降阎浮,于其中间,摩尼珠为甚么不现?”师曰:“道甚么?”其僧再问。师曰:“毗婆尸佛早留心,直至如今不得妙。”

问院主:“甚么处来?”主曰:“送生来。”师曰:“鸦为甚么飞去?”主曰:“怕某甲。”师曰:“汝十年知事作恁么语话?”主却问:“鸦为甚么飞去?”师曰:“院主无杀心。”

师拈起钵曰:“三十年后若见老僧,留取供养;若不见,即扑破。”别僧曰:“三十年后敢道见和尚?”师乃扑破。

师在东司上,见远侍者过,蓦召文远,远应诺。师曰:“东司上不可与汝说佛法。”

僧辞,师问:“甚么处去?”曰:“雪峰去。”师曰:“雪峰忽若问‘和尚有何言句’,汝作么生祇对?”曰:“某甲道不得,请和尚道。”师曰:“冬即言寒,夏即道热。”又曰:“雪峰更问汝‘毕竟事作么生’?”僧又曰:“道不得。”师曰:“但道亲从赵州来,不是传语人。”其僧到雪峰,一依前语祇对。峰曰:“也须是赵州始得。”(玄沙闻曰:“大小赵州,败阙也不知。”云居锡云:“甚么处是赵州败阙?若检得出,是上座眼。”)

问:“如何是出家?”师曰:“不履高名,不求苟得。”

问:“澄澄绝点时如何?”师曰:“这里不着客作汉。”

问:“如何是祖师意?”师敲床脚。僧曰:“只这莫便是否?”师曰:“是。”即脱取去。

问:“如何是毗卢圆相?”师曰:“老僧自幼出家,不曾眼花。”曰:“岂不为人?”师曰:“愿汝常见毗卢圆相。”

官人问:“和尚还人地狱否?”师曰:“老僧末上入。”曰:“大善知识为甚么入地狱?”师曰:“我若不入,阿谁教化汝?”

真定帅王公携诸子入院,师坐而问曰:“大王会么?”王曰:“不会。”师曰“自小持斋身已老,见人无力下禅床。”王尤加礼重。翌日,令客将传语,师下禅床受之。侍者曰:“和尚见大王来,不下禅床。今日军将来,为甚么却下禅床?”师曰:“非汝所知。第一等人来,禅床上接;中等人来,下禅床接;末等人来,三门外接。”

因侍者报“大王来也”,师曰:“万福大王。”者曰:“未到在。”师曰:“又道来也。”

师到一庵主处,问:“有么?有么?”主竖起拳头。师曰:“水浅不是泊船处。”便行。又到一庵主处,问:“有么?有么?”主亦竖起拳头。师曰:“能纵能夺,能杀能活。”便作礼。

问僧:“一日看多少经?”曰:“或七八,或十卷。”师曰:“阇黎不会看经。”曰:“和尚一日看多少?”师曰:“老僧一日只看一字。”

文远侍者在佛殿礼拜次,师见以拄杖打一下曰:“作甚么?”者曰:“礼佛。”师曰:“用礼作甚么?”者曰:“礼佛也是好事。”师曰:“好事不如无。”

上堂:“正人说邪法,邪法悉皆正。邪人说正法,正法悉皆邪。诸方难见易识,我这里易见难识。”

问:“如何是赵州?”师曰:“东门西门,南门北门。”

问:“初生孩子,还具六识也无?”师曰:“急水上打球子。”僧却问投子:“急水上打球子,意旨如何?”子曰:“念念不停留。”

问:"和尚姓甚么?"师曰:"常州有。"曰:"甲子多少?"师曰:"苏州有。"

问:"十二时中如何用心?"师曰:"汝被十二时辰使,老僧使得十二时。"乃曰:"兄弟莫久立,有事商量,无事向衣钵下坐穷理好。老僧行脚时,除二时粥饭是杂用心处,除外更无别用心处。若不如是,大远在。"

僧问:"如何是古佛心?"师曰:"三个婆子排班拜。"

问:"如何是不迁义?"师曰:"一个野雀儿从东飞过西。"

问:"学人有疑时如何?"师曰:"大宜小宜?"曰:"大疑。"师曰:"大宜东北角,小宜僧堂后。"

问:"柏树子还有佛性也无?"师曰:"有。"曰:"几时成佛?"师曰:"待虚空落地时。"曰:"虚空几时落地?"师曰:"待柏树子成佛时。"

问:"如何是毗卢师?"师便起立。僧曰:"如何是法身主?"师便坐。僧礼拜,师曰:"且道坐者是?立者是?"

师谓众曰:"你若一生不离丛林,不语五年十载,无人唤你,作哑汉。已后佛也不奈你何。你若不信,截取老僧头去。"

师《鱼鼓颂》曰:"四大由来造化功,有声全贵里头空。莫嫌不与凡夫说,只为宫商调不同。"

师因赵王问:"师尊年有几个齿在?"师曰:"只有一个。"王曰:"争吃得物?"师曰:"虽然一个,下下咬着。"师寄拂子与王曰:"若问何处得来,但说老僧平生用不尽者。"

师之玄言,布于天下,时谓赵州门风,皆悚然信伏矣。唐乾宁四年(897)十一月二日,右胁而寂,寿一百二十岁,谥真际大师。

【据宋宝祐本《五灯会元》卷四,参校中华书局1984年版《五灯会元》本】

《大光明藏》卷中《赵州观音院从谂禅师》

[南宋]释宝昙

师初谒南泉,值南泉偃息次,泉问:"近离什处?"师云:"瑞像。"泉云:"还见瑞像么?"师云:"不见瑞像,即见卧如来。"泉遂起,矍然问曰:"你是有主沙弥,无主沙弥?"师云:"有主沙弥。"泉云:"主在什么处?"师云:"仲冬严寒,伏惟和尚尊候起居万福。"南泉许其入室。

一日,问南泉:"如何是道?"泉云:"平常心是道。"师曰:"还可趣向否?"泉曰:"拟向即乖。"师曰:"不拟时,如何知是道?"泉曰:"道不属知,不属不知;知是妄觉,不知是无记。若是真达不疑之道,犹如太虚,廓然虚豁,岂可强是非邪?"师于言下契悟,四顾踌躕，两目如电。问南泉云："知有底人向什么处休歇？"南泉云："山下作牛去。"师云："谢指示。"泉云："昨夜三更月到窗。"

师作火头，一日闭却门，烧满屋烟，叫："救火！救火！"时大众俱到，师云："道得即开门。"众皆无对，南泉将锁于窗间过与师，师便开门。

又到黄檗，檗见来，便闭却方丈门。师乃把火于法堂内，叫："救火！救火！"黄檗开门捉住云："道！道！"师云："贼过后张弓。"

后住观音院。示众云："此事的的没量，大人出这里不得。"僧问："如何是祖师西来意？"师云："庭前柏树子。"又问："狗子还有佛性也无？"师云："无。"又问："一切众生皆有，因甚狗子却无？"师云："有。"示众云："诸方难见易识，我者里易见难识。"又曰："金佛不度炉，木佛不度火，泥佛不度水，真佛内里坐。"又示众云："如明珠在掌，胡来胡现，汉来汉现。老僧把一枝草为丈六金身用，把丈六金身为一枝草用，佛是烦恼，烦恼是佛。"时有僧问："未审佛是谁家烦恼？"师云："与一切人烦恼。"僧云："如何免得？"师云："用免作么？"

师路逢一婆子问："和尚住什么处？"师云："赵州东院西。"婆子无语。师归院问众："合使那个西字？"或言东西字，或言栖泊字。师曰："汝总作得盐铁判官。"僧曰："和尚为什么恁么道？"师曰："为汝总识字。"

僧问："如何是佛？"师云："殿里底。"僧云："殿里底岂不是泥龛塑像？"师云："是。"僧云："如何是佛？"师云："殿里底。"

僧云："学人迷昧，乞师指示。"师云："吃粥了也未？"僧云："吃粥了也。"师云："洗钵盂去。"其僧忽然省悟。

师一日上堂云："才有是非，纷然失心。还有答话分也无？"洛浦在众扣齿，云居云："何必。"师云："今日大有人丧身失命。"又曰："未有世界，早有此性；世界坏时，此性不坏。"

一日，真定帅王携诸子入院，坐而问曰："大王会么？"王云："不会。"师云："自小持斋身已老，见人无力下禅床。"王尤嘉礼重。翌日，令客将传语，师下禅床受之。少间侍者问云："和尚见大王来，不下禅床；今日将军来，为什么却下禅床？"师曰："非汝所知。第一等人来，禅床上接；中等人来，下禅床接；末等人来，三门外接。"师寄拂子与大王："若问何处得来，但道老僧平日用不尽者。"

（宝昙曰："东山五祖曰：'赵州禅只在口唇皮子上。'正如世人嬉笑怒骂，不涉思惟，尔一句来，我一句去，大抵皆习气也。故菩萨有菩提心习氛，赵州古佛也有胜义谛习气。此胜义谛中，有五不可到：方作沙弥时，对南泉瑞像之问，便能狮子咬人，是谓种胜，是一不可到；求道之切，师资发机，如圆音所流，与如来在时比丘得道无异，是谓根胜，是二不可到；大事既办，无尔佛祖，孰为王老师，四顾踌躕，两目如电，是谓机胜，是三不可到；平居垂示，则有曰‘此事的的没量，大人出这里不得’，至庭前柏树子，又曰‘诸方难见易识，我这里易见难识’，又曰‘金佛不度炉，木佛不度火，泥佛不度水，真佛内里坐’，至‘佛即是烦恼，烦恼即是佛’，又曰‘未有世界，早有此性，世界坏时，此性不坏’，皆烹佛烹祖之手也，又有机缘如‘古涧寒泉’‘镇州出大萝卜’‘狗子无佛性’‘吃茶去’‘洗钵盂’话，皆煅生煅死之手也，是谓道胜，是四不可到；不下禅床而接赵王，是谓德胜，是五不可到。此五不可到，古今所未有也。佛法全盛之旦，笃生斯人。后世寖衰，其尘垢秕糠，将犹陶铸佛祖，况亲见此老而与之同时也？所获讵可量哉？”）

【据民国二十五年(1936)北平刻经处《百纳藏·卍新纂续藏经》本《大光明藏》卷中】

《释氏通鉴》卷十一（选录）

[南宋]括山本觉

唐昭宗·癸丑(893)

（王朝据福州，称留后。王镕帅镇定，称赵王。钱镠据浙西，称吴王。刘仁恭为幽州卢龙节度，称燕王。）

赵州从谂禅师，初参南泉，得旨。后归北地。众请住赵州观音古刹，道风大振。

一日，燕王领兵至镇府界，欲取赵城。有观气者曰：“赵州必有圣人者居，战必不胜。”因此，燕、赵通和。闻有观音院谂禅师，道眼明白，此必应兆。

一日，二王命驾，谒赵州和尚。师见王，端坐不起。燕王问：“人王尊，法王尊？”师曰：“在人中，人王尊；在法中，法王尊。”[按：《赵州真际禅师行状》作“若在人王，人王中尊；若在法王，法王中尊”]王唯然而已。师良久，乃问：“那个镇府大王？”赵王曰：“弟子是。”师曰：“老僧滥在化部，不及趋见。”须臾王请说法，师曰：“大王尊讳多。”王曰：“请去讳说法。”师曰：“我佛世尊一称名号，罪灭福生。大王先祖，才有人触著名讳，便生嗔怒。”赵州于是慈悲说法。二王大悦，稽首而退。

至来日，燕王有先锋将入院，欲责慢君之礼。师闻来，乃出接。锋云：“昨日见二王来不起，今日见某甲来，何故出接？”师云：“待都使似大王，老僧亦不出接。”锋愧而退。

又赵王携诸子谒赵州，入院，师坐而问曰：“大王会么？”王云：“不会。”师曰：“自少持斋今已老，见人无力下禅床。”赵王加礼而去。翌日令客将传语，师下禅床接之。少间，侍者问：“和尚，昨日大王来，却不下禅床；今日军将来，为甚么下禅床？”师云：“非汝所知。上等人来，禅床上接；中等人来，下禅床接；末等人来，三门外接。”

赵王请赵州和尚供养。师届城，王敕令合城具威仪，迎接入内。师下辇，王乃设拜，请上殿正位而坐。斋罢，众欲请师演法。师云："这里已坐却老僧，那里更问甚法？二尊不并化。"王乃止。时王与后在师左右侍立，后曰："请师与王摩顶受记。"师以手摩王顶，云："愿大王与老僧齐年。"

丁巳(897)

（闽帅王朝薨，弟王审知据其地。）

燕王尊仰赵州，尝自幽州降至命服。镇府具威仪迎接，持以奉师。师坚让不受。左右曰："大王为和尚佛法，故以为奉，请着此衣。"师云："老僧为佛法故，不着此衣。"诸官咨闻再三，师乃取着。诸官礼贺，师唯应诺而已。

十一月赵州示灭，寿一百二十。［按：此以唐昭宗景福二年(893)初参南泉，得旨，以乾宁四年(897)年十一月示灭，前后仅得四年，必误。《佛祖历代通载》作"言下大悟，自是周旋南泉之门，凡二十年。次遍历诸方……"］后谥真际大师。

师临化，令侍者送拂子与赵王，嘱云："此是老僧一生受用不尽底。"

赵王赞师真曰：……

赵王哭师颂二首：……

（《禅苑联芳》）

【据民国二十五年(1936)北平刻经处《百纳藏・卍新纂续藏经》本《释氏通鉴》卷十一】

《禅苑蒙求瑶林》卷下《从谂仍旧》

［金］志明　撰　［元］德谏　注

（《林间录》上）赵州曰："莫费力也，大好言语。何不仍旧去？世间法尚有门。法岂无门？自是不仍旧故。"

【据民国二十五年(1936)北平刻经处《百纳藏・卍新纂续藏经》本《禅苑蒙求瑶林》卷下】

《佛祖历代通载》卷十七《赵州从谂禅师》

［元］释念常

乾宁四年(897)，赵州从谂禅师示寂，阅岁一百二十。

师曹州人，姓郝氏。落发未具戒，便造南泉。泉一见，深器之。一日，问："如何是道？"泉云："平常心是道。"师曰："还可趣向不？"曰："拟向即乖。"师曰："不拟，如何知是道？"泉云："道不属知，不属不知。知是妄觉，不知是无记。若真达不疑之地，犹如太虚，廓然虚豁，岂可强是非耶？"师于言下大悟。自是周旋南泉之门，凡二十年。

次遍历诸方，后归北地。众请住赵州观音古刹。

示众曰："如明珠在掌，胡来胡现，汉来汉现。老僧有时将一枝草作丈六金身用，有时把丈六金身作一枝草用。佛是烦恼，烦恼是佛。"问曰："未审佛是谁家烦恼？"师曰："与一切人烦恼。"僧云："如何免得？"师云："用免作么？"

问："师还入地狱不？"答云："老僧末上入。"僧云："大善知识为什么却入地狱？"师云："若不入，阿谁教化女（汝）？"

真定帅王公携诸子入院，师坐而问曰："大王会么？"王云："不会。"师云："自小持斋今已老，见人无力下禅床。"王公加礼而去。

一日，示众曰："金佛不度炉，木佛不度火，泥佛不度水，真佛屋里坐。菩提涅槃，真如佛性，尽是贴体衣服。亦名烦恼。不问即无烦恼。且实际理地，什么处着得？一心不生，万法无咎。女（汝）但究理，坐看三二十年。若不会道，截取老僧头去。梦幻空花，何劳把捉。心若无异，万境一如。既不从外得，更拘执作什么？如羊相似，拾物安向口里。老僧见药山和上道：'有人问着，便交（教）合取狗口。'老僧亦交（教）合却口。"

师之玄言，天下推为宗门妙唱云。

【据民国二十五年（1936）北平刻经处《百纳藏·卍新纂续藏经》本《佛祖历代通载》卷十七】

《释氏稽古略》卷三《赵州禅师》

［元］释觉岸

赵州禅师，名从谂，曹州郝乡人也，姓郝氏。童稚于本州扈通院从师披剃［按：《祖堂集》《宋高僧传》记赵州出家于龙兴寺（龙兴伽蓝）］。未纳戒，抵池阳，参南泉愿禅师。泉器之。

一日，问泉曰："如何是道？"泉曰："平常心是道。"师曰："还可趣向也无？"泉曰："拟向即乖。"师曰："不拟，争知是道？"泉曰："道不属知，不属不知。知是妄觉，不知是无记。若真达不疑［一作拟］之道，犹如太虚，廓然荡豁，岂可强是非耶？"师于言下悟理，乃往嵩岳琉璃坛纳戒，仍返南泉。

久之,众请住赵州(隶真定路)观音院,一曰东院。道化甚盛。作《十二时歌》,偈颂、机缘、语录流行于世。

新到,师问曰:“曾到此间么?”僧曰:“未曾到。”师曰:“吃茶去。”又问僧曰:“曾到此间么?”僧曰:“曾到。”师曰:“吃茶去。”院主问曰:“为甚么曾到也吃茶去,未曾到也吃茶去?”师召院主,主应诺,师曰:“吃茶去。”

时真定帅王镕称赵王,庐王节度使刘仁恭称燕王。二王争相重敬。

至是乾宁四年(897)十一月二日,卧右胁而寂,寿一百二十岁。敕谥真际大师。嗣南泉愿,愿嗣马祖。(《传灯》)

【据民国二十五年(1936)北平刻经处《百纳藏·卍新纂续藏经》本《释氏稽古略》卷三】

《指月录》卷十一《赵州观音院真际从谂禅师》(选录)

[明]瞿汝稷

曹州郝乡人也,姓郝氏,童稚于本州扈通院披剃。未纳戒,便抵池阳参南泉。值泉偃息……他日问泉曰:“如何是道?”……一日,问泉曰:“知有底人向甚么处去?”……(云峰悦云:“若不是南泉,洎被打破蔡州。”)

师在井楼上打水次……师在南泉时,泉牵一头水牯牛,入僧堂内巡堂而转……南泉上堂。师出问:“明头合,暗头合?”……师到茱萸,执拄杖于法堂上从东过西……(琅琊觉云:“势去奴欺主,时衰鬼弄人。”大慧杲云:“钩在不疑之地。”)

……

师行脚,见二庵主,一人作丫角童……师到投子处对坐斋,投子将蒸饼与师吃……师到云居……又到茱萸。萸云:“老老大大,何不觅个住处?”……师到一庵主处问:“有么?有么?”……

(瞎堂远颂云:“换手捶胸哭老爷,棺材未出死尸斜。不如掘地深埋却,管取来年吃嫩茄。”圆悟勤云:“佛祖命脉,列圣钳锤。换斗移星,经天纬地。有般汉未出窠窟,只管道舌头在赵州口里,殊不知自己性命已属他人。若能握向上纲宗,与二庵主相见,便可以定龙蛇,别缁素。正好着力。还知赵州落处么?切忌颟顸。”姜山爱云:“赵州只见锥头利,不见凿头方。”云居舜云:“赵州当时甚生意气?要且鼻孔在二庵主手里。”)

僧问师:“学人乍入丛林,乞师指示。”师云:“吃粥了也未?”云:“吃粥了也。”师云:“洗钵盂去。”其僧因此大悟。

（云门云:“且道有指示,无指示？若言有,赵州向伊道个甚么？若言无,这僧为甚悟去？”云峰悦云:“云门不识好恶,恁么说话,大似为蛇画足;云峰则不然,这僧恁地悟去,入地狱如箭射。”妙喜曰:“云门老汉,大似阿修罗王,托动三有大城诸烦恼海。”随后喝云:“寱语作甚么!”复云:“云峰虽善背手抽金镞,翻身控角弓,争奈蹉过云门何?”又云:“赵州与这僧,若不得云门,一生受屈。而今诸方有一种瞎汉,往往尽作洗钵盂话会了。”雪窦显云:“我不似云门为蛇画足,直言向你道:问者如虫御木,答者偶尔成文。虽然与么,瞎却衲僧眼。作么生免得此过？诸仁者要会么？还尔赵州吃粥也未?拈却这僧吃粥了也。雪窦与你拄杖子归堂。”湛堂准颂云:“之乎者也,衲僧鼻孔,大头向下。禅人若也不会,问取东村王大姐。”）

师示众云:“此事的的没量,大人出这里不得……庭前柏树子。”

（后法眼问光孝觉曰:“近离甚处?”曰:“赵州。”眼曰:“承闻赵州有柏树子话,是否?”曰:“无。”眼曰:“往来皆谓赵州有此语,上座何得道无?”曰:“先师实无此语,和尚莫谤先师好。”径山杲云:“若道有此语,蹉过觉铁嘴;若道无此语,又蹉过法眼;若道两边都不涉,又蹉过赵州;直饶总不恁么,别有透脱一路,入地狱如箭射。毕竟如何?”举起拂子云:“还见古人么?”喝一喝。五祖演云:“如何是祖师西来意？庭前柏树子。恁么会,便不是了也。如何是祖师西来意？庭前柏树子。恁么会,方始是。”径山杲云:“要识五祖师翁么？脑后见腮,莫与往来。”

云居祐举柏树子话云:“奇哉！古圣垂一言半句,可谓截断圣凡门户,直示弥勒眼睛。今昔无坠,众中异解多涂,商量非一,埋没宗旨,错判名言。或谓青青翠竹尽是真如,郁郁黄花无非般若。或谓山河草木,物物皆是真心显现,何独庭前柏树子乎？尘毛瓦砾,都是一法界中,重重无尽,理事圆融。或谓庭前柏树子,才举便直下荐取,觌体全真。拟议之间,早落尘境。须是当人作用,临机相见,或棒或喝,或擎起拳头,衣袖一拂。这个眼目,如石火电光相似。或谓庭前柏树子,更有甚么事？赵州直下为人,实头说话。饥来吃饭,困即打眠,动展施为。尽是自家受用。如斯见解,如麻似粟,皆是天魔种族,外道邪宗。但取识情分别,用心取舍,强作知见。何不游方遍历,求善知识,决择身心？略似个衲僧。古来自有宗门师范,我佛心宗,释梵诸天拱手敬信,三贤十圣罔测其由。”乃举拂子云:“若向这里悟去,山河大地与汝同参。”复顾左右云:“道林争敢压良为贱!”

佛日才颂:“赵州庭柏,说与禅客。黑漆屏风,松椤亮槅。”叶县省和尚因僧请益柏树子话,省曰:“我不辞与汝说,还信么?”曰:“和尚重言,争敢不信?”省曰:“汝还闻檐头雨滴声么?”其僧豁然,不觉失声云:“啷。”省曰:“汝见个甚么道理?”僧以颂对云:“檐头雨滴,分明历历;打破乾坤,当下心息。”

真如院方禅师参琅琊，惟看柏树子话，每入室陈其所见，不容措辞，尝被喝出。忽一日大悟，直入方丈曰：“我会也。”琅琊曰：“汝作么生会？”方曰：“夜来床荐暖，一觉到天明。”琅琊可之。

雪窦显在大阳时，有客举光孝觉语问曰：“觉，赵州侍者。眼问柏树因缘，乃言‘无’。此语而眼肯之，其旨安在哉？”显曰：“宗门抑扬，宁有轨辙乎？”时有苦行名韩大伯，侍其旁，辄匿笑去。显诘其笑故，韩曰：“笑知客智眼未正，择法不明。”显曰：“岂有说乎？”韩对以偈曰：“一兔横身当古路，苍鹰才见便生擒。后来猎犬无灵性，空向枯桩旧处寻。”显阴异之，因结以为友。后显得法于智门，唱导于雪窦，称云门中兴。尝经行植杖，众衲环之。显问：“有问云门树凋叶落时如何？”门曰：“体露金风。”云门答这僧耶，为解说耶？有称宗上座者曰：“待老汉有悟处即说。”显惊视之曰：“非韩大伯乎？”曰：“老汉瞥地也。”显因集众，乞升座说法焉。）

……

（僧到睦州，州问：“曾到赵州么？”僧云：“曾到。”州云：“有何言句？”僧举吃茶话，州云：“惭愧。”却问：“赵州意作么生？”僧云：“只是一期方便。”州云：“苦哉！赵州被尔将一杓屎泼。”便打。州却问沙弥：“尔作么生？”沙弥便礼拜，州亦打。僧问沙弥：“适来和尚打尔，意作么生？”弥云：“若不是我和尚，不打某甲。”雪窦举云：“这僧克由叵耐，将一杓屎泼他二员古佛。诸上座若能辨得，非惟赵睦二州雪屈，亦乃翠岩与天下老宿无过。若辨不得，到处泼人，卒未了在。”）

问：“狗子还有佛性也无？”师曰：“无。”曰：“上至诸佛，下至蝼蚁，皆有佛性，狗子为甚么却无？”师曰：“为伊有业识在。”又僧问：“狗子还有佛性也无？”师曰：“有。”曰：“既有，为甚么入这皮袋里来？”师曰：“知而故犯。”（妙喜恒举此则，语至无字，令学者参，云：“佛语，祖语，诸方老宿语，千差万别，若透得个无字，一时透过，不用拵量，不用注解，不用要得分晓。”又云：“不得作有无商量，不得作真无之无卜度，不用向开口处承当，不用向举起处作道理，不用堕在空寂处，不用将心等悟，不用向宗师说处领略，不用掉在无事甲里；但行住坐卧，时时提撕。狗子还有佛性也无？无提撕得熟，口议心思不及，方寸里七上八下，如生铁橛，没滋味时，切莫退志。得如此时，却是个好底消息。忽然打失布袋，不觉拊掌大笑矣。”又云：“茶里饭里，喜时怒时，净处秽处，妻儿聚头处，与宾客相酬酢处，办公家职事处，了私门婚嫁处，都是第一等做工夫，提撕举觉底时节。”又云：“既有个趋向狗子无佛性话，冷地里慢提撕则个。若道知是般事便休，我说此人智眼未明在。妙喜虽似平地起风雷，然亦不出雪峰道底。”）

……

师因二僧相推不肯作第一座。主事白师。师曰：“总教作第二座。”事曰：“第一座教谁作?”师云:“装香着。”事曰:“装香了也。”师曰:“戒香、定香、慧香、解脱香?”(天童华云:“赵州下一槌,不妨惊群动众,子细点检将来,也是泥里洗土块。若是荐福门下,不用相推,第一座也有人,第二座也有人,第三座也有人。虽然如是,不免从头注破,第一座铁眼铜睛觑不破,第二座阳春白雪无人和,第三座真实身心同达磨。且道与赵州是同,是别?若也会得,许你具一只眼;若也不会,也许你具一只眼。”有个衲僧出来道:“总不恁么时如何?”对他道:“切忌向鬼窟里作活计。”)

师示众曰:“才有是非,纷然失心。还有答话分也无?”有僧出,拊侍者一下曰:“何不祗对和尚?”师便归方丈。后侍者请益:“适来僧是会,不会?”师曰:“坐底见立底,立底见坐底。”(无相范颂曰:“坐底见立底,立底见坐底。咄哉老赵州,白日眼见鬼。”)

有僧举才有是非话似洛浦,浦扣齿;又举似云居,居曰:“何必?”……示众:“佛之一字,吾不喜闻。”(幻庵觉拈云:“诸人切忌恁么会。既不恁么会,又作么生会?”乃颂曰:“佛之一字不喜闻,去年依旧今年春。今年春间降大雪,陆墓乌盆变白盆。”)

……

僧问:“二龙争珠,谁是得者?”师曰:“老僧只管看。”(雪窦显云:“看即不无,争即不得,且道扶这僧,扶赵州?”)

上堂:“至道无难,唯嫌拣择。才有语言是拣择,是明白?老僧不在明白里。是汝还护惜也无?”时有僧问:“既不在明白里,护惜个甚么?”师曰:“我亦不知。”僧曰:“和尚既不知,为甚道不在明白里?”师曰:“问事即得,礼拜了退。”(雪窦显拈云:“赵州倒退三千。”复颂云:“至道无难,言端语端。一有多种,二无两般。天际日上月下,槛前山深水寒。髑髅识尽喜何立,枯木龙吟消未干。难!难!拣择明白君自看。”)

僧问:“至道无难,唯嫌拣择,是时人窠臼否?”师曰:“曾有人问我,老僧直得五年分疏不下。”(雪窦显云:“识语不能转,死却了也,好与二十棒。这棒须有分付处。若辨不出,且放此话大行。”天童觉颂云:“五年分疏不下,一句元无缝罅。只知推过商量,谁信分明酬价?玲珑底相知,卤莽底相讶;宁可与晓事人相骂,不可共不晓事人说话。”)

问:“至道无难,唯嫌拣择。才有语言是拣择,和尚如何为人?”师曰:“何不引尽此语?”僧曰:“某甲只念到这里。”师曰:“至道无难,唯嫌拣择。”(白云端颂云:“驱山塞海也寻常,所至文明始是王。但见皇风成一片,不知何处有封疆。”)

问:“至道无难,唯嫌拣择。如何是不拣择?”师曰:“天上天下,唯我独尊。”曰:“此犹是拣择。”师曰:“田库(厍)奴,甚处是拣择?”僧无语。(无庵全颂云:“当门一脉透长安,游子空嗟行路难。不是人前夸俏措,金锤击碎万重关。”法宗禅师参雪窦,窦令参“至道无难,唯嫌拣择”,于此有省。一日,雪窦问宗:“至道无难,唯嫌拣择,意作么生?”宗云:“畜生!畜生!”后隐居投子,常以袈裟裹草鞋、经文。僧问:“如何是道者家风?”宗曰:“袈裟裹草鞋。”曰:“意旨如何?”宗曰:“赤脚下桐城。”圆悟勤云:“人多错会,道‘至道本无难,亦无不难,只是唯嫌拣择’。若恁么会,一万年也未梦见在。”)

……

僧游五台,问一婆子曰:“台山路向甚处去?”婆曰:“蓦直去。”……(雪窦显到曾学士处。曾问:“尝与清长老商量赵州勘婆话,端的有勘破处么?”窦云:“清长老道个甚么?”曾云:“又与么去也。”窦云:“清长老且放过一着,学士还知天下衲僧出这婆子圈?不得么?”曾云:“这里别有个道处。赵州若不勘破婆子,一生受屈。”窦云:“勘破了也。”真净云:“赵州若点检来,也好吃婆手中棒。且道赵州过在甚么处?若知赵州过,方解不受人谩。归宗门下莫有不受人谩底么?”喝一喝,下座。玄觉云:“前来僧也恁么道,赵州去也恁么道,甚么处是勘破婆子处?”又云:“非惟被赵州勘破,亦被这僧勘破。”径山杲颂:“天下禅和说勘破,争知赵州已话堕。引得儿孙不丈夫,人人点过冷地卧。”蒙庵岳颂:“本是山中人,爱说山中话。五月卖松风,人间恐无价。”)

……

问:“万法归一,一归何所?”师曰:“老僧在青州作得一领布衫,重七斤。”(雪窦颂:“编辟曾挨老古锥,七斤衫重几人知?而今抛向西湖里,下载清风付与谁?”)

……

师问僧:“曾看《法华经》么?”……(雪窦举云:“大小赵州,龙头蛇尾。诸人若能辨得,便乃识破赵州;如或不明,个个高拥衲衣,莫惑翠峰好。”)

……

有一婆子令人送钱,请转藏经。……(径山杲云:“众中商量道,如何是那半藏?或云再绕一匝,或弹指一下,或咳嗽一声,或喝一喝,或拍一拍。恁么见解,只是不识羞。若是那半藏,莫道赵州更绕一匝;直饶百千万亿匝,于婆子分上只得半藏。设使更绕须弥山百千万亿匝,于婆子分上亦只得半藏。假饶天下老和尚,共如是绕百千万亿匝,于婆子分上也只得半藏。设使山河大地,森罗万象,若草若木,各具广长舌相,异口同音,从今日转到尽未来际,于婆子分上亦只得半藏。诸人要识婆子么?”良久云:“鸳鸯绣出从君看,不把金针度与人。”)

问:“承闻和尚亲见南泉,是否?”师云:“镇州出大萝卜头。”(圆悟勤云:“有者道:‘镇州从来出大萝卜头,天下皆知;赵州从来参见南泉,天下皆知。’这僧更问,所以道‘镇州出大萝卜’。且得没交涉。江西澄散圣判谓之东问西答,唤作不答话,不上他圈?。若恁么会,争得?”远录公云:“此是旁瞥语,收在九带中。若恁么会,梦也未梦见在,更带累赵州去。”)

……

保寿问胡钉铰："汝莫是胡钉铰么?"曰："不敢。"寿曰："还钉得虚空么?"曰："请和尚打破虚空来。"寿便打。胡曰："和尚莫错打某甲。"师曰："向后有多口阿师，与你点破在。"胡后到师处举前话，师曰："汝因甚么被他打?"胡曰："不知过在甚么处?"师曰："只这一缝尚不奈何!"胡于此有省。师曰："且钉这一缝。"(雪窦显举云："我要打这三个汉，一打赵州，不合瞎却胡钉铰眼；二打保寿，不能塞却赵州口；三打胡钉铰，不合放过保寿。"蓦拈拄杖云："更有一个，大众一时退。"击禅床一下。)

……

师问僧："甚处来?"曰："摘茶来。"师曰："闲。"(云盖智颂："道着不着，何处摸索?背后龙鳞，面前驴脚。反身筋斗，孤云野鹤。阿呵呵。")

……

师问一婆子："甚么处去?"曰："偷赵州笋去。"……(瞎堂远颂云："去若丘山重，来如一羽轻。去来无别路，倾盖白头新。")

……

僧辞，师曰："甚处去?"曰："诸方学佛法去。"师竖起拂子曰："有佛处不得住，无佛处急走过。三千里外逢人，不得错举。"曰："与么，则不去也。"师曰："摘杨花！摘杨花!"(径山杲颂云："有佛处不得住，生铁秤锤被虫蛀；无佛处急走过，撞着嵩山破灶堕。三千里外莫错举，两个石人相耳语。恁么则不去也，此话已行遍天下。摘杨花，摘杨花，唵嚤呢哒哩吽？吒。")

……

上堂："金佛不度炉……"(法眼云："是一个，两个？是坏，不坏？且作么生会？试断看。"妙喜曰："军营里大王。"雪窦颂："泥佛不度水，神光照天地。立雪如未休，何人不雕伪？金佛不度垆，人来访子湖。牌中数个字，清风何处无？木佛不度火，常思破灶堕。杖子忽击着，方知孤负我。")

……

师志效古人，住持枯槁，僧堂无前后架，旋营斋食。绳床一角折，以绳系残薪支之。屡有愿为制新者，师不许也。住持四十余年，未尝以一书告檀越。唐乾宁四年(897)十一月二日，右胁泊然而寂，寿一百二十岁，谥真际大师。

【据民国二十五年(1936)北平刻经处《百纳藏·卍新纂续藏经》本《指月录》卷十一】

《教外别传》卷六《赵州从谂禅师》(选录)

[明]黎眉(郭凝之)

赵州从谂禅师(南泉愿法嗣)

赵州观音院(亦曰东院)从谂禅师,曹州郝乡人,姓郝氏。抵池阳,参南泉,值南泉偃息。……

他日,问南泉:"如何是道?"……(圆悟勤颂云:"遇饭吃饭,遇茶吃茶,千重百匝,四海一家。解却粘,去却缚,言无言,作无作。廓然本体等虚空,风从虎兮云从龙。"径山杲颂云:"劝君不用苦劳神,唤作平常转不亲。冷淡全然没滋味,一回举着一回新。"沩山果云:"恁么也不得,不恁么也不得,恁么不恁么时如何?"竖起拂子云:"鲸吞海水尽,露出珊瑚枝。"灵隐岳云:"青天白日,悟个什么?咄!咄!骊珠击碎苍龙窟。"元叟端云:"南泉被赵州一问,直得分疏不下;赵州被南泉一坐,至今抬身不起。两个汉总有过处,诸人检点得出,许你真达不疑之道。")

……

南泉上堂,师出问:"明头合,暗头合?"……(五祖戒云:"正贼走了,逻踪人吃棒。"又云:"南泉当断不断,返招其乱。"云居舜云:"诸人作么生会?有底便道,首座落他绻缋。与么会,又争得?山僧道,赵州大似傍若无人。"天奇瑞云:"入就者不知而出,出就者不知而入。徐六担板,各见一边。自有明眼人证据在。所以得时夸经纪,时收好种田。还知以己妨人,遭他毒手者么?十[个]埋伏真可羡,隔江斗智又何如?")

师到黄檗。黄檗见来,便闭方丈门。师乃把火于法堂内,叫曰:"救火!救火!"黄檗开门捉住曰:"道!道!"师曰:"贼过后张弓。"(保福展云:"黄檗有头无尾,赵州有尾无头。"雪窦显云:"直是好笑,笑须三十年。忽有个衲僧问雪窦:'笑个什么?'笑贼过后张弓。"五祖戒云:"黄檗只会买贱,不会卖贵。赵州因祸致福。")

到宝寿。宝寿见来,于禅床上背坐。师展坐具礼拜,宝寿下禅床。师便出。(保福展云:"保寿忘头失尾,赵州平地上吃扑。")

又到道吾。才入堂,道吾曰:"南泉一只箭来也。"师曰:"看箭!"道吾曰:"过也。"师曰:"中!"(雪窦显云:"二俱作家。盖是道吾、赵州,二俱不作家。箭锋不相拄,直饶齐发齐中,也只是个射垛汉。"报慈遂云:"且道二大老相见,还有优劣也无?若检点得出,许你于中字上有个入处。")

又到茱萸。执拄杖于法堂上从东过西,茱萸曰:"作甚么?"师曰:"探水。"茱萸曰:"我这里一滴也无,探个甚么?"师以杖倚壁,便下。(琅琊觉云:"势败奴欺主,年衰鬼弄人。”保宁勇颂云：“逐步移筇探浅深，果然沧海碧沉沉。一双足迹分明在，将谓归家不可寻。”沩山喆云：“赵州善能探水，不犯波澜；茱萸一滴也无，争奈关防不得？”径山杲云：“钩在不疑之地。”颂云：“深浅聊将拄杖探，忽然平地起波澜。倾湫倒岳惊天地，到海方知彻底干。”天童华云：“茱萸一滴也无，滔天白浪；赵州以拄杖靠壁，不犯波澜。虽然二老同死同生，争奈山僧未肯放过？”）

师将游五台，有大德作偈留曰：“无处青山不道场，何须策杖礼清凉？云中纵有金毛现，正眼观时非吉祥。”师曰：“作么生是正眼？”大德无对。（法眼益代云：“请上座领某甲情。”同安显代云：“是上座眼。”）师自此道化被于北地，众请住观音院。

……

僧辞，师曰：“甚处去？”曰：“诸方学佛法去。”师竖起拂子曰：“有佛处不得住，无佛处急走过。三千里外逢人，不得错举。”曰：“与么则不去也。”师曰：“摘杨花！摘杨花！”（径山杲云：“有佛处不得住，生铁秤槌被虫蛀；无佛处急走过，撞着嵩山破灶堕。三千里外逢人，不得错举。两个石人相耳语，恁么则不去也。此语已遍天下，摘杨花，摘杨花。唵摩尼达哩吽唆吒。”灵隐岳举大慧语了，云：“大慧老人尽力，只道得到这里，还知香山落处么？铁山崩倒压银山，盘走珠兮珠走盘。密密鸳鸯闲绣出，金针终不与人看。”楚石琦云：“妙喜老祖唱之于前，天宁远孙和之于后。门前种莴苣，莴苣生火箸；火箸开莲花，莲花结木瓜；木瓜忽然攧落地，撒出无数无数脂麻。何也？且要人拍。”）

问：“承闻和尚亲见南泉，是否？”师曰：“镇州出大萝卜头。”（径山杲颂云：“参见南泉王老师，镇州萝卜更无私。拈来塞断是非口，雪曲阳春非楚词。”）

大众晚参。师曰：“今夜答话去也。有解问者出来。”时有一僧，便出礼拜。师曰：“比来抛砖引玉，却引得个墼子。”（保寿沼云：“射虎不真，徒劳没羽。”长庆棱问觉铁觜那：“僧才出礼拜，为什么便将为墼子？”觉云：“适来那边亦有人恁么问。”长庆云：“向伊道什么？”觉云：“亦向伊恁么道。”雪窦显云：“灵利汉，闻举便知落处。然虽如此，放过觉铁觜。夫宗师语不虚发，出来必是作家。因什么抛砖引墼？诸禅德，要识赵州么？从前汗马无人识，只要重论盖代功。”昭觉勤云：“诸方尽道‘赵州得逸群之用，一期施设，不妨自在’。这僧要击节扣关，闪电光中，卒着手脚不办。觉铁觜能近取譬，不坠宗风。法眼有通方鉴才，便知落处。敢问诸人，既是宗师，为甚么抛砖只引得个墼子？”）

上堂，金佛不度炉……（法眼益云：“是一个，两个？是坏，不坏？且作么生会？试断看。”雪窦显颂云：“泥佛不度水，神光照天地。立雪如未休，何人不雕伪？金佛不度垆，人来访子湖。牌中数个字，清风何处无？木佛不度火，常思破灶堕。杖子忽击着，方知孤负我。”径山杲云：“军营里大王。”颂云：“九十七种妙相，顾陆丹青难状。赵州眼目精明，觑见心肝五脏。”）

……

尼问：“如何是密密意？”师以手掏之。尼曰：“和尚犹有这个在。”师曰：“却是你有这个在。”（高峰妙颂云：“猛虎深藏浅草窠，几回明月入烟萝。顶门纵有金刚眼，未免当头蹉过他。”）

……

有僧游五台，问一婆子曰：“台山路向甚么处去？”……（报慈遂云：“前来僧也恁么道，赵州去也恁么道，甚么处是勘破婆子处？”又云：“非唯被赵州勘破，亦被这僧勘破。”琅琊觉云：“大小赵州，去这婆子手里丧身失命。然虽如此，错会者多。”沩山喆云：“天下衲僧，只知问路老婆，要且不知脚下泥深。若非赵州老人，争显汗马功高？”高峰妙云：“这个公案，若据诸方判断，赵州勘破婆子。若据高峰点检将来，正是婆子勘破赵州。毕竟以何为验？”以手指云：“蓦直去。”天奇瑞云：“首身者知其首，而不知其卖；卖身者只知其卖，而不知其首。鵶鹊遭弹，空通其喜；渥马受缰，徒夸其俊。岂不见古人云：刚被时人知住处，又移茅舍入深居？”径山信云：“台山路上少这婆子不得。自从赵州勘破后，直至如今草漫漫地，东倒西擂。”颂云：“台山婆，台山婆，死去十分没奈何，开眼受人穿鼻孔，恶人自有恶人魔。”）

……

问：“如何是祖师西来意？”师曰：“庭前柏树子。”曰：“和尚莫将境示人。”师曰：“我不将境示人。”曰：“如何是祖师西来意？”师曰：“庭前柏树子。”（径山杲云：“庭前柏树子，今日重新举；打破赵州关，特地寻言语。既是打破关，为什么却寻言语？当初将谓茅长短，烧了元来地不平。”楚石琦云：“庭前柏树子，天下杜禅和。只管寻枝叶，还曾梦见么？四海幸然清似镜，莫来平地起风波。”）

问僧：“发足甚处？”曰：“雪峰。”师曰：“雪峰有何言句示人？”曰：“寻常道，‘尽十方世界是沙门一只眼，你等诸人向甚处屙’？”师曰：“阇黎若回，寄个锹子去。”（保福展云：“南有雪峰，北有赵州。”雪窦显云：“这僧既不从雪峰来，可惜赵州锹子。”琅琊觉云：“众中有云，‘寄锹去，埋却雪峰’。若道寄钵盂去，便道‘盛粥饭’。用狂解梦见，作么商量？不是僧繇手，谩说学丹青。”）

……

上堂：“至道无难，唯嫌拣择。才有语言是拣择，是明白？老僧不在明白里，是汝还护惜也无？”时有僧问：“既不在明白里，护惜个甚么？”师曰：“我亦不知。”僧曰：“和尚既不知，为甚道不在明白里？”师曰：“问事即得，礼拜了退。”（雪窦显云：“赵州倒退三千。”颂云:“至道无难,言端语端;一有多种,二无两般。天际日上月下,槛前山深水寒。髑髅识尽喜何立,枯木龙吟消未乾。难!难!拣择明白君自看。”)

……

问:“如何是道?”师曰:“墙外底。”曰:“不问这个。”师曰:“你问那个?”曰:“大道。”师曰:“大道透长安。”(天奇瑞云:“这僧只解问路,不知当面蹉过。赵州贪渡行人,那妨失却船钱。大众会么?宜乎静坐,仔细评论。”)

……

师与文远论义曰:“斗劣不斗胜。胜者输果子。”……(五祖戒云:“祸不单行。”琅琊觉云:“赵州、文远,也是萧何置律。”径山杲云:“文远在驴粪中过夏,面赤不如语直;赵州贪他少利,赢得个胡饼,检点将来,也是普州人送贼。毕竟如何?鹅王择乳,素非鸭类。”楚石琦云:“当时文远待赵州老汉道‘我是一头驴’,便道‘输却胡饼了也’。老汉取胡饼,就手夺却,便行。”)

……

问:“学人乍入丛林,乞师指示。”师曰:“吃粥了也未?”曰:“吃粥了也。”师曰:“洗钵盂去!”其僧忽然省悟。(云门偃云:“且道有指示,无指示?若言有,赵州向伊道个什么?若言无,其僧为甚悟去?”雪窦显云:“我不似云门,为蛇画足,直言向你道:问者如虫御木,答者偶尔成文。然虽与么,瞎却衲僧眼。作么生免得此过?诸仁者要会么?还你赵州吃粥也未。拈却这僧吃粥了,雪窦与你拄杖子归堂。”云峰悦云:“云门与么道,大似为黄门栽须,与蛇画足;云峰则不然。这僧于此悟去,入地狱如箭射。”黄龙心云:“云门,雪窦,虽则善能锄强辅弱,舍富从贫,要且不能安家立国。”乃问僧:“只如上座朝来,亦吃粥,亦洗钵,而今是迷,是悟?”其僧礼拜起。师唤近前:“我有一柄拂,与汝归堂。”龙门远云:“山僧今日吃粥了也,洗钵盂了也,只是不悟;既是为善知识,为甚么不悟?还会么?岂可唤钟作瓮?终不指鹿为马!善人难犯,水银无假。冷地忽然觑破,管取一时放下!”径山杲云:“云门大似阿修罗王,托动三有大城诸烦恼海。”随后喝云:“寐语作么?”楚石琦云:“诸仁者要见云门则易,要见妙喜则难。誵讹在什么处?剑去久矣,尔方刻舟!”)

……

问:“久向赵州石桥,到来只见略彴。”师曰:“汝只见略彴,且不见石桥。”曰:“如何是石桥?”师曰:“度驴度马。”(天奇瑞云:“言不涉玄,旨无不妙;荡荡然胡越皆亲,表表地江山一致。虽然如是,易分雪里粉,难辨墨中煤。”)

……

问:“狗子还有佛性也无?”师曰:“无。”曰:“上至诸佛,下至蝼蚁,皆有佛性;狗子为甚么却无?”师曰:“为伊有业识在。”(翠岩芝云:“说有说无,两彩一赛。如今作么生?”五祖演颂云:“赵州露刃剑,寒霜光焰焰;拟欲问如何,分身作两段。”高峰妙云:“大小赵州,拈出一粒巴豆子,搅恼衲僧肠肚;设有吞吐得者,亦不免丧身失命。何故?急急如律令!”)

师问一婆子:“甚么处去?”曰:“偷赵州笋去。”师曰:“忽遇赵州,又作么生?”婆便与一掌,师休去。(雪窦显云:“好掌! 更下两掌,也无勘处!”五祖演云:“赵州休去,作么商量? 白云露个消息,贵要诸人共知。婆子虽行正令,一生不了;赵州被打两掌,咬定牙关。婆子可谓去路一身轻似叶,赵州高名千古重如山。”径山信云:“夜眠侵晓起,更有不眠人。婆子一掌,赵州犹如哑子吃黄瓜。虽然,这婆子也是看孔着楔,未是好手。”)

师一日于雪中卧,曰:“相救! 相救!”有僧便去身边卧,师便起去。(翠岩芝云:“此僧在赵州绻里,还有人出得么?”天童华云:“这僧如虫御木,要见赵州,天地悬殊。有般瞎汉便道,报恩扶强不扶弱;殊不知我王库内,无如是刀!”喝一喝。)

……

师问新到:“曾到此间么?”曰:“曾到。”……(保福展云:“赵州惯得其便。”镜清忽举问僧:“作么生会?”僧便去。镜清云:“邯郸学唐步。”雪窦显云:“这僧不是邯郸人,为甚学唐步? 若辨得出,与汝茶吃。”黄龙新云:“赵州吃茶,宗门奇特。到与不到,是白拈贼。”)

……

问:“万法归一,一归何所?”师曰:“老僧在青州作得一领布衫,重七斤。”(昭觉勤云:“摩酰三眼,一句洞明;似海朝宗,千途共辙。虽然如是,更有一着在。忽有问蒋山:‘万法归一,一归何处?’祇对他道:‘饥来吃饭困来眠。’”高峰妙云:“赵州一段绵密工夫,风吹不入,雨打不湿。惜乎不解相体裁衣,翻成钝置。高峰则不然。忽有问:‘万法归一,一归何处?’只向他道:‘我二十年前,曾向这里打失一只眼睛,至今指鹿为马。’大众且道,与古人相去多少?”元叟端云:“赵州好语,要且不赴来机。中峰则不然,万法归一,一归何处? 至大四年(1311),西山洪水泛涨,一夜冲倒三座石桥,山门头石师子作大哮吼,山河大地悉皆震动。你辈贪眠汉子,知甚东西南北?”金粟悟云:“我不似赵州委曲。如有问‘万法归一,一归何处’? 劈脊便棒,不惟直截,抑且免置伊向‘万法归一,一归何处’躲根。”)

……

因侍者报:“大王来也。”师曰:“万福大王!”侍者曰:“未到在!”师曰:“又道来也。”(黄龙南云:“头头漏泄,罕遇仙陀。侍者只解报客,不知身在帝乡。赵州入草求人，不觉浑身泥水。”白云端云：“其僧虽然罔措，争奈王令已行！王令既行，则海晏河清一句，作么生道？野老不知尧舜力，冬冬打鼓祭江神。”）

师到一庵主处问：“有么？有么？”庵主竖起拳头。师曰：“水浅不是泊船处。”便行。又到一庵主处，问：“有么？有么？”庵主亦竖起拳头。师曰：“能纵能夺，能杀能活。”便作礼。（云居舜云：“赵州当时，甚生意气！虽然如是，要且鼻孔在二庵主手里。”昭觉勤云：“佛祖命脉，列圣钳锤；换斗移星，经天纬地。有般汉未出窠窟，只管道‘舌头在赵州口里’，殊不知自己性命已属他人。若能握向上纲宗，与二庵主相见，便可以定龙蛇，别缁素，正好着力。还知赵州落处么？切忌颟［顸］。”龙门远云：“庵主一等竖拳，赵州因甚肯一个，不肯一个？且道得失在什么处？赵州勘破几多阿师？庵主过了几多寒暑？要识赵州么？”拍禅床左边一下，“要识二庵主么？”拍禅床右边一下，“还有检点得出么？”良久云：“易开终始口，难保岁寒心。”沩山果云：“泣露千般草，吟风一样松。为什么肯一个，不肯一个？若向这里见得，释迦不先，弥勒不后，坐断要津，天长地久。苟或未然，月庵为诸人下个注脚。”良久云：“若不如是，争知如是？”元叟端云：“这个公案，诸方错判者甚多，山僧论实不论虚；上庵主截铁斩钉，下庵主和泥合水；大小赵州，识甚好恶？”）

……

文远侍者在佛殿礼拜次，师见，以拄杖打一下，曰：“作甚么？”侍者曰：“礼佛。”师曰：“用礼作甚么？”侍者曰：“礼佛也是好事！”师曰：“好事不如无。”（中峰本云：“文远云拜佛也是好事，不妨软顽；赵州云好事不如无，话堕了也。要知赵州老人话堕处么？待伊磕破脑门，即向你道。”）

……

问：“如何是赵州？”师曰：“东门，西门，南门，北门。”（径山杲云：“这僧问赵州，赵州答赵州。得人一马，还人一牛。人平不语，水平不流。会么？受恩深处宜先退，得意浓时便好休。”楚石琦云：“尽这僧神通，跳赵州关不过。大丈夫汉当众决择，未到弓折箭尽，即便拱手归降，何不着一转语，教他纳款去？且道，得着个什么语？”）

……

【据民国二十五年(1936)北平刻经处《百纳藏·卍新纂续藏经》本《教外别传》卷六】

二、赵州语录

岳贤雷　点校

重刻赵州祖师语录序

［明］散木圆澄

闻夫破家散宅，于十八上而善舞太阿；纵宾夺主，于贤圣前而逢场作戏。一物不将来，便教放下着；不起一念时，向道须弥山。每拈一茎草，而唤作丈六金身；口惟一个齿，而尽知世间滋味。镇州萝卜，诸方谩云即是师承；青州布衫，学者休向言中取的。一个老实头，杀活临机，顿超他动捧（棒）用喝；三寸绵软舌，纵横自在，何尝用怪语寄言。其犹水上按葫芦，垂手东捺西捺；室中悬宝镜，任教凡来圣来。拈提向上宗乘，念佛则漱口三日；善解拖泥带水，随问而随答有无。南泉真子，马祖的孙，其惟此老一人而已矣。其垂迹也，滕蚼入口而糠食自安；转现报也，明珠出海而二王供养。如此，则宁非先佛示现利生者哉？

惜其语录不能尽传，学者仅获一帙，真如尝鼎一脔，饮海一滴者矣。奈旧刻岁久，字迹馍（模）糊；吾徒明声，发心重刻，诏示后来，真报祖师之恩，深惬老朽之意；因佳其志，聊缀数言。其全机大用，非予劣智能解；造渊洞微，自有通方作者。

传曹洞正宗第二十七代云门显圣寺住持散木圆澄撰

【据《嘉兴大藏经》本《赵州和尚语录》卷首】

圆证直指真际赵州谂禅师语录御制序

［清］雍正皇帝

夫达摩西来，九年面壁，无多言句，而能直指人心，见性成佛，首开震旦之宗风。后人演唱提持，照用权实，鸣涂毒鼓，挥太阿锋，于言象不该之表，形名未兆之先，机如电掣雷奔,谭(谈)似河流海注;青莲花纷飘舌本,大狮子吼断十方,穿透百千诸佛耳根,跳三十三天空外。究其所归,不过铺荆列棘,遍地生枝,甘草黄连(莲),自心甘苦耳。然则自利利他,固不在于多言欤。

赵州谂禅师,圆证无生法忍,以本分事接人。龙门之桐,高百尺而无枝。朕阅其言句,真所谓皮肤剥落尽,独见一真实者,诚达摩之所护念,狮乳一滴,足迸散千斛驴乳。但禅师垂示,如五色珠,若小知浅见,会于言表,则辜负古佛之慈悲,落草之婆心也。观师信手拈来,信口说出,皆令十方智者,一时直入如来地,可谓壁立万仞,月印千江。如赵州之接人,诚为直指人心,见性成佛之古佛云。爰录其精粹者著于篇,以示后学,俾知真宗轨范,如是如是尔。

雍正十一年(1733)癸丑五月望日

【据《乾隆大藏经》本《御选语录》卷六卷首】

《赵州和尚语录》

[唐]释文远

《赵州和尚语录》卷上

师问南泉:“如何是道?”泉云:“平常心是。”师云:“还可趣向不?”泉云:“拟即乖。”师云:“不拟争知是道?”泉云:“道不属知、不知。知是妄觉,不知是无记。若真达不疑(或作拟)之道,犹如太虚,廓然荡豁,岂可强是非也?”师于言下顿悟玄旨,心如朗月。

南泉上堂,师问:“明头合,暗头合?”泉便归方丈。师便下堂,云:“这老和尚被我一问,直得无言可对。”首座云:“莫道和尚无语,自是上座不会。”师便打。又云:“这棒合是堂头老汉吃!”

师问南泉:“知有底人,向什么处去?”泉云:“山前檀越家作一头水牯牛去!”师云:“谢和尚指示!”泉云:“昨夜三更月到窗。”

师在南泉作炉头,大众普请择菜。师在堂内叫:“救火!救火!”大众一时到僧堂前,师乃关却僧堂门,大众无对。泉乃抛锁匙,从窗内入堂中,师便开门。

师在南泉井楼上打水次,见南泉过,便抱柱,悬却脚,云:“相救!相救!”南泉上胡梯,云:“一!二!三!四!五!”师少时间却去礼谢,云:“适来谢和尚相救。”

南泉东西两堂争猫儿,泉来堂内,提起猫儿,云:“道得即不斩,道不得即斩却。”大众下语,皆不契泉意,当时即斩却猫儿了。至晚间,师从外归来,问讯次,泉乃举前话了，云："你作么生救得猫儿？"师遂将一只鞋戴在头上，出去。泉云："子若在，救得猫儿。"

［南泉垂语云："今时人须向异类中行，始得。"］师问南泉："异即不问，如何是类？"泉以两手托地，师便踏倒。却归涅槃堂内，叫："悔！ 悔！"泉闻，乃令人去问："悔个什么？"师云："悔不剩（更）与两踏。"

南泉从浴室里过，见浴头烧火，问云："作什么？"云："烧浴。"泉云："记取来，唤水牯牛浴。"浴头应诺。至晚间，浴头入方丈。泉问："作什么？"云："请水牯牛去浴！"泉云："将得绳索来不？"浴头无对。师来问讯泉，泉举似师，师云："某甲有语。"泉便云："还将得绳索来么？"师便近前，蓦鼻便拽。泉云："是即是，太粗生。"

师问南泉："离四句、绝百非外，请师道。"泉便归方丈。师云："这老和尚，每常口吧吧地，及其问着，一言不措。"侍者云："莫道和尚无语好。"师便打一掌。南泉便掩却方丈门，便把灰围却，问僧云："道得即开门。"多有人下语，并不契泉意。师云："苍天！苍天！"泉便开门。

师问南泉云："心不是佛，智不是道，还有过也无？"泉云："有。"师云："过在什么处？ 请师道。"泉遂举，师便出去。

师上堂，谓众曰："此事的的没量，大人出这里不得。老僧到沩山，僧问：'如何是祖师西来意？'沩山云：'与我将床子来。'若是宗师，须以本分事接人，始得。"时有僧问："如何是祖师西来意？"师云："庭前柏树子！"学云："和尚莫将境示人。"师云："我不将境示人。"云："如何是祖师西来意？"师云："庭前柏树子。"

师又云："老僧九十年前，见马祖大师下八十余员善知识，个个俱是作家；不似如今知识，枝蔓上生枝蔓，大都是去圣遥远，一代不如一代。只如南泉寻常道'须向异类中行'，且作么生会？ 如今黄口小儿，向十安街头说葛藤、博饭噇、觅礼拜，聚三五百众，云：'我是善知识，你是学人。'"

僧问："如何是清净伽蓝？"师云："丫角女子。"云："如何是伽蓝中人？"师云："丫角女子有孕。"

问："承闻和尚亲见南泉，是否？"师云："镇州出大萝卜头。"

问："和尚生缘什么处？"师以手指云："西边更向西。"

问："法无别法，如何是法？"师云："外空，内空，内外空。"

问："如何是佛真法身？"师云："更嫌什么？"

问："如何是心地法门？"师云："古今榜样。"

问："如何是宾中主？"师云："山僧不问妇。""如何是主中宾？"师云："老僧无丈人。"

问:“如何是一切法常住?”师云:“老僧不讳祖。”其僧再问,师云:“今日不答话。”

师上堂云:“兄弟!莫久立,有事商量;无事向衣钵下坐,穷理好。老僧行脚时,除二时斋粥是杂用心力处,余外更无别用心处也。若不如此,出家大远在!”

问:“万物中何物最坚?”师云:“相骂饶汝接嘴,相唾饶汝泼水。”

问:“晓夜不停时如何?”师云:“僧中无与么两税百姓!”

问:“如何是一句?”师云:“若守着一句,老却你。”

师又云:“若一生不离丛林,不语十年五载,无人唤你,作哑汉,已后佛也不奈你何!你若不信,截取老僧头去。”

师上堂云:“兄弟!你正在第三冤里。所以道:‘但改旧时行履处,莫改旧时人。’共你各自家出家,比来无事。更问禅问道,三十二十人聚头来问,恰似欠伊禅道相似。你唤作善知识,我是同受拷。老僧不是戏好,恐带累他古人,所以东道西说。”

问:“十二时中,如何用心?”师云:“你被十二时使,老僧使得十二时。你问那个时?”

问:“如何是赵州主人公?”师咄云:“这箍桶汉!”学人应诺。师云:“如法箍桶着!”

问:“如何是学人本分事?”师云:“树摇鸟散,鱼惊水浑。”

问:“如何是少神底人?”师云:“老僧不如你!”学云:“不占胜。”[师]云:“你因什么少神!”

问:“‘至道无难,唯嫌拣择’,是时人窠窟?”师云:“曾有[人]问我,直得五年分疏不得。”

有官人问:“丹霞烧木佛,院主为什么眉须堕落?”师云:“官人宅中,变生作熟,是什么人?”云:“所使。”师云:“却是他好手。”

问:“毗目仙人执善财手,见微尘佛时,如何?”师遂执僧手,云:“你见个什么?”

有尼问:“如何是沙门行?”师云:“莫生儿。”尼云:“和尚勿交涉。”师云:“我若共你打交涉,堪作什么?”

问:“如何是赵州主人公?”师云:“田库(厍)奴。”

问:“如何是王索仙陀婆?”师云:“你道老僧要个什么?”

问:“如何[是]玄中玄?”师云:“说什么玄中玄,七中七,八中八?”

问:“如何是仙陀婆?”师云:“静处萨婆诃。”

问:“如何是法非法?”师云:“东西南北。”学云:“如何会去?”师云:“上下四维。”

问:“如何是玄中玄?”师云:“这僧若在,合年七十四五。”

问:“王索仙陀婆时如何?”师蓦起,打躬叉手。

问:“如何是道?”师云:“不敢,不敢!”

问:“如何是法?”师云:“敕敕摄摄!”

问:“赵州去镇府多少?”师云:“三百。”学云:“镇府来赵州多少?”师云:“不隔。”

僧问:“如何[是]玄中玄?”师云:“玄来多少时也?”学云:“玄来久矣。”师云:“赖遇老僧,洎合玄杀这屡生。”

问:“如何是学人自己?”师云:“还见庭前柏树子么?”

师上堂,云:“若是久参底人,莫非真实,莫非亘古亘今。若是新入众底人,也须究理始得。莫趁者边三百五百一千傍边。二众丛林称道:‘好个住持!’洎乎问着佛法,恰似炒砂作饭相似,无可施为,无可下口。却言他非我是,面赫赤地,良由世间出非法语。真实欲明者意,莫辜负老僧。”

问:“在尘为诸圣说法,总属披搭。未审和尚,如何示人?”师云:“什么处见老僧?”学云:“请和尚说。”师云:“一堂师僧,总不会这僧语话。”别有一僧问:“请和尚说。”师云:“你说,我听。”

问:“真化无迹,无师弟子时如何?”师云:“谁教你来问?”学云:“更不是别人。”师便打之。

问:“此事如何辨?”师云:“我怪你。”学云:“如何辨得?”师云:“我怪你不辨。”学云:“还保任否?”师云:“保任不保任,自看。”

问:“如何是无知解底人?”师云:“说什么事?”

僧问:“如何是西来意?”师下禅床。学云:“莫便是否?”师云:“老僧未有语在。”

问:“佛法久远,如何用心?”师云:“你见前汉、后汉把搅天下,临终时半钱也无分。”

问:“时人以珍宝为贵,沙门以何为贵?”师云:“急合取口。”学云:“合口还得也无?”师云:“口若不合,争能辨得。”

问:“如何是赵州一句?”师云:“老僧半句也无。”学云:“岂无和尚在?”师云:“老僧不是一句。”

问:“如何得不被诸境惑?”师垂一足,僧便出鞋;师收起足,僧无语。

有俗官问:“佛在日,一切众生皈依;佛灭度后,一切众生皈依什么处?”师云:“未有众生。”学云:“现问次。”师云:“更觅什么佛?”

问:“还有不报四恩、三有者也无?”师云:“有。”学云:“如何是?”师云:“这杀父汉,算你只少此一问。”

问:“如何是和尚意?”师云:“无施设处。”

师上堂,云:“兄弟!但改往修来;若不改,大有着你处在!老僧在此间三十余年,未曾有一个禅师到此间。设有来，一宿一食急走过，且趁软暖处去也。”

问：“忽遇禅师到来，向伊道什么？”师云：“千钧之弩，不为鼷鼠而发机。”师云：“兄弟！若从南方来者，即与下载；若从北方来，即与装载。所以道：‘近上人问道，即失道；近下人问道者，即得道。’兄弟！正人说邪法，邪法亦随正；邪人说正法，正法亦随邪。诸方难见易识，我者里易见难识。”

问：“善恶或(惑)不得底人，还独脱也无？”师云：“不独脱。”学云：“为什么不独脱？”师云：“正在善恶里。”

尼问：“离却上来说处，请和尚指示。”师咄云：“煨破铁瓶。”尼将铁瓶添水来：“请和尚答话。”师笑之。

问：“世界变为黑穴，未审此个落在何路？”师云：“不占。”学云：“不占是什么人？”师云：“田库(厍)奴。”

问：“无言无意，始称得句。既是无言，唤什么作句？”师云：“高而不危，满而不溢。”学云：“即今和尚是满，是溢？”师云：“争奈你问我。”

问：“如何是灵者？”师云：“净地上屙一堆屎！”学云：“请和尚的旨。”师云：“莫恼乱老僧！”

问：“法身无为，不堕诸数，还许道也无？”师云：“作么生道！”学云：“与么即不道也。”师笑之。

问：“如何是佛，如何是众生？”师云：“众生即是佛，佛即是众生。”学云：“未审两个哪个是众生？”师云：“问！问！”

问：“大道无根，如何接唱？”师云：“你便接唱！”云：“无根又作么生？”师云：“既是无根，什么处系缚你？”

问：“正修行底人，莫被鬼神测得也无？”师云：“测得！”云：“过在什么处？”师云：“过在觅处。”云：“与么，即不修行也？”师云：“修行。”

问：“孤月当空，光从何生？”师云：“月从何生？”

问：“承和尚有言，道不属修，但莫染污。如何是不染污？”师云：“检校内外。”云：“还自检校也无？”师云：“检校。”云：“自己有什么过，自检校？”师云：“你有什么事？”

师上堂云：“此事如明珠在掌，胡来胡现，汉来汉现。老僧把一枝草作丈六金身用，把丈六金身作一枝草用。佛即是烦恼，烦恼即是佛。”问：“佛与谁人为烦恼？”师云：“与一切人为烦恼。”云：“如何免得？”师云：“用免作么？”

师示众云：“老僧此间即以本分事接人。若教老僧随伊根机接人，自有三乘十二分教，接他了也。若是不会，是谁过欤？已后遇着作家汉，也道老僧不辜他。但有人问，以本分事接人。”

问:“从上至今,即心是佛;不即心,还许学人商量也无?”师云:“即心且置,商量个什么?”

问:“古镜不磨,还照也无?”师云:“前生是因,今生是果。”

问:“三刀未落时如何?”师云:“森森地。”云:“落后如何?”师云:“迥迥地。”

问:“如何是出三界底人?”师云:“笼罩不得!”

问:“牛头未见四祖,百鸟衔花供养;见后,为什么百鸟不衔花供养?”师云:“应世,不应世。”

问:“白云自在时如何?”师云:“争似春风处处闲!”

问:“如何是露地白牛?”师云:“月下不用色。”云:“食啖何物?”师云:“古今嚼不着。”云:“请师答话,”师云:“老僧答与么?”

师示众云:“拟心即差。”僧便问:“不拟心时如何?”师打三下,云:“莫是老僧辜负阇梨么?”

问:“凡有问答,落在意根;不落意根,师如何对?”师云:“问。”学云:“便请师道。”师云:“莫向这里是非。”

问:“龙女亲献佛,未审将什么献?”师以两手作献势。

师示众云:“此间佛法,道难即易,道易即难。别处难见易识,老僧者里即易见难识。若能会得,天下横行。

“忽有人问:‘什么处来?’若向伊道‘从赵州来’,又谤赵州;若道不从赵州来,又埋没自己。诸人且作么生对他?”

僧问:“触目是谤和尚,如何得不谤去?”师云:“若道不谤,早是谤了也。”

问:“如何是正修行路?”师云:“解修行即得。若不解修行,即参差落他因果里。”又云:“我教你道,若有问时,但向伊道‘赵州来’。忽问:‘赵州说什么法?’但向伊道:‘寒即言寒,热即言热。’若更问道:‘不问者个事。’但云:‘问什么事?’若再问:‘赵州说什么法?’便向伊道:‘和尚来时,不教传语,上座若要知赵州事,但自去问取。’”

问:“不顾前后时如何?”师云:“不顾前后且置,你问阿谁?”

师示众云:“迦叶传与阿难,且道达磨传与什么人?”问:“且如二祖得髓,又作么生?”师云:“莫谤二祖!”师又云:“达磨也有语:‘在外者得皮,在里者得骨。’且道更在里者,得什么?”问:“如何是得髓底道理?”师云:“但识取皮。老僧者里,髓也不立!”云:“如何是髓?”师云:“与么皮也摸未着!”

问:“与么堂堂,岂不是和尚正位?”师云:“还知有不肯者么?”学云:“与么即别有位?”师云:“谁是别者?”学云:“谁是不别者?”师云:“一任叫。”

问:“上上人一拨便转,下下人来时如何?”师云:“汝是上上、下下?”云:“请和尚答话。”师云:“话未有主在。”云:“某甲七千里来,莫作心行。”师云:“据你者一问,心行莫不得么?”此僧一宿便去。

问:“不绍傍来者如何?”师云:“谁?”学云:“惠延。”师云:“问什么?”学云:“不绍傍来者。”师以手抚之。

问:“如何是衲衣下事?”师云:“莫自瞒。”

问:“真如、凡圣,皆是梦言;如何是真言?”师云:“更不道者两个。”学云:“两个且置,如何是真言?”师云:“唵啉嚃。”

问:“如何是赵州?”师云:“东门,西门,南门,北门。”

问:“如何是定?”师云:“不定。”学云:“为什么不定?”师云:“活物,活物!”

问:“不随诸有时如何?”师云:“合与么?”学云:“莫便是学人本分事?”师云:“随也,随也。”

问:“古人三十年,一张弓两下箭,只射得半个圣人,今日请师全射!”师便起去。

师示众云:“‘至道无难,唯嫌拣择。’才有言语,是拣择[,是明白?]老僧却不在明白里。是你向什么处见祖师?”问:“和尚既不在明白里,护惜什么?”师云:“我亦不知。”学云:“和尚既自不知,为什么道不在明白里?”师云:“问事即得。”礼拜[了]退。[按:所补文字,据《联灯会要》本]

师示众云:“法本不生,今则无灭。更不要道‘才语是生,不语是灭’。诸人且作么生是不生不灭底道理?”问:“早是不生不灭么?”师云:“者汉只认得个死语。”

问:“‘至道无难,唯嫌拣择。’才有言语,是拣择,和尚如何示人?”师云:“何不尽引古人语?”学云:“某甲只道得到这里!”师云:“只这‘至道无难,唯嫌拣择’。”

上堂,示众云:“看经也在生死里,不看经也在生死里,诸人且作么生出得去?”僧便问:“只如俱不留时如何?”师云:“实即得,若不实,争能出得生死?”

问:“利剑锋头快时如何?”师云:“老僧是利剑,快在什么处?”

问:“大难到来,如何回避?”师云:“恰好。”

上堂,良久云:“大众总来也未?”对云:“总来也。”师云:“更待一人来,即说话。”僧云:“候无人来,即说似和尚。”师云:“大难得人。”

师示众云:“心生即种种法生,心灭即种种法灭。你诸人作么生?”僧乃问:“只如不生不灭时如何?”师云:“我许你者一问。”

师因参次,云:“明又未明,道昏欲晓,你在阿那头?”僧云:“不在两头。”师云:“与么即在中间也?”云:“若在中间,即在两头。”师云:“这僧多少时,在老僧者里?作与么语话,不出得三句里。然直饶出得,也在三句里。你作么生?”僧云:“某甲使得三句。”师云:“何不早与么道?”

问："如何是通方？"师云："离却金刚禅。"

师示众云："衲僧家，直须坐断报、化佛头，始得。"问："坐断报、化佛头是什么人？"师云："非你境界。"

师示众云："大道只在目前，要且难睹。"僧乃问："目前有何形段，令学人睹？"师云："任你江南江北。"学云："和尚岂无方便为人？"师云："适来问什么。"

问："入法界来，还知有也无？"师云："谁入法界？"学云："与么即入法界不知去也？"师云："不是寒灰死木，花锦成现百种有。"学云："莫是入法界处用也无？"师云："有什么交涉。"

问："若是实际理地，什么处得来？"师云："更请阇梨宣一遍。"

问："万境俱起，还有惑不得者也无？"师云："有。"学云："如何是惑不得者？"师云："你还信有佛法否？"学云："信有佛法，古人道了。如何是惑不得者？"师云："为什么不问老僧？"学云："问了也。"师云："惑也。"

问："未审古人与今人，还相近也无？"师云："相近即相近，不同一体。"学云："为什么不同？"师云："法身不说法。"学云："法身不说法，和尚为人也无？"师云："我向惠里答话。"学云："争道法身不说法？"师云："我向惠里救你，阿爷他终不出头。"

问："学人道不相见时，还回互也无？"师云："测得回互。"学云："测他不得？回互个什么？"师云："不与么是你自己。"学云："和尚还受测也无？"师云："人[即]转近，道即转远也。"学云："和尚为什么自隐去？"师云："我今现共你语话。"学云："争道不转？"师云："合与么着。"

师示众云："教化得底人是今生事，教化不得的人是第三生冤。若不教化，恐堕却一切众生。教化亦是冤，是你还教化也无？"僧云："教化。"师云："一切众生，还见你也无？"学云："不见。"师云："为什么不见？"学云："无相。"师云："即今还见老僧否？"学云："和尚不是众生。"师云："自知罪过即得。"

师示众云："龙女心亲献，尽是自然事。"问："既是自然，献时为什么？"师云："若不献，争知自然？"

师示众云："八百个作佛汉，觅一个道人难得。"

问："只如无佛无人处，还有修行也无？"师云："除却者两个，有百千万亿。"学云："道人来时，在什么处？"师云："你与么即不修行也。"其僧礼拜。师云："大有处着你在。"

问："白云不落时如何？"师云："老僧不会上象。"学云："岂无宾主？"师云："老僧是主，阇梨是宾。白云在什么处？"

问："大巧若拙时如何？"师云："丧却栋梁材。"

师示众云:“佛之一字,吾不喜闻。”问:“和尚还为人也无?”师云:“为人。”学云:“如何为人?”师云:“不识玄旨,徒劳念静。”学云:“既是玄,作么生是旨?”师云:“我不把本。”学云:“者个是玄,如何是旨?”师云:“答你是旨。”

师示众云:“各自有禅,各自有道。忽有人问你:作么生是禅,是道?作么生衹对他?”僧乃问:“既各有禅、道,从上至今语话为什么?”师云:“为你游魂。”学云:“未审如何为人?”师乃退身不语。

师示众云:“不得闲过,念佛、念法。”僧乃问:“如何是学人自己念?”师云:“念者是谁?”学云:“无伴。”师叱:“者驴!”

上堂,示众云:“若是第一句,与祖佛为师;第二句,与人天为师;第三句,自救无疗。”有僧问:“如何是第一句?”师云:“与祖佛为师。”师又云:“大好从头起。”学人再问,师云:“又却人天去也。”

师示众云:“是他不是不将来,老僧不是不衹对。”僧云:“和尚将什么衹对?”师长吁一声。云:“和尚将这个衹对,莫辜负学人也无?”师云:“你适来肯我,我即辜负你。若不肯我,我即不辜负你。”

师示众云:“老僧今夜答话去也,解问者出来!”有曾(僧)才出礼拜,师云:“比来抛砖引玉,只得个墼子。”

问:“狗子还有佛性也无?”师云:“无。”学云:“上至诸佛,下至蚁子,皆有佛性;狗子为什么无?”师云:“为伊有业识性在。”

问:“如何是法身?”师云:“应身。”云:“学人不问应身。”师云:“你但管应身。”

问:“朗月当空时如何?”师云:“阇梨名什么?”学云:“专(某)甲。”师云:“朗月当空在什么处?”

问:“正当二八时如何?”师云:“东东西西。”学云:“如何是东东西西?”师云:“觅不着。”

问:“学人全不会时如何?”师云:“我更不会。”云:“和尚还知有也无?”师云:“我不是木头,作么不知?”云:“大好不会。”师拍掌笑之。

问:“如何是道人?”师云:“我向道是佛人。”

问:“凡有言句,举手动足,尽落在学人网中;离此外,请师道。”师云:“老僧斋了未吃茶。”

马大夫问:“和尚还修行也无?”师云:“老僧若修行,即祸事。”云:“和尚既不修行,教什么人修行?”师云:“大夫是修行的人。”云:“某甲何名修行?”师云:“若不修行,争得扑在人王位中,喂得来赤冻红地,无有解出期?”大夫乃下泪拜谢。

师示众云:“阇梨不是不将来,老僧不是不衹对。”又云:“阇梨莫擎拳合掌,老僧不将禅床拂子对。”

问:“思忆不及处如何?”师云:“过者边来。”云:“过者边来,即是及处;如何是思不及处?”师竖起手云:“你唤作什么?”云:“唤作手,和尚唤作什么?”师云:“百种名字我亦道。”云:“不及和尚百种名字,且唤什么?”师云:“与么即你思忆不及处。”僧礼拜。师云:“教你思忆得及者。”云:“如何是?”师云:“释迦教、祖师教,是你师。”云:“祖与佛古人道了也,如何是思忆不及处?”师再举指云:“唤作什么?”僧良久。师云:“何不当头道着,更疑什么!”

问:“如何是和尚家风?”师云:“老僧耳背,高声问!”僧再问,师云:“你问我家风,我却识你家风。”

问:“万境俱起时如何?”师云:“万境俱起。”云:“一问一答是起,如何是不起?”师云:“禅床是不起底。”僧才礼拜次,师云:“记得问答?”云:“记得。”师云:“试举看。”僧拟举,[师问。][按:二字据《古尊宿语录》补]

问:“如何是目前佛?”师云:“殿里的。”云:“者个是相貌佛,如何是佛?”师云:“即心是!”云:“即心犹是限量,如何是佛?”师云:“无心是。”学云:“有心、无心,还许学人拣也无?”师云:“有心、无心,总被你拣了也,更教老僧道什么即得?”

问:“远远投师,未审家风如何?”师云:“不说似人。”学云:“为什么不说似人?”师云:“是我家风。”学云:“和尚既不说似人,争奈四海来投?”师云:“你是道(海),我不是海。”学云:“未审海内事如何?”师云:“老僧钓得一个。”

问:“祖佛近不得底是什么人?”师云:“不是祖佛。”学云:“争奈近不得何?”师云:“向你道,不是祖佛,不是众生,不是物,得么?”学云:“是什么?”师云:“若有名字,即是祖佛、众生也。”学云:“不可只与么去也。”师云:“卒未与你去在。”

问:“如何是平常心?”师云:“狐狼野干是。”

问:“作何方便,即得闻于未闻?”师云:“未闻且置,你曾闻个什么来?”

问:“承教有言‘随色摩尼珠’,如何是本色?”师召僧名,僧应诺。师云:“过者边来。”僧便过。又问:“如何是本色?”师云:“且随色走。”

问:“平常心底人,还受教化也无?”师云:“我不历他门户。”学云:“与么则莫沉却那边人么?”师云:“大好平常心。”

问:“如何是学人保任底物?”师云:“尽未来际拣不出。”

问:“如何是大修行底人?”师云:“寺里纲维是。”

问:“学人才到,总不知门户头事如何?”师云:“上座名什么?”学云:“惠南。”师云:“大好不知。”

问:“学人欲学,又谤于和尚;如何得不谤去?”师云:“你名什么?”学云:“道皎。”

师云:“静处去,者米囤子!”

问:“如何是和尚大意?”师云:“无大无小。”学云:“莫便是和尚大意么?”师云:“若有纤毫,万劫不如。”

问:“‘万法本闲,而人自闹’是什么人语?”师云:“出来便死。”

问:“‘不是佛,不是物,不是众生’这个是断语,如何是不断语?”师云:“‘天上天下,唯我独尊。’”

问:“如何是毗卢圆相?”师云:“老僧自小出家,不曾眼花。”学云:“和尚还为人也无?”师云:“愿你长见毗卢圆相。”

问:“佛祖在日,佛祖相传;佛祖灭后,什么人传?”师云:“古今总是老僧分上。”学云:“未审传个什么?”师云:“个个总属生死。”云:“不可埋没却祖师也。”师云:“传个什么?”

问:“凡圣俱尽时如何?”云:“愿你作大德,老僧是障佛祖汉。”

问:“远闻赵州,到来为什么不见?”师云:“老僧罪过。”

问:“朗月当空,未审室中事如何?”师云:“老僧自出家,不曾作活计。”学云:“与么即和尚不为今时也。”师云:“自疾不能救,焉能救得诸人疾?”学云:“争奈学人无依何!”师云:“依即踏着地,不依即一任东西。”

问:“在心心不测时如何?”师云:“测阿谁?”学云:“测自己。”师云:“无两个。”

问:“不见边表时如何?”师指净瓶,云:“是什么?”学云:“净瓶。”师云:“大好不见边表。”

问:“如何是归根?”师云:“拟即差。”

问:“不离言句,如何得独脱?”师云:“离言句是独脱。”学云:“适来无人教某甲来。”师云:“因什么到此?”学云:“和尚何不拣出?”师云:“我早个拣了也。”

问:“非心不即智,请和尚一句。”师云:“老僧落你后。”

问:“如何是毕竟?”师云:“毕竟。”学云:“那个毕竟是?”师云:“老僧是毕竟。你不解问者话。”学云:“不是不问。”师云:“毕竟在什么处!”

问:“不挂寸丝时如何?”师云:“不挂什么?”学云:“不挂寸丝。”师云:“大好不挂寸丝。”

问:“如救头燃底人如何?”师云:“便学。”学云:“什么处?”师云:“莫占他位次。”

问:“空劫中阿谁为主?”师云:“老僧在里许坐。”学云:“说甚么法?”师云:“说你问底。”

问:“承古有言:‘虚明自照。’如何是自照?”师云:“不称他照。”学云:“照不着处,如何?”师云:“你话堕也。”

问："如何是的？"师云："一念未起时。"

问："如何是法王？"师云："州里大王是。"云："和尚不是？"师云："你拟造反去，都来一个王不认？"

问："如何是佛心？"师云："你是心，我是佛，奉不奉自看！"学云："师即不无，还奉得也无？"师云："你教化我看。"

问："三身中，哪个是本来身？"师云："阙一不可。"

问："未审此土谁为祖师？"师云："达磨来这边总是。"学云："和尚是第几祖？"师云："我不落位次。"学云："在什么处？"师云："在你耳里。"

问："不弃本，不逐末，如何是正道？"师云："大好出家儿。"学云："学人从来不曾出家。"师云："归依佛，归依法？"学云："未审有家可出也无？"师云："直须出家。"学云："向什么处安排他？"师云："且向家里坐。"

问："明眼人见一切，还见色也无？"师云："打却着。"学云："如何打得？"师云："莫用力。"学云："不用力如何打得？"师云："若用力，即乖。"

问："祖佛大意，合为什么人？"师云："只为今时。"学云："争奈不得何？"师云："谁之过？"学云："如何承当？"师云："如今无人承当得。"学云："与么即无依倚也？"师云："又不可无却老僧。"

问："了事底人如何？"师云："正大修行。"学云："未审和尚还修行也无？"师云："着衣吃饭。"学云："着衣吃饭寻常事。未审修行也无？"师云："你且道我每日作什么？"

崔郎中问："大善知识还入地狱也无？"师云："老僧末上入。"崔云："既是大善知识，为什么入地狱？"师云："老僧若不入，争得见郎中[按：《景德传灯录》作'阿谁教化汝'；《联灯会要》《五灯会元》近似]？"

问："毫厘有差时如何？"师云："天地悬隔。"云："毫厘无差时如何？"师云："天地悬隔。"

问："如何是不睡底眼？"师云："凡眼、肉眼。"又云："虽未得天眼，肉眼力如是。"学云："如何是睡底眼？"师云："佛眼、法眼，是睡的眼。"

问："大庾岭头趁得及，为什么提不起？"师拈起衲衣，云："你甚处得者个来？"云："不问者个。"师云："与么，即提不起。"

问："不合不散，如何辨？"师云："你有一个，我有一个。"云："者个是合，如何是散？"师云："你便合。"

问："如何是不错路？"师云："识心见性是不错路。"

问："明珠在掌，还照也无？"师云："照即不无，唤什么作珠？"

问:“灵苗无根时,如何?”师云:“你从什么处来?”云:“太原来。”师云:“大好无根。”

问:“学人拟作佛时,如何?”师云:“大煞费力生。”云:“不费力时如何?”师云:“与么,即作佛去也。”

问:“学人昏钝,在一浮沉,如何得出?”师只据(踞)坐。云:“某甲实问和尚。”师云:“你甚处作一浮一沉?”

问:“不在凡,不在圣,如何免得两头路?”师云:“去却两头来,答你。”僧不审。师云:“不审,从什么处起? 在者里[时],从老僧起;在市里时,从什么处起?”云:“和尚为什么不定?”师云:“我教你,何不道‘今日好风’?”

问:“如何是大阐提底人?”师云:“老僧答你,还信否?”云:“和尚重言,那敢不信?”师云:“觅个阐提人难得!”

问:“大无惭愧底人,什么处着得?”师云:“此间着不得。”云:“忽然出头,争向?”师云:“将取去。”

问:“用处不现时,如何?”师云:“用即不无,现是谁。”

问:“空劫中还有人修行也无?”师云:“唤什么作空劫?”云:“无一物是。”师云:“者个始称修行,唤什么作空劫?”

问:“如何是出家?”师云:“不履高名,不求苟得。”

问:“不指一法,如何是和尚法?”师云:“老僧不说茅山法。”云:“既不说茅山法,如何是和尚法?”师云:“向你道不说茅山法。”云:“莫者个便是也无?”师云:“老僧未曾将者个示人。”

问:“如何是目前独脱一路?”师云:“无二亦无三。”云:“目前有路,还许学人进前也无?”师云:“与么即千里万里。”

问:“如何是毗卢向上事?”师云:“老僧在你脚底。”云:“和尚为什么在学人脚底?”师云:“你元来不知有向上事。”

问:“如何是合头?”师云:“是你不合头。”云:“如何是不合头?”师云:“前句弁(辨)取。”

问:“如何[是]和尚的的意?”师云:“止止不须说,我法妙难思。”

问:“澄澄绝点时,如何?”师云:“堕坑落堑。”云:“有什么过?”师云:“你屈着与么人。”

问:“未审出家誓求无上菩提时,如何?”师云:“未出家,被菩提使;既出家,使得菩提。”

有秀才见师手中拄杖,乃云:“佛不夺众生愿,是否?”师云:“是。”秀才云:“某甲就和尚乞取手中拄杖,得否?”师云:“君子不夺人所好。”秀才云:“专(某)甲不是君子。”师云:“老僧亦不是佛。”

师因出外,见婆子插田,云:“忽遇猛虎作么生?”婆云:“无一法可当情。”师云:“唉。”婆子云:“唉。”师云:“难(犹)有者个在。”

有秀才辞去,云:“专(某)甲在此括挠和尚多时,无可报答和尚,待他日作一头驴来报答和尚。”师云:“教老僧争得鞍?”

师到道吾处,才入僧堂,吾云:“南泉一只箭来。”师云:“看箭!”吾云:“过也。”师云:“中也。”

《赵州禅师语录》卷中

师上堂,示众[云]:“金佛不度炉,木佛不度火,泥佛不度水,真佛内里坐。菩提涅槃,真如佛性,尽是贴体衣服,亦名烦恼。不问即无烦恼。实际理地,什么处着? 一心不生,万法无咎。但究理而坐二三十年,若不会,截取老僧头去。梦幻空花,徒劳把促(捉);心若不异,万法亦然[按:《联灯会要》作‘一如’,当从]。既不从外得,更拘什么。如羊相似,更乱拾物安口中作么。老僧见药山和尚道:‘有人问着,但教合取狗口。’老僧亦道:‘合取狗口。’取我是垢,不取我是净。一似猎狗相似,专欲得物吃,佛法向什么处着? 一千人万人,尽是觅佛汉子,觅一个道人无。若与空王为弟子,莫教心病最难医。未有世界,早有此性;世界坏时,此性不坏。从一见老僧后,更不是别人,只是个主人公。者个更向外觅作么? 与么时,莫转头换面,即失却也。”

问:“百骸俱溃散,一物镇长灵时,如何?”师云:“今朝又风起。”

问:“三乘十二分教即不问,如何是祖师西来意?”师云:“水牯牛生儿也,好看取!”云:“未审此意如何?”师云:“我亦不知。”

问:“万国来朝时,如何?”师云:“逢人不得唤。”

问:“十二时中,如何淘汰?”师云:“东河水浊,西水流急。”云:“还得见文殊也无?”师云:“者蒙瞳汉,什么处去来?”

问:“如何是道场?”师云:“你从道场来,你从道场去;脱体是道场,何处更不是?”

问:“萌芽未发时,如何?”师云:“嗅着即脑裂。”云:“不嗅时如何?”师云:“无者闲工夫。”

问:“如何数量?”师云:“一! 二! 三! 四! 五!”云:“数量不拘底事如何?”师云:“一! 二! 三! 四! 五!”

问:“什么世界即无昼夜?”师云:“即今是昼,是夜?”云:“不问即今。”师云:“争奈老僧何?”

问:“迦叶上行衣,不踏曹溪路。什么人得披?”师云:“虚空不出世,道人都不知。”

问:“如何是混而不杂?”师云:“老僧菜食长斋。”云:“还得超然也无?”师云:“破斋也。”

问:“如何是古人之言?”师云:“谛听! 谛听!”

问:“如何是学人本分事?”师云:“与么嫌什么?”

问:“万法归一,一归何所?”师云:“我在青州作一领布衫,重七斤。”

问:“如何是出家儿?”师云:“不朝天子,父母返拜!”

问:“觌面事,如何?”师云:“你是觌面汉。”

问:“如何是佛向上人?”师云:“只者牵耕牛底是。”

问:“如何是急?”师云:“老僧与么道,你作么生?”云:“不会。”师云:“向你道‘急急着靴水上立,走马到长安,靴头犹未湿’。”

问:“四山相逼时,如何?”师云:“无路是赵州。”

问:“古殿无王时,如何?”师咳嗽一声。云:“与么即臣启陛下?”师云:“贼身已露。”

问:“和尚年多少?”师云:“一串数珠数不尽。”

问:“和尚承嗣什么人?”师云:“从谂。”

问:“外方忽有人问:‘赵州说什么法?’如何祇对?”师云:“盐贵米贱。”

问:“如何是佛?”师云:“你是佛么?”

问:“如何是出家?”师云:“争得见老僧?”

问:“佛祖不断处如何?”师云:“无遗漏。”

问:“本源请师指示。”师云:“本源无病。”云:“了处如何?”师云:“了人知。”云:“与么时,如何?”师云:“与我安名字着。”

问:“纯一无杂时如何?”师云:“大煞好一问。”

问:“无为寂静底人,莫落在沉空也无?”师云:“落在沉空。”云:“究竟如何?”师云:“作驴作马。”

问:“如何是祖师西来意?”师云:“床脚是。”云:“莫便是也无?”师云:“是即脱取去。”

问:“澄澄绝点时如何?”师云:“老僧者里,不着客作汉。”

问:“凤飞不到时如何?”师云:“起自何来?”

问:“实际理地,不受一尘时如何?”师云:“一切总在里许。”

问:“如何是一句?”师应诺。僧再问,师云:“我不患聋。”

问:“初生孩子还具六识也无?”师云:“急流水上打球子。”

问:“头头到来时,如何?”师云:“犹较老僧百步。”

问:“如何是和尚家风?”师云:“老僧自小出家,抖擞破活计。”

问:“请[和尚]离四句道?”师云:“老僧常在里许。”

问:“扁鹊医王,为什么有病?”师云:“扁鹊医王,不离床枕。”又云:“一滴甘露,普润大千。”

问:“如何是露地白牛?”师云:“者畜生。”

问:“如何是大人相?”师侧耳(目)视之。云:“犹是隔阶趋附在。”师云:“老僧无工夫趋得者闲汉。”

问:“才有心念,落在人天,直无心念,落在眷属时,如何?”师云:“非但老僧,作家亦答你不得。”

[尼]问:“凡有施为,尽落糟粕,请师不施为答。”师叱尼云:“将水来添鼎子沸!”

问:“如何是般若波罗蜜?”师云:“摩诃般若波罗蜜。”

问:“如何是咬人狮子?”师云:“皈依佛,皈依法,皈依僧。莫咬老僧。”

问:“离却言句,请师道。”师咳嗽。

问:“如何得不谤古人,不负恩去?”师云:“阇梨作么生?”

问:“如何是一句?”师云:“道什么?”

问:“如何是一句?”师云:“两句。”

问:“唯佛一人是善知识,如何?”师云:“魔语。”

问:“如何是菩提?”师云:“者个是阐提。”

问:“如何是大人相?”师云:“好个儿孙。”

问:“如寂寂无依时,如何?”师云:“老僧在你背后。”

问:“如何是伽蓝?”师云:“别更有什么?”云:“如何是伽蓝中人?”师云:“老僧与阇梨。”

问:“二龙争珠,谁是得者?”师云:“老僧只管看。”

问:“如何是离因果底人?”师云:“不因阇梨问,老僧实不知。”

问:“众盲摸象,各说异端,如何是真象?”师云:“无假,自是不知。”

问:“如何是第一句?”师咳嗽。云:“莫便是否?”师云:“老僧咳嗽也不得?”

问:“大海还纳众流也无?”师云:“大海道不知。”云:“因什么不知?”师云:“终不道‘我纳众流’。”

问:“如何是毗卢师?”师云:“毗卢!毗卢!”

问:“诸佛还有师也无?”师云:“有。”云:“如何是诸佛师?”师云:“阿弥陀佛!阿弥陀佛!”

问:“如何是学人师?”师云:“云有出山势,水无投涧声。”云:“不问者个。”师云:“是你师,不认?”

问:“诸方尽向口里道,和尚如何示人?”师脚跟打火炉示之。云:“莫便是也无?”师云:“恰认得老僧脚跟。”

问:“不行大道时,如何?”师云:“者贩私盐汉。”云:“却行大道时如何?”师云:“还我公验来。”

问:“如何是本来身?”师云:“自从识得老僧后,只者汉更不别。”云:“与么,即与和尚隔生去也?”师云:“非但今生,千生万生亦不识老僧。”

问:“如何是祖师西来意?”师云:“东壁上挂葫芦,多少时也?”

问:“方圆不就时,如何?”师云:“不方不圆。”云:“与么时如何?”师云:“是方是圆。”

问:“道人相见时,如何?”师云:“呈漆器。”

问:“谛为什么观不得?”师云:“谛即不无,观即不得。”云:“毕竟如何?”师云:“失谛。”

问:“行又不到,问又不到时,如何?”师云:“到以不到,道人看如涕唾。”云:“其中事如何?”师唾地。

问:“如何是祖师西来意?”师云:“如你不唤作祖师,意犹未在。”云:“本来底如何?”师云:“四目相睹,更无第二主宰。”

问:“不具形仪,还会也无?”师云:“即今还会么?”

问:“如何是大无惭愧底人?”师云:“皆具不可思议。”

问:“学人拟向南方学些子佛法去,如何?”师云:“你去南方,见有佛处,急走过;无佛处,不得住。”云:“与么即学人无依也?”师云:“柳絮,柳絮。”

问:“如何是急切处?”师云:“一问一答。”

问:“不藉三寸,还假今时也无?”师云:“我随你道,你作么生会?”

问:“如何是和尚家风?”师云:“茫茫宇宙人无数。”云:“请和尚不答话。”师云:“老僧合与么?”

问:“二龙争珠,谁是得者?”师云:“失者无亏,得者无用。”

问:“如何是大人相?”师云:“是什么?”

有俗士献袈裟,问:“披与么衣服,莫辜负古人也无?”师抛下佛子,云:“是古,是今?”

问:“如何是沙门行?”师云:“展手不展脚。”

问:“牛头未见四祖时,如何?”师云:“饱柴饱水。”云:“见后如何?”师云:“饱柴饱水。”

问：“如何是学人自己？”师云：“吃粥了也未？”云：“吃粥也。”师云：“洗钵盂去。”

问：“如何是毗卢师？”师云：“[白]驼来也未？”云：“来也。”师云：“牵去喂草。”

问：“如何是无师智？”师云：“老僧不曾教阇梨。”

问：“如何是亲切一句？”师云：“话堕也。”

问：“不借口，还许商量也无？”师云：“正是时。”云：“便请师商量。”师云：“老僧不曾出。”

问：“二祖断臂，当为何事？”师云：“粉骨碎身。”云：“供养什么人？”师云：“来者供养。”

问：“无边身菩萨，为什么不见如来顶相？”师云：“你是阇梨。”

问：“昼是日光，夜是火光，如何是神光？”师云：“日光火光。”

问：“如何是恰问处？”师云：“错。”云：“如何是不问处？”师云：“向前一句里弁（辨）取。”

问：“如何是大人相？”师以手摸面，叉手敛容。

问：“如何是无为？”师云：“者个是有为。”

问：“如何是祖师西来意？”师云：“栏中失却牛。”

问：“学人远来，请和尚指示。”师云：“才入门便好。”蓦面唾。

问：“如何是直截一路？”师云：“淮南船子到也未？”云：“学人不会。”师云：“且喜到来。”

问：“柏树子还有佛性也无？”师云：“有。”云：“几时成佛？”师云：“待虚空落地。”云：“虚空几时落地？”师云：“待柏树子成佛。”

问：“如何是西来意？”师云：“因什么向院里骂老僧？”云：“学人有何过？”师云：“老僧不能就院里骂得阇梨？”

问：“如何是西来意？”师云：“板齿生毛。”

问：“贫子来，将什么过与？”师云：“不贫。”云：“争奈觅和尚何？”师云：“只是守贫。”

问：“无边身菩萨，为什么不见如来顶相？”师云：“如隔罗縠。”

问：“诸天甘露，什么人得吃？”师云：“谢你将来。”

问：“超过乾坤底人，如何？”师云：“待有与么人，即报来。”

问：“如何是伽蓝？”师云：“三门佛殿。”

问：“如何是不生不灭？”师云：“本自不生，今亦无灭。”

问：“如何是赵州主？”师云：“大王是。”

问："急切处，请师道。"师云："尿是小事，须是老僧自去始得。"

问："如何是丈六金身？"师云："腋下打领。"云："学人不会。"师云："不会，请人裁。"

问："学人有疑时，如何？"师云："大宜，小宜？"学云："不（大）疑。"师云："大宜东北角，小宜僧堂后。"

问："如何是佛向上人？"师下禅床，上下观瞻，相云："者汉如许长大，截作三橛也得，问什么向上向下？"

尼问："如何是密密意？"师以手恰（掐）之。云："和尚犹有者个在！"师云："是你有者个。"

师示众云："老僧三十年前在南方火炉头，有个'无宾主'话，直至如今，无人举着。"

问："和尚受大王如是供养，将什么报答？"师云："念佛。"云："贫子也解念佛。"师云："唤侍者将一钱与伊。"

问："如何是和尚家风？"师云："屏风虽破，骨格犹存。"

问："如何是不迁之义？"师云："你道者野鸭子飞，从东去，西去？"

问："如何是西来意？"师云："什么处得者消息来？"

问："如何是尘中人？"师云："布施茶盐钱来。"

问："大耳三藏第三度觅国师不见，未审国师在什么处？"师云："在三藏鼻孔里。"

问："盲龟值浮木孔时，如何？"师云："不是偶然事。"

问："久居岩谷时，如何？"师云："何不隐去？"

问："如何是佛法大意？"师云："礼拜着。"僧拟进话次，师唤沙弥文远，文远到，师叱云："适来去什么处来？"

问："如何是自家本意？"师云："老僧不用牛刀。"

问："久响（向）赵州石桥，到来只见掠彴子。"师云："阇梨只见掠彴子，不见赵州石桥。"云："如何是赵州石桥？"师云："过来！过来！"

又僧问："久响（向）赵州石桥，到来只见掠彴子。"师云："你只见掠彴子，不见赵州石桥。"云："如何是[赵州]石桥？"师云："度驴度马。"

问："和尚姓什么？"师云："常州有。"云："甲子多少？"师云："苏州有。"

师上堂，云："'才有是非，纷然失心。'还有答话分也无？"有僧出，抚侍者一下，云："何不祇对和尚？"师便归方丈。后侍者请益："适来僧是会，不会？"师云："坐底见立底，立底见坐底。"

问："如何是道？"师云："墙外底。"云："不问者个。"师云："问什么道？"云："大道。”师云：“大道通长安。”

问：“拨尘见佛时如何？”师云：“拨尘即不无，见佛即不得。”

问：“如何是无疾之身。”师云：“四大五阴。”

问：“如何是阐提？”师云：“何不问菩提？”云：“如何是菩提？”师云：“只者便是阐提。”

师有时屈指，云：“老僧唤作拳，你诸人唤作什么？”僧云：“和尚何得将境示人？”师云：“我不将境示人。若将境示阇梨，即埋没阇梨去也”云：“争奈者个何？”师便珍重。

问：“一问一答，总落天魔外道；设使无言，又犯他匡网。如何是赵州家风？”师云：“你不解问。”云：“请和尚答话。”师云：“若据你，合吃二十棒。”

师示众云：“‘才有是非，纷然失心。’还有答话分也无？”有僧出，将沙弥打一掌，便出去。师便归方丈。至来日，问侍者：“昨日者师僧在什么处？”侍者云：“当时便去也。”师云：“三十年弄马骑，却被驴子扑。”

问：“与么来的人，师还接也无？”师云：“接。”云：“不与么来的人，师还接也无？”师云：“接。”云：“与么来，从师接；不与么来，师如何接？”师云：“止止不须说，我法妙难思。”

镇府大王问：“师尊年有几个齿在？”师云：“只有一个牙。”大王云：“争吃得物。”师云：“虽然一个，下下咬着。”

问：“如何是学人珠？”师云：“高声问。”僧礼拜。师云：“不解问。何不道：‘高下即不问，如何是学人珠？’何不与么问？”僧便再问，师云：“洎合放过者汉。”

问：“二边寂寂，师如何阐扬？”师云：“今年无风波。”

问：“大众云集，合谈何事？”师云：“今日拽木头，竖僧堂。”云：“莫只者个便是接学人也无？”师云：“老僧不解双陆，不解长行。”

问：“如何是真实人体？”师云：“春夏秋冬。”云：“与么即学人难会。”师云：“你问我真实人体。”

问：“如何是佛法大意？”师云：“你名什么？”云：“某甲。”师云：“含元殿里，金谷园中。”

问：“如何是七佛师？”师云：“要眠即眠，要起即起。”

问：“道非物外，物外非道，如何是物外道？”师便打。云：“和尚莫打某甲，已后错打人去在。”师云：“龙蛇易弁(辨)，衲子难瞒。”

师见大王入院，不起，以手自拍膝云：“会么？”大王云：“不会。”师云：“自小出家今已老，见人无力下禅床。”

问：“如何是忠言？”师云：“你娘丑陋。”

问:“从上至今不忘底人如何?”师云:“不可得系心,常思念十方一切佛。”

问:“如何是忠言?”师云:“吃铁棒。”

问:“如何是佛向上事?”师便抚掌大笑。

问:“一镫(灯)燃百千灯,一灯未审从什么处发?”师便趯出一只履。又云:“作家即不与么问。”

问:“归根得旨,随照失宗时,如何?”师云:“老僧不答者话。”云:“请和尚答话。”师云:“合与么。”

问:“如何是不思处?”师云:“快道! 快道!”

问:“夜升兜率,昼降阎浮,其中为什么摩尼不现?”师云:“道什么?”僧再问,师云:“毗婆尸佛早留心,直至如今不得妙。”

问:“非思量处,如何?”师云:“速道! 速道!”

问:“如何是衣中宝?”师云:“者一问,嫌什么?”云:“者个是问,如何是宝?”师云:“与么,即衣也失却。”

问:“万里无店时,如何?”师云:“禅院里宿。”

问:“狗子还有佛性也无?”师云:“家家门前通长安。”

问:“觌面相呈,还尽大意也无?”师云:“低口。”云:“收不得处,如何?”师云:“向你道低口。”

问:“如何是目前一句?”师云:“老僧不如你。”

问:“出来底是什么人?”师云:“佛菩萨。”

问:“灵草未生时,如何?”师[云]:“嗅着即脑裂。”云:“不嗅时,如何?”师云:“如同立死汉。”云:“还许学人和合否?”师云:“人来,莫向伊道。”

问:“祖意与教意,同别?”师云:“才出家,未受戒,则(到)处问人。”

问:“如何是圣?”师云:“不凡。”云:“如何是凡?”师云:“不圣。”云:“不凡不圣时,如何?”师云:“好个禅僧!”

问:“两镜相向,那个最明?”师云:“阇梨眼皮,盖须弥山。”

问:“学人近入丛林,乞师指示。”师云:“苍天! 苍天!”

问:“前句已往,后句难明时,如何?”师云:“唤作即不可。”云:“请师分。”师云:“问! 问!”

问:“高峻难上时,如何?”师云:“老僧不向高峰顶。”

问:“不与万法为侣者是什么人?”师云:“非人。”

问:“请师宗乘中道一句子。”师云:“今日无钱与长官。”问:“学人不别问,请师不别答。”师云:“奇怪。”

问:“三乘教外,如何接人?”师云:“有此世界来,日月不曾换。”

问:“三处不通,如何离识?”师云:“识是分外。”

问:“众机来凑,未审其中事如何?”师云:“我眼本正,不说其中事。”

问:“净地不止是什么人?”师云:“你未是其中人在。”云:“如何是其中人?”师云:“止也。”

问:“如何是万法之源?”师云:“栋梁椽柱。”云:“学人不会。”师云:“栱斗义(叉)手,不会?”

问:“一物不将来时,如何?”师云:“放下着。”

问:“路逢达道人,不将语默对。未审将什么对?”师云:“人从陈州来,不得许州信。”

问:“开口是有为,如何是无为?”师以手示之,云:“者个是无为。”云:“者个是有为。如何是无为?”师云:“无为。”云:“者个是有为。”师云:“是有为。”

师示众云:“佛之一字,吾不喜闻。”问:“和尚还为人也无?”师云:“佛! 佛!”

问:“尽却今时,如何是的的处?”师云:“尽却今时,莫问那个。”云:“如何是的?”师云:“向你道莫问。”云:“如何得见?”师云:“大无外,小无内。”

问:“离四句,绝百非时,如何?”师云:“老僧不认得死。”云:“者个是和尚分上事。”师云:“恰是。”云:“请和尚指示。”师云:“离四句,绝百非,把什么指示!”

问:“如何是和尚家风?”师云:“内无一物,外无所求。”

问:“如何是归根得旨?”师云:“答你即乖。”

问:“如何是疑心?”师云:“答你即乖也。”

问:“出家底人,还作俗否?”师云:“出家即是。座主出与不出,老僧不管。”云:“为什么不管?”师云:“与么,即出家也。”

问:“无师弟子时,如何?”师云:“无漏智性,本自具足。”又云:“此是无师弟子。”

问:“不见边表时,如何?”师云:“因什么与么?”

问:“澄而不清,浑而不浊时,如何?”师云:“不清不浊。”云:“是什么?”师云:“也可怜生。”云:“如何是通方?”师云:“离却金刚禅。”

问:“如何是囊中宝?”师云:“嫌什么?”云:“用不穷时,如何?”师云:“自家底还重否?”又云:“用者即重,不用即轻。”

问:“如何是祖师的的意?”师嚏唾。云:“其中事,如何?”师又唾地。

问:“如何是沙门行?”师云:“离行。”

问:“真休之处,请师指[示]。”师云:“指即不休。”

问:“无问时,如何?”师云:“乖常语。”

问:“四山相逼时,如何?”师云:“无出迹。”

问:“到者里道不得时,如何?”师云:“不得道。”云:“如何道?”师云:“道不得处。”

问:“但有言句,尽不出顶,如何是顶外事?”师唤沙弥文远。文远应诺,师云:“今日早晚也?”

问:“如何是毗卢师?”师云:“莫恶口。”

问:“‘至道无难,唯嫌拣择’,如何得不拣择?”师云:“‘天上天下,唯我独尊。’”云:“此犹是拣择。”师云:“田库(厍)奴,什么处是拣择!”

问:“如何是三界外人?”师云:“争奈老僧在三界内。”

问:“知有,不有底人,如何?”师云:“你若更问,即故问老僧。”

师示众云:“向南方趋丛林去,莫在者里。”僧便问:“和尚者里是甚处?”师云:“我者里是柴林。”

问:“如何是毗卢师?”师云:“性是弟子。”

问:“归根得旨时,如何?”师云:“太慌忙生。”云:“不审。”师云:“不审,从甚处起?”

刘相公入院,见师扫地,问:“大善知识,为什么却扫尘?”师云:“师云:“从外来。”

问:“利剑出匣时,如何?”师云:“黑。”云:“正问之时,如何弁(辨)白?”师云:“无者闲工夫。”云:“义(叉)手向人前,争奈何?”师云:“早晚见你义(叉)手?”云:“不义(叉)手时如何?”师云:“谁是不义(叉)手者?”

问:“如何是沙门得力处?”师云:“你什么处不得力?”

问:“如何是和尚示学人处?”师云:“目前无学人。”云:“与么,即不出世也?”师便珍重。

问:“祖意与教意,同别?”师作拳安头上。云:“和尚犹有者个在?”师卸下帽子,云:“你道老僧有个什么?”

问:“心不停不住时,如何?”师云:“是活物,是者个正被心识使在。”云:“如何得不被心识使?”师便低头。

问:“道从何生?”师云:“者个即生也,道不属生灭。”云:“莫是天然也无?”师云:“者个是天然,道即不与么。”

问:“祖意与教意,同别?”师云:“会得祖意,便会教意。”

问:“如何是异类中行?”师云:“唵咻!唵咻!”

问:“高峻难上时,如何?”师云:“老僧自住峰顶。”云:“争奈曹溪路侧何?”师云:“曹溪是恶。”云:“今时为什么不到?”师云:“是渠高峻。”

问:“如何是宝月当空?”师云:“塞却老僧耳。”

问："毫厘有差时，如何？"师云："粗。"云："应机时，如何？"师云："屈。"

问："如何是沙门行？"师展手拂衣。

问："祖佛命不断处，如何？"师云："无人知。"

问："未审权机唤作什么？"师云："唤作权机。"

问："学人近入丛林，不会，乞师指示。"师云："未入丛林，更是不会。"

问："从上古德，将何示人？"师云："不因你问，老僧也不知有古德。"云："请师指示。"师云："老僧不是古德。"

问："佛花未发，如何弁（辨）得贞（真）实？"师云："是贞（真），是实？"云："是什么人分上事？"师云："老僧有分，阇梨有分。"

问："如何是佛？"师云："你是什么人？"

问："蓦直路时，如何？"师云："蓦直路。"

问："如何是玄中不断玄？"师云："你问我是不断玄。"

问："觉花未发时，如何弁（辨）得真实？"师云："已发也。"云："未审是真，是实？"师云："真即实，实即真。"

问："还有不报四恩三德者也无？"师云："有。"云："如何是？"师云："者辜恩负德汉！"

问："贫子来，将什么物与他？"师云："不欠少。"

问："如何是赵州正主？"师云："老僧是从谂。"

有婆子问："婆是五障之身，如何免得？"师云："愿一切人生天，愿婆婆永沉苦海。"

问："朗月当空时，如何？"师云："犹是阶下汉。"云："请师接上阶。"师云："月落了，来相见。"

师有时示众云："老僧初到药山时，得一句子，直至如今齁齁地饱。"

《赵州禅师语录》卷下并对机勘弁［辨］、偈颂等

师因在室坐禅次，主事报和尚云："大王来礼拜。"大王礼拜了，左右问："烈（列）土王来，为什么不起？"师云："你不会。老僧者里，下等人来，出三门接；中等人来，下禅床接；上等人来，禅床上接。不可唤大王作中等、下等人也，恐屈大王。"大王欢喜，再三请入内供养。

师因问周员外："你还梦见临济也无？"员外竖起拳。师云："那边见。"外云："者边见。"师云："什么处见临济。"员外无对。师问："周员外什么处来？"云："非来，非去。"师云："不是老鸦，飞来飞去？"

师示众云："'才有是非，纷然失心'，还有答话分也无？"后有僧举似洛浦，洛浦扣

齿;又举似云居,云居云:“何必?”僧举似师,师云:“南方大有人丧生失命。”僧云:“请和尚举。”师才举,僧便指傍僧云:“者个师僧,吃却饭了,作什么语话?”[师乃休。][按:三字据《景德传灯录》补]

师因看《金刚经》次,僧便问:“一切诸佛及诸佛阿耨菩提,皆从此经出;如何是此经?”师云:“《金刚般若波罗蜜经》:‘如是我闻,一时佛在舍卫国……’”僧云:“不是。”师云:“我自理经,也不得?”

因僧辞去,师云:“阇梨出外,忽有人问:‘还见赵州否?’你作么生祗对?”云:“只可道:‘见。’”师云:“老僧是一头驴,你作么生见?”[僧]无语。

师问新到:“从什么处来?”云:“南方来。”师云:“还知有赵州关么?”云:“须知有不涉[按:三字原作“赵州”,据《景德传灯录》等本改]关者。”师叱云:“者贩私盐汉!”又云:“兄弟！赵州关也难过。”云:“如何是赵州关?”师云:“石桥是。”

有僧从雪峰来,师云:“上座莫住此间,老僧者里只是避难所在,佛法尽在南方。”云:“佛法岂有南北?”师云:“直饶你从云居、雪峰来,也只是个担板汉。”云:“未审那边事如何?”师云:“你因什么夜来尿床?”云:“达后如何?”师云:“又是屙屎。”

示众云:“我此间有出窟师子,亦有在窟师子,只是难得师子儿。”时有僧弹指对之。师云:“是什么?”云:“师子儿。”师云:“我唤作狮子,是(早)是罪过,你更行趯踏。”

[师]问新到:“离什么处?”云:“离雪峰。”师云:“雪峰有什么言句示人?”云:“和尚寻常道:‘尽十方世界,是沙门一只眼,你等诸人向什么处屙?’”师云:“阇梨若回,寄个锹子去。”

师因舍衣俵大众次,僧便问:“和尚总舍却了,用个什么去?”师召云:“湖州子。”僧应诺。师云:“用个什么?”

师示众云:“未有世界,早有此性;世界坏时,此性不坏。”僧问:“如何是此性?”师云:“五蕴四大。”云:“此犹是坏,如何[是]此性?”师云:“四大五蕴。”

定州有一座主到,师问:“习何业?”云:“经律论不听便讲。”师举手示之:“还讲得者个么?”座主茫然不知。师云:“直饶你不听便讲得,也只是个讲经论汉;若是佛法,未在。”云:“和尚即今语话,莫便是佛法否?”师云:“直饶你问得、答得,总属经论,佛法未在。”[座主]无语。

师问一行者:“从什么处来?”云:“北院来。”师云:“那院何似者院?”行者无对。有僧在边立,师令代行者语,僧代云:“从那院来。”师笑之。师又令文远代之,文远云:“行者还是不取师语话。”

师问座主:“所习何业?”云:“讲《维摩经》。”师云:“《维摩经》步步是道场,座主在什么处?”[主]无对。师令全益代座主语,全益云:“只者一问,可识道场么?”师云:“你身在道场里,心在什么处?速道取!”云:“和尚不是觅学人心?”师云:“是。”云:“只者一问一答,是什么?”师云:“老僧不在心所里,法过眼、耳、鼻、舌、身、意而知解。”云:“既不在心所里,和尚为什么觅?”师云:“为你道不得。”云:“法过眼、耳、鼻、舌、身、意而不解,作么生道不得?”师云:“吃我涕唾。”

师问僧:“你曾看《法华经》么?”云:“曾看。”师云:“经中道:‘衲衣在空闲,假名阿练若,诳惑世间人。’你作么生会?”僧拟礼拜。师云:“你披衲衣来否?”云:“披来。”师云:“莫惑我。”云:“如何得不惑去?”师云:“自作活计,莫取老僧语。”

师问座主:“所习何业?”云:“讲《维摩经》。”师云:“那个是维摩祖父?”云:“某甲是。”师云:“为什么却为儿孙传语?”主无对。

师一日上堂。僧才出礼拜,师乃合掌珍重。又一日僧礼拜。师云:“好!好!”问云:“如何是禅?”师云:“今日天阴,不答话。”

问新到:“从何方来?”云:“无方面来。”师乃转背。僧将坐具随师转。师云:“大好无方面!”

问新到:“从什么处来?”云:“南方来。”师云:“三千里外逢[人],莫戏!”[按:《联灯会要》作“三千里外逢人,不得错举!”《祖堂集》作“莫喜”]云:“不曾。”师云:“摘杨花,摘杨花。”

丰干到五台山下,见一老人。干云:“莫是文殊也无?”老人云:“不可有二文殊也!”干便礼拜,老人不见。有僧举似师,师云:“丰干只具一只眼。”师乃令文远:“作老人,我作丰干。”师云:“莫是文殊也无?”“岂有二文殊也?”师云:“文殊!文殊!”

师问二新到:“上座曾到此间否?”云:“不曾到。”师云:“吃茶去!”又问那一人:“曾到此间否?”云:“曾到。”师云:“吃茶去!”院主问:“和尚!不曾到,教伊吃茶去,即且致(置);曾到,为什么教伊吃茶去?”师云:“院主。”院主应诺。师云:“吃茶去!”

师到云居,云居云:“老老大大,何不觅个住处?”师云:“什么处住得?”云居云:“前面有古寺基。”师云:“与么,即和尚自住取。”

师又到茱萸,茱萸云:“老老大大,何不觅个住处去?”师云:“什么处住得?”茱萸云:“老老大大,住处也不识!”师云:“三十年弄马骑,今日却被驴扑。”师又到茱萸方丈,上下观瞻,茱萸云:“平地吃交作什么?”师云:“只为心粗。”

师一日将拄杖,上茱萸法堂上,东西来去。萸云:“作什么?”师云:“探水!”萸云:“我者里一滴也无,探个什么?”师将杖子倚壁,便下去。

台山路上有一婆子,要问僧。僧问:“台山路,向什么处去?”云:“蓦直去!”僧才行，婆云："又与么去也！"师闻后，便去问："台山路向什么处去？"云："蓦直去！"师才行，婆云："又与么去也！"师便归，举似大众云："婆子今日被老僧勘破了也。"

师见僧来，挟火示之，云："会么？"僧云："不会"。师云："你不得唤作火，老僧道了也。"师挟起火云："会么？"云："不会。"师却云："此去舒州有投子山和尚，你去礼拜问取；因缘相契，不用更来；不相契，却来。"其僧便去，才到投子和尚处，投子乃问："近离什么处？"云："离赵州，特来礼拜和尚！"投子云："赵州老人有何言句？"僧乃举前话。投子乃下禅床，行三五步，却坐云："会么？"僧云："不会。"投子云："你归，举似赵州。"其僧却归，举似师，师云："还会么？"云："未会。"师云："也不教（较）多也。"

洞山问僧："什么处来？"云："掌鞋来。"山云："自解，依他？"云："依他。"山云："他还指阇梨也无？"无对。师代云："若允，即不违。"

普化吃生菜，临济见云："普化大似一头驴。"普化便作驴啼。临济便休去。普化云："临济小厮儿，只具一只眼。"师代云："但与本分草料。"

保寿问胡钉教（铰）："莫便是胡钉教（铰）否？"云："不敢。"保云："还钉得虚空么？"云："请打破虚空来！"保寿便打，却云："他后有多口阿师，与你点破在。"胡钉教（铰）后举似师，师云："你因什么被他打？"云："不知过在什么处！"师云："只者一缝上不奈何，更教他打破！"钉教（铰）便会。师代云："且钉者一缝。"

师问新到："离什么处？"云："雪峰来。"师云："雪峰有什么言句示人？"云："雪峰寻常道：'尽十方世界，都是沙门一只眼，你诸人向什么处屙？'"师云："阇梨若回，寄个锹子去。"[按：此条重出]

师因行路次，见一婆子问："和尚住在什么处？"师云："赵州东院西。"师举向僧云："你道使那个西字？"一僧云："东西字。"一僧云："依栖字。"师云："汝两人总作得盐铁判官。"

师与侍郎游园，见兔走过，侍郎问："和尚是大善知识，兔子见为什么走？"师云："老僧好杀。"

师因见僧扫地次，遂问："与么扫，还得净洁也无？"云："转扫转多。"师云："岂无拨尘者也？"云："谁是拨尘者？"师云："会与（么）？"云："不会。"师云："问取云居去。"其僧乃去问云居："如何是拨尘者？"云居云："者瞎汉。"

师问僧："你在此间多少时也？"云："七八年。"师云："还见老僧么？"云："见。"师云："我作一头驴，你作么生见？"云："入法界见。"师云："我将为你有此一着，枉吃了如许多饭！"僧云："请和尚道。"师云："因什么不道'向草料里见'？"

师问菜头："今日吃生菜，熟菜？"菜头提起一茎菜，师云："知恩者少，负恩者多。"

有俗行者到院烧香，师问僧："伊在那里烧香礼拜，我又共你在者里语话，正与么时生在哪头？"僧云："和尚是什么？"师云："与么即在那头也。"云："与么已是先也。"师笑之。

师与小师文远论义，不得占胜，占胜者输糊饼。师云："我有(是)一头驴！"远云："我是驴纣(胃)[按：《联灯会要》作'肯'；《五灯会元》作'胃'，当从]。"师云："我是驴粪。"远云："我是粪中虫。"师云："你在彼中作么？"远云："我在彼中过夏。"师云："把将糊饼来。"

师因入内回，路上见一幢子无一截。僧问云："幢子一截，上天去也，入地去也？"师云："也不上天，也不入地。"云："向什么处去？"师云："扑落也。"

师坐次，一僧才出礼拜，师云："珍重。"僧申问次，师云："又是也。"

师因在檐前立，见燕子语，师云："者燕子喃喃地，招人言语。"僧问："未审他还甘也无？"师云："依稀似曲才堪听，又被风吹别调中。"

有僧辞去，师云："什么处去？"云："闽中去。"师云："闽中大有兵马，你须回避。"云："向什么处回避？"师云："恰好。"

有僧上参次，见师衲衣盖头坐次，僧便退。师云："阇梨莫道老僧不祗对。"

师问僧："从什么处来？"云："南方来。"师云："共什么人为伴？"云："水牯牛。"师云："好个师僧，因什么与畜生为伴？"云："不异故。"师云："好个畜生。"云："争肯？"师云："不肯且从。还我伴来！"

师问僧："堂中还有祖师也无？"云："有。"师云："唤来与老僧洗脚。"

堂中有二僧，相推不肯作第一座，主事白和尚，师云："总叫他作第二座。"云："教谁作第一座？"师云："装香着？"云："装香了也。"师云："戒香，定香？"

师问僧："离什么处？"云："离京中。"师云："你还从潼关过么？"云："不历。"师云："今日捉得者贩私盐汉。"

因送亡僧，师云："只是一个死人，得无量人送。"又云："许多死汉，送一个生汉。"时有僧问："是心生，是身生？"师云："身心俱不生。"云："者个作么生？"师云："死汉。"

有僧见猫儿，问云："某甲唤作猫儿，未审和尚唤作什么？"师云："是你唤作猫儿。"

因镇州大王来访师，侍者来报师，云："大王来。"师云："大王万福。"侍者云："未在，方到三门下。"师云："又道大王来也。"

因上东司召文远，文远应诺。师云："东司上，不可与你说佛法也。"

因在殿上过，乃唤侍者，侍者应诺。师云："好一殿功德。"侍者无对。

师因到临济，方始洗脚，临济便问："如何是祖师西来意？"师云："正值洗脚。"临济乃近前侧聆，师云："若会便会，[若]不会，更莫啖啄，作么？"临济拂袖去，师云："三十年行脚，今日为人错下注脚。”

师因到天台国清寺，见寒山、拾得，师云：“久响（向）寒山、拾得，到来只见两头水牯牛。”寒山、拾得便作牛斗，师云：“叱！叱！”寒山、拾得咬齿相看，师便归堂。二人来堂内问师：“适来因缘作么生？”师乃呵呵大笑。一日，二人问师：“什么处去来？”师云：“礼拜五百尊者来。”二人云：“五百头水牯牛聻，尊者？”师云：“为什么作五百头水牯牛去？”山云：“苍天！苍天！”师呵呵大笑。

师行脚时，见二庵主。一人作丫角童。师问讯，二人殊不顾。来日早晨，丫角童将一铛饭来，放地上，分作三分。庵主将席子近前坐。丫角童亦将席近前，相对坐，亦不唤师。师乃亦将席子近前坐。丫童目顾于师，庵主云：“莫言侵早起，更有夜行人。”师云：“何不教诏这行者？”庵主云：“他是人家男女。”师云：“洎合放过。”丫童便起，顾视庵主，云：“多口作么？”丫童从此入山不见。

师因看经次，沙弥文远入来，师乃将经侧示之。沙弥乃出去。师随后把住，云：“速道！速道！”文远云：“阿弥陀佛！阿弥陀佛！”师便归方丈。

因沙弥童行参，师向侍者道：“教伊去。”侍者向行者道：“和尚教去。”[沙弥便珍重去。][按：数字据《景德传灯录》等本补]师云：“沙弥童行得入门，侍者在门外。”

师行脚时，到一尊宿院，才入门相见，便云：“有么？有么？”尊宿竖起拳头，师云：“水浅船难泊。”便出去。又到一院，见尊宿，便云：“有么？有么？”尊宿竖起拳头，师云：“能纵能夺，能取能撮。”礼拜便出去。

师一日拈数珠，问新罗长老：“彼中还有者个也无？”云：“有。”师云：“何似者个？”云：“不似者个。”师云：“既有，为什么不似？”长老无语。师自代云：“不见道新罗、大唐？”

问新到：“什么处来？”云：“南方来。”师竖起指，云：“会么？”云：“不会。”师云：“动止万福，不会？”

师行脚时，问大慈：“般若以何为体？”慈云：“般若以何为体？”师便呵呵大笑而出。大慈来日见师扫地次，问：“般若以何为体？”师放下扫帚，呵呵大笑而去。大慈便归方丈。

师到百丈，百丈问：“从什么处来？”云：“南泉来。”百丈云：“南泉有何言句示人？”师云：“有时道‘未得之人亦须峭（悄）然去。’”百丈叱之。师容愕然。百丈云：“大好峭然。”师便作舞而出。

师到投子处，对坐斋。投子将蒸饼与师吃。师云：“不吃。”不久下糊饼，投子教沙弥度与师。师接得饼，却礼沙弥三拜。投子默然。

因僧写师真呈师，师云：“若似老僧，即打杀我；若不似，即烧却。”

师因与文远行次，乃以手指一片地，云："这里好造一个巡铺子。"文远便去彼中立，云："把将公验来。"师便打一掴。远云："公验分明，过。"

师问新到："近离甚处？"云："台山。"师云："还见文殊也无？"僧展手。师云："展手颇多，文殊谁睹？"云："只守气，急杀人。"师云："不睹云中雁，焉知沙塞寒。"

问："远远投师，请师一接。"师云："孙宾（膑）门下，因什么钻龟？"僧拂袖出去。师云："将为当荣，折他双足。"

师与首座看石桥，乃问首座："是什么人造？"云："李膺造。"师云："造时向什么处下手？"座无对。师云："寻常说石桥，问着下手处也不知。"

有新罗院主请师斋，师到门首，问："此是什么院？"云："新罗院。"师云："我与你隔海。"

问僧："什么处来？"云："云居来。"师云："云居有什么言句？"云："有僧问：'灵（羚）羊挂角时如何？'云居云：'六六三十六。'"师云："云居师兄犹在。"僧却问："未审和尚尊意如何？"师云："九九八十一。"

有一婆子日晚入院来，师云："作什么？"婆云："寄宿。"师云："者里是什么所在？"婆呵呵大笑而去。

师出外，逢见一个婆子提一个篮子，师便问："什么处去？"云："偷赵州笋去。"师云："忽见赵州，又作么生？"婆子近前，打一掌。

师因见院主送生饭，鸦子见便总飞去，师云："鸦子见你为什么却飞去？"院主云："怕某甲。"师云："是什么语话？"师代云："为某甲有杀心在。"

师问僧："什么处来？"云："江西来。"师云："赵州着在什么处？"僧无对。

师从殿上过，见一僧礼拜。师打一棒。云："礼拜也是好事。"师云："好事不如无。"

师因参潼关，潼关问师云："你还知有潼关么？"师云："知有潼关。"云："有公验者即得过，无公验者不得过。"师云："忽遇銮驾来时如何？"关云："也须检点过。"云："你要造反？"

师到宝寿，宝寿见师来，遂乃背面而坐。师便展坐具。宝寿起立，师便出去。

师在南泉时，泉牵一头水牯牛，入僧堂内，巡堂而转。首座乃向牛背上三拍，泉便休去。师后将一束草安首座面前，首座无对。

有秀才见师，乃赞叹师云："和尚是古佛。"师云："秀才是新如来。"

有僧问："如何是涅槃？"师云："我耳重。"僧再问，师云："我不害耳聋。"乃有颂：

　　腾腾大道者，对面涅槃门。但坐念无际，来年春又春。

有僧问："生死二路是同是别？"师乃有颂：

道人问生死,生死若为论?双林一池水,朗月耀乾坤。

唤他句上识,此是弄精魂。欲会个生死,颠人说梦春。

有僧问:"诸佛有难,火焰里藏身;和尚有难,向什么处藏身?"师乃有颂:

渠说佛有难,我说渠有灾。但看我避难,何处有相随?

有无不是说,去来非去来。为你说难法,对面识得未?

《十二时歌》:

鸡鸣丑,愁见起来还漏逗,裙子褊衫个也无,袈裟形相些些有。裈无腰,绔无口,头上青灰三五斗。北(比)望修行利济人,谁知变作不唧溜。

平旦寅,荒村破院实难论,解斋粥米全无粒,空对闲窗与隙尘。唯雀噪,无人亲,独坐时闻落叶频。谁道出家憎爱断?思量不觉泪沾巾。

日出卯,清净却翻为烦恼。有为功德被尘幔,无限田地未曾扫。攒眉多,称心少,叵耐东村黑黄老。供利不曾将得来,放驴吃我堂前草。

食时辰,烟火徒劳望四邻,馒头子前年别,今日思量空咽津。持念少,嗟叹频,一百家中无善人。来者只道觅茶吃,不得茶噇去又嗔。

禺中巳,削发谁知到如此。无端被请作村僧,屈辱饥凄受欲死。胡张三,黑李四,恭敬不曾生些子。适来忽尔到门头,唯道借茶兼借纸。

日南午,茶饭轮还无定度。行却南家到北家,果至北家不推注。苦沙盐,大麦醋,蜀黍米饭薤莴苣;唯称"供养不等闲,和尚道心须坚固!"

日昳未,者回不践光阴地。曾闻一饱忘百饥,今日老僧身便是。不习禅,不论义,铺个破席日里睡。想料上方兜率天,也无如此日炙背。

晡时申,也有烧香礼拜人:五个老婆三个瘿,一双面子黑皺皺。油麻茶,实是珍,金刚不用苦张筋;愿我来年蚕麦熟,罗罗儿与一文。

日入酉,除却荒凉更何守?云水高流定委无,历寺沙弥镇长有。出格言,不到口,枉续牟尼子孙后。一条拄杖粗棘藜,不但登山兼打狗。

黄昏戌,独坐一间空暗室。阳焰灯光永不逢,眼前纯是金州漆。钟不闻,虚度日,唯闻老鼠闹啾唧。凭何更得有心情,思量念个波罗蜜?

人定亥,门前明月谁人爱?向里唯愁卧去时,勿个衣裳着甚盖?刘维那,赵五戒,口头说善甚奇怪。任你山僧囊罄空,问着都缘总不会。

半夜子,心境何曾得暂止!思量天下出家人,似我住持能有几?土榻床,破芦席,老榆木枕全无被。尊像不烧安息香,灰里唯闻牛粪气。

见起塔,乃有颂:

本自圆成,何劳叠石?名邈雕镌,与吾悬隔。若人借问,终不指画。

因见诸方见解异途，乃有颂：

赵州南，石桥北，观音院里有弥勒。祖师遗下一只履，直至如今觅不得。

因鱼鼓有颂：

四大犹来造化功，有声全贵里头空。莫怪不与凡夫说，只为宫商调不同。

因莲花有颂：

奇异根苗带雪鲜，不知何代别西天。淤泥深浅人不识，出水方知是白莲。

【据《嘉兴大藏经》本《赵州和尚语录》三卷】

下篇

菏泽佛教文化

一、菏泽佛教文化述略

菏泽佛教文化

菏泽地区佛教的兴起，与中国北方佛教兴起的时间大体一致的。北魏时期菏泽一带就有佛教传播。北魏太安元年(445)的巨野前造像经碑碑文是菏泽地区现存最早的关于佛教的记载。最早的寺院则是成武东创建于北魏的白浮图寺。

菏泽佛教历经南北朝的发展，到隋唐时期达到鼎盛，寺院林立，名僧众多。隋唐时期，菏泽地区有名的寺院有隋代所建法源寺、唐贞观年间(627—649)所建兴隆寺、唐开元年间(713—741)所建开元寺等。而著名僧人，见于《续高僧传》《宋高僧传》等佛教史籍者有十余人，见于《曹州府志》者七人。其中，唐代的赵州真际禅师和临济义玄禅师最负盛名。赵州禅师被后人称之为“赵州古佛”。义玄禅师被朝廷颁谥“慧照禅师”，其所创的禅宗宗派，被称为临济宗，是当今世界影响力最广的佛教派别之一，在韩国、日本、东南亚甚至欧美都有深远的影响，尤其在日本，影响巨大。

直到金元时期，菏泽地区的佛教仍十分兴旺。这一时期著名的寺院有金大定年间(1161—1189)所建洪福寺、广严寺、宝峰寺、兴福寺等。值得注意的是，巨野县东南金山有汉昌邑王刘贺所遗废冢。此冢荒废已久，宋末被清理出来，成为道教活动场所，后又成为佛教道场，其摩崖断壁留下大量佛教石刻和金、元时期的官方，甚至帝王诏令。明代以来，佛教时兴时衰。正统年间(1436—1449)，皇帝曾下诏各地建纳老子、孔子、释迦牟尼为一室的“三教堂”，至今菏泽境内尚有数十处以“三教堂”为名的村庄，是那一时期宗教文化的存留。但因战争原因，菏泽境内大量佛寺被毁，众多僧侣离寺为民。近几十年来，在党的宗教政策指导下，境内寺院又有计划地恢复和发展起来。目前，菏泽境内有寺院二十余座，为众佛教徒提供了宗教活动场所。

古曹州(今菏泽境内)拥有发达的佛教文化,也是当今世界影响最大的佛教禅宗派别临济宗祖师义玄的故里,保留有大量的佛教碑刻,历史悠久,而当今菏泽地区的佛教文化仍然具有旺盛的生命力和一定的影响力。菏泽地区的佛教文化,从古至今,连绵不绝,是中华传统文化的重要组成部分。

菏泽佛像收藏

王洪岳

菏泽的佛像收藏,在国内业界占有一席之地,可称得上名列前茅,被同道所公认。

那么,为什么菏泽的收藏家特别钟爱佛像收藏呢?

从收藏意识和观念上讲,收藏是一种缘分。天下之大,物种之丰,能成为藏品者,统不过千种。芸芸众生,从事收藏者,不过是区区小众。由此来看,收藏是随缘之说,当可成立。

菏泽收藏家结缘佛像收藏的渊源所在,要从地缘和佛教传入、流变和发展上去远谈几句。菏泽位于山东省西南部,地处古中原腹地,是上古和中古时期中国政治、经济、文化中心,系名副其实的华夏文明的重要发祥地、龙凤文化的源头,史称"天下之中"。这一特殊的地缘关系,使得自伏羲、神农、炎帝、黄帝、蚩尤、尧、舜、禹、汤等帝王,华、夏几大族群错落杂居、鼎立征战、融合发展于此。在这块一望无垠的黄河冲积平原上,至今仍布满了新石器时期的遗存——堌堆文化。这些原始土层中,自北辛、大汶口、龙山、岳石文化至商、周、秦、汉文化从不断层。文献记载与考古发掘"二重印证法"已印证了这里历史文化底蕴的厚重。加之孔子周游反复经停此地,讲学布道,传播儒家文化,使得中华传统文化在这一带具有了根深蒂固的基础,并得以弘扬光大。基于这一地缘关系,佛教自传入中国,就大力向汉族居地发展,特别是向中原核心地发展。这一点与中国古代发展史颇为相似——"谁占领了中原,谁就占领了中国"。历史上,佛教在菏泽发展十分迅速,可以用"寺院林立,遍布城乡"来形容。更值得一提的是,这里是佛教中国化,即后称的中国佛教禅宗临济、赵州的诞生地和立宗地。当年临济大师故里的"临济寺"已具相当规模。至今临济宗的信众仍是世界最大的佛教禅宗信众群之一。在这一历史大背景下,佛像的存世量当是较大的。受黄泛、战乱等影响,众多佛寺被毁,当年各寺院佛像流落民间,加之民间所供奉的各类佛像,其遗留颇丰。随着佛像收藏热的兴起,遗留民间的各类佛像纷纷现身文物市场,给菏泽的佛像收藏提供了资源基础。

谈佛像收藏,离不开谈佛像品种。菏泽的佛像收藏品种,同全国各地一样,在划分上并不严格。佛像一说,只是个统称。它包括佛教所称的佛祖(图 1)、菩萨(图 2)、护法神(图3)等,如观世音像(图4)、文殊像(图5)、普贤像(图6)、弥勒像(图7)等。而其中观音像又有多种造型。在佛像鉴赏上,人们总结出了很多行之有效的方法。比如,鉴定佛像一看造型,二考胎。有人按照简便的鉴定方法,以佛冠上有小佛像者,均称观音像。在区分文殊、普贤像时,以其坐骑来分,骑狮者为文殊,骑象者为普贤。明代佛像头大身小。金铜佛像中,有青铜、黄铜、红铜和其他铜合金。元代之前的佛像多为青铜,也有一些红铜。元以后出现了较多的铜锌合金、黄铜及纯铜制作的。明代鎏金黄中泛红,清中期以后鎏金,黄中泛青。按地域和佛教传承划分,可分为汉地佛像(图8)和藏传佛像(图9)两大类。藏传佛像鼻子特挺,近三角形。前几年市场交流多为汉地佛像,这几年市场上藏传佛像出现不少。从质地上分,有习称的金铜佛、铁佛、彩陶佛、瓷塑佛、石雕佛、竹木牙角佛等,也有佛道合一像。还有人把其他神像也作佛像一起收藏。

佛像虽为宗教文物,从收藏角度讲,它超越了信仰、种族和年龄界限,成为了世界范围的藏品。西方人不信佛,但从中国掠走了大量佛像,包括多处石窟雕像,他们是把佛像当作雕塑艺术看的。从这一点上说,有人把"中国雕塑艺术是靠佛像做支撑"当作定论;国外则把中国明代永宣时期(1403—1435)的铜佛像,称之为"铜器史上的文艺复兴"。佛像收藏所具有的魅力和发展速度,远远超过人们的想象。在菏泽,仅2008年的菏泽首届收藏文化节上,由市藏协会员提供的铜佛像展拍品就多达30余尊(图10至图17)。这次佛像的集中亮相,较大地刺激了菏泽的佛像收藏热。不少人趁热到各县区、乡镇"寻佛",有的到北京、郑州等地古玩市场淘换佛像。通过对这一文化艺术资源的挖掘,菏泽古玩文化市场上的不少店铺里,都上架了佛像。在2010年举办的"'四君子杯'首届菏泽民间藏宝大赛——央视鉴宝专家走进菏泽·单县"活动中,一尊膀花观音泥金铜像(图18),专家鉴定为明代真品,估价28至30万元,后被菏泽一藏友出资50万元购去。有人说他被"忽悠"了。但时间不长,佛像市场价格猛涨,他以120多万元的价格转给了上海收藏者。后举办的"菏泽民办博物馆收藏展"上,又有多尊佛像现身展会(图19至图21)。

佛像收藏除市场因素外,其自身所具有的藏品"四大价值",即"历史价值、艺术价值、科技价值、经济价值"和其宗教性本身的价值息息相关。佛像是人类文化艺术智慧的结晶,艺术是其最大的生命力。佛像艺术融合了儒、道和传统文化思想。特别是中原汉地佛像,经中国艺术家和民间工匠的吸收、融合和再创造,形成了中国特色的佛像艺术,从而更容易被中国各阶层所接受,更易于佛教的流传和发展。同时,佛像收藏符合藏品应具有的精神和物质双重财富功能。有人说,收藏是追求精神世界充实最有价值的取向。爱好、兴趣和缘分是一个人精神世界的核心元素。

藏品的悦人、娱人功能是精神财富的又一重要部分。精神财富，也就是精神享受，实际上就是对文化艺术的享受。常说的"文化养人""艺术养人"，主要指文化艺术本身对人的感官、情感等精神层面的涵养。佛像本身是文化艺术的载体。在当代，人们对财富的追求离快乐越来越远，为物所累，为情所累，为事业所累。身心皆累时，能得到一尊心仪的好佛像，即可使人从累中解放出来。当你欣赏佛像时，有老朋友相见面晤之感。有不少佛像的眼神塑造已达到面之可随角度变化而变化，大有随观者动而动，一直关注乃至审视你的感觉。人人都可以静心欣赏到它的文化艺术之美，也可观照法相之美。每一个佛像告诉你的东西都可能不一样。徜徉在佛像文化艺术的世界里，与藏晤话，使身心得到艺术的浸润，暂时可穿越时空，大有洗去红尘之意。再加上佛像这种藏品的神圣性和尊贵性，使得收藏者和流通中，恭敬面对，这也增加了收藏者的荣誉感。菏泽的佛像收藏兴旺，与这类藏品的文化艺术含量所具有的精神财富有着较大关系。

佛像具有的物质财富功能同样是无可置疑的。不可否认，有不少人是奔着藏品本身的经济价值而去的，也有人是搞"艺术品投资"。应当说，每一尊收藏的佛像，都有其经济价值，都是收藏者的物质财富。财富的大小，与收藏的品种、多少、质量、成不成系列和财力投入成正比。藏品的经济价值和保值、增值功能，与藏品标价不能画等号，还要看买家的文化艺术爱好，俗话说"货卖识家"，要找有缘人，才能有高价位。

在菏泽佛像收藏者中，全集型有之，如根源博物的史乃贵先生。他自 1980 年从泰山选得一尊佛像起，至今已收藏各类不同造型、不同材质、不同时代、大小不等的佛像 400 余尊（图 22 至图 24）。在收藏佛像数量上，菏泽当无出其右者。史乃贵先生还在菏泽国际牡丹花会期间举办过佛像收藏展，并开办佛像收藏博物馆。而佛像收藏者中的大多数是追求精品。这部分人将佛像或作主集品，或作兼集品，办法是以普品换精品，逐步升级，最终藏得精品。在菏泽的佛像收藏上，最值得夸耀的是，市藏协收藏家陈鑫为了抢救流落民间的唐代陶质地藏王菩萨像，高价收购，并决定（现已谈妥）捐赠给国家博物馆。这一高 82 厘米、价值数百万元的国宝级文物，由此可免受损身之害（图 25）。

总之，菏泽的佛像收藏同全国一样，已成为一个独立的收藏门类，并同时带动了香炉收藏。这十多年前才形成的藏品市场，已成为不少收藏者所关注的对象，其发展速度远远领先其他收藏门类，发展前景将会越来越好。

附图(摄影:宋新明)

图1　铜鎏金释迦牟尼像(明)

图2　观音像(年代不详)

图3　铜天王像(明)

图4　鎏金观音(明)

图5　文殊像(年代未详)

图6　普贤像(年代未详)

图7　弥勒像(年代未详)

图8　鎏金铜佛(明)

图 9　泥金释迦牟尼(明)

图 10　鎏金铜佛(明)

图 11　铜释迦牟尼像(明)

图 12　鎏金佛像(明)

图 13　铜佛三尊(明)

图 14　鎏金财宝天王像(清)

图 15　鎏金佛像(清)

图 16　铜鎏金释迦牟尼像(明)

图 17　鎏金托塔天王像(明)

图 18　膀花观音泥金铜像(明)

图19　鎏金童子捧寿像(明)

图20　铜泥金普贤像(明)

图21　佛像与童子五尊像(年代未详)

图 22　鎏金佛像(清)

图 23　北齐风格石佛像

图 24　北魏风格石佛像

图 25　陶制地藏王菩萨像(唐)

二、菏泽历代名僧传

岳贤雷　点校

晋长安昙摩难提(赵正)

[南朝梁]释慧皎

昙摩难提,此云法喜,兜佉勒人。龆年离俗,聪慧夙成,研讽经典,以专精致业。遍观三藏,暗诵《增一阿含经》,博识洽闻,靡所不综,是以国内远近,咸共推服。少而观方,遍历诸国,常谓弘法之体,宜宣布未闻,故远冒流沙,怀宝东入,以符氏建元中(365—385)至于长安。

难提学业既优,道声甚盛,符坚深见礼接。先是,中上(土)群经未有《四含》,坚臣武威太守赵正,欲请出经。时慕容冲已叛,起兵击坚,关中扰动。正慕法情深,忘身为道,乃请安公等,于长安城中,集义学僧。请难提译出《中》、《增一》二《阿含》,并先无[按:汤用彤曰:"无"当是衍文]所出《毗昙心》《三法度》等,凡一百六卷。佛念传译,慧嵩笔受,自夏迄春,绵涉两载,文字方具。及姚苌寇逼关内,人情危阻,难提乃辞还西域,不知所终。

其时也,符坚初败,群锋互起,戎妖纵暴,民流四出。而犹得传译大部,盖由赵正之力。

正字文业,洛阳清水人,或曰济阴人。年十八为伪秦著作郎,后迁至黄门郎、武威太守。为人无须而瘦,有妻妾而无儿,时人谓阉。然而情度敏达,学兼内外,性好讥谏,无所回避。符坚末年宠惑鲜卑,隳于治政,正因歌谏曰:"昔闻孟津河,千里作一曲,此水本自清,是谁搅令浊?"坚动容曰:"是朕也。"又歌曰:"北园有一枣,布叶垂重阴,外虽饶棘刺,内实有赤心。"坚笑曰:"将非赵文业耶?"其调戏机捷,皆此类也。后因关中佛法之盛,乃愿欲出家,坚惜而未许。及坚死后,方遂其志,更名道整。因作颂曰:"佛生何以晚,泥洹一何早,归命释迦文,今来投大道。"后遁迹商洛山,专精经律。晋雍州刺史郗恢，钦其风尚，逼共同游，终于襄阳，春秋六十余矣。

【据《大正藏》本《高僧传》卷一】

隋终南山龙池道场释道判传

[唐]释道宣

大唐西明寺沙门释道宣撰

释道判，姓郭氏，曹州承(乘)氏人也。三岁丧亲，十五游学，般涉史籍，略综儒道。十九发心出家，投于外兄而剃落焉。具戒已后，历求善友，深厌俗累，绝心再往。每阅像教东传，慨面不睹灵迹，委根归叶，未之或闻。遂勇心佛境，誓尚瞻敬。以[北]齐乾明元年(560)，结伴二十一人，发趾邺都，将经周塞，关逻严设，又照月光，踟蹰回互，义无逾越。忽值云奔月隐，乘暗度栈。遇逢游兵，特蒙释放。以[北]周保定二年(562)，达于京邑。武帝赏接崇重，仍令于大乘寺厚供享之。经逾两载，上表乞循先志，又蒙开许，敕给国书并资行调。

西度砂碛千五百里，四顾茫然，绝无水草；乘饥急行，止经七夕，便至高昌国。是小蕃附庸突厥。又请国书，至西面可汗所(此云天子治也)。彼土不识众僧，将欲加害，增人防卫，不给粮食，又不许出拾掇薪菜，但令饿死。有周国使人谏云："此佛弟子也，本国天子大臣敬重供养，所行之处能令羊马孳多。"可汗欢喜，日给羊四口，以充恒食。判等放之，而自煮菜进啖。既见不杀众生，不食酒肉，所行既殊。不令西过，乃给其马乘，遣人送还，达于长安，住乾宗寺。判以先在穷险，无人造食，遂舍具戒，今返京室，后乃更受之，停止五年。

逢静蔼法师，咨询道务。慧业冲邃，淹历五周，朝夕闻问，方登阶渐。会武帝灭法，与蔼西奔于太白山，同侣二十六人，逃难岩居，不忘讲授，《中》《百》四论，日夜研寻，恂恂奉诲。虽有国诛，靡顾其死。东引寻山，距于华岳。凡所游遁者，望日参焉。遂离考山室二十余所，依承蔼德，为入室之元宗，始末一十五年，随逐不舍。后蔼舍身穷谷，用陈护法。判含酸茹毒，奉接遗骸，建塔树铭，勒于岩壁。

天元嗣历，寻改邪风，创立百二十人为菩萨僧，判当其数，初住陟岵寺。大隋受命，广开佛法，改为大兴善焉。判道穆僧徒，历总纲任，部摄彝伦，有光先范。开皇之肇(581)，于终南山交谷东岭，池号野猪，迥出云端，俯临原陆，躬自案行，可为栖心之场也，结草为庵，集众说法。开皇七年(587)，敕遣度支侍郎李世师，将天竺监工，就造院舍，常拟供奉。知判道业修旷，给额为龙池寺焉。大将军云定兴以为檀越，四事供给，无爽二时。侍郎独孤机，餐奉音猷，于宅后园别立斋宇，请来栖息，终日将事，禀其法戒。薛国公及夫人郑氏，夙奉清训，年别至此，咨承戒诰，决通疑议。

以大业十一年（615）五月四日平旦卒于山寺，春秋八十有四。

初，判释蒙启法，性狎林泉，少欲无竞，乐居俭摄，行慈济乏，遍所留心，履苦登危，弥其本意。故每至粟麦二熟，行乞贮之，至厚雪弥山，则遗诸飞走。所以山侣游僧，蒙其奖济者殷矣。又食不择味，生无患苦，僧事鞅掌，身先令之。而弘道终朝，虔虔无怠，虽暂游世，恒归山室。斯亦岩岫之学观矣。

【据《大正藏》本《续高僧传》卷十二】

隋京师扬化寺释法揩传

［唐］释道宣

释法揩，曹州人。十五出家，依相京贤统而为弟子，师习《涅槃》，通解文义；及受具后，专攻《四分》。云、晖两匠，振纽齐都，备经寒暑，伏面咨禀，皆赐其深奥，无所孑遗。及齐法俱亡，南避淮表寿山之阳，随开律教。开皇首岁（581）大辟法门，还返曹州。欲终山水，将趣海岸，而道俗邀留，不许东骛。揩性虚静，更于城北三里左丘山，营造一寺，名曰法元。高显平博，下临城邑，遥望发心，皆来受法。未为安而能迁，古人所尚，久在尘厌，不无流转，便入关壤，观化京都，住扬化寺，复扬戒律。仁寿置塔，奉敕送舍利于曹州；揩以初基有由，欲报斯地，表请树塔，还置法元；上帝不违，任从所请。初达曹部，置舆州内，广现神瑞，备如别纪；但学未经远，难得遍知，故略编之。想未繁挠，日别异见，具如后述：

于三月十四日中时，见佛半身，面白如玉。舍利舆前，佛顶之上，黄赤光起。

二十九日夜降甘露，味甜逾蜜。现于赤光，遍于城上，须臾流照达于塔所。

四月五日，舍利上踊，白色鲜明。其日申时，帐上北面，忽见光影，中有白云，气中生树，状如青桐；下有青色师（同“狮”，下同）子，面西而蹲。

六日卯时，复有光影，见云气内有三莲花；两厢双树下，有佛像；楼阁树林，沓重而出，上有立菩萨像。辰时又见金色光明，出没渐大。巳时复见重阁，阁上有树叶，如贝多，旁立圣僧。午时复现双树之形，下列七佛。申时双树又见一佛、二菩萨像，三花承足；又见天人擎花、在空黄师子等。亥时帐后见千佛形，舍利室内出黄白光。

四月七日，又见双树、黄雀一头，及以光云师子等像。辰时又见金翅鸟身、飞龙、树林、宝盖等像，傍现二菩萨及黄师子。巳时又见宝幢树林，下有菩萨、黄衣居士；白色师子蹲踞石上；又有云气、树林、楼阁、菩萨。午时又见白色云气、宝幢树林、青色师子。申时又现双树繁茂，须臾变为宫殿楼阁，佛坐花台，其色黄白。亥时云起西北，雨润三寸，云上六天，一时见身。

四月八日将欲下塔，平旦之时天雨白花，飞扬不下。卯时又见诸天、宝盖树侧菩萨及黄师子。辰时又见大盖两重，众宝庄严，下坐菩萨，及白师子踞在石上；帐上又见光影云气，气中金光，乍大乍小，下有莲花，时开时合；又雨天花，大者在空，面阔尺余，小者堕地，状如桃花。巳时帐后见三诸天、三师子及莲花水池。午时将下，又见双树，并立菩萨；舍利忽分，以为五粒，流转光曜。

四月九日，填平已后，帐后板上，光影之内，叠石文生；又见大树，青衣沙门执炉而立；又感奇香郁烈人鼻。

揩具列闻。帝大悦，令图缋之，以流海内。自仁寿创塔，前后百余，感征最优，勿高于楷。

后以常业终于本寺。

【据《大正藏》本《续高僧传》卷二十六】

附：

《广弘明集·舍利感应记》

［隋］王邵　著　［唐］释道宣　编

皇帝昔在潜龙，有婆罗门沙门来诣宅，出舍利一裹曰："檀越好心，故留与供养。"沙门既去，求之不知所在。其后皇帝与沙门昙迁各置舍利于掌而数之，或少或多，并不能定。昙迁曰："曾闻婆罗门说法身过于数量，非世间所测。"于是始作七宝箱以置之。神尼智仙言曰："佛法将灭，一切神明今已西去。儿当为普天慈父，重兴佛法。一切神明还来。"其后周氏果灭佛法，隋室受命乃兴复之。皇帝每以神尼为言，云："我兴由佛。"故于天下舍利塔内，各作神尼之像焉。

皇帝、皇后于京师法界尼寺，造连基浮图，以报旧愿。其下安置舍利。开皇十五年(595)季秋之夜，有神光自基而上，右绕露盘，赫若冶炉之焰。一旬内四如之。皇帝以仁寿元年(601)六月十三日，御仁寿宫之仁寿殿，本降生之日也。岁岁于此日，深心永念，修营福善，追报父母之恩。故迎诸大德沙门，与论至道，将于海内诸州选高爽清静三十处，各起舍利塔。

皇帝于是亲以七宝箱奉三十舍利，自内而出，置于御座之案，与诸沙门烧香礼拜，愿弟子常以正法护持三宝，救度一切众生。乃取金瓶、琉璃各三十，以琉璃盛金瓶，置舍利于其内，熏陆香为泥，涂其盖而印之。三十州同刻十月十五日正午入于铜函、石函，一时起塔。

诸沙门各以精勤，奉舍利而行。初入州境，先令家家洒扫，覆诸秽恶。道俗士女倾城远迎，总管、刺史诸官人夹路步引，四部大众容仪齐肃，共以宝盖、旛幢、华台、像辇、佛帐、佛舆、香山、香钵、种种音乐，尽来供养。各执香华，或烧或散，围绕赞呗，梵音和雅，依《阿含经》舍利入拘尸那城法。远近翕然，云蒸雾会，虽盲躄老病，莫不匍匐而至焉。沙门对四部大众作是唱言，至尊以菩萨大慈无边无际，哀愍众生，切于骨髓。是故分布舍利，共天下同作善因。又引经文种种方便，诃责之，教导之，深至恳恻，涕零如雨。大众一心合掌，右膝着地，沙门乃宣读忏悔文曰：

菩萨戒佛弟子皇帝某，敬白十方三世一切诸佛、一切诸法、一切贤圣僧：弟子蒙三宝福祐，为苍生君父。思与一切民庶共逮菩提。今欲分布舍利，诸州起塔。欲使普修善业，同登妙果。为弟子及皇后、皇太子广、诸王子孙等、内外官人、一切法界幽显生灵、三涂八难，忏悔行道。奉请十方常住诸佛、十二部经甚深法藏诸尊菩萨、一切贤圣，愿起慈悲，受弟子等请，降赴道场，证明弟子为一切众生发露忏悔。

于是如法礼拜，悉受三归。沙门又称：

菩萨戒佛弟子皇帝某，普为一切众生发露，无始已来所作十种恶业，自作教他，见作随喜，是罪因缘，堕于地狱、畜生、饿鬼。若生人间短寿多病，卑贱贫穷，邪见谄曲，烦恼妄想，未能自寤。今蒙如来慈光照及，于彼众罪，方始觉知，深心惭愧，怖畏无已。于三宝前发露忏悔，承佛慧日，愿悉消除，自从今身，乃至成佛，愿不更用此等诸罪。

大众既闻是言，甚悲甚喜，甚愧甚惧，铭其心，刻其骨，投财贿、衣物及截发以施者，不可胜计。日日共设大斋，礼忏受戒，请从今以往，修善断恶，生生世世，常得作大隋臣子。无问长幼、华夷，咸发此誓。虽屠猎残贼之人，亦躬念善。舍利将入函，大众围绕绕填。沙门高捧宝瓶，巡示四部，人人拭目谛视，共睹光明。哀恋号泣，声响如雷，天地为之变动。凡是安置处，悉如之。真身已应，灵塔常存。天下瞻仰归依，福日益而无穷矣。

皇帝以起塔之旦，在大兴宫之大兴殿庭，西面执珽而立，迎请佛像及沙门三百六十七人，旛盖、香华、赞呗、音乐，自大兴善寺来居殿堂。皇帝烧香礼拜，降御东廊。亲率文武百僚，素食斋戒。是时内宫、东宫逮于京邑，茫茫万寓，舟车所通，一切眷属人民，莫不奉行圣法。众僧初入，敕使左右密夹数之，自显阳门及升阶凡数三遍，常剩一人。皇帝见一异僧，曷槃覆髆，以语左右曰："惊动他，置尔去已。"重数之，曷槃覆髆者果不复现。舍利之将行也，皇帝曰："今佛法重兴，必有感应。"其后处处表奏，皆如所言：

雍州于仙游寺起塔。天时阴雪,舍利将下,日便朗照;始入函,云复合。

岐州于凤泉寺起塔。将造函,寺东北二十里忽见文石四段,光润如玉,小大平整,因取之以作重函。于是大函南壁异色分炳,为双树之形,高三尺三寸,茎如雪白,叶如玛瑙;北壁、东壁有鸟兽龙象之状。四壁皆有华形,左旋右转。其后基石渐变,尽如水精。沙门道璨图此双树之像,置于许州,叶尽变为青色。明年,岐州大宝昌寺写得陕州瑞相图,置于佛堂,以供养当户,大像三吐赤光,流出户外。于是户外千佛像及观世音菩萨亦频放光。半旬之内天华再落。

泾州于大兴国寺起塔。将造函,三家各献旧磨好石,非界内所有;因而用之,恰然相称。

秦州于静念寺起塔。先是,寺僧梦群仙降集,以赤绳量地,铁橛钉记之。及定塔基,正当其所。再有瑞云来覆舍利。是时十月雪下,而近寺草木悉皆开华。舍利将入函,神光远照。空内又有赞叹之声。

华州于思觉寺起塔。天时阴雪,舍利将下,日便朗照,有五色光气,去地数丈,状若相轮,正覆塔上。数十里外遥望之,则正赤上属天。舍利下讫,云雾复起;瑞雪飞散如天华,着人衣久之而不湿。

同州于大兴国寺起塔。舍利宿于近驿,天夜雨,明旦舆行,云日迎之开朗。入自南门,而城北雨如故。既至寺,又阴雨。临入函,日乃出,众色光相绕日如轮。先是,寺僧慧真梦见圣人项有圆光,明照天地,来自西方,入门而立。及舍利舆至,无故止于其所,因定塔基焉。十二月八日夜,有五色圆光从基而上,遍照城内,明如昼日;五十里咸见之。明年四月,白光起于塔西,流照塔东,良久乃灭。

蒲州于栖岩寺起塔。九月二十六日,舍利在治下仁寿寺,其夜,堂内光明如昼。二十八日定基;明日,地大震,山大吼,岩上有钟鼓之声。十月七日,舍利将之栖岩,地又动。八日,舆登山从者千数,大风从下而上,因风力,俄顷至于佛堂。其夜,浮图上有光,长数尺,乍隐乍显,至于十余。瓶内亦有光五道散出,还敛入瓶。又有二光,并大如钵,出于西壁,合为一道,流入塔基,食顷乃灭;俄而复出,流入于堂。山顶亦有大光,照二百里,远望者皆言烧山。九日夜,又有二光绕浮图,其一流照西谷,其一流照南谷。十二日,堂内又有光,状如香炉,流至浮图露盘,移时乃灭。其夜露盘上又有光,或散或聚,皆似莲华,移更乃灭。十三日夜,浮图上又有光,如三佛像,并高尺,停住者久之。十四日夜,有光三道从堂而出,其一直上天,其一流于东北,其一状如楼阙,赫照州城。自朔至望,寺及城内,常闻异香;桃李杏柰多花,人采之以供养。舍利入函之夜又有光,再从塔出,圆如大镜。诸光多紫赤,而见者色状不必同,或云如大电,或云如燎火,其都无所见者十二三。有妇人抱新死小儿来乞救护，至夜便苏。遇光照以愈疾者非一。诸州皆有感应，而栖岩寺最多，盖由太祖武元皇帝之所建也。

并州于旧无量寿寺起塔。舍利初在道场，大众礼拜，重患者便得除。起塔之旦，云雾昼昏，至于巳后，日乃朗照，五色云夹之。舍利将入函，放光或一尺，或五寸。有无量天神，各持香花、幢幡、宝盖，遍覆州城。

定州于恒岳寺起塔。有一异翁来礼拜，施布一匹，负土数笼。人问其姓字而不答。忽然失之。此地旧无水，开皇三年(583)初营寺，其西八里白龙渊，忽东流而过。作役罢，水便绝。及将起新塔，水复大流。

相州于大慈寺起塔。天时阴雪，舍利将下，日便朗照；始入函，云复合。建塔之明年八月，光天尼寺写得陕州瑞相图，置于佛堂，神光屡发如电。又有五色云盖正临堂上，一日四见焉。又有白云，状如林木；雰雨金华，其二花形如大蝶，色似青琉璃，翱翔不下，乃腾虚而去。明年正月，寺内又雨天华。

郑州于定觉寺起塔。舍利将至，寺东有光，如大流星，入至佛堂前而没。舆到此处，无故自止。既而定塔基于西岸，其东岸旧舍利塔有二光，西流入于基所。寺僧设二千人斋供，然而万余人食之不尽。一瓮饭出八十盆余食，供寺众二百人，数日乃尽。舍利将入函，四面悬幡无风而一时内向。

嵩州于闲居寺起塔。人众从舍利者万余，有兔逆坂走来，历舆下而去。天时阴雪，舍利将下，日便朗照；始入函，云复合。

亳州于开寂寺起塔。界内无石，舍利至，便于三处各得一成磨方石，一似函而无底，乃合而用之，不须改凿。掘塔基至盘石，有二浪井夹之。天时阴雪，舍利将下，日便朗照；始入函，云复合。

汝州于兴世寺起塔。天时阴雪，舍利将下，日便朗照；始入函，云复合。

泰州于岱岳寺起塔。舍利至州，其夜岳庙内有鼓声。天将晓，三重门皆自辟。或见三十骑从庙而出，盖岳神也。舍利自州之寺，来至数里，云盖出于山顶，五色而三重；白气如虹，来覆舍利，散成大雾，沾湿人衣，其状如垂珠，其味如甘露；自旦至午，雾气乃敛而归山，分为三段，乍来乍往，如军行然，盖亦岳神之来迎也。于是瓶内有声，放光高丈余，食顷乃灭；人审视之，见琉璃内金瓶盖自开，瓶口有寸光如箸，炯然西指，虽急转终不回，如此经八日。将入函，光遂散出，还入金瓶，云雾复起。有童子能诵《法华经》，来礼舍利，遂烧身于野，以供养焉。明年二月六日，泰山神鼓竟夜鸣，北听(则声南，南听则声北，)东西亦如之。

青州于胜福寺起塔。掘基深五尺，遇盘石，自然成大函，因而用之。及舍利将入，瓶内有光，乍上乍下。

牟州于巨神山寺起塔。舍利初至,二大紫芝欻现于道。天时阴雪,舍利将下,日便朗照;始入函,云复合。

隋州于智门寺起塔。十月六日掘基得神龟。七日甘露降于石桥旁之杨树,有黑蜂无算来绕之。八日旦大雾,舍利将之寺,天便开朗,历光化县,忽见门内木连理过杨树之下。甘露五道悬流,沾洒舆上。既而沈阴,舍利将下,日便朗照。始入函,云复合。神龟色状特异,有文在其腹曰:"王兴州使参军献之。"日日开匣,欲视其头,而缩藏不可见。敕使著作郎王邵审检,龟便长引颈足,恣人反转。连日如之,乃见有文在其头,曰:"上大王八十七千万年。"皇帝亲抚视之,入于怀袖,自然驯狎;放诸宫沼及草内,还来直至御前,每放辄如之。

襄州于大兴国寺起塔。天时阴晦,舍利将下,日便朗照;始入函,云复合。

杨(扬)州于西寺起塔。州久旱,舍利入境,其夜雨大洽。

蒋州于栖霞寺起塔。邻人先梦佛从西北来,宝盖旛花映满,寺众悉执花香出迎。及舍利至,如所梦焉。

吴州于大禹寺起塔。舍利凡五度江,风波不起。既至,寺放青黄赤白之光,获紫芝,高二尺余,四茎共三盖。天时阴晦,舍利将下,日便朗照;始入函,云复合。

苏州于虎丘山寺起塔。其地是晋司徒王珣琴台,掘得砖函。银合子有一舍利,浮之钵水,右转四周。舍利初发州,天降雨,未至寺,日便出。乃有杂色云,临舆而行,徘徊不散。至于塔所,空里有音乐之声。既而天又阴晦,舍利将下,云暂开;舍利入函,云复合。先是,寺内凿石井,井吼二日,盖舍利将来之应也。

衡州于衡岳寺起塔。沙门奉舍利自江陵水行二千余里,四遇逆风,愿定便定,四乞顺风,皆如所欲。初掘基融峰,上有白云,阔二丈余,甚整,直来临基所,右旋三匝乃散。既而阴晦,舍利将下,日便朗照;始入函,云复合。

桂州于缘化寺起塔。舍利未至城十余里,有鸟千数,夹舆行飞,入城乃散。舍利将入塔,五色云来覆之。

番州于洪杨乡崇杨里之灵鹫山寺起塔。掘得宋末所置石函三,其二各有铜函,盛二小银像,其一有银瓶子盛金瓶。疑本有舍利,今乃空矣。既而坑内有神仙云气之象。昔宋主刘义隆之时,天竺有圣僧求那跋摩,将诣杨都,路过灵鹫寺,谓诸僧曰:"此间寻有异瑞,兼值王者登临征应建立,终逢菩萨圣主方大修弘。"其年冬,果有群燕共衔绣像委之堂内。及齐主萧道成初为始兴太守,游于此寺而起白塔。陈天嘉三年(562)寺内立碑,其文也。如此,圣主修弘,验于今日。

交州于禅众寺起塔。

益州于法聚寺起塔。天时阴晦,舍利将下,日便朗照;始入函,云复合。

廓州于法讲寺起塔。舍利初发京下，宿于临皋。沙门梦失舍利，是夜廓州有光，高数丈，从东方来入寺，右绕佛塔，照及城楼，内外洞朗。遥望者疑烧积薪，光渐西流，食顷乃没。及定塔基，正当光没之所。又有香气氤氲异常。

瓜州于崇教寺起塔。

虢州表言：州虽不奉舍利，亦请众僧行道，有一异鸟来集梁上，意似听经，不惊不动，一夜一日乃下，止于读经之床。人人赞叹摩娑。又擎之以行道。法师于佛前为之受戒，良久乃去。

隋州典签王威送流人九十，道逢舍利，尽释其囚，千里期集，无一违者。隋州人于涢水作鱼狱三百，既见舍利，亦悉决放之。余州若此，类盖多矣。

皇帝当此十月之内，每因食于齿下得舍利，皇后亦然。以银碗水浮其一，出示百官，须臾忽见有两右旋相着。二贵人及晋王昭、豫章王暕蒙赐蚬，敕令审视之，各于蚬内得舍利一。未过二旬，宫内凡得十九，多放光明。自是远近道俗，所有舍利率奉献焉。皇帝曰："何必皆是真？"诸沙门相与椎试之，果有十三玉粟；其真舍利铁窜而无损。

【据《四部丛刊》初编本《广弘明集》卷十七】

《法苑珠林·舍利篇》

[唐]释道世

舍利篇第三十七(此有五部)

述意部　引证部　佛影部　分法部　感福部

述意部第一

夫圣德遐邈，冠绝人天。理妙六经，神高百氏。超群有之遗踪，越贤良之胜迹。化缘既毕，从俗韬光。故双树八枝，随义所表；舍利八分，亦逐缘感会。入金刚定，预碎全身。欲使福被天人，功流海陆。至于牙齿发爪之属，顶盖目睛之流，衣钵瓶杖之具，坐处足蹈之迹，囊括今古，圣变无穷。祥应荐臻，瑞光频朗。贤愚共睹，岂猜来惑？且如三皇五帝、夏殷文武、孔丘庄老，惟圣惟贤，共遵共敬，莫不葬骨五泉，遗尘九土。声光寂寞，孰识其踪？罕知生福，奚感来报？岂比能仁大圣，形影垂芳？应感之道不穷，敬仰之风逾远。绍化迹于大千，拔沉冥于沙界。致使开示之道随义或殊，会空之旨齐其一实也。

引证部第二

舍利者，西域梵语，此云身骨。恐滥凡夫死人之骨故，存梵本之名。舍利有其三种：一是骨舍利，其色白也；二是发舍利，其色黑也；三是肉舍利，其色赤也。菩萨、罗汉等亦有三种。若是佛舍利，椎打不碎；若是弟子舍利，椎击便破矣。又《菩萨处胎经》云："世尊告诸大众：'念我古昔所行功德，舍身受身，非一非二。今当为汝说一形法。诸佛全身舍利，尽在下金刚刹中。金刚刹厚八十四万亿里，下有诸佛碎身舍利，尽在彼刹。彼有佛刹，名曰妙香，佛名不住如来，十号具足，今现在说法。佛告大众：碎身舍利下厚八十四万亿里，国土清净，佛名遍光，十号具足，彼佛今现在说法。复下有国土，名施无尽藏，佛名劝助。复下有国土，名法鼓，佛名善见，彼土乃有全身舍利。过去亿千万佛，皆留舍利。彼土舍利，我亦有分。'"

又《海龙王经》云："尔时，诸龙白佛言：'今世尊还阎浮利地，海中诸龙无所依仰，惟加大哀，佛灭度时，在此大海，留全舍利。一切众类皆得供养，转加功德，速脱龙身，疾得无上正真之道。唯佛垂恩，威德兼加，所愿得果。'佛言：'善哉！从尔所志。'须菩提谓诸龙言：'一切人天舍利须遍普蒙获济。卿等求愿，使佛舍利独全奉侍，一切众生何缘得度？'诸龙答言：'唯须菩提勿宣斯言，无以己身限碍之智，以限如来无极之慧。如来圣德，无不变现。三千世界，各各化现。佛全舍利，不增不减，普现一切。譬如日影现于水中。佛亦不生，亦不灭度。云何欲限如来智慧者乎？'须菩提闻，默而无言。佛叹：'诸龙仁等贤明，诚如所云，无有异也。'佛道高妙，无边无际，无方无圆，无广无狭，无远无近，譬如虚空，不可为喻。"

佛影部第三

如《观佛三昧经》云："佛初留影石室，在那乾呵啰国毒龙池侧阿那斯山岩。南有五罗刹女与毒龙通，常降雹雨，百姓饥疫，已历四年。时王祷祀咒龙。罗刹女气盛，咒术不行。王长跪合掌，赞佛通慧，应知我心：愿屈慈悲，光临此国。尔时如来往至彼国，龙兴雷电，鳞甲烟焰；五罗刹女眼如掣电。时金刚神手把大杵，杵头火然，如旋火轮，烧恶龙身。龙王惊怖，走入佛影，如甘露洒。见诸金刚，极大惶怖，为佛作礼。五罗刹女亦礼如来。龙王于其池中出宝台奉佛。佛言：'不须汝台，但以罗刹石窟施我。'诸天各脱宝衣拂窟。佛摄神足，独入石室，令此石上变为七宝。时龙为四大弟子及阿难造石窟。尔时，世尊从石窟出。时龙闻佛还国，啼哭雨泪，云：'何舍我？我不见佛，当作恶事，坠堕恶道。'佛安慰龙：'我受汝请，当坐汝窟中，经千五百岁。'佛坐窟中作十八变，踊身入石，犹如明镜，在于石内，映现于外。远望则见，近望不现。诸天百千供养佛影，影亦说法，迄今犹在。"

分法部第四

如《菩萨处胎经》云："时八国王共诤舍利。有一大臣，名优波吉，谏八国王：'何为兴兵，共相征伐？'尔时，帝释即现为人，语王言：'我等诸天，亦当有分。若共诤力，则有胜负。幸可见与，勿足为难。’尔时，阿耨达龙王、文邻龙王、伊那钵龙王语八王言：‘我等亦应有分。若不见与，力足相伏。’时臣优波吉告言：‘诸君并止，舍利宜共分之，何须见诤？’即分为三分：一分与诸天，一分与龙王，一分与八王。分瓮受一石余，此臣以蜜涂瓮里，以瓮量分。诸天得舍利，还于天上，即起七宝塔。龙得舍利，还于宫中，起七宝塔。臣优波吉着瓮舍利并瓮，亦起宝塔。灰及土量得四十九斛，亦起四十九宝塔。阇维处亦起宝塔，高三十九仞（一仞七尺）。”

又《阿育王经》云：“八国王诤舍利，各起兵。天帝释自下晓喻，以金罂分之。阇王共数，各得八万四千舍利。余有佛口一髭，无敢取者。以阇王初来，得舍利及髭。还各欢喜，作乐动天。难头禾龙王化作人身，到泥洹所，道逢阇王还，语王言：‘可持一分见与。’王言：‘不可得。’龙王言：‘我是难头禾龙，能举卿国土著八万里外，磨碎成屑。’阇王怖惧，即奉佛髭与之。龙王即还，须弥山下起水精塔，高八万四千里；起水精琉璃塔。阇王终后，阿育王得其国土。时有大臣白阿育王言：‘难头禾龙先轻阇王，夺佛髭去。’阿育王闻，大瞋怒，即敕诸鬼神王作铁网铁罝，纵罝须弥山下水中，欲缚取龙王。龙大惊怖，共设计言：‘阿育事佛，当伺其卧，取宫殿移着须弥山下水中，其瞋必息。’即便遣龙捧取育王宫殿。王卧觉，不知是何处，见水精塔高八万四千里，喜怖交心。龙自出谢言：‘阇王自与我佛髭，我不夺也。佛在世时，与我要言：般泥洹后，劫尽之时，所有经戒及袈裟应器，我皆当取藏，着是塔中。弥勒来下，当复出着。’阿育王闻此，言：‘大谢。实不知此。’龙王便使诸龙还复王宫殿，置于本处。”

又《善见论》云：“帝释宫内有二舍利：一佛右牙，二佛右缺瓮骨。”

又《十诵律》云：“佛般泥洹，八国皆来求舍利，各举四兵，八军围绕。有一婆罗门姓烟，高声大唱言：‘诸力士，舍利现在当分作八分。’诸力士言：‘敬如来议。’更复唱言：‘盛舍利瓶，请以见惠，还头那罗聚落起塔。’时毕波罗延那婆罗门复请烧佛处炭，还国起塔。时拘尸城力士得第一分，即于国起塔；波婆国得第二分，还国起塔；罗摩聚落得第三分，还归起塔；遮勒国诸刹帝利得第四分，还国起塔；毗兜诸婆罗门得第五分，还国起塔；毗耶离诸利昌得第六分，还国起塔；迦毗罗婆国诸释子得第七分，还国起塔；摩伽陀国主阿阇世王得第八分，还王舍城起塔；姓烟婆罗门得盛舍利瓶，还头那罗聚落起塔；毕波罗延婆罗门得炭，还国起塔。尔时，阎浮提中八舍利塔，第九瓶塔，第十炭塔。自此已后，起无量塔。”

又《阿育王经》云：“昔阿恕伽王欲取阿阇世王所举舍利。阿阇世王着殑伽河中作大铁剑轮，使水轮转，着舍利处，种种方便，取不能得。问莲华比丘：‘云何可得？’比丘答言：‘掷数千斛柰着中，可得止轮。’寻用此语，以柰着于水中，偶试一柰，柰堕机关孔中，剑轮即定，更不回转。然大龙王守护，都不可得。王时问言：‘何由可得？’答言：

‘龙王福胜，无由可得。’问言：‘云何知彼福胜？’‘以金铸作龙像及以王像，以秤称之，重者福胜。’即时称量，龙像倍重。王见此事，即勤修福。既修福已，复更铸像，复更称量，王像龙像称量正等。王更修福，复更铸像称看，王像转重。王知像重，将诸军众往到水边。龙王自出献种种宝。王语龙言：‘阿阇世王遗我舍利，我今欲取。’龙王自知威力不如，即将王至舍利所，开门取舍利舆。阿阇世王所造油灯始欲尽赐。舍利既出，灯亦尽灭。王怪而问莲华比丘：‘云何阿阇世王裁量油灯，至取舍利，方始乃灭？’尊者答言：‘彼时有善算者，计百年中用尔许油，用如是计，故使至今也。’”

感福部第五

如《大悲经》云：“尔时，世尊告阿难：‘我灭度后，若有人乃至供养我之舍利如芥子等，恭敬尊重，谦下供养，我说是人，以此善根，一切皆得涅槃界，尽涅槃际。若有造立形像塔庙，乃有信心念佛功德，乃至一华散于空中，我说是人，以此善根，一切皆当得涅槃界，尽涅槃际。’佛告阿难：‘若有众生以念佛故，乃至一华散于空中，如是福德所得果报，不可穷尽。若有众生以至诚心念佛功德，乃至一华散于空中，于未来世当得释天王、梵天王、转轮圣王。于其福报亦不能尽。施佛福田，不以有为果报所能尽边。我说是人，必得涅槃，尽涅槃际。乃至若有畜生于佛世尊能生念者，我亦说其善根福报当得涅槃，尽涅槃际。若有三千大千世界满中四沙门果及辟支佛，如甘蔗竹苇。若有人能若现在若灭后起塔供养，若一劫若减一劫，以诸称意一切乐具，恭敬尊重，谦下供养。若复有人于诸佛所但一合掌，一称佛名，如是福德比前福德百分不及一，千分百千亿分，乃至迦罗分不及一。何以故？以佛如来诸福田中为最无上，是故施佛，成大功德神通威力。”

颂曰：

金躯遗散骨，宝塔遍天龙。
创开一十塔，终成八万重。
珠盖灵光变，刹柱吐芙蓉。
屡开朝雾露，数示晓灵踪。
红霓相映发，风摇响和钟。
仙鸾往往见，神僧数数从。
独超群圣上，含识普生恭。
砧椎击不碎，方知圣叵穷。

感应缘（略列一十六验，隋有五十三州。）

《汉法内传》云：“明帝既弘佛法，立寺度僧。五岳山馆诸道士等请求角试释老优劣。道经以火试焚，随火消烬。道士众首费才愧耻自憾，众前而死。张衍启悟，竞共出家。于时西域所将舍利五粒五色，直上空中，旋环如盖，映蔽日光。摩腾罗汉踊身高飞，居空如地，履地如空，神化自在，为众说法。天雨宝华，散佛僧上。天乐异音，大众同闻。度人无量。”

广如下《破邪篇》说。魏明帝洛城中本有三寺。其一在宫之西，每系舍利在幡刹之上，辄斥见宫内。帝患之，将毁除坏。时有外国沙门居寺，乃赍金盘盛水，以贮舍利，五色光明，腾焰不息。帝见叹曰：“非夫神效，安得尔乎？”乃于道东造周闾百间，名为官佛图精舍云。

吴孙权赤乌四年(241)，有外国沙门康僧会创达江表设像行道，吴人以为妖异，以状闻之。权召会问：“佛有何灵瑞？”曰：“佛晦灵迹，遗骨舍利，应现无方。”权曰：“何在？”曰：“神迹感通，求可获。”权曰：“若得舍利，当为兴寺。”经三七日，至诚求请，遂获瓶中。旦呈于权，光照宫殿。权执瓶写于铜盘，舍利下冲，盘即破碎。权大惊异，希有瑞也。会进曰：“佛之灵骨，金刚不朽，劫火不焦，椎砧不碎。”权使力者尽力击之，椎砧俱陷，舍利不损，光明四射，耀晃人目。又以火烧，腾光上踊，作大莲华。权大发信，乃为立寺，名为建初。改所住地名佛陀里。

孙皓虐政，将欲除屏佛法，燔经夷塔。有信谏曰：“且少宽假，知无神验，诛除不晚。”皓从之。召会曰：“若能验现于目前，助君兴之。如其不能，将废加戮。”会曰：“佛以缘应，感而必通。即冀给假，请效不难。”皓与期三日。于时僧众百余同集会寺。皓陈兵围寺，刀锯齐至，克期就戮。僧恐无灵，先自缢者。会谓众曰：“佛留舍利，止在今时。前已有验，今岂罔哉？”恰期便获，乃进于皓：“此是如来金刚之骨，志诚赍获。击以百钧之杵，终无微毁。”皓曰：“金石可磨，枯骨岂坚？沙门面欺，只速死耳。”乃更置之铁砧，以金椎击之。金铁并凹，而舍利如故。又以清水行之，舍利扬光散彩，洞烛一殿。皓乃欣欣伏信，革诚膺化。

晋初竺长舒先有舍利，重之。其子为沙门，名法颜，每欲还俗，笑曰：“舍利是沙石耳，何足可贵？”父投之水中，五色三匝，光高数尺。见征生信，遂不归俗。长舒死后，还发俗念，辄病委顿，卒为沙门。以舍利安江夏塔中。

晋大兴中(318—321)，于潜董汪信尚木像，夜有光明。后像侧有声投地，视乃舍利。水中浮沉，五色晃昱，右行三匝。后沙门法恒看之，遂腾踊高四五尺，投恒怀中。恒曰：“若使恒兴立寺宇，更见威神。”又跃于前。于即恒为建寺塔于潜，入法者日以十数焉。

晋大兴中(318—321)，北人流播广陵，日有千数。有将舍利者，建立小寺立刹。舍利放光，至于刹峰。感动远近。

晋咸和中(326—334),北僧安法开至余杭,欲建立寺,无资财。手索钱贯,货之积年,得钱三万,市地作屋,常以索贯为资,欲立刹,无舍利。有罗幼者,先自有之,开求不许。及开至寺礼佛,见幼舍利囊已在座前,即告幼。幼随来见之,喜悦,与开共立寺宇于余杭也。

晋咸康中(335—342),建安太守孟景欲建刹立寺。于夕闻床头锵然,视得舍利三枚,因立寺刹。元嘉十六(439)年六月,舍利放光,通照上下,七夕乃止,一切咸见。

晋义熙元年(405),有林邑人尝有一舍利,每斋日有光。沙门慧邃随广州刺史刁逵在南,敬其光相,欲请之。未及发言,而舍利自分为二。逵闻心悦,又请留敬。而又分为三。逵欲模长干像,寺主固执不许。夜梦人长数丈,告曰:"像贵宣导,何苟吝也?"明报听摸,既成,逵以舍利着像髻中。西来诸像放光者,多由舍利故也。

宋元嘉六年(429),贾道子行荆上,明见芙蓉方发,聊取还家。闻华有声,怪寻之,得一舍利,白如真珠,焰照梁栋。敬之,擎以箱案,悬于屋壁。家人每见佛僧外来,解所被衣而坐案上。有人寄宿不知,亵慢之。乃梦人告曰:"此有释迦真身,众圣来敬,尔何行恶,死堕地狱,出为奴婢,何得不怖?"其人大惧,无几疠死。舍利屋地生荷八枝,六旬乃枯。岁余失之,不知所去。

宋元嘉八年(431),会稽安千载者,家门奉佛。夜有扣门者,出见十余人,着赤衣,运财积门内,云:"官使作佛图。"忽无所见。明至他家斋食上,得一舍利,紫金色,椎打不碎。以水行之,光明照发。便自举敬,常有异香。后出欲礼,忽而失之。寻觅备至,半日还。时临川王镇江陵,迎而行之,杂光间出。佐史沙门咸见不同。王捧水器祝曰云云,辄应声光出。夜见百余人绕舍利屋,烧香持华,如佛出状。及明,人及舍利俱失。

宋元嘉九年(432),浔阳张须元家设八关斋,道俗数十人,见像前华上似冰雪,视得舍利数十。便以水行之,光焰相属。后遂失之。数日开厨更视,获牙奁中有白氎裹舍利十枚,光焰属天,诸处咸来请之。

宋元嘉十五年(438),南郡刘凝之隐衡山,征不出。奉五斗米道,不信佛法。梦见人去地数丈,曰:"汝疑方解。"觉忽反悟,旦夕勤至。半年礼佛,忽见额下有紫光。揣光处得舍利二枚,剖击不损,水行光出。复于食时,口中隐齿,吐出有光。妻息又获一枚,合有五枚。后又失之,寻尔又得。

宋元嘉十九年(442),高平徐椿读经,及食,得二舍利,盛罂中。后看渐增,乃至二十。后寄广陵令刘馥。馥私开之,空罂。椿在都,忽自得之。后退转,皆失。

舍利应现,值者甚多,皆敬而得之,慢而失之。舍利东流,绵历帝代,传记所及,略陈万一。由事相重沓,屡现非奇。佛化潜隐,诚其致也。然有国兴塔,无胜隋代。一化之内,百有余所。神瑞开发,陈诸别传。今略出之,以显感得也。

隋文帝立佛舍利塔(二十八州起塔,五十三州感瑞。)

雍州仙游寺。岐州凤泉寺。华州思觉寺。同州大兴国寺。泾州大兴国寺。蒲州栖岩寺。泰州岱岳寺。并州无量寿寺。定州恒岳寺。嵩州嵩岳寺。相州大慈寺。廓州连云岳寺。衡州衡岳寺。襄州大兴国寺。牟州巨神山寺。吴州会稽山寺。苏州虎丘山寺。

右(上)此十七州寺起塔,出打刹物及正库物造。

秦州。瓜州。杨(扬)州。益州。亳州。桂州。交州。汝州。番州。蒋州。郑州。

右(上)此十一州随逐山水州县寺等清净之处起塔,出物同前也。

[按:此下隋文帝《立舍利塔诏》,文见下]

《舍利感应记》二十卷(隋著作王邵撰)

[文见前]

庆舍利感应表(并答)

隋安德王雄百官等。

臣雄等言:臣闻大觉圆备,理照空有;至圣虚凝,义无生灭。故虽形分聚芥,尚贮金罂;体散吹尘,犹兴宝刹。自释提请灰之后,育王建塔以来,未有分布舍利,绍隆胜业。伏惟皇帝积因旷劫,宿证菩提,降迹人皇,护持世界。往者道消在运,仁祠废毁,慈灯灭影,智海绝流。皇祚既兴,法鼓方振。区宇之内,咸为净土;生灵之类,皆覆梵云。去夏六月,爰发诏旨,延请沙门奉送舍利于三十州,以十月十五日同时起塔。而蒲州栖岩寺规模置塔之所,于此山上乃有钟鼓之声。舍利在讲堂内,其夜前浮图之上,发大光明,爰及堂里,流照满室。将置舍利于铜函,又有光若香炉,乘空而上,至浮图宝瓶,复起紫焰,或散或聚,皆成莲华。又有光明于浮图上,状如佛像。华趺宛具,停住久之,稍乃消隐。又有光明绕浮图宝瓶。蒲州城内仁寿寺僧等,遥望山顶,光如楼阙,山峰涧谷,昭然显见,照州城东南一隅,良久不灭。其栖岩寺者,即是太祖武元皇之所建造。又华州置塔之处,于时云雾大雪,忽即开朗。正当塔上有五色相轮。舍利下讫,还起云雾。皇帝、皇后又得舍利,流辉散彩,或出或沈。自非至德精诚,道合灵圣,岂能神功妙相,致此奇特?臣等命偶昌年,既睹太平之世;生逢善业,方出尘劳之境。不胜抃跃,谨奉表陈贺以闻。谨奏。

敕答:门下仰惟正觉,覆护群品。济生灵于苦海,救愚迷于火宅。朕所以至心回向,结念归依。思与率土臣民,爰及幽显,同崇胜业,共为善因。故分布舍利,营建神塔。而大圣慈愍,频示光相。宫殿之内,舍利降灵。莫测来由,自然变现。欢喜顶戴,得未曾有。斯实群生多幸，延此嘉福。岂朕微诚，所能致感？览王公等表，悚敬弥深。朕与王公等及一切民庶，宜更加克励，兴隆三宝。今舍利真形，犹有五十，所司可依前式，分送海内。庶三涂六道，俱免盖缠；禀识含灵，同登妙果。主者施行。

高丽、百济、新罗三国使者将还，各请一舍利，于本国起塔供养。诏并许之。诏于京师大兴善寺起塔，先置舍利于尚书都堂。十二月二日旦发焉。是时天色澄明，气和风静。宝舆幡幢，香华音乐，种种供养，弥遍街衢。道俗士庶不知几千万亿，服章行位，从容有叙。上柱国司空公安德王雄以下，皆步从至寺，设无遮大会而礼忏焉。有青雀狎于众内，或抽佩刀掷以布施，当人丛而下，都无所伤。

仁寿二年(602)正月二十三日，复分布五十三州，建立灵塔。令总管刺史已下，县尉以上，废常务七日，请僧行道。教化打刹，施钱十文，一如前式。期用四月八日午时，合国化内，同下舍利，封入石函。所感瑞应者，别录如左(下)：

恒州(无云雨下，天降瑞华，遍城如此)。泉州。循州。营州(三放白光，感得古石解作函)。洪州(白头乌引路无穷)。杭州(掘基有白石窟，容入石函)。凉州。德州(感得大鸟旋塔，人皆不识)。沧州。观州(塔上五色云现，从午至暮)。瀛州(基内有紫芝现)。冀州(有患盲人及躄皆瘥)。幽州(函如水镜，放光众像)。徐州(函现仙人圣僧等相)。莒州(三现神光，基得古塔，患哑能言)。齐州。莱州。楚州(野鹿来听，雁翔塔上)。江州(地出铜像)。潭州(舍利至江，神鸟千迎)。毛州(天雨金银华)。贝州。宋州(井苦变甘，旋光，天雨瑞华如雪)。赵州(放赤光，瑞像无量)。济州(二放神光香气，钟响山于云际)。兖州。寿州。信州。荆州(云盖塔上，雨华不下)。兰州(基下得石像，又得二铜像)。梁州。利州(放光如月明)。潞州(灵泉自涌，病遇得差)。黎州(地下凡闻千秋乐动)。慈州(云盖如飞仙，灵泉涌出，病得愈)。魏州(数放光明，天雨宝华，人人得之)。沈州。汴州(异香，放光，见像患瘥)。许州(去州九十，放光照见覆塔，甘井涌现)。豫州(五色光现，文字金色)。显州。曹州(光变最繁)。安州(感香一夕，放光云盖兼集)。晋州(三度放五色光明)。怀州(雄兔自来驯附，放光异迹)。陕州(前后十一度现光灵瑞)。洛州(香气如风，数放光明)。邓州(函作玉文现)。秦州(重得舍利，函变马瑙)。卫州(光照于外)。洺州(僧先患腰不行，闻迎十里得瘥)。郑州(放光幡内向明)。杞州(放光五色)。

右(上)总五十三州。四十州已来皆有灵瑞，不可备列，具存大传。

【据《大正藏》本《法苑珠林》卷四十】

《全隋文》之《立舍利塔诏》《再立舍利塔诏》

[隋]文帝杨坚

立舍利塔诏

（仁寿元年六月乙丑）

门下：仰惟正觉，大慈大悲，救护群生，津梁庶品。朕归依三宝，重兴圣教，思与四海之内，一切人民，俱发菩提，并修福业。使当今现在，爰及来世，永作善因，同登妙果。宜请沙门三十人，谙解法相兼堪宣导者，各将侍者二人，并散官各给一人，熏陆香一百二十斤，马五匹，分道送舍利往前件诸州起塔，其未注寺者，就有山水寺、所起塔依前山。旧无山者，于当州内清静寺处，建立其塔。所司造样，送往当州。僧多者三百六十人，其次二百四十人，其次一百二十人。若僧少者，尽见在僧。为朕、皇后、太子广、诸王子孙等，及内外官人，一切民庶，幽显生灵，各七日，行道并忏悔。起行道日，打刹，莫问同州异州，任人布施。钱限止十文以下，不得过十文。所施之钱，以供营塔，若少不充役正丁及用库物，率土诸州僧尼，普为舍利设斋。限十月十五日午时，同下入石函，总管刺史已下，县尉已上，自非军机，停常务七日，专检校行道及打刹等事，务尽诚敬，副朕意焉。主者施行。仁寿元年(601)六月十三日，内史令豫章王臣暕宣。（《广弘明集》□□□□《金陵梵刹志》“分道送舍利”下云：先往蒋州栖霞寺，洎三十州次五十三州等寺起塔。）

再立舍利塔诏

（仁寿元年十二月）

朕祇受肇命，抚育生民，遵奉圣教，重兴像法。而如来大慈，覆护群品，感见舍利，开导含生。朕已分布远近，皆起灵搭，其间诸州，犹有未遍。今更请大德，奉送舍利，各往诸州，依前造塔。所请之僧，必须德行可表，善解法相，使能宣扬佛教，感悟愚迷。宜集诸寺三纲，详共推择，录以奏闻。当与一切苍生，同斯福业。（《广弘明集》）

【据清代严可均辑《全隋文》卷二，参校上海古籍出版社2009年版《全上古三代秦汉三国六朝文》本】

［武］周虎丘山寺僧瑗传

［北宋］释赞宁

释僧瑗，字辩空，姓郁氏，高平昌邑人也。姬水疏源，狼亭袭庆，鲁相继昌侯之业，历载弥光；少傅纂尚书之风，清尘不昧。瑗夙殖奇颖，早擅嘉祥。母赵氏娠孕之日，侧侍圣贤浮空游乐。及年六岁，随母入舍利塔，见圣僧像，欣然跳跃，状若旧交。因启母出家，母以其尚幼，抑而未许；至年十三，方遂其志，依虎丘寺慧严法师为弟子。谦捐之操，出自生知；辩慧之能，业称上首。以龙朔二年（662）奉敕剃翦，冥符所应，还隶此山。

暨严公长往，乃依慧诩禅师受具足戒。听常乐寺聪法师三论，甚深无相，疑滞豁除，方便解脱，怡然独悟。因智从心证，遂诣江宁融禅师，求学心法。摄念坐禅，众魔斯伏；勤行精进，猛兽恒驯。是以名称普闻，声光八绝。旗亭趋利，削迹无践。冬夏不易，常披一纳。或滴水以充于夕渴；或数粒将济于朝饥；或风雪凛凛，礼诵无替于六时；或炎暑爞爞，经行不亏于少选。称扬叹羡，容色湛如；毁辱诃骂，欢喜而受。每荫以长松，属思鸿远；清泉独坐，映定水以雕文；虚室高栖，蔼禅枝而荡虑。撰《武丘名僧苑》一卷、《注郁子》两卷、《文集》三卷。盖道俗之仪表，人物之师范焉。永昌元年（689）十二月二十日，见身有疾，谓弟子曰："吾闻尸所到处，便为秽恶，出就别方，乃称离罪尔。"门弟子等迎止于通波亭北静志庄，忽闻异香从空而下。瑗遗训勤切，正观叮咛，灭后可依外国法。言讫合掌而终，春秋五十有一。缁素奔恸，咸悲眼灭。弟子僧义玄及雉山县尉檀信等，同遵师旨，如法阇维，收其舍利，于寺建塔，勒铭于所。

【据《大藏经》本《宋高僧传》卷四】

唐郓州大佛山香育传

［北宋］释赞宁

释香育，姓李氏，济阴人也。父为兖州掾。育有道性，常研习《庄》《老》，根器奋发。俄于释典留神，决捐俗态。趋沧州安定寺智元律师所，乞求削染。满足戒后，精力律学。垂欲卒业，一旦辞师，观游圣迹，陟天台，登南岳；或入岩阿，或栖树下；末至五台。后参预秀师盛化，夙心相契，击节希声。秀问之，育答密若隐书，一皆开释。秀默异之。在丛众间，多历年所，洞彻心源，则辞秀去。入富水大佛山，劲节安禅，卯前一食。州将韩闰笃钦其道，坚召出山。育称疾而已。因是，黑白之众，渴仰归依。韩使君辎车继运，供施交骈，树造法堂，严饰奇丽，时来问道。韩侯问："佛法已后事如何？"答云："如同太虚，委在有力。"韩侯钦尚。徒众常有千计，贤不肖驳杂而居，往往闻有不测之僧预其听受焉。一旦说法次，告众曰："善哉是会，遭遇者艰。须决所疑，无遗虚度。"命水涤盥，端坐而化，春秋七十有三矣。

［按：《景德传灯录》卷四有"大佛山香育禅师"存目，列为"北宗神秀禅师法嗣"，但记"无机缘语句，不录"，无传］

【据《大藏经》本《宋高僧传》卷八】

唐长安西明寺惠安传

［北宋］释赞宁

释惠安，未详何许人也。神龙中（705—707）游于京兆，抑多先见。时唐休璟既立边功，贵盛无比，安往造焉。（安）曰："相公，甚美必有甚恶，将有大祸，且不远数月，然可攘去。"休璟素知安能厌胜，诺而拜之。安曰："更无他术，但奉一计耳。岂非注拟官品，出乎陶冶中？请选一有才干者用为曹州。"因得张君，本京官，即日升之宫赞，相次作守定陶，委之求二犬，可高数尺而神俊者。张君到任，锐意精求，得二犬如其所求以献之。休璟大悦，召安视之，曰："极善。"后旬余，安却来曰："事在今夕，愿相君严为警备。"遂留安宿。是夜休璟坐于堂之前轩，命左右十数辈执弧操矢，立于榻之隅。休璟与安共处一榻。至夜分，安笑之曰："相君之祸兔（免）矣，可以就寝。"休璟喜而谢之，遂撤左右，俱寝。迨晓，安呼休璟："可起矣。"问安曰："二犬何所用乎？"遂寻其迹，至园中，见一人仆地而卒。视其颈，有血焉，盖为物所啮者。又见二犬在大木下，仰视之，一人袒而匿身。休璟惊且诘之，其人泣而指死者曰："某与彼俱贼也，昨夕偕来，欲害相国。盖遇此二犬环而且吠，彼为所噬既殒，某藏匿为［无］地，天网所罗，为犬蹲守，今甘万死。"且命缚之。曰："此罪固当死，然非某心也，乃受制于人耳。"乃释之，贼拜泣而去。休璟拜谢安曰："非吾师，不然死于二夫之手矣。"安曰："此相国之福，岂所能为哉？"

又休璟表弟卢轸在荆门，有术士告之曰："君将有灾，当求善禳厌者，或能免矣。"轸知安奇术清行，为时所重，致书于休璟。安即与一书曰："事在其中耳。"及书达江陵而轸已卒。其家开其书，徒一幅空纸焉，殊无一字。休璟益重之。后数年遁去，罔知所之。

【据《大藏经》本《宋高僧传》卷十九】

唐西域安静传(徐果师)

［北宋］释赞宁

释安静，本西域人也，开元十五年(727)振锡东游，至定陶，直问："丁居士何在?"乡人报之曰："终已三载，葬在郊外。"且曰："是人也，乃在家菩萨，专勤梵行，尝礼事嵩山普寂禅师云。已得甚深法。将终，合掌加趺而坐，俨然而绝。曹城诸寺院钟磬，不击自鸣也。"静至坟所，躬自发之。时五色云气，腾喷而上。遂取其骨，皆金色，连环若锁，可五丈许，铿然响亮。擐杖头而行，别树塔重葬。众咸惊叹。少顷静瞥然灭没焉。

(系曰：有情遗骼，引因残［践］果也。凡夫身中，节不相至；十地菩萨，骨节解盘龙相结；佛则全身舍利焉。今丁居士骨有钩锁形，则超凡夫，未阶十住；此乃八臂那罗延身，骨节头相钩是欤? 证居士力量及此矣。譬若出金之砂之谓浑，不可谓为砂也；含玉之石之谓璞，不可谓为石也矣。)

【据《大藏经》本《宋高僧传》卷十九】

［后］晋曹州扈通院智朗传

［北宋］释赞宁

释智朗，姓黄氏，单州城(成)武人也。母刘氏梦数桑门圆坐为刘说法，历然在耳，遂妊朗焉。及生暨长，婉有僧之习气，淳靖简洁。苦辞亲出家，往曹州扈通院，事行满师，供给惟谨。洎乎剃染，成大比丘。学《四分律》《净名经》，俱登阃阈。且曰："出俗之者何滞方守株，不能脱羁解绊乎? 于广博知见，无所堪能。"乃携瓶钵，南极衡阳，登岳栖般若寺，行胎息术，而览藏经。事讫，入闽岭，曾无伴侣，形影相吊，逢猛兽者数四，皆欲呀口垂噬，又蹑步徐去矣。见洞山、雪峰二祖师，决了禅训；有请问者，随答如飞，盖了达无结矣。后旋本院，信向如归。而四事供僧，罔闻闲隙，四十余龄，役已无倦。以［后］晋末丁未岁(947)十一月二十三日迁灭。于时白衣饮痛，缁流茹伤；兽失猛以哀嗥，鸟停飞而宛转。或曰："爱河苦海，谁拯溺邪?"春秋七十七，法腊五十三。火葬，收舍利，起塔于院。朗为释子，衣物誓不经女人之手浣濯，不役徒弟。檀施之物像宝未省互用，盖以初律后禅，陶冶神用之故也。大名府少尹李铉为碑焉。

【据《大藏经》本《宋高僧传》卷二十八】

《曹州府志》名僧(选录)

[清]刘 藻

竺道生

竺道生 姓魏氏,巨野人。生而颖悟,师事竺法汰。年五十登讲坐,吐纳问辨,虽名僧、宿儒莫敢抗。至具戒器鉴日深,太祖设会,帝亲同众御于地筵下,食良久,众咸疑日晚。帝曰:"始可中耳。"生曰:"日丽天,天言中,即中矣。"遂取钵食。于是,一众之人,莫不叹其枢机得衷。后入吴之虎丘山,聚石为徒,讲《涅槃经》,至阐提有佛性处,曰:"如我说契佛心否?"群石皆首肯之。又说法于金陵,天雨曼陀罗花,今名雨花台。

释道因

释道因 姓侯氏,濮阳人。甫七岁诣灵岩寺,落发求师。讲习不浃旬,通《涅槃经》二帙,众骇,以为神悟。久之杖锡出山,避难三蜀,居多宝寺。论维摩,听者数千人。时东海宝暹法师,每闻因论,肃然改容。益国总管邓国公、仆射赞国公、范阳公俱申虔仰。后赴京师,止大慈恩寺,元奘法师、楷法师具求谘禀。仍著《涅槃》《华严》《维摩》《法华》《楞伽》《章疏》数千言。弟子元凝嗣其香火。

赵 棠

赵棠 曹州人,隐番禺时,汴京景德寺有异僧曰志言者,人传棠与志言数以偈颂相寄万里间,辄数日而达。后棠死,值盛夏,其身不坏。

通 师

通师 姓名未详。洪武初,往来单县平堌黄堆间,身无完衲。人多借其力以代耕作,悉应之,无不得其欢心。适催租人经其处,神其村村皆若僧也。僧遂去,居九冢寺。瞻顾殿庑颓甚,期新之。乃托钵策锡,遍丐檀越。济河侧有木数丈,径尺余,就商易之。商曰:"汝能肩之,吾勿吝也。"僧谢讫,以锡扣者三,肩之归,若有余力者。迄今寺尚在,殿脊通木,即其木也。尝云游,寄粟于张氏,逾十年方归。封识宛然如新。曰:"张氏其兴乎!"后果世有显仕,僧不知所终。

圆 明

圆明 范县人,生而颖异,度为僧,精医术,所治无不效。日不暇给。及寝,闻有延请不及赴者，则梦而医之，病者亦梦圆明至，其病即愈。否则危。人以为生死之验。

德　宏

德宏　赵人，嘉靖初，来定陶，住白塔村观音堂。受持五戒，尝建水陆斋醮。终身足迹不入城市。临化趺坐，书偈而寂。偈曰："七十余年善巧，俄而一梦甚好。人间四相俱忘，九品莲花幽妙。花开顿悟无生，永绝生死病老。"其徒大用亦坚若修行，年九十一乃灭。塔于宏之右。至今称其地曰宏禅堂云。

僧佛定

僧佛定　不知何许人。初往巨野夹黄村东观音堂。尝以事逮至县庭。县令觉其有异，遽遣去。定遂渡河，卓锡白云寺，宗风大盛。河南巡抚杨宗义，推为正觉。康熙间，城（成）武县广严寺僧聘迎至寺，广招僧徒，说法受戒。未几去。定能昼夜不寝，跏趺经旬，与人多言孝弟事。有平姓者，夜至方丈外，默恳，定即知之。呼曰："平善人，但行好事，存好心，即佛果也。"后终于白云寺。

【据清乾隆《曹州府志》卷十六】

三、菏泽佛教古代碑文汇编

岳贤雷　点校

巨野北魏大(太)安元年前造像经碑碑文

时大元至正三年(1343)仲夏良日,住持大明院沙门德渊同乡僚阎敦武等同竖石日再移古碑,永为后志。王世荣移刊。

迦叶菩萨长跪合掌曲躬恭敬而白佛言:"世尊! 惟愿如来为我解说,破斋者堕何处地狱?"佛告迦叶:"破斋者堕饿鬼地狱。其中饿鬼,身长五百游(由)旬,其咽如针,其头如太山,手如龙抓;朝食三千,暮食八百;壹呼三万,驱破斋者入此地狱。复离此狱,绕其太山,犹如须弥。担火烧之,犹如非色。驱破斋之人担背倚之,肝肉燋烂,受其大苦。复离此苦,转刑更受。善男子若食斋讫,就仆斋食者,与父母兄弟君臣师长多交知识,未来世中堕铁轮地狱,左腋右肋,融铜灌口;若受斋食,亦须如是。"迦叶菩萨白佛言:"世尊! 如此众事,皆当有苦……"[按:经文出自《大方广华严十恶品经》,与日本《大正藏》本文字略有差异。徐绍强《大方广华严十恶品经·题解》(《藏外佛教文献》1995 年第 1 期)认为此经"是中国人假佛说所撰经典,作者不详。……南北朝时,以梁武帝(464—549)为首的中国佛教信徒推行断食酒肉运动(参见《广弘明集》卷三十),本经即该运动之产物……本经最早见录于《法经录》卷二,入伪经录。其后《仁寿录》卷四、《内典录》卷十、《大周录》卷十五、《开元录》卷十八均有著录,亦入伪经录。本经为我国历代大藏经所不收,日本《大正藏》据斯 1320 号收入第 85 卷。……敦煌遗书中另有俄藏孟 1098 号,李盛铎旧藏 1 件。因条件所限,此次未能参校"。据本碑文"大(太)安元年(455)三月十八日再立碑……"则此经出自 455 年之前,徐说此经出梁武帝时,有误]

[北魏]大(太)安元年(455)三月十八日再立碑人……

大齐河清三年(564)太岁在申七月八日

[明]弘治十年(1497)七月十七日重立……

【底端刻小字】《华严经》

【据巨野县石碑录文】

济州众等寺新修大殿碑

[北宋]王禹偁(建隆年间,960—963)

汉明已来,像教炽于天下,大都小邑暨名山胜境,鲜不建梵刹而聚缁流,有以见大法之光扬,末俗所归仰也。

按地志,高平巨野县乃斯郡之旧封,周广顺中(约953),始剖符竹,命二千石以治之。未改邑时,粤有兹寺之额,院宇弗葺,垣墉平倾,待风雨、避燥湿外则无观焉。是知地之兴废,存乎其时;法之兴衰,必有所主。

我先大师,斯郡人也,世姓徐氏,法名玄应,师号衍正。幼而聪悟,长而博达。始落发于嵩阳会善寺琉璃院,戒律既具,精进自苦。谓众生贪着,我则演法以诱其俗;谓佛法空寂,我则修心以行其道。加以辩若泉涌,捷如响答,有道安之理论,蕴支遁之神俊,故当时释种,咸所景附。

开运中(约945),天子崇信佛法,广延僧耆。师以行望素高,屡得召见。于是帘前赐紫。我宋开国(960),加号演正大师,兼内外临坛,文章表白,旌宿德也。

建隆初(960),爰自上国来归故乡,仍补管内僧正。师一心住持,戮力完葺。且以斯郡地惟涂泥,木不乔秀,栋梁榱桷出于西山。由是往来京师,市易材植,云委山积,浮川而东,约费用殆数千缗,积岁月几二十稔。劳筋苦骨,曾未知疲。上自国王大臣之舍施,下及一毛一饭之供养,我先师悉籍录之。冬裘夏葛,盂食盘蔬之外,未始轻掷。非积勤累俭,则曷能奋独力而成胜缘者邪?

先是,无钟以警昏旭,乃范金以鸣之。兹楼既成,兹殿将构,天不慭遗,师之云亡。徒弟五人,今院主大德无相,克荷先愿,用伸孝思,虽居哀苦之中,讵废经营之力?因垂成之绩,竭肯构之心。既成厥功,思志其美。以某,邑人也,辱与先大师游,见托论撰,申之以铭,其辞曰:

> 郡之厥初,草创改邑。寺虽有名,殿实未立。我师之来,志有必葺。寂灭有期,大功未辑。天道悔祸,师门代及;弟子无相,孺慕号泣;夕构朝营,岁据月拾;资用益饶,徒工允缉。红楼霞舒,绀殿山岌;榱桷栋梁,龙蟠虬蛰;丹雘螟涂,霜凝雾翕。是维庄严,岂虑燥湿。厥师经始,因果如彼;弟子善嗣,功力若此。纪事勒铭,永传厥美。

【据民国六年(1917)曹县徐氏刻本《曹南文献录》卷五十九】

龙兴寺记

[北宋]王禹偁(太平兴国七年,982)

佛灭度后,后末世一切众生并陷业障。法有轮梶而不转;魔有网结而高张。积覆篑之邪,峰乃峻极;寖滥觞之苦,波乃尾闾。是诸凡夫烦恼不断,是诸世界虚妄大行。地水火风攻之于外,贪嗔爱欲寇之于内。大则以金玉满堂垂子孙之计,小则以锥刀竞利务衣食之源。末俗于是难移,真如以之不镜。幻身有酒,宁知牛乳之方?火宅将焚,孰信鹿车之谕?则有悟电泡之非久,识生死之有缘,以慈悲喜舍为身谋,以因果报应为己任。谓财能贾祸,我则轻之若浮云;谓福可济身,我则指之为彼岸者,其惟京兆杜公乎!公悫愿理躬,淳和赋性。出言有信,重于千乘之盟;立事去奢,笑彼三家之僭。自谓处太平之代,饱歌颂之声,兵革不闻,伏腊自足。上则知其帝力,熙熙常陟于春台;下则依彼空门,世世期臻于净土。始念劬劳未报,风树缠哀。耕山起曾子之歌,陟岵动诗人之叹。堂虽肯构,蓄五橸以成家;养孰弗能,奉三牲而何益?爰思追荐,是用修崇。出兹润屋之财,饰彼布金之地。

龙兴寺者,东兖招提之甲也。先是,三门建于大中年(847—859),兖、海、沂、密等州连帅刘公莒之所立也。位历数朝,时逾百祀,风雨所寇,檐楹不完。寺众羞之,思所整葺而力未支也。公乃革其旧址,立以新基,易之以金铺,构之以重阁。庀徒且亟,蒇事靡遑。丁丁伐褒谷之材,阴疏烟叶;落落辇他山之石,翠断云根。役夫憧憧,车辙辚辚。绳者墨者,陶人圬人,继踵接武。其来如云。因为揆日之期,特起凌霄之势。乃曰:夫有其材而无其工,则材将弃矣;有其工而无其首,则工乃惰矣。畴其代我魁以董之,乃得藏主大德洪昭尸其事,且戒季子航以左右之。由是,无晦暝,无风雨,是剞是劂,以圬以墁。畚锸之影齐来,云生东岱;追琢之声互动,雷殷南山。板干毕兴,土木交作。惟知日入而息,岂俟定之方中?加以劳来有常,趋督忘倦。匠之哲者,则甘言重赂以诱之;役之贱者,则嘉醪芳味以悦之。工不敢怠,人岂知疲?星灰始周,功绩告备。莫不拔地若涌,掀空欲飞。金碧交光,烁亭午之日;栾栌互映,过崇朝之云。复道排虚,龙蟠夭矫之状;重檐截汉,鹏运扶摇之风。峥嵘而始,谓鳌擎来从碧海;峭拔而终,疑蜃吐飞出红尘。其或春雨丝纷,秋云罗散,夏引清飙而凄楚,冬涵皓雪以溟蒙。凭栏放怀,望远送目:前对孤桐之岫,杳霭凝岚;左连浮磬之川,萦回静练。足以作鲁邦之胜概,为法门之雄观者欤!

事既毕,公乃庆良缘,会大众,且以香花落之。故得观瞻之众云趋,赞叹之音雷动。

飞声走誉，自迩及遐；缘事有成，福德无量。亦何必持长者之盖，方表修行；舍画师之金，始为利益者哉？议者曰：凡人从缘而生，从缘而死。衣食者，治生之器具也；功果者，济死之津梁也。悟之者，若发箭在空，恒虞力尽；迷之者，若无舟泛海，但见溺为。斯盖浊恶染其欲情，声香触其根性。遂使舍一毛一饭，或至艰难；奉少香少花，皆有吝啬。苟非解方便力、有回向心，则孰能弃小径于迷途，持直心于觉路者耶？公则不然。始乃俭于其身，勤于其家，孝于父母，信于友朋；然后辍能散之财，崇无边之福。有以见其心也，不可思议其德也。不可唐捐。经曰"名称高远如须弥"者，我公有之，又曰"坚固不坏如□□"者，斯门比之。

公欲纪兹功德，思所铭刊，猥顾非才，俾扬善绩。其或叙如来之教法，则内典详矣；陈伯禽之土风，则《禹贡》具矣。是故书岁时而□□□□，语修建而无愧辞。秉笔成文，尤谢简栖之作；拂石为碣，永留宝积之□。

时皇宋太平兴国七年(982)十二月廿三日记镌字白□□□□

【据清道光二十六年(1846)《巨野县志》卷十八】

济州龙泉寺修三门记

[北宋]王禹偁(淳化三年,992)

古之官府，通谓之寺，故今九卿之署，其名尚有存者。浮图氏之教来于西国，馆于鸿胪，斯得名之始也。庄严宏敞，历代增之。得高其堂，揭以鸱尾；得大其户，轩如雉门。中心阙然，盖两观之遗制尔。

济州龙泉寺者，唐大历四年(769)建于郓州巨野县。县即春秋时西狩获麟之地，汉初彭越聚盗之所也。东距任宿，西接曹卫，北走汶水，南极芒砀，皆百余里。其中薮泽深陋，民俗犷戾，揭竿啸聚，率以为常。

周广顺中(约953)，鲁侯以曲阜叛，六师薄伐，七旬来格，思欲屏萑蒲之盗，启符竹之封，乃诏有司，改邑为郡。缁徒兰若，从而兴焉。虽主者增修，而日不暇给。既而前有殿，俨像设也；后有堂，备说法也。虽廊庑未具，固已甲于佗寺矣。唯兹三门，基而弗构。盖地苦洪水，民无余资，殆三十年而编蓬横木矣。

开宝丙子岁(976)，功德主大德某矢谟缔构，戮力经营，聚善舍之财，节衣盂之费，伐木辇石，鸠工庀徒，凡五年而有成。即以太平兴国某年月日迁化，弟子某嗣而葺之。丹青赭垩，焕乎有光，又立二金刚以守焉。望之巍巍，足为壮观。

夫寺之有门，若人之有衣冠，树之有枝叶也，不壮不丽，民安仰哉？某生于周，长于鲁，兴废始末，皆得而知。举进士时，见托撰述。游宦靡定，于兹十年。待罪商于，始毕前愿，得以事实，总而书之。僧之耆宿，郡之檀越暨租庸至向，请书于石阴。

时淳化三年(992)某月日记

【据民国六年(1917)曹县徐氏刻本《曹南文献录》卷五十九】

左山兴化寺宝乘塔碑铭

[北宋]钱明逸(至和二年，1055)

翰林侍读学士、朝散大夫、右谏议大夫、知曹州军州兼管内劝农使及管勾沟洫河道事、上轻车都尉、彭城郡开国□(侯)食邑一千户赐紫金鱼袋……(钱明逸撰)

夫万法虽殊，归真则一。倡教慑恶，要在利人。故传心印，则解脱之见速；示显相，则信向之诚博。此诸佛如来所以示舍利于后。不有重构，孰谓庄严；不兴谛心，何登彼岸？

曹州左山塔藏定光佛舍利六颗，始隋仁寿壬戌(二年，602)，号“法源寺”，建灵址五级安其下。遣使赍送，刊石以瘗之。至唐刺史蔡郅，继以营治。皇宋庆历纪元岁壬午(二年，1042)，一日大雨雷震，塔用圮坏，垣颠栋危，甓裂旒烁。比邱(丘)智隆志期修建，潜怀宝粒，往募诸方，广蕲信善。因供设于上都宝相招提，懔懔归依，冲冲方来□者成林，观者如堵。忽达宸听，即诏迎置禁庭，瑞香宝供，晨夕燃奉；赐智隆白金五十两以遣之。智隆涕泣叩阍，愿还旧塔。上不夺其情，命中贵人温士良持舍利，闷以银函，幂以泥金帕；御笔署封，归葬故地。仍俾士良躬道德音，谕守臣资政殿学士任中师，亟图营缮。

中师乃涓日辰，率官属，具梵仪，噴呗螺鼓，宝幡幢盖，赞导前后以奉安之；上体谆诲，专力经葺。中师首以奉泉及族属喜舍，仅五十万；自余冠缨之家，缁素豪姓，皆怂恿知劝，乐为檀越，又二十倍之。于是，鸠梗楠，稡甓瓴，云委波属，救陾椓丁，展门扉以面方，角垂铎而标风。木增工而壮，基增广而峻。周围扑水八区，丰蔀显敞，称其崇嶷，堂皇壮大，足以光法门之仪度，助像教之纲目。

塔既成，士良始还朝，图上制作之状。诏赐塔名“宝乘”，揭榜以金字。智隆、德钦并锡以紫方袍，仍许岁度净人，一皆特出宸渥，旌畴善果。

噫！物无湮塞，则莫有兴大焉。夫欲张者，必翕之，理固为然，岂因缘感遇抑有时哉！向非迅震摧起之变，则宏丽昌大、穹隆纷葩之盛，何以待我朝而振欤？

明逸皇祐癸巳(五年，1053)冬，命守济阴。暇日，因郡人厌次牧职方祝外郎正辞语兹塔始末，惧久之，人不详其由，当为文以纪其事。因赞叹荣遇，感慨寅缘，系而铭曰：

我佛慈力，拯人弗懈。中根小智，难以言解。乃现宝相，俾出迷堕。有坚固宝，示菩提果。择地而安，巨级崇栾。曰清净土，如彼梵天。受经之师，世名其山。昔也佛宫，今布金田。隋制恢宏，四百星霜。咸通继葺，庄丽未遑。天意欲兴，将泰而否。风雨怒号，霆雹交至。屏翳四走，神龙前驱。星驰雷师，火炽电车。遗基隤裂，栋毁甍折。地撼洞閻，神物莹彻。开士缊志，营思众共。卷怀以行，光射禅裓。浩壤峻都，观者盈郛。乐施严奉，妙共（供）香厨。逖闻天听，诏跻禁闼。宝薰纷缊，珠盖敞列。函以中金，归闷旧土。宸毫纪题，鸿惊虬骛。幢幡照地，潮梵震天。枢庭旧老，赞相以前。挺袄遗址，崇构新峙。瑰材山积，陶旊川委。翼如翚飞，竦若虎视。宝势重复，诸天下睨。胜利无疆，噢咻一方。岁度净者，著为条纲。揭名申宠，列榜金生。钩棱宛转，熠煋晶荧。慧海无涯，信航能涉。观者以谛，真心无杂。梵福坚巩，恩光昭晰。尘劫可灰，善因难灭。

至和二年乙未（1055）十一月二十一日立

【据定陶区左山寺石碑录文，参校民国六年（1917）曹县徐氏刻本《曹南文献录》卷七十四】

河东郡薛尹葬坟之碑记

（熙宁七年，1074）

大宋国济州巨野县潢涧乡曲防村薛珍奉为父母建立碑碣一座永记《佛说父母恩重之经》一卷

如是我闻：一时佛在王舍城耆阇崛山中，与大比丘众三万八千人俱，及诸菩萨无量无边，八部四众围绕世尊。时有圣者，名曰阿难，问于如来："父母恩者，其事云何？"彼诸菩萨咸共赞言："善哉！善哉！"尔时，如来告阿难曰："汝今谛听！谛听！父母恩德有其十种。"阿难曰："何者名为十种恩？"

"一者怀胎守护恩；二者临产受苦恩；三者生子忘忧恩；四者回干就湿恩；五者咽苦吐甘恩；六者乳哺养育恩；七者洗濯不净恩；八者远行忆念恩；九者为造恶业恩；十者究竟怜悯恩。"

佛言："善男子，善女人，为于父母，能造《父母恩重之经》。若是造此经者，是真报父母恩也。能造一卷，得见一佛；能造十卷，得见十佛；若造百卷万卷，得见百万佛。缘此人造经力故，是诸佛等常当拥护，令其人父母速得生天，离地狱苦。尔时，阿难及诸大众，天龙、鬼神、夜叉、罗刹、人、非人等，闻佛所说，身毛皆竖，悲泣哽咽，不能自裁。同发誓愿言：'我等从今向，尽于未来际，宁碎此身，由（犹）如微尘，誓不违于如来圣教！'"

阿难从坐(座)而起,白佛言:“世尊,此经当何名之?云何奉持?”佛告阿难:“此经名为《父母恩重之经》,以是名字,汝当奉持。”尔时,大众闻佛所说,皆大欢喜,信受奉行。

《佛说父母恩重经》

熙宁七年甲寅岁(1074)十二月丁丑二十七日庚寅立

【据巨野县石碑录文】

左山兴化禅院寺记

[明]陈　远(嘉靖元年,1522)

盖闻自古以来,乃三教释道儒攷(皈)一,不过尊此。至佛为首,虽曰灵□□……之尊,诚也。故虽清浊以昭然,人不进其诚,安得神之灵?故曰:上尔□□……焉。《易》曰:诚其感而遂其通。故曰:皆重民生之喜信也。虽至神不因□□……如□。仲尼曰:以礼从,人则爱之;以诚祀,神必在之。诚信者,为万善□□……古刹寺院,年深雕(凋)零,圣像颓坏。有曹县田村都善人邹文于弘治十□……巍容成就,鸠工施财,完毕善事,以祝国永固,□道遐昌。今因邹鲁建立碑记,以表先祖之功果。人有一善可……贯诸有情之要也。非天地不能齐其切(功),非日月不能掩其明,非神仙不能……佛,了然悟解也。伏愿佛日增辉,法轮常转。今据虔诚立石,于殿前悬扬,以表善事敬。

陈远记。

文林郎曹县知县吴廷　赐进士出身……杨迥　儒林学正朱高　僧会司妙果

大明嘉靖元年岁次壬午(1522)四月仲夏吉日立石

【据定陶区左山寺石碑录文】

重修兴化禅院印造大藏经碑记

[明]鲁恭王朱颐坦(万历三年,1575)

[按:中华书局1974年版《明史》卷一百一《诸王世表二》“鲁荒王檀”下第八代:“恭王颐(坦),端一子,嘉靖三十年(1551)袭封,万历二十二年(1594)薨。”又卷一百十六《诸王一》:“(嘉靖)二十八年(1549),观熄薨。子恭王颐坦嗣,有孝行,捐邸中田湖,赡贫民,辞常禄,给贫宗。前后七赐玺书嘉劳。万历二十二年(1594)薨。”据《明世宗实录》定朱颐坦为朱观熄“庶一子”,于嘉靖二十八年(1549)袭封鲁王。可从。以上参考于山东大学2010年硕士学位论文冯启的《明鲁王研究》,第40~41页]

［又按：此文除曹僧吴地外，全篇移录唐太宗李世民《大唐三藏圣教序》，意盖方鲁吴为华竺，拟寺主于玄奘也。夫自世尊拈花而迦叶微笑，达磨东来而一茎五叶，中土尤重教外别传，以心印心，见性成佛，则兴化寺主行彼迈途，发此愿心，输彼五律一乘，而造此八藏三箧，诚何为者也？鲁王之褒此也，将天下流行、怀仁所集王羲之书《序》移录于此，其亦有“不立文字”之遗意耶？然玄奘，取经者也；鲁王，制文者也；兴化，印藏者也。若果不立文字，则在王为喧宾夺主，在制为徒劳无功，而玄奘、兴化皆为丘墟矣。］

大明太祖高皇帝八代孙鲁王制

河南考城县葛冈郎堌沙门云峰圆德书丹篆额

盖闻二仪有像，显覆载以含生；四时无形，潜寒暑以化物。□（是）以窥天鉴地，庸愚皆识其端；明阴洞阳，贤哲罕穷其数。然而天地苞乎阴阳而□□（易识）者，以其有像也；阴阳处乎天地而难穷者，以其无形也。故知像显可征，虽愚□（不）惑；形潜莫睹，在智犹迷。况乎佛道崇虚，乘幽控寂，弘济万品，□（典）御十方。举威灵而无上，抑神力而无下。大之则弥于宇宙，细之则摄于毫厘。无灭无生，历千劫而不古；若隐若□（显），□（运）百福而长今。妙道凝玄，遵□（之）莫□（知）其□（迹），法流湛寂，挹之莫测其源。故知蠢蠢凡愚，区区庸鄙，投其旨趣，□（能）无疑惑者哉？

然则大教之兴，基乎西土，腾汉庭而皎梦，照□□□（东域而）流慈。□（昔）者分形分□（迹）之□（时），言未□（驰）而成化。当常现常之世，民仰德而知遵。及乎晦□（影）归真，迁仪越世。金容掩色，不镜三千□（之）光；丽象开啚（图），空端四八之相。于是微□□□（言广被），拯含类□□□（于三途）；遗训遐宣，导群生于十□（地）。□（然）而真教难仰，莫能一其旨归；曲学易遵，邪正于焉纷纠。所以空有之论，或习俗而是非；大小之乘，乍沿时而隆替。

有□□□□者，法门之领袖也。幼怀贞敏，□□（早悟）三空之心；长契神情，先苞四忍之行。松风水月，未足比其清华；仙露明珠，讵能方其朗润？故以智通无累，神测未形，超六尘□□□（而迥出），□（只）千古而无对。凝心内境，悲正法之陵迟；栖虑玄门，慨深文之讹谬。思欲分条析理，广彼前闻；截伪绪（续）真，开兹后学。是以翘心金陵，往游吴越；乘厄远迈，杖策孤征。□□□□，穿江渡海；峻□崄岩，空外迷天。千里山川，拨云霞而进影；数经寒暑，蹑霜雨而前踪。诚重劳轻，求深愿达。览诸名刹，遍历胜境，募化檀那，印造《大藏》。金陵□□，□□□（味道餐）风，湖裹佳景，瞻奇仰异。承至言于先圣，受真教于上贤。探赜妙门，精穷奥业。一乘五律之法，移出于金陵；八藏三箧之文，运来于鲁地。爰自所□之经，总将□□□□□□□百四十。

亟流布曹南，宣扬胜业。引慈云于西极，注法雨于东垂（陲）。圣教贮于兴化，苍生罪而还福。湿火宅之干焰，共拔迷途；朗爱水之滔波，同臻彼岸。是知恶因业坠，善以缘升，升坠之端，惟人所托。譬夫桂生高岭，云露方淂泫其花；莲出渌波，飞尘不能污其叶。非莲性自洁，而桂质本贞。良由所附者高则微物不能累，所凭者净则浊类不能沾。夫以卉木无知，犹资善而成善，况乎人伦有识，不缘庆而成庆？方冀兹经流施，将日月而无穷，斯福遐敷，与乾坤而永大。

寡才谢珪璋、言惭悙（博）达，至于内典，大所未闲（娴），所制序文，深为鄙拙，唯恐秽瀚墨于金简，标瓦砾于珠林。忽得来书，谬承褒赞，循躬省虑，弥益厚颜，善不足称，空劳致谢云耳。

鲁府奉国将军东瓯王

万历□（三）年岁次旃蒙大渊［献］（乙亥，1575）四月萱生八荚吉日立石

山西太原府平定州将仕即知司事巡捡张应仲　司□周□

鲁王恩赐戚官杨应选弟杨应期　嘉祥县石匠徐世相镌

【据定陶区左山寺石碑录文】

游左山寺记

［明］钱达道（万历十年，1590）

乡进士邑令培垣钱达道撰文

乡进士邑人瑶华万爱民篆额

乡进士邑人筑严蔡　弼书丹

余夙有游癖，且家世海虞山中，其于峰峦洞壑之奇，泉石竹木之胜，盖朝餐而夕帷之也。一绾铜符，纠缠吏俗，即遇名山胜宇，未遑探历，为怅怅者久之。比系昌补曹，曹故小国，无他佳丽。间以其暇，一登曹南山，再登青、景诸山，直卑卑邱（丘）垤耳。

会邑孝廉蔡赍卿氏谈其里中有左山寺，为古名迹，辄心神飞越焉。考之邑乘云，春秋左太史瘗骨此山，故以山属之左。左山者，缘左太史而名也。其后不知何代，僧创兴化禅寺，建左山塔，藏定光佛舍利子于其下。宋庆历间（1041—4048），寺、塔皆圮。僧知（智）隆移舍利诣阙，天子遣中贵人温士良谕守臣任中师缮治之，于是左山复有寺，而塔则屹然于寺之旁矣。至皇祐癸巳（五年，1053），余五世祖修懿公出守济阴，因郡人祝正辞之请，为作《左山寺宝乘塔碑记》，其文尔雅，大类六朝丰骨，载在宗谱。自宋迄今不知几百年许矣。

岁庚寅(1590)之三月,余以职事道出左山。环山而居者多蔡氏裔人,则此山之檀越主也。赍卿为具肴核,邀余偿登临之约,余欣然从之。时维暮春,惠风袅袅,山鸟齐鸣,如调笙簧。夹路蔓草闲花,香气冉冉,袭人衣袂。四顾邹鲁故墟,宛然昔人在目,神怡心旷,诚不知其山之左而右也。行不数里,从者曰:"左山矣。"余策马环视,一再无峰峦洞壑之奇,无泉石竹木之胜,不异曹南、青、景。盖土人不惯看山,见邱(丘)垤即以为山耳,第不知置身于泰、华之侧,又何以名而状之也?因目逆赍卿,哑然失笑。顷之,有僧道纪锡杖而出,倩之以行。自是得谒汉恭王陵,吊左太史墓,而左山形胜一览无遗矣。

折而南为兴化禅寺,其中则先修懿公碑记俨然在焉。旁多石刻,则卿之大父泾阳公与司理杨筠涯公、释秋月辈结社兹(兹)山而为镌其诗歌者也。谛视良久,迤逦而出。已止宝乘塔下,向山僧觅其所藏舍利子观焉。僧曰:"传闻舍利藏于灵址五级下,夜深时见清光闪闪,今岁迁不可睹矣。"余复请之曰:"闻僧众果皆圆心了而化,乃为舍利。当时左太史博极群书,注述千万卷,其心亦了否?而何以不化?太史读书明理,道为诸儒宗,其心炯炯,不知当时定光所化舍利之心,亦得如太史之见否?而何以化?太史与定光同居此山,是儒释偶合,而冥冥之间,其为太史窃舍利余光以自淑?亦或菩提之镜尚借明于太史?此皆不可知者,请以问山灵。"赍卿曰:"山以左名,寺以山名,固矣。然不有修懿公为之铭,则此寺曷重?不有先泾阳公为之主,则此寺曷延?是余两氏盖大有造于斯寺者。矧余小子,昔出长公门下,而今又得以燕闲侍君侯杖履,以续先公之游,非一时良觏哉?是恶可以弗记?"余点首是之,为铨次其时日,而付之山僧。若云刻石于左山之旁,与先公之旧碣并辉,则余不敢知矣。

万历十八年岁次庚寅(1590)季夏(六月)之吉

【据定陶区左山寺石碑录文】

南鲁村广严院记

[金]朱阜亨(大定三年,1163)

窃以莲敷四叶,大圣方诞于迦维;果证六年,妙觉初成于道树。随机设教,应物现形。舒玉音而□被大千,振金声而言该百亿。匪维大辟元门,实亦助兴国化。肇自摩腾入汉,鸿胪彰白马之名;僧会来吴,建初号佛陀之理。自时厥后,大教弥兴。僧尼塔寺,遍于寰宇。历古以来,无不崇尚。

今城(成)武县南鲁村广严院者,爰自大唐,镌记天宝(742—756)。近因有信士小都缘大智虚谋,横遭缧绁,控告无已,乃启宏誓之诚,仰凭三宝之力,遂感加持,果然脱厄。特酬先愿，建造佛堂。元址平基，葺成蓝宇。次因黄水大涨，流渍崩隳。再选高方，择斯爽垲。

若以夕而窥之，则乍浮烟岛；旦而仰之，则近去云霄。东连甘露，刘氏之冢助其翼；西接伏波，青堌之邱（丘）补其羽。前瞻宋岸之古河，弯环为势；背枕夏氏之大潭，流派通津。离（东）窥贺庙，巽（西南）指梁城。现青山之迭嶂，远色分明；窥运水之涨泛，微形幽郁。镇村冈之大，压众阜之雄。景胜一方，真其佛地。故有名僧累加修建者焉。

幸遇吾皇，抚垂政教，道并唐虞，福等金轮。修其文武，愿山河之永远；奉于释道，保社稷之遐昌。故于其年秋八月，颁赐紫褐衣德号、寺观院名额并僧尼度牒。普天率土有大比邱（丘）明智法祖，芒砀山均庆寺圆通门下普应大师之贤徒也。今和尚讲道年深，名传岁久，行秀群师之表，道肩古德之风，众仰其才，乃命主持。于时同门僧道云结，化檀那欲求赐额。至冬十二月初九日蒙降到“广严”为额。额虽已赐，欲其永世，未保其终，乃选坚石，命工镌刻，伏望金田永固，兰惠常兴，作一方之化诱，为万古之元风。

阜享乡间未解，儒苑散才，既承三顾之恭，聊奉数言之记。

大定三年（1163）十月初一日奉敕修

【据清道光十年（1830）《城（成）武县志》卷十二】

移五十三佛记

［金］僧善元（大定四年，1164）

窃以大道无为而因缘有地，妙法常住而隐显以时。夫五十三佛，当妙光末法之际，乃释迦顿悟之时，与三千众等，不向镜里看形，共入水中捉月，见流穷本，摘叶寻枝，皆异口同音而称名，乃众心共赞而作礼。运广大慈悲之性，开苦空方便之门；降神而法界动摇，应迹而诸天拥护。敬者福超无数，功越恒沙。前有古佛殿，值汤汤之浲水，遭浩浩之洪波，梃桷雕残，殿廊皆丧。内有石镌佛像，将为淤淖之没溺。有济州押压巡捕孙泽，有偏见之能，遂迁于大明禅院。此地乃山崇而峰秀，景圣而僧纯。命良工作坎座于石壁之内，经之攻之，不日成之。图百世以长坚，保千龄之永固。谨化有缘之众，同沾少善之励。时大定四年（1164）正月初八日，住持本院僧善元。

莱山村王珪祖、王顺妻吕氏，父王坚妻李氏，男九儿、十儿，都元帅捉杀盗贼所差委巡捕任宣；金山村刘赟、李洞仙、黄珪、刘仝弟、刘介、男琮、男琼、侄四哥、五儿、六儿，都统府差委济州金乡、嘉祥、郓城县巡捕提督捉杀盗贼公事郭汝翼、伊海、孙经，酒匠刘珍、刘谨、李彦妻郗氏、男李赟，都统府差委济州管界巡捕捉杀盗贼兼巡绰河道事孙泽，本司刘祺、朱宝、张靖、邵德、高辛、章琳、邵兴、朱晟、董渊、韩斌，进义校尉前任嘉祥县商税务马祯、朱仪、苗瑾、男瞄初、邵裕、齐深、仇俊、李善，忠勇校尉权济州郓城县簿尉王彦；平丘村彭伟、孟昱、史忠、朱慈海、吕觉皋、聂顺、伊道安，奉信校尉飞骑尉赵彦端、祖元、卞政、翟惠登、许惠青、刘惠了、许成、李法通，显武将军山东西路转运监铁判官赵□、妻天水县君王氏儿、朱觉明、李善、修善、吴二翁、张妙净、赵成，经武将军济州嘉祥县仓骑都尉兰陵县开国男食三伯户萧大神奴；麟山村李进、李遵、信平、张善、崔正智、张普明、张顺，兰陵县太君耶律、兰陵县君、男引住、王法明、李祖祥、张乂、王乂、杨进、杨佺、王握，谢宣武将军韩明、马金紫、孙行之、夏铁哥，忠显校尉权嘉祥县令李嘉祥候宾；兴平村翟青、商婆；张封村徐宇，忠显校尉沧州盐山县都总押水千户王用，金乡县张仙郓城傅坚，尼义聪、志成，孙泽曾祖孙中庸妻葛氏、祖孙璟妻夏氏、孙琳郗氏、孙□妻尚氏、父孙勋妻宋氏、叔孙照妻刘氏、孙振妻潘氏、孙百禄妻周氏、孙百福妻马氏、孙俊妻邵氏、兄孙延年，孙宥，弟孙宇、孙宁、孙宗、孙密、孙宝、孙实、孙宽、□孙仪、三儿、四儿、男牛纫。

童子乡贡进士阎思聪书　匠人李彦、弟李信

【据巨野县石碑录文】

大明禅院记碑

［金］僧善元（大定四年，1164）

（秦王洞石壁）

窃以大道无为而因缘有地，妙法常住而隐显以时。夫五十三佛当妙光末法之际，乃释迦顿悟之时。与三千众等，不向镜里看形，共入水中捉月。见流穷本，摘叶寻枝，皆异口同音而称名。乃众心共赞而作礼，运广大慈悲之性，开苦空方便之门。降神而法界动摇，应迹而诸天拥护。敬者福超无数，功越恒沙。前有古佛殿，值汤汤之洚水，遭浩浩之洪波。梃桷雕残，殿廊皆丧。内有石镌佛像，将为□淖之没溺。有济州押压巡捕孙泽，有偏见之能，遂迁于大明禅院。此地乃山崇而峰秀，景圣而僧纯。命良工作坎，座于石壁之内，经之攻之，不日成之。图百世以长坚，保千龄之永固。谨化有缘之众，同沾少善之勋。

时大定四年（1164）正月初八日，住持本院僧善元记

【据清道光二十六年（1846）《巨野县志》卷二十】

济州秦王洞新赐大明禅院记碑

[清]黄维翰(道光二十六年,1846)

在秦王洞。记文详《山水志》。碑末书:"大定七年(1167)五月十五日,承务郎、前涿州军事判官云骑尉、赐绯鱼袋薛仲容撰记。朝奉大夫、骑都尉、南阳县开国男、食邑三百户、赐紫金鱼袋韩□篆额。乡贡进士魏俞书丹。传法沙门法忠立石。"

【据清道光二十六年(1846)《巨野县志》卷二十】

重修出城寺记

[明]刘　矩(洪武二十七年,1394)

寺以出城名,志其所也。寺在东明故城南一里余,西滨于河。宋元间没于河水。洪武初(1368)邑徙于东,而寺宇遂废,厥址犹存,荒烟野草,映带左右。有八角井泉,甘而可饮;地则圩然,崎岖峣崅。昔之人所谓坂田者,殆此与?岁己(乙)卯(八年,1375)浮屠氏性添静山丐食饮而过于斯,栖栖然信宿而弗去,谓左右居人曰:"吾欲于此重理而屋之。虽然,其成也不以私己,必求能衍吾教于兹方者付之。"众乃欣然丕应。既而各捐木瓦砖石货财之属,惟恐后。岁甲戌(二十七年,1394)而落成。前后殿二,东西有屋,前有门,诸佛貌像悉从而金之。乃偕门人弟子奉侍晨昏,略无少怠。其制行也笃矣。于傍之薙地,斥而大之,其亩复五十有奇。垣墉缭绕,与殿宇起伏之势,望之翚然。而实静山氏一念之力有以动之也。其度越于人也,不既远且多与?静山氏欲予记之,是以不能已于言。

【据清康熙十二年(1673)《东明县志》卷八】

重修观音寺碑

[明]穆孔晖(正统四年,1439)

……邑穆孔晖撰文

□进士故城□□县长清杜泰书丹

赐进士太常寺济南边贡篆盖

观音寺历宋元间,未尝建名于兹土也。兹土乃古曹之南乡,开长之编户,在载版籍而不可泯灭者矣。自我朝扫清中原,黎庶安堵,原厥兹土,始遭兵燹后,榛莽极目,居民鲜少,固不知寺之为寺,佛之为佛,僧之为僧。至正□□□□稍集,土地渐辟,日更月化，礼义颇明于乡曲，迥非前日之朴野也。□有住人樊恕喜禅教、好浮屠说，约诸乡人王福、王寿、姜贵等而祝之曰：“僧非寺无以居，佛非僧无以事。吾辈宜崇德乐□□施财帛以为营缮、绘塑之费。”众许诺，遂偕僧人圆果共兴斯役。

厥工告成，四方来观者欢欣踊跃，以为一方之奇事。当时之伟观，迁延岁月，以迄于今。悲夫！寺有殿宇颓败日，基殿贮佛像□□弗新，樵童牧儿坏垣墙毁薪木，屡矣。居人恒以此为虑，尚未获其支倾补罅□人。值住持续玄等洗心涤虑，因其故址而葺之。然内有正殿，塑如来、菩萨至尊，金碧辉煌。亦有前殿，塑佛像一尊。洎诸天神、罗汉，霞佩珠络，西则方丈为间者有三，东则退居为间者亦□。隅□伽蓝殿，乾方则香积厨，面阳祖师祠，背观音堂，悉绣闼雕甍之具，左右列钟鼓楼，朝夕击之，礼佛诵经。复有廊庑数十间，轩厂豁如，为众僧藏修之所。外则山门，榱桷巍峨，垣墉坚正。绕□周匝植槐柳榆柏数百株，时则春禽巢林，夏虫鸣股，秋萝摆月，冬柏逞翠。是以焕然聿新，幽深广袤，夷圹清虚。往来达官贵士、骚人词客暂憩于斯，咸指而羡之曰：“此真层峦叠巘而桂殿兰宫矣。虽古之开宝寺、慈恩塔，风流不减于今日也。”信乎！兹土甲于他方，此寺肇诸厥工。是工昉于弘治十年(1497)，至正德四年(1509)次第落成。□细异□而无遗工废业之愆，足以继往哲之坠绪，以示来裔之能守矣。

当功成暇，有续玄偕宗兴辈讯予为文，且自道其实曰：“吾侪一僧人也，非能神运鬼输，由恶衣粝粮以蓄资财，夙兴夜寐而劳筋骨□四方□□之资，远近亲朋之助，仰我佛无量无边之德，方可以共臻斯道。”夫何幸而得预于斯哉！兹不揣本，敢干大笔，欲勒之于石以纪其事，庶几其言于行于心与斯文同朽腐。予□其言则简而谨，行则慎而笃，心则纯而洁，遂书之。复为之颂曰：

穆穆梵宇，贮诸金身。赫赫威灵，鬼伏魔驯。玄空了悟，业海弗沉。明心见性，净果是臻。弥陀□教，原发有因。未□中国，名曰胡神。炎汉明帝，奉始斯民。厥道用显，迄今弗沦。盛倡梁武，浮图百寻。铃铎声响，十里俱闻。锦绣珠玑，骇人目心。舍身为奴，尤著忏文。延及唐宪，迎入内寝。历送诸寺，王公士民。竭产充施，燃指捐身。愈表佛骨，事□弗问。爰及于后，酷好梵音。累造塔寺，巨资百金。敕降郡邑，置官有印。僧遍寰宇，颁赐牒文。律以峻法，抚之深恩。呜呼斯举，特迈千古。噫嘻如来，功德及人。开聋启聩，拯溺救焚。尔师释教，宜单厥心。鸠工督众，勿惜帛金。壮丽殿宇，巍峨山门。金碧绘像，光彩照人。远近游观，辄起欢欣。遵守清规，日聆金音。佛其有灵，永保厥身。推今附古，陈兹颂文。谨勒于石，千古不泯。

大明正统四年(1439)十月吉旦建石

万历四十一年(1613)重修佛殿一所

天启元年(1621)金菩萨一尊;重修伽蓝建立碑记

【据牡丹区樊寺石碑录文】

重修善法寺碑记

[明]李　秉(天顺四年,1460)

前都察院右佥都御史中宪大夫　曹州李秉撰

工部都水清吏司员外郎奉直大夫文山祝敌书

太学生　　　　　　　　　　文山毕聪篆

佛氏之教,古未有也。始于周初,盛于季代。自前古以至昭代,靡不重之,何耶?以其明心见性,亦能化人为善而已耳。是以无地而不有寺焉。若曹邑之南,大义□□(都东),其寺曰善法,创于前代之时,废于兵燹之际,碑文虽在,寺宇倾颓,僧人无所依归。□有住持觉润,乃兖之宁阳宝相寺人也,因访景至此而慨然有兴废补坠志,遂与乡之善人常忠谋□曰:"善法有寺,古制也,□坠已久,□欲重建,财力皆乏,不识可复举乎?"常忠曰:"佛之为言,善也。佛居于一方而一方人皆化于善,则一方□共力成之,不亦可乎?"觉润曰:"然。"遂化缘募众,各捐己资。木石之□,不久自集。自经始至落成,□□载而翕然成就。若殿宇僧舍,三门钟鼓之类,无一不备,焕然一新。其乡人贾彝等,均备己资,各造佛像□尊,□用心可尚。故常忠谒予馆而言曰:"觉润□用心之劳如此,□□□文以纪之。"予,圣门之徒也,今□□□之教论之,非附释而外儒也。以其觉润颇持正论,有附儒□(之)道,□□(与彼)灭弃礼法,害于仁义者,大不□(侔)矣。故重其请而道之。觉润辈诚□尊崇释教,不堕祖风,则其□名亦□(不)让于古之韩文公之所往来共谈者,则此寺之建,其抑有益于世也耶!

故书此以为记。

大明天顺四年(1460)□闰十一月吉日

【据曹县大寺石碑录文】

重修善法寺碑记

[清]韩志杰(道光六年,1826)

敕授修职郎前署德州训导事补授福山县教谕 同邑韩志杰沐手撰文

敕授承德郎郡廪膳生员辛巳举孝廉方正　　同邑韩　英沐手书丹

余旧村西北里许,有寺曰善法,因建于大义都之东偏,亦曰大义,盖欲四方之人守法遵义，同归于善也。创自何时，无碑可考。其兴废补坠，代有其人。天顺四年(1460)重修者，则有僧人觉润，乡民常忠、贾谊等，而同邑李襄敏公秉为之记。嘉靖三十七年(1558)重修者，则有僧人道兴，而莆阳林启昌为之记。乾隆二十七年(1762)高子暗生又重修之，庙貌巍峨，愈于前矣；记之者则有金乡王如庠。后六十余年，岁在乙酉(1825)，暗生孙清珍公，余之表叔也，见寺倾颓，而慨然曰："吾祖兴作于前，我可不补葺于后乎？"于是命胞侄岫，族子天全、培伦董其事，募化四方，购办砖瓦木石，并延居近亲友王恩赐等诸君子督工修造，不数月而焕然一新焉。其神为如来，为罗汉，为菩萨，善而可法者也；为关圣帝君，为火德真君，义而光明正大者也。世之守法慕义者，固有所观感，即罔法背义者，亦知所惩戒；于世道人心未为无补也。工竣，嘱余为文以记巅末。余谫陋，不能道扬盛美，因略记前后修葺之人与年代以付之，俾后之君子有所考据云。

住持道人复兴　徒孙海明

大清道光六年岁次丙戌(1826)四月谷旦立石

【据曹县大寺石碑录文】

重修福兴寺记

[明]刘　辅(成化五年，1469)

寺在州北方八十里，台高丈许，基阔数百步，周围广一里，寺宇居焉。[后]梁之贞明三年(917)，僧徒李原创建，壮丽一时。宋属开州冤句县界。元季经兵火，惟存台基。永乐癸卯(二十一年，1423)，郡之僧正张惟诚睹此佳境，命僧人悟景结庐居之。至僧正因福悟海，又命游僧岳氏圆清住持。正统改元(1436)僧人道成发虔心，不避寒暑，跣足募化，重建前后三殿，雕甍画栋，巍峨壮大。性海行玉装演佛像，如其殿数。金碧鲜明，光彩炫耀。起盖楼阁，铸钟一口，晨昏听音，参禅礼佛。天顺庚辰(四年，1460)间，慧通来住于此。同性海洎徒海贵、海善、本广偕善士孟原辈，鸠工聚材，市买砖瓦，盖造后殿，塑绘圣像，起架两廊。创工于成化元年(1465)三月，落成于成化五年(1469)十一月。光前启后，可谓能振本教者矣。嗟夫！寺之兴废由僧之贤否，本乎心之诚伪。心诚则寺宇兴而事竟成，心伪则建于前而废于后，有于此而失于彼，欲人之瞻仰而敬畏，难矣。今众僧协力同心以建此寺，无非阐扬释教于将来。因记其乡贯，以为后劝。

道成：山西屯留人。行玉：临县人。慧通：郡之壮。司马陈仲和

【据清康熙十二年(1673)《东明县志》卷八中】

曹县开元寺重修记

［明］王崇文（弘治十二年,1499）

曹之寺宇,环四境者不下七十余,多荒陋。独城西北二十里突然而高,地名春墓冈,幽敻靓深,有林居之乐,无俗鞅之扰,开元寺在焉。创始于金大定二十年(1180),有碑可稽。遭兵燹。历三百余年,无能起废者。

成化丙戌(1466),普宽上人来居,慨然叹曰:“斯境也,斯教也,可使沦没之若此耶?”乃自度力足以胜,使弟子洪金辈相与图之。尽出己资,协以众募,抡材鸠工,拓其地,宏其规,中作大雄殿三间以事佛,左为堂以事护法伽蓝,右为堂以事祖师达摩,天王殿峙于前,方丈接于后。钟鼓有楼,庖库藏有所。建两廊各三十间以居其众,收民田五十亩以赡其食。像设庄严,门墙坚好,法所宜有者无不备。某年,功始告完。至宏(弘)治癸丑(1493),宽之师兄曰普旺上人暨弟子信端,又作释伽佛殿于大殿之前,作方丈于东廊之东。由是冈若增而高,境若辟而新,昔之倾圮者坚致矣,昔之荒秽者精洁矣。

予家居时,读书定清寺洪淮上人禅室。淮与金同宗,因得与金相觌,未尝不敬其律戒之严、经典之精也。闲往访焉,金书其寺之兴废颠末,请予记之,久而未就。己未岁(1499),予官于京,金复以书来速,义不可以中止。

予闻普宽上人之肇工也,念曹所宜木非殿宇之需,乃度关入陕,下西山之木,冒河流之险,费钜万资,以成一时伟绩。苦心高行,倾动远近。我外祖少保李冢宰先生以德望重天下,亦雅相敬重,固寄道之人也。夫又闻金之事师如子事父,饮食衣服务适其意。比宽之亡,追念不置,思以文字昭其师,与信士潘整、纪旺入山采石,磨砻作碑,翼以传之永久。夫世之士夫,诵诗书知理道者,视其师如路人,甚而下阱投石,尽其排挤之巧。孰谓释氏教中而有不忘其师如金者,可不嘉尚也耶!夫宽上人作寺之绩,戒行之高,与金之求记之意,皆善之大者,诚不可以不传。与之记,虽未足为寺重,而吾心深有感焉。

【据民国六年(1917)曹县徐氏刻本《曹南文献录》卷六十四】

重修寿宁寺记

［明］徐　舟（弘治十二年,1499）

赐进士出身云南道监察御史授四川按察司副使郡人徐舟撰文

赐进士出身四川道监察御史授湖广按察司副使郡人陈鼎书丹

乡贡进士太和县知县郡人王旻篆额

古基关王庙者，在州之坎方三十有五里，去西古刹乃寿宁寺也。高广宏壮，望之俨然。父老传云：创自宋大中祥符间（1008—1016），历有元，乞三百年余。国朝洪武初（1368），毁于兵，又将百年，未有修，惟基址尚存，人犹谈诵。

于景泰庚午岁（1450），有比丘继恭，素有戒行，诚心侍奉宗□，□修殿宇，以奉香火，募乞檀信，遂集林市木、陶砖瓦、鸠工匠，财出于十方。今弘治甲寅岁（1494），又造□（前）殿，则伽蓝祖师堂，则山门、两廊俱完；后殿，则释迦世尊，左右文殊、普贤，两壁则十八尊者。前殿宇中妆塑毗卢尊佛，县（悬）□诸天，丹青彩绘，金碧灿然。人情大悦允，远居民祈祷者云集祠下，无不感应。

释氏谓多方便、慈悲，救人之灾危，有□传诵于世。故人多崇，久而不衰。其修寺日，经始于他。今弘治己未（1499），既望落成，比丘继恭、募记祖秀特投宦门，乃属记镌□，垂之不朽。余维废置不异一者，人情常也，使废而不修，虽有礼之，无以展其诚。惟其重新，则自今以后，凡岁序祭祀□家属患难祈禳，庶有所归依，又冥而有宥，而神之于人，亦必有所阴佑矣。切比丘继恭、造记门徒祖秀既不吝于钱帛之费，文期其事之克成，非笃于崇奉者，能之乎？此其心之慈恕，不独为己，而且以为此方檀那之福佑也不少矣。余与祖秀为里人，以乡人而与之言，人之情也。故乐纪之，非特已岁月之不迷，而且以使后之人知继恭、祖秀师徒曾有功于侍神圣也。

时弘治十二年岁次己未（1499）仲秋月吉日开第一代住持憘广、二代徒昌能徒孙继恭合山僧……

【据牡丹区袁堌堆石碑录文】

重修寿宁寺碑记

［清］袁　桐（乾隆六十年，1795）

粤稽寿宁寺之来历，亦不知创自何年。但考自明时弘治年间（1488—1505），相传至今，已经重修数次矣。奈年远日久，风雨摧折，只大殿尚存，前殿败毁，配殿狼澈，钟鼓二楼、山门墙垣俱损坏待（殆）尽，即行路之人，莫不目睹而心伤；况附近居民，有不怆然而动念者乎？于是各庄人氏群相聚议，公举二十四家，俱为首领，同心募化，四方布施，兼约大会一百数，中会七十六数，各捐金资，鸠工庀材，未及一载而庙宇颇修，四壁微整，虽无翚飞鸟革之美观，而敬神亦云有所矣。固人心善念所致，而实佛祖之灵感使然也。至于工完告竣，不过详明其事实，备列其姓名；命彼石工勒之于碑，永垂千古，以志不朽，是为序。

监理寺工袁桐秉心撰文　濮阳业儒陈森沐手书丹

大清乾隆陆拾年岁次乙卯(1795)榴月(五月)中浣之吉建立

【据牡丹区袁堌堆石碑录文】

重修寿宁寺记

[清]马文俊(道光五年,1825)

自圣人神道设教,后世因以建祠宇,福善祸淫,百神各著而佛为尤盛。佛也者,西方圣人也。自明帝□梦,遣蔡愔等求佛于月支,化流中国千有余岁矣。曹郡西北四十里寿宁寺,前后二殿,供奉皆佛。闻诸父老,其创始自宋大中祥符间(1008—1016)。厥后,相继重修,代有其人。奈时以代迁,物以久敝,教房坍塌,各庙倾圮。会首刘作舟、马珠等立愿重兴,鸠工庇(庀)材,焕然聿新。时当落成,嘱予作文以纪之。予思夫佛者,觉也,以觉悟群生也;不二之门,三元之法,以及天龙、虎丘,微妙可悟;世之人无达摩之见,亦乌睹所谓斩(崭)新日月,特地乾坤哉?故即心是佛,非心非佛,梅子未熟,马祖几为惑。人求佛者诚知所以求之,则清净寡欲。身似菩提树,心如明镜台,时时勤排扫,何处惹尘埃?瞻仰佛日,未始非劝善惩思之资也。其诸圣人神道设教之遗意欤?法鼓可震,慈灯常明,后之觉者,其将有感于斯文,是为记。

钦加七品衔增广生员马文俊撰文

大清道光五年岁次乙酉(1825)三月上浣(上旬)之吉立

【据牡丹区袁堌堆石碑录文】

创修观音寺山门碑

[明]王　淮(弘治十八年,1505)

(城南隅,今大佛寺。节存。王淮序略)

观音寺居县治之东南隅,前枕深池,西□□宝塔,盖古刹处也。元时遗迹尚在,但岁月□久,殿阁沦湮。永乐时(1403—1424),有初代祖讳本原者,甫构一中堂□□□□□□□□二代祖曰惠忠与兴敬者再创一佛殿。迨正统八年(1443),又有住持觉增乃次第修造天王、伽蓝、祖师殿以及两廊僧舍。景泰庚午(1450),惠忠之徒戒澄始奉命授官以主□教。斯时,规模已初具矣。宏(弘)治元年(1488),僧官悟聪复续修千佛殿五间。五年壬子(1492),其徒孙邵永接修伽蓝殿三间。继此,又有僧□圆幸,乃智经之门徒,定伦之嫡孙也,以继承智慧之清修苦节为念,先于宏(弘)治十三年

(1500)春,因祖师殿之倾圮而修葺之。继于宏(弘)治十七年(1504)冬,复因山门之缺略而创建之。兼将内外墙壁炫以金碧,涂以丹垩,经营有法,轮奂可观。邑中士夫耆老瞻仰于斯者,无不欢欣鼓舞。一时富者助资,贫者输力,经始于宏(弘)治甲子(1504)冬,落成于乙丑(1505)秋。而是寺之规模气象,于是乎大备焉。是役也,虽由前后僧徒,并邑人士赞助而成,而圆幸独能创建山门,始终其事,厥功尤不可没。因据僧人从圮之请,而直书之。

宏(弘)治十八年岁次乙丑(1505)秋七月立

【据清道光二十六年(1846)《巨野县志》卷二十一】

重修独山寺碑

[明]吴世禄(弘治十八年,1505)

(节存。吴世禄序略)

独山居县南三十里,旧有寺,肇造于汉;从山之名,曰独山寺;盖千余年如兹矣。洪武甲寅(1374)夏,阳侯肆虐,法宫殿宇,渐就倾颓。至正德丁卯(1507)间,淹没者数十余载,而颠覆之势愈岌岌不可终日。适邑丞段公汝旦,道经于兹,悯其景况荒凉,因命僧以作新之举。时僧祖瑾,徒普端,乃相与审形度势,鸠工庇(庀)材。先构正殿三间、山门三间、伽蓝殿三间。虽规模初具,而气概尚远逊于前。继端之徒永增、永良,复宏愿力,续修观音殿三间、禅堂三间。一时乡间父老善士,咸顾而乐之,或助其力,或资其财,不期而踊跃,勷事者数百人。所有佛殿山门,前此未备者工,无不次第毕举,咸与惟新。远近瞻仰者咸以□数十年废坠之工,不料复睹此一境也。固一乡□邑之助,而永增、永良之功实不容没。兹因承良之请,因据其实而书之于石,以为后来者劝。

宏(弘)治十八年岁次乙丑(1505)孟冬(十月)谷旦[按:碑文纪年有误]

【据清道光二十六年(1846)《巨野县志》卷二十一】

重修广福寺记

[明]王　宠(弘治十八年,1505)

定海乡贡进士王宠□息撰

海圆明后学广莹无瑕书

大恩不可得□,不可得知,惟禅门之法乎!故无形无相,潜流沙界,使有情者皆归正觉于道者,普会真如,或□小也言说,或大也不二,无心乃心,即色非色,□如□幽入微，处默显舟，卧佛性海，登涅槃山，□而唯□凡而大圣，其谁能之？

今城(成)武县东行未三舍□白毛社有古迹寺曰广福，历年深远，必有倾圮。是住持禧斌，虽居僧之首而不治之。今有秦坛集善人贾资表廷润，自捐己资，同本寺僧人德胜、伊文、李文，各捐家资，采南山之木，营运砖石、瓦灰等项，重修大殿一所，经之营之，不□成，内塑释迦世尊、文殊、普贤、观音、罗汉，金碧晃耀，焕然之新，其僧德盛，卒于本寺，其贾公俱济五州五畐(鄙)□□坊□宦之于也。幼好善，天赋聪敏，播[博]通典章。其家巨富，仓库盈溢，出入息利，乃遍他方，商贾古客，无处不有。公风中关氏郎生二子，一曰鸾□氏，二曰凤妻胡氏。其家大小，上和下睦，共施落成，无不欢也。其殿廊舍宇，圣容俱备，已海其头也。

昔者舍卫国有□长者，曰给孤操，□水晶宫殿，金淝界道，请佛演法，佛不从之，非居俗舍。其长者领如来命，与阿难陀同还本国，买一大园，其□□八十余顷，金砖砌满其地，园林枝叶，皆挂金钱。与祇陀太子同共发心，坚请世尊谈法乘□，世尊默许，欢喜开示。其贾公良此也！天下分崩而仪容妥然，示不□也。祖师之道，圣之郎以圣，人皆有之，求则得之，弗求则弗得也。贾公与僧，求之者也。然不以色相求尽，欲四方之人尊□瞻视而敬祀之，是以接其向道之心，来请辞，固让，不获，□(聊)纪岁月云尔。

时弘治十八年龙集乙丑(1505)仲秋菊月(九月)下汽谷旦

本寺住持庆润　化主行宝

僧会司僧会海瀛　福胜寺音座清通……

【据成武县桃花寺石碑录文】

创建[广福寺]毗卢阁序

[清]张天□(康熙二十一年，1682)

武之艮隅，距县一舍许西裴村，有寺曰广福者，金大定之五年(1165)创建也。中奉释迦牟尼佛，金碧辉煌，梵宇弘厂(敞)；东建观音大士，西供白衣菩萨。香花会上，群□澹灾锡福；菩提场中，共沐法雨慈云。洵称古刹之胜地、一方之巨观。前之珉志盛者，昭然在目也。康熙十六年(1677)于正殿后起造毗卢遮那佛阁一座，栋宇杰出，诸刹楼丛，住持衲僧性价，实创为之。砖石土木之费，经营况瘁，功固不可没也。第神像未塑而南行焉。纵庙貌巍峨，亦何与于神道设教之至意哉？有附近居民为郭文□□相聚而谋曰："地非神不灵，神非像不着，况今安堵乐业，太平有象，□令栋宇徒有，金躯终缺乎？"爰是纠众捐资，倩工虔造，色相庄严，描摹灵异，叩法台而□咨瑞□□□福民安物□□□霞辉近接。自是雨润风清，休嘉协应……升平□如来之阿□宁有量欤？功竣勒石志事，征序于予，予因述其始末，俾后之观者有所感兴，无废前模，重美轮奂，不改今日，是则勒石之意也。

邑恩拔贡生张天□撰

康熙二十一年岁次壬戌(1682)立　端阳日立

【据成武县桃花寺石碑录文】

广福寺重修山门金塑天王记

[清]李闻知(乾隆三十四年,1769)

佛法列叁教之中，碧宫固贵高大；南面履坦平之衢，门阙寔宜崇隆。毓其秀于西方，谅亦川岳之所钟；广其教于东土，自有引翼之寔功。慈悲洋溢乎寰区，故建庙者不止壹隅；灵应或触于曹属，敬佛者讵仅菏泽？香火遍雷夏之表，虔恭逮兴化之村。家弦户诵，咸愿泽躬于诗书；色空空色，亦时注意于藏经。念如来之芳踪，既立金殿以栖神；思牟尼之出入，欲修山门以肃观。结社于丙戌之岁(乾隆三十一年,1766)，即至竭廪而不吝；告竣于戊子之年(乾隆三十三年,1768)，俱庆落成而心安。睹天王之环列，无敢戏渝，无敢驰驱；瞻榱题之耸峙，美哉输焉，美哉奂焉！入山门而参拜，不啻宅心于肆忍；出山门以遐瞩，恍若置身于鹫峰。比觇信士之向善，亦验释教之有灵。谨对巍巍之闾阖，爰书芸芸之姓氏。功过听□(断)于冥府，褒贬惟俟诸后人。

山阳岁贡李闻知撰文

云亭岁贡崔克宅书丹

大清乾隆叁拾肆年岁次乙(己)丑(1769)叁月初壹日立

【据成武县桃花寺石碑录文】

重修[广福寺]毗卢阁序

[清]管树芳(嘉庆五年,1800)

武邑东北三十里许兴化村广福寺，金大定五年(1165)建也。其正殿之后曰毗卢阁，我国朝康熙十六年(1677)寺僧性价、郭君文灿等创为之，固吾邑之胜地、一方之巨观也。百余年来，风雨剥蚀，渐近倾圮。寺僧口□引锥刺股，竭力募化；盛朱君建中、李亮工、张君显升麟祥等，克襄厥后，聚众结社，各输资财。三周岁而成，庙貌新而神像□(可)观焉。因以其□□□重修戏楼、火池，今功竣矣。嘱余为文，余坚辞不获，因质言其事之始终，俾后之君子无忘诸君之至意也。至于隆□□□□□说，因果报应之旨，则姑置之。是为序。

生员管树芳撰文

后学管殿采书丹

大清嘉庆五年岁次庚申(1800)八月立碑

【据成武县桃花寺石碑录文】

重修广福寺碑

[清]陈子骏(同治十三年,1874)

余不佞不谄媚人,亦并不敢媚神。而巫蛊者流,往往假徼免之说,以煽惑愚夫妇,而世之愚夫妇亦遂乐听其惑相,于社焚香,供佛礼寺,诵俚语、号荡声于肩摩踵接之中,搥鼓击铙之际,而不以为丑。噫!是复成何世道,成何人心哉!更有可能者。余村南偏旧有梵舍趾基十余亩,甍楹数十间,咸丰己未(九年,1859)□造皖匪,烧劫几空。余集邑人士相与谋议,欲改宫,易金身以轴像,置僧众作佃户,延师授读□中,未必非一方文人之福也。讵邑人士锢蔽已深,牢不可破。余亦未为厉俗之举,因而依违迁就,反遂踵而修之焉。夫改之不能,继之以修,以为不可能,诚不可能矣。虽然,余勷是事,非□波逐靡,仅为祝祷计也。固将保厥垣墉,扩斯栋宇,留以待异日之文人学士优游聚讲于斯也。臧谋不成,勉求其次,□何不可能之有?是役也,作始于庚午(同治九年,1870)之春,落成于癸酉(十二年,1873)之秋。会首诸人吾堂侄陈养贤、吾母舅张安善相□而卒,其□则郭君文焕、张君守先之力居多。役竣,叩序于余,余亦忝列执事,谨将鄙怀书之贞珉者如是。至于广福寺之名改□(桃)花寺,一则曰陶姓僧人实募修之,若是斯字宜从陶;一则曰是僧也得证果广法力,性喜种桃,绕寺四面桃树,不下千株,一时谓有武陵遗风焉。均无可者,仅得诸故老传闻,其说可以存而不论。

邑廪贡生侯选训导陈子骏撰文

邑儒士陈广□书丹

大清同治拾叁年岁次甲戌(1874)季春(三月)立

【据成武县桃花寺石碑录文】

重修昭庆寺记

[明]班　彬(正德元年,1506)

乡贡进士文林郎定陶县大尹郝芹

定陶县典史方镗

曹州□(散)人班彬撰篆额书丹

盖闻景藉人兴,行由事显,乃古今之通论也。然仰先觉之所觉,启后世之玄门者,若非其人,莫之致也。尝闻佛氏之为教也,以寂灭为宗,以定觉为本;其应迹也,如杲日丽天,无幽不烛;其施化也,如阳春布地,无物不生。巍巍乎莫能仰焉,杲杲乎不能尚矣!夫欲修行此道者,非钝根小智者测其涯涘焉。求其继志述事,行义达道,得其人者,难乎哉!

定陶东北五十里,有寺曰昭庆者,古刹也,不知起于何代。延祐六年(1319)明定重修,[元]嘉议大夫肃政廉访刘事义有记。兵燹后至元三年(1337)普超重立,正统己巳(十四年,1449)汪淮复之于后,天顺甲申(八年,1464)曹州知州伍礼有记。迄今有年矣。殿宇倾颓,门廊攲萎,圣像为之伤残,金碧为之凋落,不堪祝延之祷。弘治乙丑(十八年,1505)张海昭慨然有兴修之志,谋诸缁流,共声称善,同心协力。士友孟升、陈名、薛文高修建山门;义官马龙塑正尊大殿盖天王;乡贤毕彦书、林宣塑二佛;众施主塑罗汉、又四壁肖贤劫佛一千尊,用便乡人之祈祝。于是灵山一会,有加于前,门殿廊庑,倍崇于昔;金碧之光,巍峨之美,壮观一方者,伟乎哉!

正德元年(1506)孟夏,工缮既完,营造告终。时僧人海昭伐石记其岁月,暨诸君子谓曰:"昔者王羲之《兰亭记》、司马光《独乐园》、欧阳公《醉翁亭》、苏东坡《喜雨记》者,谓何欤?不过记岁月而垂芳名于悠久也耶!我等虽不敢效先儒立德、立言之功,聊以记一时姓名之次序尔。冀勿辞!"

曰:"予岂工文者也?"辞愈恳而丐愈切,不得已,遂曰:"拒则得罪于群公,忠则贻笑于万世。且夫诸公之言信矣乎哉!自古迄今,几万年矣,而名公臣卿贤愚贵贱者,几何人也?非算数所能知之乎!如今安在哉?朱文子有言:'日月逝矣,岁不我延!'佛书有言:'争人争我,无非大梦一场;富贵惊人,难免无常二字;忽的声来,忽的声灭。真可惜也!实可惜也!'岂虚语哉!信乎!嗟夫!自今而往,天地日月悠久高明,山川风景宛然如故,而吾人宁有凋三光,后天地之理者哉?不有姓名,人何知之哉?悲夫!□(天)地无穷,人生有限。今之记者,实为后人之所记也;正犹我人之怀古也。呜呼!悲痛哉!后之来斯处,守斯寺,观斯碑,诵斯言,想斯人当时形容动作之用心,□往思来之着意,可□伤心也矣!则予之所谓'景藉人兴,行由事显'者,有效也。且海昭戒华古高,道德深厚,为时人之所称可;谓继志述事之有续,行义达□(道)之得人矣。于是□诸石以为永久之记云。其弟子深本、深原、深德、深顺、深兴、深盈、深富、深谅、深宽俱有内典,不失青(清)规。徒孙潭兴、潭秀、潭宣、潭学、潭清、潭增、潭昂、潭钺、潭进,再□河祥、河旻、河川、河玺俱通宗风,信依正教云。"

大明正德元年(丙寅,1506)岁在柔兆摄提格月在昭阳大荒落(癸巳,立夏至芒种)下旬吉日立石

功德施主:侯暹、赵俊、孟举、程章、徐宪、周显、刘恭让、刘恭礼、张惠徒、沙镗、半截堤老人、班乾、王钊、王宣、黄钺、林凤、孙仿、□成、林鸾

助缘功德主:赵景春、马四、胡斌、付显、邓祥、王鸾、张海、王玉、赵宪、游林、郭兰、胡凤、牛麟、韩济、杨政、赵玺、马景春、王钺

阴阳术士:班仿、班俸、班缙、班銮、侯春、黄晟、郭还、王鉴、张能

嘉祥县石匠满春、满存、满贵镌

【据定陶区柏林寺石碑录文】

[昭庆寺]万人缘记

[明]班　彬(正德四年,1509)

文林郎定陶县大尹待豸(制)纪洪

定陶县典史林恒

曹州散人班彬撰并书丹

昭庆寺者,古柏林镇也。居人甚多,俱尚礼义,家诗书而人礼乐,绰有君子之风。缘近邹鲁,淳风渐染而致然也。其创建重修具载正德元年(1506)《记》录。

正德四年己巳(1509)岁孟冬吉日,僧人深源来请曰:“一事丐之,幸勿见阻。”予应之:“事何?”遂颂曰:“削发为僧四十年,也曾□□也曾禅。□(行)将知命乏闻见,义理乖违失正传。每恨韶光如箭速,人生能有几时焉?特来恳请无他乞,大家同结万人缘。”予闻之喜曰:“善哉!善哉!真所谓百千万劫难,遭遇大胜事也。”复讯之曰:“汝后何归乎哉?”仍颂曰:“百岁光阴一梦回,只因愁叹入胞胎。而今既识如来旨,肯把身心付落晖?咬定牙□□(关寻)正路,倒张鼻孔认天台。扬常撒手弥陀引,归去来兮归去来!”嗟乎!深源可谓僧中之铮铮者也。已得风幡心动之机,太识五祖不传之妙矣!具得末后一着尔。

予非工文者也。三辞不克,遂曰:“曾闻昔者右军有言:‘一死生为虚诞,齐彭殇为妄作。’岂虚语哉!古者竹林七贤、香山九老结会图形,亦此意也。正恐死后无名。普贤大士亦尝结此。尔之所请,深合古人意味也。呜呼!伤心哉!佛书有言:‘一切有为法,如梦幻泡影,如露亦如电。应作如是观。’信矣乎哉!不有芳名传之于后,则空过一生矣。诸君子、众善友所作所为,真所谓结今世之善缘,实来生之喜缘也。”予乐

道人之善，笑而告之曰："今世同乘无上道，大家同渡般若船。龙□（华）三会[①]，同欢同乐，世世生生，共富共贵。诸官员、士庶、君子、长者、善男、信女，俱书于背，以垂不朽。因请并寿诸石，为永久之记云。"

且深源姓刘氏，曹州从义都人。自披剃以来，有功于释门甚多。重绘佛三尊，《孔雀》《地藏》各一秩，二十四诸天、十殿冥王、观音大士，及印造五大部经，皆其夙心也。以此为士夫乡人之所重云。

大明正德四年岁次屠维大荒落（己巳，1509）月在旃蒙大渊献（乙亥，立冬至大雪）下旬[十二月]八日丙辰立石

阴阳生胡斌、班仿、班俸、班缙、胡凤、班銮

【据定陶区柏林寺石碑录文】

重修明教寺记

[明]班　彬（正德三年，1508）

[甄史斋按：明教寺位于山东省菏泽市城东南六十五里许，在曹寺村东北处，地属沙土镇。该寺为历史名刹]

曹州知州濮颐

曹州同知吴祥

郡人班彬撰书篆额

曹州之东，道六十里，地名曰曹坨，有寺明教者，古刹也。初不知起于何代，惟大德三年（1299）有记，字画磨灭，不堪辩读。因兵燹，后毁荡成墟，所存者断碑残础、瓦砾基趾而已。正统戊辰（十三年，1448），比丘锁南鐕竹重修，至弘治辛亥（四年，1491）。迄今六十祀矣。殿宇倾颓，金碧凋落，不堪乡人祝祷。其弟子智宾□誓众，慨然有兴修之志；于是焦劳心力，乞木化财，鸠吾命匠，再岁而工成。正殿五间，庄严灵山一会；左右有廊，用栖僧徒；祖郡有堂，众士□□；□皂处其宜，山门正其位；金碧交辉，焕然一新；树木森森，墙围高耸；其规模壮观，加之于昔，远矣哉！

正德戊辰（1508）孟冬吉日，其僧智宾丐曰："在斯有年，赖施主深恩，祥而有成，僧何报焉？既伐一石，记其岁月，列叙芳名，用传永久，实宾之夙心本愿也。冀勿却！"予

① 华龙三会：兜率天弥勒降生翅头末城，学道成佛，在华林园龙华树下三次说法。初会说法，九十六亿人得阿罗汉；次会说法，九十四亿人得阿罗汉；三会说法，九十二亿人得阿罗汉。参见[西晋]竺法护译《佛说弥勒下生经》，《大正藏》第14册，第422页中~下。

唯(维)佛氏之为教也,有自来矣。□(佛)生于周□(穆)王,显感于汉明帝;永平八年(65),道传中土;历晋、隋、唐、宋、元,至今已千七百年有奇矣。其为说也,奥衍宏阔,出有久(就)无;其为要也,□□□净,□□□欲;盖欲后人化其言,悦其道,劝善而惩恶,弃邪而趋正,离妄而归真,初无甚异也。自其徙欲昌教,□肆为轮□(回)果报之说,惊□□□□□相流,于是□(卫)经之士遂详然非之。岂有他乎哉?虽然,是教数更讥斥,而其道未尝有泯焉。洪维我朝□信用□□常简其精□□定之倮住,纲领维持之责,梵呗祝延众遐昌永固,生民是利是图;又有王侯贵戚、高位重禄之家、势尊而为富者,相与重尚之笃、敬慕之深,施舍庄严之不怠,宜乎其教之行不□而愈盛也。且智宾戒行名高,道德深厚,又善修理奇字,为士夫之所称,诚所谓继统传灯之得人矣。

于是乎寿诸石,为永久之记云。

大明正德三年岁次戊辰(1508)孟冬二十七日谷旦立石

阴阳生:胡斌、赵璋、陈宽、曹文深、侯春、张铎、魏谦、马质、周斐、陈淮

【据牡丹区曹寺村石碑录文】

重修资寿寺记

[明]穆文熙(嘉靖四十二年,1563)

东明之东二十里许有集,名曰阳进。旁有古寺一所,前有塔,巍峨乾霄,澶渊王彧氏为记,云唐世所建,至[后]梁而其寺益盛。历金、元以至今,其间兵戈相寻,殿庑颓圮,仅存古塔。至永乐,有游僧洪如与其徒依塔结庐,稍稍葺殿宇,礼佛。景泰乙亥(六年,1455)为瓦殿三楹。及嘉靖改元(1522),而古塔为邑令拆毁,殿宇颓然,不蔽风雨。

乃癸亥岁(四十二年,1563),其六世孙资暹与其徒间绍、间纪,各崇祖教,又值国家无事,时和年豊(丰),谋欲修之。而集之居人韩绪葛守分者,则首捐资以为众倡。遂起大殿五楹,廊庑称是。至乙丑[月]而工完。金碧辉煌,丹漆掩映,铃铎远闻,屹然称雄刹焉。

守分辈又各以祈祷有应,信尚既切,崇报无已,乃乞余纪其事。予惟佛教主寂静,持法戒,服其教者往往能屏思虑,轻世故,举几(凡)生死得丧之事皆归之于无有,而其心常快然焉。此其义亦有合于吾儒主静守虚之旨,则其教又岂可以尽非乎?且予观往古君子,其始类皆攻击佛道,而其后又往往逃之于禅。此其故何也?盖始而慕儒之过,以儒者道兼三才,责领民物,凡业其术者即能身致通显,佐理严廊,骏功鸿烈,殆可咳唾而成。故于他氏之学则傲然视之,而排摈之无已。及其阅历之久,利害坎壈感其念,是非谗慝动其心,故有如太史公所谓:人或择地而蹈之,而反遇灾祸;乃其操行不轨,专犯

忌讳，而终身逸乐富贵。又或忠信而不如诞谩，或丑恶而宜大官，或美好佳丽而为众人患。功有难于必成，志有难于直遂。故始觉儒教之苦，未若谈空者之为乐，其势自不得不逃于禅耳。则佛教又何可以尽废乎？但闾阎之夫未能深识佛教，而徒执其阴果福田之说，以为事佛可以徼福，近则及其身，远则及于来世，而竞为绀殿法宫，以承事之。曾不知纷华靡丽，正佛教之所禁也；责报应而恣妄想，正空虚之反也。兹皆慕佛者之过也，而佛则何过焉？余故因韩、葛二君修寺之举，以申古人神道设教之意。

嘉靖四十二年(1563)

【据康熙十二年(1673)《东明县志》卷八中】

重修龙兴寺记

[明]王一民(嘉靖五年,1526)

县治古刹，名曰龙兴寺，不知始于何时，惟《记》有[北]宋咸平五年(1002)、元大德中(1297—1307)益宏大焉。至我朝弘治辛亥(四年,1491)奏立东明县，乃卜地于大单集，遂改寺为县治，而移寺于城之西南隅。是时，城郭学舍皆草创，而佛殿禅室聊足以蔽风雨而已。正德丁卯(二年,1507)，僧会司海宣，号无边，俗姓马氏，邑之大族，见殿宇芜毁，慨然以修举为己任。遂播告于四方，鸠材募功，依地以建，修大佛殿五楹，塑佛像三尊，背后香花菩萨三大使及罗汉一堂。嘉靖丙戌(五年,1526)秋又建水陆殿五楹，塑昆(毗)卢佛一尊，阿难、迦叶两殿，天王殿一座，伽蓝殿一座，皆金碧相绚，莹心耀目。又改造两厢房，退居方丈二所及官房五间于大佛殿之后、僧房四十余间于昆(毗)卢佛殿之左右，山门一座，不丽不陋，规模可观。而又高大其台砌，广其蕃植。诚能继始创者之志矣。今僧会意蓝，号田玉，因其告成，将纪功德，砻珉，求文于县大夫。大夫济阳宋公命予以文之。予不敢辞，乃曰："东明为时新邑，东连齐鲁，西接太行，南通黄河，北属□□。公使之往来，商旅之络绎，入其城，游其寺，见殿宇巍峨，栋梁峥嵘，而花竹松柏之交秀，必问曰：是谁氏之功欤？其徒众必曰：僧会无边之功也。是不可以无传。"遂为之记。

【据清康熙十二年(1673)《东明县志》卷八中】

重修龙兴寺记

[明]杨思仁(万历九年,1581)

弘治壬子(五年,1492)邑治复设，建龙兴寺于城之坤隅。先祖文成公创修水陆殿三楹，塑像一尊，阿难、迦叶二尊，约费五十余金。历正德，迄嘉靖五年（1526），殿宇倾圮。住持僧本禄谋修之。先伯继宗、先父继昶阅工狭小，其制乃增，建殿宇五楹，高大其规。鸠材僝工，越六年告成。复塑佛像一尊，站神二尊。阿难、迦叶二尊仍旧。壁周绘佛十帝修行八十余图。节棁华栋，视前改观。复费金二百有奇。历隆庆，迄万历六年戊寅（1578），殿复颓一楹。时三弟谕襄垣，四弟训肥乡，余与二弟俱乡居。僧会兴顺偕僧图真等，诣余谋修。余率弟及诸子侄辈出资、料。躬董其事，弗惮。隆冬越月，而工告成。墙壁台基比前益坚且大。计费六十余金。来岁余迫选曹丞，佛像、楹宇未遑聿新。越二载告归，余踵前妆金，神像、楹柱、节棁焕然一新，而后先相映矣。仍费二十余金。夫儒与佛氏不相合，而余暨诸弟子侄继修之者，非同俗有来生之报而祈福于杳冥也。特以先人遗功所在，志事攸踵。经有绍衣、肯构之说。而子孙缵承之者，为祖、父也。后之视今，亦犹今之视先。余辈不坠先人之志，尚冀后人不坠余辈之志云。特为记。万历九年（1581）。

【据康熙十二年（1673）《东明县志》卷八中】

重修龙骨寺碑记序

［明］蓝　定（嘉靖八年，1529）

直隶大名府东明县儒学学正蓝定撰

直隶大名府开州儒林后学张献甫书

寺乃河南彰德赵府群牧千户所百户孙忠屯在，直隶大名府东明县西南隅二十里许云台里杨旺营前，地基延之南北一百四十步，袤之东西三十有六步，四至：东溥堤河，西向子口，南大堤岭，北满城。

古记：龙骨庵，金冠道姑李氏住持。三帝真宗为无后主，御驾亲诣太安神州，进香祈祷；往回暂息龙舆，沐面此庵；见李氏天资秀雅，容貌端庄，旨许为后。及至东京，果銮驾征召，纳为正后。后得四帝仁宗即位。李氏去后，改庵为寺，僧人接住。至洪武年间（1368—1398），黄河泛涨，将寺倾颓，僧各散出；遗址尚在。永乐五年（1407），有潞州僧人义广游方到此，见是古刹，意欲修盖。沐浴斋戒，虔心募缘，化动四方施主，积蓄钱粮，修整正殿三大间，祖师、伽蓝、左右殿各一所，盖天王殿一座，傍起钟楼一间，东西廊房、方丈共一十有三间。

招徒祖演、祖盘，盘招普钊。钊乃本县兴仁里郭原次男，成化五年（1469）正月内出家投师，天性醇厚，资质朴实。自住持以来，湛然纯一而斋之甚严，肃然警惕而戒之极精，专务祖风，朝暮上殿而诵经，惟尚清虚，日每禅坐而念佛。一静之中不知有天有地，两忘之后始觉无己无人。教曰:释教领其教,收心养性而好善之笃;氏□□遵其氏,闲邪存诚而去恶之真。往者来者见其好善之笃,良心发见,莫不感之,而亦好其善;远者近者闻其去恶之真,本性昭著,罔不化之,而亦去其恶。钊之修德□行之诚,致四方仰慕之切。

于嘉靖七年(1528)九月内一旦属善士县掾周锡等,与之坐而告曰:“殿宇神像年远时久,旧损不堪。予欲修理,不敢自专,禀请善士。何如?”诸□皆起,有异地而无异人,有异人而无异心,不约而同,不戒(诫)以孚,互口交俞(谕),同声共语,皆曰:“善哉,言乎!大哉,问也!正当修理而曰修理,时哉,时哉!有何不可?”遂各施资财,愿□(捐)钱帛。趋事之勤,不求而自至;赴工之切,不期而自来。嘉靖八年(1529)十月内,殿宇革故而焕然一新,如鸟斯翼,如汇(翚)斯飞,巍巍乎可以快人之睹;神像装饰而威仪俨然,□(如)在其上,如在左右,凛凛乎足以起人之敬。又增廊房、方丈各数间。

事毕工完,盍簪善士互相言曰:“落成之后,若不勒碑而刻铭,何以继久而传远?”于是征工就巧,琢石以磨碑;卑礼厚币于予为文以书之。予之才蔑浅、器斗筲,本不能也。但平时一则曰不没人善,一则曰乐道人之善。遂不揣本,忘其固陋,采集始终之岁月,与其修盖之实事,姑□以记之耳。

大明嘉靖八年岁次己丑(1529)仲冬吉旦立

【据东明县杨旺营石碑录文】

重修龙骨寺序

(明崇祯五年,1632)

河南彰德赵府群牧所屯在直隶大名府东明县南二十里许杨旺营,旧有龙骨寺,年深日久,佛像倾圮。信士会首杨登、邢三秋、刘礼、邢崇志共发虔心,仝僧纱住募化四方,总成圣事。自天启三年(1623)起,创建中佛殿三间,重修后佛殿三间,天王殿三间,左右殿六间,神像塑绘,焕然改观。至崇祯五年(1632),工果完满,琢石磨碑。

大明崇祯五年岁次壬申(1632)春月吉旦

【据东明县杨旺营石碑录文】

重修龙骨寺碑记

[清]蒋其晖(嘉庆六年,1801)

邑南二十里旧有龙骨寺,相传明时赵府群牧所千户孙忠屯云台里所创建也。越数百年,风雨剥落,斗桷坍塌,神像朽蠹,过者已不禁有铜驼荆棘之感。嘉庆四年(1799)

小阳月(十月),住持僧通轮慨然有整理之志,意甚肫(纯)挚,恳杨旺营、邢家庄二村首士募化修造。以二处独力难支,更请附近诸村一同经营。檀樾(越)俱各欣然,踊跃赴功,争先恐后,抒杖头之青凫,宝钞悉捐,出布地之镰金,倾囊奚恤。鸠工庀材,云集响应,越期年而大雄、毗卢二殿以及山门、东西方丈,俱巍然可观。不必丹楹刻桷,金碧辉煌,惟期苞竹茂松,栋宇巩固。斯即祇树独孤,不过是也。而且前后二殿诸佛像,无不座涌莲花,光现牟尼。二十罗汉、四大金刚,俱各珠火为眉,青莲作眼,诚盛事也。古人一笠覆佛,享无量之报。今数村鼎建庙宇,重塑佛像;自此长松细草,普荫慈云,翠竹黄花,群沾法雨,获福应无穷也。邢生名尚仓者,余素知其长厚,一日同黄生国乾、杨生思武进谒,因述其颠末,为请序于予。窥其意,无非欲得余序,使继起者览此文,蹶(厥)然兴嗣而葺之,俾斯庙长此巍峨于不朽也。爰是为序。

东明县知县蒋其晖序　邑庠生朱春芳书

东明县正堂蒋其晖施银伍拾两　东明县右堂陈宝年施银壹两

(山主、会首等姓名略)

大清嘉庆陆年岁次辛酉(1801)春叁月贰拾九日谷旦

【据东明县杨旺营石碑录文】

重修石佛禅寺碑记

[明]于　锦(嘉靖二十八年,1549)

赐进士出身户部主事东石于锦撰

巨野城南去十五里许,旧有石佛禅寺,世传古刹,创由隆替,举无考征(证)。故老相传,寺土中有古□碑。历□□□至□□□□□□□□出没,剥蚀日久,虽文字漫灭,弗可稽读。要亦前修之遗事,净土之灵迹也。迨嘉靖改元(1522),数年以来,日月为之□□,风□□之□□□倾圮,栋宇挠摧,像设莫庇,衣钵飞锡,宝坊劫数,至此极矣。邑老王彬氏乃慨往怃废,施材募工,毅然以□□□之昌。复□文□□□,奉沙门高提祖印,直指人心。以为释迦丛林之宗,四方祈福善士,莫不敬信崇重。于是,富者输材,贫者助力,□□□□□□□□□告备。殆见嵘垣高耸,祠殿峻丽;钟鼓有楼,神道有门;丹碧交辉,檐牙高啄。兼以像塑森罗,金光错映。诸天宝宫,景□□□□□□□□兴复,屹为一方之雄观也。经始于壬辰(十一年,1532),毕工于己酉(二十八年,1549)。僧文政采石砻碑,因施主隋子尚儒请东石于子,以记其事。□□□□□□□国化行东土,悟真空于不思,悬觉照于无极;以三观启其途,以四化诱其哀;以三乘十境要其归;无非使向善。□□正□□□□路而跻妙境。是佛之本心也。言易足以感人,术易足以鼓众。自达摩而教□中国，至汉晋而崇尚滋甚。彼语寂谈空，实心□□□□，吾儒之所不屑。若世之顽夫愚妇，每深惧而罔敢作孽以逆天枉人，未必不自善恶报应，因果轮回启之，要亦有□□□□□□。崇山幽谷之间，盘灵据胜，又足为文人学士之所□适。且刻符县官，秉教祝禧，亦制典之所不废。佛老之徒，固圣门所必黜，即孔孟复生，未易以言拒而辟之也。子宁复为邪正之辨也耶？抑知天壤之间，物各有数，废兴存亡，不假人为，亦非人所能与也。究而天地之泰否，世道之盛衰，人事之通塞，物理之荣枯，无非是道。君子处此，亦可以达观矣。一刹之微，存亡不足为重轻也。数百年来，变故之多有如此者，勒石刻文，曾何与乎？噫！不过春秋存羊之意云。

嘉靖二十八年岁次己酉(1549)冬十二月初八日立

【据清道光二十六年(1846)《巨野县志》卷二十一】

重修巨野县善福寺碑铭

[明]田　峤(崇祯九年,1636)

进士田峤□首拜撰文

邑庠廪生杨世衡题额

府庠儒学生员张尔誉书丹

盖闻佛生迦罗国，当成周之世□矣，自鹿苑初言，鹤林遗教，以九言征一，六度摄万，其道固大行西土，而真丹未有也。迨夫顶日感梦，满目流光，汤门饰亮，台图绀发之形，洵如衒之所记，而青鸳白马之名，骈罗阎浮之界矣。自南北两朝、梁唐诸帝下逮胜国，笃信弥□。褫魄西方之□，稽首南无之号，施身布发而寺颇可知已。我国家用转法轮，颁行大藏，匪以饰文，实维弘教。所以精蓝弥望，铃铎相闻，虽穷乡荒聚，往往有之。而我巨野善福寺者，亦其一也。距县五十里，全称福地，镇比望盘沟，左挹清冽，右襟长河，望之乔木樠森，云霞斑驳者是也。乃□殿宇敞麓，宝像庄严，青螺珂雪，俱曰希有，□无文字，莫记谁某揆厥缔造之。近代始矣有沙门明香，号瑞坛者，与其徒性真，始卓锡焉。久之风迁雨改，丹劬垩摧，剥落倾欹，大惧，主持无状，怆焉悲心。盖图所以新之，而未能也。

邑人张念日隐，隐于中会，有性真之徒曰海亮、海润，勤修梵行，乡人礼之。慧因为檀越，乃始经营，拓基益壖，并疏檀施。于是金钱蚨集，梗楠鳞萃，霜几沐楹，明砂莹础，鼎新狮座，弥陀当中，阿罗四列，瞥开生面，刹那改观矣。于时慈云掩霭，□大天地无垠，慧日氤氲，照诸天有象。四众合掌，三教归心，岂偶然哉。□□□□且也祖师有殿，洞开慧通之门，方丈各一，精舍各一，并入慈悲之室。是役也，定中于崇祯七年(1634)十月十二日，落成于崇祯九年(1636)三月初九日。于□□劳于人不疾地□云攒以若所就，与夫通都大邑，宝刹琼宫，角麓争奇，如衔之所记，十不得一。正如丈室中九级浮图，纤毫俱备，何言小大哉？若然则千百檀越既称□□□，其曰法中龙象，又慧以传心，有印不朽。维文乃介黎生民□谒□为记：

峤惟佛有正法，亦云象教；铸金刻木，绣像画形，皆象也。□□金刚新欲罗□□定，何况于佛？迷则金不渡炉，木不渡火，泥不渡水，何况非佛？又想夫佛教九字，总为阿耨多罗三藐三菩提之说，六度则莫先毗黎之戒。持则三明，犯则□地，犯则人宅，持则觉□津梁，犯则贪囹爱圄，□是求佛？亦磨砖求镜，蒸沙为饭者欤？累劫无成，堕恶趣耳。此非吾之言，吾儒之言。非吾儒之言，而瞿昙代之阎浮世界相共守之，则真振佛恩而凛国宪矣。□在遗教诸经大明，功令课覆按也。敢并及之，有渝□言，即当妄语。因为序而铭曰：

伊谁说法，耆山祇园。如日月明，焯彼群昏。为天人师，为斯世尊。东流震旦，亿千万佛。金身应现，苦海无边，诞登彼岸。明明五戒，式玉式金。诸恒河沙，即佛即心。非广长舌，听海潮音。

崇祯九年(1636)岁次丙子三月初九日

【据巨野县石碑录文】

石佛寺古碑

[清]黄维翰(道光二十六年,1846)

寺在小徐营，距城十五里。碑记载：明天顺二年(1458)，有住持僧名崇禧者，自登州来，结庵于旧寺废基之侧。因掘土得石佛原像，遂鸠众倡修，至四年(1460)落成，即今寺也。内有古碑一，高八尺二寸，宽二尺六寸，厚五寸五分。碑阴有征窠两行，上下各七孔，俗呼果老驴蹄痕，荒诞不经。正面额端凿一小龛，中具佛像，雕镂工致，现已半就剥落。下刻佛经一则，书用八分字，大如斗，秀媚遒劲，上媲钟、王，意必当时善书者所作。惟经句未惟，疑尚不止此一碑。右棱记竖立年月可辨者，仅“大齐河清二年(563)”六字。蟠额无螭，坐蚨无龟，制度浑朴，与汉碑同。

【据清道光二十六年(1846)《巨野县志》卷二十】

重修古刹观音寺殿宇碑

[明]姚文禄(嘉靖年间,1522—1566)

(今大佛寺，节存。训导姚文禄序略)

佛生西域，距今几三千岁。汉明帝时始入中国，人皆尊信之。其道以慈悲为本，方便为门，精其术者号曰沙门。自汉唐以来，流传至今不废。巨邑观音寺在城东南隅，创始于永乐初年（1403）。至宣德间（1426—1435），仅成佛殿。迄正统、景泰（1436—1456）以后，灵应大显。因是，邑中诸善士同心协力建修殿宇，中塑神像，后有观音殿，前有三宝殿，外而钟楼及山门，规模齐整，气象巍峨，一时香火称盛。嗣历时既久，墙壁殿宇日就倾颓。正德十二年（1517），僧官净泰，僧人宗顺、题化，施主净来、于雯，同谋集腋鸠力，重修神像、宫殿。规模制度，视前愈加壮丽。呜呼！嗣此数十年后，安所得更有净泰等其人起而庚其事也？功既成，因僧官之请，书此以记之。

江右王守清书丹嘉靖年（1522—1566）十月立

【据清道光二十六年（1846）《巨野县志》卷二十一】

［东台寺穆文熙题诗碑］

［明］穆文熙（万历十四年，1586）

雪后过东台寺，寺有□贞明铜印残碑，仆廊下，石鼎双龙，鳞甲轩然欲动，殿基崒峰，下瞰长渠，积雪迷漫，旷阔无际。僧献清茗，吹笙竽，夷犹久之，固迥然别界也。为赋四诗纪之：

雪满千岩一迳分，上方钟磬远相闻。劫灰不改三天界，残碣犹存六代文。鼎绕双龙常吐雾，额攒杂树欲乾云。逢僧问偈何辞耽，好借佛灯读暮曛。

踏雪无妤汗漫游，还从福地一探幽。天空日月临□抟，地古河渠抱寺流。浮世客来俱是幻，定中人迳不知愁。津梁授授吾疲甚，此际相看是泒州。

倚从招提意不穷，昙云雪渡尚飞蒙。僧传养马看神□，客有乘轩问大雄。笛里梵音闻薄暮，玚边龙气想遥空。不须更说西来意，万虑澄然是此中。

漳海慈航未有涯，偶来此地问前期。黄金铸印看梁代，白社逢僧见义熙。世远继文余贝叶，雪残佛□起瑠（琉）璃。宰官似是稚摩诘，病里禅心故自持。

余为此诗已数载，乃地主袁氏叔侄，翰墨之族也，率有味乎其言，共砻坚石刻置廊下，谓将与摩尼同耀，法轮并转也。然乎？它时许玄度出劫，则自有定评矣。

邑人少春穆文熙题

子光胤代书

万历十四年（1586）阳月……

【据东明县东台寺石碑录文】

邑西观音寺记

[明]穆文熙(万历十五年,1587)

沙门本来先居都中功德寺,从大法师演无上道,久之有得,乃与弟子圆学乞食为行脚,越千里而卓锡于吾明之西南隅三里许,为黄巾营,结庵趺坐,盖亦有年,而忽圆寂归空。弟子为立丘冢,即其冢北为观音寺三楹,背坐偏袒,法像庄严;又北为精舍三楹,供养经卷,东西为禅房,以处往来比丘,岁时说法、作道场。一时诸善男子、善女人,若坐若立,若行处,无不受持经典,清净忍辱,从阿耨多罗三藐三菩提心也。

余暇日随喜其地,寺僧圆正迓余邀游诸界,久之与语曰:"若寺观音,亦知观音之义矣乎?"圆正未对,一比丘僧乃从旁代对曰:"观音者,圆悟圆通之号也。于音言观者,以观智照之不以耳识闻之也。"

余曰:"观音亦不同乎?"曰:"有妙音、观世音、梵音、海潮音,故以说法不滞为妙音,寻声救苦为观音,音性无著为梵音,应不失时为潮音。极而至于八万四千之广,称名虽异,其实一理而已。"

余曰:"佛名大慈悲,观音名救苦救难,有以异乎?"曰:"佛犹天也,观音犹阴阳五行也;佛至静,观音至动;佛浑然广大,观音具体而微。亦一而已。"

余曰:"观音救济众难,随响应合,如解脱罗,刹刑戮,鬼害囚,系怨贼,脱离贪嗔痴,示诸求男求女福应,其观力加被,果捷速如此乎?"曰:"人者天所生也,佛与观音,代天以活人者也。故人心有天,则佛与观音在焉,而呼之即应,如掘地求泉,掬水观月,引镜窥形,就灯取字,无不在在如意矣。"

余曰:"是固然矣。然于天道则似亦有戾焉。盖天道有祥风膏露,苦雨疾风,于以润泽勾芒,而破毁枯株,其为栽培之道如此也。观音既以奉行天道,而乃不计善恶,一概救济乎?"曰:"此亦自人之善者言之。即无善,亦无不善,故不二法门,均得救济耳。如其不善,则自有恒沙劫、阿鼻地狱在也。救之云乎哉!"

余闻比丘言,善之,乃为偈语曰:

佛门主救苦,善恶各有应,善者呼如响,恶者藐不动。或为增上曼,或为枭与獍。虎狼并野干,共成奸险性,一时纵徼福,乃为天未定,终当从沦堕,何以长躯命?或笃君父伦,或敦友谊行,不杀及不淫,盗心能及正。神天常拥护,乃为作善庆。倘亦罹祸灾,救拯及毕竟。一切诸众生,持心贵清净。

偈成留庵中,圆正乃谋锓诸碣石为记。而从更其事者邻僧如全也。例得并纪之。

万历十五载丁亥(1587)春王正月之吉

进士出身中宪大夫广东提刑按察司副使前吏部考功司员外郎邑人穆文熙撰

【据东明县黄军营石碑录文】

显化观音堂记

［明］张居仁（万历二十四年，1596）

［按：清道光十年（1830）《城（成）武县志》卷六《职官志·知县》："张居任（仁），赵州人，进士，万历年间（1573—1620）任。"据其《严福寺创建钟鼓记》"癸巳（万历二十一年，1593）秋，不佞来城（成）武"及是记"余莅城（成）武之三年，岁在丙申（万历二十四年，1596）夏五月晦"，则其始任城（成）武在万历二十一年（1593）。《职官志·治绩》："张居仁，字叔广，直隶赵州人。由进士知县事，治尚明决，凡为民兴利除害，与上台议不谐，每反覆（复）力争，或至抵牾，亦不顾，必如其所请而后已。崇儒重文，建槐市馆，日与学博诸生谈经义，政修人和，多所创建。工诗文并画。升胶州知州。"］

余莅城（成）武之三年，岁在丙申（万历二十四年，1596）夏五月晦，县治西观音堂暮夜放光，如宝月，如金灯，灼灼朗朗，经月不散。大众聚观，生欢喜心，顶礼发愿，各修善果，重新堂宇。一倡百应，不约而同。先是，面向街衢，往来经之，近亵堂祇；一楹近隘。兹移而后者数武，增而廓者三楹。其外为门，翼然隆然，金碧陆离，鹫鹜轩翥。极观备矣。

祝继先、陈维乾、田济民等问记于余曰："邑之有观音堂，从来远矣，未闻显化也。自大夫来城（成）武，雨旸若时，民无札厉，蝗不入境，有三丰九稔之乐，此子大夫所以字城（成）武也。观音显化，实惟其时，此子大夫精诚所通也。记之者当在大夫！"淑广子曰："有是哉！有是哉！何化也？何显也？化，不化者也；显，不显者也。化化显显，而不化不显者，未尝化、未尝显也。不化不显，而未尝不化、未尝不显也。化无形、无相、无门、无傍，显有形、有相、有门、有傍。孰化化是？孰显显是？夫世所称'救一切苦厄，曰观世音菩萨'。观者，鉴几之妙智也。几，善恶也。一念而善，九品莲花，西方净土；一念而非，火轮冰山，阿鼻无间。甚严也！尔诸众生，试观菩萨放百宝光，为祥乎，为不祥乎？尔于是时观百宝光，当为善乎，为不善乎？以智观心，以心观几；外拔六根，内冥真性；存彼善心，能定正果。使圆湛开而遍照，诸根互用，虚习全销，则入火不热，入水不溺。化矣，显矣，显化独在观世音哉？"众生闻言，各信心顶礼而退。

是为记。

【据清道光十年（1830）《城（成）武县志》卷十二】

严福寺创建钟鼓记

［明］张居仁（万历年间，约1573—1620）

城（成）武寺名严福，距县治可三百武，在学宫西。寺旧有钟，大而声洪，叩之闻数里许。或曰：钟当在东方青龙地，发声舂容遥远，于学宫利。于是迁钟城上，城当学宫左。几十五载无符验，仍还寺。钟故无楼，鼓同之称，缺事久矣。癸巳（万历二十一年，1593）秋，不佞来城（成）武，至之日诣寺行圣节礼，睹梵宇几为废址，慨叹者久之。业欲更新，坐岁丁水俭，弗果。逮其后年稍登，乃捐俸为邑人倡，邑人争走其资以应，始抡材鸠工，以次经理。中为大雄殿，其前为銮舆殿，安銮舆也。左右为伽蓝，达摩二殿，少南则钟鼓在县（悬），两楼对峙如翼，寺之规制备矣。一时观者佥，谓壮丽云。既竣事，余谛观而稔于众曰："寺有钟鼓何居？钟，金声也；鼓，革声也。声能四达，所以一众听而齐众志也。禹县（中悬）钟鼓以求善言，尚矣。二百年来梵宇在在皆是，钟鼓不解于县（悬），而缁衣之徒朝诵暮讲，此若足以化诲愚俗矣。乃作奸犯科者，三尺不胜绳，有司不胜诘也。抑亦作新者无人乎？仪封人见吾夫子曰：'天将以夫子为木铎。'夫木铎，金口木舌，施政教时振以警众者也。今欲警众，舍钟鼓其奚？以吾邑鲁属，其礼教信义之遗，犹有存者。倘以吾仁义礼乐、孝悌忠信倡之，有不闻而响应者哉？斯楼之建，吾欲使吾邑人闻而警，警而思，瞿然向化，以复仁义礼乐、孝悌忠信之旧，则钟鼓不为徒［设］矣。邑人尚黾勉之！"

于是为记。

【据清道光十年（1830）《城（成）武县志》卷十二】

修建严福寺记

［清］林绍龙（清代，年限不详）

县治之东，相距约三百武，有严福寺者，古刹也。屡圮于水，一望荒落，惟大雄殿岿然独存，殿前则《皇恩浩荡》碑峙焉。考之邑乘，寺故供奉万岁金座，为恭遇圣节及元旦、长至日，守土官行礼之所。则兹寺之废而不修，非所以崇朝贺巨典也。顾块然一废壤，毫无凭藉，经理殊难。余方欲捐廉，稍稍整顿，以邑中适修文庙，不欲更为劝募，重烦吾民。乃邑之人喁喁向善，咸自乐输，铢积寸累，不下数百金，因得次第修建，无虞竭蹶。历十有八旬而工竣。自大雄殿缮葺外，两翼配殿各三楹，次为大悲殿，次为碑亭，又次为钟鼓楼；前为山门，旁设角门；外缭周垣。规制于是略备焉。继自今奉安龙亭，瞻依云日，足以效嵩祝而伸悃忱，亦以致皈依而昭敬信。且登城以望，金碧炅晃，气象峥嵘。向之颓垣败砾，一旦而深殿崇楼，顿增胜概。瞻仰者咸谓久废鼎新，从此可邀福利，而余则窃喜邑之人“不介（戒）以孚”为能，相与尊典礼而循旧章也。故揭之贞珉，俾知修建之意在彼而不在此。

【据清道光十年（1830）《城（成）武县志》卷十二】

[大营观音碑记]

［明］黄　□（万历三十四年，1606）

大明国直隶大明府开州长垣县东南方张家大营□各里人氏不同，周围相连，居住玄天观前观音碑记

垣邑庠生蒲阳黄君撰

裕吾张君书

夫菩萨之惠我下土也，如阳春之燠群生，无遗区焉。故覆祷之祠菩萨也，如赤子之载父母，无遗人焉。盖非为徼福地，诚上尊高皇帝之明训，谓凡神有功于吾民者，令各土有司以时祀之，以答其生成庇护之万一耳。

长垣东隅大营之观音堂，其来旧矣，积年而为风雨所剥坏，适值天灾流行，是以有志重新者，意锐而久未就绪焉。徒增行道之恻心耳。

□山李君者，独秉虔诚，纠集郭君等众，各捐资力，历年而始奏绩焉。金紫交映，遂为一方之伟观已。

既而属予为文，以为：凡德之隐而未扬，则必雕章绘句，以表彰之；菩萨则不啻家传而户诵之矣。凡德之仅彰灼一夕者，则必宏词阔语，以垂载之；菩萨则不啻一世二世，传之万万世矣。虽游、夏无所施其力，矧朴野质素之士夫乎！故直述其一时之事，以书之于石左云。

时万历丙午（1606）孟春吉旦也

【据东明县三春林场石碑录文】

裴子岩创建明阳寺记

［明］李遇知（万历四十年，1612）

进士第知东明县事天汉李遇知撰文

东明县儒学署教谕事举人固节章维宁题额

训导滇人周遐祚书丹

天下郡邑乡镇，咸有佛寺，各表树名称，以重观美，甚至结瑶构琼，穷侈极丽，与皇居天阙埒其环壮，而不以为异也。此其俗尚亦已久矣，余尝验之。时和年丰，家给人足，则相与推其余财，以资福果；而不然者，方且颓废萧条，鞠为茂草，此亦盛衰之一候也。且也琳宫梵宇，辉映方隅，可以备祝厘，可以资眺望，可以建国邑之标，可以播川泽之气。故《礼》曰：有其举之，莫或废之，必有以也。

万历辛亥岁(1611)夏，余奉□(敕)来牧东明。夫明邑在周时为漆园，即庄周为吏处。汉初为阳武县户牖乡，陈平所封地也。且北拱神京，南镇大河，亦都邑之雄也哉！邑之堡凡有四，而裴子岩在邑南五十里，乃其一焉。余自莅任后，即有志遍历诸镇堡，察闾巷风俗，第以拮据新政，尚未暇也。

越明年壬子(1612)春三月，适有裴子岩僧人通然，因创建明阳寺，功已落成，乃请余文，以志不朽。余按汉明帝于东都门外立精舍，以处摄摩腾、竺法腾，自西域以白马驮经来，初止于鸿胪寺，遂取寺为名，此中国有寺之始；隋炀帝改为道场；［北］宋宣和间(1119—1125)御笔改为宫；后复为寺，至今因之。其他如上方净土则名其清高，金刹宝坊则名其珍贵，雁堂牛洞则名其形状，招提丛林则名其徽号，是皆自名其异，以崇尚其教者也。此而名曰明阳，独无所取义乎哉？

稽昔李士谦善玄理，有客问三教优劣，士谦曰："佛，日也；道，月也；儒，五星也。"客不能难。夫日，阳象也，佛之教与日并明，寺之取义其在斯乎？是后也，询之僧人，乃知堡之东门外有火光显瑞。堡人尚义者随施地数亩，以为址基，僧人又募缘于诸檀越，有出粟以充费者，有施木以广材者，有捐金以佐工者，精舍讫用有成美矣。乃□瓦，乃砻石，乃架梁栋，乃敷椽宇，高垣墉而厚茨盖，爰美轮奂，爰塑法像，饬以金身，绘以宝座，自是而祖师伽蓝列于左右，而钟鼓山门亦渐次就理，翚飞鸟革，光焰夺目，过之者肃容虔心，靡不尊奉弥谨。宁□(非)法灯常明之所致乎？真足以作明邑之胜概，为法门之巨观者欤！

盖谭(谈)周孔者辄诋訾佛氏，相沿以为辟邪崇正。然释之空诸色相与儒之洗心退藏也，夫岂远哉？世儒徒见缁衣之流害义伤教，遂并佛氏□之，而不思冠章甫、衣蓬(缝)掖，亦岂尽明周孔之道者耶？且名曰沙门，言息也，谓息欲而归于无为也，谓安息于慈悲之地也；又谓息恶而行慈也。五戒昭明而以觉悟群生，无非令人内有德智外有胜行耳。倘□□□超悟以得无心，则永断轮回而正觉登矣。其次莫若主持善恶报应之说，使夫尊释教者崇敬有地，而吾民奔走香火，祈福禳祸，亦缘之以消其邪心，盖阴翊世教之一事也，庶无负建寺之意哉！余因□□□□为记。

……□□(万历)壬子(1612)肆月维夏之吉

戎政京营把总吴应诏代书

【据东明县石碑录文】

重修龙德寺碑

[明]田　峤(万历四十一年,1613)

邑贡生田峤撰

逖矣哉,理绝人区,事出天外。本行所载,靡得而详矣。迨夫周星降诞,汉日通晖,支那传鸡足之金言,拓提舒鹫头之瑞色。寺则白马,刹必青龙。匪直□(波)斯铸金,优填雕木而已也。我巨野龙德寺者,旧称福地,茂掩丛林,为鲁宋章甫缝掖之交,横庄馗东西南北之路。瞰瞰银榜,朝丽日星,嵽嵽璇题,夜宿云雾,所从来矣。无那,霜来露往,不戒四大之风;月剥日摧,无啻三灾之火。坐使佛日销歇,象教沉冥,兼以饥馑洊臻,刍牢落过者,无何,有增太息而已。

千辅者,晋阳城人也,早托胶贩,侨寄商岩。自言在家出家,丈室修维摩之业;祈子得子,普门符萨埵之言。颇悟聚沙夙因,用依布金故事。乃供桑门,乃修檀施,乃缩裘饼,乃伐山材,乃面势天仪,乃捴捛云构。于是,青螺珂雪,坐涌金莲而满月;珠光风回,银树崔巍凤皇岭。见谓瞥开鹨林,迤逦麒麟台。诧看重辟鹿菀[苑],尔其有倡必和。无德不孚,毕公人龙祥师。僧象与夫宰官,甲第闾闬牵冢,凡诸有缘,共成无漏。或□令辟,或共丹垩。或肖阿罗像十八尊,来自兜率;或貌大士容亿千化,乍离普陀。其云梦感神通,未敢执笔纪异。然而,诸天生色,刹那改观矣。计经始于今,上建极之□年,落成于如来初度之八日。于是日也,上首庆招与鬼惟巩辈乃复盛设瑜伽,广集缁素。檀烟叹咈,结九级浮图;花雨缤纷,成三□(种)般若。乃中天日月,遍含白玉之光,际大地山河,尽履黄金之界。匪惟希有,亦曰奇观。

峤早事流憩,晚栖皈依。视卍字于胸前;想六书于眉际。知航苦海,须假六舟;欲离火宅,用严三驾。惭无长者,百句乃教。比丘七言,恭惟先朝。宸翰佛训,良弼大儒格言。寺称养济,然□心以印心。慈忍用转法轮,僧以藏,僧喜舍,名为□至。无论乾闼回心,修罗戢怨,固已福沾行雁,道洽游鱼矣。若曰西方之教,中国则泥。试看今日之域中,正是一统之天下,冠盖结辙,华戎延道,孰谓轩车不可适越而冠冕、不可讫□者哉?请以河汾圣人之言,为释迦文佛之赞。曹生恳铭,铭曰:

猗佛出世,大事因缘。演说十二,擢化三千。五浊溷秽,三毒斯煎。藤鼠方啮,箧蛇纠缠。赤熇火宅,苦海无边。谁驾鹿车,畴檥舟船?都唯觉皇,乃号金仙。忍铠无违,戒珠弥坚。乃申五戒,乃阐四禅。菩萨则地,劫利则天。譬逢医王,沉痼胥痊。如洒甘露,烦暍悉蠲。绝嗔驱痴,破吝摧悭。三轮体空,万行归圆。惟烁迦罗,不垢不迁。菩提安着,明镜安悬。儒称惺惺,道疑绵绵。是谓意叶,是唯心莲。种瓜得瓜,艺田斯田。出我四众,视此新镌。

邑举人田峨书丹

邑诸生田惟璇撰额

万历四十一年岁在癸丑(1613)四月八日

【据清道光二十六年(1846)《巨野县志》卷二十一】

重修草寺佛殿碑文

[清]刘　藻(乾隆十二年,1747)

盖闻,莫为之前,虽美弗彰,莫为之后,虽盛弗传。乃知作者谓圣,创于前也,述者谓明,继于后也。则前后有交济之美,作述有相依之功,缺一不可,隅于不离者也。曹郡李二庄集之北偏三里许,古刹一所,神祀梵王,建名草寺。创于有明,修于本朝。已一而再,再而三焉。勒诸石者屡屡,祥于记者昭昭,率以佛法广大,覆佑群生应宜尔。后有作者,弗能赞一词。

虽然,因果缘人而造,庙制随时而隆,不志其盛而著其美,将继修之善衷,沦没无闻,抑且创建之精意,并隳于中绝,岂所谓鼓舞劝善之道欤?故今者总领之姓氏,募化之经营,落成之始末,洵不可以弗记。若信士张君讳允厚与二十六君,德隆望普,善与人同倡,自数人从者万户,涓滴集腋,遂尔巍然成一巨观矣。则图□者,诸君子;而不日而成者,谓非弗祖之默相与?从此禅灯永照,闻梵呗而觉迷,慧力远播,大□□而蒙□,保安一方,世世其利赖之矣。

《记》曰:有开必先,能为创也。《传》曰:观影持后,能守善也。而《周礼》之《冬官》亦有所谓智创巧述者。以是知永贞后志,克光前猷,其诸君子之谓与!噫!前人创之而不获修之,后人修之而必记之,亦使后人而复继后人之修之也云尔。

钦命提督江苏学政内阁学士兼礼部侍郎前顺天辛酉科乡试主考刘藻熏沐撰文

赐进士出身吏部候选冯贞世沐手书丹

曹州府儒学廪膳生员郡人武铭鉴沐手篆额

龙飞乾隆十二年岁次丁卯(1747)二月癸卯上浣之吉

【据牡丹区王刘庄石碑录文】

□□□□(重修草寺)中殿兼补后殿

[清]张渼麟(嘉庆四年,1799)

□□□□,示不忘也。竹帛钟彝,有自来矣。后之人或书于木,或勒诸石,事不同而所以不没人善则一也。里有草寺,旧矣。命名之原由,规模之广扩,钟鼓之浠列,层□□□□□□□丹者,前人之□修矣。初自本朝,以迄今日,仅存二殿。后殿已修,中殿继补,载在木石。中殿以妥三教,此三教寺之所以名也。后奉旨不并立,圣人迁老□□□,佛祖居中,独存其一。曾日月之几何,而庙貌不堪复睹矣。虽非碎瓦颓垣,几乎栋折榱崩。后殿待补,中殿当修。

首领王君,原系总会之后,仍属总会之裔楚允恭与□子逊斋二子谓予曰:“以后继先,是吾辈之责也夫!一则奉先世之遗意,二以启后昆之善心。”于是复动两殿之众会。没者长已矣,存者犹续焉。更有掘起成会,随心捐金者,亦大为可风也。悉登诸簿。凡约会募施主君主之众,皆辅之,而楚允恭实贰焉。乃会甫成而佐理失任,功未动而首事无扶。彷徨观望,伊谁云从?幸赖吴公逊斋偕总会诸君同心协力,纠(鸠)工庀材,不旋踵而告成焉。

迄今揽落成之盛,中殿修而后殿补,瓦缝参差,依然前代矩矱;檐牙高啄,何非后世法程?非敢谓世济厥美,但以修于前者继于后,令木石所载,昔日之所无,今日有之,不为过;昔日之所有,今日无之,不为不足。即本会之初终本末,亦无不昭若竹帛,明如钟彝,庶乎不没人善云。后之览者,亦因以知当时之故。

是为志。

本郡儒学生员张渼麟沐手撰文

本郡儒学增生张魁麟沐手书丹

本郡儒学生员吴景仰沐手篆额

大清嘉庆四年岁次己未(1799)四月己巳十五日癸卯谷旦立

【据牡丹区王刘庄石碑录文】

重修草寺碑

[清]吴景渠(嘉庆二十四年,1819)

明有礼乐,幽有鬼神,皆以宣教化,维民风也。国朝厘正祀典,无文咸秩,凡城邑乡市所有寺观,悉见神道设教之意焉。曹郡西北怀德都旧有草寺,创始莫知,旧碑所载,自明以来,屡经修葺。前□山门进有罗汉殿,再进有石佛殿,最后有大殿,规模宏扩,宫殿邃严，允称一方巨观。岁久而敝，山门圮，罗汉殿圮。两佛殿虽存，而榱崩甍折，□□□□□□□□□□重修石佛殿一区，未获全复旧制□□□□张君圣兆，目击心恻，慨然以重修为己任，度年衰惫，嘱其子俊明代之。一时同心戮力，愿襄事者十八人，乐募资者几百家，遂欲循□□而重新□□罗汉殿。前□开□路山门，故址几成□□地以时异，则事因势殊，诸君子酌议变通，图罗汉像于石佛殿之两壁，移山门于罗汉殿之故址，后大殿则缮完□。僧舍垣墙则增□□□□□□□□□兴始孟春，经始仲夏，毕工□□□以罗汉殿未修为憾者。夫人与神接，不以形而以心，尝读苏长公《罗汉赞》与《颂》，每一展卷，状貌如睹，况绘形图象□然如生乎？则是以是□□□□□□□也。今观宫殿门墙屹然□□，丹碧金朱，焕然聿新。数十年间，碎瓦颓垣旋作花宫香界，鬼磷萤火转为金缸华烛。物理盛衰，人事废兴，故如是欤？是役也□□多，神之得所，□□□□□□□有志境成，为有大造于□□也。环外良田数十亩，足助僧蒲，塞桑门之馔。晨钟暮鼓，响震愚顽；修斋设醮，惠溥生死；水旱祈禳，人有释回增美之益；岁时伏腊，俗□□幽饮□□□□□兴而鬼神享。其于国家神道设教之意，化民成俗之方，殆未为无补云。至于佛法之妙，感格之灵，一切吉凶祸福之说，皆略而不陈，惧亵也，亦惧诞也。

本郡儒学生员吴景渠沐手撰文

儒学禀善生员吴景湘沐手书丹

儒学生员刘宜修沐手篆额

飞龙嘉庆二十四年岁次己卯(1819)夏五月庚午上浣之吉立

【据牡丹区王刘庄石碑录文】

创建白衣观世音阁记

（明万历四十五年，1617）

曹州学生员[……]

曹县学生员王振藻

自优昙花发，翻经贝叶，而慈教流行于天下，彼其慧烛破昏衢，俾人咸迁于善，讵非世尊德哉？乃其佐化者，厥惟观世音大士，处弥陀释迦之下。然所谓观世言音者何？圆悟圆应之号也。于音言观何？以不以耳识闻也。考其真诠，大率以见性为觉，胤以积善为道，胎以无我相、无人相、无众生相、无寿者相。我则各各悉仁人君子。闾阎阛阓，郁为淳风；山陬海澨，蒸为善俗。此其廓清迷云，潜扶帝轴，功岂浅鲜？邑之右镇，以前所建有三官庙、祝融庙、三皇圣祖庙、碧霞灵佑庙，而观世音则未之有也。立会人袁流聚材从而建之,楼阁飞惊,金碧璀灿,缭垣整饬,亦足以妥大士之灵。肆其工之竣也,庠员儆苍与余极言以纪其事。余谓人在亭毒中,知梦幻泡影之为妄,而不知甘露掣电之机;知般若真如之妙,而不知之秘又焉能囿四海于一掬,而尔我皆春乎?况今日之供□火者欲以谢三苦而进六和,故为□□□处耳。然人同此心,心同此善。神无往而不在,心无往而不存,辟(譬)之日月丽天,何所不照?江河行地,□□神通,何所不到?□(故)善男善女,欲种善根者,先培吾心可也。是故玉晖金镜宜瞻也,缘障业尘宜□□(扫也),□(飞)龙见也,跬步饮食皆妙用也,触目逢境皆净土也。则明无人非者,幽无鬼责,而观世音之神默□□□先生之属而为之言,以垂诸石。

万历四十五年岁次丁巳(1617)三月谷旦

【据曹县武庄石碑录文】

曹县重修安乐堌观世音大士祠堂碑记

[明]李起潜(万历四十五年,1617)

鼎新其宇者,思欲皈依其门;供养其像者,讵肯屑越其教?城南十里许安乐堌,昔有观音祠,其来远矣。然而物换星移,灵庙荒顿,泥金剥落,宝相无瞻,风雨见侵,诸信士宁忘补陀现身,还记灵山?话旧有恫于衷也。于是会首孙大器筹集众作会,输资鸠工,诸天助成,不日成功:冠帻璎珞现出天人法象,幡幢琉璃俨然水月仙容,移紫竹之林于曹垌,洒绿杨之露于东土矣。工甫竣,丐文焉以识之。

余曰:诸信士既建祠以塑像,当由像以识心;既钦其遗像,当遵其遗经。观世音者,以其寻声救苦,是名观音;以慈为室,以慧为门,高会维那,研微尽神,天子按树,帝释听经;下救娑婆世界,以普济乎众生,苦号即通,难呼即解。建祠宇者,所以救一方之苦难也;尊圣经者,净当自生其慈悲也。诵《六如》之偈,则知浮生如泡影电光;捧《普门》之品,则知慈航津渡;净我六根,以仰契夫三昧;灭我三毒,以妙合夫真诠。三顾以如,四誓以毕,则是诸信士求观音以功德,而非以浩劫;会观音以真实,而非以迹像。观音,观我音,我又观观音之音,观非以声闻,而实以心神,斯得观世音之妙音,大慈悲之真音。谁曰景山之僻壤而非普陀之灵境哉?谁曰黄河之岸上而非炎海之大观哉?是役也,胥有功力,刻其姓氏于碑右,以为将来兴善者仰效也。

于是乎记。

万历岁在强圉大荒落(丁巳,1617)苹水佳辰野史李起潜稽首敬撰

会首:孙大器　山主:周尚男　周尚仁　周尚高

省祭官吏:刘行顺　唐惟让　唐惟谦　孙知孝　常元正

施地:李根一亩　傅继先一亩　窦虎一亩　周从政一亩

【据曹县小唐庄石碑录文】

创建白衣观音堂记

[明]周永春(万历四十六年,1618)

窃闻神圣之道,或和风雨以济两间,或张善恶以振夫善。水陆□□而眷佑悬殊,帷白衣菩萨元神寓镇海镇,腔浑慈悲,愽济能仁,中□赖永,有善□□,有祷即应;率土□仰,思见真颜。奈海漾阴□,巅岩莫跻。于是□□之南三十余里龙泉寺,更有信人曹应魁等,诚信有年,日夜竭勤,纠众集财,□心协力,遂于壬子岁(万历四十年,1612)捐金□□,创建殿宇。四方好善者,一时云集,越月告成。仍庄严圣像,整饬龛幕。其尊而配享者,文殊、普贤。有如天生瘢疹子孙眼光,无不盘错棋列,庙貌清辉,殿陛穷檐观瞻者焕然夺目,无不钦其□焉。其神也□太□之素报无量之仁,氤氲宵壤间,若日月昭□,无时无处,悉为周旋。其生生化化、缥缥缈缈,化恶为善,念绝有嗣,俾一方善男信女,□□□临□菩萨,讽真经,恍惚左右、在上,虽目睹其绘像而心如见其真颜矣。仆□建□善厥□菩萨惠善厥鉴在兹,故云记。

万历肆拾陆年岁次戊午(1618)叁月庚申朔陆日吉时建立

赐进士第礼科都给事中古缗周永春撰

乡民常登第书

【据巨野县石碑录文】

观音碑记

[明]曹守勋(万历四十八年,1620)

万历肆拾捌年岁次庚申(1620)孟秋(七月)吉旦重修建立

赐进士文林郎知曹县事曹守勋

观音碑记

尝谓混沌未剖以前,而天地万物尚为虚气,即神道亦未著也。自盘古始辟以来,阴阳分而三才立,□诸圣继出,以理阳也,而诸神继成,以理阴也。则神圣虽分阴阳,而皆以为民耳。惟仁圣观音,论神则为宇内之至尊,论心则为慈悲之至□。是以体天地好生之意,而默默中常保民物之佥脉;视万物为一体,而冥冥中常枢生息之玄机。盖观音寔民物所共赖者也,则人可不诚心以奉酬其惠德哉?

且曹县去都六十里震隅(东方)原有古昔时创建观音行祠,其殿宇巍峨而宫院整饬,视诸刹□(尤)为雄胜者也。然历年既久,又为风雨所摇蚀,其巍峨者已倾颓,其整饬者已颠仆,而焕然之象谢矣。是时有会首张一敏睹之于目,慨之于心,而善□偶萌,欲为重修,以奉酬观音鱼形之恩泽。奈独力不能。于是诚心邀众,共议重修。则众之诺然而应。四十三年(1615)起,至四十六年(1618),砖瓦木石俱备。三月吉旦建立重修之基,则张一敏□财鸠工。不月之间,修盖大雄殿三间,彩尽灿然,而神象新塑,则宫院犹复初也。然台榭极目,寔状(壮)一方之观瞻,而奉祀修则报答□观音之皇恩浩荡,而万亿阴受之。万亿之痌瘃,观音体视之。盖心则欲人之生,不乐人之死也;欲人之处顺,而不欲人之处逆也。且救人难而不罪人之恶也。则观音神之尊者,亦神之仁者也。迄今彩殿巍巍而神基有亘古之固,惠德浩浩而造一方生民之福。即此圣事,可不为记乎?

于是儁(镌)石勒字为志。

琴台劣士谢恩典选书

【据单县后张楼石碑录文】

观音碑记

[明]徐匆激(崇祯四年,1631)

恭闻我大慈悲救苦救难观世音大士菩萨,闵(悯)尘世苦海,发十二愿,救八难苦,阐西来大意,为南土圣人。或现身说法,或解脱厄数,威神法力,随声应感,多所饶益,如□(普)门品所载甚悉。乃知我大士济世婆心浑同覆载,碧海汪洋,仅□恩波浩荡;伽山高大,难比崇功巍峨。净瓶涓滴散作九天甘露,慈航一业(叶)度脱万祀沉沦。则水月精英,如□宫□,普天之下,固咸在照临中,亦咸在怙恃中也。以故道释儒绅与善信男女,靡不顶礼,靡不供养。

曹县白家集东张孟教其妻孙氏,每年于二月十九日倡一方妇女修斋诵经,极其虔诚。此虽报恩之常然,其事亦甚奇也。缅维莲座之□□叶翻而昙花□纷,紫竹潇潇,杨柳斜横,鹦鹉娇呖,□□有望普陀而意倾,闻潮音而心悚者。闺台之内知有此乎□敬信之如斯也,固已奇矣。至于岁岁年年,如在如临,绝无退转,则其所为顶礼供养之心,不更有奇焉者乎!

虽然,余固隐然之见闻不尊,有诋余言之妄者矣。且曰祸福寿夭听命于天,□知我大士□□□□□□□□□□□□□□□□□□□□□□□焉。虽然,余更虑达之误信余言,徒蹈佞佛之辙而忘自□□□□□□□□□□□□□□□□□□□□□□□□□□□

意□教人□□□□□□事之者须发一皈依心与忏悔心，然后彼岸可登，大道可证。不然，徒流浪于利欲嗔恚中，亦大士之所不取也。肯私庇之也哉？是尤在众生自勉于善，勿负我大士普度之热衷也，则得矣。

谨序。

进士江启元沐手同订

邑庠弟子徐勿激沐手恭撰　韩兰沐手恭书　管置修吴加第

崇祯肆年岁次辛未(1631)贰月拾九日

【据单县后张楼石碑录文】

瑞麟寺记

(明天启四年,1624)

神怪虽子之所不语，祥瑞固理之所必然。儒者鲜通而多泥，一切兆应往往以不经见致疑，甚则并经见者亦别释之，岂不过迂？若世所传获麟之说，不坐是耶？吁嗟，获麟绝笔意何决也！掩袂泣何悲也！诸家语焉而不详，习焉而不察，直曰："道穷。"道穷云尔耶？子早见此，其已久矣，奚待麟矣？麟耶，麟耶，固自有度世深慈，天性深感，可慨而不可语，可痛而不可言者耶。无亦考麟自来，其近是耶？异时西狩，是在巨野。

巨野，鲁西偏之薮泽也，《禹贡》所称"大野既潴"，秦汉尚为彭越钓泽，盖水草之区，鸟兽萃焉。是鲁人猎较，岁岁之所有事，不独一鲁哀公十四年(前481)，一叔孙氏车士钼也。窃按：斯麟也，自圣胎且已应运生，实从巨泽遨阙里，既见圣母而旋。王子年之记《拾遗》也，是已记曰："孔子生之先，有麟吐玉书于阙里。"《人家书》云："水精之子，系衰周而素，王圣母见之，以绣绂系麟角。"斯言也，斯瑞也，盖实录云。故卒之其获也，夫子抱麟解绂而泣，泣所从来有故矣。夫非是麟也，其生有为，生与圣符；其逝有因，逝与圣寂。维圣住世七十有三年，维麟在泽亦七十有三年。先是岁皆狩而麟不见。麟神物，不可得而见也。及此叔孙狩而麟获，岂伊获之麟？示有终也。嗟！嗟！法缘之尽也，绣绂之感也，笔以此绝，襟以此沾，泣所从来有故矣。

虽然，亦其末耳，盍循其本？苟循其本，讵必沾沾获之为云？昭然斯麟，亘圣终始，千古大奇，实曰"瑞麟"。是耶？非耶？余是窃怪巨《志》麟冢沿袭儒旧，置麟始生，传麟既获。噫嘻！轶闻阙典，古不少矣。而孰有如是麟也，与圣迹炳乾坤；是冢也，与孔林昭宇宙！此可不表章，更谁表章哉？余用慨然从其地，一创其制，培麟冢故墩，为阜而筑台，其后累案其前。其西俗建，夙有佛殿，旧矣，事本不相蒙。然余以《列子》载孔子有"西极化人"之语，存之不废，更题曰"西极殿"，用《列子》语，且因民也。第东起享殿，俨然主之，特以追享圣母，正缘圣母有系角绣绂之异。是题曰“圣母殿”。其中既主麟冢，凭前案屋，非宜矣。西故有佛殿山门，今题曰“瑞麟寺”。右掖门东阁，北面向圣母殿，亦作应门，与山门相峙，特题曰“瑞麟寺”。左掖门称左右掖，尊麟也。尊麟，尊孔子也。猗欤伟哉！从此百世而下，不徒沿末指之曰“获麟冢”，竟得原始，称之曰“瑞麟寺”。煌煌巨泽，不已典而则辉而映乎！彰圣作之应，显物睹之奇，阐一事之幽，增千古之耀，非余也敢自虚夸。余以斯举庶不易耳。

寺成，遂为之记。

天启四年甲子（1624）孟夏（四月）吉旦

【据清康熙四十七年（1708）《巨野县志》卷十五】

新建观音祠碑记

［明］侯延封（崇祯元年，1628）

尝谓菩萨具三十六万亿智慧，显三十六万亿圆通，说三十六万亿□□□□□□□□□□□念菩萨者，亦随所念念，而感应之真，捷于影响者哉！□部州□□□□□□□□□□□□□□□有香头李尚选，感菩萨威神力故，营一草堂，居庄之右。于是香火嗣□□□□□□□福□□□□□者，遐迩倾心，贫富输资，咸欲辟其堂，以作灵应观。有乡善许应□首倡□□领□砖矣石矣，继之众喜，有输栋者、输础者、输坯土根木者、输钱谷者。余弟子延□随输砖瓦等物。□□□功而祠□成矣，焕矣，自兹而神益显矣，祀益崇矣，四方之趋赴者众矣。凡□□来，无不应矣。以之而问疾苦，则以消散；用以之而问患难，即以解脱；应以之而来男问女，即以福德。端正应惟之三十六万亿，功德何可纪极？虽然，有菩萨之灵异，则不可无纪；睹庙貌之辉煌，则不可无纪；据众善之明信，则不可无纪。敬敷陈之，以为来者劝。

赐进士出身原任汉中府知府侯正鹄男增广生员侯延封顿首谨撰

崇祯元年（1628）二月十九日圣诞之吉

瑕丘竹兰居士赵养气熏沐书丹

【据郓城县李庄村石碑录文】

兴智寺记

［明］刘　辅（明代，年限不详）

漆园之兴智寺在县治离方（东）三十里许，创建莫知从来，说者谓在唐末。壮临大河，水势迂曲而绕，故立宝塔九层，甃以瓴甋，户牖玲珑，以为远近之瞻眺。当时殿宇、佛像必极烜赫。历宋暨元，沿革非一，废而弗存，惟宝塔昂然冲乎碧空，想有神物呵护者。国初经营，虽有其人，弗克竣事。迨永乐、宣德间（1403—1435），寺僧正广虽发心建置，规模未宏。

正统岁（1436—1449）有名师洪旺者，来莅于兹，睹其地势钟灵，幽雅可居，遂驻锡焉。因与众富庶谋曰："欲建此寺，功费倍万，非独力能就。仰借诸君之资可成。"众欣诺。遂鸠工市材，期于底绩。于是富庶辈有材木者，载之以材木；有资用者，助之以资用。倾囊罄箱，略无少吝。及殿宇、廊庑告成，嵌塑圣像，妆饬菩萨，凡为间者三。佛像如正殿数。尽饬四壁，伽蓝祖师各列东西，左右方丈俱在两隅。金碧相辉，绚彩相射。又建东西两庑三十余间。比屋相连，有栖僧之所，有谈经室。光前垂后，罕可比拟。若洪旺者，可谓能阐扬正教而振宗风者矣，亦可谓能成未成之业于悠久者矣。视彼溺流俗而游方不知所止，不大径庭哉？

岁辛巳（1461），谒师神京，命其徒装饰，殿宇、圣像皆毕。彼有珉记，兹不赘言。今蒙给领僧录，札付回寺。主持匪徒崇其本教，又能谙长桑诀，修合药饵，济世活人甚众。一时痿痹者起，沉痼者酥。望庐而请，殆无虚日。医道与吾儒事最近，故儒者乐与之游。乃请文以纪其概。余嘉其请，姑砻石以书颠末焉，不徒为记岁月而已。

【据清康熙十二年（1673）《东明县志》卷八中】

[东明]石佛寺记

[明]刘待聘（明代，年限不详）

佛之教流自西域，兆于周穆王，而汉明以梦幻之说衍其大小乘，历唐而其风益炽，迨我朝，尤宗之。髡顶缁衣，犹属别类。即荐绅家谈道德而师孔孟，亦莫不左袒释氏。非羡其典为幽玄，则欣其理为高妙。锦缃囊而朝夕诵之，几沉溺人心而不可返。余初心病焉，及见乡闬野老焚香持盂，率其党作为善事者，亦每每戢其凶毒。盖祸福报应之说，或有以显慑其志也。是可借以转移人心之机乎！

如吾乡石佛之说，其来尤异。盖自国初，黄河泛涨，轰虺澎湃，中突兀如峰，其相击之声砰訇若雷。驳及水退势平，乃峙之沙间，遥望若滟滪。众咸异焉，率而往观之，则俨然佛也，石质而色洁，盖珷玞玖瑰等耳。因相与捐金作舍，举而礼焉。视其座下，字迹朗然，如蝌蚪状，不可察识。一方敬信如生母。每朔望，士女骈集庭中，瞻拜潮涌。会主彭信为广其地，更采石大伾，作诸佛像，如二九数以配之。正德间（1506—1521），盗入其中，谓其首有宝，窃而去。人谓佛灵不能庇其首。一日，贾者自远方来，挟而置之,吻如。讯之,乃得之途间。而其人亦即去,邈不可寻。此何?非神之显其灵哉?居民益崇信之,家诵而户尊焉。

而余谓善事佛者,殆不必然,亦不必不然。佛诸经品不犹之吾儒乎?吾儒立训,每欲人存理遏欲。而佛之反复辨击,设善恶之途而立其应,亦何非欲正人心之趋乎?故人能公其心,恕其念,敦孝友于乡党,则方寸祇园也,举念镜台也,四体菩提也,室家灵鹫也。不必趺坐击木而佛旨得矣。古禅师谓"吾止寸铁杀人,西来二字无"者,非此谓哉?不然,口佛心虺,蚤设行罔所不底,则于佛五戒之训谓何?虽日投体佛前,而佛所称鉴察之神、功曹之司,不检若尔乎?有识者亦以余言为然。因记石佛而具为述云。

【据清康熙十二年(1673)《东明县志》卷八中】

重修东竹寺记

[明]蔡　弼(明代,年限不详)

客诣余曰:城(成)武东竹寺,在邑之南照村,其来尚矣。剥蚀于风雨,栋其摧,垣且圮,几不足隆象教而示优崇。散官祝津等特更新焉,别构殿于旧殿之后,增其高广,涂以丹垩,既极壮丽。仍创天王殿于旧殿之前,三楹,体势愈益森严。拟立石记时日,以岁祲不果。兹稍稔,请镌石以识不朽。余曰:道不同则言常相左。与其言之左也,不如无言。客曰:某固知儒、释之不相谋也。然孟子辟墨,不拒夷之;昌黎氏极诋佛骨,而于浮屠文畅,不难以文辞相赠送。公何独惜咳唾之音,不以府成鄙志?余曰:唯!唯!请言其概:窃闻儒之至者曰圣,释之至者曰佛。圣之道可以禔躬,可以缮性,可推之齐治均平而极之乎位育参赞,世沐礼乐文物之化,以共游于彝伦名教之中。若佛,吾不知其于世何如也。然而其法清净,厌烦嚣而苦劳瘁者,或托以逃;其意慈悲,视世之犷鸷爪喙者异,众亦以而韪之。故琳宫宝刹,在在耸峙。一或兴作,檀越相应如响。余则谓:佛,夷产也。无军国民社之忧,无事使供役之劳,无祭飨租庸、交际应酬之费,其清净则宜,而不可施于华。所谓慈悲,亦未有政教以通其意,刑威以弼其成。盈盈片念,又未易遍林,总既垓埏。必欲崇其教而学之,则有方焉。善学柳下惠者,以其不可学其可,于佛亦然。故清净不必扫万缘而空之,第棼沓之务毋迎于前,勿将于后,毋凝滞,毋点染,如浮云之往来于太虚而曾无芥蒂,则善为清净矣。欲慈悲,亦不必以煦煦示惠,惟仁不掩义,柔不灭刚,则无毒于人,亦使人各自戢,而不敢肆毒于众,则其慈悲益宏而所被益广,无戾于佛,亦无戾于圣,乃所称善学焉者。诸君岂无绎于斯?是役也,大殿成于万历二十年壬辰(1592),天王殿成于三十年壬寅(1602)。首其事者,始则祝津等，继则胡先策等；塑像则邵一魁、王隐恻等；施碑则李尚得等。例得并载。

【据民国六年(1917)曹县徐氏刻本《曹南文献录》卷六十五】

创建白衣菩萨堂碑记

［清］刘宁国(顺治三年，1646)

考之菩萨而以观音称者，取其天眼遥瞻，天耳遥听，凡有希求，无不如愿。其利益人间，无际无边者也。而白衣观音又专主人间生育事，普施慧光，广设慈航。有能崇奉其像、诵演其说，即获聪明智慧之男，有白衣重胞之异。此神之至显赫、至灵应，如印□沙，毫发不爽。天下之为子孙计者，无不家而尸之，户而祝之，望其居歆，以厚集多男之报。

里中有肖庵齐君，慷慨多施，首谋于众曰："凡创造，不足利济生民，福庇一方，则不举。如白衣菩萨，分亿万化身，身身而功德难量；演数行妙偈，偈偈而殊因莫测。广嗣之策，莫此为最，可不设祀堂以妥之乎?"众善其论，量力输资。即为择形胜，立庙宇，丹檐阿，金法像。然虽小小结构，其中亦有佳处。不日而功已告竣。遂欲勒之贞珉，以垂不朽。适值兵荒交臻，事不得不暂为之寝。而肖庵君亦物故。今岁稍稔，其侄太和君欲竟其伯父未了之前缘，纠众立石，以褒其成。索不佞为文，以赞其盛。

不佞自挂冠归田，文不操觚，矧白衣菩萨救人苦劫，衍人禄嗣，其神原不可以言语阐发，不佞将何以扬扢其徽美？虽然，亦有说焉。尊奉神明者，不在修庙中之故事，而在严自心之神明；诵讽经文者，不在念终终之□言，而在持无字之法戒。审如是，则菩萨自在吾心，福利必归吾身。兆衍麟趾，瑞启螽斯，振振而绳绳者，皆白衣所以报吾人也。是为叙。

明岁进士前磁州训导郡人钧宇刘宁国沐浴撰文

庠生宾甫刘起名沐手书丹

时顺治叁年次丙戌(1646)仲秋十二日立

【据鄄城县齐堂村石碑录文】

观音寺重修碑记

［清］张士龙(顺治十七年，1660)

庚子(1660)初冬，偶见迟来白菊，龙吟一绝曰："三空观尽复观三，三彻空明妙相函。想见从容成正后，雪峰寂照普光庵。"适有以寺文见招，龙即随鸿西行数里，至其地。时阴沴甫消，垣墉未伤，遂从后殿侧入，瞻一佛相。数武入正殿，佛相如后而两列诸大阿罗。再前，则百神阁，中尊三教。外此，则片石幽横，门堂未树，一望玄天，寒云无际矣。檀越群皆杨子，作栋一庭。龙诹其因，众曰：“古称观音寺，不知何年增建佛殿。后有善人李守凤，改‘观音堂’为‘百神阁’，背坐观音于文殊、普贤之间。今际可好善，踵其前人修之，故仍欲题为‘观音寺’。”

龙于是元对久之，思以宽其岁月，徐研静理，无负千秋。而檀越立请。不得已，于下元后九日，焚香涤砚，遥望和南，俯肃赫蹄。仰惟圣教观世音菩提萨埵遗闻，问心于见闻知觉，不复分隔，成一圆融清净宝觉，现众多妙容，至八万四千，且说无边秘密神咒。久造佛境，而不肯成佛。直至弥陀灭后，始成正觉，号普光功德山王如来。繇今思惟，佛相固是观音后身，百神亦是观音性中妙相。故前后殿阁，虽繇士人布置，而有神行其间。神昔在世，大都聪明正直。孝子忠臣生尽人理，殁作明神。今其神何在？在天。天何在？在道。道何在？在性。神此性，人亦此性：性尽于人，人亦神；人漓于性，究且不复为人，安对于神？仰观法相，澈体黄金。金者，终始不变，而黄则吾心之真土也。信在则四德皆实，即心即相，即相即心，百神一致，三教一源矣。

老子以慈冠三宝，而又致虚守静，玄观于常无常有，其固原本于大《易》。释迦牟尼佛为西方圣人，生在震旦万里之外，处殊形异态之间，见彼贪杀灭性，直尽扫一切而以静穆之天体示之，以大醒沉迷。此所谓因时起见，变动不居。且梵言释迦，华言能仁也；梵言牟尼，华言寂默也。曰仁曰寂，同吾儒之故物。至其上乘不立文字，且于念离念，即情忘情，不即不离，以为究竟法，是又高玄之至者也。

慨自教衰，诸夏万象纷纭，愍世者奉佛为教，盖欲广其明觉了义，令人还元。宁欲其人人祝发、人人缁衣哉？甚至随邪见，趋外道，是又学佛而失者矣。龙于是深思乎“上天之载，无声无臭”，固道学之大原；而宓文一画以后，唐[尧]以钦明接之，万里洪涵，佑启后圣。而我至圣孔子，又道跻大成，恬心绝四。彼“寂然不动”一语，诚范围三教之宗；而其专翕二字，又为教中真宰。是以，蕴为四德，发为七情，施为五伦矣。赞天地、发育万物，随感即通，而神无所役，是又精微之至者也。

后学逐流忘源，元明不辟，高者沉空罔象，卑者又拘拘于形器之中，终身烦苦而不自觉，均失之矣。总之，人从天来，自有真性；性欲存真，去妄是竟；妄去真存，圆觉以正；觉有先后，道尊贤圣。此菩提之所以照、空王之所以嘿、千圣之所以同、诸神之所以显、凡夫之所以愚也。故说偈曰：

太虚穆繄清，元气和繄平。受中而为人，天地待其成。静者性之体，无欲性斯贞。山河匪外物，虫草亦通明。皇皇五行耀，呼于鬼神并。菩萨有情觉，佛正觉无情。前圣宏其教，后学师其行。勿为俗士务，勿为曲士惊。寄言观相者，各自念所生。

【据清光绪六年(1880)《菏泽县志》卷十七】

创建弥陀禅院记

[清]张元镇(康熙五年,1666)

夫西方之教,由来尚矣。故伦□□垂仪□于冠带之乡,名教所谈,不出□乾坤之位。徒龌龊于步武,盖抢攘于礼法。语方外之灵,独窥天中之妙宝,则知夫□有遗而途有□矣。察动用于神机,推朕迹于冥数,则知夫识有畔而功有阙矣。悠悠百代,蠢蠢四流,蒙埃尘于梦□之境,隔视听于神明之□,没世不闻至极之理,终身不睹妙闻之法。奔嗜骋欲,备五浊而轮回;蹑阱投机,入三途而鼎沸。滔滔溺俗,长对安□。

邑南十余里有李明传者,善信士也。潜心香光之业,皈依不二之门。纠众捐资,营建弥陀佛殿一区。韦驮列其前,白衣观音次其后,庙貌巍峨,法像庄严,遐迩士女,□火不绝。盖成于顺治乙酉(二年,1645)云。阅数岁,李君捐馆,庙碑阙如。其子大如继父之志,偕善士□成□,□臻厥成,而命□(余)记某事。

窃惟上乘罕测,□相难窥,虽金口微言,时传于贝多之叶,而玉毫灵相莫睹于扰昙之花。属大事之□□,逢远期之旦暮。稽首□足,亲瞻五梵之容;涤滤清心,俱奉一音之倡。涤贪欲之肠肾,开聋聩之耳目。乃若殚财竭力,刻桷雕题,□殿□以云构,金山焕其日临,岂徒然哉?夫壮丽者将以重威神,仪形者将以栮(栖)归止。或离性解脱,或见作随缘。药草寓其□茎,云□□其芳类。即说□(不)说,若通不通。湛然观心,了然见性。学无学,自有静悟;因非因,本来清净。然后微妙之义,深入一如;广大之功,遍□(及)三界。则和雅所□,皆荷法乘;慈悲所加,尽为佛子。由是诸佛之分护大千也,甘露以洒之,慈云以覆之,香风以熏之,惠日以暖之。□□于无相之体,通洞乎有形之类。示立诸相而无所立,广度群生而无所度。非大圣至神覆护,孰能如此者欤?于戏!斯殿之成也,□矣丽矣,高矣博矣。赫奕奕而烛地,崒巍巍而翅霄。寒暑隔阂于檐楣,雷风击薄于轩牖。星阁月殿,凭林跨谷;香宫花堂,枕峰卧岭。□□□□像□无声,观之者发思而兴敬,居之者应如而合道。天花覆地,叠翠交辉;梵响乘虚,远山相答。诚吉祥之宅而上真之所栖也。

至若明传之经始也,□奇之乐善也,大如之孝思不忘也,例得书。

于是乎记。

赐进士第文林郎知浙江绍兴府上虞县知县张元镇翰白父熏沐拜撰

吏部候选经历刘兴邦篆额　琴郡后学万象乾清太父书丹　廪膳生员郭中立

时康熙岁在□(丙)午(五年,1666)仲冬吉旦

【据单县前阁村石碑录文】

水月庵记

[清]魏　宪(康熙十一年,1672)

禅居义取静清,故拮构多依山水,南朝三百六十寺,邃矣,渊矣。东明邑辖天雄,在齐豫之冲。平原广隰,峰峦绝不可得,独添水绕城北流,澄泓可爱,迢递直接大河。旧有水月庵奠其中,环雉堞如耸,无山而有山意,四面水声,逖听迩闻,不啻洪涛千顷也。黎阳杨集虚令兹土,鼎新之,沿堤植榆柳千株,影扶疏入水。夜深月出时,上下一色,居者、行者、坐以观者,皆心神萧寂,作禅定想。复当北门要路,砌石为桥,题曰"玉虹",驾添水上,使四方辐辏,无病涉。且壮庵之西峙,其为利于邑也,固已溥矣。余忝寓阅月,正严寒积雪时,薄饮后登庵楼纵望,高至穹窿(隆),下临污潦,尽成琼林玉阙。但恨无王子猷一棹冲寒,共话无生矣。因志以贻令公。曰:"此地得公锁钥,无虑东南已。"

【据清康熙十二年(1673)《东明县志》卷八中】

白衣大悲观世音菩萨碑记

[明]葛令馨(崇祯八年,1635)

白衣大士始繇(由)闻、思、修入三摩地,独超二十五□□其甚深微妙法,千百千万劫中难获一遇。然以应人间世市求,未有不如意者。故在庄严劫内,居正法明如来,现贤圣□□,为自在大士,弘愿好生,津梁婆竭,常现三十二法相,竖大千无量功德,不翅万生母。是以高真慈容,普拾千大地,阎浮□□,诵德祝厘,悉令脱一切苦碍,亡漏妙因,真无穷哉!

是善财地,为孙氏族居。其先人爱结大士缘,随卜其处,鸠工庀材,创□□宇,暨同心大众协力襄之,乃告落成。厥后岁积月累,即庙貌犹存,不无缺坏。乃其孙来捷、孙自省复于崇祯四年(1631)仍督社以终始其事。逮所输财输力者,□欣相其右。妙哉!感应向(响)如,洵不诬也。更思大士以慈悲为体,化导为用,我诸檀越,信心皈依,当福利之田,人人共乐仁寿之域,在在同跻婆卢偈帝。为有性有觉者,普周宁有既哉?窃惟大悲心印,人人具足,万法一法,万心一心,善不离心,法不离善,解得真实意,出五印陀罗尼,即信心而是,又何必梯山航海,寻大悲迹而受之持为?

是用记之,以勒于石。

时崇祯八年岁次乙亥(1635)四月辛巳越朔十五日甲午日立

赐同进士出身文林郎直隶广平府推官郡人葛令馨谨撰

盘沟郡庠生黎祚昌谨书

【据鄄城县孙堂村石碑录文】

观音菩萨庙重修碑记附志醮社三年告竣

[清]孙立极(康熙三十四年,1695)

昔者庐山既辟,银殿飞来;汉观初开,□梁自下。然而龙宫象塔,非属天成;白马青鸳,皆缘人力。是以给孤操布地之金,□之室也。东柳集旧有观音庙一区,西联箕岭,已夸净土;东通灉滨,即是恒河。昔年慈航,飘香已久;今日莲座,陈□□新。□玉石于何山,绮□丹楹;问工师于谁氏,□有善士孙折桂率男大成、大琬起而重修之。人输尺璧,家馈兼金。荀侍中之故□便玄庆之家珍,悉归崇化。扶起军持重具,风翻生色;卓来钵杖行看,霜月加辉。惟祈康乐高,大铭勤远公之绩;东坡丽句□,琺花随麈拂共警。掣电轰雷,鹤近锡飞,咸□镵玉钥。于开口不得处说法,天风木叶,总属全提;从下手不得处施为,流非妙证,金莲涌出。进善信而安心悉度,宝筏□来;合愚蒙而藏罪□消,□竹移松。役岳何难?聚石点头。□也如苞如茂,栋观攸芋攸跻。呼吸微通帝座。圆□之桃花烂熳(漫),秘宫之宝□辉煌。□廪交□火宅近□五愿叠□□情自誓山僧持果□城士女焚香尝入维摩之室每献岁吉,辰聘迎□师水陆道场□画□□修禅台□□炉吹翡翠之烟法沼莲□人映琉璃红□皆洗妆而问□晓莺春□亦□舌而诵□□□□园吴□蔡讴典史传漪更集巫觋吞刀□□舞妙婆娑。诚东南□所谓铁上座金□精蓝檀波罗□□云母矣。因□□末,刊诸贞珉。

皇清康熙三十四年岁次乙亥(1695)正月戊寅上浣

兖庠增广生员孙立极维建撰文

□□廪膳生孙琬瑸璜篆额

濮儒童孙辂乘素书丹

【据鄄城县孙垓村石碑录文】

重修清丘寺碑记

[清]刘嗣因(康熙四十六年,1707)

予尝读《春秋》至鲁僖公九年(前651),齐桓公率诸侯同盟于葵丘;宣公十二年

（前597），齐人、宋人、曹人、卫人盟于清丘。谓清丘即葵丘也。载阅《郡志》，有“清丘烟柳”，为南华八景之一。始知清丘之在于曹境也，由来旧矣。其地有高台峻岭，树林荫翳。登临其上，可以南望贾鲁，北顾吕陵，东据金堤，西跨虎牢。真形胜之地也。

逮汉明帝永平八年（65），佛教始入中国。一时侯王君公，莫不敬信而崇奉之。梵刹遍乎海宇，圣像满乎寰区。于是建佛殿于其巅，名曰清丘寺。伊时住持高僧实繁，有徒年年供水陆，岁岁修醮坛。十方供香火者鳞集簇拥，络绎不绝。但见其宫阙巍峻，翚飞焕云日之彩；檐牙高啄，绣瓦凝海天之光；晚霞与灯月交辉，金石共佛号同宣。猗欤盛哉！诚济阴之大观也。

迨至国朝戊子（1708）之乱，世变沧桑，屡遭兵燹之焚毁，久经风雨之摧折。兼之黄水滔天，僧众离散，以致殿宇倾圮，神彩剥落，崩颓荒凉之象，几不堪观。士君子往过其地也，靡不目击心恻，而叹修葺之鲜其人也。幸有善人杨应斗等五人，居近庙侧，尝欲重修，又虑其工程浩大，资用繁多，未敢轻动。乃募诸四方，贵官长者共邀□十余会，不下数百人，耴其众擎易举意也。然人亦感其虔诚而乐为捐金，约可充费。遂使陶人治陶，工人治工，不数月而落成焉。将见珠宫绀殿，庙貌之峨峨也；丹楹刻桷，栋宇之煌煌也；金碧庄严，佛像之赫赫也。焜耀之观，不减当年。

事竣，佥议立石以纪其功。乃转托宗伯雨骧公致书于予，嘱为文。窃自侥幸以□□百务猬集，行将促装，刻期赴长安。神思忙错，何暇为文？而伯父之命又不敢违，且善行如此又不可没□也。勉即其事而质言之，勒诸瑱珉以劝后之首……

丙戌科联捷进士考选中书舍人刘嗣因撰文

广东琼州府乐昌县知县许维嵚篆额

古曹后学刘国龙沐手书丹

康熙四十六年（1707）十月吉旦

【据牡丹区寺西范石碑录文】

重修观音堂碑记

［清］李　艳（康熙五十五年，1716）

吾曹之西南，逾马陵而西，有黄□庙焉。居民稠杂，村落相接；其俗淳，其风朴，其士女多□□□□□□□太山行宫□□□□南则为观音祠也。水旱□废，有求必祷，一方久倚为师护矣。祠之建肇于明崇祯年间（1628—1644），自重修以□□□约五十余载。时日既久，风雨剥落，栋宇颓损，金妆无辉，奚以妥神灵而肃瞻□乎？

有朱君兴标者，慨然以增修为任，□□集会□□鸠工庀材□□而□新之，不逾月告竣。庙貌、神像焕然改视。而且前起山门,后筑教方,规模宏整,倍异乎昔,猗与盛哉!盖夫神者,天地之正气所为。流而有川,聚而有山。人之充是气者,忠孝节善,丕显于前,精英良爽,不磨于后,则生为明人,死为明神,享祀而食报,有由然也。世□□观音大士,慈航□众,咸尊奉而禋祀之,吾恶知其不如世俗所云耶!

第家世行能书闻有问予弗深□□□赫赫□纪,胡为庙祀遍天下也?窃谓神人相辅:人赖神庇,神依人行。苟无神,何有人?苟无人,何有神?是以圣王享神先□民,君□事人以事神。其□之宫庙,至恤也;荐以馨香,至庆也;于崇德报功,借以护国庇民,至大也。呜呼,尽之矣!

或曰:神道设教□□□□□夫善必不仅焚烧之谓□□□而□乃拟于谄。且人之桀顽,虽董之以法,纠之以刑,尚有悍然弗顾者矣,又岂□□之。设□能□其不□而消其□志乎哉?□然矫举之祀同□所取而昭事之□终不可没。朱君发诚敬以感一方,明是此地□□善而朱君其尤也。书曰:钦善降禅。朱君之谒予,余训蒙兹土,谒予为文。既不获辞,□以立庙之意,事神之道□之。因以积庆□□之为志诸石,以俟后之□事者。

朝议大夫知曹州事加二级纪录八次杨文□同知赵□吏□赵廷辅

乙酉科举人仕曹州儒学训导吕□□……

赐进士出身初授广东将军摽后营守府升授山东曹州营中军守府加一级王师凯

儒学生员李艳撰文□端书丹

时大清康熙五十五年(1716)十二月十五日吉旦

【据牡丹区黄庙村石碑录文】

观音行宫碑记

[清]闫□阁(乾隆二年,1737)

□□□□以来,伏羲画八卦,神农辨五谷,轩辕造冕裳,尧舜□成天地,周□□□□□□(孔)子删定纂修,师表万世,□道惟□人事而已。迨汉唐兴,佛法入中国,新异动众,遂□□如来随□菩萨九□□□□者,不知凡几。而世主概不禁绝者,因世□人漓礼去□之而或□鬼神怵之而□惕,聊以为□□之一助耳。且事至穷极而无能为者,往□有□佑焉。则古无淫祠而后尚祷祝者,要亦气数之运会使然。如世称□□□□□□会而为乾济者乎!观其经三灾八难五十二参,慧眼万□,寻声救苦,固昭昭矣。适金声万君等索文于余,余□□□。佥曰:庄东有南海行宫,其神最灵,凡祈寒暑□降□降祥,无不响应,诚一方之福神也。万、闫、黄、杨、孔氏感神□□□□□□,请法师做道场,供奉神圣。一时妇女云集,香火冲天,拜礼遍地。猗欤盛哉!三祀功满,恐后无传，议勒石焉□不朽。佥曰：何以为文，即此是文。

遂援笔而为之记。

本邑庠生闫□訚撰文

后学卢□书丹

处士谷居敬题名

乾隆贰年(1737)贰月中浣谷旦

【据巨野县石碑录文】

大清国北直大名府东明县王家庄重修观音堂记

[清]辛　奎(乾隆九年,1744)

闻之建庙立祠，凡以效乎其镇也，自通都大邑，以及乡间村落，靡不有之。县南五十余里王家庄，为东西……□，背龙山而面大河，地脉肥饶，人才俊伟，农安于甫田，勤耕种而让陇畔，士习于道义，结良友而延名□，若然有……□之风焉。离方旧有观音堂，不知建立于何时。其镇是村也，为最要；福是村也，为最灵。但历年久远，庙宇不无倾圮，神像□……善士□嘉□、王秉逊、王进贤等，顾而咨嗟者至再，善心动而莫之遏。遂相议而重修。鸠良工而庀□材，时无几……□□□一新。垣墙坚固，神像焕然，金装遍体。向之倾圮者，今则整齐可观矣；向之黯黮者，今则辉煌夺目矣。□……□□□诚而神如在，神即心而在也。神在而心益诚，行见入庙，生敬共之心，比屋获孔多之福，永□□□□□……□□□勒诸善士之姓氏于石，以志功，并以劝后之好善者。

邑庠生辛奎熏沐敬书

乾隆九年(1744)二月二十日立

【据东明县王菜园石碑录文】

重修如来庙碑记

[清]雷宏宇(乾隆十二年,1747)

知县雷宏宇

[按：民国五年(1916)《定陶县志》卷四《职官志·知县》："雷宏宇，云南新兴州，(雍正)癸卯(元年,1723)正科举人，乾隆十二年(1747)任。"]

粤自汉明以来，佛祠之建，几遍中土。尊之者曰圣，斥之者曰悍，皆过也。盖国有祀典，以崇德报功，功德及民则祀之。伏惟多宝如来，境入圆通，神达众妙。其道曰觉，觉愚开智，启悟群蒙，不坠迷途，不沦苦海，斯固觉世之至意；其门曰空，空诸所有，寂归圆光，四大皆空，众欲何着？亦即克治之要图；其渡（度）世曰慈，宝筏独运，元灯普照，群登彼岸，众了三乘。细绎厥旨，宁非广济苍生之婆心？况人心皆佛，头头是道。祠遍中土，禋祀千秋，固其宜也。陶治东郭，旧有佛殿，为一邑保障，日久不无风雨鸟鼠之伤。自僧果宣贩［皈］依于斯，为众僧长，虔以奉佛，勤以效职，众庙聿新，僧舍焕然，顿易从前旧模。兹更于佛像一一庄严，四壁森列，允堪如来驻锡、四方瞻仰矣。既告成，问记于余。余膺简命，来莅兹上，固有风化之责者。刑名钱谷之余，正学术，倡文教，以期移风易俗。贝叶琅函、金虎白鸦，原非所事。然而神道设教，如水入水，一觉众觉，正未尝非风化之一助也。爰徇所请，以为之记。

【据民国五年（1916）《定陶县志》卷十】

重修青冢寺后殿告成记

［清］王　堂（乾隆四十二年，1777）

佛祖者，西方圣人也。有圣之时，有圣之仕，有圣之和，有圣之清。佛，其圣之清者乎！稽之□□□成佛之祖，当其修炼伊始，目不视邪色，耳不听淫声，口不食荤味，谨情好、绝嗜欲，乃□□谓太极之真，无极之精，佛其妙合乎！士君子修德行道，果克如其纯纯不杂，则吾儒□□宏可臻也。历代帝王崇而重之，立庙以祀，固其宜也。兹地有寺名曰青冢，由来久矣。□□殊不堪以妥神灵也。邻近居民察文选、马志显、宋化凤、察文亮、察兆祥等，目睹心恻，□□共为赀助，鸠工庀材，踊跃整修。数旬而厥功告竣，圣像、罗汉金妆辉煌，上栋下宇，绘画□幽处，禅房花木深，猗欤盛哉！余馆香山，偶游其间，仰观其盛，窃叹莫为之前。虽美弗□□传，兹寺之历年求（久）存，前哲之创建，不可没也；后贤之缮修，讵可忽乎哉？适有寺东察□□者，余之莫逆交也，嘱余作文以记之。余识疏才谫，不善文。因请之甚力，不获辞，是以□□。

菏泽县儒学生员王堂撰文书丹

大清国乾隆四十二年岁次丁酉（1777）四月十五日谷旦

【据鄄城县双寺村石碑录文】

甘泉寺碑

［清］姚学甲（约乾隆四十六年，1781）

邑进士江南嘉定县知县姚学甲撰

[甄史斋按:姚学甲,山东巨野县人,乾隆三十一年(1766)进士。乾隆四十三年(1778)十月起六度出知江苏嘉定县。嘉庆五年(1800)去职]

甘泉寺,余少时肄业其地,弱冠后复馆于此。访寺之原委甚悉。内有碑最奇古,三面皆镌佛像,后面撰文,字多寒涩。可辨者有两,书“大齐”洎“河清”等字。盖高齐记年也。前明时,里人掘土得之,因以创建佛刹。嗣后,屡有修举,备载前碣。国朝亦屡经补苴,旧志可考。数十年来,缁衣逃散,香烟断绝。加以风雨剥蚀,遂使鹫峰胜境,变为蔓草荒邱(丘)。里人感佛之灵,锐志重修,结社募化。工起于乾隆四十三年(1778),告竣于四十六年(1781)。自大殿两庑以及山门,莫不次第修举。公议竖立丽牲之石,为将来劝。乃介侄奎名征余文,不获辞。余考佛之始见于《列子》,自后汉入中国,相沿至千有余年。儒者辨其非而弗能竟废;凡民习其故而未至大惑;文中子以为西方之教,比于轩车冠冕之不可通。诚所谓各行其是者矣。至于屡著灵异,或缚恶以示威,或施药以疗疾,里人言之确凿,姑存而不论云。

乾隆　年　月　日立

【据清道光二十六年(1846)《巨野县志》卷二十二】

甘泉寺古碑

[清]黄维翰(道光二十六年,1846)

寺在龙堌保迤南五里许。父老相传,前民里人掘土出之,高四尺五寸,正面并左右二棱俱凿有小龛,中立佛像,雕刻精细。现左棱尚完好,余二面皆被人凿毁。碑阴题名卜姓为多。竖立年月亦存,有“大齐河清二年(563)”字样,大约与石佛寺碑同时所立,故其规制悉符,但矮小而中无孔。并未刻佛经。邑进士姚学甲有碑记,载后。

【据清道光二十六年(1846)《巨野县志》卷二十】

重修观音大殿碑志

[清]侯树德(乾隆五十九年,1792)

尝思莫为之前,虽美弗彰;莫为之后,虽盛弗传。每见名区胜地,当其先,不无壮丽奇异,快人观瞻,不旋盼而就颓败者,是创之者有人,而继之者无人也。如我□□观音大殿,有社首李尚选创建于明天启三年(1623)。其地势之美盛,庙貌之辉煌,菩萨之灵感,前人述之备矣。暨兴朝定鼎,百余年间,庙貌圮颓,神像残淡。余叔祖□□□泽化众,重修于乾隆元年(1736)。观厥成焉,迄今近六十年。或为寒暑剥落,风雨飘摇;加以鼠雀之穿凿,无赖之骚扰。较前大相败损矣。善士赵心悦目睹愀然。慨然以承先为志,多出财物,不惜重费,不辞劳瘁。同李廷臣、侯廷献等募化四方,反盖庙宇,金塑神像,焕然维新。如此,一乡之事视为一家之事,并视为一身之事,而有创有继,承先启后,一兴再兴者乎！然则是举也,神固有灵,默佑以勷厥事;而非人心好善慕义之诚,安能有是哉?

谨序。

监生应例侯选兵马司吏目侯树德敬撰

临灉居士樊雀南丹书

乾隆伍拾柒年岁次壬子(1792)拾月中浣吉立

【据郓城县李庄村石碑录文】

重修观音大殿碑记

[清]赵光临(嘉庆十三年,1808)

尝闻:观音,慈航大士也。建堂于兹,厥功告竣,友人侯树德属(嘱)余作文以记之。告余曰:"观音之始终本末,前人之述备矣,姑弗具(俱)论,第述创建之人与重修之人而已可。"余遂援笔而序之曰:凡事创之于前,自宜继之于后。考斯堂也,创于明季天启时(1621—1627)。创之者谁?李氏尚选也。由明而清,至乾隆元年(1736)起而重修之。重修者谁?侯录、侯泽两人也。嗣后日损月削,风侵雨蚀。迄乾隆五十六年(1791),侯树德、赵心悦二人同心,捐资募化,而庙貌焕然一新,庶其永远无坏矣乎!不料人情叵测,甫逾十载,于嘉庆九年(1804)正月间,贼人一炬而栋折榱崩,可怜焦土！犹幸善士迭起,侯诰等募化四方,鸠工庀材,三年而告成焉。是真创之有人,继之有人,一一刻著于石。后之人将指其名而称之曰:"某也,前某也,后某也,尤后。"呜呼！其或不没人善之意也夫!

邑庠生赵光临敬撰

儒生侯慎仪丹书

大清嘉庆拾叁年岁次戊辰(1808)九月中浣立

【据郓城县李庄村石碑录文】

彭家店重修白衣堂碑记

[清]王蔚元(光绪二年,1876)

盖尝谓聪无不闻之谓神,明无不见之谓神,正无或偏之谓神,直无或曲之谓神。故史策所载神也者，聪明正直而一者也。矧夫白衣之神，尤其彰彰者乎！昔人有诗云：“紫竹林中几度修，水清玉匀汝心头。音容已邈今宛在，一点灵神万古流。”从可知白衣之灵神不爽。其聪也，其明也，其正直而一也，有与诸神圣不谋而合者矣。夫岂凝神辟谷，仙家之服气铢形，不生不灭，释氏之明心见性者，所可同日语哉？是故乃圣，乃神，可以为一村之镇，可以为当世之尊，并可以为万姓之钦服。故前辈创修此堂，良有以也。后人补旧更新，岂不休哉？兹因彭家店有白衣堂一座，日久年湮，风雨损坏，善男信女有事重修，工竣之日，属余作文以记之。余寡闻浅见，岂能为文？不揣固陋，聊出俚语以为志云。

邑增生王蔚元撰文

邑庠生王绮园书丹

大清光绪贰年岁次丙子(1876)三月上浣吉日立

【据郓城县彭店村石碑录文】

重修南海观音菩萨庙堂碑记

[清]周曰校(光绪十七年,1891)

尝观昔先王以神道设教，以为神者人之主，人者神之依；所以各设庵观，多建寺宇，其间或有未入祀典，有祀者亦有不祀者。独于南海观音菩萨，本朝祀典，秩同五岳，祭隆四时。至于建庙堂，自京省下迄州县，以及乡村闾阎，莫不家家敬奉，户户瞻仰。何令人欣重若斯也？□以慈悲盖世，泽被众生，援诸水火，登之衽席也。是知竹林妙化，酷天地施以仁；南海慈航，遍寰宇而普渡(度)。欲颂功德，万言难述。岂仅佑一隅、保八方而已哉！此村菩萨庙堂，于同治癸酉(1873)，因黄水淹没，几于倾颓。本村诸君诚心向善，结社输资，不逾二载，将庙重修。山门垣墉，焕然一新。迄今告厥成功，勒石刻铭，永垂不朽，以为后世人劝。揆之先王神道设教之意，无或拂焉。庶几风日清，俗益□，而国家郅治之隆，于一乡一邑见之矣。岂不休哉！

邑庠生周曰校沐手敬撰

邑居士王如云沐手敬书

大清光绪拾柒年岁次辛卯(1891)桃月(三月)上浣谷旦

【据巨野县石碑录文】

彭家店重修白衣堂并禅室垣墙碑记

［清］王霖浑（道光三年,1823）

尝谓人道迩,神道远,今而知非笃论也。风雷起于地,而以为有神;云雨兴于天,而以为有神。况兹白衣神者,有祈则验,有求则应,而禅堂以供畲祀,垣墙以环左右者,孰非以神之为灵昭昭也哉？但神所由来,不能悉知;神所由灵,亦难枚举。惟将结社之善信,构造之年月,当功成告竣之余,勒碑垂后,以志不朽云尔。岂敢曰“后之览者,亦将有感于斯文”?

郓邑庠生王霖浑撰文

濮郡庠生葛甫田书丹

大清道光叁年岁次癸未(1823)七月上浣谷旦敬立

【据郓城县彭店村石碑录文】

永丰塔记

［清］伊江阿（嘉庆三年,1798）

按《说文》无塔字,而梵言则名塔曰“窣［窣］堵坡”。昔周穆王身游大夏,有佛告礼塔之语,知秦汉以前已有塔字。然塔必因寺得名。

巨野文庙南有古塔一座,向名永丰,而古刹已不仍其旧,亦不详建置年月。邑人传为唐代所建,历年久远,砖石为风雨剥蚀。［嘉庆］丁巳(二年,1797)、戊午(三年,1798)两年,曹工漫口,予数往来其地。见塔砖残缺,属邑令陈君震修葺之,不果。旋调闱差试用。舒君元炜摄巨篆,集邑中绅士募修之。逾月工竣,请予作记以垂久远。

予思是塔谓建于唐代,乃《通志》、邑《志》俱无考,又无塔铭与碑碣可据。然我考之古而有可确证其为唐建者。盖释教至唐而盛,当时郡邑大招提悉赐额敕牒,募建佛塔,释典载:“［隋］仁寿二年(602),敕天下大州一百处置舍利塔。”《唐书·太宗纪》亦载“复立浮图”之说,义取奉佛护国,贮经典、藏舍利也。或曰:唐惟贞观三年(629)浮图,为死兵者建;慈恩寺塔,为元［玄］奘藏经建;法源寺塔,史思明降唐,为肃宗建。外此,大约皆由募建。

此塔东有佛龛,周石镌佛,旁刻信士姓名,与募建义合。我想唐祚二百八十余年,于六朝五代间享国最久。是时,朝廷崇尚佛老,百姓富庶,踊跃图功,不惜金钱。佛塔告成,题名兰若。或以岁时丰稔,合境充盈,野老村氓醵金建塔,用以祈年,义取此乎？但佛塔或七级、九级至十三级不等。五级者谓之锥子,恒不多见。此塔独存五级,邑人以为代经河患，没入地者二级。按[北]宋太平兴国(976—983)与天禧间(1017—1021)，史载："河决滑州，经澶、濮、曹、济诸境，巨野实当其冲。"且历考前人纪(记)载，巨野自宋太宗及至元之初，凡四被河患。而邑乘载："至正八年(1348)，河决，陷济宁路。"则又增而为五。陵谷变迁，沧桑屡易，二级之没入地中，理或有之。且塔上刻佛原取尊崇之义，未有龛佛于下者。今最下一级龛中俱有石刻佛像，则其下之必有二级无疑。大凡物之废兴成毁，自有定数。是塔既修之后，我不敢必其屹然长峙，再能如唐代迄今之久。然因此举而援古以证之，勒石以记之，以为后来考古之一助，亦未始非重修此塔之力也。

【据清道光二十六年(1846)《巨野县志》卷十八】

[重修普明寺碑]

[清]梁大任(嘉庆四年，1799)

尝思神道设教，劝善惩恶之意也。以故祠宇以妥之，木刻泥塑以貌之，画栋雕楹、砻斫绘壁以崇之。而且蘸会以娱乐，牲醴以供奉。后之人景仰古意，而香火于焉兴矣。

普明寺旧有香火，由来已久。因居廪邱(丘)东北岸所，南近十里莲坡，比距赵王河，每当暑月，大雨涟涟，兼以南北雨水流灌其间，因而数年不干。是以香火隔断，神前寂寞也。近自北筑大坝，南刮地头河，加以淫雨不作，坡内屡收，而香火可兴。以故敦请四方信女，复于四月初八日演戏筵席，非以倡善幸福，迷荡群志，正以修废举坠，显示劝惩也。兹值三年告成之时，故文以志之。后之继起，尚无忽焉。

庠生梁大任撰文

庠生梁绳书丹

嘉庆四年岁次已未(1799)孟夏谷旦

【据郓城县吕堌堆石碑录文】

重修宝真寺碑文

[清]朱衣锦(嘉庆七年，1802)

余少游齐鲁，长计偕于燕赵之间，所至通都大邑，凡兰若肖貌而虔礼之者，释迦氏实居王之二。《记》云：有功德于民则祀之；能御大灾，能捍大患则祀之。□知此义，于释氏何居？曰：此圣人神道设教，为愚蒙作一津梁，至妙用也。圣人者，能劝人为善，劝人去不善耳；而善者卒未必兴，不善者卒未必改也。释氏者亦□□□(能劝人)为善，劝人去不善耳。而善则彼能福之，蕊珠龟台之说是已；不善则彼能祸之，阿鼻刀钜之论是已。使善有所欣而不肯不为，恶有所惧而不敢不改，此明□□□，其义亦未尝无少助。故闾阎间往往部署精舍，肖其容貌，为乡曲报赛之所，而盛朝亦不禁焉。

曹郡之西鄙，距城七里许，旧有宝真寺院。后临广路，左绕长河。其风土之美，人烟之盛，茂林名花之多佳，车马往来之辐辏，甲乎一郡。而寺之位置尤当其冲。正殿则主座瞿昙，配以罗汉，东则文昌，西则祖师也。前则山门，天王后之，左右则菩提萨埵之方丈也。独壮穆夫子祠堂位于中央，其亦乡人斯须不忍忘帝，以时致其尊亲爱慕之意。此物此志也，创造之始，无可考。前于乾隆四十六年（1781），余伯父讳维问，偕我父讳维智，暨乡先生讳秉正李公等曾重修之。迄今二十余年，庙貌渐就倾圮。近有住持僧元禄纠合善信，鸠工庀材，重新轮奂。遂使华严世界再现于弹指间。工竣，嘱余记其巅末。虽文妙不足，然以述先志而传将来，又何敢辞？若夫白马传经，木叶纪梦，文佛之绩香山，大士之灵验，详载于历代典籍，则无复赘矣。

邑增生朱衣锦熏沐撰文

邑廪生何环沐手书丹

大清嘉庆岁次壬戌（七年，1802）中秋谷旦立

【据牡丹区郝庄石碑录文】

重修关帝与观音韦驮庙碑

［清］史家修（嘉庆九年，1804）

尝思古之有关于国计、有利于民生者，则后人为之建庙以祀之，以享血食于勿替，其他凡有功德于世者亦□□□配享□列焉。夫关国计、利民生，孰有过于关帝与观音哉？余尝捧读《三国》之文，见帝君行吏矣，义存汉室，扶纲常于两间；志在暾□，翼名教于千古；他如达旦秉烛，男女之别则判然也；桃园盟誓，兄弟之情则暾然也。虽世远代湮，而当季忠义刚心之概，犹令人击节喋赏，至今弗衰。有关国计，兹非其明征欤？南海观音以慈悲为心，以怜悯为念，托迹无人之境，潜身幽静之区，而莲□□□之中已默拯芸生之巅危，登尘世于衽席，此又利民生之彰明较著者也。至韦驮诸神，亦皆佐关帝与观音，而有益于世焉。其罗列而配享也，亦固其所。邑西十五里许萧家河旧有关帝庙、观音堂暨韦驮庙三座，于康熙年间（1662—1722）曾重修焉，□□□（积久年）深，风雨剥蚀，黄水泛滥，庙貌倾圮。自壬戌（1802）暾有萧君名铠者，因侄孙应瑞染病疯癫，声言神圣儆戒，遂殷然动重修之志。□□□□□信捐金施资，鸠工庀材，经营缔造之余，遂不数月而告厥成功焉。行见栋宇辉煌，金妆华美，真奇观矣！兹者索文于余，□□□□□椎鲁，学识浅狭，搦管为文，敢云悉当，亦聊述神圣滋国利民之宏功，与善信

立庙妥神之伟列焉云尔。是为记。

儒学生员史家修献廷氏熏沐撰文

□学儒士马澄清相成氏沐手书丹

大清嘉庆玖年岁次阏逢困敦（甲子，1804）姑先（三月）中旬谷旦

【据曹县肖河石碑录文】

重修波罗庵碑记

［清］华世道（嘉庆十二年，1807）

是役起于本庵住持演时。本拟张君振起、潘君鸿业两先生统领其事，两先生为其费之繁也，恐一二□□力不能胜任，闻髣（仿）山村刘享先生善募化，往谒之。既至，不数日得金千余，输钱垫办者三十余家。两先生深以为喜。自是张君司出纳，潘君职会计。加以鸠工庀材，宫墙重整，丹臒再施，数月内百废俱兴，一望改观。一时近庵而居者，莫不啧啧称善。是何人心踊跃，劳力费财而不以为病与？吾于是窃有感于昌黎文公之言也，曰："莫为之后，虽盛弗传。"陶邱（丘）北之有波罗庵，巍然一古镇也。虽乡曲立庙，其制不见于祀典，而考其志石，自前明成化元年（1465）创建以来，后先相继重修，业经十次，由来盖已远矣。吾侪环堵之室，尚不忘未雨之绸缪。庙者，貌也，所以象神之灵而起人肃恭之心者也。倘坐观其败而不为早图，数年后，栋折榱崩，荒凉之象，萧然满目。窃恐行道之人，亦当为之心恻矣。其在《礼》曰："有其举之，莫敢废也。"吾乡诸君子之同心协力而为是役也，其有见于斯乎？

是为记。

邑乾隆丙午科举人华世道沐手撰文

邑儒学生员丁世福沐手书丹

邑业儒潘洛沐手篆额

庙主：儒学生员张诺

大清嘉庆十二年岁次丁卯（1807）九月吉日立

【据定陶区张李庄石碑录文】

重修槐玉寺碑记

［清］孙立方（嘉庆十八年，1813）

曹之有槐玉寺也，由来久□。建自金大定年间（1161—1189），明隆庆时

(1567—1572)修之，载于邑乘，迄今二百余年，而膺事神之责者未尝修葺，非慢□，盖离城五十余里，无事不得慢游，即偶经其地，亦无暇熟视也。丁巳（嘉庆二年，1797）秋，于役河干，偶憩宇下，见殿宇荒残，捐廉百金以为之倡，绅士樊思问慨然兴起为己任；士庶靡不丕应，捐资庀材。于□（是）易栋楹榱桷之挠折者，沦盖瓦级砖之破缺者，润赤白之漫漶不□者，输焉负焉，焕然一新。工既讫功，请于予曰："佛像庄严，关圣帝君神灵赫耀，志其巅末，以垂久远，使后人视而修之，庙貌之常新也。"予曰："然。"

乃记之。

敕授宣德知曹县事加七级纪录三次孙立方沐手撰文

儒学生员樊思廉沐手书丹

大清嘉庆十八年岁次癸酉(1813)三月丙辰上浣日谷旦

【据曹县樊老家石碑录文】

重修槐玉寺碑记

［清］樊颖奇（光绪二十二年，1896）

昔者圣人之教民也，其术亦有时而穷，于是乎济之以神道焉。夫以神道设教，非取诸神也耶？诸□□□其神也。佛祖地藏王菩萨，事虽荒远，其为人心之神，其所神也久矣。曹邑东南七十里，旧有槐玉寺，金元以来，□□规模壮丽，所祀诸神甚伙；六七百年之间，迭经重修，乡之人时观感焉。近因殿宇全倾，基址仅存，□□□每深今昔之感。余族叔樊济领捐资以为之倡，而董事樊圣昭、刘先珍、韦奎宿、樊展圻、樊颖隽等，皆慨□为己任。于是输资募化，鸠工营建，不数月而庙工告成。虽未若前此之规模宏厂，而协力同心，共成善典，佛祖、地藏王神像巍然，足备仰瞻，亦足见诸董事之志为至诚也。至珠林宝地，修葺未全，或候再举，或待后好善君子可也。工既竣，诸董事请记于余，余不敢辞，且乐诸公之志有成，而喜为乡人道也。

于是乎书。

邑庠生樊颖奇撰文

钦加四品衔赐同进士出身户部主事菏泽人李经野书丹

光绪二十二年岁次丙申(1896)七月谷旦

【据曹县樊老家石碑录文】

重修观音堂记

[清]李朝仪(道光二年,1822)

道光壬午(1822)假馆于武邑东北之田氏村庄集荆山房,一日东主介许家堂信士贾淑安来,前请曰:"观音菩萨,苦海之慈航,补位之尊者;圣果之证已明,广生之愿未满;悲爱等之阿耨,功德埒于须弥;转大法轮,应人间世;凡有希者,悉如愿心。吾村修堂三楹,仍其旧也;醮房六间,山门三楹,辟其新也。今后叩灵祈嗣,不悲像教之未彰;聚沙布金,罔苦藏开之无址矣。愿藉如椽笔,结见未缘!"余曰:"善哉,是像教也!是欲此堂之有兴而无废也!昔文若先生云:'人于像前生匪僻心,起种种恶趣,顷刻荡慧海为尼连,是有像而无像也。于虚空作观大士,现前、眼前出种种金篦光,是无像而有像也。又有如心无岐念,口诵《五印心陀罗尼经》,随有希求,必获如愿,是不必有像而不必无像也。有像而无像,像坏;无像而有像,像在;不必有像,不必无像,无坏无在。'□则此堂之有无废兴,当亦如是。"贾曰:"嘻!是可为当头棒喝矣!何异说偈也?宣示部众,其自此超欲界,登无上法!"船子遂携归而镵诸石。

单邑癸酉科举人候选知县李朝仪撰文

邑廪膳生员田柟书丹　住持:祖兴　铁笔:李毓龙

道光贰年(1822)后三月

【据成武县后许堂石碑录文】

重修关帝火神庙观音三教阁碑记

(清道光三年,1823)

天地□□……神者伸也,□至而滋息……者归也……而之于世也,此二气之良能……而不可……设教立庙祀神之□□开始……寺院劝修者伙矣。近世……上至王公国都□□里闬乡……立庙崇祀,报有功也。先……祭祀也。□施……之以劳定国为祀之能□为灾则祀之,能……然功有大小,则神亦有等杀,其次序当有……古刹一处,其俊构杰阁以祀观音,于其……五圣祠,火神位中,关帝位左……配于侧。阁之东偏有三教堂,其在旧制位……残,孔公太初命男继东董理其事,鸠工庀□(材)……旧制,易其位置,以昭慎重之至,阁仍建于……二郎、张仙配之;阁之下塑儒释道之象以……于中庭列帝君于正尊,以关将军配……庙前仍建火神庙一座,而以五□□(圣祠)……又施地八分,作为建立醮房之所。夫于庙而变……置,诸君子之斟酌□哉!复于庙基之外,募……□居业之也,而□□□□□家塾。兹役也,固以□□敬恭□神……见成□□学之深心……之如右。

戊午科举人……

邑儒生……

大清道光叁年岁次癸未(1823)……

【据曹县西关道石碑录文】

昌邑塔碑

[清]黄维翰(道光二十六年,1846)

是碑朝代俱佚,碑首只存"二十三年岁次丁卯二月丁□朔八日甲午。东万、西万、北万三村父老一十二人敬造宝塔一所。上为国王帝主,下为□□苍生"云云。前后字迹俱不可辨认。碑体圆高五尺,身分八棱,每棱刻佛经一则,亦漫漶不能成诵。考天汉四年(前97),始更山阳为昌邑国,是汉以前并无昌邑之名。至宋则改为昌邑镇,更无以镇而建塔之理。因思释教始于汉而盛于唐。释典载:唐[按:应作"隋"]仁寿二年(602),敕天下大州一百处,置舍利塔,是此碑非汉即唐可知。且形式奇古,宋元以后亦无此碑式。查现在塔基,虽无迹可寻,而塔中大小佛像,土人俱检存昌邑之万寿寺。其碑则不知何时移置城南永丰塔侧。(现存)

[甄史斋按:查东汉以后宋元之前帝王年号使用达二十三年的,只有汉建武、建安,南朝宋元嘉,北魏太和,唐贞观等五个年号。汉光武帝建武时(25—55)佛教未入,汉献帝建安时(196—219)国内尚无佛塔记载。南朝宋南朝势力不及昌邑,而唐代昌邑已废为镇,惟北魏太和年(477—499)昌邑尚盛,又值大兴佛教。故昌邑塔当为太和二十二年(498)由村人所建]

【据清道光二十六年(1846)《巨野县志》卷二十】

白衣观音堂碑记

[清]陈仲春(道光三十年,1850)

丁未岁(1847)馆于南魏村王家堂,流览之余,行见佳节令时,香烟燎(缭)绕,妇女膝坠。余尝极口称道,何人心之善,风俗之醇也!庄之东有观音堂一座,访其遗制,自国朝定鼎以来,屡经缮修;规模结构,庙貌整严,诚冠绝一时矣。癸巳(道光十三年,1833)秋,风雨凄凄,连月不开。因而庙墙倾圮,神像暴露。会首王凤鸣、王锦堂、王永芳、王得时、王凤林、王肯堂、王永和、王心一等,目击心伤,即欲兴心重修。特时值饥馑，其事未果也。至甲午岁（道光十四年，1834）时和年丰，于是竭力募化，鸠工庀材，奋力而更葺之。轮奂翚飞，灿然已复其旧制。由是功成用行，不特村中之父老子弟，睹金碧之辉煌、神像之肃穆，梦昙花而清心，自特感慈航而欲念顿消；即闺阁妇女，亦莫不意慈晨飞，心灯夜秉，障消魔念于清莲之坐照。故当圣诞灵辰，望庙堂而云集，指峨阙而膝坠，闺阁妇女自不约而同焉。窃思功未告竣，俱各踊跃输财以状京观；功既告成，又皆芬苾椒馨以妥神灵。似此信女，寔宜按计姓氏，以勒青石，相绵千秋于无替焉。奈壬寅岁（道光二十二年，1842）教房被火，募束已尽成灰烬，即欲勒石而无从。然其向善之心、慕义之志，正有未可量也。余固（故）不辞固陋而为之记。

邑庠生陈仲春撰文

邑王丙南书丹

大清道光叁拾年岁次庚戌（1850）陆月上浣之吉

【据成武县王堂石碑录文】

重修观世音菩萨祠碑

［清］萧季卜（同治七年，1868）

［按：清光绪六年（1880）《菏泽县志》卷之十一《人物》："萧季卜，字六子，号幼宰。嘉庆癸酉（1813）拔贡，才学兼优，棘闱屡荐不售。……"］

郡城西南隅濒湖临坎，有丛祠焉。其西为祝融祠，朔望瞻拜，守土者毕至。殿宇宏敞，时加增修。其东偏祀观音菩萨，三大士对立护法尊者，即今所修正殿也。两祠之中，三楹差小，为仙翁、财神，染人尸之。癸酉（嘉庆十八年，1813）变后，西祠重葺，而此祠以民困财殚，未遑兼及。迁延至今，又三十年矣。至于琳宫全倾，莲台并毁，过者恻焉。然亦未能即举。

道光二十二年（1842）五月二日，东大街火，延烧数家，商民虔祷，火即止。因复新西祠。余资若干缗，住持不敢私。首善孙滋、程凤龙等，以为焰焰方炽，旋即扑灭，未必非救苦救难者之阴为呵护也。鸠集诸同社，得百四十四人，附以染人二十家，共得钱若干缗。于是鸠工庀材，贯虽仍旧，工实倍新。而中祠三楹亦补葺而丹垩之。工竣，以记属余。

窃惟丁巳（咸丰七年，1857）重修，余叔记之；戊辰（同治七年，1868）一碣，余亦从事。今兹之请，义不可辞。第念慈航大士、文殊、普贤，法虽近佛，义实通儒。其言慈悲也一，民胞物与之怀也；其现法相也一，通神达变之术也。至千手千眼，诞怪不经，而以吾儒十目十手之义推之，则亦昭昭者之无可掩，而冥冥者之无可匿也。故虽教门不一，道法各别，而拔众生于苦海，渡宝筏于迷津，其与吾儒出之水火，登之衽席，拯之颠厄，跻之仁寿者，当亦无或殊也。且夫十室之邑，必有忠信，一念之诚，可格帝天。以彼诸首善挹彼而注兹，仁则有术；众信士协力而同心，义且无二。则即此一祠之成，可以见人心之无不善，而人力之大可恃也。方今和议新成，文恬武熙，宴若无事，余于此重有感焉，岂徒稽首慈云，为一身一家之福田利益哉？乃扼腕而为之记。至三女之称，庄王之号，荒唐无稽，则余叔旧碑已驳之矣，兹亦不复赘云。

【据清光绪六年(1880)《菏泽县志》卷十七】

重修二大士阁记

[清]王公奖(光绪九年,1883)

县署西偏，耸然独峙者，二大士阁也。一为观音，一为地藏，高并城楼，上与云齐，遥联奎阁于东南，平接驿塔于西北，左于桥庙相望，后于盘石为邻。地占金城，河环玉带。无山门之障倚，无墙壁之周遭。矗里通衢，多历年所，同城绅耆，倡义重修。当规模之落成，勒贞珉以志事，前嘱题额，继索为文。窃维祀典未载，邑乘弗详。爰摩旧碣，用摅管见。惟是人心祈响，有感斯通，观彰瘅之无私，信报施之不爽。是举也，督工者勤谨躬先，捐资者踊跃从事，程工共乐其易奏。神庥愈见其式凭，惟愿祥云永覆，慧日常悬，竹径幽深，降福则慈航普渡(度)。莲台清净，广施者，法海无边。仰鉴察于群伦，冥冥之转移，何限听钟声于向晓，梦梦之唤醒良多，则踵事之功不泯矣，因爰笔而为记。

花翎五品衔候选直隶州州判癸酉科拔贡王公奖撰文并书

光绪九年(1883)四月中浣谷旦王玉洁访

【据清光绪十年(1884)《曹县志》卷十七】

重修菩萨殿碑文

[清]冯国贞(光绪十七年,1891)

从来庙食百世者，必有功于世道人心者也。粤自萧梁以来，上自国都，下迄闾里，莫不有庙。他庙不可胜记，而菩萨庙较多。菩萨者，释家之贤名也。尝考释典，有云：菩者，普也；萨者，济也。谓普济众人之生也。而菩萨于是乎名。盖释道以慈悲为仁，亡身以从物为义，故佛书有割肉饲鹰、以身代鸽之说。所谓萨法云于真际，火地晨凉；曜彗日于庸衢，重昏夜晓；发聋启聩，指浊世之迷途；拯溺亨屯，泛苦海之慈航者也。为之立庙，其以于此乎？而世人立庙之意，亦惟有益于世道人心而已。凡吾人之畏宪典，恒不若其畏神明。当夫偶对越，莫不萧（肃）然起敬，敬以作其向善之心。谓非世道人心之一助哉？

濮阳郡东南七十里马家庄东，旧有菩萨殿一所。几经风雨剥蚀，数被洪水淤没，而栋宇、垣墉壹扫地尽矣。是村善人不禁睹之而慨然曰："庙之不存，神将焉依？讵可听其泯没而不知修耶？"以故募化四方，鸠工庀材，而庙貌、神像焕然更新，复成一方之巨观焉。

郡庠生冯国贞撰文

秋芳马瑞兰书丹

大清光绪十七年岁次辛卯（1891）二月谷旦

【据鄄城县东马庄村石碑录文】

重修菩萨堂碑文

［清］宋书云（光绪二十年，1894）

尝闻聪明正直之谓神，神之鉴观不爽，昭昭古今矣。然神固不一，而所称大慈大悲、灵感异常者，则莫如菩萨。菩者，普也；萨者，济也。谓其能普济众生，而乃尊之曰菩萨也。虽然，作善者降祥，修德者获福，在神固有普济之德，亦惟视人之洗心向善、悔过自新者，而于默默中相之。不然，即日事香火以求媚悦，频用祈祷以乞呵护，神虽有灵，而卒不我应，亦奚益哉？

吾濮郡东南韩家桥素有菩萨堂一座，创修固久，重修已再。至咸丰五年（1855），有善士韩士英等，复率众整修。工将竣而黄水适至。嗣后连年泛滥，庄村庐舍一概湠没。更加兵燹屡警，而庙貌杳然无存矣。数年来黄水就道，沿河筑堤，水患渐消，丰稔屡庆。追思当年故址，每不胜故宫禾黍之感焉。是故村中人等，又公议重修。按户出资，募化乡邻，以期共成善举。去年间鸠工庀材，黝垩丹雘，而庙貌与诸神像无不焕然更新。

兹值事竣，嘱予作文以志之。予学识浅陋，因特访问故老，据实以述其始末，用以勒贞珉，垂警戒。庶几当世人心及早回头，去恶迁善，无负菩萨望人之挚意云尔。

是为记。

本郡岁贡候选训导宋书云撰文　本郡廪膳生杨毓荄书丹

大清光绪二十年岁次甲午（1894）花月上浣谷旦立

【据鄄城县东韩桥村石碑录文】

濮州城南五十里重修清凉寺碑

[清]陈允铠(光绪二十一年,1895)

从来神为圣人所不语,盖以探造化之迹,苟非穷理之至,有未明者。而祭则受福,当竭如在之诚,每谓“不与祭,如不祭焉”,则其神之不可不敬也明甚。况《玉历钞传》备述地藏菩萨拔诸苦脑(恼),而诸位阎罗、十八地狱之外更有十六小地狱,无非善恶有报,昭然不爽,岂真因果为妄谈,而杳冥之无足凭哉?

是庙由来已久,因屡被黄水数十年,基址无存。首事者触目伤心,遂输资财,募邻村与诸亲友共成善事。于是鸠工庀匠,不惮焦劳。自三月至五月,厥功告竣,宫殿门墙,焕然一新。诚盛举也。仰思地藏菩萨超度生灵,本诸仁;旌别淑慝,本诸义;孝友务纳天堂,忠烈俾生福地,本诸礼;奸滑难逃慧眼,猖狂莫渡慈航,本诸智;而且悔过迁善,必检点详明,以上奏玉帝,则又本诸信。若阎罗之孽镜有台,望乡有台,及一切刀锯鼎镬,悉当其罪。此即有幸脱法网者,卒难解冥中之谪。谓非天道之循环,有以补人事之不及耶?

腐儒本管窥之见,奚能达阴阳奥妙?聊具短文,以伸所说焉已矣。

是用为记。

本郡儒学廪生陈允铠撰文

本郡儒学生员李金声篆额

本郡儒学生员高兰台书丹

大清光绪贰拾壹年岁次乙未(1895)清和(四)月中浣

【据鄄城县常庄村石碑录文】

重修普明寺序

[清]祝汝鸿(光绪二十三年,1897)

盖闻语彝伦者,必求宗于九畴;谈阴阳者,亦研几于六位。幽谷无私,有至斯响;洪钟虚受,无来不应。而况法身圆对,规矩冥立者乎?

廪邱(丘)有普明寺一座,由来旧矣。汉河绕其右,梁山环其左。近瞻城邑,雾市犹存;远眺平皋,风景何阔!洵郓西之胜概也。自经水患,庙貌倾圮。丁酉春,里人及住持僧公议重修,僦材鸠工,不数月焕然一新。倩余为文以志之。

余维:寺之神为佛。佛者,觉也,以其能觉一切种智,如睡梦觉,故名曰佛。自天竺以降生,奄大千而说法。其为像也,珠火为眉,青莲作眼;满月成容,金花着面;胸留屯字之文，手有儿罗之软；髻绀色而光明，发金精而变现。食惟香积，衣是袈裟。粤自周昭王之时，已占宝气；迄乎汉明帝之岁，始梦金人。遂令西方象教，遍于东国。乾坤辟青驾而作舍命，白马以驮经鹫岭。顿开夫觉路，鸡园自传。其禅灯荫法云于真际，火宅晨凉；曜慧日于康衢，重昏夜晓。而习斯术者，或拈花而微笑，或面壁以观心。一刻去来今，共证辟支之果；三言戒定慧，同参最上之乘。可知何充之佞，诚愚；傅奕之言，亦失矣。虽余受孔子戒，不与浮图同道。然而蒲团禅板，每有名流；茅屋空山，常延诗客。儒释亦不为无缘也。况今者殿宇重新，雨旸可祈焉，疾病可祷焉。御灾捍患，则神之福庇。于是乡者嗣后，其未有艾矣。余是以乐为之记。

己丑科举人候选教谕祝汝鸿沐手撰文

大清光绪贰拾叁年岁次丁酉(1897)梅月吉日

【据郓城县吕堌堆石碑录文】

防城寺碑记

[清]李朝仪(清代，年限不详)

是役也，附近信女三年中人出麦一斗二升、制钱一百五十而大功告成，未尝不叹捐输之人多，其功较善男而有大焉。谓是皈依于极乐国土之教，而丈六金身之灵，有以震慑其志虑也，固也。第吾读《春秋》隐公十年(前713)六月辛未取郜，辛巳取防。虽疏者谓不用师徒为取，亦只以齐、郑归功，得之易易耳。而当与宋构难，三国用兵。其时，男子荷戈，女子叹室，仳离之伤必有不可胜计者。况防之匹夫匹妇，朝宋暮鲁，怆惶惊疑，当更有甚。盖自周室既衰，列国兵争，祸乱相寻，递降愈更，且至役及妇人。当是之时，纵使人出麦一斗二升、制钱一百五十，其将何向祷祀，而能免其辛苦垫隘之困耶？迄今六合休养生息，父老终身不见兵革。矧在闺阃，遵行求桑，馌野饷耕，偶于寺旁采取半夏，直可当和平家室之《芣苢》，并无事于《汝坟》之饴叹调饥，继冀倖于不遐弃也。于是益叹太平翔洽，其来有自，则即以人出麦一斗二升、制钱一百五十为有道之寰宇，绘民物熙洽之象也，亦何不可？董役诸君子曰："然。"遂俾书之以为记。

【据民国十八年(1929)《单县志》卷十八】

重修防城寺碑

[清]李朝仪(清代，年限不详)

在昔鲁有二防：其东防，臧氏之世封也，密迩于齐，故《春秋》书及齐高傒盟于防；

此地距部城为近，乃隐公及齐、郑共取于宋者也，其为西防城，无疑。佛自汉明帝时始入中国。于其来也，帝馆之于白马寺，故至今供佛之地均得称寺。兹防之废城而为寺也，不知历几何年所矣。自来兴废沿革之故，考古者往往流连凭吊而溯其所由然。而名城巨镇阅历数代，崇墉雉堞遽化为荆棘禾黍，至于颓垣破瓦，罕有存者。文人学士且无自从苍烟暮雨中指其旧为某都、某邑，以求流风余韵之遗，而野老村氓更何识焉？而防城则竟以寺传，抑自如来倡教，记其法像者，几遍寰宇。顾其地既墟，其祀亦泯，一寺之设，能千百年者綦鲜，而登眺于兹寺者，悠然远念，颓而复修，香火甚伙且长，盖几不可以年数计矣。则即谓寺之藉防城而益增其金碧辉煌，可也。西来大意，余实未解。诸公此举，想亦不为福田利益计也，故不及。

【据民国十八年(1929)《单县志》卷十八】

附：

成武唐元和六年《佛说父母恩重经》碑校记

苏　鸣

1988 年，成武县文物管理所在白浮图镇征集到一通《佛说父母恩重经》造像碑。该碑青石质，碑身上下部分断失，上端仅存佛龛底部。现存碑身高 0.78 米，宽 0.87 米，文字基本清晰。碑中行文自左向右排序，为古代碑制所鲜见。由于碑残，未能留下书者姓名，碑款为“元和六年岁次辛卯(811)”，标明了该碑的刻制年代。该碑断残，已经无法通读，研究工作一度陷于停滞。好在成武境内又陆续发现了五代乾祐元年(948)、北宋太平兴国九年(984)内容亦为《佛说父母恩重经》的造像碑两通。其中北宋太平兴国九年碑(以下简称“北宋太平兴国碑”)和唐元和六年碑(以下简称“唐元和碑”)在内容上属同一版本。两碑同出一县之地，相距不足十里，时隔仅 173 年。虽然两碑在文字表述及行文先后顺序上存在差异，但传承上存在着相当密切的关系。故可以相互补偏救弊，弥补缺憾。为笔者完成唐元和碑文字的勘补研究提供了重要依据。现就笔者勘补的唐元和碑内容公布于后：

(闻如是①：佛在王舍城)②祇阇崛山③中，与大菩萨摩诃萨，及声闻眷属俱。(亦与诸④比丘、比丘尼、优婆塞、优婆夷、一切诸天)、人民，及天龙鬼神，皆来集会。一心听佛说法，(瞻仰尊颜，目不暂舍。佛言：人生在世，父母为亲。非)父不生，非母不育，是以寄托母胎。怀身十月，岁(满月充。父母怀抱，和和弄声，含笑未语。饥时)须食，非母不顾⑤，渴时须饮，非母不乳。母若无乳⑥，(抱持养育，洗濯不净，咽苦吐甘，推干就湿。非义)[7]不亲，非母不养。慈母养儿，去离兰车。十指甲中，(食子不净，应各八斛四斗[8]。计论母恩[9]，昊天罔)极。呜呼慈母，云何可报？若有众生，能为父母，书写(此经，流布世人，受持读诵，当知此人报父母)恩。父母云何可报其恩？但父母至于行来，东西邻(里，井灶碓磨，不时还家，即知家中，我儿啼)[10]哭忆母，母即心惊，两乳汁出，即来还家。儿或在兰(车，遥见我来，摇头弄脑。或复曳腹随行，呜)呼向母。(母)为(其)子[11]，屈身下就，长舒两手，拂拭尘垢[12]，鄔(和其口[13]，开怀出乳，以乳与之。儿见母欢，母见子)喜。二情恩悲，慈爱亲重[14]，莫复过此。二岁三岁，(弄意始行。于其食时，非母不知。但父母行[15]，值他座席。或)得饼肉，不啖啜味，怀侠来归[16]，归向其子[17]。十来九(得，恒常欢喜。一过不得，娇啼佯哭。娇子不孝，又必)五擿。孝子不娇，必有慈顺。又至长大[18]，朋友(交游[19]，梳头摩发，欲得好衣，覆盖身体。弊)衣破故，自父母著[20]。新好绵帛，先与其子。至于行来，官私(急疾，倾心南北，逐子东西。横簪头上，既)索妻归，得他子女，父母转疏。私房屋室，共相语乐。父(母年高，气力衰老。终朝至暮，不来借问。或复)父孤母寡，独守空堂[21]，由若客人，寄于他舍[22]，(常)无恩爱[23]。(复无襦被，寒苦辛厄，难遭之甚。年老色衰，多)饶虮虱。宿夜不卧[24]，长吟叹息。何罪宿愆，生此不孝之(子。十唤九违，并不从顺。妻妇骂詈，低头含笑[25])。妻复不孝，子复五擿，夫妇合和，同作五逆。彼时唤(呼，急疾取使，嗔目惊怒，骂詈嗔恚，不如早死[26]，强在)地上。父母闻之，悲哭懊恼，流泪双下，啼哭目(肿。汝初小时，非吾不长。但吾生汝，不如本无[27]。佛告阿)难：若有善男子，善女子，能为父母受持、读诵、(书写《大乘摩诃般若波罗蜜父母恩重经》[28]，一迳于[29])耳目者，所有五逆重罪，悉得消灭，永尽无余。(常得见佛闻法，速得解脱。阿难从座而起，褊袒右肩)，合掌向佛，前白佛言：世尊，此经当何(名之？云何奉持？佛告阿难，此经名《父母恩重经》。若有众)生[30]，能为父母，或七月十五日，能造佛盘，(名曰盂兰盆。献佛及僧，得果无量，能报父母之恩。尔时，诸[31])天人民，一切众生，欢喜发菩提心，啼哭(动地，泪下如雨，五体投地信受，顶礼佛足，欢喜奉行。)

《佛说父母恩重经》

需要说明的是：唐元和碑残损严重，原本840余字的经文，碑中仅存410余字。该碑字行、字距排列规整，对应严格，故可推断碑中各行字数相同。笔者先将残碑所存文字作定格抄录，然后以北宋太平兴国碑和所能收集到的同类经文为参考，对应相应的段落，作碑中上下失佚文字的勘补。几经试补、推算，确定原碑每行为36字。依次为据，按原碑行数，每行36字的碑版排序，作文字上的勘补取舍，使千古残碑遗留的信息，尽可能完整地展示给世人。勘补的经文，凡因碑残断而缺失的文字，均用括号

“( )”括出,以示标记。碑中明显的别字、漏刻的字,凡更正和勘补的,均在文后加注说明。笔者虽初衷于该碑经文的抢救、整理和研究,但勘补工作完成后,又诚惶诚恐。毕竟笔者手头资料有限,加之才疏学浅,错误在所难免。故恳请有关学者、专家、高僧大德,逐字斟酌,予以校正。

通过对唐元和碑《佛说父母恩重经》的勘补,笔者有以下粗浅的认识:

《佛说父母恩重经》现存多种版本。北京图书馆有藏卷,敦煌研究院有多种手抄卷。敦煌研究院已故研究员孙修身先生将其分为甲、乙、丙、丁四种版本。但孙先生划分的四种版本并不能完全把成武现存三通碑刻中的版本包括在内。况目前国内该经石刻已十分罕见。故该碑更显珍贵,更值得重视和研究。

据资料介绍:目前国内发现的最早的《佛说父母恩重经》刻石,是四川安岳县卧佛院第59窟中的壁刻。它的刊刻时间被定为唐玄宗开元二十三年(735)。但这个时间是根据此窟的开凿时间及经文上方留有的题记作出的推断,实际上,其经文本身并无任何具体资料佐证其刊刻时间。目前国内最早的写卷是敦煌出土纪年为“丁卯年十一月二十九日”的手抄卷。据马世长先生推定为唐德宗贞元三年(787)或者唐宣宗大中元年(847),难确定其准确年代。而成武唐元和碑《佛说父母恩重经》纪年十分明确。

成武已发现的三通《佛说父母恩重经》碑,在内容上涵盖了多种版本,截至目前,就笔者所见到的,诸如中国台湾地区、日本、新加坡及国内印刷的此类经文,文字上或多或少均有讹误。成武三通《佛说父母恩重经》碑,是订正其讹误的极具权威的实物资料。

成武三通《佛说父母恩重经》碑的发现,是我们研究此经在我国传播历史的重要资料,对了解、研究此经发展、演变、传承及影响,均有重要的价值。它表明,至少从唐代开始,历经五代至北宋,《佛说父母恩重经》在山东地区已广泛流行,并产生了重大影响。它已经成为人们在其父母亡故后,表达孝敬的重要形式(成武发现的三通《佛说父母恩重经》碑,其中两通注明是为其父母亡故而刻的)。这就证明,当时佛教文化已经与中国传统伦理文化,特别是丧葬习俗融合在了一起,成为民众信仰的重要组成部分。

纵观《佛说父母恩重经》经文,行文流畅,浅显易懂,语言生动,情真意切,对人有较强的感化、教化作用,促使人反观自身,净化心灵,启迪孝心。在现实社会,它仍有其积极的作用和意义。

校注:

①《佛说父母恩重经》的五代乾祐元年碑(以下简称“五代乾祐碑”)和北宋太平兴国碑,第一行字均未作出头和缩头,这在当时当地的碑制中似已成定式。唐元和碑的碑制第一行亦不可能作出头。其出头缺损8字。按其空格,笔者据其他经文将“如

是我闻一时”缩写为“闻如是”三字。这样吻合了该碑出头缺字的空格。

②括号内是因碑残、失佚而勘补的文字。下同。

③“祇阇崛山”，目前所见同类经文作“耆阇崛山”。此碑“祇”字代“耆”字，无“崛”字，疑为漏刻，故补之。

④“亦与诸比丘、比丘尼、优婆塞、优婆夷、一切诸天”等字缺损，参照成武北宋太平兴国碑作补。但按该碑残缺字空格，应多补一字。权衡该段文字，于“亦与”“比丘”间补一“诸”字。

⑤“饥时须食，非母不顾”，其他同类资料均为“饥时须食，非母不哺”。

⑥“母若无乳”，该碑“无”字损，据文意补“无”字。

⑦“抱持养育，洗濯不净，咽苦吐甘，推干就湿，非义”，碑字残。但按该碑行字应多8字空格。参照成武五代乾祐碑作补，“抱持养育，洗濯不净”后面10字按敦煌遗书补。但“非义不亲”颇费解。成武北宋太平兴国碑中无此语。因经文说的是父母恩重，下句接的是“非母不养”，贯通文意，似以“非父不亲”更合文意。但勘补文仍采用敦煌卷补“义”字。

⑧“应各八斛四斗”，敦煌遗书作“应各有八斛四斗”，成武北宋太平兴国碑无“有”字。

⑨“计论母恩”，唐元和碑残损，按敦煌遗书补。成武北宋太平兴国碑又为“计母论恩”。

⑩“不时还家，即知家中，我儿啼哭”，敦煌遗书作“不时还家，我儿家中啼哭忆我”。北宋太平兴国碑中作“不时还家，即知家中，我儿忆母”。该碑此处字残损，按其空格，补为“不时还家，即知家中，我儿啼哭忆母”。

⑪“呜呼向母，（母）为（其）子”，该碑漏刻“母”字、“其”字。北宋太平兴国碑及其他同类资料均为“母为其子”，当为该碑漏刻，故作补。

⑫“拂拭尘垢”，其他同类资料为“拂拭尘土”。意同。

⑬“邬和其口”，其他同类资料为“呜和其口”。

⑭“慈爱亲重”，敦煌遗书作“亲爱慈重”。

⑮“但父母行”，敦煌遗书中作“父母行来”，成武北宋太平兴国碑为“但父母行”。此碑字损，此处按北宋太平兴国碑补。

⑯“怀侠来归”，敦煌遗书作“怀挟归来”，北宋太平兴国碑为“怀挟来归”。碑中“侠”为白字，当为“挟”字。

⑰“归向其子”，该碑中漏刻“归”字，敦煌遗书中作“向与其子”。成武北宋太平兴国碑中为“归向与子”，似更顺畅。

⑱“又至长大”，其他资料及成武北宋太平兴国碑均为“遂至长大”。

⑲“朋友交游”，该碑字残损，敦煌遗书中有“朋友交游，朋友相随”等诸种表述，成武北宋太平兴国碑中为“首立朋友”。

⑳“自父母著”，敦煌遗书及成武北宋太平兴国碑均为“父母自著”。

㉑“独守空堂”，敦煌遗书及成武北宋太平兴国碑均作“独守空房”。

㉒“寄于他舍”，成武唐碑文字残损，敦煌遗书作“寄止他舍”，成武北宋太平兴国碑作“寄于他舍”，按成武北宋太平兴国碑作补。

㉓“常无恩爱”，该碑漏刻“常”字，按敦煌遗书补。

㉔“宿夜不卧”，其他同类资料均为“夙夜不卧”。该碑中漏刻“不”字，故补。

㉕“十唤九违，并不从顺。妻妇骂詈，低头含笑。”该碑文字残损，参照成武北宋太平兴国碑语序作补。

㉖“彼时唤呼，急疾取使，嗔目惊怒，骂詈嗔恚，不如早死”。该碑文字残损，按其空格参照成武北宋太平兴国碑及敦煌遗书作补。

㉗“汝初小时，非吾不长，但吾生汝，不如本无。”该碑字残损，参照成武北宋太平兴国碑补。但按碑中行字空格少一格，当属原碑漏刻一字。

㉘“书写《大乘摩诃般若波罗蜜父母恩重经》”，唐元和碑文字残损，按成武北宋太平兴国碑作补。敦煌遗书甲本中为“《父母恩重大乘摩诃般若波罗蜜经》”。

㉙“一迳于”三字残缺，按成武北宋太平兴国碑补。敦煌遗书中为“一句一偈，一迳耳目者”。唐元和碑中仅有三字空格，故补“一迳于”三字。

㉚“云何奉持？佛告阿难，此经名《父母恩重经》，若有众”，该段碑文残损，按成武北宋太平兴国碑中作补。按行字空格补，则缺一格，当属原碑漏刻一字。

㉛“名曰盂兰盆，献佛及僧，得果无量，能报父母之恩。尔时，诸”，该段文字碑中残损，参照成武北宋太平兴国碑和五代乾祐碑补出。其他同版经文无，“尔时”二字，而是“帝释，梵王”四字。然唐元和碑此处仅有两字空格，故补“尔时”。敦煌遗书“名盂兰盆”，无“曰”字，成武北宋太平兴国碑中，是“名曰盂兰盆”。若按敦煌遗书补“名盂兰盆”，下文中“能报父母之恩”中减去“之”字，亦通。当然也不能排除唐元和碑此处有漏字的可能。故也可将此段文字补为“名盂兰盆，献佛及僧，得果无量，能报父母恩，帝释，梵王，诸”。这样似更合乎同版经文的勘补要求。

笔者在本文撰写过程中，得到了山东大学关德栋教授、山东佛教协会刘世元先生的指导。敦煌研究院资料所马德所长、邰惠莉女士，新加坡高青女士，日本二松学舍大学新井慧誉教授，为笔者提供了相关资料。成武县文物管理所郭立、常青、高志强等同志亦为笔者帮助勘对资料，在此一并表示感谢。

四、菏泽境内古塔简介

潘建荣

单县龙王庙浮图塔

单县东南龙王庙村中有宋代建造龙祠一座，明清时人称龙王庙。庙后有七层六角浮图宝塔一座，在1967年被拆毁。

在谈单县龙王庙与浮图塔之前，先要理清“龙王”一词的由来与龙王文化的发展。

龙是古代中国的信仰图腾，中华始祖就以龙为图腾，故说伏羲是龙的儿子。华夏人是龙的传人盖由此起，故国人对龙十分崇信。

中国人在三国之前对龙没有“龙王”之称。龙王一词，起源于佛教传入中国以后。佛典中有龙王之名，后来道教中也出现了各种各样的龙王。除四海龙王及镇守中央之大水龙王外，又有五方龙王等百种之多。而主云雨、大雨、散冰、天雨四龙王的地位最低。当时龙王的职责在于镇守护持，行云作雨仅为业余的工作。到了唐中期以后，龙王基本安家于与水有关的地方，其职能就是行雨。清人俞樾的《右台仙馆笔记》卷十五云：“天下之龙，各分疆域，亦如人间州县。”从文献中可知，江河湖海，以至地沼沟井，俱有龙王，其地位亦随所在地而分高低。

而单县建起龙王庙，源于北宋开宝年间(968—975)一次“龙出井中”的事件。关于此事件，历史上有三条较早的记录：

第一次记载单县“龙出井中”的是南宋李焘的《续资治通鉴长编》。其卷九云：开宝元年(968)六月(辛巳)，“单州言：单父民王美家龙出井中，大风飘庐舍四百区，溺死者数十人”。李焘是两宋之交人，史学家。此条记载的依据应是单州给朝廷上的奏折。

第二次是元初马端临所撰《文献通考》。其把“龙出井中”的时间改为乾德六年四月，其卷三百一十三曰：“乾德六年四月，单州单父县民王美家龙起井中，暴风雨漂庐舍，失族属，及坏旧镇廨舍三百五十余区，大木皆拔。”宋太祖乾德只有五年，《文献通考》之乾德六年正是开宝元年(968)，而“四月”二字是笔误。

第三是《宋史》卷六十二《五行志》，其曰：“开宝六年(973)四月，单父县民王美家龙起井中，暴雨飘庐舍，失族属，及坏旧镇廨舍三百五十余区，大木皆折。”此处云“开宝六年(973)四月”，是沿袭《文献通考》的“乾德六年四月”而又有讹误。

民国《单县志》云：“龙王庙在龙王庙村西头，因宋开宝六年(973)王美家龙起井中，建庙。旧入祀典。乾隆间(1736—1795)，刘光洙以违城辽远，倡议移建于东作门外，以便邑侯主祀。此地之祀遂废，而修葺不费。现有大殿三间，山门三间，七层塔一座，有黄建兴撰碑文。”这一记载把龙王庙村龙王庙的起源大体勾勒出来。

联系这条记载，又加之单县龙王庙在北宋徽宗时的崇宁(1102—1106)中已被皇帝赐额庙名为“丰泽庙”，知该庙在1104年就已存在。由此上推，从开宝元年，即公元968年至崇宁三年，即1104年，中间为一百三十六年。故此可知，龙王庙建于开宝年间(968—975)那场龙卷风刮过不久是可信的，而确切年代应在公元1006年，即宋真宗景德三年。这一年北方大旱，于是真宗皇帝下诏书画龙祭祀求雨。《宋大诏令集》卷一百五十一就有《颁画龙祈雨法诏》，命令各州县画龙求雨，曰：“画龙以祠，其术甚著。”“尝事祈祷，灵感遄臻。”“其画龙祈雨法，令付有司，宜令雕印颁下。”即由朝廷把画龙雕刻、印制好后，下发各州县设坛祭祀。单县有龙起井中的故事，故在城东南二十五里龙起井中所在地建庙祭祀是十分应该的，此时距开宝元年(968)三十八年。经过近四十年的祭祀龙祠，官民一致认为比较灵验，于是，宋仁宗在皇祐二年(1050)六月己巳再下《颁祭龙祈雨雪诏》，文曰：“钦惟先圣，笃在劭农，思获闵雨之求，早得绘龙之法，缕行方板，着定明科，班之庶邦，副在公府。”即考虑到“历年祀以寖深，虑诏文之残缺，宜新刊刻”。这是说皇帝关心农业，画龙求雨很灵。那时雕刻的木版画龙，因年代日久，担心残缺，现在由朝廷重新雕版印刷，发给州县。并强调遇天旱则“依古法，祈求祭龙法：先令一道士于坛上，敕水解秽，少绕坛遗，然后祭龙，或无道士处，但焚香可也”。又过了五十多年，单州官员认为此处神龙对天旱求雨之事比较灵验，故不断上奏，请求皇帝封赐。宋徽宗崇尚道教，故赐该庙为“丰泽庙”。若从开宝年间(968—975)算起，该龙王庙存在至少有一千一百多年的历史。对比历史文献的记载，单县这座龙王庙堪称中国第一座龙王庙。

然而，这座龙王庙与庙后浮图塔究竟是什么关系呢？据文献记载和村中老人证实，浮图塔在后，龙王庙在前。20世纪五六十年代，三间龙王庙内为村中夜校和扫盲班，庙后即塔。由此知塔、庙为南北向，且山门、庙、塔在一个中轴线上，似为一座同时整体建筑。

历代史志对浮图塔的记载如下：

明隆庆三年(1569)《单县志》祠庙下记云："龙王庙，在城东南二十五里，遇旱求雨辄应。宋崇宁中(1104)封为'丰泽庙'；绍兴十年(1140)，诏封善济侯；元至元六年(1269)，州守杨文卿修□□堂，有编修赵时□碑记。"

明万历元年(1573)《兖州府志》："龙祠，旧在县东南二十五里古浮图下，祈灵有应。崇宁中赐额'丰泽庙'。绍兴十年(1140)，封号善济侯。至元间(1264—1294)，单州守杨文卿重修，每岁二月二日，县官致祭。今移建于城东门外。"

清康熙五十六年(1717)《单县志》祠庙下：单县"龙王庙，向在城东南二十五里。遇旱祷雨辄应。宋崇宁中(1104)赐额'丰泽庙'，绍兴十年(1140)封神号善济侯。元至元六年(1269)单州守杨文卿修葺。今移建东关，邑绅刘光洙募修。岁于二月二日县官谒祭。又一在堤上。其余临河各处，建庙颇多，不能悉载。"

清乾隆二十一年(1756)《曹州府志》祭祀下云：单县"龙神庙旧在县东南二十五里古浮图下，祈雨辄应。宋崇宁中(1104)，赐额'丰泽'。绍兴中封善济侯，今移城东门外"。

乾隆二十五年(1770)《单县志》：龙王庙"旧在县东南二十五里古浮图下。宋崇宁中(1104)赐额'丰泽'。绍兴十年(1140)封善济侯。元至元六年(1269)，单州守杨文卿修葺。今已建城东门外。邑绅刘光洙倡修。岁二月二日致祭"。

民国十八年(1929)《单县志》"寺观"下："龙王庙在龙王庙街西头，因宋开宝六年(973)王美家龙起井中，建庙，旧入祀典。乾隆年间(1736—1795)，刘光洙以违城遥远倡议移建于东作门外，以便邑侯主祀。此地之祀遂废，而修葺不变。现有大殿三间，山门三间，七层塔一座，有黄建业撰碑。"

1995年《单县志》：古浮图塔"位于县城东南二十五里龙王庙村内，南紧靠龙王庙遗址，建于宋代，为九层六角楼阁式砖塔，塔基周长8米。1961年公布为县级文物保护单位，'文革'中扒掉"。

以上史料可证单县龙王庙镇龙王庙村之龙王庙的确是北宋崇宁年(1104)之前就已存在的庙宇，而祭祀的神灵就是龙。因比较灵验，当地报奏皇帝，故赐庙额名"丰泽庙"；1140年，单州又曾一度归南宋政权，又封其庙之龙为善济侯。1269年，蒙古兵刚占领单州不久，州守杨文卿就修庙，定于二月二日祭祀该庙之龙。

理清了龙王庙与浮图塔的关系，下面要明确一下"浮图"与"塔"这两个词的关系。

三国之前，中国无塔之建筑，也没有"塔"这个字。佛教自东汉传入我国，经过二三百年与中国传统文化，特别是与儒教文化和道教文化的斗争与相互渗透，逐渐为少数国人接受，成为与儒、道共存的一种精神文化信仰。佛教初入中国，只有少量经文和释迦牟尼画像，并无寺院之类建筑。自三国始有供奉释迦像的建筑，这种建筑一般呈四角，三、五、七层，如中国之楼阁，系从印度沿袭过来的一种建筑样式，专门供奉佛祖，被翻译称为“浮图”或“浮屠”。浮图，浮屠，同佛陀，译佛陀窣堵波。中国最早的浮图是三国时徐州将领笮融所建曰浮图寺，上累金盘，下累重楼，可容三千人，曰“寺”。“寺”字本是古代官署的机构单位名称，如太常寺、鸿胪寺、大理寺等，由于佛教在东汉初年以白马驮经东来，最初在鸿胪寺，故遂以“寺”之名为佛教供奉和聚居修行的场所。

到了南北朝时期，道家人物寇谦之造出了“塔”字。最初的“塔”就是佛像供奉处。后来以梁武帝为代表的佛教信徒，舍捐住宅以供奉佛祖，佛祖始由塔内走出进入寺院。而塔逐步变为佛舍利、经文、法器存放之所。由此可知，被称为“浮图”的塔，一般应建立在隋唐时期或之前。由此可知，单州浮图塔应是隋唐时期就存在的建筑。

龙王庙村发现的塔基呈四方，边各长 4 米，应属隋唐及以前建筑，中间之井状建筑，应为地宫，是存放舍利、法器或佛教圣物的。但“文革”中被拆除的七层浮图古塔是六角形态，呈宋代建筑样式。结合前文，历代史书中对于单州“龙出井中”的记载，应该是记载了一次龙卷风的过程。隋唐或之前四角浮图塔，在开宝年间（968—975）龙卷风中被刮倒毁坏后，宋人在建龙祠之时，又以宋人的建筑风格在原塔基础上重建一座六角新宝塔，直到千年后被人破坏。故龙王庙的山门、大殿与浮屠塔在一个中轴线上，是因为先有塔基，而在宋代，根据皇帝诏书又于塔前建造了供奉龙的祠庙。

以上就是单县龙王庙与浮图塔的基本梗概。

北魏白浮图（塔）

白浮图塔位于成武县东 21 公里白浮图村东北隅吉祥院内。《成武县地名志》白浮图下有云：“20 世纪七八十年代，白浮图村有金大定三年（1163）六月所立《吉祥院碑》，其文有：‘吉村曰白浮图，吉祥院建于大唐大历七年（772），院中有古浮图者，旧置。’”1995 年前后，白浮图村民在唐吉祥院遗址整理农田，发掘出一尊青石佛座像。像高七尺二寸，重五吨余，神态雍容。经国内石雕专家鉴定为北魏时期造像。由此可知，唐代吉祥院“旧置”之白浮图即安置此石佛之宫室。

浮图或写作“浮屠”“佛陀”，本意为安置佛像的印度风格造型建筑之译音。北朝道士寇谦之为此类建筑专造一字，谓之曰“塔”。后来，以南朝梁武帝萧衍为首的崇佛皇室贵族，自愿捐出皇宫或四合院为佛之住所，曰“寺”“院”。而塔逐渐成为安置高僧的墓所，有的安放舍利，有的安放尸骨。唐宋以后，又有镇邪驱妖之功能，故河岸、险要之地也有塔。

成武县白浮图村吉祥院之浮图，显然是在寺院未出现之前的早期佛教建筑。因颜色为白色，故名白浮图。因此时尚无“塔”字，故不名“白塔”，而云“白浮图”。这反映出此处是佛教传入较早的地方之一。

《单县志》有清人李方秀所记：“吉祥院在白浮图东北隅，肇自宋元祐间(1086—1093)，土人为呼为聂家寺。元代聂尚书所建。当时有塔，其色白，故今犹传为白佛图云。”由此记推知，吉祥院建于北宋元祐年间(1086—1093)的结论是错误的。但是，时人又称为聂家寺，可知元代聂尚书曾修此寺。

李方秀诗云：

为元为宋总难分，且为浮图说旧闻。
佛子犹存丰间庙，尚书并失一抔坟。
砚池皎皎生明月，柞寺苍苍起暮云。
只可今朝自怡悦，莫将感慨说纷纭。

古人的疑虑，今已弄清，此寺为北魏建筑无疑。

法源寺宝乘塔

定陶西南二十五里马集镇有古刹一座，曰兴化禅寺，史上又称左山寺、法元寺、法源寺，乃一方古刹圣迹。此寺座落于一处龙山文化遗址之上。因此遗址地名左山，故地方志亦称宝刹为左山寺，塔亦名左山塔。左山在《战国策》中曰左氏，属卫国。史学家左丘明、军事家吴起皆左氏人。左氏在古济水南岸，因汉哀帝之父定陶恭王刘康葬于左山遗址之上，因丘而城为陵，曰陶陵，故又称葬城，坟南即北魏西兖州和济阴郡治，因左氏而称左城。北周宣政元年(578)改兖州为曹州，又置济阴县于左山之阳。州县并置，历隋、唐、五代、宋、金六朝，为鲁西政治、军事、经济、文化中心达七百年之久。1168年，因黄泛，洪水淹没曹州及济阴县城，州县并迁故乘氏县，即今菏泽城。从此，左山失去往日之辉煌。

自北周武帝毁佛，北方佛教一度沉寂。隋文帝代周，一反北周灭佛之举，大兴佛教，以定民心。一是北方战乱已达三百年之久，民心不定，隋文帝需要佛教教义安定百姓之心。二是隋文帝出生于寺院，自幼由僧尼在寺庙中生活抚养，对僧尼有着深厚的感情。北周武帝灭佛之时，师僧曾给杨坚一袋子舍利，为众多高僧之精华，要求其日后建塔安葬。隋代北周，杨坚登皇帝位，遂于当年大开法门，佛教大兴。时有曹州僧人法揩，自齐都返曹，在城北三里左丘山上，营造一寺，名曰法元(后改称“法源寺”)。法元寺高显平博，下临曹州城邑，四方信士，皆来受法。为深习佛理，法揩又西入长安扬化寺学习戒律，律宗初祖释道宣之高徒。隋仁寿二年(602)，隋文帝将所供舍利分四十九份，遣使分赴天下寺院，建塔藏之。法揩上表文帝，请于曹州左丘山法源寺建塔，上允之。塔建阶五级，法揩赍并安奉塔下，刊石山瘗之。从此，法源寺左山塔成为一方盛境。唐曹州刺史蔡郕曾对法源寺左山塔以维修。北宋庆历二年（1042）某日，大雷雨，塔被雷击毁圮坏，垣颠栋危，甓裂旄烁。法源寺比丘智隆，立志重建。于是身怀舍利，化募于四方。又到东京宝相招提寺，设坛供舍利于上，京城内外观者如潮。消息达于皇宫，仁宗皇帝诏迁舍利供奉于禁庭，瑞春宝供，朝夕燃奉。久之，帝赐智隆白金五十两，命回曹州重建舍利塔。诏遣中贵人（太监）温埌持舍利，盛以银函，幂以金帕，御笔署封，归葬曹州故地。谕曹州之州伍中师（庆历五年四月）营缮。伍中师率曹州僚属，按照佛教礼仪，鸣螺击鼓，宝幡幢盖，高唱赞礼，奉安舍利入塔。为筹措建塔经费，伍中师率先捐出俸禄，其曹州伍氏家族纷纷交纳，得五十万钱；富贵绅士之家，信佛之众又纷纷解囊，又得钱一千万有余。于是，购楠木、置碑瓦，开工营建。塔高五级，门开四方，塔角垂以风铃，堂皇壮大，足以兴法门之仪度。温埌带塔图还朝，仁宗皇帝诏赐塔名曰“宝乘”，揭榜以金字，并恩赐比丘智隆以紫方袍，许以岁度净人。从此左山塔更名宝乘塔。宋仁宗至和二年（1055）十一月，曹州知州钱明逸撰写《曹州左山兴化禅院重修宝乘塔碑铭并序》洋洋一千三百余字，大略记载了左山宝乘塔的变迁经过。宝乘塔坐落在龙山文化遗址上，故在1168年黄河水淹曹州时不应被洪水冲毁。据清康熙《曹州志》记载，明嘉靖皇帝曾对兴化禅寺进行修建，名士蔡继先有记。

万历十八年（1590），曹县知县钱达道游于左山寺，写下著名的《登左山记》，记云：“谛视良久，迤逦而出，已止宝乘塔下，向山僧觅其所藏舍利子观焉。僧曰：传闻舍利葬于灵址五级下，夜深时见清光闪闪，今岁迁不可睹也。”知万历年间（1573—1620）宝乘塔尚存。清康熙年间（1662—1722）《曹州志》云：兴化禅院在左山，一名左山寺，隋初建，北宋皇祐间（1049—1053）重建，钱明逸记。明嘉靖间（1522—1566）重修，蔡继先记。又云：宝乘塔，在左山兴化禅院，但不知状况。清末民初，左山寺属曹县，《曹县志》已不再记载宝乘塔，其名胜下已经没有兴化禅院。知宝乘塔已颓废，但不知究竟是否毁于黄泛和战乱。大概明末清初之人再也没有财力修建宝乘塔了。塔下所谓六颗定光佛舍利也不知所终了。

兴隆寺塔

兴隆寺塔，位于曹县城西四里新驿（馆）中。兴隆寺始建于唐贞观间（627—649），重修于北宋嘉祐二年（1057），犹存原名“兴隆”。明初，寺倾圮，仅存门外高塔。曹县于该废寺建驿馆，故又名新驿塔。后驿废，复建寺于此。曹县僧会司置于寺中，每遇岁旦圣节，官吏习仪于此。万历初（1573），曹县知县乎养贵因东门（望岳门）兴隆寺新修，且距城近，遂把僧会司移往城东。清康熙《曹县志》地图将新驿塔草绘于上，但没有文献记载塔高几层。从图绘分析和唐代建筑风格看，当为五至七层。该塔毁于清代河患。

明末，曹县知县郭万象咏《驿寺新塔》云：

灌小阳浓石径幽，风驰驿使听鸣驺。
当年碑影插云起，此日塔光教月留。
卷幔巧通花乱舞，敲钟香散树凝秋。
南山遗迹垂青史，载与山僧记胜游。

大丰寺大乘佛塔

大丰寺位于曹县城西五十里黄河故道。据清康熙《曹县志》，寺濒临黄河，地名塔儿湾。大乘佛塔上石刻书云：大唐贞观某年尉迟恭奉敕监修。宋元年间重修。明隆庆间（1567—1572）重修，田垦作记。田垦，明万历曹县辛卯科举人，官至应天府通判。该塔毁于清初河患。

兴智寺塔

兴智寺位于东明县东南三十里五伯冈、明正统十三年（1448）所决黄河之南岸。寺有唐代所建九层佛塔一座，约于清代圮于河患。

清康熙《东明县志·艺文志》中有明成化年壬辰年（1472）进士刘辅所撰《兴智寺记》一文，曰："漆园之兴智寺在县治离方（东）三十里，创建年代莫知从来。说者谓建于唐末。北临大河，水势迂曲而绕，故立宝塔九层，甃以瓴镝，户牖玲珑，以为远近之瞻眺。当时殿宇佛像必极烜赫。历宋既元，沿革非一，废而不存，唯宝塔昂然冲乎碧空，想有神物呵护者。"按其所记，此寺虽圮，但宝塔高耸依旧。后来，有僧人在宣德、正统年间（1426—1449）陆续依塔建寺，佛殿、伽蓝、祖师各室依次而成，又建东西两庑三十余间，比栉相连，甚是壮观辉煌，竟成四方游览之胜地。

兴智寺及佛塔约毁于清顺治七年（1650）黄河决口。这次决口系人工决河，目的是淹圮榆园军在曹、濮二州的根据地。榆园军始起于明末，兴盛于清初，一时成为清廷心腹大患。商丘儒生侯方域，站在统治阶级立场，提出烧榆林、决黄河、淹曹濮榆园地道之策，清廷纳之，使榆园军居无定所，不几年消亡。但这一决定使豫东、鲁西南百姓大受其害，房倒屋塌。东明兴智寺佛塔也毁于此难。

成武田塔

田塔位于成武县城东北26公里处田塔村东。因为塔的原名久已失传，又因它位于田村，附近又多田姓，于是人们称它为“田塔”。

田塔建造的具体时间和历史背景，史料上没有确切的记载。田塔由基座、塔身、塔刹三部分组成，为平面方形楼阁式石塔，整个造型古朴端庄。现存石块风化剥蚀严重，许多地方已经难觅昔日的模样。该塔原来有七层，20 世纪 60 年代顶部被毁掉两层，地下淤没一层，现在仅存四层，高 5. 56 米，层与层之间结合紧密，浑然一体。第一层高 1. 55 米，边长2. 5 米，有方形塔室，进深1. 2 米，室内东西两侧壁各有高0. 9 米、宽0. 56 米、厚0. 11 米的一块石像。东壁有三尊浮雕佛像，最大的高 0. 32 米、宽 0. 12 米；最小的高 0. 07 米，宽 0. 04 米。雕像形象逼真，造型生动。室门左右各刻有“大唐开元皇后供养佛室”“大唐开元圣神之武皇帝供养”题款。由此，一般认为，该塔最晚应建于唐朝开元年间（713—741）。有塔必有寺，塔是寺庙的主体，田塔也不例外。据考证，田塔村东原有一座唐朝以前就建立起来的规模宏大的寺院，直到 20 世纪初，这里还香烟缭绕，香火不断。由于战火和黄河泛滥，寺院被毁，而这座鲁西南地区现存仅有的石塔，虽经千年的风雨剥蚀，仍然透出刚劲古朴、庄严大方的风格，屹立在这里，成为历史的见证。

成武田塔

巨野永丰塔

巨野永丰塔，又称梵塔，矗立于巨野县城东南角。

巨野因大野泽而得名。相传古代有一条龙（相传为龙王三太子）常在大野泽作乱，洪水肆虐，民不聊生。托塔天王的儿子哪吒将此龙镇住，洪水即退，大野泽逐渐干涸，一望无垠的大水泽变为千亩良田。龙王一气之下，状告哪吒，哪吒被治罪。后来，托塔天王将制服哪吒三太子的佛赐宝塔断之为三，抛下天门，塔底落于西邻之县郓城，塔身落在巨野,塔顶飘往东邻的金乡。后人为纪念哪吒,盼望年年岁岁五谷丰登,将塔命名为永丰塔。

永丰塔的建造年代没有确切记载,据《巨野县志》记载:"永丰塔,世传唐人所立,未合尖而止,宋人续之。"塔尖木桩上记载:"大宋仁宗天圣二年(1024)修建。"1990年修塔时,又在塔身砖墙内发现多枚北宋初期的铜钱,铜钱上刻有"嘉祐通宝"四字。后经多方考证,确认此塔为北宋嘉祐年间(1056—1063)所建。在塔的东邻建有一寺,占地二十多亩,因寺内建有丈八铜佛,故名大佛寺。寺内古柏林立,遮天蔽日,游客僧人纷沓而至,烟绕霞蔚,香火旺盛,是当时著名的游览胜地。

永丰塔是八棱等边四门楼阁式砖塔,原为七层,由于黄河泛滥,下淤两层,现在仅存五层。此塔通高31米,下层周长44米,上层周长36米。第一层为砖叠挑檐,其他各层则华拱两挑组成上承托檐,交叉错落,坚实牢固。每层的东、南、西、北四面各设有券门,明暗有别,或为天井,或直通塔内回廊。塔身各层高度及塔径自下而上逐层递减,收分得体。塔外西侧有后修的石台阶数级,由此台阶可进入塔内。底层设有塔心室,室内壁上镶嵌七块佛教石造像碑。造像排列以近门者为先:门口一排五尊佛像,像高28厘米,题记"韩奠村奠妻梁氏,王氏修佛尊合家供养……"二排上下十尊佛,各高18.5厘米。三排上下八尊佛像,各高17厘米。四排两尊佛像,各高16厘米。五排上、中、下三排六尊佛像,各高17厘米。六排上下四排八尊佛像,七排一尊佛像,高14厘米。这七块石刻佛像都是大佛寺残存之物,1961年修塔时嵌入塔底内壁的。顺着室内的石阶回旋而上可达塔顶,凭栏四望,全城景色尽收眼底。塔下四周碧水粼粼,水色天光,古塔倒影,甚为壮观。

历经千年风剥雨蚀,永丰塔塔身千疮百孔,且向北有所倾斜。为保护这一名胜古迹,1990年,巨野县各界集资捐款,对该塔进行了大规模修复,使永丰塔焕然一新,风采更为迷人。

巨野永丰塔

资寿寺宝塔

资寿寺位于菏泽市东明县陆圈镇北古阳进集村。清康熙《东明县志·艺文志》中有明嘉靖进士穆文熙《重修资寿寺记》一文，曰："东明之东二十里许，有集名阳进，旁有古寺一所，前有塔，巍峨乾霄，澶渊王彧氏为记云：唐世所建，至[后]梁而其寺益盛。历金、元以至今，其间兵戈相寻，殿庑颓圮，仅存古塔。至永乐（1403—1424），有游僧洪如与其徒依塔结庐，稍稍葺殿宇应佛。景泰乙亥（1455）始为瓦颠三楹。及嘉靖改元（1522），而古塔为邑令拆毁，殿宇颓然，不蔽风雨。"王彧系金大定间（1161—1189）进士。其记唐世所建、五代而兴，当为实况。故知资寿寺之佛塔，约建于晚唐。按时俗当为九层建筑。历六百年之风雨侵蚀，砖塔处于危险之中，故东明县令葛兰将其拆掉，以防塔倒伤人。

嘉靖癸亥（1563），又有僧人重修寺院，但没有恢复该塔。历史文献对该塔的记载，仅有此一文，余不妄猜。

郓城观音寺塔

五代时，郓城县隶属郓州，其县署在今郓城东十五里张营村。金大定六年（1166）因河患移治盘沟村，即今郓城县城。今郓城县城位于古瓠子河（今濮水）北岸，是商代中前期的一座古城，即商第十三代王祖乙、十四代王祖辛、十五代王沃甲、第十六代王祖丁、第十七代王南庚的都城庇。春秋时此地称小禘，在郓之西。在《水经注·瓠子河》下，郦道元把此城写作秺，是错误的，秺在成武西北二十里。故郦道元所见之城是庇，而不是秺。隋唐以后此地名无考。然而，在五代后唐明宗李嗣源执政后期，在这座古城的废墟之上，拔地而起建成一座古朴巍然壮观的古塔和规模宏大的观音寺。自唐僖宗乾符元年（874）以来，先是黄巢起义，后是朱温、李克用、李存勖等军阀混战，五六十年间生产破坏，食物匮乏，民不聊生，饿死人之事时有发生。在这种情况，存世仅十三年的后唐政权，竟不惜人力物力建一座规模宏大的佛寺和佛塔，真是令人匪夷所思。

是什么原因促进后唐明宗在郓州郓城县之西的古瓠子河畔建立这样一所规模宏大的观音寺呢？答案只有一个，此寺此塔是后唐明宗为哀悼在创建后唐王朝战争中阵亡将士所建的寺塔。

1. 据《旧五代史》卷十三《朱瑄传》载："自景福元年（892）冬遣朱友裕领军渡济，至乾宁三年（896）宿军齐、郓间，大小凡数十战，语在《太祖纪》中。自是野无人耕，属城悉为我（朱温）有。瑄乃遣人救于太原，李克用遣其将李承嗣、史俨等援之。"

2. 唐昭宗乾宁元年（894）二月，驻扎汴京的唐将朱温出兵攻击驻扎于兖州、郓州的唐将朱瑄、朱瑾，在东阿打败朱瑄、朱瑾。二朱求救于太原李克用。三月甲子日，太原军攻陷邢州，六月攻陷云州大同，十月攻陷幽州。《旧五代史》卷五十五《李承嗣传》载："乾宁二年（895），兖、郓为汴人（朱温）所攻，势渐危蹙，遣使乞师于武皇（李克用），武皇遣李承嗣帅三千骑假道于魏，渡河援之。"

3. 乾宁二年（895）正月癸未日，朱瑄自郓以兵粮救兖州，朱温之子朱友恭设伏于郓城西北，败之高梧，尽夺其粮，擒河东将安福顺、安福庆，安福迁等战死。

4. 又据《旧五代史》卷十九《邓季筠传》："邓季筠……为牙将，主骑军，伐郓之役，生擒排阵将刘矫以献。"

5.《旧五代史》卷十九《李谠传》："东伐兖、郓，以所部士伍俘获甚众。"

6.《旧五代史》卷一：乾宁二年（895）十一月，朱瑄遣贺环与太原将何怀宝率兵万余人以援朱瑾。朱温自中都引军夜驰百余里，迟明至巨野东与贺环接战，兖人大败。获何怀宝及将校数十人，殉以兖壁之下，奉命戮之。

龙德三年（923）十月，后唐李嗣源伐后梁。后梁将段凝自滑州南决破黄河大堤，大水东注曹、濮间，至于汶阳，洪水弥漫不绝，以阻后唐军。壬申日，后唐军与后梁战于汶上中都城，俘获后梁军大将王彦章，都监张汉杰，曹州刺史李知节，禅将赵适隐、刘嗣彬等二百多人，斩首数千人。可以说，三十年间，濮州、郓城、汶上、巨野间大小百余战，后梁、后唐双方死伤无数。特别是乾宁二年（895）正月一战，使李克用损兵折将、丢粮，大败而归，主将李嗣承从此一去不返。古郓城西北一带成为无数阵亡将士冤魂屈息之地。为悼念这些亡灵，在郓城西北唐军阵亡最多之地建寺立塔，以求超度，是当时统治者后唐明宗李嗣源的一种良好愿望。

这种以建寺立塔形式超度亡人的作用，古已有之。贞观十九年（645），唐太宗李世民为哀悼北征辽东的阵亡将士，诏令在幽州（今北京）建寺，但未能如愿。武则天万岁通天元年（696）最后完成这项工程，赐名悯忠寺。安史之乱，一度改名顺天寺。平乱后仍名悯忠寺。明正统间（1436—1449）更名崇福寺，清雍正十二年（1734）该寺被定为律宗寺庙，传授戒法令，即今北京法源寺。

再就是成武县田塔，是唐玄宗李隆基与王皇后的供奉佛塔，但石牌之后是亡人姓名，显然该佛塔也是超度亡灵之塔。五代后唐长兴二年（931），在郓城西北所建之塔的最大动机即是超度亡灵。

对于建寺立塔的所用资金，笔者认为很有可能是当时的郓州节度使房知温带头捐资所建。房知温，兖州瑕丘人，少有勇力。《玉堂闲话》云："知温少年，与外弟徐某为盗于兖、郓之境。"后归朱温，又入后唐，任曹州刺史。再任郧城守将时，诛杀军吏老幼数万口，是个非常暴戾、杀戮成性的军阀。后唐明宗长兴二年（931）三月，"诏徐州节度使房知温任郓州节度使"。在任二年余。又调平卢节度使，累官至开封府使同三司，检校太师，兼中晋令，封东平王，食邑五千户，食实封三百户。天福元年(936)卒于住所。房知温不但残暴，而且是个贪官。史称，积贷数百万，治策于南城。《新五代史》卷三十六云：房死后，其子房彦儒怕被株族，献父钱三万缗、绢布三万尺、金百两、银千两、茶叶一千五百斤，丝十万两，拜沂州刺史。这些对皇帝的贡献，不但保住了身家性命，还得到了官职。像房知温这样的暴徒贪官最为迷信，怕报应和死亡。在后唐明宗欲在郓城西北故城饬上建超度亡灵塔之时，身为地方节度使的房知温，一定会像其他地方官一样带头捐钱捐物，组织人力修建，一是能讨好皇帝，二是企图减少罪恶。

郓城唐塔

明和尚墓塔

柏林寺位于郓城县城南随官屯镇西南侣楼村东北三百米处。该寺始建于明代初年，由高僧义宗主持。该寺分前后两院，后院正房为三间楼房，东西各三间厢房。前院三间正殿，山门三间。门前左右各立有旗杆，组成一个独特完整的古建筑群。1952 年破除迷信时拆除该寺。寺西一百米处，有历代高僧墓地，存明弘治十年(1497)所修青石高僧墓塔三座。1952 年毁一座，1966 年推倒一座。现存该寺第一代开山祖师义宗墓塔，塔高 6 米，圆柱形，七级，底层周围 3 米，是典型的和尚墓石塔。1984 年，义宗墓塔被定为县级文物保护单位。

文峰塔

据清光绪十年(1884)《曹县志》，县城东门外有文峰塔，原在望岳门北，倾圮多年。

虽不知起建于何代，但清康熙《曹县志》无有此塔之记载，应是起于康熙朝（1662—1772）之后、嘉庆朝（1796—1820）之前。光绪十年（1884），知县陈嗣良、典史冯耀南将塔移建于望岳门南，高七级。内悬一钟，每朔望晨暮，令守门人撞之。

方志没有介绍该塔的高度及围径，也不知毁废于何时。据曹县史志办编审、文史专家徐子红先生介绍，该塔不是佛塔，亦非道家塔，而是清代文人建造的一座钟塔，毁于民国战乱。

武峰塔

屹立曹县镇川门（西外）北，不知起于何时，亦不知其层高几何，塔围几许。但同文峰塔一样，康熙《曹县志》无此塔，应亦是清代中期建筑。该塔毁于民国战乱。

附：

曹州左山法源寺舍利塔初考

陈尔民

左山仁寿塔

左山，亦称左丘、左丘山、左岗，居今山东省定陶县马集镇境内。左山之阳古左城，即曹州旧州治。自北周宣政元年（578）改西兖州为曹州，至金大定八年（1168）因黄河水患州治迁于乘氏（即今菏泽市），近六百年间曹州、济阴郡更名非一，但治所均在左城①。左山法源寺遗址现存北宋庆历年间（1041—1048）左山重建舍利塔时的碑刻《曹州左山兴化禅院重修宝乘塔碑铭》②，碑文记载："曹州左山塔，藏定光佛舍利六颗。始隋仁寿壬戌，号法源寺，建灵址五级安其下，遣使赍送，刊石以瘗之。"左山舍利塔始建于隋仁寿壬戌年，即仁寿二年（602），朝廷曾遣使安奉舍利。

隋朝仁寿年间（601—604），隋文帝杨坚三次颁诏各州大规模兴建舍利塔，在中国佛教史上影响深远。隋文帝杨坚出生在"冯翊般若尼寺"③，自幼受到佛教的耳濡目染，对佛教有着深厚的感情。杨坚称帝前曾得到印度僧人赠送的若干舍利，"皇帝昔

---

① 清《山东通志·古迹》卷九"曹州故城"，《四库全书》本。

② 该碑文收入《山东通志》卷三十五之九、《曹州府志》卷九，题名分别为《左山兴化寺宝乘塔碑》《宋钱明逸碑铭》。

③ ［唐］魏徵、令狐德棻：《隋书》卷一，中华书局1973年版，第1页。

在潜龙，有婆罗门沙门来诣宅，出舍利一裹曰：檀越(越)好心，故留与供养”①。杨坚称帝后，常言“我兴由佛”②，意在藉佛教神化自己的政权。“仁寿元年(601)，帝及后宫，同感舍利，并放光明，砧碓试之，宛然无损，遂散于州郡。”③隋文帝三次分送舍利，诏令天下诸州建造舍利塔共计一百一十一座，所建塔寺作为各州弘法中心。

考查仁寿年间三次置塔，分别在仁寿元年(601)、仁寿二年(602)和仁寿四年(604)。隋文帝仁寿元年(601)六月十三日下《隋国立佛舍利塔诏》④，分送舍利三十州建塔。仁寿元年(601)置塔，各地舍利感应不断，隋文帝信心徒增，“今舍利真形犹有五十，所司可依前式分送海内”⑤。同年十二月，杨坚又下《再立舍利塔诏》⑥，颁令五十一州建塔。翌年(602)正月二十三日，隋文帝在长安大兴善寺举行隆重仪式，为舍利敕使送行。“仁寿二年(602)正月二十三日，复分布五十一州，建立灵塔。令总管刺史已下，县尉已上，废当务七日，请僧行道，教化打刹，施钱十文，一如前式。期用四月八日午时，合国化内，同下舍利，封入石函。”⑦限于四月八日午时全国同下舍利，当是这次建塔构筑地宫的时间，瘗葬舍利后再建塔。

关于仁寿二年(602)置塔的具体地点，史籍说法不一。或说五十一州，“仁寿二年(602)正月二十三日复分布五十一州，建立灵塔”。或说五十三州，“仁寿二年(602)正月二十三日，复分布五十三州，建立灵塔”。⑧ 据各本所记，有五十一州舍利感瑞应可以查考，故以五十一州较为可信。仁寿二年(602)建塔，史籍记载曹州舍利感应最多，“曹州(舍利)光变最繁”⑨，“曹州(舍利)光变最多”⑩。另外，《续高僧传》中亦有高僧法揩奉送舍利到曹州的记载，“仁寿置塔，敕送舍利于曹州”⑪。故此，在仁寿二年(602)分送舍利的诸州中，内有曹州确定无疑。

综合上述史籍，隋文帝仁寿二年(602)曾颁舍利于曹州，但曹州舍利塔建造的确切地点或寺院名称，却语焉不详。封建皇帝敕送舍利于曹州，这在曹州历史上是一重要事件，方志均有明确记载。明万历《兖州府志·山水志·曹县》：“(左山)其下有兴

---

① [唐]释道宣：《广弘明集》卷十七，《大正藏》第52册，第213页中。
② [唐]释道宣：《广弘明集》卷十七，《大正藏》第52册，第213页下。
③ [唐]释道宣：《续高僧传》卷二十六，《大正藏》第50册，第667页下。
④ [唐]释道宣：《广弘明集》卷十七，《大正藏》第52册，第213页中。
⑤ [唐]释道宣：《广弘明集》卷十七，《大正藏》第52册，第217页上。
⑥ [清]严可均校辑：《全隋文》卷二，第13页。
⑦ [唐]释道宣：《广弘明集》卷十七，《大正藏》第52册，第217页上~中。
⑧ [唐]释道世：《法苑珠林》卷四十，《大正藏》第53册，第604页上。
⑨ [唐]释道世：《法苑珠林》卷四十，《大正藏》第53册，第604页上。
⑩ [唐]释道宣：《集神州三宝感通录》卷上，《大正藏》第52册，第412页下。
⑪ [唐]释道宣：《续高僧传》卷二十六，《大正藏》第50册，第675页下。

化禅院，创自隋时，寺有宝乘塔，藏定光舍利。宋时奉诏重修，钱明逸有记。”①乾隆《大清一统志》卷一百四十四：“兴化禅院，在菏泽县南五十里，隋仁寿中（601—604）建，初号法源寺，有宝乘塔，宋庆历中（1041—1048）重建。”②清乾隆《曹州府志》卷九：“兴化禅院，在左山，有宝乘塔。”③曹州仁寿塔始置于左山法源寺，后来寺院多次更名，北宋时称兴化禅院，庆历年间（1041—1048）奉旨重修灵塔，仁宗赐塔名“宝乘”，故宋塔称“宝乘塔”。关于宝乘塔，前文详细介绍，此处不再赘述。

敕使释法揩

敕使释法揩是曹州置塔的关键人物，考查释法揩的生平事迹，可以获得曹州舍利塔的更多历史信息。释法揩是隋代著名高僧，唐道宣《续高僧传》、五代义楚《释氏六贴》、元昙噩《新修科分六学僧传》及《山东通志》等都曾为其列传。

唐道宣《续高僧传》卷二十六《释法揩传》：“释法揩，曹州人，十五出家，依相京贤统而为弟子，师习《涅槃》，通解文义，及受具后专攻《四分》。云、晖两匠振纽齐都，备经寒暑伏面咨禀，皆赐其深奥无所孑遗。及齐法俱亡，南避淮表寿山之阳。隋开律教，开皇首岁，大辟法门，还返曹州，欲终山水，将趣海岸，而道俗邀留，不许东骛。揩性虚静，更于城北三里左丘山营造一寺，名曰法元，高显平博，下临城邑，遥望发心，皆来受法。未为安而能迁，古人所尚，久在尘厌不无流转，便入关壤观化京都，住扬化寺复扬戒律。仁寿置塔，奉敕送舍利于曹州。揩以初基有由，欲报斯地，表请树塔还置法元。上帝不违，任从所请。”④

五代僧义楚《释氏六帖》卷十一：“（法揩）青州人，十五出家，事贤统为师，习《涅槃》，解文义。受具后专《四分》，师云、晖二公，得深奥无孑遗。而性虚静，左丘山立寺，名曰法元。后住京，敕送舍利曹州。”⑤

元昙噩《新修科分六学僧传》：“隋法楷（揩），生青丘。志学之岁，依邺都玄统贤公出家，习《涅槃》，殊进。后复咨禀云、晖二匠，而凝滞消释。齐亡，南走淮甸。隋兴，大辟教门，营一刹于曹城之北三里许，以受来学。已而入关住扬化寺，名声益起。仁寿表请置塔于曹上，可之，乃使送舍利以葬。”⑥

清《山东通志》：“法楷（揩），青州人，师习《涅槃》，通解词义，受具后遍游名山。

---

① 《兖州府志》卷三，齐鲁书社 1984 年版，第 24 页。

② 乾隆《大清一统志》卷一百四十四《寺观》。

③ 乾隆《曹州府志·秩祀志》卷九《寺观》。

④ ［唐］释道宣：《续高僧传》卷二十六，《大正藏》第 50 册，第 675 页中～下。

⑤ ［五代］义楚：《释氏六帖》卷十一，《大藏经补编》第 13 册，第 236 页上。

⑥ ［元］昙噩：《新修科分六学僧传》卷第二十二，《卍新纂续藏经》第 77 册，第 264 页中。

入京住扬化寺,宣扬戒律,宗风大振。仁寿初送舍利于曹州宝乘寺,建塔谛铭,感征最盛。"①

《续高僧传》成书于唐贞观十九年(645),作者释道宣(596—667),唐初戒律学大师,同时也是一位杰出的佛教文史大家。道宣距法揩生活时代相近,又都专攻《四分律》,且同为道云律学一系,他对法揩的了解应该比较全面、准确,其对法揩生平记载应该是真实可信的。其后各志书对法揩的记述均源于此,由于"揩"与"楷"音形相近,后期志书将"法揩"误刊成"法楷"。根据上列诸书传记,再参考其他史籍,对法揩的生平事迹略作考查。

释法揩,南北朝晚期曹州人,生卒年月及俗姓不详。北齐初期,法揩十五岁时在邺城西南的云门寺出家,师从贤统,初习《涅槃经》。贤统,云门寺住僧,系高僧僧稠的弟子。僧稠(480—560),北朝晚期禅僧领袖人物,北齐天保二年(551),僧稠应文宣帝高洋之召,从定州来邺城弘法,被奉为佛教国师。天保三年(552),文宣帝下敕于邺城西南八十里龙山之阳,为僧稠建造云门寺。② 贤统随师入住云门寺后开始授徒,传授《涅槃经》,法揩是其早期弟子。大约五年之后,法揩在云门寺受具。

法揩受具戒后,专攻《四分律》,继而转投邺下大觉寺道云、道晖门下。道云、道晖是当时邺城的律学名匠,他们都是律学之祖慧光大师的高足。道云奉慧光遗命,专弘律部,著《四分律疏》九卷。道晖又把道云所撰之《疏》加以整理,略为七卷。③ 道云、道晖对法揩影响很大,"备经寒暑伏面咨禀,皆赐其深奥无所孑遗",法揩尽得道云、道晖律学真传,传持戒律成为他一生的本业。

"周武灭佛"事件,使法揩的佛门生涯发生重大转折。北周武帝宇文邕于建德三年(574)下敕断佛道二教,建德六年(577)灭北齐,又毁北齐境内佛寺经像,驱僧尼还俗者三百余万。不愿还俗的僧侣为了保道存戒,只得避世山野,但多数是逃离北周前往南朝。法揩离开邺城,避于淮河中游南岸的寿山之阳,并于此广开律教。

北周大定元年(581)二月,隋王杨坚称帝,建立隋朝,他一反周武帝灭佛政策,大兴佛教。隋文帝兴佛的消息传到南方后,法揩便回到故里曹州。曹州境内的佛寺,在周武灭佛时毁坏殆尽,法揩便在曹州城北三里左丘山创建法元寺,传法布道。法揩乃一律僧,以研习及传持戒律为主。《华严经》云"戒为无上菩提本",即戒律是修习一切佛法的根本,法揩创建的佛寺故名"法元"。"元"即根本、根源,后来"法元寺"演变为

① 清《山东通志》卷三十《隋法楷(揩)》。

② [唐]释道宣:《续高僧传》卷十六,《大正藏》第 50 册,第 554 页中。

③ [元]昙噩:《新修科分六学僧传》卷第三,《卍新纂续藏经》第 77 册,第 89 页上。

"法源寺"。佛寺"高显平博,下临城邑,遥望发心,皆来受法"。左山法源寺成为隋文帝兴佛后在曹州最早建立的寺院。

法揩后入京都扬化寺,传授律业,"名声益起"。扬化寺,又称阳化寺,建于隋初大兴城。原来关中地区盛行《僧祇律》,关东洪遵①、法揩律师等入关大倡《四分律》,《僧祇律》逐渐式微,《四分律》遂弘扬开来。在南北律学从各有所宗到统一于《四分律》的过程中,法揩律师做出了贡献。

送舍利于曹州建塔,是法揩一生中最重要的佛事活动。仁寿置塔,隋文帝下诏在全国范围内推举遴选奉送舍利的大德高僧,"广召名僧,用增像化"②,"所请之僧,必须德行可表,善解法相,使能宣扬佛教,感悟愚迷。宜集诸寺三纲,详共推择,录以奏闻"③。释法揩被选为敕使,足见他在当时佛教界的地位和影响。

关于法揩生卒年代,传记中无确切记载。据考证可知,法揩十五岁师从贤统出家应在天保三年(552)云门寺创建之后。而按戒律,二十岁后方能受具戒,他离开邺城时年龄已过二十,其出生年代应在537至557年之间。仁寿二年(602)置塔,"所司量遣大德多非暮齿"④,法揩应在暮年,后卒于京师扬化寺。

各传记对法揩里籍记载有异,有曹州、青州、青丘三说。《续高僧传》记为曹州人,尽管其后的传记有不同说法,但均未提供新的资料来源。后来,有些地方志书不加考辨,以讹传讹,将法揩里籍误记为青州。法揩为曹州人还另有佐证,仁寿二年(602)建塔所选敕使,大多是把熟悉乡情的本地人派往当州。敕使出发前,隋文帝对奉送舍利的僧粲、法揩等赞叹道:"法师等岂又不以欲还乡壤,亲事弘化,宜令所司备礼,各送本州。"⑤

舍利感应分析

仁寿元年(601)首次分送舍利,隋文帝既言:"今佛法重兴,必有感应。"⑥各州迎逢圣意,把舍利"瑞应"纷至报来。著作郎王邵《舍利感应记》、安德王杨雄等百官《庆舍利感应表》分别记录了前两次分送舍利的"异象灵瑞"。仁寿置塔,前后百余座,左山舍利感应的内容最为丰富。隋文帝曾感叹:"今造灵塔,遍于诸州,曹、陕二州,特多

① [唐]释道宣:《续高僧传》卷二十一,《大正藏》第50册,第611页上~第612页上。
② [唐]释道宣:《续高僧传》卷十一,《大正藏》第50册,第513页中。
③ [清]严可均校辑:《全隋文》卷二,第13页。
④ [唐]释道宣:《续高僧传》卷九,《大正藏》第50册,第500页上。
⑤ [唐]释道宣:《续高僧传》卷九,《大正藏》第50册,第500页中。
⑥ [唐]释道宣:《广弘明集》卷十七,《大正藏》第52册,第214页中。

祥瑞。”①研究左山舍利感应,最直接的资料是《庆舍利感应表》中的曹州表奏和《续高僧传·释法揩传》(以下简称《释法揩传》)关于舍利感应的叙述。以现在的眼光看,这些感应故事大多荒诞不经、不可思议,但由此可窥见当时信奉者真实的精神世界,折射出他们的精神向往和心灵诉求。

根据《庆舍利感应表》和《释法揩传》记述,从三月十四日舍利到达曹州至四月九日瘞葬完毕,左山舍利多次出现“灵瑞”,主要现象有以下几种:

一、频繁放光。在《庆舍利感应表》中,左山舍利放光计有五次,而据《释法揩传》的记述,从三月十四日,“舍利舆前佛顶之上,黄赤光起”,直到四月九日地宫填平以后,“帐后板上光影之内叠石文生”,舍利放光多达十次。左山舍利光计有黄赤、赤光、金光、黄白、金华等五色,暗合了佛陀的“五色光”。

二、甘露花雨。《释法揩传》中曹州曾出现“甘露花雨”:“(三月)二十九日夜降甘露,味甜逾蜜”,“四月八日将欲下塔,平旦之时天雨白花,飞扬不下”,“又雨天花”。以甘露花雨赐福人间,显示佛祖功德及慈悲。

三、奇香流放。四月九日舍利入函后散发奇香,“其香气与世香不同,每日恒闻”②,“又感奇香郁烈人鼻”③。

四、佛像俱出。《庆舍利感应表》曹州表云:“(四月)六日卯时,佛像俱出。”“九日金佛像现,似若太子初生身,如黄金色。”《释法揩传》中佛像出现更达十四次之多,内容也更丰富。“(六日)午时复现双树之形,下列七佛。……亥时帐后见千佛形。”④佛像出现即佛祖现身,以此印证佛舍利灵验。

五、诸天境界。《庆舍利感应表》曹州表云:“八日巳时,漆龛板后娑罗双莲华(花)影、佛像、众僧、师(狮)子形等。”《释法揩传》:“(四月八日)卯时又见诸天、宝盖、树侧菩萨及黄师(狮)子”,“巳时帐后见三诸天、三师(狮)子及莲花水池”,“(辰时)又见金翅鸟身、飞龙、树林、宝盖等像”。⑤ 诸天境界轮番出现,描绘出一幅幅佛国乐土景象。

六、变幻不定。《释法揩传》:“(四月八日)午时将下(塔),见双树并立菩萨,舍利忽分以为五粒,流转光曜。”⑥按照佛教说法,这叫作“感生舍利”。既然舍利能够“感生”,粒数自然变幻不定,后在北宋庆历五年(1045)左山重新安奉舍利时又变成六粒,

---

① [唐]释道宣:《续高僧传》卷二十六,《大正藏》第50册,第668页中。
② [唐]释道宣:《广弘明集》卷十七,《大正藏》第52册,第218页上。
③ [唐]释道宣:《续高僧传》卷二十六,《大正藏》第50册,第676页上。
④ [唐]释道宣:《续高僧传》卷二十六,《大正藏》第50册,第675页下。
⑤ [唐]释道宣:《续高僧传》卷二十六,《大正藏》第50册,第675页下~第676页上。
⑥ [唐]释道宣:《续高僧传》卷二十六,《大正藏》第50册,第676页上。

事同此理，毋庸深究。

左山舍利所现“瑞应”，《释法揩传》的记述远比《庆舍利感应表》丰富而详尽。曹州官方表奏，表明是众人见证的“公众体验”。而法揩的个人体验就不同了，他精通佛理，所想象的“佛国境界”当然要比常人丰富得多。“自仁寿创塔，前后百余，感征最优勿高于揩。”①舍利瘗葬完毕，法揩返回京师，将所感瑞应一一奏报，“揩具列闻，帝大悦，令图缋之，以流海内”②。隋文帝敕令将法揩所感瑞应绘画成图，在全国各地传扬。

后来天竺国高僧阇提斯那拜见隋文帝，杨坚专门请教舍利感应的缘由。“上问：今造灵塔遍于诸州，曹、陕二州特多祥瑞，谁所致耶？答曰：陕州现树地藏菩萨，曹州光花虚空藏也。又问：天花何似？答曰：似薄云母，或飞不委地，虽委地而光明奇胜。帝密以好云母及曹州所献天花各一箱，用示诸人，无有别者。恰以问那，那识天花而退云母。”③按阇提斯那之言，左山舍利现瑞系虚空藏菩萨所为。

法揩是左山舍利的主要制造者，他所创造的舍利传奇，不仅在当时产生轰动，而且影响到其后舍利信仰的发展。法揩亲身感应出现七佛像、千佛形，可以想见是大乘佛教思想兴起的缘故。七佛，即过去七佛，又称原始七佛。不过汉传佛教认为过去佛单指定光佛，亦称燃灯佛。隋唐以后的五代时期，由于连年战乱，社会动荡，百姓对现世生活失去信心，民间悄然兴起定光佛转世普度众生的传说，定光佛信仰初始于此时。到了北宋，有人将定光佛转世的传说与朝代更迭联系起来，鼓吹宋太祖就是定光佛化身，以此来争取民心。宋人朱弁在《曲洧旧闻》中记述一个故事：有一僧虽佯狂，而言多奇中。尝谓人曰：“汝等望太平甚切，若要太平，须待定光佛出世始得。”④随着定光佛信仰的盛行，时人将左山舍利所显现的七佛、千佛等种种感应皆归因于定光佛。所以在北宋庆历年间（1041—1048）左山重新安奉舍利时，原本被看作释迦佛的真身舍利，也就被视为定光佛舍利。

宋修宝乘塔

左山仁寿塔历经隋、唐、五代，北宋庆历年间（1041—1048）毁于雷雨。“皇宋庆历纪元岁壬午，一日大雨雷震，塔用圮坏。”⑤庆历壬午年即庆历二年（1042），仁寿塔存世共四百四十年。

左山仁寿塔倾圮后，寺僧智隆收藏了舍利，立志重修灵塔。《左山兴化寺宝乘塔

---

① ［唐］释道宣：《续高僧传》卷二十六，《大正藏》第 50 册，第 676 页上。

② ［唐］释道宣：《续高僧传》卷二十六，《大正藏》第 50 册，第 676 页上。

③ ［唐］释道宣：《续高僧传》卷二十六，《大正藏》第 50 册，第 668 页中 ~ 下。

④ ［北宋］朱弁：《曲洧旧闻》卷一，中华书局 2002 年版，第 86 页。

⑤ 清《山东通志 · 艺文志》卷三十五之九《左山兴化寺宝乘塔碑》，《四库全书》本。

碑》碑文记载了重修舍利塔的大致情况：

比丘智隆，志期修建，潜怀宝粒，往募诸方，广蕲信善。因供设于上都宝相招提……忽达宸听，即诏迎置禁庭。瑞香宝供，晨夕燃奉。赐智隆白金五十两以遣之。智隆涕泣叩阍，愿还旧塔。上不夺其请，命中贵人温士良持舍利，网以银函，幂以泥金帕，御笔署封"归葬故地"。仍俾士良，躬道德音。谕守臣、资政殿学士任中师，亟图营缮。①

宋仁宗好佛，有意将舍利留置宫中供养，但智隆不从，只得"归葬故地"，谕令曹州知府任中师重建舍利塔。舍利塔重建时间，可从任中师任曹州知府来考查。

任中师，字祖圣，曹州济阴人，官至资政殿学士、枢密院副使。"（庆历五年，夏，四月），癸丑，徙知陈州、资政殿学士、吏部侍郎任中师知曹州。"②"明年，请老，拜太子少傅致仕。"③任中师于庆历五年（1045）四月知曹州，第二年即请老致仕，所以左山重建舍利塔应在当年。

宋仁宗谕令曹州建塔，并没有拨付库银，而由地方筹募塔资。"中师首以奉钱，洎族属喜舍，仅五十万。自余冠缨之家，缁素豪姓，皆怂恿知劝，乐为檀越，又二十倍之。"④任中师出资五十万，五十万钱合五百贯（缗），僧俗施款"又二十倍之"，募款一万余贯（缗）。北宋时一万贯时值多少？"万缗，中人十家之产也。"⑤同在北宋庆历五年（1045），滕子京重修岳阳楼，"楼成，极雄丽，所费甚广"，但用资也不逾万贯。"滕宗谅（字子京），知岳州，修岳阳楼，不用省库钱，不敛于民，但榜民间有宿债不肯偿，献以助官，官为督之，民负债者争献之，所得近万缗。"⑥

任中师任曹州知府仅一年，在任期间不可能建成佛塔，但最迟应在皇祐五年（1053）建成。钱明逸皇祐五年（1053）冬知曹州，见塔已建成，遂撰文铭记建塔之事，即《左山兴化寺宝乘塔碑》。"塔既成，士良始还朝，图上制作之状，诏赐塔名宝乘，揭榜以金字。"⑦但碑文未言宝乘塔形制，宋仁宗年间（1023—1063）全国曾建造多座舍利塔，多为七层楼阁式砖塔，宝乘塔亦应如此。

宝乘塔作为佛教标志物，长期发挥了表法作用。但时过境迁，后来信众的舍利崇

---

① 清《山东通志·艺文志》卷三十五之九《左山兴化寺宝乘塔碑》，《四库全书》本。
② ［南宋］李焘：《续资治通鉴长编》卷一百五十五，中华书局1995年版，第3770页。
③ ［元］脱脱等：《宋史》卷二百八十八，中华书局1977年版，第9671页
④ 清《山东通志·艺文志》卷三十五之九《左山兴化寺宝乘塔碑》，《四库全书》本。
⑤ ［北宋］谢逸：《溪堂集》卷八《佛斋辨》，《四库全书》本。
⑥ ［北宋］司马光：《涑水记闻》卷九，《四库全书》本。
⑦ 清《山东通志·艺文志》卷三十五之九《左山兴化寺宝乘塔碑》，《四库全书》本。

拜已远非建塔之初那么狂热。明万历十八年(1590),曹县知县钱达道游左山,“止宝乘塔下,向山僧觅其所藏舍利子观焉。僧曰:‘传闻舍利藏于灵址五级下,深夜时见清光闪闪,今岁迁不可睹矣。’”①昔日的左山舍利传奇,就连寺僧也认为是传闻而已。直至光绪十年(1884),方志记载宝乘塔仍然存在,“宝乘塔,在左山兴化禅院”②。以宝乘塔为标识的“左山古寺”,时为曹县续八景之一。但到了民国初年(1912),曹县徐继孺编撰《曹南文献录》时,已将宝乘塔列为古迹③,塔身崩塌,仅留有地下塔基。

清顺治十二年(1655),定陶知县赵国琳曾在县城重修宝乘塔,建宝乘塔院。“宝乘塔院在北郭外二里许,院宇久废。顺治十二年(1655)知县赵国琳修塔建院,募僧住持。今又废,塔于嘉庆二十五年(1820)倾,仅存其址。”④所谓“重修”,实乃异地重建,时左山塔仍在,可能塔体已毁。左城“自汉至周,皆为定陶县之地”⑤。定陶修建宝乘塔不仅为了弘法,也是表扬古迹,该塔于嘉庆二十五年(1820)倾塌⑥。

---

① [明]钱达道:《登左山记》,《曹南文献录》卷七十八,民国六年(1917)曹县徐氏刻本。

② 光绪《曹县志》卷六《寺观塔附》,凤凰出版社等 2004 年版,第 116 页。

③ 《曹南文献录》附录《古迹考》,民国六年(1917)曹县徐氏刻本。

④ 民国五年(1916)《定陶县志》卷九《寺观》,台北成文出版社 1968 年版,第 691 页。

⑤ [北宋]乐史:《太平寰宇记》卷十三,中华书局 2007 年版,第 258 页。

⑥ 民国五年(1916)《定陶县志》卷九《灾异》,台北成文出版社 1968 年版,第 679 页。

五、菏泽境内古寺庙名录

自北朝以来，北方佛教日渐兴盛，各地寺院陆续营建。现将菏泽境内著名古寺庙开列如次：

曹州境内古寺

扈通院 不知始建年代。赵州禅师、智朗法师出其院。

南华草寺 唐代所建，临济禅师最早出家之寺。

济阴左山龙兴寺 临济禅师曾居此寺。

兴化禅寺 在州南五十里左山上，隋仁寿壬戌(602)建，号法源寺。有左山塔藏定光佛舍利六颗。北宋庆历壬午(1042)，塔壤守臣任中师奉旨修，诏赐塔名宝乘。

兴福寺 在州西北六十里古南华县白云乡甘露村中，北宋熙宁六年(1073)建。

禅定寺 在州西北二十里，元至元六年(1269)建。

吕陵寺 在州西二十里，明洪武间(1368—1398)重建。

潘满寺 在州西北三十里，明宣德间(1426—1435)重修。

普照寺 在州旧城内西北隅，即僧正司也，明正统间(1436—1449)建。

开元寺 城东北，唐开元间建，明正统间(1436—1449)修。

观音寺 在南三十里，明正统间(1436—1449)修。

开院寺 在西三里，明正统间(1436—1449)修。

樊家寺 在县东一百五十里樊家庄，唐太和九年(835)建。今属牡丹区王浩屯镇樊寺村西，有明重修碑。

南华端相寺 《酉阳杂俎》记其寺中事。在唐曹州南华县城郊。

观音寺 在今牡丹区沙土镇北新兴集村，去县七十里。寺址犹存。

曹县境内古寺

兴化禅院 在左山,一名左山寺,隋初建,北宋皇祐间(1049—1053)重建,钱明逸记。明嘉靖间(1522—1566)重修,蔡继先记。

兴隆寺 城西四里,新驿中后驿废,寺存门外大塔,即新驿塔也。寺创始于唐贞观间(627—649),重修北宋嘉祐二年(1057),其殿春旧宇犹存,原名隆兴。领邑僧会岁旦圣节,官吏习仪于此。明万历初(1573),知县乎养贵因望岳门寺新城且近,遂改僧会,并易其名。

大丰寺 在县西五十余里。寺有塔,濒河故名塔儿湾集。唐贞观间(627—649)创,北宋元丰间(1078—1085)修,明隆庆间(1567—1572)重修,田垦记。

倪堌寺 在县南三十里,唐贞观间(627—649)建,明正统间(1436—1449)重修,明弘治间(1488—1505)重修,丁贤记。

青堽寺 在城西北三十五里青堽集东,北宋靖康间(1126)重修,明正统间(1436—1449)复修,明景泰间(1450—1456)重修,程冠记。

洪福寺 在县东北二十里大革都,金大定二年(1162)建,明朝正统间(1436—1449)重修,李束记。

宝峰寺 在县西南十里盘户都,金大定间(1161—1189)创立,明嘉靖间(1522—1566)重修,王崇仁记。寺有石佛一驱,又名石佛寺。

大觉寺 在县东北五十里,金大定间(1161—1189)建,明天顺间(1457—1464)重修,秣陵徐曦记。

槐王寺 在县东南五十余里。金大定间(1161—1189)建,明隆庆间(1567—1572)重修。

永庆寺 在县东六十里黄堽都,俗名黄堽寺。金大定间(1161—1189)修,明成化间(1465—1487)重修,方亨记。明嘉靖间(1522—1566)重修,知县曹恬记。

广严寺 在城东二十里,元建,明嘉靖间(1522—1566)重修。

弘扬观 在楚丘。元延祐间(1314—1320)创修,魏道明记。

桑梓寺 在县东南四十里,元天顺间(1328)重修。

铉光寺 在城西北三十里沛郡,元至元间(1335—1340)建,明洪武间(1368—1398)重修,明弘治间(1488—1505)重修,孔彦宪记。

圣安寺 在县东北朱村,元至元间(1335—1340)重建,明弘治间(1488—1505)、嘉靖间(1522—1566)复修。

龙泉寺 在县北十五里有碑云,元至正元年(1341),古有北亭龙泉寺。按元元顺帝纪年(1341—1368),有北即空桑是为北亳也,且无亭障,惟汉有。明成化间(1465—1487)重修。

圣泉寺 在县东南四十里,元至正间(1341—1368)建,明洪武间(1368—1398)重修,寺右有泉甘美已疫因名。明隆庆间(1567—1572)重修,苏朗记。

法华寺 在县西北二十里,元至正间(1341—1368)重修,明弘治间(1488—1505)重修,刘贤记。

大黄寺 在县北四十里,元至正间(1341—1368)建。

福胜寺 在英贤都胡村,一名胡村寺。元至正间(1341—1368)重修明,嘉靖间(1522—1566)复修,胡宗沔记。

保安寺 在县东南四十里双庙村。元至正间(1341—1368)重修,明成化间(1465—1487)土人蒋普兴复修,一名蒋家寺。

瑞云宫 在楚丘,旧名宝玄观。元至元间(1341—1368)重修,学子王盘记略曰:佛之教始于近代南迁之后,其学直以识心见性,为宗而烧炼服饵咽,内观想之说毫发不与焉,老氏所谓为无为事,无事者其是之谓欤,住持曹州之楚丘宝玄观,安和子程志泰本邓州人,大都长春宫长春真人之高弟甫游至此,遂留居焉,结草庵仅庇风两昼夜,倚壁圣坐或数日不食,县人曰加礼,富者施财,贫者施力,越五年而工成,至元癸未(1343),总管王公祚闻于昌童王赐名瑞云宫,仍命师提点宫事。

隆兴寺 在县东,明洪武初(1368)建。

纸坊寺 在县东一百二十里纸坊集,明洪武七年(1374)建,元贾鲁、清江伯修河皆在此。有碑记,在今曹县。

开元寺 在西北十八里春冈,又名春墓寺。明正统间(1436—1449)僧普宽重修,朱子信记。明弘治癸丑(1493),复增前殿。

善法寺 在县东南二十五里大义集东,明景泰间(1450—1456)重修,明天顺间(1457—1464)重修,李秉记。

鲁村寺 在县东北二十里鲁村集,明景泰间(1450—1456)建,明弘治间(1488—1505)重修,陈祯记。明嘉靖间(1522—1566)重修,张世臣记。明天启间(1621—1627)重修,武图功记。

隆兴寺 在望岳门外,屡经河患仅存。明成化间(1465—1487)住持行让、行性相继募修,始具丛林规模,遂为僧会司训导,刘学滋记。明隆庆间(1567—1572),朱纪重修,蓝瑞记。万历初(1573),僧官如慧增修,知县钱达道记。

兴国寺 城北八里,明成化间(1465—1487)重修。石碑记略曰:曹邑北八里丁荣都有寺曰兴国,其碑字可识,云大定三年(1163)立,以时考之,大定去今六百余年必其颓败之，几而修葺之，亦□几也。奈无余碑以纪其事，俱不得而知其详矣。成化戊子(1468)，寺住持祖贵睹栋宇朽腐及墙垣领颓，慨然兴废力，不能胜肆。告多方询其同心，于是富者出资，贫者出力，辐辏鳞集遂庀材鸠工，撤敝而更新之，越明年己丑(1469)冬落成焉。正殿云云斯地斯建想。自创始来未有盛于今日者，丁荣善士某惧历岁久远，将无所玟丐予言勒石以志其盛。

楚丘寺　在县东南四十里，楚丘旧城。明成化间(1465—1487)重修，明隆庆四年(1570)复修，王九式记。

堌王寺　在县北四十里，明成化间(1465—1487)重修。

孝顺庵　在城内西南，明成化间(1465—1487)建，李秉记。清顺治三年(1646)重修。

南兴国寺　在县南三十里，明弘治间(1488—1505)重修，王崇文记。

隆华堂　在县北十五里祀地藏王。明弘治间(1488—1505)重修，明嘉靖间(1522—1566)重修，王仲王记。

三衢寺　在城东三十里，明正德间(1506—1521)重修，杨迥记。

观音寺　在县西北安陵七十里，明正德间(1506—1521)建，王绍记。按刘村传家集，皆有寺名观音。

青堌寺　在县东南五十里，明嘉靖间(1522—1566)重修，王崇仁记。

吕堌寺　在县东北三十五里古营集西。明嘉靖间(1522—1566)重修，张世臣记。

清源寺　在县东北三十里大黄都。明嘉靖间(1522—1566)重修。

王泽寺　原名佛记寺。在县西南十八里，明嘉靖间(1522—1566)重修。

观音堂　在镇川门外，明嘉靖间(1522—1566)重修，娄枢记。

黑堌寺　在县东南七十里，明万历间(1573—1620)重修，赵惟勤记。

现堌寺　在县东二十五里，明万历间(1573—1620)重修。

定清寺　在县西南十二里，明万历初年(1573)因仙桐事建，吕公祠于中多题咏。

广教寺　在县西北六十里三丘店，明万历初年(1573)重修。

赵陂堂　在县南十二里，明万历间(1573—1620)重修，钱达道记。

妙因庵　在镇川门外，明万历间(1573—1620)建。

溥福寺　在北门外普渡桥西，明崇祯三年(1630)建，李悦心记。

皇官寺　在西郭外，明崇祯十三年(1640)王士龙建。

临城寺　在西郭外，明崇祯年间(1628—1644)建。

广济庵　在城西北三里，清顺治元年(1644)建。

十方院　在城东五里，清顺治二年(1645)袁培厚建。

秋水庵 城东五里,清顺治十二年(1655)僧印洪建,县丞程玚记。

盘石庵 在城内大石桥左。

绛城寺 在县西北五十里。

大佛寺 在大黄东北六里。

清凉寺 在古营集西北六里。

苗厢寺 在县东二十里。

柳河寺 在柳河集东五里。

松柏寺 在县南三十里。

大苗寺 在冉堌集南八里。

北王寺 在侯家集东七里。

黄堌寺 在县东南二十五里。

北亭寺 在县西北七十里。

南亭寺 在县西北四十五里。

单县境内古寺

吉祥院 亦名吉祥寺,今查院址一亩余,村佛殿一座,有古碑额书敕赐吉祥院,又有唐大历七年(772)碑刻字,字之可识者尚有百余,余多剥蚀,前面刻佛像十三,有八棱碑,字亦泯没。前刻三佛像,正位石佛高七尺二寸。

平城庵 亦名清微观,在城东三十五里,即汉平城地。据庵内天启年(1621—1627)碑载旧有殿宇楼阁七十余间。宋、元、明、清屡经重修。

赵都寺 在城东二十五里,明万历二年(1574)重修,据寺内碑载因金大定时(1161—1189)都指挥赵常住驿于此得名,现有正殿正间供佛,配以十八罗汉像本泥塑,而近西北一罗汉面常带水。正殿东华陀殿三间,正殿西关帝殿三间,再西为禅房。正殿前东醮房三间,西醮房六间,山门三间。

普照寺 在旧城五老坊西,金明昌间古渊禅师创建,明嘉靖二年(1523)六水废,五年(1526)改筑新城西北隅。

普照寺 在旧城内,金明昌间(1190—1195)古渊禅师创建,元季毁于兵,明洪武间(1368—1398)重建,明宣德间(1426—1435)御赐藏经加以玺书护持。明天顺八年(1464),僧会智亮募修,明嘉靖五年(1526),移建今县治西北,规模草创。明隆庆元年(1567),僧亲鹫广募资材,大建殿宇,遂为邑中首刹,迄今供奉。

兴化寺 在城东北三十里李堌堆,前殿阁颓废,金兴定间(1217—1221)创建,有李子玉书碑,为葛斗南读书处,清咸同间(1851—1875)尚存石刻,字多剥蚀无存,现此石亦失。

大柜寺 在白浮图东三里，亦名大柜山。有阜二，西阜高丈余，庙多圮，存明成化十一年(1475)碑；东阜高约二丈，约二三亩，现有屋二十余间。

防城寺 在防城保。明万历四十七年己未(1619)建后，屡经重修，现有屋二十余间，有李朝仪撰碑文二。

普照寺 俗名大寺，为单邑寺之最大者，据清康熙年(1662—1722)旧志，明嘉靖、隆庆间(1522—1572)静庵禅师于寺西南创修水陆寺。明万历二年(1574)住持圆祥创建藏经阁。有雷鲤书大藏经阁碑。又书“藏经阁”三大字嵌阁壁间。前院为白衣阁，今存正殿藏经二室，余尽圮。有铜佛像二，一高八尺，一高三尺，石佛像二，高七尺四寸，铜关帝像，高七尺。

香严寺 在高乡保。现有屋十余间，有元皇庆二年(1313)重修碑，民国时曾设国民学校。

护国禅院 在北关向系小庵，清康熙三十四年(1695)，邑绅朱应麟暨晋商秦殿卿、善人宋五岳等，捐资鼎建杰阁，延请名宿开堂设戒接众香，遂成名刹。

黄堌寺 在吕仙保，现有屋十六间，民国十四年(1925)添修营垣。

王松寺 在十里保，有屋十六间，民国时曾设国民学校。

辛汪寺 在城东南二十七里，黄顺堤南里许，基址高耸，内有三院。

清凉寺 在城东南二十五里，大殿三间，东西屋各三间，前殿三间，再前东西又各一院，再前为山门。

马家寺 在城东南四十五里，前后两院共屋二十余间。

观音堂 在城内玉山顶迤南，其关厢各乡建者甚多，不能悉载。

白衣阁 在城内倚南城面北向，其余各处甚多，不能悉载。

西方禅院 俗名丛林寺，在南关。

清凉寺 在城南四十里。

大觉寺 在崇福集马塾村。

觉灵寺 在城东三十五里，俗名兴佛殿。

兴化寺 在城东三十五里。

正觉寺 在城东南四十五里。

安镇寺 俗名科村寺，在城东三十里。

临淮寺 在柏家集。

兴福院 在崇宁镇。

音庄寺 在音庄寺。

宝丰寺　在城北二十里。

王松寺　在城北十二里。

樵龙寺　亦名大觉寺，在城西南曹、单交界黄河入境之处。

峨嵋殿　在临河堤头铺南，曹县、虞城、单县三交界之处。

天王寺　在芳桂集西。

仁德院　在城北二十里。

香严寺　在高乡店。

妙觉院　在城西五里，俗名土山寺。

吉祥寺　在城北四十里。

崇殿寺　在城西二十五里。

兴国寺　一在城东三十里平乐乡，俗名平乐寺；一在城东南四十里乌冢村，俗名乌冢寺。

二郎庙　在白浮图集。

洪龙寺　在城北三十里。

南极庙　在东关。

龙女庙　在芳桂集。

太子寺　在城南四十里太子庄。

防城寺　在城北四十余里。

黄堌寺　在城西二十里。

赵村寺　在城西北三十里。

故驿寺　在城南二十五里。

桑堌寺　在城南三十五里。

九冢寺　在城北三十里。

朱村寺　在城西北三十五里。

黄堌寺　在城北十五里。

重殿寺　在城西北二十五里。

訾庄寺　在城西南四十里。

鲁城寺　在城西南四十里。

侯家寺　在城西三十里。

纯于寺　在城西北二十里。

黄堆寺　在城东四十里。

北堌寺　在城北二十五里。

柏冢寺 在城西二十里。

九种寺 在城东二十五里。

坝子寺 在城北二十里。

辛汪寺 在城东南三十里。

赵都寺 在城东三十里。

孟景寺 在城东二十里。

防城寺 在城北四十里。

清良寺 在城东南二十里。

王松寺 在城北十二里。

观音庙 同名者有二:一在西关,一在城北方贵集。

定陶境内古寺

弘禅堂 在城南十二里,旧为观音堂。明僧人德弘来此持戒,重修之。清嘉庆五年(1800)重修五菩萨殿,遂改弘禅堂。

宝乘塔院 在北郭外二里许,院宇久废。清顺治十二年(1655),知县赵国琳修塔建院,募僧住持。今又废。塔于清嘉庆二十五年(1820)倾,仅存其址。

河滨寺 在城西南八里。《帝王世纪》曰:“舜陶河滨。”曹国西南陶邱(丘)亭是寺,即其地。南岸亭趾尚存,今名牛王寺。

安邱(丘)寺 在城西北二十二里。旧名楮桃堌堆,有虎踞焉。堌左为曹氏居,农人李姓缚利刃于牛角,纵与虎斗,毙之。遂于堌上建佛院,并关帝、火神庙因名,曰:“安邱(丘)寺。”

天王寺 在东门内,久废。今改建关帝庙。

白衣堂 在东门内。

戚姑寺 在城北十二里,为汉高祖之戚夫人故里。今其村即名戚姬村。

杏堽寺 在城北十五里。

北丁寺 在城东北十八里。

苗堌寺 在城东北三十里。

棠林寺 在城东北三十里。

重兴寺 在城东北三十里。

柏林寺 在城东北三十里。

宗家寺 在城东北四十里。

纪河寺 在城东北五十里。

观音寺 在城东十五里。

南丁寺 在城东二十里。

小左寺 在城东二十二里。

招远寺 在城东三十里。

姑姑庵 在城东三十里。

清凉寺 在城东三十五里。

累章寺 在城东四十里。

高迁寺 在城东南十里。

石楼寺 在城东南十二里。

大堽寺 在城东南十里。

大左寺 在城东南二十五里。

腊真寺 在城东南二十二里。

红兰寺 在城南五里。

白塔寺 在火神台西,一名白云寺。

鸟堽寺 在城南稍西十里。

黄德寺 在城西南十五里。

三官庙 在城西十里。城南、北、西郭皆有。

隆化寺 在城西北二十五里,佃户屯村东首。

观音寺 在县东一百八十里长垣店,明洪武四年(1371)建,今属定陶区陈集镇长垣店村。

巨野境内古寺

青山庙 在县东南二里,元时建。

东岳庙 在县治东门外二里许。

真武庙 在县北门外。

观音寺 在县治东南隅。据明弘治碑,寺为古刹,元时遗迹尚存。明永乐间(1403—1424)僧本愿建中堂,二代僧志忠创佛殿;明正统八年(1443)造天王伽蓝祖师殿及僧舍;明弘治元年(1488)修千佛殿无间;明正德十二年(1517)又修造神像宫殿;明嘉靖十年(1531)再修。

独山寺 在独山集,县东南三十里。据明弘治(1488—1505)等碑云,该寺始建于汉,废于明洪武甲寅(1374)。明正德丁卯(1507)又淹没数十载。明弘治十八年(1505)重修,有碑传世。邑诸生刘希禹有碑。今巨野县独山镇东,现在独山已削,寺无。

金山寺 在金岭集,去县五十里。巨野县东南金山之上。

大章寺 在今巨野县古营集,去县四十里。古营集村。

崇兴寺 在今巨野县西南柳林镇柳林集,去城八十里。遗址尚存。

贤圣寺 在今菏泽东北三十五里安兴镇安兴集,去县八十里。寺址犹存。

观音寺 在今巨野县城北丁官屯村,去县十五里。

白塔寺 在今牡丹区沙土镇北康集村,去县五十里。白塔寺无。白塔寺反映出该村曾有白色佛塔或墓塔。

安兴寺 在今牡丹区安兴镇安兴集,去县八十里。

龙泉寺 龙仓集,去县三十里。

龙德寺 在今巨野县南章缝镇章缝集,去县四十里。邑贡生田峤所撰碑,语多不载。寺址犹存。

合蔡寺 在今巨野县龙堌集,去县四十里,寺址无考。合蔡镇是宋朝广济河上的重镇。合蔡镇而命寺名。合蔡镇当在龙固镇北二十里。

海云寺 在今巨野县大义镇南棠林集,去县四十五里,寺址尚存。

遥寿寺 在今巨野县葛店村即合药集,去县三十五里。

庆寿寺 在今巨野县南万丰镇夹黄村,去县四十里。

兴福寺 在今巨野县大谢集镇南东庄屯村,去县七十里,寺址犹存。

麒麟寺 又名瑞林寺。在今巨野县麒麟镇获麟遗址上,去县十五里。明天启四年(1624)重修。

水确寺 在今巨野县东南陶庙镇北截河集村,去县五十里。寺址犹存。

贺村寺 在今巨野县南大义镇,去县二十五里,寺旧址犹存。

万善寺(万寿寺) 在今巨野县南大谢集镇昌邑村,去县六十里。

兴善寺 在今成武县田集镇东南阳道堌村,去县七十里。

张标寺 在今巨野县西南柳林镇北张标集村,去县八十里。

三教寺 今巨野县城东南薛扶集村,去县八里。明代寺址犹在。

武吉寺 在今巨野县南独山镇北华家营,去县十五里。武吉寺址犹在。

城村寺 在今巨野县营里乡东南营里集村,去县五十五里。

清凉寺 在今成武县北田集镇陈庄村,巨野营里乡犇虎店东南,即清凉寺陈庄,去县七十五里(犇虎店即巨野县营里乡前、后店子村)。

宿沙寺 在今巨镇西十五里宿沙村。

成武境内古寺

广严寺　在南鲁集,金大定二年(1162)修。

宝峰寺　在孟庄村,金大定三年(1163)修。

兴福寺　在龙里村,金大定四年(1164)修。

法云寺　在侯阚村,元至大元年(1308)修。

严福寺　在县治东,明正统间(1436—1449)修。

青润寺　在伯乐村,明成化七年(1471)修。

灵照寺　在大里村,明弘治元年(1488)修。

崇福寺　在桑梓村,明弘治四年(1491)修。

牛牧寺　在牛牧村,明正德元年(1506)修。

资福寺　在买马村,明正德十二年(1517)建。

严福寺　在学宫西北,中为大雄殿,壮丽巍峨。左右为伽蓝祖师殿,东西銮舆殿。东西为钟鼓楼,前为山门,寺右为更衣亭,左为僧会司。明知县张居仁、国朝知县姚应凤重修。清乾隆八年(1743),知县张四维重修两廊;乾隆五十六年(1791),知县林绍龙重修大雄殿、大悲殿等处。

青凉寺　在小留村,明嘉靖元年(1522)修。

洪福寺　在辉宾村,明嘉靖十三年(1534)修。

法云寺　在武盘村,明万历元年(1573)修。

唐梁寺　在唐梁村,明万历五年(1577)修。

福胜寺　在大双堌集,明万历十一年(1583)修。

王赵寺　在曹庄村,明万历十三年(1585)修。

合台寺　在合台村,明万历三十七年(1609)修。

洪福寺　在县东一十八里。

白云寺　在东南十五里。

灵照寺　在西北二十里。

宝峰寺　在县北二十里。

黄芦寺　在黄芦村。

南召寺　在南召村。

郓城境内古寺

小潴寺　在东南五十里。有宋代石佛三尊,出土于20世纪50年代。位于郓城县西北四十五里老李庄村。

喉咽寺 在县北境上，旧隶郓城。明弘治间（1488—1505）因僧会侵渔寺，僧苦之，遂捏处按寿张，今宜改正焉。

大明寺 在县治，东晋太元时（376—396）建。

观音寺 在县东门内。

洪福寺 在县南。

兴圣寺 在县西。

彰化寺 在县西。

旧县寺 在城东。

福润寺 在城西。

普明寺 在城西。

员通寺 在城北。

鄄城境内古寺

义城寺 在县正南七十里，始建于北齐皇建元年（560）。今属鄄城箕山镇，今名圆融禅寺，有佛石刻及石经出土。

东明境内古寺

寿圣寺 在县东四十里小盖村，即长兴集。唐天宝八年（749）建，唐人段回碑记。有塔，地物既久，风景自殊，旧碑曰业修寺。

弥陀寺 在县东四十里小冈村，元至正元年（1341）建。

海乔寺 在县东南五十里海乔村，元至正元年（1341）建。

白茅寺 在县东一百二十里白茅村，明洪武二年（1369）建。

观音寺 在县东南七十里王堌村，一名火烧寺，明永乐二年（1404）建。

金刚寺 在县东南五十里荆冈集，明正统十四年（1449）建。

万寿寺 在县东四十里谢家寨。

兴福寺 在东南六十里祥符营，元时建。

附录一　古人谈佛

《魏书·释老志》

[北齐]魏　收

大人有作，司牧生民，结绳以往，书契所绝，故靡得而知焉。自羲轩已还，至于三代，其神言秘策，蕴图纬之文，范世率民，垂坟典之迹。秦肆其毒，灭于灰烬；汉采遗籍，复若丘山。司马迁区别异同，有阴阳、儒、墨、名、法、道德六家之义。刘歆著《七略》，班固志《艺文》，释氏之学，所未曾纪。案汉武元狩中（前122—前117），遣霍去病讨匈奴，至皋兰，过居延，斩首大获。昆邪王杀休屠王，将其众五万来降。获其金人，帝以为大神，列于甘泉宫。金人率长丈余，不祭祀，但烧香礼拜而已。此则佛道流道通之渐也。

及开西域，遣张骞使大夏还，传其旁有身毒国，一名天竺，始闻有浮屠之教。哀帝元寿元年（前2），博士弟子秦景宪受大月氏王使伊存口授浮屠经。中土闻之，未之信了也。后孝明帝夜梦金人，项有日光，飞行殿庭，乃访群臣，傅毅始以佛对。帝遣郎中蔡愔、博士弟子秦景等使于天竺，写浮屠遗范。愔仍与沙门摄摩腾、竺法兰东还洛阳。中国有沙门及跪拜之法，自此始也。愔又得佛经《四十二章》及释迦立像。明帝令画工图佛像，置清凉台及显节陵上，经缄于兰台石室。愔之还也，以白马负经而至，汉因立白马寺于洛城雍关西。摩腾、法兰咸卒于此寺。

浮屠正号曰佛陀，佛陀与浮图声相近，皆西方言，其来转为二音。华言译之则谓净觉，言灭秽成明，道为圣悟。凡其经旨，大抵言生生之类，皆因行业而起。有过去、当今、未来，历三世，识神常不灭。凡为善恶，必有报应。渐积胜业，陶冶粗鄙，经无数形，澡练神明，乃致无生而得佛道。其间阶次心行，等级非一，皆缘浅以至深，藉微而为著。率在于积仁顺，蠲嗜欲，习虚静而成通照也。故其始修心则依佛、法、僧，谓之三归，若君子之三畏也。又有五戒，去杀、盗、淫、妄言、饮酒，大意与仁、义、礼、智、信同，名为异耳。云奉持之，则生天人胜处，亏犯则坠鬼畜诸苦。又善恶生处，凡有六道焉。

诸服其道者，则剃落须发，释累辞家，结师资，遵律度，相与和居，治心修净，行乞以自给。谓之沙门，或曰桑门，亦声相近，总谓之僧，皆胡言也。僧，译为和命众，桑门为息心，比丘为行乞。俗人之信凭道法者，男曰优婆塞，女曰优婆夷。其为沙门者，初修十诫，曰沙弥，而终于二百五十，则具足成大僧。妇入道者曰比丘尼。其诫至于五百，皆以(阙)为本，随事增数，在于防心、摄身、正口。心去贪、忿、痴，身除杀、淫、盗，口断妄、杂、诸非正言，总谓之十善道。能具此，谓之三业清净。凡人修行粗为极。云可以达恶善报，渐阶圣迹。初阶圣者，有三种人，共根业太差，谓之三乘，声闻乘、缘觉乘、大乘。取其可乘运以至道为名。此三人恶迹已尽，但修心荡累，济物进德。初根人为小乘，行四谛法；中根人为中乘，受十二因缘；上根人为大乘，则修六度。虽阶三乘，而要由修进万行，拯度亿流，弥长远，乃可登佛境矣。

所谓佛者，本号释迦文者，译言能仁，谓德充道备，堪济万物也。释迦前有六佛，释迦继六佛而成道，处今贤劫。文言将来有弥勒佛，方继释迦而降世。释迦即天竺迦维卫国王之子。天竺其总称，迦维别名也。初，释迦于四月八日夜，从母右胁而生。既生，姿相超异者三十二种。天降嘉瑞以应之，亦三十二。其《本起经》说之备矣。释迦生时，当周庄王九年(前688)。《春秋》鲁庄公七年(前687)夏四月，恒星不见，夜明。是也。至魏武定八年(550)，凡一千二百三十七年云。释迦年三十成佛，导化群生，四十九载，乃于拘尸那城娑罗双树间，以二月十五日而入般盘槃。涅槃译云灭度，或言常乐我净，明无迁谢及诸苦累也。

诸佛法身有二种义，一者真实，二者权应。真实身，谓至极之体，妙绝拘累，不得以方处期，不可以形量限，有感斯应，体常湛然。权应身者，谓和光六道，同尘万类，生灭随时，修短应物，形由感生，体非实有。权形虽谢，真体不迁，但时无妙感，故莫得常见耳。明佛生非实生，灭非实灭也。佛既谢世，香木焚尸。灵骨分碎，大小如粒，击之不坏，焚亦不焦，或有光明神验，胡言谓之“舍利”。弟子收奉，置之宝瓶，竭香花，致敬慕，建宫宇，谓为“塔”。塔亦胡言，犹宗庙也，故世称塔庙。于后百年，有王阿育，以神力分佛舍利，于诸鬼神，造八万四千塔，布于世界，皆同日而就。今洛阳、彭城、姑臧、临淄皆有阿育王寺，盖成其遗迹焉。释迦虽般涅槃，而留影迹爪齿于天竺，于今犹在。中土来往，并称见之。

初，释迦所说教法，既涅槃后，有声闻弟子大迦叶、阿难等五百人，撰集著录。阿难亲承嘱授，多闻总持，盖能综核深致，无所漏失。乃缀文字，撰载三藏十二部经，如九流之异统，其大归终以三乘为本。后数百年，有罗汉、菩萨相继著论，赞明经义，以破外道,《摩诃衍》《大、小阿毗昙》《中论》《十二门论》《百法论》《成实论》等是也。皆傍诸藏部大义,假立外问,而以内法释之。

汉章帝时,楚王英喜为浮屠斋戒,遣郎中令奉黄缣白纨三十匹,诣国相以赎愆。诏报曰:“楚王尚浮屠之仁祠,洁斋三月,与神为誓,何嫌何疑,当有悔吝。其还赎,以助伊蒲塞、桑门之盛馔。”因以班示诸国。桓帝时,襄楷言佛陀、黄老道以谏,欲令好生恶杀,少嗜欲,去奢泰,尚无为。魏明帝曾欲坏宫西佛图。外国沙门乃金盘盛水,置于殿前,以佛舍利投之于水,乃有五色光起,于是帝叹曰:“自非灵异,安得尔乎?”遂徙于道(阙),为作周阁百间。佛图故处,凿为蒙汜池,种芙蓉于中。后有天竺沙门昙柯迦罗入洛,宣译诫律,中国诫律之始也。自洛中构白马寺,盛饰佛图,画迹甚妙,为四方式。凡宫塔制度,犹依天竺旧状而重构之,从一级至三、五、七、九。世人相承,谓之“浮图”,或云“佛图”。晋世,洛中佛图有四十二所矣。汉世沙门,皆衣赤布,后乃易以杂色。

晋元康中(291—299),有胡沙门支恭明译佛经《维摩》、《法华》、三《本起》等。微言隐义,未之能究。后有沙门常山卫道安性聪敏,日诵经万余言,研求幽旨。慨无师匠,独坐静室十二年,覃思构精,神悟妙赜,以前所出经,多有舛驳,乃正其乖谬。石勒时,有天竺沙门浮图澄,少于乌苌国就罗汉入道,刘曜时到襄国。后为石勒所宗信,号为大和尚,军国规谟颇访之,所言多验。道安曾至邺候澄,澄见而异之。澄卒后,中国纷乱,道安乃率门徒,南游新野。欲令玄宗在所流布,分遣弟子,各趣诸方。法汰诣扬州,法和入蜀,道安与慧远之襄阳。道安后入苻坚,坚素钦德问,既见,宗以师礼。时西域有胡沙门鸠摩罗什,思通法门,道安思与讲释,每劝坚致罗什。什亦承安令问,谓之东方圣人,或时遥拜致敬。道安卒后二十余载而罗什至长安,恨不及安,以为深慨。道安所正经义,与罗什译出,符会如一,初无乖舛。于是法旨大著中原。

魏先建国于玄朔,风俗淳一,无为以自守,与西域殊绝,莫能往来。故浮图之教,未之得闻,或闻而未信也。及神元与魏、晋通聘,文帝又在洛阳,昭成又至襄国,乃备究南夏佛法之事。太祖平中山,经略燕赵,所径郡国佛寺,见诸沙门、道士,皆致精敬,禁军旅无有所犯。帝好黄老,颇览佛经。但天下初定,戎车屡动,庶事草创,未建图宇,招延僧众也。然时时旁求。先是,有沙门僧朗,与其徒隐于泰山之琨瑞谷。帝遣使致书,以缯、素、旃罽、银钵为礼。今犹号曰朗公谷焉。天兴元年(398),下诏曰:“夫佛法之兴,其来远矣。济益之功,冥及存没,神踪遗轨,信可依凭。其敕有司,于京城建饰容范,修整宫舍,令信向之徒,有所居止。”是岁,始作五级佛图、耆阇崛山及须弥山殿,加以缋饰。别构讲堂、禅堂及沙门座,莫不严具焉。太宗践位,遵太祖之业,亦好黄老,又崇佛法,京邑四方,建立图像,仍令沙门敷导民俗。

初，皇始中(396—397)，赵郡有沙门法果，诫行精至，开演法籍。太祖闻其名，诏以礼征赴京师。后以为道人统，绾摄僧徒。每与帝言，多所惬允，供施甚厚。至太宗，弥加崇敬，永兴中(409—413)，前后授以辅国、宜城子、忠信侯、安成公之号，皆固辞。帝常亲幸其居，以门小狭，不容舆辇，更广大之。年八十余，泰常中(416—423)卒。未殡，帝三临其丧，追赠老寿将军、越胡灵公。初，法果每言，太祖明睿好道，即是当今如来，沙门宜应尽礼，遂常致拜。谓人曰："能鸿道者人主也，我非拜天子，乃是礼佛耳。"法果四十，始为沙门。有子曰猛，诏令袭果所加爵。帝后幸广宗，有沙门昙证，年且百岁。邀见于路，奉致果物。帝敬其年老志力不衰，亦加以老寿将军号。

是时，鸠摩罗什为姚兴所敬，于长安草堂寺集义学八百人，重译经本。罗什聪辩有渊思，达东西方言。时沙门道肜、僧略、道恒、道檦、僧肇、昙影等，与罗什共相提挈，发明幽致。诸深大经论十有余部，更定章句，辞义通明，至今沙门共所祖习。道肜等皆识学洽通，僧肇尤为其最。罗付之撰译，僧肇常执笔，定诸辞义，注《维摩经》，又著数论，皆有妙旨，学者宗之。

又沙门法显，慨律藏不具，自长安游天竺。历三十余国，随有经律之处，学其书语，译而写之。十年，乃于南海师子国，随商人泛舟东下。昼夜昏迷，将二百日。乃至青州长广郡不其劳山，南下乃出海焉。是岁，神瑞二年(415)也。法显所径诸国，传记之，今行于世。其所得律，通译未能尽正。至江南，更与天竺禅师跋陀罗辩定之，谓之《僧祇律》，大备于前，为今沙门所持受。先是，有沙门法领，从扬州入西域，得《华严经》本。定律后数年，跋陀罗共沙门法业重加译撰，宣行于时。

世祖初即位，亦遵太祖、太宗之业，每引高德沙门，与其谈论。于四月八日，舆诸佛像，行于广衢，帝亲御门楼，临观散花，以致礼敬。

先是，沮渠蒙逊在凉州，亦好佛法。有罽宾沙门昙摩谶，习诸经论。于姑臧，与沙门智嵩等，译《涅槃》诸经十余部。又晓术数、禁咒，历言他国安危，多所中验。蒙逊每以国事谘之。神䴥中(428—431)，帝命蒙逊送谶诣京师，惜而不遣。既而，惧魏威责，遂使人杀谶。谶死之日，谓门徒曰："今时将有客来，可早食以待之。"食讫而走使至。时人谓之知命。智嵩亦爽悟，笃志经籍。后乃以新出经论，于凉土教授。辩论幽旨，著《涅槃义记》。戒行峻整，门人齐肃。知凉州将有兵役，与门徒数人，欲往胡地。道路饥馑，绝粮积日，弟子求得禽兽肉，请嵩强食。嵩以戒自誓，遂饿死于酒泉之西山。弟子积薪焚其尸，骸骨灰烬，唯舌独全，色状不变。时人以为诵说功报。凉州自张轨后，世信佛教。敦煌地接西域，道俗交得其旧式，村坞相属，多有塔寺。太延中(435—439)，凉州平，徙其国人于京邑，沙门佛事皆俱东，象教弥增矣。寻以沙门众多，诏罢年五十已下者。

世祖初平赫连昌，得沙门惠始，姓张。家本清河，闻罗什出新经，遂诣长安见之，观习经典。坐禅于白渠北，昼则孰城听讲，夕则还处静坐。三辅有识多宗之。刘裕灭姚泓，留子义真镇长安，义真及僚佐皆敬重焉。义真之去长安也，赫连屈丐追败之，道俗少长咸见坑戮。惠始身被白刃，而体不伤。众大怪异，言于屈丐。屈丐大怒，召惠始于前，以所持宝剑击之，又不能害，乃惧而谢罪。统万平，惠始到京都，多所训导，时人莫测其迹。世祖甚重之，每加礼敬。始自习禅，至于没世，称五十余年，未尝寝卧。或时跣行，虽履泥尘，初不污足，色愈鲜白，世号之曰白脚师。太延中(435—439)，临终于八角寺，齐洁端坐，僧徒满侧，凝泊而绝。停尸十余日，坐既不改，容色如一，举世神异之。遂瘗寺内。至真君六年(445)，制城内不得留瘗，乃葬于南郊之外。始死十年矣，开殡俨然，初不倾坏。送葬者六千余人，莫不感恸。中书监高允为其传，颂其德迹。惠始冢上，立石精舍，图其形像。经毁法时，犹自全立。

世祖即位，富于春秋。既而锐志武功，每以平定祸乱为先。虽归宗佛法，敬重沙门，而未存览经教，深求缘报之意。及得寇谦之道，帝以清净无为，有仙化之证，遂信行其术。时司徒崔浩，博学多闻，帝每访以大事。浩奉谦之道，尤不信佛，与帝言，数加非毁，常谓虚诞，为世费害。帝以其辩博，颇信之。会盖吴反杏城，关中骚动，帝乃西伐，至于长安。先是，长安沙门种麦寺内，御驺牧马于麦中，帝入观马。沙门饮从官酒，从官入其便室，见大有弓矢矛盾，出以奏闻。帝怒曰："此非沙门所用，当与盖吴通谋，规害人耳！"命有司案诛一寺，阅其财产，大得酿酒具及州郡牧守富人所寄藏物，盖以万计。又为屈室，与贵室女私行淫乱。帝既忿沙门非法，浩时从行，因进其说。诏诛长安沙门，焚破佛像，敕留台下四方，令一依长安行事。又诏曰："彼沙门者，假西戎虚诞，妄生妖孽，非所以一齐政化，布淳德于天下也。自王公已下，有私养沙门者，皆送官曹，不得隐匿。限今年二月十五日，过期不出，沙门身死，容止者诛一门。"

时恭宗为太子监国，素敬佛道。频上表，陈刑杀沙门之滥，又非图像之罪。今罢其道，杜诸寺门，世不修奉，土木丹青，自然毁灭。如是再三，不许。乃下诏曰："昔后汉荒君，信惑邪伪，妄假睡梦，事胡妖鬼，以乱天常，自古九州岛之中无此也。夸诞大言，不本人情。叔季之世暗君乱主，莫不眩焉。由是政教不行，礼义大坏，鬼道炽盛，视王者之法，蔑如也。自此以来，代经乱祸，天罚亟行，生民死尽，五服之内，鞠为丘墟，千里萧条，不见人迹，皆由于此。朕承天绪，属当穷运之弊，欲除伪定真，复羲农之治。其一切荡除胡神，灭其踪迹，庶无谢于风氏矣。自今以后，敢有事胡神及造形像泥人、铜人者，门诛。虽言胡神，问今胡人，共云无有。皆是前世汉人无赖子弟刘元真、吕伯强之徒，乞胡之诞言，用老庄之虚假，附而益之，皆非真实。至使王法废而不行，盖大奸之魁也。有非常之人，然后能行非常之事。非朕孰能去此历代之伪物！有司宣告征镇诸军、刺史，诸有佛图形像及胡经，尽皆击破焚烧，沙门无少长悉坑之。”是岁，真君七年(446)三月也。恭宗言虽不用，然犹缓宣诏书，远近皆豫闻知，得各为计。四方沙门，多亡匿获免，在京邑者，亦蒙全济。金银宝像及诸经论，大得秘藏。而土木宫塔，声教所及，莫不毕毁矣。

始谦之与浩同从车驾，苦与浩诤，浩不肯，谓浩曰：“卿今促年受戮，灭门户矣。”后四年，浩诛，备五刑，时年七十。浩既诛死，帝颇悔之。业已行，难中修复。恭宗潜欲兴之，未敢言也。佛沦废终帝世，积七八年。然禁稍宽弛，笃信之家，得密奉事，沙门专至者，犹窃法服诵习焉。唯不得显行于京都矣。

先是，沙门昙曜有操尚，又为恭宗所知礼。佛法之灭，沙门多以余能自效，还欲求见。曜誓欲守死，恭宗亲加劝喻，至于再三，不得已，乃止。密持法服器物，不暂离身，闻者叹重之。

高宗践极，下诏曰：“夫为帝王者，必祗奉明灵，显彰仁道，其能惠着生民，济益群品者，虽在古昔，犹序其风烈。是以《春秋》嘉崇明之礼，祭典载功施之族。况释迦如来功济大千，惠流尘境，等生死者叹其达观，览文义者贵其妙明，助王政之禁律，益仁智之善性，排斥群邪，开演正觉。故前代已来，莫不崇尚，亦我国家常所尊事也。世祖太武皇帝，开广边荒，德泽遐及。沙门道士善行纯诚，惠始之伦，无远不至，风义相感，往往如林。夫山海之深，怪物多有，奸淫之徒，得容假托，讲寺之中，致有凶党。是以先朝因其瑕衅，戮其有罪。有司失旨，一切禁断。景穆皇帝每为慨然，值军国多事，未遑修复。朕承洪绪，君临万邦，思述先志，以隆斯道。今制诸州郡县，于众居之所，各听建佛图一区，任其财用，不制会限。其好乐道法，欲为沙门，不问长幼，出于良家，性行素笃，无诸嫌秽，乡里所明者，听其出家。率大州五十，小州四十人，其郡遥远台者十人。各当局分，皆足以化恶就善，播扬道教也。”天下承风，朝不及夕，往时所毁图寺，仍还修矣。佛像经论，皆复得显。

京师沙门师贤，本罽宾国王种人，少入道，东游凉城，凉平赴京。罢佛法时，师贤假为医术还俗，而守道不改。于修复日，即反沙门，其同辈五人。帝乃亲为下发。师贤仍为道人统。是年，诏有司为石像，令如帝身。既成，颜上足下，各有黑石，冥同帝体上下黑子。论者以为纯诚所感。兴光元年(454)秋，敕有司于五缎大寺内，为太祖已下五帝，铸释迦立像五，各长一丈六尺，都用赤金二万五千斤。太安初(455)，有师子国胡沙门邪奢遗多、浮陀难提等五人，奉佛像三，到京都。皆云，备历西域诸国，见佛影迹及肉髻，外国诸王相承，咸遣工匠，摹写其容，莫能及难提所造者，去十余步，视之炳然，转近转微。又沙勒胡沙门，赴京师致佛钵并画像迹。

和平初(460)，师贤卒。昙曜代之，更名沙门统。初昙曜以复佛法之明年，自中山被命赴京，值帝出，见于路，御马前衔曜衣，时以为马识善人。帝后奉以师礼。昙曜白帝，于京城西武州塞，凿山石壁，开窟五所，镌建佛像各一。高者七十尺，次六十尺，雕饰奇伟，冠于一世。昙曜奏：平齐户及诸民，有能岁输谷六十斛入僧曹者，即为"僧祇户"，粟为"僧祇粟"，至于俭岁，赈给饥民。又请民犯重罪及官奴以为"佛图户"，以供诸寺扫洒，岁兼营田输粟。高宗并许之。于是僧祇户、粟及寺户，遍于州镇矣。昙曜又兴天竺沙门常那邪舍等，译出新经十四部。又有沙门道进、僧超、法存等，并有名于时，演唱诸异。

显祖即位，敦信尤深，览诸经论，好老庄。每引诸沙门及能谈玄之士，与论理要。初，高宗太安末(459)，刘骏于丹阳中兴寺设斋。有一沙门，容止独秀，举众往目，皆莫识焉。沙门惠璩起问之，答名惠明。又问所住，答云，从天安寺来。语讫，忽然不见。骏君臣以为灵感，改中兴为天安寺。是后七年而帝践祚，号天安元年(466)。是年，刘彧徐州刺史薛安都始以城地来降。明年，尽有淮北之地。其岁，高祖诞载。于时起永宁寺，构七级佛图，高三百余尺，基架博敞，为天下第一。又于天宫寺，造释迦立像。高四十三尺，用赤金十万斤，黄金六百斤。皇兴中(467—470)，又构三级石佛图。榱栋楣楹，上下重结，大小皆石，高十丈。镇固巧密，为京华壮观。

高祖践位，显祖移御北苑崇光宫，览习玄籍。建鹿野佛图于苑中之西山，去崇光右十里，岩房禅堂，禅僧居其中焉。

延兴二年(472)夏四月，诏曰："比丘不在寺舍，游涉村落，交通奸猾，经历年岁。令民间五五相保，不得容止。无籍之僧，精加隐括，有者送付州镇，其在畿郡，送付本曹。若为三宝巡民教化者，在外赍州镇维那文移，在台者赍都维那等印牒，然后听行。违者加罪。"又诏曰："内外之人，兴建福业，造立图寺，高敞显博，亦足以辉隆至教矣。然无知之徒，各相高尚，贫富相竞，费竭财产，务存高广，伤杀昆虫含生之类。苟能精致，累土聚沙，福钟不朽。欲建为福之因，未知伤生之业。朕为民父母，慈养是务。自今一切断之。"又诏曰："夫信诚则应远，行笃则感深，历观先世灵瑞，乃有禽兽易色，草木移性。济州东平郡，灵像发辉，变成金铜之色。殊常之事，绝于往古；熙隆妙法，理在当今。有司与沙门统昙曜令州送像达都，使道俗咸睹实相之容，普告天下，皆使闻知。"

三年(473)十二月，显祖因田鹰获鸳鸯一，其偶悲鸣，上下不去。帝乃惕然，问左右曰："此飞鸣者，为雌为雄？左右对曰："臣以为雌。"帝曰："何以知？"对曰："阳性刚，阴性柔，以刚柔推之，必是雌矣。"帝乃慨然而叹曰："虽人鸟事别，至于资识性情，竟何异哉！"于是下诏，禁断鸷鸟，不得畜焉。

承明元年(476)八月，高祖于永宁寺，设太法供，度良家男女为僧尼者百有余人，帝为剃发，施以僧服，令修道戒，资福于显祖。是月，又诏起建明寺。太和元年(477)二月，幸永宁寺设斋，赦死罪囚。三月，又幸永宁寺设会，行道听讲，命中、秘二省与僧徒讨论佛义，施僧衣服、宝器有差。又于方山太祖营垒之处，建思远寺。自正光至此，京城内寺新旧且百所，僧尼二千余人，四方诸寺六千四百七十八，僧尼七万七千二百五十八人。四年(480)春，诏以鹰师为报德寺。九年(485)秋，有司奏，上谷郡比丘尼惠香，在北山松树下死。尸形不坏。尔来三年，士女观者有千百。于时人皆异之。十年(486)冬，有司又奏："前被敕以勒籍之初，愚民侥幸，假称入道，以避输课，其无籍僧尼罢遣还俗。重被旨，所检僧尼，寺主、维那当寺隐审。其有道行精勤者，听仍在道；为行凡粗者，有籍无籍，悉罢归齐民。今依旨简遣，其诸州还俗者，僧尼合一千三百二十七人。"奏可。十六年(492)诏："四月八日、七月十五日，听大州度一百人为僧尼，中州五十人，下州二十人，以为常准，着于令。"十七年(493)，诏立《僧制》四十七条。十九年(495)四月，帝幸徐州白塔寺。顾谓诸王及侍官曰："此寺近有名僧嵩法师，受《成实论》于罗什，在此流通。后授渊法师，渊法师授登、纪二法师。朕每玩《成实论》，可以释人深情故至此寺焉。"时沙门道登，雅有义业，为高祖眷赏，恒侍讲论。曾于禁内与帝夜谈，同见一鬼。二十年(496)卒，高祖甚悼惜之，诏施帛一千匹。又设一切僧斋，并命京城七日行道。又诏："朕师登法师奄至徂背，痛怛摧恸，不能已已。比药治慎丧，未容即赴，便准师义，哭诸门外。"绩素之。又有西域沙门名跋陀，有道业，深为高祖所敬信。诏于少室山阴，立少林寺而居之，公给衣供。二十一年(497)五月，诏曰："罗什法师可谓神出五才，志入四行者也。今常住寺，犹有遗地，钦悦修踪，情深遐远，可于旧堂所，为建三级浮图。又见逼昏虐，为道殄躯，既暂同俗礼，应有子胤，可推访以闻，当加叙接。"先是，立监福曹，又改为昭玄，备有官属，以断僧务。高祖时，沙门道顺、惠觉、僧意、惠纪、僧范、道弁、惠度、智诞、僧显、僧义、僧利，并以义行知重。世宗即位，永平元年(508)秋，诏曰：缁素既殊，法律亦异。故道教彰于互显，禁劝各有所宜。自今已后，众僧犯杀人已上罪者，仍依俗断，余悉付昭玄，以内律僧制之。二年(509)冬，沙门统惠深上言："僧尼浩旷，清浊混流，不遵禁典，精粗莫别。辄与经律法师群议立制：诸州、镇、郡维那、上坐、寺主，各令戒律自修，咸依内禁，若不解律者，退其本次。又，出家之人，不应犯法，积八不净物。然经律所制，通塞有方。依律，车牛淫人，不净之物，不得为已私畜。唯有老病年六十以上者，限听一乘。又，比来僧尼，或因三宝，出贷私财。缘州外。又，出家舍着，本无凶仪，不应废道从俗。其父母三师，远闻凶问，听哭三日。若在见前，限以七日。或有不安寺舍，游止民间，乱道生过，皆由此等。若有犯者，脱服还民。其有造寺者，限僧五十以上，启闻听造。若有辄营置者，处以违敕之罪，其寺僧众摈出外州。僧尼之法，不得为俗人所使。若有犯者，还配本属。其外国僧尼来归化者,求精检有德行合三藏者听住,若无德行,遣还本国,若其不去,依此僧制治罪。”诏从之。

先是,于恒农荆山造珉玉丈六像一。三年(510)冬,迎置于洛滨之报德寺,世宗躬观致敬。

四年(511)夏,诏曰:“僧祇之粟,本期济施,俭年出贷,丰则收入。山林僧尼,随以给施;民有窘弊,亦即赈之。但主司冒利,规取赢息,及其征责,不计水旱,或偿利过本,或翻改券契,侵蠹贫下,莫知纪极。细民嗟毒,岁月滋深。非所以矜此穷乏,宗尚慈拯之本意也。自今已后,不得传委维那、都尉,可令刺史共加监括。尚书检诸有僧祇谷之处,州别列其元数,出入赢息,赈给多少,并贷偿岁月,见在未收,上台录记。若收利过本,及翻改初券,依律免之,勿复征责。或有私债,转施偿僧,即以丐民,不听收检。后有出贷,先尽贫穷,征债之科,一准旧格。富有之家,不听辄贷。脱仍冒滥,依法治罪。”

又尚书令高肇奏言:“谨案:故沙门统昙曜,昔于承明元年(476),奏凉州军户赵苟子等二百家为僧祇户,立课积粟,拟济饥年,不限道俗,皆以拯施。又依内律,僧祇户不得别属一寺。而都维那僧暹、僧频等,进违成旨,退乖内法,肆意任情,奏求逼召,致使吁嗟之怨,盈于行道,弃子伤生,自缢溺死,五十余人。岂是仰赞圣明慈育之意,深失陛下归依之心。遂令此等,行号巷哭,叫诉无所,至乃白羽贯耳,列讼宫阙。悠悠之人,尚为哀痛,况慈悲之士,而可安之。请听苟子等还乡课输,俭乏之年,周给贫寡,若有不虞,以拟边捍。其暹等违旨背律,谬奏之愆,请付昭玄,依僧律推处。”诏曰:“暹等特可原之,余如奏。”

世宗笃好佛理,每年常于禁中,亲讲经论,广集名僧,标明义旨。沙门条录,为《内起居》焉。上既崇之,下弥企尚。至延昌中,天下州郡僧尼寺,积有一万三千七百二十七所,徒侣逾众。

熙平元年(516),诏遣沙门惠生使西域,采诸经律。正光三年(522)冬,还京师。所得经论一百七十部,行于世。

二年(521)春,灵太后令曰:“年常度僧,依限大州应百人者,州郡于前十日解送三百人,其中州二百人,小州一百人。州统、维那与官及精练简取充数。若无精行,不得滥采。若取非人,刺史为首,以违旨论,太守、县令、纲僚节级连坐,统及维那移五百里外异州为僧。自今奴婢悉不听出家,诸王及亲贵,亦不得辄启请。有犯者,以违旨论。其僧尼辄度他人奴婢者,亦移五百里外为僧。僧尼多养亲识及他人奴婢子,年大私度为弟子,自今断之。有犯还俗,被养者归本等。寺主听容一人,出寺五百里,二人千里。私度之僧,皆由三长罪不及已,容多隐滥。自今有一人私度,皆以违旨论。邻长为首,里、党各相降一等。县满十五人，郡满三十人，州镇满三十人，免官，僚吏节级连坐。私度之身，配当州下役。”时法禁宽褫，不能改肃也。

景明初（500），世宗诏大长秋卿白整准代京灵岩寺石窟，于洛南伊阙山，为高祖、文昭皇太后营石窟二所。初建之始，窟顶去地三百一十尺。至正始二年（505）中，始出斩山二十三丈。至大长秋卿王质，谓斩山太高，费功难就，奏求下移就平，去地一百尺，南北一百四十尺。永平中（508—511），中尹刘腾奏为世宗复造石窟一，凡为三所。从景明元年（500）至正光四年（523）六月已前，用功八十万二千三百六十六。肃宗熙平中（516—517），于城内太社西，起永宁寺。灵太后亲率百僚，表基立刹。佛图九层，高四十余丈，其诸费用，不可胜计。景明寺佛图，亦其亚也。至于官私寺塔，其数甚众。

神龟元年（518）冬，司空公、尚书令、任城王澄奏曰：

仰惟高祖，定鼎嵩瀍，卜世悠远。虑括终台，制洽天人，造物开符，垂之万叶。故都城制云，城内唯拟一永宁寺地，郭内唯拟尼寺一所，余悉城郭之外。欲令永遵此制，无敢逾矩。逮景明之初，微有犯禁。故世宗仰修先志，爰发明旨，城内不造立浮图、僧尼寺舍，亦欲绝其杀觊。文武二帝，岂不爱尚佛法，盖以道俗殊归，理无相乱故也。但俗眩虚声，僧贪厚润，虽有显禁，犹自冒营。至正始三年（506），沙门统惠深有违景明之禁，便云：“营就之寺，不忍移毁，求自今已后，更不听立。”先旨含宽，抑典从请。前班之诏，仍卷不行，后来私谒，弥以奔竞。永平二年（509），深等复立条制，启云：“自今已后，欲造寺者，限僧五十已上，闻彻听造。若有辄营置者，依俗违敕之罪，其寺僧众，摈出外州。”尔来十年，私营转盛，罪摈之事，寂尔无闻。岂非朝格虽明，恃福共毁，僧制徒立，顾利莫从者也。不俗不道，务为损法，人而无厌，其可极乎！

夫学迹冲妙，非浮识所辩；玄门旷寂，岂短辞能究。然净居尘外，道家所先，功缘冥深，匪尚华遁。苟能诚信，童子聚沙，可迈于道场；纯陀俭设，足荐于双树。何必纵其盗窃，资营寺观。此乃民之多幸，非国之福也。然比日私造，动盈百数。或乘请公地，辄树私福；或启得造寺，限外广制。如此欺罔，非可稍计。臣以才劣，诚忝工务，奉遵成规，裁量是总。所以披寻旧旨，研究图格，辄遣府司马陆昶、属崔孝芬，都城之中及郭邑之内检括寺舍，数乘五百，空地表刹，未立塔宇，不在其数。民不畏法，乃至于斯！自迁都已来，年逾二纪，寺夺民居，三分且一。高祖立制，非徒欲使缁素殊途，抑亦防微深虑。世宗述之，亦不锢禁营福，当在杜塞未萌。今之僧寺，无处不有。或比满城邑之中，或连溢屠沽之肆，或三五少僧，共为一寺。梵唱屠音，连檐接响，像塔缠于腥臊，性灵没于嗜欲，真伪混居，往来纷杂。下司因习而莫非，僧曹对制而不问。其于污染真行，尘秽练僧，熏莸同器，不亦甚欤！往在北代，有法秀之谋；近日冀州，遭大乘之变。皆初假神教，以惑众心，终设奸诳，用逞私悖。太和之制，因法秀而杜远；景明之禁，虑大乘之将乱。始知祖宗睿圣，防遏处深。履霜坚冰，不可不慎。

昔如来阐教，多依山林，今此僧徒，恋着城邑。岂湫隘是经行所宜，浮喧必栖禅之宅，当由利引其心，莫能自止。处者既失其真，造者或损其福，乃释氏之糟糠，法中之社鼠，内戒所不容，王典所应弃矣。非但京邑如此，天下州、镇僧寺亦然。侵夺细民，广占田宅，有伤慈矜，用长嗟苦。且人心不同，善恶亦异。或有栖心真趣，道业清远者；或外假法服，内怀悖德者。如此之徒，宜辨泾渭。若雷同一贯，何以劝善。然睹法赞善，凡人所知；矫俗避嫌，物情同趣。臣独何为，孤议独发。诚以国典一废，追理至难，法网暂失，条纲将乱。是以冒陈愚见，两愿其益。

臣闻设令在于必行，立罚贵能肃物。令而不行，不如无令。罚不能肃，孰与亡罚。顷明诏屡下，而造者更滋，严限骤施，而违犯不息者，岂不以假福托善，幸罪不加。人殉其私，吏难苟劾。前制无追往之辜，后旨开自今之恕，悠悠世情，遂忽成法。今宜加以严科，特设重禁，纠其来违，惩其往失。脱不峻检，方垂容借，恐今旨虽明，复如往日。又旨令所断，标榜礼拜之处，悉听不禁。愚以为，树榜无常，礼处难验，欲云有造，立榜证公，须营之辞，指言尝礼。如此则徒有禁名，实通造路。且徙御已后，断诏四行，而私造之徒，不惧制旨。岂是百官有司，怠于奉法？将由网漏禁宽，容托有他故耳。如臣愚意，都城之中，虽有标榜，营造粗功，事可改立者，请依先制。在于郭外，任择所便。其地若买得，券证分明者，听其转之。若官地盗作，即令还官。若灵像既成，不可移撤，请依今敕，如旧不禁，悉令坊内行止，不听毁坊开门，以妨里内通巷。若被旨者，不在断限。郭内准此商量。其庙像严立，而逼近屠沽，请断旁屠杀，以洁灵居。虽有僧数，而事在可移者，令就闲敞，以避隘陋。如今年正月赦后造者，求依僧制，案法科治。若僧不满五十者，共相通容，小就大寺，必令充限。其地卖还，一如上式。自今外州，若欲造寺，僧满五十已上，先令本州岛表列，昭玄量审，奏听乃立。若有违犯，悉依前科。州郡已下，容而不禁，罪同违旨。庶仰遵先皇不朽之业，俯奉今旨慈悲之令，则绳墨可全，圣道不坠矣。奏可。未几，天下丧乱，加以河阴之酷，朝士死者，其家多舍居宅，以施僧尼，京邑第舍，略为寺矣。前日禁令，不复行焉。

元象元年(538)秋，诏曰："梵境幽玄，义归清旷，伽蓝净土，理绝嚣尘。前朝城内，先有禁断，自聿来迁邺，率由旧章。而百辟士民，届都之始，城外新城，并皆给宅。旧城中暂时普借，更拟后须，非为永久。如闻诸人，多以二处得地，或舍旧城所借之宅，擅立为寺。知非己有，假此一名。终恐因习滋甚，有亏恒式。宜付有司，精加隐括。且城中旧寺及宅，并有定帐，其新立之徒，悉从毁废。"冬，又诏："天下牧守令长，悉不听造寺。若有违者，不问财之所出，并计所营功庸，悉以枉法论。"兴和二年(540)春，诏以邺城旧宫为天平寺。

世宗以来至武定末(550),沙门知名者,有惠猛、惠辨、惠深、僧暹、道钦、僧献、道晞、僧深、惠光、惠显、法荣、道长,并见重于当世。魏有天下,至于禅让,佛经流通,大集中国,凡有四百一十五部,合一千九百一十九卷。正光(520—524)已后,天下多虞,工役尤甚,于是所在编民,相与入道,假慕沙门,实避调役,猥滥之极,自中国之有佛法,未之有也。略而计之,僧尼大众二百万矣,其寺三万有余。流弊不归,一至于此,识者所以叹息也。

【据《四库全书》本《魏书》卷一百一十四,参校中华书局1974年版《魏书》本】

唐人谈佛

《隋书·经籍志·佛经》

[唐]魏 徵等

佛经者,西域天竺之迦维卫国净饭王太子释迦牟尼所说。释迦当周庄王之九年(前688)四月八日,自母右胁而生,姿貌奇异,有三十二相,八十二好。舍太子位,出家学道,勤行精进,觉悟一切种智,而谓之佛,亦曰佛陀,亦曰浮屠,皆胡言也。华言译之为净觉。其所说云,人身虽有生死之异,至于精神,则恒不灭。此身之前,则经无量身矣。积而修习,精神清净,则成佛道。天地之外,四维上下,更有天地,亦无终极,然皆有成有败。一成一败,谓之一劫,自此天地已前,则有无量劫矣。每劫必有诸佛得道,出世教化,其数不同。今此劫中,当有千佛。自初至于释迦,已七佛矣。其次当有弥勒出世,必经三会,演说法藏,开度众生。由其道者,有四等之果。一曰须陀也,二曰斯陀也,三曰阿那含,四曰阿罗汉。至罗汉者,则出入生死,去来隐显,而不为累。阿罗汉已上,至菩萨者,深见佛性,以至成道。每佛灭度,遗法相传,有正、象、末三等淳醨之异。年岁远近,亦各不同。末法已后,众生愚钝,无复佛教,而业行转恶,年寿渐短,经数百千载间,乃至朝生夕死。然后有大水、大火、大风之灾,一切除去之,而更立生人,又归淳朴,谓之小劫。每一小劫,则一佛出世。

初天竺中多诸外道,并事水火毒龙,而善诸变幻。释迦之苦行也,是诸邪道,并来嬲恼,以乱其心,而不能得。及佛道成,尽皆摧伏,并为弟子。弟子,男曰桑门,译言息心,而总曰僧,译言行乞。女曰比丘尼。皆剃落须发,释累辞家,相与和居,治心修净,行乞以自资,而防心摄行。僧至二百五十戒,尼五百戒。俗人信凭佛法者,男曰优婆塞,女曰优婆夷,皆去杀、盗、淫、妄言、饮酒,是为五诫。释迦在世教化四十九年,乃至天龙人鬼并来听法,弟子得道,以百千万亿数。然后于拘尸那城娑罗双树间,以二月十五日,入般涅槃。涅槃亦曰泥洹,译言灭度,亦言常乐我净。初释迦说法,以人之性识根业各差，故有大乘小乘之说。至是谢世，弟子大迦叶与阿难等五百人，追共撰述，缀以文字，集载为十二部。后数百年，有罗汉菩萨，相继著论，赞明其义。然佛所说，我灭度后，正法五百年，像法一千年，末法三千年，其义如此。

推寻典籍，自汉已上，中国未传。或云久以流布，遭秦之世，所以堙灭。其后张骞使西域，盖闻有浮屠之教。哀帝时，博士弟子秦景使伊存口授浮屠经，中土闻之，未之信也。后汉明帝，夜梦金人飞行殿庭，以问于朝，而傅毅以佛对。帝遣郎中蔡愔及秦景使天竺求之，得佛经《四十二章》及释迦立像。并与沙门摄摩腾、竺法兰东还。愔之来也，以白马负经，因立白马寺于洛城雍门西以处之。其经缄于兰台石室，而又画像于清凉台及显节陵上。章帝时，楚王英以崇敬佛法闻，西域沙门，赍佛经而至者甚众。永平中(58—75)，法兰又译《十住经》。其余传译，多未能通。至桓帝时，有安息国沙门安静，赍经至洛，翻译最为通解。灵帝时，有月支沙门支谶、天竺沙门竺佛朔等，并翻佛经。而支谶所译《泥洹经》二卷，学者以为大得本旨。汉末，太守竺融，亦崇佛法。三国时，有西域沙门康僧会，赍佛经至吴译之，吴主孙权，甚大敬信。魏黄初中(220—226)，中国人始依佛戒，剃发为僧。先是西域沙门来此，译《小品经》，首尾乖舛，未能通解。甘露中(256—259)，有朱仕行者，往西域，至于阗国，得经九十章，晋元康中(291—299)，至邺译之，题曰《放光般若经》。太始中(361—363)，有月支沙门竺法护，西游诸国，大得佛经，至洛翻译，部数甚多。佛教东流，自此而盛。

石勒时，常山沙门卫道安，性聪敏，诵经日至万余言。以胡僧所译《维摩》《法华》，未尽深旨，精思十年，心了神悟，乃正其乖舛，宣扬解释。时中国纷扰，四方隔绝，道安乃率门徒，南游新野，欲令玄宗所在流布，分遣弟子，各趋诸方。法性诣扬州，法和入蜀，道安与慧远之襄阳。后至长安，苻坚甚敬之。道安素闻天竺沙门鸠摩罗什，思通法门，劝坚致之。什亦闻安令问，遥拜致敬。姚苌弘始二年(400)，罗什至长安，时道安卒后已二十载矣，什深慨恨。什之来也，大译经论，道安所正，与什所译，义如一，初无乖舛。

初，晋元熙中(419—420)，新丰沙门智猛，策杖西行，到华氏城，得《泥洹经》及《僧祇律》，东至高昌，译《泥洹》为二十卷。后有天竺沙门昙摩罗谶复赍胡本，来至河西。沮渠蒙逊遣使至高昌取猛本，欲相参验，未还而蒙逊破灭。

姚苌弘始十年(408)，猛本始至长安，译为三十卷。昙摩罗谶又译《金光明》等经。时胡僧至长安者数十辈，惟鸠摩罗什才德最优。其所译则《维摩》《法华》《成实论》等诸经，及《昙无忏》所译《金光明》，昙摩罗忏所译《泥洹》等经，并为大乘之学。而什又译《十诵律》，天竺沙门佛陀耶舍译《长阿含经》及《四方律》，兜佉勒沙门昙摩难提译《增一阿含经》，昙摩耶舍译《阿毗昙论》，并为小乘之学。其余经论，不可胜记。自是佛法流通,极于四海矣。

东晋隆安中(397—401),又有罽宾沙门僧伽提婆译《增一阿含经》及《中阿含经》。义熙中(405—418),沙门支法领,从于阗国得华严经三万六千偈,至金陵宣译。又有沙门法显,自长安游天竺,经三十余国。随有经律之处,学其书语,译而写之。还至金陵,与天竺禅师跋罗,参共辩定,谓《僧祇律》,学者传之。

齐梁及陈,并有外国沙门。然所宣译,无大名部可为法门者。梁武大崇佛法,于华林园中,总集释氏经典,凡五千四百卷。沙门宝唱,撰《经目录》。又后魏时,太武帝西征长安,以沙门多违佛律,群聚秽乱,乃诏有司,尽坑杀之,焚破佛像。长安僧徒,一时歼灭。自余征镇,豫闻诏书,亡匿得免者十一二。文成之世,又使修复。熙平中(516—517),遣沙门慧生使西域,采诸经律,得一百七十部。永平中(508—511),又有天竺沙门菩提留支,大译佛经,与罗什相埒。其《地持》《十地论》,并为大乘学者所重。后齐迁邺,佛法不改。至周武帝时,蜀郡沙门卫元嵩上书,称僧徒猥滥,武帝出诏,一切废毁。

开皇元年(581),高祖普诏天下,任听出家,仍令计口出钱、营造经像。而京师及并州、相州、洛州等诸大都邑之处,并官写一切经,置于寺内;而又别写,藏于秘阁。天下之人,从风而靡,竞相景慕,民间佛经,多于六经数十百倍。大业时(605—617),又令沙门智果,于东都内道场,撰诸经目、分别条贯,以佛所说经为三部:一曰大乘,二曰小乘,三曰杂经。其余似后人假托为之者,别为一部,谓之疑经。又有菩萨及诸深解奥义、赞明佛理者,名之为论,及戒律并有大、小及中三部之别。又所学者,录其当时行事,名之为记。凡十一种。今举其大数,列于此篇。

【据中华书局1978年版《隋书》卷三十五】

《旧唐书》谈佛

[后晋]刘　昫等

崇……仍为遗令以诫子孙,其略曰:

古人云:富贵者,人之怨也。贵则神忌其满,人恶其上;富则鬼瞰其室,虏利其财。自开辟已来,书籍所载,德薄任重而能寿考无咎者,未之有也。故范蠡、疏广之辈,知止足之分,前史多之。况吾才不逮古人,而久窃荣宠,位逾高而益惧,恩弥厚而增忧。往在中书,遘疾虚惫,虽终匪懈,而诸务多阙。荐贤自代,屡有诚祈,人欲天从,竟蒙哀允。优游园沼,放浪形骸,人生一代,斯亦足矣。田巴云:"百年之期,未有能至。"王逸少云:"俯仰之间,已为陈迹。"诚哉此言。

……

昔孔子亚圣，母墓毁而不修；梁鸿至贤，父亡席卷而葬。昔杨震、赵咨、卢植、张奂，皆当代英达，通识今古，咸有遗言，属以薄葬。或濯衣时服，或单帛幅巾。知真魂去身，贵于速朽，子孙皆遵成命，迄今以为美谈。凡厚葬之家，例非明哲，或溺于流俗，不察幽明，咸以奢厚为忠孝，以俭薄为悭惜，至令亡者致戮尸暴骸之酷，存者陷不忠不孝之诮，可为痛哉，可为痛哉！死者无知，自同粪土，何烦厚葬，使伤素业？若也有知，神不在柩，复何用违君父之令，破衣食之资？吾身亡后，可殓以常服，四时之衣，各一副而已。吾性甚不爱冠衣，必不得将入棺墓，紫衣玉带，足便于身，念尔等勿复违之。且神道恶奢，冥涂尚质，若违吾处分，使吾受戮于地下，于汝心安乎？念而思之。

今之佛经，罗什所译，姚兴执本，与什对翻。姚兴造浮屠于永贵里，倾竭府库，广事庄严，而兴命不得延，国亦随灭。又齐跨山东，周据关右，周则多除佛法而修缮兵威，齐则广置僧徒而依凭佛力。及至交战，齐氏灭亡，国既不存，寺复何有？修福之报，何其蔑如！梁武帝以万乘为奴，胡太后以六宫入道，岂特身戮名辱，皆以亡国破家。近日孝和皇帝发使赎生，倾国造寺，太平公主、武三思、悖逆庶人、张夫人等皆度人造寺，竟术弥街，咸不免受戮破家，为天下所笑。经云："求长命得长命，求富贵得富贵""刀寻段段坏，火坑变成池"。比来缘精进得富贵长命者为谁？生前易知，尚觉无应，身后难究，谁见有征？且五帝之时，父不葬子，兄不哭弟，言其致仁寿、无夭横也。三王之代，国祚延长，人用休息，其人臣则彭祖、老聃之类，皆享遐龄。当此之时，未有佛教，岂抄经铸像之力，设斋施佛之功耶？《宋书·西域传》，有名僧为《白黑论》，理证明白，足解沉疑，宜观而行之。

且佛者觉也，在乎方寸。假有万像之广，不出五蕴之中；但平等慈悲，行善不行恶，则佛道备矣。何必溺于小说，惑于凡僧，仍将喻品，用为实录，抄经写像，破业倾家，乃至施身，亦无所吝，可谓大惑也。亦有缘亡人造像，名为追福，方便之教，虽则多端，功德须自发心，旁助宁应获报？递相欺诳，浸成风俗，损耗生人，无益亡者。假有通才达识，亦为时俗所拘。如来普慈，意存利物，损众生之不足，厚豪僧之有余，必不然矣。且死者是常，古来不免，所造经像，何所施为？

夫释迦之本法，为苍生之大弊，汝等各宜警策，正法在心，勿效儿女子曹，终身不悟也。吾亡后必不得为此弊法。若未能全依正道，须顺俗情，从初七至终七，任设七僧斋。若随斋须布施，宜以吾缘身衣物充，不得辄用余财，为无益之枉事，亦不得妄出私物，徇追福之虚谈。

道士者，本以玄牝为宗，初无趋竞之教，而无识者慕僧家之有利，约佛教而为业。敬寻老君之说，亦无过斋之文，抑同僧例，失之弥远。汝等勿拘鄙俗，辄屈于家。汝等身没之后，亦教子孙依吾此法云。

【据中华书局1973年版《旧唐书》卷九十六】

《初学记》谈佛

[唐]徐　坚

佛第五

叙　事

《佛地论》曰：佛者，觉也。觉一切种智，复能开觉有情，如睡梦觉，故名为佛。《普曜经》曰：佛，兜率天降神于西域迦维卫国净梵王宫，摩耶夫人剖右胁而生。时多灵瑞，生而能言。《本相经》曰：年十九，逾城出家学道，勤行精进。禅定六年成道，具三十二相，八十种好。《佛地论》曰：姓释迦，号牟尼佛。后魏《释老志》曰：凡说教，大抵言生生之类，皆因行业有三世识神不灭。凡为善恶，必有报应。渐积胜业，陶冶粗鄙，经无数形，澡练神明，乃致无生而得佛道也。其间阶次心行，等级非一，皆缘浅以至深，藉微而为著，在于积仁顺，蠲嗜欲，羽虚静而成通照也。其始修心，则依佛法僧之三归。又有五诫：去杀、盗、淫、妄言、饮酒，大意与仁义礼智信同。《隋书·经籍志》曰：释迦在世教化四十九年，乃至天龙人鬼并来听法，弟子多有得道证果。后于拘尸那城婆罗双树间，二月十五日入般涅槃。译言灭度，亦言常乐我净。弟子迦叶追共撰述其教，为十二部。后汉明帝，夜梦金人飞行殿庭，以问于朝，而傅毅以佛对。帝遣使往天竺，得佛经及释迦像，自后佛法遍于中夏。

事　对

【离相　断言】《法华经》曰：如来生住于种种之地，所谓解脱相，离相，灭相，终归于空。《维摩经》曰：法无名字，言语断故。

【慈室　慧门】《法华经》曰：慈悲为室，柔和忍辱。《为度经》曰：通惠为门，以法为室。

【龙步　鸾音】《佛名经》曰：龙步佛。《新经》曰：鸾音佛。

【金乘　珠藏】《佛名经》曰：金乘佛。又曰：珠足佛、珠藏佛。

【露山　金海】《法华经》曰：甘露山。《佛称扬功德经》曰：火光界金海如来。

【宝洲　金界】《佛名经》曰：南无宝洲佛。又曰：金色境界佛。

【日月灯　旃檀海】《十方佛名经》曰：三万亿日月灯明佛。《观佛三昧经》曰：五百旃檀海佛。

【珠腋　金臂】《观佛三昧经》曰：相佛腋下相中悬生五珠，如摩尼珠，上通佛腋。《十住论》曰：佛臂长过膝，如金关。

【字发　轮齿】《十住论》曰：佛发色如墨蜂，中有德字、安字。《僧伽罗刹经》曰：如来齿上有千辐轮相。

【七满　八平】《十住论》曰：佛身七处满，谓两手两肩两足及颈。《佛地经》曰：佛表里八处平满，三峰腹齐如等色好。

【金精发　珠火眉】《大集经》曰：佛不以恶事加众生，故得发色金精相。《璎珞经》曰：佛眉象珠火。

【琉璃咽　珊瑚舌】《三昧经》曰：佛咽喉如琉璃筒。《大智论》曰：佛舌相色如珊瑚。

【珠泽毛　金花面】《离垢施女经》曰：贤者阿难以偈叹曰："白毛眉间生，美泽犹真珠。"《修道经》曰：佛面光如金花。

诗

【齐王融《诃诘四大门诗》】迅矣百龄，绵兹六人；出没昏疑，兴居爰羽。总总予求，营营尔给；匪德曰归，唯殃斯集。贪人败类，无厌自及；昭回不希，玄墟何泣。

【又《在家男女恶门诗》】在磨则磷，玉生虽坚；唯居必徒，岂曰能贤。冰开春日，兰败秋年；天教斯类，及习情迁。命符三牖，生偕十缠；兹焉遂住，忧畏方延。

【又《大惭愧门诗》】兰室改蓬心，旌崖变伊草；丹青有必渝，丝素岂常皓。曲辕且绳直，诡木遂雕藻；一篑或成山，百里倦中道。崇汉乃王臣，大楚言元保；勉矣德不孤，至言匪虚造。

【又《努力门诗》】豫北二山尚有移，河中一洲亦可为；精诚必至霜尘下，意气所感金石离。有子合掌修名立，时王权发美誉垂；昔来勤心少骞堕，何不努力出忧危。胜幡法鼓萦且击，智师道众纷以驰；有生无我俨既列，无明有我孰能窥。

【又《回向门诗》】悠悠九土各异形，扰扰四生非一情；驱丘车策马殉世业，市文鬻义炫虚名。三墨纷纠殊不会，七儒委郁曾未并；吉凶拘忌及数术，取与离合实纵横。朝日夕月竟何取，投岩赴火空捐生；咄嗟失道尔回驾，沔彼流水趣东瀛。

赞

【梁沈约《千佛赞》】道有偕适，理无二归；寂照同是，形相俱非。千觉符应，递扣冥机；七尊缅矣，感谢先违。既过已灭，未来无象；一刹靡停，三念齐想。不常不住，非今非曩；贤劫虽辽，修焉如响。栖林籍树，背室违家；前佛后佛，迹同转车。或游坚固，或荫龙华；能达斯旨，可类恒沙。萃萃群圣，均此妙极；先后参差，各随愿力。密迹弘道，数终乃陟；誓睹来运，永传令识。

铭

【梁沈约《释迦文佛象铭》】积智成明，积因成业。能仁奚感，将吼妙法；驻景上天，降生右胁。始出四门，终超九劫；眇求灵性，旷追玄轸。道虽有门，迹无可朕；物我兼谢，心行同泯。一去后心，百非宁尽；式资理悟，悟以言陈。言不自布；出之者身，有来必应，如泥在钧。应我以形，而余蒙瞽；守慈大夜，焉拔斯苦。仰寻尊灵，法言攸吐，不有仪形，蔓焉谁睹。

菩萨第六

叙　事

《度世经》曰：菩萨着法冠帻，道印绶。《观药王药上二菩萨经》曰：药王药上，身长千二百由旬。随应众生，或十八丈，或八尺，紫金色。《虚空藏经》曰：普贤菩萨身无量无边，百千之色，五十种光；虚空藏菩萨身二十由旬，顶上如意珠作紫金色，无涯际。《持法门经》曰：胜怨菩萨在虚空中立，与流离云覆世界，雨金色之花。沉水香，赤真珠盖，绀琉璃盖，瑚珊盖。大方等《大集经》曰：不空菩萨以三昧力，其地平正，犹如手掌。多罗树八道，间错罗布，其中金多罗树，白银叶花，银树，琉璃叶花，颇黎树，马脑叶花，马脑树，车渠叶花，车渠树，真珠叶花，赤真珠树，黄金叶花。《精进度无极经》曰：菩萨为鱼王。渔人以网捕群鱼，则首倒植泥中，住尾举绳，众鱼得活。《六度集经》曰：菩萨为鹦鹉王，徒众三千。有两鹦鹉力势逾众，口衔竹衡，以为力乘，王集其上，飞止游戏。《大智度论》曰：菩萨为迦频阇罗鸟，与大象猕猴友，共在必钵罗树下住。自相问言："我等不知谁应为长？"象言："我昔见此树在我腹下，今大如是，我应为长。"猕猴言："曾蹲地手逸树头，我应为长。"鸟言："我于必钵罗林中，食此树果；子随粪出，树得生。以是推之，我应最大。"象复言："先生宿旧，礼应供养。"即时大象背负猕猴，鸟在猴上，周游而行。《九色鹿经》曰：菩萨为鹿，其毛九种色，角如白雪。《僧伽罗刹经》曰：菩萨立行，有鸟巢顶上。惧卵坠落，及鸟未能飞，终不舍去。

事　对

【梦枕　飞钵】《优楼频罗经》曰：昔有童子，修悟世间，化作女形，生长者家。其母梦琉璃枕有宝盖，菩萨曰："所怀子是空明菩萨。"《普起三昧经》曰：菩萨食钵，于空中自然飞来。

【鸽王　狮子】《大度集经》曰：菩萨为鸽王。《优楼频罗经》曰：有狮子眼王菩萨。

【日城　星劫】《造天地经》曰：祭河娄国土人无有日月之光，宝光菩萨往造日城。《法华经》曰：星宿劫也。

【手花　心地】《虚空藏经》曰：宝手菩萨手中出无量花香璎珞。《四不得经》曰：菩萨心等如地。

【三愿　四誓】《菩萨内戒经》曰：菩萨当如三愿。《迦叶经》曰：菩萨有四种毕定誓。

【八方　七品】《宝女经》曰：舍利佛菩萨八方无所患。《厌楼炭经》曰：有七品菩萨。

【天子按树　帝释听经】《普曜经》曰：菩萨成道，入水洗浴，八万天子，各按树枝；菩萨牵枝出。又曰：菩萨降神母胎，天帝释梵，咸来听经。

赞

【东晋释慧远《昙无竭菩萨赞》】大匠，道玄数尽；譬彼大壑，百川俱引。涯不俟津，途不旋轸；三流开源，于焉同泯。

【宋傅亮《文殊师利菩萨赞》】在昔龙种，今也童真；业化游方，罔识厥津。高会维那，研微尽神；发挥幽赜，导达无人。

【又《弥勒菩萨赞》】时无并后，道不二司；龙潜兜率，按辔侯时，翳翳长夜，怀而慕思；思乐朗旦，属想灵期。

僧第七

叙　事

《增一阿含经》曰：四河入海，无复河名；四姓为沙门，皆称释种。尊胜经名为苾刍，诸经名为比丘。《汉明帝内传》曰：摩腾、竺法兰，汉地僧之始也。《高僧传》曰：僧含，吴地僧之始也。《长阿含经》曰：凡沙门衣钵随身，譬如飞鸟。《四十二章经》曰：僧行道如牛负深泥中，疲极不敢左右顾。《增一阿含经》曰：沙门皆草蓐为床。《四分律》曰：沙门以世俗法教白衣。《正法念经》曰：沙门不得近一切捕鸟人，戏论人外道人长。《阿含经》又曰：不畜象兵、马兵、车兵、步兵。

事　对

【六法　五门】《成实论》曰：如说比丘成就六法，能以口风吹散雪山。《高僧传》曰：僧督得禅法要，遂精练五门。

【拘邻　平叔】《增一阿含经》曰：将养圣众，不失威仪，即阿若拘邻比丘。《高僧传》曰：庐山隐士刘遗民见僧肇。《般若无智论》曰：不意方今，复有平叔。

【离日　弥天】《增一阿含经》曰：坐禅入定，心不错乱，即离日比丘。《高僧传》曰：习凿齿尝诣道安曰：“四海习凿齿。”答曰：“弥天释道安。”

【鹏耆　鹰俊】《增一阿含经》曰：言论辨了而无凝滞，又能造偈；诵叹如来德，即谓鹏耆舍比丘。《高僧传》曰：支遁常养一鹰，人问之何以，答曰："赏其神俊。"

【松柏　梧桐】《高僧传》曰：姚兴问司徒姚嵩："僧睿如何？"答曰："实邺卫之松柏。"又曰：惠绍将于东石室自焚，临终谓同学曰："吾烧身处当生梧桐。"其后三日果生焉。

【三辈　四道】《无为经》曰：沙门有三：坐禅为上辈，诵经为中辈，助众为下辈。《请僧福田经》曰：圣僧四：道果僧，菩萨僧，佛应化僧，圣应化僧。

【花氏城　杯度钵】《法藏传》曰：马鸣比丘，于花氏城中，与五百王子同时悟道。《高僧传》曰：朱灵期使高丽还，值风飘至一洲，见一寺有石人。灵期竭诚忏悔，乃为真人，因以钵与杯度。度得钵，直入云。还接之，云："我不见此钵，乃四千年矣。"

【仙人星　咒龙雨】《高僧传》曰：道开从西来，日行七百里。太史奏石虎云：有仙人星见，当有高士入境。又曰：沙公，苻坚时旱，咒龙下钵中，天即大雨。

诗

【隋江总《经始兴广果寺题恺法师山房诗》】息舟侯香阜，怅别在寒林；竹近交枝乱，山长绝径深。轻飞入定影，落照有疏阴；不见投云状，空留折桂心。

诏

【后魏孝文帝《立僧尼制诏》】门下，凝觉澄冲，事超俗外，揣摸莞赜，理寄忘言。然非言何以释教？非俗何能表真？是三藏舒风，必资戒典；六度摛化，固凭尸波。自象教东流，千龄以半，秦汉俗革，禁制弥密。故前代英人，随宜兴引，时轻昌重，以阐玄奥。先朝之日，尝为僧禁，小有未详，宜其修立。近见沙门统僧显等，自云欲更一刊定。朕聊以浅识，共详正典，事起忿忿，触未详究。且可设法一时，粗救俗习；须玄白一同，更厘厥丧。

【宋孝武帝《沙汰沙门诏》】门下，佛法讹替，沙门混杂，未足扶济鸿教，而专成逋薮。加顷奸心频发，凶状屡闻，欺道乱俗，人神交忿。可付所在与寺耆长，精加沙汰，后违犯严其诛坐。主者详其条格，速施行。

寺第八

叙　事

《文殊师利菩萨经》曰：佛初得道，在摩伽陀国伽耶山寺。《增一阿含经》曰：波斯匿等五王白世尊，此僧伽户水侧，福妙最是神地。欲造寺，世尊曰："汝等五王，此处造寺，长夜受福。"世尊即申右手，从地中出迦夜如来而告曰："欲作神寺，当依此法。"《佛游天竺本记》曰：达亲国有迦叶佛伽蓝，穿大石山作之。有五重：最下为雁形，第二层作师子形，第三层作马形，第四层作牛形，第五层作鸽形。名为"波罗越"。（"波罗越"盖彼国名鸽。)《譬喻经》曰:阿育王起千八百寺。《高僧传》曰:汉明帝于城门外立精舍,以处摩腾焉,即白马寺是也。名白马者,相传云天竺国有伽蓝名招提,其处大富,有恶国王利于财,将毁之。有一白马绕塔悲鸣,即停毁。自后改招提为白马。诸处多取此名焉。

事 对

【二梵　三利】《增一阿含经》曰:世尊说四梵福,若能补理故寺,是谓二梵之福。《譬喻经》曰:王舍国人欲作诗,钱不足。入海得名宝珠,上国王言:"我有三利,欲作诗。入海安隐多得金宝,而不贪惜三利。"

【白马　青鸳】白马事见叙事。《大藏经》曰:须弥山下有青鸳伽蓝。

【四庙　两塔】《增一阿含经》曰:起四庙寺。《譬喻经》曰:罽宾国有两塔寺。

【波罗越　阿丽跋蓝】波罗越事见叙事。《十诵戒本经》曰:拘夷国寺,阿丽蓝石,若阿丽跋蓝石三寺,比丘君依塔弥受法戒。此寺尼,多是葱岭以东王侯妇女也。

诗

【唐吴少微《和崔侍御日用游开化寺阁诗》】左宪多材雄,故戌光鸷鹗;驰赠单于使,休轺太原郭。馆次厌烦□,情怀寻寂寞;西缘十里余,北上开化阁。初入云树间,冥□未昭廓;渐出栏栊晃外,万里秋景焯。岁晏风落山,天寒水归壑;览物颂幽果,至乘动玄钥。但敷利解言,求用忘昏着。

【陈江总《明庆寺诗》】十五诗书日,六十轩冕年;名山极历览,胜地殊留连。幽崖耸绝壁,洞穴泻飞泉;金河知证果,石室乃安禅。夜梵闻三界,朝香彻九天;山阶步皎月,涧户听凉蝉。市朝沾草露,淮海作桑田;何言望钟岭,更复切秦川。

【隋萧悫《和崔侍中从驾经山寺诗》】钩陈夜瞻徼,河汉晓参横;游骑腾文马,前驱转翠旌。野禽喧曙色,山树动秋声;云表金轮见,岩端画栱明。塔疑从地涌,盖似积香成;泉高下溜急,松古上枝平。仪台多壮思,丽藻蔚缘情;自嗤非照庑,何以断连城。

【隋孔德绍《登白马山护明寺诗》】名岳标形胜,危峰远郁纡;成象建环极,大壮阐规模。曾台耸灵鹫,高殿迩阳乌;暂同游阆苑,还类入仙都。三体开碧题,万户洞金铺;摄心罄前礼,访道把中虚。遥瞻尽地轴,长望极天隅;白云起梁栋,丹霞映栱栌。露花疑濯锦,泉月似沉珠;今日桃源客,相顾失归途。

诏

【北齐武成帝《以三台宫为大兴圣寺诏》】思展聿修之重,念归喜舍之路;肌肤匪吝,国城何宝,期济率土,至于圆极,可以三台宫为大兴圣寺。此处极土木之壮,穷丹素之妍,奇怪备于刻削,光华异于图彩。愿使灵心肹蠁,神物奔会,真觉惟寂,有感必通;化为净土,广延德众,心若琉璃,法轮常转。丽甘露于大千,照慈灯于广劫。

【后周明帝《修起寺诏》】制曰:孝感通神,瞻天罔极,莫不布金而构祇园,流银而成宝殿,方知鹿苑可期,鹤林无远,敢缘雅颂,仰藉庄严。欲使功侔天地,兴歌不日,太师晋国公总监置,陟岵陟屺,修寺营造。

【唐贞观年《为战阵处立寺诏》】有隋失道,九服沸腾。朕亲总元戎,致兹明罚;誓牧登陑,曾无宁岁。其有桀犬,婴此汤罗,衔须义愤,终乎握节,各徇所奉,咸有可嘉。日往月来,逝川斯远,虽复项籍放命,封树纪于丘坟;鲍信捐生,凡素著于圆象,犹恐九泉之下,尚沦鼎镬,八难之间,永缠冰炭,湫然疚怀,用忘兴寝,所以树其福田,济其营魄。可以建义以来交兵之处,为义士凶徒殒身戎陈者,各建寺刹。招延胜侣,望法鼓所振,变炎火于青莲;清梵所闻,易苦海于甘露。所司足量定处所,并立寺名,支配僧徒,及修院宇。具为事条之闻,称朕矜哀之意也。仍命虞世南、李百药、褚遂良、颜师古、岑文本、许敬宗、朱子奢等为碑铭,以纪功业也。

【据中华书局1962年版《初学记》卷二十三】

《唐大诏令集》谈佛

[北宋]宋敏求

道士女冠在僧尼之上诏

唐太宗

老君垂范,义在于清虚;释迦遗文,理存于因果。详其教也,汲引之迹殊途;求其宗也,弛益之风齐致。然则大道之行,肇于遂古;源出无名之始,事高有形之外;迈两仪而运行,包万物而亭育。故能兴邦致泰,反朴还淳。至如佛法之兴,基于西域,爰自东汉,方被中华。神变之理多方,报应之缘匪一。洎乎近世,崇信滋深,人冀当年之福,家惧来生之祸。由是滞俗者,闻玄宗而大笑;好异者,望真谛而多归。始波涌于闾里,终风靡于朝廷。遂使殊方之典,郁为众妙之先;诸华之教,翻居一乘之后。流遁忘反,于兹累代。朕夙夜夤畏,缅惟至道,思革前弊,纳诸轨物。况朕之本系,起自柱下。鼎祚克昌,既凭上德之庆;天下大定,亦赖无为之功。宜有改张,阐兹玄化。自今已后,斋供行法,至于称谓,道士、女冠可在僧尼之前。庶敦本之俗,畅于九有;尊祖之风,贻诸万叶。(贞观十一年二月)

僧尼不得受父母拜诏

唐高宗

释典冲虚,有无兼谢;正觉凝寂,彼我俱亡。岂自尊崇,然后为法?圣人□心,主于慈孝。父子君臣之际,长幼仁义之序,与夫周孔之教,异轸同归。弃礼悖德,朕所不取。

僧尼之徒，自云离欲，先自贵高。父母之亲，人伦已极。整容端坐，受其礼拜。自余尊属，莫不皆然。有伤名教，实斁彝典。自今以后，僧尼不得受父母及尊者礼拜。所司明为法制，即宜禁断。（显庆二年二月）

释教在道法之上制

武则天

朕先蒙金口之记，又承宝偈之文；历教表于当今，本愿摽于曩劫。大云阐奥，明王国之祯符；方等发扬，显自在之丕业。驭一境而敷化，弘五戒以训人。爰开革命之阶，方启惟新之运。宜叶随时之义，以申自我之规。虽实际如如，理忘于先后；翘心恳恳，畏展于勤诚。自今已后，释教宜在道法之上，缁服处黄冠之前，庶得道有识以归依，极群生于回向，布告遐迩，知朕意焉。（天授二年三月）

条流佛道二教制

武则天

佛道二教，同归于善；无为究竟，皆是一宗。比有浅识之徒，竞生物我；或因怼怒，各出丑言。僧既排斥老君，道士乃诽谤佛法。更相訾毁，务在加诸。人而无知，一至于此。且出家之人，须崇业行，非圣犯义，岂是法门？自今僧及道士，敢毁谤佛道者，先决杖，即令还俗。（圣历元年正月）

禁葬舍利骨制

武则天

释氏垂教，本离死生；示灭之仪，固非正法。如闻天中寺僧徒，今年七月十五日，下舍利骨，素服哭泣，不达妙理，轻徇常情。恐学者有疑，曾不谤毁。宜令所管州县即加禁断。（圣历三年五月）

僧道齐行并进制

唐睿宗

朕闻释及玄宗，理均迹异；拯人救俗，教别功齐。岂有于其中间，妄生彼我，不遵善下之旨，相高无上之法？有殊圣教，颇失道源。自今每缘法事集会，僧尼、道士女冠等，宜齐行并进。（景云二年）

令僧尼道士女冠拜父母敕

唐玄宗

敕：夫孝者，天之经，地之义，人之行。故自天子下至庶人，资于敬爱，以事父母，所谓冠五孝之表，称百行之先。如或不由，其何以训？如闻道士女冠、僧尼等有不拜父母之礼，朕用思之，茫然罔识。且道释之教，盖惩恶而劝善，父子之仪，岂缘情而易制？安有同人代而离怙恃哉？哀哀父母，生我劳瘁，故六亲有不和之戒，十号有报恩之旨。此又穷源本而启宗极也。今若为子而忘其生，傲亲而徇于末，日背礼而强名于教；伤于教则不可行，行教而不废礼；合于礼则无不遂。二亲之与二教，复何异焉？自今已后，道士女冠、僧尼等，并令拜父母。丧纪变除，亦依月数。庶能正此颓弊，用明典则，罔亏爱敬之风，自叶真仙之意。（开元二年闰二月三日）

断书经及铸佛像敕

唐玄宗

佛教者，在于清净，存乎利益。今两京城内，寺宇相望，凡欲归依，足申礼敬。下人浅近，不悟精微，睹叶希金，逐焰思水，浸以流荡，颇成蠹弊。如闻坊巷之内，开铺写经，公然铸佛；口食酒肉，手漫膻腥。尊敬之道既亏，慢狎之心遂起。百姓等或缘求福，因致饥寒。言念愚蒙，深用嗟悼。殊不知佛非在外，法本居心，近取诸身，道则不远；溺于积习，实藉申明。自今已后，州县坊市等，不得辄更铸佛、写经为业。须瞻仰尊容者，任就寺拜礼；须经典读诵者，勒于寺赎取。如经本少，僧为写供。诸州观并宜准此。（开元二年七月）

禁断妖讹等敕

唐玄宗

敕：释氏汲引，本归正法；仁王护持，先去邪道。失其宗旨，乃般若之罪人；成其诡怪，岂涅槃之信士？不存惩革，遂废津梁。眷彼愚蒙，将陷坑阱。比有白衣长发，假托弥勒下生，因为妖讹，广集徒侣，称解禅观，妄说灾祥；或别作小经，诈云佛说；或辄畜弟子，号为和尚，多不婚娶。眩惑闾阎，触类实繁，蠹政为甚。刺史、县令，职在亲人，拙于抚驭，是生奸宄。自今已后，宜严加捉搦。仍令按察使采访，如州县不能觉察，所由长官并量状贬降。（开元三年十一月十七日）

诫励僧尼敕

唐玄宗

释迦设教，出自外方，汉主中年，渐于东土。说兹因果，广树筌蹄，事涉虚玄，眇同河汉。故三皇作乂，五帝乘时，未蒙方便之门，自有雍熙之化。朕念彼流俗深迷至真，尽躯命以求缘，竭资财而作福。未来之胜因莫効，见在之家业以空。事等系风，曾无所悔，愚人寡识，屡陷刑科。近日僧尼，此风尤甚。因依讲说，惑煽闾阎。溪壑无厌，唯财是敛。津梁自坏，其教安施？无益于人，有蠹于俗。或出入州县，假托威权；或巡历村乡，恣行教化。因其聚会，便有宿宵。左道不常，异端斯起。自今已后，僧尼除讲律之外，一切禁断。六时礼忏，须依律仪；午夜不行，宜守俗制。如有犯者，先断还俗；仍依法科罪。所在州县不能捉搦，并官吏辄与往还，各量事科贬。（开元十九年四月）

僧尼拜父母敕

唐玄宗

道教、释教，其归一体；都忘彼我，不自贵高。近者道士女冠称君子之礼，僧尼企踵，勤诚请之义。以为佛初灭度，付嘱国王，猥当负荷，愿在宣布。盖欲崇其教而先于朕也。自今以后，僧尼一依道士女冠例，兼拜其父母。宜增修戒行，无违僧律。兴行至道，俾在于兹。（开元二十一年十月）

停京都检校僧道威仪敕

[唐]孙　逖

敕：道释二教，必在护持，须置威仪，令自整肃。徒众既广，统摄尤难；更相是非，却成烦弊。自今已后，京都检校僧道威仪事宜并停。或恐先有猜嫌，因此妄相纠诉，所由亦不须为理。

令天下寺观修功□敕

[唐]孙　逖

敕：道释二门，玄通众妙，济时育物，皆有明征。是所依凭，岂忘尊奉？其天下寺观，并令修功德，用齐三圣之教，以答百灵之心。宜副虚怀，各陈至敬。

条贯僧尼敕

唐代宗

道释二教，用存善诱，至于像设，必在尊崇。如闻州县公私，多借寺观居止，因兹亵渎，切宜禁断，务令清肃。其寺观除三纲并老病不能支持者，余并仰每日二时，行道礼拜。如有弛慢，并量加科罚。又崇敬清净，礼避嫌疑，其僧尼、道士，非本师教主及斋会礼谒，不得妄托事故，辄有往来，非时聚会。并委所由长官勾当，所有犯者，准法处分。亦不得因兹搅扰。分明告示，咸使知悉。（宝应元年八月）

禁天下寺观停客制

[唐]常　衮

敕：释教本以救人，道家先于理国，惩恶劝善，以齐死生，熏然慈仁，美利天下。所庇者大，所益者深，故历代崇尚而弗易也。朕以玄元烈祖，庆我昌运，西方圣人，福兹下土，常所尽敬，敢忘致诚？且至真之体，尚于精洁，流俗所尊，不宜亵慢。如闻天下寺观，多被军士及官吏诸客居止，狎而黩之，曾不畏忌。缁黄屏窜，堂居毁撤。寝处于象设之门，庖厨于廊庑之下。缅然遐想，愧叹良深。自今已后，切宜禁断。其军士，委州县长吏与本将商量，移于稳便处安置；其官吏诸客等，频有处分，自合遵承，仰敕到当时发遣。应尊像有损处，仰随事修补；其有诸神所居，载在祀典，灵迹昭著，福及生人者，如有毁废，亦宜增葺。且王者以清净统法，圣人以神道设教，精意所在，感而遂通，非徼福于朕躬，期降祥于黎献。申明诏旨，用悉劳怀。

禁僧道卜筮制

[唐]常　衮

敕：左道疑众，王制无赦；妖言蠹时，国朝尤禁。且缁黄之教，本以少思寡欲也；阴阳者流，所以敬授人时也。而有学非而辨，性狎于邪，辄窥天道之远，妄验国家之事。仍又托于卜筮，假说灾祥，岂直闾阎之内，恣其诳惑？兼亦衣冠之家，多有厌胜。将恐寖成其俗，以生祸乱之萌。时艰已来，禁网疏阔，致令此辈尚有矫诬。害政之深，莫过于此。将归正道，必绝奸源，宜令所司举旧条处分。

拆寺制

唐武宗

朕闻三代以前，未尝言佛；汉魏之后，像教寖兴。是逢季时，传此异俗，因缘染习，蔓衍滋多。以至于蠹耗国风而渐不觉，以至于诱惑人意而众益迷。洎于九有山原，两京城阙，僧徒日广，佛寺日崇；劳人力于土木之功，夺人利于金宝之饰；移君亲于师资之际，违配偶于戒律之间；坏法害人，无逾此道。且一夫不田，有罹其馁者；一妇不织，有罹其寒者。今天下僧尼不可胜数，皆待农而食，待蚕而衣。寺宇招提，莫知纪极，皆云构藻饰，僭拟宫居。晋、宋、齐、梁，物力凋残，风俗浇诈，莫不由是而致也。况我高祖、太宗以武定祸乱，以文理华夏，执此二柄，足以经邦，岂可以区区西方之教与我抗衡哉？贞观（627—649）、开元（713—741）亦尝厘革，铲除不尽，流衍转滋。朕博览前言，旁求舆议，弊之可革，断在不疑。而中外诚臣，叶心正意，条疏至当，宜在必行。惩千古之蠹源，成百王之典法，济人利众，予不让焉。其天下所拆寺四千六百余所，还俗僧尼二十六万五十人，收充两税户，拆招提、兰若四万余所，收膏腴上田数千万项，收奴婢为两税户十五万人，并隶僧尼属主客，显明外国之教，勒大秦穆护拔二千余人，并令还俗，不杂中华之风。于戏！前古未行，似将有待，及今尽去，岂谓失时？驱游堕不业之徒，已逾百万；废丹艭无用之屋，何啻亿千。自此清净训人，慕无为之理；易简齐政，成一俗之

功。将使六合黔黎，同归皇化。尚以革弊之始，日用不知，下制明廷，宜体予意，宣布中外，咸使闻知。（会昌五年八月）

迎凤翔真身德音

唐懿宗

朕以寡德，缵承鸿业，十有四年矣。顷属蛮寇猖狂，王师未息，朕忧勤在位，爱育生灵，遂乃尊崇释教，致敬玄门，迎请真身，盖为万姓祈福。今者观睹之众，隘塞路岐，载念狴牢，寝兴在虑；嗟我黎人，陷于刑辟，况渐当暑毒，系于缧绁；或身积幽冤，有伤和气；或关连追扰，有妨农务。其京畿及天下州府见禁囚徒，除十恶、五逆、故意杀人、官典犯脏、合造毒药、放火持仗、开发坟墓外，其余罪，无轻重、节级，递减一等。其京城军镇，限两日内疏理讫闻奏。天下州府，敕到三日内疏理闻奏。（咸通十三年四月）

【据商务印书馆 1959 年版《唐大诏令集》卷一百十三】

《唐大诏令集补编》谈佛

李希泌　编

度僧于天下诏

唐太宗

门下：三乘结辙，济度为先；八正归依，慈悲为主。流智慧之海，膏泽群生；翦烦恼之林，津梁品物。任真体道，理叶至仁；妙果胜因，事符积善。朕钦若金轮，恭膺宝命。至德之训，无远不思；大圣之规，无幽不察。欲使人免盖缠，家登仁寿，冥缘显应，大庇含灵。五福著于《洪范》，三灾终于世界。比因丧乱，僧徒减少。华台宝塔，窥户无人；绀发青莲，栉风沐雨，眷言调毁，良用怃然。其天下诸州有寺之处，宜令度人为僧尼，总数以三千为限。其州有大小，地有华夷，当处所度多少，委有司量定，务须精诚德业，无问年之幼长。其往因减省还俗，及私度白首之徒，若行业可称，通在取限，必无人可取，亦任其阙数。若官人简练不精，宜录附殿失。但戒行之本，惟尚无为，多有僧徒，溺于流俗，或假托神通，妄传妖怪；或谬称医筮，左道求财；或造诣官曹，嘱致赃贿；或钻肤焚指，骇俗惊愚，并自贻伊戚，动挂刑网，有一于此，大亏圣教，朕情深持护，必无宽舍。已令依附内律，参以金科，具陈条制，务使法门清整。所在官司，宜加检察。其部内有违法僧不举发者，所司录状奏闻。庶善者必采，恶者必斥，伽蓝净土，咸知法味；菩提觉路，绝诸意垢。（贞观）

悼元琬律师诏

唐太宗

元琬律师戒行贞固，学业精通，方冀弘宣正法，利益群品，不幸没世，情深恻悼。（贞观）

答玄奘还至于阗国进表诏

唐太宗

闻师访道殊域，今得归还，欢喜无量，可即速来，与朕相见。其国僧解梵语及经义者，亦任将来。朕已敕于阗等道使诸国送师，人力鞍乘，应不少乏，令敦煌官司于流沙迎接，鄯善于沮沫迎接。（贞观）

令诸州寺度僧诏

唐太宗

昔隋季失御，天下分崩，四海涂炭，八埏鼎沸。朕属当戡乱，躬履兵锋，亟犯风霜，宿于马上。比加药饵，犹未痊除，近日已来，方就平复，岂非福善所感，而致此休征耶？京城及天下诸州寺，宜各度五人，弘福寺宜度五十人。（贞观）

舍旧宅造兴圣寺诏

唐太宗

丹陵启圣，华渚降祥，叶德神居，克隆鸿业。朕丕承大宝，奄宅域中。远藉郊禋之庆，仰惟枢电之祉。思园之礼既弘，抚镜之情徒切，而永怀慈训，欲报无从，静言因果，思凭冥福。通义宫皇家旧宅，制度弘敞，以崇神祠，敬增灵祐，宜舍为尼寺，仍以兴圣为名。庶神道无方，微伸《凯风》之思，主者施行。（贞观）

《佛遗教经》施行敕

唐太宗

往者如来灭后，以末代浇浮，付嘱国王大臣，护持佛法。然僧尼出家，戒行须备。若纵情淫佚，触情烦恼，关涉人间，动违经律，既失如来玄妙之旨，又亏国王受付之义。《遗教经》者，是佛临涅槃所说，诫劝弟子，甚为详要。末俗缁素，并不崇奉。大道将隐，微言且绝，永怀圣教，用思弘阐。宜令所司，差书手十人，多写经本，务在施行。所须纸笔墨等，有司准给。其官宦五品已上，及诸州刺史，各付一卷。若见僧尼行业与经文不同，宜公私劝勉，必使遵行。（贞观）

答玄奘《谢御制三藏序》敕

唐太宗

朕才谢圭璋，言惭博达，至于内典，尤所未闲。昨制序文，深为鄙拙，唯恐秽翰墨于金简，摽瓦砾于珠林。忽得来书，谬承褒赞，循躬省虑，弥益厚颜。善不足称，空劳致谢。（贞观）

断卖佛像敕

唐太宗

佛道形像，事极尊严，伎巧之家，多有造铸，供养之人，竞来买购，品藻工拙，揣量轻重。买者不计因果，止求贱得；卖者本希利润，唯在价高。罪累特深，福报俱尽，违犯经教，并宜禁约。自今已后，工匠皆不得预造佛道形像卖鬻。其见成之像，亦不得销除，各令分送寺观，令寺观徒众，酬其价直。仍仰所在州县官司检校，敕到后十日内使尽。（贞观）

诘沙门法琳诏

唐太宗

周之宗盟，异姓为后，尊祖重亲，实由先古。何为追逐其短，首鼠两端？广引形似之言，备陈不逊之喻。诽毁我祖祢，谤讟我先人，如此要君，罪有不恕。（贞观）

为故礼部尚书虞世南斋僧诏

唐太宗

故礼部尚书、永兴文懿公虞世南，德行淳备，文为辞宗，夙夜尽心，志在忠益，奄从物化，忽移岁序。昨因夜梦，忽睹斯人，兼进谠言，有如平生之日。追怀遗美，良增悲叹，宜资冥助，申朕思旧之情。可于其家为设五百僧斋，并为造天尊像一区。（贞观十二年）

答沙门慧净辞知普光寺诏

唐太宗

忽辱来书，甚以倾慰，三复之后，自觉欣然。窃闻如来，虽迹起人间，而道笼天外，神功妙力，不可思议。寂尔无为，则言语道断；湛然常在，则心行处灭。但为众生烦恼，漂没爱河，得不大拯横流，令拯三界，故出入三界，升降六天，经营十方，良为于此。若夫鹿园福地，鹫岭灵山，洒甘露于禅林，转法轮于净域，付嘱菩萨，济拔黔黎，然后放光面门，灭影双树。宝船虽沿，遗教犹存，即是如来法身，无有异也。

然人弘道，非道弘人。远有弥勒文殊，亲承音旨；近则图澄罗什，发明经教。五百一贤，信非徒说；千里一遇，盖非虚言。法师昔在俗缘，门称通德，飞缨东序，鸣玉上庠，故得垂裕后昆，传芳犹子。尝以《诗》称三百，不离于苦空；《曲礼》三千，未免于生灭。故回向菩提，落彼两髦，披兹三服。至如大乘小乘之偈，广说略说之文，十诵《僧祇》，八部《般若》，天亲无著之论，法门句义之谈，皆剖判胸怀，激荡清浊。至于光临讲座，开置法筵，精义入神，随类俱解。写悬河之辩，动连环之辞，碧鸡誉于汉臣，白马称于傲吏。以今仿古，彼复何人？所以仰请法师为普光寺主，兼知纪国寺上座事。又闻若独善之心有限，则济物之理不弘，彼我之意未忘，则他自之情不坦。且普光、纪国，俱是道场。旧住新居，有何差别？法师来状云，鱼鹿易处，失燥湿之宜，斯乃意在谦虚，假称珍怪。昔闻流水长者，遂能救十千之鱼；旷野猎师，岂得害三归之鹿？但使筌蹄不用，则言象自忘。（贞观）

谕普光寺僧众诏

唐太宗

盖闻正法没于西域，像教被于东华，古往今来，多历年所。而难陀迦叶，马鸣龙树，既同瓶泻，有若薪传，故得妙旨微言，垂文见意。是以三十二相，遍满人天；十二部经，敷扬刹土。由是路者，则高骋四衢之上；迷其途者，则轮回六趣之中。理窟法门，玄宗秘藏，非天下之至赜，孰能与于此乎？皇帝以神道设教，利益群生，故普建仁祠，绍隆正觉，卜兹胜地，立此伽蓝。请赤县之名僧，征帝城之上首。山林之士，拥锡来游；朝廷之宾，抠衣趋座。义筵济济，法侣诜诜，实聚落之福田，黔黎之寿域。加以丛楹叠杆，宝塔华台，洪钟扣而弗宣，清梵唱而逾静。若夫卢毗那佛坐普光，法堂灵相，葳蕤肸蛮，以今方古，暗恙冥合，名器之间，岂容虚立？然僧徒结集，须有纲纪，询诸大众，罕值其人。积日搜扬，颇有佥议，咸云纪国寺上座慧净，自性清净，本来有之，风神秀彻，非适今也。至于龙宫宝藏，象力尊经，皆挺自生知，无师独悟，岂止四谛一乘之说，七处八会之谈。要其指归，得其真趣而已。固变涤除玄览，老氏之至言；洁净精微，渲泥之妙义，莫不穷理尽性，寻根讨源。其德行也如彼，其学业也如此。今请为普光寺主，仍知本寺事。法师比者逡巡静退，不肯降重，殷勤苦请，方始克从。但菩萨之家，体尚和合，若得无诤三昧，自然永离十缠，亦愿合寺诸师，共弘此意。其迎请之礼，任依僧法。（贞观）

建大慈恩寺令

唐太宗

营慈恩寺，渐冀向功，轮奂将成，僧徒尚阙。伏奉敕旨，度三百僧，别请五十大德，同奉圣居,降临行道。其新建道场,宜名大慈恩寺。别造翻经院,虹梁藻井,丹青云气,琼础铜沓,金环花铺,并加殊丽。令法师移就翻译,仍纲维寺任。(贞观)

检阅新译经论敕

唐高宗

大慈恩寺僧玄奘所翻经论,既新翻译,文义须精,宜令太子太傅、尚书左仆射、燕国公于志宁,中书令、兼检校吏部尚书、南阳县开国男来济,礼部尚书、高阳县开国男许敬宗,守黄门侍郎、兼检校太子左庶子、汾阴县开国男薛元超,守中书侍郎、兼检校右庶子、广平县开国男李义府,中书侍郎杜正伦等时为看阅,有不稳处,即随事润色。若须学士,任意遣三两人。(显庆元年)

命有司议沙门等致拜君亲敕

唐高宗

敕旨:君亲之义,在三之训为重;爱敬之道,凡百之行攸先。然释老二门,虽理绝常境,恭孝之躅,事叶儒津。遂于尊极之地,不行拜跪之礼,因循日久,迄乎兹辰,宋朝暂革此风,少选还遵旧贯。朕禀天经以扬孝,资地义而宣礼。奖以名教,披兹真俗,而濑乡之基,克成天构,连河之化,付以国王,裁制之由,谅归斯矣。今欲令道士女冠僧尼,于君皇后及皇太子其父母所致拜,或恐爽其恒情,宜付有司,详议奏闻。(高宗)

禁《化胡经》敕

唐中宗

朕叨居宝位,惟新阐政,再安宗社,展恭禋之大礼,降雷雨之鸿恩,爰及缁黄,兼申惩劝。如闻天下诸道观,皆画化胡成佛变相,僧寺亦画玄元之形。两教尊容,二俱不可。敕到后,限十日内并须除毁。若故留,仰当处官吏科违敕罪。其《化胡经》,累朝明敕禁断,近知在外仍颇流行。自今后其诸部《化胡经》及诸记录有化胡事,并宜削除。若有蓄者,准敕科罪。(神龙元年九月壬午)

答张九龄贺《御注金刚经》批

唐玄宗

不坏之法,真常之性,实在此经,众为难说。且用稽合同异,疏决源流。朕位在国王,远有传法,竟依群请,以道玄元。与夫《孝经》《道经》,三教无阙,岂兹秘藏,能有探详。所贺,知。(玄宗)

流僧人怀照敕

唐玄宗

怀照讹言，信无凭据，量其情状，终合微惩。宜遣播州安置，到彼勿许东西。冯待征等事，已经恩赦，特从释放。（玄宗）

答张九龄等贺《御注金刚经》手诏

唐玄宗

僧徒固请，欲以兴教。心有所得，辄复疏之。今请颁行，仍虑未惬。（玄宗）

禁僧俗往还诏

唐玄宗

惟彼释道，同归凝寂，各有寺观，自合住持。或寓迹幽闲，潜行闾里，陷于非辟，有足伤嗟。如闻远就山林，别为兰若，兼亦聚众，公然往来，或妄托生缘，辄有俗家居止，即宜一切禁断。（玄宗）

澄清佛寺诏

唐玄宗

夫释氏之旨，义归真寂，爰置僧徒，以奉法教。而趋末忘本，摭华弃实，假托权便之门，以为利养之府，徒蠲赋役，积有奸讹。至于浮俗奔驰，左道穿凿。言念净域，浸成逋薮。非所以叶和至理，弘振王猷。宜有澄清，以正风俗。朕先知此弊，故预塞其源，不度人来尚二十余载，访闻在外有三十已下小僧尼，宜令所司及州府括责处分。（玄宗）

禁僧徒敛财诏

唐玄宗

释迦设教，出自外方，汉主中年，渐于东土。说兹因果，广树筌蹄，事涉虚玄，渺同河汉。故三皇作乂，五帝乘时，未闻方便之门，自有雍熙之化。朕念彼流俗，深迷至理，尽躯命以求缘，竭资财而作福，未来之胜因莫效，见在之家业已空。事等系风，犹无所悔。愚人寡识，屡陷刑科。近日僧徒，此风尤甚。因缘讲说，眩惑州闾，溪壑无厌，唯财是敛。津梁自坏，其教安施？无益于人，有蠹于俗。或出入州县，假托威权，或巡历乡村，恣行教化。因其聚会，便有宿宵，左道不常，异端斯起。自今已后，僧尼除讲律之外，一切禁断。六时礼忏，须依律仪，午后不行，宜守俗制。如犯者，先断还俗，仍依法科罪。所在州县，不能捉搦，并官吏辄与往还，各量事科贬。（玄宗）

禁断无尽藏诏

唐玄宗

内典幽微，惟宗一相，大乘妙理，宁启二门。闻化度寺及福先寺三阶僧创无尽藏，每年正月四日，天下士女施钱，名为护法，称济贫弱，多肆奸欺，事非真正，即宜禁断。其藏钱付御史台、京兆府、河南府勾会知数，明为文簿，待后处分。（开元九年四月壬寅）

分散化度寺无尽藏财物诏

唐玄宗

化度寺无尽藏财物田宅六畜，并宜散施京城观寺。先用修理破坏尊像堂殿桥梁，有余入常住，不得分与私房，从贫观寺给。仍令御史张樽与礼部侍郎崔据、京兆尹孟温礼取元奏数，拣京城大德戒行灼然者共检校，量事均融，处置讫奏闻。诸州长官及按察司所察钱物，以委州使准此共勾当，散配处分讫申所司。（玄宗）

僧尼数仍依开元十六年所造旧籍诏

唐玄宗

僧尼数多，逾滥不少，先经磨勘，欲令真伪区分。仍虑犹有非违，都遣括捡闻奏，凭此造籍，以为准绳。如闻所由条例非惬，致奸妄转更滋生，因即推举，罪者斯众，宜依开元十六年旧籍为之，更不须造写，自今已后，网维大德，侍养权隶，不得辄于外取。（开元十七年八月戊辰）

答张九龄请《御注经内外传授》批

唐玄宗

此经宗旨，先离诸相，解说者众，证以真空。僧徒固请，欲以弘教，心有所得，辄复疏之。今请颁行，虑无所益。（玄宗）

每月十斋日禁宰杀诏

唐玄宗

朕刻意真经，虔诚至道，既凭玄祐，永锡黔黎。每朝礼三清，则宵衣忘寝；或斋戒一室，则蔬食精专。不一勤躬为俭，务以徇物为心，况于宰杀，尤加恻隐。自今已后，每月十斋日不得辄有宰杀。又闻闾阎之间，例有私社，皆杀生命，以资宴集，仁者之心，有所不忍，亦宜禁断。（天宝七载三月）

迎慧忠法师诏

唐肃宗

皇帝信问:朕闻调御上乘,久安中土,常怀大士,共济群生。师以法鉴高悬,一音演说,藏开秘密,境入圆明。大悲不倦于津梁,至善必明于兼济,尊雄付嘱,实在朕躬。思与道安,宣扬妙用,广滋福润,以及大千。传象罔之玄珠,拔沉迷之毒箭。良缘斯在,勿以为劳。杖锡而来,京师非远,斋心已久,副朕虚怀。春寒,师得平安好。遣书,指不多及。(肃宗)

戒坛敕

唐代宗

戒分律仪,释门弘范。用申奖导,俾广胜因。允在严持,烦于申谢。(代宗)

追赠不空和尚诏

唐代宗

大道之行,同合于异相;王者至理,总归于正法。方化成之齐致,何儒释之殊途?故前代帝王,罔不崇信,法教弘阐,与时偕行。特进、试鸿胪卿、大兴善寺三藏沙门、大广智不空,我之宗师,人之舟楫。超诣三学,坐离于见闻;修持万行,常示于化灭。执律舍缚,护戒为仪。继明善教之志,来受人王之请。朕在先朝,早闻道要,及当付嘱,常所归依。每每执经内殿,开法前席,凭几同胶序之礼,顺风比崆峒之问,而妙音圆演,密行内持,待扣如流,自涯皆悟。涤除昏妄,调伏魔冤,天人洗心于度门,龙鬼受职于神印。固以气消灾厉,福致吉祥,实惟弘我之多,宁止利吾之美!当有命秩,用伸优礼,而得师为盛,味道滋深,思复强名,载明前志。夫妙界有庄严之士,内品有果地之仪,本乎尚德,敬顺时典,可开府仪同三司,仍封肃国公,赠司空,谥曰大辩正广智不空三藏和尚。(大历八年六月癸未)

迎大觉禅师敕

唐代宗

朕闻江左有蕴道禅人,德性冰霜,净行林野。朕虚心瞻企,渴仰悬悬,有感必通,国亦大庆。愿和尚远降中天,尽朕皈向,不违愿力,应物现形。今遣内侍黄凤宣旨,特到诏迎,速副朕心。春暄,师得安否?遣此不多及。敕令本州供送,凡到州县,开净院安置,官吏不许谒见,疲师心力。弟子不算多少,听其随侍。(代宗)

遣送六祖衣钵谕刺史杨□敕

唐代宗

朕梦感禅师请传法袈裟却归曹溪,今遣镇国大将军刘崇景顶戴而送。朕谓之国

宝，卿可于本寺如法安置，专令僧众亲承宗旨者，严加守护，勿令遗坠。（代宗）

答天长寺沙门昙等表定新旧两疏诏

唐代宗

师等道著依经，功超自觉，承雪宫之旨奥，为火宅之凉飔。四分律仪，三乘扃键，须归总会，永息多门。一国三公，谁执其咎，初机眩曜，迷复孔多。爰命有司，俾供资费，所烦笔削，伫见裁成。所谢知悉。（代宗）

答释良贲表进疏通经诏

唐代宗

法师智炬高明，辞峰迥秀，亲凭梵夹，宣阐微言。幽赜真宗，演成章疏，开如来之秘藏，示群有之迷津。贯玉联珠，钩深致远，再三披阅，颇谓精详。传之招提，永为法宝也。（代宗）

答裴冕等表贺佛见光相手诏

唐代宗

朕嗣守鸿业，恭临宝位，夕惕若厉，蹈乎春冰。启三乘之真如，为万姓以作福。大雄感应，示现毫光，茂对祯祥，多惭薄德。卿等百辟，勤修庶政，休征荐集，庆慰当深。所请编之史册，宣示中外者，依。（大历四年二月）

答好心表进经帙诏

唐德宗

卿之表弟，早悟大乘，远自西方，来游上国。宣六根之奥义，演双树之微言，念以精诚，所宜钦重。是令翻译，俾用流行。卿夙慕忠勤，职司禁卫，省览表疏，具见乃怀。所谢知。（德宗）

答孟简萧□等贺御制新译《大乘本生心地观经序》状

［唐］白居易

省表具知。大仙经典，最上法乘，来自西方，闷于中禁。将期利益，必在阐扬，遂命僧徒译其句偈，兼诏卿等润以文言。昨因披寻，深得真谛，悟本生不灭之义，证心地无相之宗，方勤护持，聊著序引。永言述作，犹愧圣明。卿等贺陈，良深嘉尚。

答文武百官严绶等贺御制《新译大乘本生心地观经序》状

［唐］白居易

省表具知。朕勤求道本，广挹教源，以真如不二之宗，助清净得一之化，况斯经典，时为大乘，名理精微。翻译成就，虽契心则离于文字，而得意亦假于筌蹄，庶使发挥，因为序述。卿等精通外学，恳竭忠诚，引经赞扬，奉表称贺，再三省览，嘉叹久之。

禁捕盗烦扰僧人诏

唐宪宗

近缘东都盗贼，事连僧徒，因此所繇，遂有觉察。今既各有名籍，不得恐动。其已同城者，所在安存。其外国僧，亦任随便居止。（元和）

优恤没蕃僧良阐等四百五十人诏

唐宪宗

良阐等顷因沦陷，久在殊方，或是平日遣人，或是衣冠旧族，万里归国，尤所哀矜。应归及分配并侍亲等人，委所在特加优恤。（元和二年八月）

定断屠日敕

唐武宗

斋月断屠，出于释氏，国家创业，犹近梁隋，卿相大臣，或沿兹弊。鼓刀者既获厚利，纠察者潜受请求。正月以万物生植之初，宜断三日。列圣忌断一日。仍准开元二十二年(724)敕，三元日各断三日，余月不禁。（会昌四年正月乙酉）

上都下都每街留两寺敕

唐武宗

上州合留寺，工作精妙者留之；如破落，亦宜废毁。其合行香日，官吏宜于道观。其上都下都每街留寺两所，寺留僧三十人。上都左街留慈恩荐福，右街留西明庄严。（会昌五年七月）

重建总持寺敕

唐宣宗

朕以政闲赏景，幸于庄严。其寺复殿重廊，连甍比栋，幽房秘宇，窈窕疏通，密竹翠松，垂阴擢秀，行而迷道，阙天下梵宫，高明寡匹。当建之时，以京城西昆明池势微下，乃建木浮图，高三百尺。藩邸之时，游此伽蓝，睹斯胜事。其总持寺，大业中(605—617)立，规制与庄严寺正同。今容像则毁，忍草随荒，香径芜侵，尚存基址。其寺宜许重建，以副予心。（宣宗）

复废寺敕

唐宣宗

会昌季年(843),并省寺宇。虽云异方之教,无损致理之源。中国之人,久行其道,厘革过当,事体未弘。其灵山胜境,天下州府,应会昌五年(845)四月所废寺宇,有宿旧名僧,复能修创,一任住持,所司不得禁止。(大中元年闰三月)

迎佛骨德音

唐懿宗

朕以寡德,缵承鸿业,十有四年。顷属寇猖狂,王师未息。朕忧勤在位,爱育生灵,遂乃尊崇释教,至重玄门,迎请真身,为万姓祈福。今观睹之众,隘塞路歧。载念狴牢,寝兴在虑,嗟我黎人,陷于刑辟。况渐当暑毒,系于缧绁,或积幽凝滞,有伤和气;或关连追扰,有妨农务。京畿及天下州府见禁囚徒,除十恶忤逆、故意杀人、官典犯赃、合造毒药、放火持仗、开发坟墓外,余罪轻重节级递减一等。其京城军镇,限两日内疏理讫闻奏。天下州府,敕到三日内疏理闻奏。(咸通十四年四月八日)

答张九龄贺论三教批

唐玄宗

顷因节日,会以万方,略举三教,未暇尽理。复兹一集,求之精义,不许游词,用服其心,以惩习俗。况会三归一,初分渐顿,理皆共贯,使自求之。卿等论道庙堂,化源何远!事关风教,任付史馆。

两京波斯寺改名大秦寺诏

唐玄宗

波斯经教,出自大秦,传习而来,久行中国。爰初建寺,因以为名,将欲示人,必修其本。其两京波斯寺宜改为大秦寺,天下诸府郡者,亦宜准此。(天宝四载九月)

严禁左道诏

唐玄宗

蠹政之深,左道为甚,所以先王设教,犯者必诛。去其害群,盖非获已。自今已后,辄有托称佛法,因肆妖言,妄谈休咎,专行诳惑,诸如此类,法实难容。宜令所在长官,严加捉搦。(开元廿八年三月)

禁左道诏

唐玄宗

如闻道俗之间妄有占筮，诳惑士庶，假托灾祥，兼托符咒，遂行左道。先令禁断，不合更然。仍虑愚下未能悛改，宜令所司申明格敕，严加访察。（开元十四年四月壬戌）

禁卜筮惑人诏

唐玄宗

古之圣王，先禁左道，为其蠹政，犯必加刑。至如占相吉凶，妄谈休咎，假托卜筮，幻惑闾阎，矜彼愚蒙，多受欺诳。宜申明法令，使有惩革。自今已后，缘婚礼丧葬卜择者听，自余一切禁断。（开元二十七年四月癸酉）

【以上据上海古籍出版社 2003 年版《唐大诏令集补编》卷三十】

宋人谈佛

《唐会要》谈佛

［北宋］王　溥

佛　像

久视元年（700）八月十五日，将造大像，税天下僧尼人出一钱，内史狄仁杰上疏曰："今之伽蓝，制逾宫阙。功不使鬼，必役于人，物不天来，终须地出，不损百姓，将何以求？生之有时，用之无度，编户所奉，恒苦不充，痛切肌肤，不辞棰楚。僧道一说，矫陈祸福，剪发解衣，仍嫌其少。亦有离间骨肉，事均路人，身自纳妻，谓无彼此。皆托佛法，诖误生人。里闬动有经坊，阛阓亦有精舍。化诱所急，切于官征；法事所须，严于制敕。逃丁避罪，并集法门，无知之僧，凡有几万。且一夫不耕，犹受其弊，浮食者众，又劫人财。臣每思惟，实所悲痛。今之大像，若无官助，义无得成，若费官财，又尽人力，一旦有难，将谁救之！"

大足元年（701）正月，成均祭酒李峤谏曰："臣以法王慈敏，菩萨护持，唯拟饶益众生，非要修营土木。殿堂佛宇，处处皆有，见在足堪供养，无烦更有修营。窃见白司马坂欲造大像，虽税非户口，钱出僧尼，不得州县祗承，必是不能济办，终须科率，岂免劳扰！但天下编户，贫弱者众，亦有佣力客作，以济糇粮，亦有卖舍贴田，以供王役。伏闻造修之钱，见有一十七万余贯，若将散施，广济贫穷，人与一千，自然济得一十七万余户。拯饥寒之弊，省劳役之勤，顺诸佛慈悲之心，沾圣君亭毒之意，人神胥悦，功德无穷，方作过后因缘，岂如见在果报。垂九霄之泽，收万姓之心，开此恩造，谁不感悦。”

长安四年(704)十月九日敕：“大像宜于白司马坂造为定，仍令春官尚书、建安王攸宁，充检校大像使。”监察御史张廷珪谏曰：“夫佛者，以觉知为义，因心而成，不可以诸相窥也。故经云：‘若以色见我，以音声求我，是人行邪道，不能见如来。’此明如来之果不可外求也。陛下信心归依，壮其塔庙，广其尊容，已遍于天下矣。盖有住于像而行布施，非最上第一希有之法。何以言之？经云：‘若人满三千大千世界，七宝以用布施，及恒河沙等身命布施，其福甚多。若人于经中受持，及四句偈等为人演说，其福胜彼。’如佛所言，则陛下倾四海之财，殚万人之力，穷山之木以为塔，极冶之金以为像，虽劳则甚矣，费则多矣，而所获福缘，不愈于殚劳之匹夫，沙门之末学，受持精进，端坐思惟，理亦明矣。臣窃为陛下小之。今陛下广树熏修，又置精舍，则经云菩萨所作福德，不应贪着，盖有为之法，不足尚也。况此营造，事殷土木，或开发盘礴，峻筑基阶，或填塞川涧，通转采斫，辗压虫蚁，动盈巨亿。岂佛标坐夏之义，憋蠢动而不忍害其生哉！今陛下何以为之？又役鬼不可，唯人是营，通计工匠，率多贫窭，朝驱暮役，劳筋苦骨，箪食瓢饮，晨炊星饭，饥渴所致，疾疫交集，岂佛标徒行之义，畜兽而不忍残其力哉！今陛下何以为之？伏惟慎之重之，思菩萨之行为，利益一切众生，应如是布施，则经所谓不住色布施，不住声香味触法布施，其福德若东西南北四维，上下虚空，不可思量矣。何必勤勤于住相，雕苍生之财，崇不急之务。臣以时政论之，则宜先边境，蓄府库，养生力；以释教言之，则宜救苦厄，灭诸相，崇无为。伏惟陛下察臣之愚，行佛之意，务以治为上，不以人废言。”帝从其言，即停作。

建中元年(780)四月，妃父王景仙、驸马高怡献金铜佛像以为寿，上使谓曰：“有为功德，吾不欲为久矣。”舁而还之。

元和五年(810)十月，新罗王遣其子献金银佛像。

僧道立位

贞观十一年(637)正月十五日，诏道士、女冠宜在僧、尼之前，至上元元年(674)八月二十四日辛丑，诏公私斋会及参集之处，道士、女冠在东，僧尼在西，不须更为先后。至天授二年(691)四月二日，敕释教宜在道教之上，僧、尼处道士之前。至景云二年(711)四月八日，诏：“自今已后，僧、尼、道士、女冠并宜齐行并集。”

僧尼所隶

延载元年(694)五月十一日敕：“天下僧尼隶祠部，不须属司宾。”

开元二十四年(736)七月二十八日，中书门下奏：“臣等商量，缘老子至流沙，化胡成佛法。本西方兴教，使同客礼，割属鸿胪。自尔已久，因循积久。圣心以玄元本系，移就宗正。诚如天旨，非愚虑所及。伏望过元日后，承春令便宜，其道僧等既缘改革，亦望此时同处分。”从之。至二十五年（737）七月七日，制：“道士、女冠宜隶宗正寺，僧、尼令祠部检校。”至天宝二载（743）三月十三日制：“僧、尼隶祠部，道士宜令司封检校，不须隶宗正寺。”

元和二年（807）二月，诏僧、尼、道士同隶左街右街功德使，自是祠部、司封不复关奏。

会昌五年（845）七月，中书门下奏：“奉宣，僧、尼不隶祠部，合系属主客，与复合令鸿胪寺收管，宜分析奏来者。天下僧尼，国朝已来，并隶鸿胪寺。至天宝二年（743），隶祠部。臣等据《大唐六典》，祠部掌天下宗庙大祭，与僧事殊不相及，当务根本，不合归尚书省，属鸿胪寺亦未允当。又据《六典》，主客掌朝贡之国七十余番，五天竺国并在数内。释氏出自天竺国，今陛下以其非中国之教，已有厘革。僧、尼名籍便令系主客，不隶祠部及鸿胪寺，至为允当。”从之。

六年（747）五月制：“僧、尼依前令，两街功德使收管，不要更隶主客。所度僧、尼，令祠部给牒。”

杂　录

贞观二年（628）五月十九日敕：“章敬寺是先朝创造，从今已后，每至先朝忌日，常令设斋行香，仍永为恒式。”

开元二年（714）二月十九日敕：“天下寺观，屋宇先成，自今已后，更不得创造。若有破坏，事须条理，仍经所司陈牒检验，先后所详。”七月十三日敕：“如闻百官家，多以僧尼、道士等为门徒往还，妻子等无所避忌，或诡托禅观，祸福妄陈。事涉左道，深斁大猷。自今已后，百官家不得辄容僧尼等至家，缘吉凶要须设斋者，皆于州县陈牒寺观，然后依数听去。”二十九日敕：“佛教者，在于清净，存乎利益。今两京城内，寺宇相望，凡欲归依，足申礼敬。如闻坊巷之内，开铺写经，公然铸佛。自今已后，村坊街市等不得辄更铸佛、写经为业。须瞻仰尊容者，任就寺礼拜；须经典读诵者，勒于寺赎取，如经本少，僧为写供。诸州寺观，亦宜准此。”

十二年（724）六月二十六日敕有司，试天下僧尼年六十已下者，限诵二百纸经，每一年限诵七十三纸。三年一试，落者还俗。不得以坐禅对策义试。诸寺三纲统，宜入大寺院。

十九年（731）六月二十八日敕：“朕先知僧徒至弊，故预塞其源，不度人来，向二十余载。访闻在外有二十已下小僧尼，宜令所司及府县检责处分。”又曰：“惟彼释、道，同归凝寂，各有寺观，自宜住持。如闻远就山林，别为兰若，兼亦聚众，公然往来，或妄说生缘，辄在俗家居止，即宜一切禁断。"

天宝五载(746)二月二十五日，京兆尹萧炅奏："私度僧尼等，自今已后有犯，请委臣府司，男夫并一房家口，移隶碛西。"

会昌五年(845)七月，中书门下奏："以天下废寺铜像及钟磬等委诸道铸。"(事具泉货门)其月，又奏："天下士庶之家所有铜像，并限敕到一月内送官，如违此限，并准盐铁使旧禁铜条件处分。其土木等像并不禁，所由不得因此扰人。其京城及畿内诸县衣冠百姓家，有铜像并望送纳京兆府。自拆寺以来，应有铜像等，衣冠百姓家收得，亦限一月内陈首送纳，如辄有隐藏，并准旧条处分。"敕旨："宜依。"八月，中书门下奏："诸道废毁寺铁像，望令所在销为农器；鍮石之像，望令销付度支。"敕旨依。

六年(846)八月敕："准今年五月三日赦书节文，如缘修饰佛像，但用土木，足以致敬，不得用金、银、铜、铁及宝玉等，如有犯，衣冠录名闻奏。"

燃　灯

先天二年(712)二月，胡僧婆陀请夜开城门，燃灯百千炬，三日三夜。皇帝御延喜门观灯纵乐，凡三日夜。左拾遗严挺之上疏曰："窃惟陛下孜孜庶政，业业万几，盖以天下为心，深戒安危之理。奈何亲御城门，以观大酺，累日兼夜，臣愚窃所未喻。且臣卜其昼，未卜其夜。史册攸传，君举必书，帝王重慎。今乃暴衣冠于上路，罗伎乐于中宵。陛下反朴复古，宵衣旰食，不矜细行，恐非圣德所宜。臣以为不可一也。谁何警夜，代鼓通晨，以备非常，古之善教。今陛下不深惟戒慎，轻违动息，重门弛禁，巨猾多徒。倘有跃马奔车，厉声骇叫，一尘清览，有轸宸衷。臣以为不可二也。陛下北宫多暇，西牖暂陟。青春日长，已积埃尘之弊；紫微漏永，重穷歌舞之乐。倘有司跛倚，下人饥倦，以陛下近犹不恤，圣情攸关，岂不凛然祇畏？臣以为不可三也。伏望昼尽欢娱，暮令休息。务斯兼夜，恐无益于圣朝，惟陛下裁择。"

开元二十八年(740)，以正月望日御勤政楼燕群臣，连夜燃灯，会大雪而罢。因命自今常以二月望日夜为之。

天宝三载(744)十一月敕："每载依旧正月十四、十五、十六日开坊市燃灯，永为例程。"

病　坊

开元五年(717)，宋璟奏："悲田养病，从长安以来，置使专知。国家矜孤恤穷，敬老养病，至于安庇，各有司存。今骤聚无名之人，着收利之便，实恐逋逃为薮，隐没成奸。昔子路于卫出私财为粥，以饲贫者，孔子非之，乃覆其馈。人臣私惠，犹且不可，国家小慈，殊乖善政，伏望罢之。其病患人令河南府按此分付其家。"

会昌五年(845)十一月,李德裕奏云:“恤贫宽疾,著于《周典》,无告常馁,存于《王制》。国朝立悲田养病,置使专知。开元五年(717),宋璟奏悲田乃关释教,此是僧、尼职掌,不合定使专知,玄宗不许。至二十二年(734),断京城乞儿,悉令病坊收管,官以本钱收利给之。今缘诸道僧尼尽已还俗,悲田坊无人主领,恐贫病无告,必大致困穷。臣等商量,悲田出于释教,并望改为养病坊。其两京及诸州,各于录事耆寿中,拣一人有名行谨信为乡里所称者,专令勾当。其两京望给寺田十顷,大州镇望给田七顷,其他诸州望委观察使量贫病多少给田五顷,以充粥食。如州镇有羡余官钱,量予置本收利,最为稳便。”敕:“悲田养病坊,缘僧尼还俗,无人主持,恐残疾无以取给,两京量给寺田拯济,诸州府七顷至十顷。各于本置选耆寿一人勾当,以充粥料。”

僧　籍

天下寺五千三百五十八,僧七万五千五百二十四,尼五万五百七十六。两京度僧、尼,御史一人莅之。每三岁,州县为籍,一以留州县,一以上祠部。

新罗、日本僧入朝学问,九年不还者编诸籍。

会昌五年(845),敕祠部检括天下寺及僧尼人数,凡寺四千六百,兰若四万,僧尼二十六万五百人。

大秦寺

贞观十二年(638)七月,诏曰:“道无常名,圣无常体,随方设教,密济群生。波斯僧阿罗本远将经教来献上京,详其教旨,元妙无为,生成立要,济物利人,宜行天下。所司即于义宁坊建寺一所,度僧廿一人。”

天宝四载(745)九月,诏曰:“波斯经教,出自大秦,传习而来,久行中国,爰初建寺,因以为名。将欲示人,必修其本,其两京波斯寺,宜改为大秦寺,天下诸府郡置者,亦准此。”

摩尼寺

贞元十五年(799)四月,以久旱,令摩尼师祈雨。

元和二年(807)正月庚子,回纥请于河南府、太原府置摩尼寺,许之。

会昌三年(843)敕:“摩尼寺庄宅钱物,并委功德使及御史台、京兆府差官检点。在京外宅修功德回纥,并勒冠带,摩尼寺委中书门下条疏奏闻。”

【据中华书局1955年版《唐会要》卷四十九】

《五代会要》谈佛

[北宋]王 溥

寺

后唐天成元年(926)十一月敕:“应今日已前修盖得寺院,无令毁废,自此后不得辄有建造。如有愿在僧门,亦宜准佛法格例,官坛受戒,不得衷私剃度。”

三年(928)六月七日敕:“应天下大寺及敕赐名额院宇,兼有功德堂、殿、楼阁,已成就者,各勒住持,其余小小占射或舍施及置买目下屋宇虽多,未有佛像者,并须量事估价,一时任公私收买。其住持僧便委功德使,及随处长吏,均配于大寺安止。如院在僻静之处,舍宇无多,不堪人承买者,便仰毁拆,其材木给付本僧,田地任人请射。仍限敕到后十日内,并须通勘腾并了绝,如敢迁延及有故违,其所犯僧徒二年,尼杖七十并勒还俗。若有形势偕庇,当移不移,诳惑官中,更求院额,既达听闻,所知之人,不系官位高低,并行朝典。如要增修福利,则任于合留寺院内兴功。”

晋天福四年(939)十二月敕:“今后诸道州府、城郭村坊,不得创造寺宇。所有自前盖者,即依旧住持。”

开运二年(945)七月,左谏议大夫季元龟奏:“天下寺宇房屋,近日多闻元住僧转与相典贴,伏乞明行止绝。”从之。

周显德二年(955)五月六日敕:条流僧尼,画一如后:

一、诸道州府县镇村坊,应有敕额者一切仍旧,其无敕额者并仰停废。所有功德神像及僧尼,与限一月,腾并于逐处州军县镇合留寺院内安置。所有殿堂屋宇,仰封锁收管。所有资财、衣钵、斛斗、孳畜、什物,并仰分付本主。

一、天下诸县城郭内,若无敕额寺院,只于停废寺院内选功德屋宇最多者,或寺或院,僧尼各留一所。若无尼处,只留僧寺院一所。其在军镇及偏镇坊郭户及二百户已上者,亦依诸县例指挥。如边远郡无敕额寺院处,于停废寺院内,僧尼各留两所。

一、两京诸道州府,除见留寺院外,今后不限城郭村坊、山林胜境古迹之地,并不得创造寺院兰若。如有僧尼、俗士辄违敕命者,其主首及同勾当人,并徒三年,仍配役,其僧尼勒还俗。本州府录事参军、本判官、本县令佐,并除名配流。地分厢镇职员所由,当并严断,长吏奏请进止。

一、王公戚里、诸道节刺已上,今后不得奏请创造寺院及请开置戒坛。如违,仰御史台弹奏。

四年(957)九月,赐京城内新修四寺额,以天清、显静、显宁、圣寿为名。

燃　灯

梁开平三年(909)正月敕:"兵革方偃,久废燃灯,属在上春,务达阳气。宜于正月上元前后三昼夜,开坊市门,一任公私燃灯祈福。"

周广顺三年(953)七月,京城民晁诸殷等,为永寿节请各于门首斋僧,燃灯三昼夜。从之。

杂　录

后唐天成元年(926)十月十一日敕:"上国两街僧道,自前赐师号,不数人而已;至于赐紫,并系特恩。近日诸道州府,因应圣节,表荐僧道颇多,宜令中书、门下,此后凡有诸处,不系应圣节及横荐僧道,不得等闲申发章表,请行命服师号。"

二年(927)六月七日敕:应条流三京诸道州府县镇寺院僧尼事:

一、访闻近日僧尼等,或因援请托以参寻,既往来以为常,致奸讹之有幸。自此后如有官中斋会行香,显有告援,及大段斋供,请命即行,依时赴会。除此外不计斋前、斋后,僧尼不得辄有相过。如敢故违,仰逐处坊界所由及巡司节级,画时擒捉,并准奸匪例处断。其所犯人衣物资财,便充捉事人优赏。如有人诘告不虚,准此酬赏。

一、此后如有修补寺宇功德,要开讲求化,须至断屠之月,方得于大寺院开启,仍许每寺只开一坐。兼不得僧于尼寺内开讲,尼亦不得将功德事请僧于诸寺开讲。如敢故违,法师兼功德至僧徒三年,尼并逐出城。其坊界及诸营士女,不因三场斋月开讲。亦不得过僧舍。如公然通同,许捉获所犯人,并加极法。今后僧不因道场及斋会,不得公然于俗舍安下住止。如违,准上科断。

一、访闻僧尼寺院,多有故违条法,衷私度人。此后有志愿出家,准旧例,经官陈状,比试所念经文,则容剃削,仍不因官坛,不得私受戒法。如违,所犯僧及本师等各徒二年,配于重处色役。如是尼女及年老者,杖之,勒还俗。若有童子出家,亦须显有分据。

一、访闻近日有矫伪之徒,依凭佛教,诳诱人情,或伤割形骸,或负担钳索,或书经于都肆,或卖药于街衢。悉是乖讹,须行断绝。此后如有此色之人,并委所在街坊巡司纠察,准上决配。

一、此后应是僧尼,不计高低,于街衢逢见呵殿官寮,并须回避。如有故意违犯者,便可收送法司。若在身有章服师号者,便委长吏举奏,当行剥夺;如无章服者,仰所在摈逐出城。若有房院,便许别人请射。

一、州城之内、村落之中,或有多慕邪宗,妄称圣教,或僧尼不辨,或男女混居,合党连群,夜聚明散,托宣传于法会,潜纵恣于淫风。若不却除,实为弊恶。此后委所在州府县镇及地界所由巡司节级严加搜刺。有此色人,便仰收捉勘寻,关连党徒,并决重杖处死。

右宜遍降敕三京诸道州府长吏,分明晓示逐处管界,各令遵守。

清泰二年(935)三月,两街功德使奏:“每年诞圣节,诸道州府奏荐僧尼紫衣师号。今欲量立条式,试讲论科、讲经、表白各三科,文章应制十三科,持念一科、禅科、声赞科,并于本技能中条贯。”从之。

晋天福二年(937)十二月二日敕节文:“祠部奏:‘请不置官坛剃度,但于皇帝降圣之辰,即于本住处州府陈状,便比试本业、勘详事行,不虚则容剃削,及取本乡里五人已上耆宿保明文状,具言已前实是良善,兼须结罪,如为僧之后,别行恶事,即罪甘连坐。如是外来百姓,不得辄有容许。候剃讫,仍具乡贯姓号,申祠部请告牒者。’当司欲依前敕,再举条流:如此后遇皇帝降圣之辰,即于逐州府投状剃落,仍验所习经业不虚,即具出家因依、本居乡里、俗姓、法名、年几,申省请给告牒,始永为公据。若有不遵条理、衷私剃度者,便委逐州府本判官追收勘责,事由不虚,其新剃度之人并请重行决断发遣,归本乡里收管色役。其元招引师主及保人等,先具勘责,违犯条流愆罪,亦请痛行决断。常住所在,仍具流号寺院因由申省,如是州府不遵敕命,衷私剃度,不申请祠部告牒,其原行官吏,请行朝典。奉敕宜依。”

周广顺二年(952)四月敕:“永寿节每年诸道节度防御团练使、刺史奏荐僧尼道士紫衣师号,今后见任带使相共奏二人,见任防御团练、刺史只许奏一人,在朝文武臣寮及前任官,今后更不得奏荐。”

显德二年(955)五月六日敕:条流僧尼,画一如后:

一、今后僧尼不得私剃头,应有人志愿出家者,并许父母、祖父母处分,已孤者取同居伯叔兄处分,候听许得出家。其师主须得本人家长听许文字,方得容受。男十五已上,念得经文一百纸或读得经文三百纸,方得经本州陈状,乞剃头。委录事参军、本判官试验经文,合敕条者,只仰闻奏。其未剃头间留发髻。如有私剃头者,却勒还俗。其本师主徒三年,勒还俗,役三年。其本寺院三纲知事僧尼杖八十,并勒还俗。

一、僧尼今后不得私受戒,只于两京、大名府、京兆府、青州府戒坛,候受戒时,两京委祠部差官引试前项所习经业,其大名府等三处戒坛,只委本判官、录事参军引试,合敕条者分析闻奏。如有私受戒者,其本人、本师主、临坛三纲知事僧尼,并同私剃头例科罪。如引试经业不精,辄与剃头受戒者,本试官当行朝典。

一、应合剃头受戒人等,仰逐处于天清节一月前,具姓名、乡贯、寺院、年几,及所习经业申奏,候敕下,委祠部给付凭由,方得剃头受戒,不得非时施行。起今后应有僧尼剃头受戒,无祠部凭由者,无由并还俗。

一、应男子有父母、祖父母在，别无儿息侍养，不听出家。如违，其本师主重行科断。

一、应曾有犯遭官司刑责之人，及弃背祖父母、父母逃亡，如奴婢、奸人、细作、恶逆徒党、山林亡命、未获贼徒、负罪潜窜人等，并不得出家剃头。如有寺院辄容受者，其本人及师主、三纲知事僧尼、邻房同住僧，仰收捉禁勘，申奏取裁。其地方巡司官吏，不能觉察者，仰概申奏。

一、自前多有逃遁军人投寺院出家，在所僧徒不畏官方，便与剃削。起今后，有向曾在军门，面带瑕痕，逐处寺院辄敢容受者，其本人及师主、三纲知事、邻房同住僧等，仰密切收捉禁勘申奏。地方官所由，不能觉察，重行科断。

一、应有僧尼衷私创置院舍，私与人剃头受戒，及容贼盗、恶逆、徒党、奸细、背军之人，辄披剃者，其僧俗中有能告官及地方分所由节级自收捉到者，以本犯僧尼衣钵资财充给优赏。

一、应有僧尼、俗士自前多有舍身烧臂炼指、钉截手足、带铃燃灯，诸般毁坏肢体、戏弄符篆，左道妖惑之类，今后一切止绝。如此色人，仰所在严断，遣配边远，仍勒归俗。其所犯罪重者，准格律处分。所有居停寺院知事僧尼、地方厢镇职员所由，公然容纵者，重行科断。

一、应有怀才抱器，或武或文，寄迹空门，莫遂展志，其中有愿出仕宦者，仰逐处长吏发遣赴阙；少壮骁勇之人愿在军门者，亦仰申奏，必当量材录用。若僧尼中有情愿归俗者，一切听许，所在不得搅扰。

【据文渊阁《四库全书》本《五代会要》卷十二，参校中华书局 1985 年版《五代会要》本】

《太平广记》谈佛

[北宋]李　昉等

徐敬业

唐则天朝，徐敬业扬州作乱，则天讨之，军败而遁。敬业竟养一人，貌类于己，而宠遇之。及敬业败，擒得所养者，斩其元以为敬业。而敬业实隐大孤山，与同伴数十人结庐不通人事。乃削发为僧，其侣亦多削发。天宝初(742)，有老僧法名住括，年九十余，与弟子至南岳衡山寺访诸僧而居之，月余。忽集诸僧徒，忏悔杀人罪咎。僧徒异之。老僧曰："汝颇闻有徐敬业乎？则吾身也。吾兵败，入于大孤山，精勤修道。今命将终，故来此寺，令世人知吾已证第四果矣。"因自言死期，果如期而卒，遂葬于衡山。

（出《纪闻》）

唐休璟门僧

唐中宗时，唐公休璟为相。尝有一僧，发言多中，好为厌胜之术，休璟甚敬之。一日，僧来谓休璟曰："相国将有大祸，且不远数月，然可以禳去。"休璟惧甚，即拜之。僧曰："某无他术，但奉一计耳，愿听之。"休璟曰："幸吾师教焉。"僧曰："且天下郡守，非相国命之乎？"曰："然。"僧曰："相国当于卑冗官中，访一孤寒家贫有才干者，使为曹州刺史。其深感相国恩，而可以指踪也。既得之，愿以报某。"休璟且喜且谢，遂访于亲友。张君者，家甚贫，为京卑官。即日拜赞善大夫，又旬日，用为曹州刺史。既而召僧谓曰："已从师之计，得张某矣。然则可教乎？"僧曰："张君赴郡之时，当令求二犬，高数尺而神俊者。"休璟唯之。已而张君荷唐公特达之恩，然莫喻其旨，及将赴郡，告辞于休璟，既而谢之曰："某名迹幽昧，才识疏浅。相国拔此沈滞，牧守大郡，由担石之储，获二千石之禄。自涸辙而泛东溟，出穷谷而陟层霄，德固厚矣，然而感恩之外，窃所忧惕者，未知相国之旨何哉？"休璟曰："用君之才耳，非他也。然常闻贵郡多善犬，愿得神俊非常者二焉。"张君曰："谨奉教。"既至郡，数日，乃悉召郡吏，告之曰："吾受丞相唐公深恩，拔于不次，得守大郡。今唐公求二良犬，可致之乎？"有一吏前曰："某家育一犬，质状异常，愿献之。"张大喜，即献焉。既至，其犬高数尺而肥，其臆广尺余，神俊异常，而又驯扰。张君曰："相国所求者二也，如何？"吏白曰："郡内唯有此，他皆常也。然郡南十里某村某民家，其亦有一焉。民极惜之，非君侯亲往，不可取之。"张君即命驾，赍厚值而访之，果得焉。其状与吏所献者无异，而神彩过之。张君甚喜，即召亲吏，以二犬献休璟。休璟大悦，且奇其状，以为未常见。遂召僧视之，僧曰："善育之，脱相君之祸者，二犬耳。"后旬日，其僧又至，谓休璟曰："事在今夕，愿相君严为之备。"休璟即留僧宿。是夜，休璟坐于堂之前轩，命左右十余人，执弧矢立于榻之隅。其僧与休璟共处一榻。至夜分，僧笑曰："相君之祸免矣，可以就寝。"休璟大喜，且谢之，遂撤左右，与僧寝焉。迨晓，僧呼休璟曰："可起矣。"休璟即起，谓僧曰："祸诚免矣，然二犬安所用乎？"僧曰："俱往观焉。"乃与休璟偕寻其迹，至后园中，见一人仆地而卒矣，视其颈有血，盖为物噬者。又见二犬在大木下，仰视之，见一人袒而匿其上。休璟惊且诘曰："汝为谁？"其人泣而指死者曰："某与彼，俱贼也。昨夕偕来，且将致害相国。盖遇此二犬，环而且吠，彼遂为噬而死。某惧，因匿身于此，伺其他去，将逃焉。迨晓终不去，今即甘死于是矣。"休璟即召左右，令缚之。曰："此罪固当死，然非其心也，盖受制于人耳。愿释之。"休璟命解缚，其贼拜泣而去。休璟谢其僧曰："赖吾师，不然，死于二人之手。"僧曰："此盖相国之福也，岂所能为哉？"休璟有表弟卢轸，在荆门，有术士告之："君将有灾戾，当求一善禳厌者为，庶可矣。"轸素知其僧，因致书于休璟，请求之。僧即以书付休璟曰："事在其中耳。"及书达荆州，而轸已卒。其家开视其书，徒见一幅之纸，并无有文字焉。休璟益奇之。后数年，其僧遁去，竟不知其所适。（出《宣室记》）

卞悦之

宋居士卞悦之，济阴人也。作朝请，居在潮沟。行年五十，未有子息。妇为取妾，复积载不孕。将祈求继嗣，发愿诵《观音经》千遍。其数垂竟，妾即有娠，遂生一男。时即元嘉十四年（437）也。（出《冥祥记》）

杜智楷

杜智楷，曹州离狐人。少好释典，不仕不娶，被僧衣，隐居太山，以读诵为事。唐贞观二十一年（647），于山中还，忽患疾垂死，以袈裟覆体，昏然如梦。见老母（原本无"母"字，据明钞本补。）及美女十数屡来相扰，智楷端然不动。渐相逼斥，并云："舆智楷掷置北涧里。"遂总近前，同执捉，有揽着袈裟者。忽齐声念佛，却后忏悔，请为造阿弥陀佛，诵观音菩萨三十余遍。少间，遂觉体上大汗，即愈。离狐今济阴也。（出《法苑珠林》）

谢　晦

宋尚书谢晦为荆州刺史，谓塔寺不宜在人间，当移之郭外，乃自率部下至新寺门，遣队士八十，持刀斧，毁坏浮图，尊像纵横，瓦木倾坠。俄而云雾暗天，风尘勃起，晦冥即怖走，队人惊散，莫知所以。晦等夜梦，咸见沙门，飞腾空中，光明显赫。又见二人，形悉丈余，容姿甚伟，厉声嗔曰："所行反道，寻当自知。其后，队人满（明抄本"满"作"史""双"字）身着癞疾，经时而死。余人并犯法就终，谢晦连年患瘠病，后因谋叛，合家被诛，皆非命而卒。（出《辨正论》）

【以上据中华书局1961年版《太平广记》卷九十一、卷九十四、卷一百一十一、卷一百一十六】

《涑水记闻》谈佛

［北宋］司马光

向相在西京，有僧暮过村民家求寄止，主人不许，僧求寝于门外车箱中，许之。夜中有盗入其家，自墙上扶一妇人并囊衣而出。僧适不寐，见之。自念不为主人所纳而强求宿，而主人亡其妇及财，明日必执我诣县矣，因夜亡去。不敢循故道，走荒草中，忽堕眢井，则妇人已为人所杀，先在其中矣。明日，主人搜访亡僧并子妇尸，得之井中，执以诣县，掠治，僧自诬云："与子妇奸，诱与俱亡，恐为人所得，因杀之投井中，暮夜不觉失足，亦坠其中。赃在井傍亡失，不知何人所取。"

狱成，诣府，府皆不以为疑，独敏中以赃不获疑之。引僧诘问数四，僧服罪，但言："某前生当负此人死，无可言者。"敏中固问之，僧乃以实对。敏中因密使吏访其贼。吏食于村店，店妪闻其自府中来，不知其吏也，问之曰："僧某者，其狱如何？"吏绐之曰："昨日已笞死于市矣。"妪叹息曰："今若获贼，则何如？"吏曰："府已误决此狱矣，虽获贼，亦不敢问也。"妪曰："然则言之无伤矣。妇人者，乃此村少年某甲所杀也。"吏曰："其人安在？"妪指示其舍，吏就舍中掩捕，获之。案问具服，并得其赃。一府咸以为神。

【据中华书局1989年版《涑水记闻》卷七】

《册府元龟》谈佛

[北宋]王钦若等

崇释老

司马迁之序六家，谈大道之要，其论详矣。自竺乾之典流于中夏，述苦空之旨，显悲济之用，奉其教者，又岂胜道哉？江表之世，崇尚斯笃，乃至增建净刹，讲求梵译，度桑门之众，申血食之业，营斋造像，极其信向。而玄元之训，亦资演畅。东魏、北齐暨于朱氏，何莫由斯也已！其或冥符玄感，神期吻合，肸蠁之应，非可度思。若乃殖众德之本以济于仁恕，洞无为之妙以臻于清净，斯固有助于治者也。

吴大帝赤乌十年(247)，西域康僧会入境，置经行所，朝夕礼念。有司以闻，帝曰："昔汉明感梦金人，使往西方求之，得摩腾空、竺法兰来中国，立经行教。今无乃是遗类乎？"因引见僧会。具言佛教灭度已久，唯有舍利可以求请。遂于大内立坛，结静三七日，得之。帝崇佛道，于是江东初有佛法。

宋文帝元嘉十二年(435)，丹阳尹萧摹之奏曰："佛化被于中国，已历四代。而自顷以来，更以奢竞为重。请自今以后，有欲铸铜像者，悉诣台自闻；兴造塔、寺、精舍，皆先列言，须许报，然后就功。"诏可。又沙汰沙门，罢道者数百人。

孝武帝孝建元年(454)，率群臣于中兴寺八关斋，中食会，侍中袁愍孙(即袁粲旧名)与黄门郎张淹更进鱼肉。尚书令何尚之奉法素谨，密以白帝，帝使御史中丞王谦之纠奏。并免官。

大明二年(458),有昙标道人与羌人高阇谋反,帝因是下诏所在精加沙汰,后有违犯,严其诛坐。于是设诸条禁,自非戒行精苦,并使还俗。而诸寺尼出入宫掖,交关妃后,此制竟不能行。

明帝以宅起湘宫寺,费极奢侈。以孝武帝庄严刹七层,帝欲起十层。不可分立,为两刹,各五层。新安太守巢尚之罢郡还,见帝,曰:“卿至湘宫寺未?我起此寺,是大功德!”通直散骑侍郎虞愿在侧,曰:“陛下起此寺,皆是百姓卖儿贴妇钱。佛若有知,当悲哭哀愍,有何功德?”尚书令袁粲在坐,为之失色。帝大怒,使人驱下殿。愿徐去,无异容。以旧恩,俄复召入。

帝颇好玄理,以周颙有辞义,引入殿内,亲近宿直。帝所为惨毒之事,颙不敢显谏,辄诵经中因缘罪福事,帝亦为之小止。

南齐武帝时,王奂为将军,欲请车驾幸府。帝晚信佛法,御膳不宰牲,使王晏谓奂曰:“吾前去年为断杀事,不复幸诣大臣,已判无容欻尔也。”

梁高祖天监十六年(517)四月,初去宗庙牲。诏曰:“夫神无常飨,飨于克诚。所以西邻礿祭,实受其福。宗庙祭祀,犹存牲牢,无益至诚,有累冥道。自今四时烝尝外,可量代。”八座议:“以脯代一元大武。”八座又奏,既停宰杀,无复省牲之事,请立省馔仪。其众官陪列,并同省牲,帝从之。

十月,诏曰:“今虽无复牲腥,犹有脯修之类,即之幽明,义为未尽。可更详定,悉荐时蔬。”左丞司马筠等参议:大饼代大脯,余悉用蔬菜。帝从之。又,舍人朱异议:二庙祀相承,止有一饼、羹。盖祭祀之礼,应有两羹相承。止于一饼,即礼为乖。请加熬油莼羹、一饼,帝从之。于是起至敬殿、景阳台,立七庙座,月中再设清净馔。自是讫于台城诸庙,遂不血食。

中大通元年(529)九月癸巳,舆驾幸同泰寺,设四部无遮大会。上释御服,披法衣,行清净大舍,以便省为房,素床瓦器,乘小车,私人执役。甲午,升讲堂法座,为四部大众开《涅槃经》题。

十月己酉,设四部无遮大会,僧道五万余人。会毕,帝御金辂还宫。

二年(530)四月,幸同泰寺,设平等会。

三年(531)冬十月己酉,行幸同泰寺。高祖升法座,为四部众说《大涅槃经》义,迄于乙卯。

十一月乙未,行幸同泰寺。高祖升法座,为四部众说《摩诃般若波罗密经》义,迄于十二月辛丑。

五年(533)二月癸未,幸同泰寺。设四部大会,升法座。发《金字般若经》题,迄于己丑。

大同元年(535)三月丙寅,幸同泰寺,设无遮大会。

四月,幸同泰寺,铸十方银像,并设无碍会。

二年(536)三月戊寅,幸同泰寺,设平等法会。

九月辛亥,幸同泰寺,设四部无碍法会。

十月壬午,幸同泰寺,设无碍大会。

三年(537)五月癸未,幸同泰寺,铸十方金像,设无碍大会。

八月辛卯,舆驾幸阿育王寺,大赦天下。

四年(538)五月癸亥,诏以东冶徒李胥之降如来真形舍利,大赦天下。

五年(539),扶南国王遣使贡献,又言其国有佛发,长一丈二尺。诏遣沙门释云宝随使往迎之。

先是,三年(537)八月,高祖改造阿育王寺塔,出旧塔下舍利及佛爪、发。发青绀色,众僧以手伸之,随手长短,放之,则旋屈为蠡形。按《僧伽经》云:佛,发青而细,犹如藕茎丝。《佛三时经》云:我昔在宫沐头,以尺量发,长一丈二尺,故能右旋,还成蠡文。则与高祖所得同也。阿育王即铁轮王,王阎浮提一天下。佛灭度后,一日一夜役鬼神造八万四千塔,此即其一也。吴时有尼居其地,为小精舍。孙綝寻毁除之,塔亦同泯。吴平后,诸道人复于旧处建立焉。晋中宗初渡江,更修饰之。至简文咸安中(371—372),使沙门安法师程造小塔,未及成而亡。弟子僧显继而修立。至孝武太元九年(384),上金相轮及承露。其后,西河离石县有胡人刘萨何遇疾暴亡,而心下犹暖,其家未敢便殡。经七日更苏,说云:有两吏见录,向西北行,不测远近,至十八重地狱,随报重轻,受诸楚毒。见观世音,语云:"汝缘未尽,第得活,可作沙门。洛下、齐城、丹阳、会稽并有阿育王塔,可往礼拜。若寿终则不堕地狱。"语竟,如堕高岩,忽然醒寤。因此出家,名惠达。游行礼塔,次至丹阳,未知塔处。乃登越城四望,见长干里有异气色,因就礼拜,果是育王塔所,屡放光明。由是定知必有舍利。乃集众就掘,入一丈,得三石碑,并长六尺。中有一碑,有铁函,函中又有银函,函中有金函,盛三舍利及爪、发各一枚,发长数尺。即迁舍利近北,对简文所造塔西造一层塔。十六年(391),又使沙门僧尚伽为三层,即高祖所开者也。初穿土四尺,得龙骨及昔人所舍金银环钏钗镊等诸杂宝物。可深九尺许,方至石碑。碑下有石函,函内有铁壶,以盛银坩,坩内有金镂罂,盛三舍利,如粟粒大,圆正光洁。函内又有琉璃碗,碗内得四舍利及发、爪,爪有四枚,并为沉香色。至其月二十七日,高祖到寺礼拜,设无遮大会,大赦天下。是日,以金钵盛水,泛舍利,其最小者隐钵不出。高祖礼数十拜,舍利乃于钵内放光,旋回久之,乃当钵中止。高祖问大僧正惠令曰:"见不可思议事不?"惠令答曰:"法身常住,湛然不动。"高祖曰:"弟子欲请一舍利,归台供养。"至九月五日,又于寺设无遮大会，遣皇太子王侯朝贵等奉迎。是日风景明和，京师倾瞩，观者百数十万人。所设金银供具等物，并留寺供养。并施钱一千万，为寺基业。至四年(538)九月十五日，高祖又至寺设无遮大会，竖二舍利塔，各以金罂，次玉罂，重盛舍利及爪、发，内七宝塔中。又以石函盛宝塔分下两塔下，及王侯妃主、百姓富室所舍金银钏等珍宝充积。十一年(545)十一月二日，寺僧又请高祖于寺发《般若经》题。尔夕，二塔俱放光明，敕镇东将军邵陵王纶制寺大功德碑文。先是，二年(536)改造会稽鄮县塔，开旧塔，出舍利，遣光宅寺释敬脱等四僧及舍人孙照暂迎还台，高祖礼拜竟，即送还县入新塔下。此县塔亦是刘萨何所得也。晋咸和中(326—334)，丹阳尹高悝行至张侯桥，见浦中五色光，长数尺，不知何怪。令人于光处惛视之，得金像，未有光趺。悝乃下车，载像还。至长干巷首，牛不肯进，悝乃令驭人任牛所之，牛竟牵车至寺。悝因留像付寺僧。每至中夜，常放光明，又闻空中有金石之响。经一岁，临海渔人张系世于海口忽见有铜花趺浮出水上，系世取送县，县以送台，乃施像足，宛然会合。简文咸安元年(371)，交州合浦人董宗之采珠没水，于底得佛光艳。交州押送台，以施像，又合焉。自咸和中(326—334)得像，至咸安(371—372)，历三十余年，光趺始具。初，高悝得像后，有西域胡僧五人来诣悝曰："昔于天竺得阿育王造像，来至邺下，值胡乱，埋像于河边。今寻觅失所。"五人当其夜俱梦见像已出江东，为悝所得。乃送此五僧至寺。惠达欲模写像形，寺主僧尚虑亏损金色谓惠达曰："若能令像放光，回身西向，乃可相许。"惠达便恳祷拜请。其夜像即转座放光，回身西向，且便许模之。边趺光有外国书，莫有识者；后有三藏那永跋摩识之，云是阿育王为第四女所造也。及大同中(535—545)，出旧塔舍利，敕市寺侧数百家以广寺域，造诸堂殿并瑞像、周回阁等，穷于轮奂焉。其图诸经变，并吴人张僧繇运手。繇丹青之工，一时冠冕。

中大同元年(546)三月庚戌，法驾出同泰寺，省讲《金字三会经》。

夏四月丙戌，于同泰寺解讲设会。

太清元年(547)三月庚子，帝幸同泰寺，设无遮大会。帝升光严殿讲堂，坐师子座。讲《金字三会经》。帝素归心释教，每发誓愿，尝云："若有众生应受诸苦，悉讳身代当。"(帝尤长释典，制《涅槃》《大品》《净名》《三惠》诸义记，复数百卷。听览余闲，即于重云殿及同泰寺讲说，名僧愿学、四部听众常万余人。)

元帝承圣三年(554)九月辛卯，于龙光殿述《老子》义，尚书左仆射王褒为执经。

后梁宣帝察好学，善属文，尤长于佛义，著内典《华严》《般若》《法华》《金光明》义疏三十六卷，遂行于世。初，察以岳阳王镇荆州，甄玄成为察中记室参军、掌书记，颇参政事。后以江陵甲兵殷盛，遂怀二心，密与元帝具申诚款。或有得其书者，送之于察。察深信佛法，尝愿不杀诵《法华经》人，云玄成素诵《法华》，遂以此获免。察复见之，尝曰:“甄公得《法华经》力。”

陈高祖永定元年(557)十月,诏出佛牙于杜姥宅,集四部,设无遮大会。高祖亲出阙前礼拜。初,齐故僧统法献于乌缠国得佛牙,常在定林上寺。梁天监末(519),为摄山庆云寺沙门惠兴所得。惠兴将终,以属弟惠志。及承圣末(554),惠志密送于帝,至是乃出。

二年(558)十月,舆驾幸庄严寺,发《金光明经》题。

十二月甲子,舆驾幸庄严寺,设无遮大会,舍乘舆法物。群臣备法驾奉迎,即日还宫。

文帝天嘉四年(563)四月,设无遮大会于太极前殿。

后主太建十四年(582)九月丙午,设无遮大会。

东魏孝静帝时,杜弼为通直散骑常侍,从高欢于晋阳。欢命弼奉使诣阙,帝见之于九龙殿,曰:“朕始读《庄子》,便值奏名,定是体道得真,玄同齐物。闻卿释学,聊有所问:经中佛性、法性为一,为二?”弼对曰:“佛性、法性,止是一理。”诏又问曰:“佛性既非法性,何得为一?”对曰:“性无不在故,不说二。”诏又问曰:“说者皆言法性宽,佛性狭。宽狭既别,非二而何?”弼又对曰:“在宽成宽,在狭成狭。若论性体,非宽非狭。”诏又问曰:“既言成宽成狭,何得非宽非狭?若定是狭,亦不能成宽。”对曰:“以非宽狭,故能成宽狭。所成虽异,能成常一。”帝悦,称善,乃引入经书库,赐《地持经》一部,帛一百匹。

后四月八日,帝集名僧,于显杨殿讲说佛理,弼与吏部尚书杨愔、中书令邢邵、秘书监魏收等并侍法筵。敕弼升师子座,当众敷演。诏玄都僧达及僧道顺并缁林之英,问难锋至,往复数十番,莫有能屈。帝曰:“此贤若生孔门,则何如之?”

兴和二年(540)春,诏以邺城旧宫为天下平寺。

世宗以来,至武定末(550),沙门知名者有惠猛、惠辨、惠深、僧暹、道银、僧献、道晞、僧深、惠光、惠颙、法宫、道长,并见重于当世。自魏有天下,至于禅让,佛经流通,大集中国,凡有四百一十五部,合一千九百一十九卷。正光(520—524)已后,天下多虞,王役犹甚,于是所在编民相与入道,假慕沙门,实避调役,猥滥之极。自中兴之有佛法,未之有也。略而计之,僧尼大众二百余万矣,其寺三万有余。

北齐文宣帝天保九年(558),起大庄严寺。

武成帝河清二年(563)五月,诏以城南双堂之苑建造大总持寺。

八月,诏以三台宫为大兴圣寺。

后主天统二年(566),太上皇帝诏以三台施兴圣寺,以赦降囚徒。

五年(569)正月,诏以金凤等三台未入寺者,施大兴圣寺。

四月，诏以并州尚书省为大基圣寺，晋祠为大崇皇寺。

梁太祖开平元年(907)五月，废雍州太清宫，改西都太微宫、亳州太清宫皆为观，诸州紫极宫皆为老君庙。又，泉州寺僧智宣自西域回，进辟支、佛骨及梵甲经律。此僧自壮岁西游，及还已耄矣。既遇新朝，又传佛教，亦圣德之所感契。

六月，改耀州报恩禅院为兴国寺。

九月，浙西奏道门威仪郑章、道士夏隐言焚修精志，妙达希夷，推诸辈流，实有道业。郑章宜赐号贞一大师，仍名玄章。隐言赐紫衣。

二年(908)六月，邕州奏镆铘山僧法通、道璘有道行，各赐紫衣。

八月，两浙钱镠奏改管内紫极宫为真圣观。

三年(909)，福建节度使王审知奏舍钱造寺一所，请赐寺额。敕名大梁万岁之寺，仍许度僧四十九人。

四年(910)正月，赐湖南开元寺禅长老可复号惠光大师，仍赐紫衣。

五年(911)二月，泌州置善护寺。

乾化元年(911)六月，诏修天宫、佛寺。又，湖南奏潭州僧法思、桂州僧归真并乞赐紫衣，可之。

二年(912)夏，文武官并诣佛寺，为皇帝设斋，命合门使李元持香合赐之。又，中书奏为皇帝于长寿寺启消灾道场。

末帝龙德初(921)，祠部员外郎李枢上言，请禁天下私度僧尼，及不许妄求师号、紫衣。如愿出家受戒者，皆须赴阙比试艺术、施行。愿归俗者，一听自便。诏曰："两都左右街赐紫衣及师号僧，委功德使具名奏闻。今后有阙方得奏荐，仍须道行精至，夏腊高深，方得补填。每遇明圣节，两街各许官坛度七人。诸道如要度僧，亦仰就京官坛，仍令祠部给牒。今后只两街置僧录，诸道僧正并废。"

【据文渊阁《四库全书》本《册府元龟》卷一百九十四，参校中华书局1960年版《册府元龟》本】

《湘山野录》谈佛

［北宋］释文莹

张乖崖成都还日，临行封一纸轴付僧文鉴大师者，上题云："请于乙卯岁(1015)五月二十一日开。"后至祥符八年(1015)，当其岁也。时凌侍郎策知成都，文鉴至是日，持见凌公曰："先尚书向以此嘱某，已若干年，不知何物也。乞公开之。"洎开，乃所画野服携筇，黄短褐，一小真也。凌公奇之，于大慈寺阁龛以祠焉。盖公祥符七年甲寅

(1014)五月二十一日薨,开真之日,当小祥也。公以剑外铁缗辎重,设质剂之法,一交一缗,以三年一界换之。始祥符辛亥(1011),今熙宁丙辰(1076),六十六年,计已二十二界矣,虽极智者不可改。

真宗西祀回跸,次河中,时长安父老三千人具表诣行在乞临幸,且称"汉、唐旧都,关河雄固,神祇人民无不望天光之下临也。"上意未果,召种司谏放以决之。时种持兄丧于家,既至,真庙携之登鹳鹊楼,与决雍都之幸。种恳奏曰:"大驾此幸有不便者三:陛下方以孝治天下,翻事秦、汉,侈心封禅郡岳,而更临游别都,久抛宗庙,于孝为阙,此其不便一;其百司供拟顿仗事繁,晚春蚕麦已登,深费农务,此不便二;精兵重臣扈从车跸,京国一空,民心无依,况九庙乎? 此陛下深宜念之,乃其三也。"上玉色悚然,曰:"臣僚无一语及此者。"放曰:"近臣但愿扈清跸、行旷典、文颂声以邀己名,此陛下当自寤于清衷也。"翊日,传召銮舆还阙,临遣,雍人所幸宜不允。真宗便欲邀放从驾至京,放乞还家林,上曰:"非久必当召卿。"

译经鸿胪少卿、光梵大师惟净,江南李王从谦子也。通敏有先识,解五竺国梵语。庆历中(1041—1048),朝廷百度例务减省。净知言者必废译经,不若预奏乞罢之:"臣闻在国之初,大建译园,逐年圣节,西域进经,合今新旧何啻万轴,盈函溢屋,佛语多矣。又况鸿胪之设,虚费禄廪,恩锡用给,率养尸素。欲乞罢废。"仁宗曰:"三圣崇奉,朕乌敢罢,且又琛贡所籍名件,皆异域文字,非鸿胪安辨?"因不允。未几,孔中丞道辅果乞废罢,上因出净疏示之方已。景祐中(1034—1037),景灵宫锯佣解木,木既分,中有虫镂文数十字,如梵书旁行(户郎反)之状,因进呈。仁宗遣都知罗崇勋、译经润文使夏英公竦诣传法院,特诏开堂导译,(每圣节译经,则谓之"开堂")冀得祥异之语以忏国。独净焚天香导译逾刻,方曰:"五竺无此字,不通辨译。"左珰恚曰:"请大师且领圣意,若稍成文,译馆恩例不浅。"而英公亦以此意讽之。净曰:"某等幸若蠹文稍可笺辨,诚教门之殊光,恐异日彰谬妄之迹,虽万死何补。"二官竟不能屈,遂与奏称非字。皇祐三年(1051)入灭,碑其塔者此二节特不书,惜哉!

【据中华书局1984年版《湘山野录》卷上】

《玉壶清话》谈佛

[北宋]释文莹

开宝塔成,欲撰记,太宗谓近臣曰:"儒人多薄佛典,向西域僧法遇自摩竭陀国来,表述本国有金刚坐,乃释迦成道时所踞之坐,求立碑坐侧。朕令苏易简撰文赐之,中有鄙佛为夷人之语,朕甚不喜,词臣中独不见朱昂有讥佛之迹。"因诏公撰之。文既成,敦崇严重，太宗深加叹奖。公举进士之时，（一云："公博学，少之时。"）赵韩王深所器重，谓人曰："朱有君子之风，寿德远到。"时宗人朱遵度有学名，谓之"朱万卷"，目公为"小万卷"。扬历清贵三十年，（一作"五十年"。）晚以工部侍郎恳求归江陵。逾年方允。止令谢于殿门外，复诏赐坐。时方剧暑，恩旨宠留，诏秋凉进程。时吴淑赠行诗，有"浴殿夜凉初阁笔，渚宫秋晚得悬车"之句，尤为中的。锡宴玉津园，中人传诏，令各赋诗为送。若李承旨维有"清朝纳禄犹强健，（'纳'一作'辞'。）白首还家正太平"，及陈文惠公尧佐"部吏百函通爵里，送兵千骑过荆门"之句。凡四十八篇，皆警绝一时，朝论荣之。弟协亦同时隐，皆享眉寿，家林相接，谓之渚宫二疏。荆帅陈康肃尧咨表其居为东、西致仕坊。八十二薨，门人请谥正裕先生。

【据中华书局1984年版《玉壶清话》卷二】

《容斋随笔》谈佛

[南宋]洪　迈

儒人论佛书

韩文公《送文畅序》，言儒人不当举浮屠之说以告僧。其语云："文畅浮屠也，如欲闻浮屠之说，当自就其师而问之，何故谒吾而百来请也？"元微之作《永福寺石壁记》云："佛寺之妙奥，僧当为予言，予不当为僧言。"二公之语，可谓至当。

【据齐鲁书社2007年版《容斋随笔》卷三】

僧道科目

唐末帝清泰二年（935）二月，功德使奏："每年诞节，诸州府奏荐僧道，其僧尼欲立讲论科、讲经科、表白科、文章应制科、持念科、禅科、声赞科，道士经法科、讲论科、文章应制科、表白科、声赞科、焚修科，以试其能否。"从之。此事见《旧五代史记》，不知曾行与否，至何时而罢也。盖是时犹未鬻卖祠部度牒耳。周世宗废并寺院，有诏约束云："男年十五以上，念得经文一百纸，或读得五百纸；女年十三以上，念得经文七十纸，或读得三百纸者，经本府陈状，乞剃头，委录事参军、本判官试验。两京、大名、京兆府、青州各起置戒坛，候受戒时，两京委祠部差官引试，其三处祇委判官，逐处闻奏。候敕下委祠部给付凭由，方得剃头受戒。"其防禁之详如此，非若今时只纳钱于官，便可出家也。念经、读经之异，疑为背诵与对本云。

【据《容斋三笔》卷九】

僧官试卿

唐代宗以胡僧不空为鸿胪卿、开府仪同三司，予已论之矣。自其后习以为常，至本朝尚尔。元丰三年（1080），详定官制所言，译经僧官，有授试光禄鸿胪卿、少卿者，请自今试卿者，改赐三藏大法师，试少卿者，赐三藏法师。诏试卿改赐六字法师，少卿四字，并冠以“译经三藏”。久之复罢。

【据《容斋三笔》卷十三】

佛胸卍字

《法苑珠林》叙佛之初生云：“开卍字于胸前，蹑千轮于足下。”又《占相部》云：“如来至真，常于胸前自然卍字，人人相者乃往古世蠲除秽浊不善行故。”予于《夷坚丁志》中载蔡京胸字，言：“京死后四十二年迁葬，皮肉消化已尽，独心胸上隐起一卍字，高二分许，如镌刻所就。”正与此同。以大奸误国之人，而有此祥，诚不可晓也。岂非天崩地拆，造化定数，故产此异物，以为宗社之祸邪！

【据《容斋三笔》卷十六】

《列子》与佛经相参

张湛序《列子》云：“其书大略明群有以至虚为宗，万品以终灭为验，神惠以凝寂常全，想念以着物自丧，生觉与梦化等情。所明往往与佛经相参。”予读《天瑞篇》载林类答子贡之言曰：“死之与生，一往一反。故死于是者，安知不生于彼？故吾知其不相若矣，吾又安知吾今之死不愈昔之生乎？”此一节所谓与佛经相参者也。又云：“商太宰问孔子：‘三王五帝三皇圣者欤？’孔子皆曰：‘弗知。’太宰曰：‘然则孰者为圣？’孔子曰：‘西方之人有圣者焉，不治而不乱，不言而自信，不化而自行，荡荡乎民无能名焉，丘疑其为圣。弗知真为圣钦，真不圣欤？”其后论者以为《列子》所言，乃佛也，寄于孔子云。

【据《容斋四笔》卷一】

娑罗树

世俗多指言月中桂为娑罗树，不知所起。案《酉阳杂俎》云：“巴陵有寺，僧房床下，忽生一木，随伐而长，外国僧见曰，此娑罗也。元嘉中（424—453），出一花如莲。唐天宝初（742），安西进娑罗枝，状言：‘臣所管四镇拔汗那国，有娑罗树，特为奇绝，不比凡草，不止恶禽，近采得树枝二百茎以进。'”予比得楚州淮阴县唐开元十一年（723）海州刺史李邕所作《娑罗树碑》云：“非中夏物土所宜有者，婆娑十亩，蔚映千人。恶禽翔而不集，好鸟止而不巢。深识者虽徘徊仰止而莫知冥植，博物者虽沉吟称引而莫辨嘉名。随所方面，颇证灵应，东瘁则青郊苦而岁不稔，西茂则白藏泰而秋有成。尝有三藏义净，还自西域，斋戒瞻叹。于是，邑宰张松质请邕述文建碑。”观邕所言，恶禽不集，正与上说同。又有松质一书答邕云：“此土玉像，爰及石龟，一离淮阴，百有余载，前后抗表，尚不能称，赖公威德备闻，所以还归故里，谨遣僧三人，父老七人，赍状拜谢。”宣和中（1119—1125），向子諲过淮阴，见此树，今有二本，方广丈余，盖非故物。蒋颖叔云：“玉像石龟，不知今安在？”然则娑罗之异，世间无别种也。吴兴芮烨国器有《从沈文伯乞娑罗树碑》古风一首云：“楚州淮阴娑罗树，霜露荣悴今何如？能令草木死不朽，当时为有北海书。荒碑雨侵涩苔藓，尚想墨本传东吴。”正赋此也。欧阳公有《定力院七叶木》诗云：“伊洛多佳木，娑罗旧得名。常于佛家见，宜在月宫主。扣砌阴铺静，虚堂子落声。”亦此树耳，所谓七叶者未详。

【据《容斋四笔》卷六】

《芦浦笔记》谈佛

[南宋]刘昌诗

四明寺

四明僧庐，在六邑总大小二百七十六所，只鄞一县，城内二十六，城外八十。天童日饭千僧，育王亦不下七八百人。行（去声）仆称是。天童岁收谷三万五千斛，育王三万斛，且分布诸库，以罔民利。等而下之，要皆有足食之道。尝观唐武宗时废浮屠法，天下毁寺四千六百，招提兰若四万，籍僧尼为民二十六万五千人。今以一郡会之，真有是哉。

佛　牙

《四明图经》载，昌国县九峰山吉祥院，有辟支佛牙一枚，长四寸，阔一寸，舍利缀满。乃建炎初（1127）给事中黄龟年所施。窃计之，人长五尺，两牙不能半寸。今一牙长四寸，上下相合必倍之，则佛须身长八丈，方能容八寸之牙。尝闻佛号丈六金身，此乃五倍，恐无是理。黄给事何自得之、而信之、而施之邪！世有赵凤，必能验真伪而斧之矣。

【据中华书局1986年版《芦浦笔记》卷六】

《鹤林玉露》谈佛

[南宋]罗大经

大悲阁记

东坡《大悲阁记》云:“观世音由闻而觉。始于闻,而能无所闻。始于无所闻,而能无所不闻。能无所闻,虽无身可也。能无所不闻,虽千万亿身可也,而况于手与目乎!虽然,非无身无以举千万亿身之众,非千万亿身无以示无身之至。”又云:“吾将使世人左手运斤,而右手执削,目数飞鸿,而耳节鸣鼓,首肯旁人,而足识梯级,虽有智者,有所不暇矣,而况千手异执,而千目各视乎?及吾宴坐,寂然心念凝默,湛然如大明镜,人鬼鸟兽,杂陈乎吾前。色声香味,交通乎吾体。心虽不起,而物无不接,必有道耶?千手之出,千目之运,虽未可得见,而理则具矣。彼佛菩萨亦然,虽一身不成二佛,而一佛能遍河沙诸国,非有他也,触而不乱,至而能应,理有必至,而何独疑于大悲乎?”东坡之论明畅,大概千手千眼,以理言,非以形言也。昔有僧折臂作偈云:“大悲千眼并千手,大丈夫儿谁不有。老僧今日折一支,尚存九百九十九。”《庄子》:“鲁有兀者叔山无趾,踵见仲尼。仲尼曰:‘子不谨,前既犯患若是矣。虽今来,何及矣!’无趾曰:‘吾惟不知务而轻用吾身,吾是以亡足。今吾来也,犹有尊足者存,吾是以务全之也。’”尊足,即此性也,僧偈正此意。佛本于老庄,于此尤信。孝宗皇帝喜球马,偶伤一目。金人遣贺生辰使来,以千手眼白玉观音为寿,盖寓相谑之意。上命迎入径山,邀使者同往。及寺门,住持僧说偈云:“一手动时千手动,一眼观时千眼观。幸自太平无一事,何须做得许多般。”使者闻之惭。太史公所谓谈言微中,亦足以解纷,信矣。余尝即吾儒之说推之,人主以一身立乎巍巍之上,以一心运乎茫茫之中,不出户而知天下,不下堂而理四海。前旒蔽明,若无见也,而无所不见;高拱穆清,若无为也,而无所不为。自九族睦、百工时,极而至于兆民安、万物育、四夷来,天地两间,裁成参赞,无一欠缺,非千手千眼乎!

圆　觉

裴休《圆觉经序》云:“终日圆觉,而未尝圆觉者,凡夫也。欲证圆觉,而未极圆觉者,菩萨也。具足圆觉,而住持圆觉者,如来也。”盖言凡夫日用饮食而不知,菩萨精思勉行而未至,如来备道全美而无亏耳。近时禅家,又作一转语曰:“终日圆觉,而未尝圆觉者,岂凡夫哉!正是如来境界也。”此意又高。盖此有二意:文王不识不知顺帝则,夫子从心所欲不逾矩,此一意也。文王望道而未之见,夫子丘未能一,又一意也。盖必如是,然后周万有而不劳,历万变而不息,儒者之事也。佛者之教,其等级次第,皆与吾儒同，特其端异耳，故曰异端。

【以上据中华书局1983年版《鹤林玉露·丙编》卷一、卷五】

《宋大诏令集》谈佛

司义祖　编

存留铜像诏

宋太祖

禁铜以来，天下多辇佛像赴京销毁。顾惟像教，民所瞻仰。忽从镕废，有异修崇。应诸道州府有铜像处，依旧存留，此后不得以铜为像。（乾德五年七月丁酉）

禁以铁铸佛像诏

宋太祖

塔庙之设，像教所宗。耕农之设，生人是赖。而末俗迷妄，竞相夸诱，以至施耒耜之器。邀浮图之福，空极劳费。谅乖利益，自今两京及诸道州府寺舍。除造器用道具外，不得以铁铸佛像。仍委所在长吏，常加察访。（开宝五年正月）

禁尼与僧司统摄诏

宋太祖

男女有别，旹在礼经。僧尼无间，寔紊教法。自今应两京及诸道州府，尼有合度者，只许于本寺趣坛受戒，令尼大德主之。其尼院公事，大者申送所在长吏鞫断，小者委逐寺三纲区分，无得与僧司更相统摄。如违，重置其罪。（开宝五年正月乙卯）

限数度僧尼诏

宋太祖

释门崇教，实自前王。岁试度人，宜有定数。苟诵持之未至，则行业以何观？特示明规。庶惩滥得，应诸道州府管内僧尼。自今后逐年据帐，每一百人，只许度有经业童行一人，仍令尚书祠部专切检点。如有额外度人者，并须退落。

禁灌顶道场水陆斋会夜集士女诏

宋太祖

像法真宗，适当崇阐，缁徒戒行，尤在精严。如闻灌顶道场，水陆斋会，并夜集士女，就寺开设，深为亵渎，无益修持。宜令功德司及尚书祠部、告谕两京诸道州府并禁

止之。（开宝八年四月丁酉）

僧尼道士童行十人外更放一人诏

宋真宗

能仁垂教，盖诱于群迷。老氏立言，实宗于众妙。方资善利，用广化枢。应两京诸路州府军监县镇僧尼道士，系帐童行，各于元额十人外更放一人。其寺观院舍及住房僧道，同行不及十人者，每院特放一人；并取系帐年深从上者度。勿试经业，委祠部即给文牒。（景德三年十一月戊戌）

特度僧道诏

宋真宗

朕拜贶膺符，升中展礼。遂行庆赐，仰答神休。爰均雷雨之恩，普及缁黄之众。冀因善利，永福苍黔。应两京诸路州府军监僧尼，除准敕度人数外，逐处见系帐童行。每百人试验经业精熟者更度两人；不满百人处亦如之。道士每宫观特度一人。（大中祥符二年正月乙酉）

志公谥真觉大师诏

宋真宗

大乘阐教，诞显于圆明，开士膺期，夙彰于觉悟，顷于福地。尝获秘文，述景命之延洪，叙上真之保佑。而况先朝钦瞩，命服已加，眇德缵承。微言斯契，焕然伟度。允洽于庆灵，仰止遗风；益思于崇荐，志公宜加谥曰真觉大师。（大中祥符五年十一月丁卯）

志公加号道林真觉大师自今公私文字勿斥其名诏

宋真宗

志公真觉大师，诞粹西夏，显异南梁，学超顿渐之门，识达人天之际。向加美谥，用表灵踪，而流俗之间。懵于崇尚，每因谈述，必斥其名。出自朕心，聿增懿号，宜加为道林真觉大师。自今公私文字，勿斥其名。（大中祥符六年六月甲申）

泗州僧伽大师加号普照明觉大师伽字公私文字不得指斥诏

宋真宗

能仁阐教，敷佑于群生；等觉储灵，流慈于应物。顾丕切而莫大，在钦尚以攸宜。眷彼清淮，峙兹妙塔，示圆明之惠力。存妙寂之法身，俾荐名称。用申严奉。泗州僧伽大师，宜加号曰普照明觉大师。其伽字公私文字不得指斥。仍遣屯田员外郎孟隆说、

往彼致告。(大中祥符六年六月壬子)

开宝寺舍利塔赐名灵感诏

宋真宗

烈祖开基,禅宫载葺;神宗抚运,宝刹斯崇。建净梵之浮图,瘗祇园之舍利。屡臻祥应,备极庄严。迩者禅物荐彰,景辉延曜。念先猷之燕翼,荷丕庆之克昭。恭创鸿名,永宣殊贶。开宝寺舍利塔,宜以灵感为名。(大中祥符六年□月癸酉)

以《太宗御制妙觉集》编入《佛经大藏》诏

宋真宗

恭以太宗皇帝,抚宁万宇,宠茈群元。致周道之和平,发尧文之炳焕。游心释部,观妙真宗,演畅一音,辅昭至理。得灵山之密印,冠汾水之英辞。朕仰奉威神,思流金石。爰稽类次,式就编联,昭示无穷。用传景铄,宜以《太宗御制妙觉集》五卷。编入《佛经大藏》。(大中祥符八年闰六月甲辰)

新译《频那夜迦经》不得入藏传法院似此经不得翻译诏

宋真宗

金仙垂教,实利于含生。贝叶腾文,是资于传译。苟师承之或异,必邪正以相参。既失精详,寖或讹谬。而况荤血之祀,颇渎于真诚。厌诅之词,尤乖于妙理。方增崇尚,特示发明。其新译《频那夜迦经》四卷,不得编入《大藏》。自今传法院似此经文,无得翻译。(天禧元年四月甲午)

敢言毁拆寺院沙汰僧徒者以违御笔论诏

宋徽宗

流俗胜而大道熄,千有余岁,古之大全,世不复见。作而兴之,使归根复命,清净自化,追还古风。比以天下道宫数少,又卑隘圮坏,不足以寅奉上真。悉欲营建,深虑劳民动众,材木之费,必至科扰。故以僧寺改充,僧宇猥多,不劳而易办。访闻奸人造言,谓将毁拆寺院,沙汰僧徒,摇惑众心,中外骇听。夫道一而已,冲虚无名,真空不二,本自不殊。隆此而废彼。岂朕志哉!可布告中外,敢有造言者,赏钱一千贯,以违御笔论。(政和七年□月十七日)

【据中华书局 1962 年版《宋大诏令集》卷二百二十三】

元人谈佛

《南村辍耕录》谈佛

[元]陶宗仪

受佛戒

累朝皇帝,先受佛戒九次,方正大宝。而近侍陪位者,必九人或七人,译语谓之暖答世。此国俗然也。今上之初入戒坛时,见马哈剌佛前有物为供,因问学士沙剌班曰:“此何物?”曰:“羊心。”上曰:“会闻用人心肝者,有诸?”曰:“尝闻之,而未尝目睹。请问剌马。”剌马者,帝师也。上遂命沙剌班传旨问之,答曰:“有之,凡人萌歹心害人者,事觉,则以其心肝作耳。”以此言复奏。上再命问曰:“此羊曾害人乎?”帝师无答。

僧有口才

大德间(1297—1307),僧胆巴者,一时朝贵咸敬之。德寿太子病瘫薨,不鲁罕皇后遣人问曰:“我夫妇崇信佛法,以师事汝,止有一子,宁不能延其寿邪?”答曰:“佛法譬犹灯笼,风雨至,乃可蔽。若烛尽,则无如之何矣?”此语即吾儒死生有命之意,异端中得此,亦可谓有口才者矣。

大佛头

宋高宗朝(1127—1162),钱唐喻氏出家为沙门,名思净,建妙行院于北关,接待供僧三百万,画阿弥陀佛,入于神妙。杨侍郎杰赞为喻弥陀,人从而称之。净又于西湖之北镌石为大佛头。父老相传云:“此石乃秦始皇系缆石。”盖是时皆浙江耳,初无西湖之名。始皇将登会稽,为风浪所阻,故泊舟此处。

精塑佛像

刘元,字秉元,蓟之宝坻人,官至昭文馆大学士,正奉大夫,秘书监卿。元尝为黄冠,师事青州杞道录,传其艺非一,而独长于塑。至元七年(1341),世祖建大护国仁王寺,严设梵天佛像,特求奇工为之。有以元荐者,及被召。又从阿尼哥国公学西天梵相,神思妙合,遂为绝艺。凡两都名刹,有塑士范金,抟换为佛,一出元之手,天下无与比。所谓抟换者,漫帛土偶上而髹之,已而去其土,髹帛俨然像也。昔人尝为之,至元尤妙。抟丸又曰脱活,京师语如此。

天竺观音

今杭州之上天竺寺观音像,长不盈五尺,而叠著灵异,官民信奉甚恭,凡旱潦,祷之必应。尝考《释氏纪录》云："后晋天福己亥(939)，僧道翊，一夕见山间光明，往视之，得奇香木，命良工刻成观世音菩萨像，白光焕发，继以昼夜。后汉乾祐戊申(948)，有僧从勋，以古佛舍利置毫相中，舍利时现冠顶。宋咸平庚子(1000)，浙西自春徂夏不雨。给事中知杭州张去华率僚属，具幡盖鼓吹，迎祷于焚天寺，继时霪雨，四境沛足。"如此，则自有像已四百余年，其所由来远矣。

马孝子

马伯杰，山东邹县人。父某，拜江南行台监察御史，不以家行，杰独与母居。盗起汝颍，转略齐鲁境，杰负母匿草间。母死，仓卒不能具棺敛，聚石葬郓地西。盗入郓城，杰伏于墓上，众欲驱而前，胁以白刃，杰大恸曰："母在此！母在此！"盗曰："此孝子也。"乃舍之，复遗以衣粮。既而邑刳于兵，失墓所在，求之二年，得于榛莽中，故衣尚存，始克迁祔祖茔。御史转浙西宪佥，留江南者八年，遂冒锋镝间走数千里省之，钱唐人咸称为马孝子云。

【以上据中华书局 1959 年版《南村辍耕录》卷二、卷五、卷二十三、卷二十四、卷二十五、卷二十九】

明人谈佛

《焦氏笔乘》谈佛

[明]焦　竑

佛　典

佛典，世谓汉明帝时始通中国，不知明帝之前已有之。刘向《列山传》曰："历观百家之中，以相检验，得仙者百四十六人。其七十四人已在佛经。"《霍去病传》"收休屠祭天金人"，颜师古注曰："今佛像是也。"《汉武故事》曰："昆邪杀休屠王，以其众来降。得其金人之神，置之甘泉宫。金人皆长丈余，其祭不用牛羊，惟烧香礼拜。上使依其国俗祀之。"鱼豢《魏略·西戎传》曰："哀帝元寿元年(前 2)，博士弟子景庐受大月氏王使伊存口传浮屠经。"此皆明帝以前事也。使明帝前未有佛典，传毅对明帝之言，何从而得之？但未盛行如今日耳。《隋书·经籍志》云："其书久已流布，遭秦之世，所以湮灭。"亦臆说也。

【据中华书局 2008 年版《焦氏笔乘·续集》卷五】

《万历野获编》谈佛

[明]沈德符

释教盛衰

后魏道武帝，用崔浩之言，尽诛缁流，毁梵宇，可谓备极惨毒。而太子不遵其命，多所洪护，至胡太后而其教愈盛，遂冠古今。唐武宗亦用李德裕之谋，沙汰僧尼，犯者立死。未几，嗣位者为宣宗，旋兴复之。盖授受之间，不能尽同如此。我太祖崇奉释教，观宋文宪《蒋山佛会记》以及诸跋，可谓至隆极重。至永乐（1403—1424），而帝师哈立麻“西天佛子”之号而极矣，历朝因之不替。惟成化间（1465—1487），宠方士李孜省、邓常恩等。颇于灵济、显灵诸宫加奖饰。又妖僧继晓用事，而佛教亦盛，所加帝师名号，与永乐年等，其尊道教亦名耳。武宗极喜佛教，自列西番僧呗唱无异，至托名“大庆法王”，铸印赐诰命。世宗留心齐醮，置竺乾氏不谈，初年，用工部侍郎赵璜言，刮正德所铸佛镀金一千三百两，晚年用真人陶仲文等议，至焚佛骨万二千斤。逮至今上，与两宫圣母，首建慈寿、万寿诸寺，俱在京师，穹丽冠海内。至度僧为替身出家，大开经厂，颁赐天下名刹殆遍，去焚佛骨时未二十年也。然上神圣，虽皈依净土，毫不以意指示人。辛丑壬寅间（1541—1542），紫柏老人游辇下，极为慈圣所注念，即上亦出御札与答问。第至开戒坛诸事，大珰辈屡屡力为之请，终不许也。后妖书事起，紫柏逮入狱，寻卒。上亦不问。

隆庆间（1567—1572），北虏俺答通贯，朝廷必遣僧于互市时赐以经像。虏中奉之加礼，膜拜稽角，酋长及部下数十梵唱者如海潮音，然后恭问皇帝圣躬万福，以及将相大臣。僧为具说因果报应，劝以戒杀修善。酋长辈倾听赞叹，临行哀恋不忍别，厚加赠遗而返。盖自万历初（1573）俺答西迎活佛之时，见败于瓦剌，益信活佛之言。因敬奉西域象教，所至皆设中国香花，及中国所赐锦绮庄严之，以当供养。俺答死，其子黄台吉袭封；黄台吉死，其子扯力克台吉袭封，以至于今。而三娘子者，系俺答嫡外孙女。自俺答晚年，即为虏中哈屯。哈屯者，即阏氏“可敦”之转语，实正配也。其子其孙，相继烝之。世为哈屯，其帐自别，有精骑数万，虏部畏服，胜于顺义王。虏酋代立，未与结伉俪，则支部皆不归命，以故牝晨者四十余年。且有权谋，能以恩威制部落，奉佛极精严，每以入犯内地为戒。予见其画像，面圆满秀媚，身亦纤长，不类虏妇，颈间挂数珠，手中复有一串，作数佛号状。亦毡毳中异人也。盖自庚午辛未（1630—1631）迄今，佛法更盛行于沙漠，因之边陲晏然，其默祐圣朝不浅矣。

主上崇异教

主上新登极，辄度一人为僧，名曰“代替出家”。其奉养居处，几同王公。闻初选僧时，卜其年命最贵，始许披剃，有云重赂主者，中贵人乃得之。第先朝必不然。如宪宗登极，辅臣李贤谏曰："高皇帝《祖训》，明有寺院烧香降香之禁违者，并领送之人处死。近传番僧入内诵经，至晚乃出。又有非奉圣旨，传送银物于寺观者。乞明禁以严宫禁。"上优诏答曰："《祖训》敢不祗率。"武宗登极，礼卿张升谏曰："近闻真人陈应循、西番国师那卜坚参等，各率其徒，假以祓除荐扬，数入乾清宫，几筵前肆无避忌，京师无不骇愕。请执诸人革其名号，追其赏赐印诰，斥逐发遣。"上允其言，一一查革，并追所赐玉带诸物，令有敢夤缘出入宫禁者并罪之，其严于《祖训》如此。然成化（1465—1487）之中年，已为妖僧继晓建大永昌寺，上亲临幸之。正德（1506—1521）之中年，造万寿寺于禁苑，上身与番僧呗诵其中。视前两答诏，抑何矛盾也。英、孝二祖，一张一弛。本朝圣主尚不免溺此教，以贻新朝之补救，况后圣耶？世宗忿髡辈之积蠹，焚慈恩，焚佛骨，而事玄之盛，又十倍焉！

僧道异恩

成化十七年（1481），传升道录司右至灵邓常恩为太常卿。盖自永乐间（1403—1424）升右善世姚广孝为太子少师，及全真邱元清为太常卿，后来未有异典。然姚系佐命元勋，邱曾为监察御史，常恩不过以房中术得之。时尹恭毅（旻）任太宰，不能执奏。又是年（1481），赐番僧万行清修真如自在广善普慈宏度妙应掌教翊国正觉大济法王、西天圆智大慈悲佛，领占竺等十四人诰命。时周文安（洪谟）为宗伯，亦不闻执奏也。盖宪宗于释道二教，俱极崇信如此。后孝宗登极，夺常恩官正其罪，领占竺者亦降号国师，遣归四川之彭县光相寺住坐。未几，即遣内臣召还，令驰驿来京，言官屡谏屡止，至十五年又召之来，命居大慈恩寺。盖此时道教置不谈，而佛氏为中宫及大榼所信向，孝宗亦不能自异也。至正德间（1506—1521），上亲习西番梵呗，与番僧辈演唱于禁中，至自称大庆法王，给印赐下院，为礼卿传瀚所驳。直至嘉靖（1522—1566）中叶，上居西内，躬行斋醮，邵、陶辈宠冠古今，有非王仔昔、徐知常所敢望。又用羽流言，焚弃佛牙头骨几尽，而释氏之不振极矣。

番僧之号凡数等，最贵曰"大慈法王"，曰"西天佛子"，次曰"大国师"，曰"国师"，曰"禅师"，曰"都纲"，曰"剌麻"。宣宗末年（1435），入居京师各寺者最盛。至正统初（1436），遣回本处者至六百九十一人。既而礼部尚书胡濙，再请汰其四百五十人以闻，上命法王佛子不动，余者去住，听其自裁。盖此辈于光禄寺日给酒馔牲糜，有日支二次三次者，此外又别支廪给。当宣德年间（1426—1434），其冗食如故。英宗初政，亦未能尽革云。

衣 钵

初祖衣钵，留粤东之黄梅寺，宝藏至今。至嘉靖初年（1522），魏恭简庄渠（校）督学其地，借观之，扑碎于地，名为辟异端。今存者以漆胶，非复完物，惟衣尚无恙耳。此等见解，与张永嘉贬损孔庙何异？即尽废佾舞，圣衷未必愠；尽焚衣钵，宗风未必坠。真所谓蚍蜉撼泰山，不满两圣人一笑也。况初祖衣钵，不过与孔子履等，后人自不忘本珍收之耳。庄渠与王新建争名，晚投桂安仁幕，何异端之能辟哉？

孔子履在晋武库中，元康中（291—299）已与斩蛇剑同焚矣。至宋靖康（1126），金人掳去古物，又有女娲琴、孔子履，何耶？岂宣尼行縢尚留两緉耶？又唐宣宗令有司仿孔子履名"鲁风鞋"，宰相以下俱效之，号"遵王履"，则似孔子履未焚也。俟再质之博洽者。

僧家考课

两京僧人，俱属祠部。每缺住持，则祠部郎中考其高下，以居首者填补。往游金陵见三大寺，首僧仪从甚部。盖灵谷、天界、报恩三大刹为最，所领僧几千人，而栖霞等五寺次之。灵谷寺住持，年甫弱冠，姿貌清粹，出考卷见示，则皆四股八比，与儒家无异，亦有新词绮句。其题则出《金刚》《楞严》诸经；其入选者，亦称祠部郎为座师，呼其同辈为敞寅，堪为破颜。按僧寺高下，起于宋南渡，等级截然。杭州五大刹俱御前亲领，最为崇赫。以故集庆寺为阎贵妃香火，理宗特加隆异，遂有"净慈灵隐三天竺，不及阎妃两片皮"之嘲。故元奉佛尤甚，其奢僭至无等。本朝大为之节制，然而禅规亦严。尝见天界寺廊庑出示，推升诸僧职事，则云："某人升首座，某人升维那诸职，其后著年月用印，一如铨曹文榜。但不知他寺何如耳。"

【据中华书局1959年版《万历野获编》卷二十七】

清人谈佛

《枣林杂俎》谈佛

［清］谈 迁

佛 蜕

释迦佛真身，在锡兰山国。无量寿佛真身，在广西全州。吴康僧会真身，在海盐金粟山寺，明初移南京天界寺。（南朝）梁番僧知药三藏真身，在韶州月华寺。唐长耳和尚真身，在钱塘西山法相寺。湘潭县湘山有唐僧真骸，至今存，土人祠祷辄应。（顾璘

《息园存稿》）

阿罗汉

真腊国天竺僧侨陈如，自西域来主其国。至其酋姓斜科名质多思那者，日渐强盛。嘉兴严从简《殊域周咨录》曰："杭州净慈寺装罗汉像五百，以侨陈如为首。今观陈如特夷狄之主耳，但教人事佛，实非所谓白昼升天、降龙伏虎，有诸佛灵异者也。今乃崇奉香火，以为尊神，则其诞漠可知矣。"

目连石塔

永年县城□二十里目连村有寺，一小石塔，为目连和尚墓。

阿育王舍利

鄞县西五十里鄮山，晋太康二年（281），僧慧达忽见从地涌出阿育王塔。其状青色，似石非石，高一尺四寸，广七寸，露盘五层，四角挺然。中悬金色小钟，不盈三寸，舍利缀于钟下，圆转不定，其光摇曳，若即若离，随人隐见。绕塔四周，俱是镂空诸佛、菩萨、金刚、圣僧、八部等像，神工圣迹，非人力所及。梁武帝造木塔笼之，今名广利寺。万历丙子（1576），平湖陆冢宰光祚瞻礼，初视舍利大如芡实，已如弹丸，已大如瓜，最后大如车轮。五色变幻，光彩射人目。泰和郭孔泰孔陵瞻礼舍利，初视若黍米，已如豆，如莲子。同观者或见如新菱，两角垂丝，丝缀如北殊（"北殊"疑有误）。或见如葡萄色，或见如桃瓣，或见如金莲花，瑞相种种不一。又秀水朱侍郎大启礼拜，见如菉豆许，色荧荧如水晶，逾顷忽微红色，次早谛观之无有也。弘光初，奸僧窃舍利去，今缀以珠，无异。

达磨石像

嵩县少林寺达磨面壁处，昆山魏恭简校督学河南，以面壁石与影石不同，谓其妄，命登封令侯泰凿之。今影石如故，虽凿不为损。

玉石佛像

弘治间（1488—1505），庆云县人掘地得玉石佛像二，一北齐天保八年（557）造，一武平六年（575）造，座上皆刻造佛文字并兴造各人姓名。自北齐至今几二千余年，而此像既没复出，物之隐见，信有数存焉。（《庆云县志》）

宁夏铜像

宁夏，古灵州，城东北铁柱泉旁有窟，人莫敢入。景泰间（1450—1456），李某同一仆爇灯以入。行二十步，推开一石门，有铜铸佛像，旁有二僧尸，覆以锦衾，其面如生，而金贝之类环其左右。恣取之。将出，风飒飒，灯息门闭，鼓钹齐鸣。李恐惧欲死，尽弃诸物，俄于旁窟匍匐而出。明日集众往掘之，坚不能入，机械如洛阳也。(《宁夏镇志》)

关头陀

万历间(1573—1620)，关头陀，不知何许人，能分身现形。一日至湖州菱湖镇，向小儿乞火，置掌中即炽，并其身骨俱烬。

密云和尚

密云和尚住鄞县天童寺，法席甚盛。猿啮圃瓜，师叹曰："业畜何不他食，而必瓜之是及也！"明旦群猿卧瓜侧不复啮。

佛　灾

庚辰(1580)二月十九日，杭州钱塘门昭庆寺火，铜像烁尽。东庑伽蓝三像，土偶如故。屋虽毁，神制无一捐，岂佛之灵不及伽蓝耶？殆有不可解者。初万历间(1573—1620)赐《大藏经》，嘉兴尚书岳石帆元声见经签零落，奉入嘉兴金明寺，求善手整之，得不毁。

【据中华书局2006年版《枣林杂俎·空玄》】

《日知录》谈佛

[清]顾炎武

佛　寺

晋许荣上疏言："臣闻佛者，清远玄虚之神。今僧尼往往依傍法服，五戒粗法尚不能遵，而流惑之徒，竞加敬事，又侵渔百姓，取财为惠，亦未合布施之道也。"《洛阳伽蓝记》有比丘惠凝死去复活，见阎罗王阅一比丘，是灵觉寺宝明，自云："出家之前尝作陇西太守，造灵觉寺成，弃宫入道。"阎罗王曰："卿作太守之日，曲理枉法，劫夺民财。假作此寺，非卿之力，何劳说此！"付司送入黑门。此虽寓言，乃当今居官佞佛者之箴砭也。

梁武帝问达磨曰："朕自即位以来，造寺写经，度僧不可胜纪，有何功德？"答曰："并无功德。"帝曰："何以无功德？"答曰："此但人天小果有漏之因，如影随形，虽有非实。"在彼法中已有能为是言者。

宋明帝以故第为湘宫寺，备极壮丽。欲造十级浮图而不能，乃分为二。新安太守巢尚之罢郡入见，上谓曰："卿至湘宫寺未？此是我大功德，用钱不少。"通直散骑侍郎虞愿侍侧，曰："此皆百姓卖儿贴妇钱所为，佛若有知，当慈悲嗟悯。罪高浮图，何功德之有！"

黄汝成集释

【赵氏曰】天下邪教惑人者，佛为最，次之则天主教。如前后藏、准噶尔、喀尔喀蒙古等部悉奉佛教，中国亦佛教盛行，如西洋之古里国、锡兰国诸国，南洋之占城等国，东洋之日本、琉球等国皆奉佛教。其余海外诸蕃则皆奉天主教矣。

【严氏曰】白莲教者，汉末张鲁之遗也。鲁父子居汉中，以妖术惑众，其长曰祭酒。从之者人出米五斗，时称"米贼"。自汉而来，历代皆有其患。近闻教中亦有祖师名色，从教者先送供给米若干，入教之后，教中所获资物悉以均分，以小小邪术足以眩人，故愚者多为所惑。然其教以奉释念经、持斋戒杀为名，所聚之徒多脆弱，不堪战斗。

【洪氏曰】今者楚属之民，聚徒劫众，陆梁一隅。始则惑于白莲、八卦等教，欲以祈福。继因地方官挟制万端，又以黔省苗氛不靖，派及数省，横求无艺，忿不思患，借起事以避祸。邪教之蠢动由此。

【钱氏曰】向读沈继祖劾朱文公疏，有"吃菜事魔"之语，不解所谓。顷读李心传《系年要录》载，绍兴四年(1134)五月，起居舍人王居正言："伏见两浙州县有吃菜事魔之俗，方腊以前，法禁尚宽，而事魔之俗犹未甚炽。方腊之后，法禁愈严，而事魔之俗愈不可胜禁。州县之吏平居坐视、一切不问则已，间有贪功或畏事者稍踪迹之，则一方之地流血积尸，至于庐舍积聚山林鸡犬之属，焚烧杀戮，靡有孑遗。自方腊之平，至今十余年间，不幸而死者不知几千万人矣，所宜恻然动心，而思欲究其所以然之说也。臣闻事魔者，每乡每村有一二桀黠，谓之魔头。尽录其乡村姓名，相与诅盟为党。凡事魔者不肉食，而一家有事，同党之人皆出力以相赈恤。盖不肉食则费省，故易足。同党则相亲，相亲故相恤而事易济。臣以为此先王导其民使相亲相友相助之意，而甘淡泊，务节俭，有古淳朴之风。今民之师帅既不能以是为政，乃为魔头者窃取，以瞽惑其党，使皆归德于魔，于是从而附益之以邪僻害教之说。民愚无知，谓吾从魔而食易足、事易济也，故以魔说皆可信而争趋归之，此所以法禁愈严而愈不可胜禁。伏望陛下念民迷之日久，下哀矜之诏书，使人晓然知，以为不肉食则费省故易足，同党则相亲故相恤而事易济，此自然之理，非魔之力。而至于邪僻害教，如不祭其先之类，则事魔之罪也。部责监司，郡县责守令，宣明诏旨，许以自新。又择平昔言行为乡曲所信者，家至而户晓之。其间有能至诚用心率众归善者，优加激赏，以励其徒。庶几旧染之俗闻风丕变，实一方生灵赤子之幸。"诏诸路帅宪司措置，毋得骚扰生事。乃知吃菜事魔，即今人所谓邪教也。陆游《条对状》:“自古盗贼之兴,若止困水旱饥馑,迫于寒饿,啸聚攻劫,则措置有方,便可抚定,必不能大为朝廷忧。唯有妖幻邪人,平时诳惑良民,结连素定,待时而发,则其为害未易可测。伏缘此色人处处皆有,淮南谓之二襘子,两浙谓之牟尼教,江东谓之四果,江西谓之金刚禅,福建谓之明教、揭谛斋之类,名号不一。明教尤甚,甚至有秀才、吏人、军兵亦相传习。其神号曰明使,又有肉佛、骨佛、血佛等号。白衣乌帽,所在成社。伪经妖像,刻板流布。以祭祖考为引鬼,永绝血食。以溺为法水,用以沐浴。其他妖滥,未易概举。更相结习,有同胶漆。万一窃发,可为寒心。”

【汝成案】今之所谓教者,随处有之,而处处不同,其名目至多,不可究诘。大抵依附佛法,以祸福惑人。其敛钱聚众,则张鲁法也。入教者率因迫于穷困,既入教即可传徒敛钱,故甚易蔓延,或牵涉三四省。煽惑既众,黠者乘之,偶激于长吏之不平,遂至蠢动,其实非有心背逆者。钱氏所引,深中情事,古今未尝不同也。

【据上海古籍出版社2006年版《日知录集释》(全校本)卷三十】

《陔余丛考》谈佛

[清]赵　翼

佛

佛教入中国,始于后汉明帝。按卫宏《汉纪》:帝梦见金人,顶有日月光,以询朝臣。傅毅对:“西方圣人,其名曰佛。”(袁宏《后汉记》云:浮屠者,佛也。佛者,汉言觉也,将以觉悟群生也。)于是上遣郎中蔡愔等使天竺,得佛经四十二章,及释迦之像,并沙门迦叶摩腾、竺法兰以来。此为中国有佛之始。然许观《东斋纪事》谓明帝以前已有之,而引刘向《列仙传序》得仙者一百四十六人,其七十四人已见于佛经,则西汉时已有佛经矣。《翻译名义集》:周穆王时,文殊、目连来化,穆王从之,即《列子》所谓化人者也。鱼豢《魏略·西域传》曰:哀帝元寿元年(前2),博士弟子景卢受大月氏王使伊存口传《休屠经》。《隋经籍志》亦云(景卢,《隋志》作秦景。)是皆西汉时也。罗壁《识遗》引《列子·仲尼篇》曰:西方之人,有圣者焉。则列御冠在战国时已知有佛也。《论衡》记周昭王二十四年甲寅岁(前1027)四月八日,井泉溢,宫殿震,夜恒星不见。太史苏繇占;西方圣人生。金履祥因之修入《通鉴前编》。则又西周时已知西方有圣人矣。故《隋书·经籍志》云:其书久已流布,遭秦湮没。其说必有所据(《论衡》作昭王二十四年,前1027年;《隋志》作昭王二十二年,前1029年。)。盖西、东周时虽知有西方异人,而其像其教固未入中国。自汉武时霍去病破匈奴,获休屠祭天金人(张晏曰:佛徒祀金人。颜师古曰:今佛像是也。)。又《汉武故事》昆邪王杀休屠王,以其众来降，得其金人之神，皆长丈余。其祭不用牛羊，惟烧香礼拜，帝命依其国俗祀之。于是中国始有佛祀。然其时天子未之信，臣民亦少有习其术者，及明帝遣使求经，而楚王英即信其术，图其形像，斋戒祷祀，于是臣下始有奉佛之事，而天子尚未躬自奉佛也。桓帝于宫中立浮屠之祠(《后汉书·襄楷传》云：闻宫中立黄老、浮屠之祠。然则不特奉佛始此，即立老子庙亦始桓帝矣。)，于是上及宫禁矣。《后汉书·西域传论》谓：佛道神化，兴自身毒，而二汉方志莫有述者。张骞但云地多暑热，班勇虽列其奉浮屠，而精文善法未传，岂道闭往运、数开叔叶乎？则佛法俟时而兴，盖亦有数焉。至雕刻佛像，李绰《尚书故实》谓自戴颙始。颙尝刻一佛像，自隐帐中，听人臧否，随而改之，如是十年，厥功方就。其创立寺宇，《古今原始》谓自赵石虎时始。汉、魏惟听西域人立寺都邑，至石虎敬事佛图澄，国人化之，始造寺庙云。(石虎时，王度疏言："汉、魏惟听西域人立寺，汉人皆不出家，今宜禁赵人为沙门者。"虎曰："朕生自边鄙，享祀应从本俗。其夷、赵百姓乐事佛者，听之。"其后姚兴以鸠摩罗什会为国师，大营塔寺，由是州郡化之，事佛者十家而九。)然《后汉书·陶谦传》：笮融大起浮屠寺，上界金盘，下为重楼堂阁，周回可容三千许人，黄金涂像，衣以锦彩，招致旁郡好佛者五千余户。每浴佛，辄多设饮饭，布席于路，凡就食及观者且万余人。亦见《吴志·刘繇传》。则后汉之末，佛像、佛寺已极庄严，不自戴颙及石虎始也。(《南史·戴颙传》亦云：自汉世始有佛像，形制未工，颙特精其事。宋世子铸丈六金身于瓦官寺，既成，恨面瘦，工人不能改，迎颙视之。颙曰："非面瘦，乃臂胛肥耳。"及减臂胛，果相称。据此，则佛像不始于颙。)惟听中国人出家为浮屠，前代无明文。按晋明帝时，听民刘峻出家，又听洛阳妇女阿潘等为尼，此则中土人为僧尼之见于史者也。(佛姨母瞿昙弥欲出家，如来不许，谓阿难言："若听女人出家，乃令佛法清净，梵行不得久往。譬如莠生稻田，善谷复败。"又言："我之正法，千载兴盛，以度女人故，至五百岁而渐衰徽。"王阮亭引之，以为比丘尼之始。然此乃彼国中人，而非中国人为尼之始。)《隋志》又谓：魏黄初中(220—226)，国人始依佛戒，剃发为僧。盖其时民间已私有此风，而其后遂著为令甲耳。《七修类稿》又谓：俗以四月八日为释迦生辰，误也，周建子，当以夏正为二月八月矣。

佛经字数

《妙法莲花经》六万九千五百五言，《维摩诘经》三万七千九十二首，《金刚般若波罗蜜经》五千二百八十七言，《佛顶尊胜陀罗尼经》三千二十言，《阿弥陀经》一千八百言，《观音普贤菩萨法行经》六千九百九十言，《实相法蜜经》三千一百五言，《般若波罗蜜多心经》二百五十八言。此八种经具十二部，合一十六万六千八百五十七言，见白香山所作《苏州重元寺法华院石壁经碑记》，谓三乘之要旨备于此矣。

《谏佛骨表》有所本

昌黎《谏佛骨表》专以自古人君事佛不事佛享国久暂为言。按此亦有所本,《唐书》傅奕上疏诋浮屠法,谓“五帝三王未有佛,君明臣良,年祚长久。汉明帝始立佛祠,然惟西域桑门自传其教,西晋以上不许中国人髡发,至石、苻乃弛厥禁,而政虐祚短,梁武、齐襄尤足为戒”云云。又姚崇戒子令曰:“今之佛经,罗什所译,姚兴与之对翻,而兴祚不延,国亦随灭。梁武身为寺奴,胡太后以六宫入道,皆亡国殄家。近孝和皇帝发使赎生,太平公主、武三思等度人造寺,身婴夷戳,为天下笑。五帝三王未有佛法,其臣则彭祖、老聃皆得六长龄,岂抄经铸像力耶?”此二事又昌黎表所本也。

观音像

胡应麟《笔丛》、王弇洲《观音本纪》皆谓古时观世音无妇人像,而历引《法苑珠林》《太平广记》诸书以证之。晋义熙十一年(415),梁州刺史杨收敬以罪下吏,其友郭宣及父处茂同被桎梏,念《观世音经》十日,夜梦一菩萨,慰以大命无忧,俄而枷锁自脱。张兴妻系狱,昼夜念观音经。一沙门蹴之曰:“起!起!”俄而枷脱。然户闭无由出,又梦向沙门曰:“门已开矣!”果得出。王球在狱,念《观音经》,梦一沙门以一卷经与之,又见一车轮。沙门曰:“此五道门也。”既觉,锁皆断脱。毕览随慕容垂北征,陷敌入深山失路,念《观音经》。见一道人法服持锡,示以途径,遂至家。沙门法义得病,念《观音经》,梦一道人为刳出肠胃,洗毕还纳之,遂愈。又一仕宦妻为神摄去,因作观音像虔奉之,梦一僧救之得苏。据此数事,当时梦见者或沙门,或道人,明乎其非妇人像也。王、胡二说固辨矣,然亦有不尽然者。南宋甄龙友题观世音像云:“巧笑倩兮,美目盼兮。彼美人兮,西方之人兮。”洪景卢《夷坚志》:董性之母素持《观音终门品经》,忽病死,其魂呼救若观世音。恍若有妇人璎珞被体,相好端严,以右手把其臂,挈之偕行,遂瘳。许洄妻孙氏临产,危若万状,默祷观世音,恍惚见白氅妇人,抱一金色木龙与之,遂生男。又寿涯禅师咏鱼篮观音词,有“窍窕丰姿都没赛,提鱼卖,堪笑马郎来纳败”。《夷坚志》:徐熙载母程氏虔奉观音,熙载舟行将覆,呼菩萨名得免。既归,母笑曰:“夜梦一妇人抱汝归,果不妄。”则观音之为女像,宋元间已然。不特此也。《北史》齐武成帝酒色过度,病发,自云初见空中有五色物,稍近成一美妇人,食顷变为观世音,徐之才疗之而愈。由美妇人而渐变为观世音,则观音之为女像可知。又《南史》陈后主皇后沈氏,陈亡后入隋,隋亡后过江至毗陵天静寺为尼,名观音皇后。为尼不以他名,而以观音为名,则观音之为女像益可知。此皆见于正史者,则六朝时观音已作女像,王、胡二公尚未深考也。又今世所持诵《高王观世音经》,亦见《北史·卢景裕传》。景裕之败也,系晋阳狱,至心诵经,枷锁自脱。又有人责罪当死,诵经千遍,临刑刀折，主者以闻，赦之。此经遂甚行，号曰《高王观世音经》。此经本景裕为高欢开府属时所译者也。

天王堂

僧寺多有名天王堂者，按《谈薮》记唐天宝间（742—755），番寇西安，诏不空三藏诵咒禳之。忽见金甲神人，不空云："此毗沙门天王第二子独健往救矣！"后西安奏捷，亦云西北有天王观形，胜之。朝廷因敕诸道立像。郎瑛谓：今佛寺有天王堂，始此也。又《括异志》：[南]宋建炎中（1127—1130），敌将屠秀州，天王现于城上，大若数间屋，遂惧而引去。因建天王楼于城西北隅。

【据商务印书馆 1957 年版《陔余丛考》卷三十四】

《宋人轶事汇编》谈佛（选录）

[清]丁传靖

云门、临济、沩仰、洞山、法眼为五家。自沩仰而下，取人甚严，得之甚少，故沩仰、法眼先绝。洞山自大阳警延所存一人而已。延仅得法远一人，将终，以教付之。远言："吾自有师，叶县省也。"延闻大恸，远止之曰："百无忧，凡公之道，吾尽得之。顾吾所从入者不在是，不敢自昧耳！将求一可以传公道者以嗣公，可乎？"许之，果得清华严。清传道楷，楷行解超绝。四方谈禅者惟云门、临济二氏。及楷出，皆舍而从之。故今为洞山者十之三。（《避暑录话》）

【据中华书局 1981 年版《宋人轶事汇编》卷二十】

附录二　菏泽古人咏寺院诗

李伟　辑

萧寺曙钟

［明］成　绘

梵宫捣鲸音，漏终启明早。
声彻闾阎外，乡震陶邱（丘）表。
东海日已升，西门月随倒。
梦里觉浮生，长眠始知晓。

萧寺曙钟

［清］赵国琳

鹍鸣啼频敢倦勤，乌鸦惊散不成群。
僧闲寺古华钟动，漏尽星疏万井闻。
唤醒黄粱炊早熟，催拖墨绶夜初分。
挑灯视案长听在，半在堂皇半在云。

塔院梵音

［清］赵国琳

古刹僧传几祖衣，天花乱落雨霏微。
檐铃絮语人谁解，木柝空林叶自飞。
梵呗远凭钟磬度，仙禽夜逐蕊珠归。
恭禅但使迟迟答，留镇山门玉带围。

过河滨寺

［清］赵国琳

舜庙从谁改梵宫，古今如此见污隆。
丹青胥厌茅茨陋，寂灭全消揖让功。
禅室演传初祖法，尘心悟彻一幡风。
焚香几辈勤耆老，祈佛民情达睿聪。

登宝乘塔

［清］赵国琳

蘩林胜事几年成，尖合浮屠透太清。
九万云鹏应碍翥，寻常塞马但悲鸣。
下看邦域如拳小，东去浑流一带明。
宁独携诗天可问，大开眼界学无生。

登宝乘塔

［清］李复泰

崚嶒宝塔峙乾方，传是浮屠历晋唐。
天柱高悬华岱影，玉峰遥映海云光。
层城如带更新垒（陶城南列已经新修），墟庙重辉见古皇（塔下有三皇庙新修落成）。
是物不关陵谷恨，屹然千载自苍茫。

【以上据民国五年(1916)《定陶县志》卷十一】

杜鸿渐句

［唐］杜鸿渐

常愿追禅理，安能挹化源。
鸿渐好浮屠道，晚年乐退静。
悠然赋句，朝士多属和之。
见本传。

题路左佛堂

［唐］吴武陵

雀儿来逐扬风高，下视鹰鹯意气豪。
自谓能生千里翼，黄昏依旧委蓬蒿。

题河阳后城平嵩阁

［南宋］李　迪

南指嵩高北太行，大河中出贯灵长。
君王不恃金汤险，自有仁恩结万方。

灵岩寺

［南宋］李　迪

灵岩山势异，金地景难穷。
塔影遮层汉，钟声落半空。
千峰罗雉堞，万仞耸屏风。
飞鹤来清窦，刳鱼挂古桐。
名曾参四绝，村合亚三公。
势彻河壖远，形差岳镇雄。
仙间邻峻极，日观伴穹崇。
邃洞连蓬岛，重峦凿梵宫。
望应销俗虑，登喜出尘笼。
献寿嵩衡并，分茅海岱同。
艮方标出震，午位对升中。
岚滴晴烟碧，崖铺夕照红。
巍峨齐太华，奇胜敌崆峒。
炼句共诗客，摹真怯画工。
天孙分怪状，神化结全功。
吟赏慵回首，云泉兴愈隆。

香山示孔处厚

［北宋］晁冲之

我来南经几山过，马行似冲山色破。
风烟席卷岩穴间，涧花潆洄水流左。
悬崖仿佛闻松声，下瞰幽深鸟飞堕。
老夫他年有所归，定结白茅依紫萝。
日高下马古寺门，鱼鼓欣闻脱清饿。
道人碧眼照川谷，云起盘陀藉高坐。
殷勤劝我更莫归，唳鹤啼猿亦相和。
窗前笑唤祁孔宾，世间安用招魂些。

题鲁山温泉

［北宋］晁冲之

平生耳熟闻骊山，梦寐不到临潼关。
当年太液金井碧，温泉宛在关山间。
忆昔君来必十月，骑玉花骢带风雪。
太真独侍沐浴边，鲸甲龙鳞影清绝。
五十年升平一迷，却驱万骑出关西。
自为前朝同祸水，翻令后代异廉溪。
君不见汝海之南鲁山左，亦有此泉名不播。
征夫问路说汤头，可怜是亦陈惊坐。

赠僧法一墨

［北宋］晁冲之

黄山之巅百尺松，虬枝偃盖连群峰。
山神守护魑魅避，道人剪伐天为容。
扪崖踸踔篝火远，绝壁晻霭凝烟浓。
元霜霏霏玉杵下，捕麋煮角当严冬。
阴房风日不可到，律管吹尽灰无踪。
小书细字著名姓，黄金照耀图双龙。
守臣再拜选进日，九关有诏开重重。
老儒偶得实天幸，千金更买无由蓬。

上人淡泊何所好，工书草颖如飞蓬。
苦来求我惜不得，一酬十载相过从。
君不见玉堂词人紫垣客，拜赐舞蹈黄罗封。
长安纸价犹未贵，江南江北山皆童。

以承宴墨赠僧法一

［北宋］晁冲之

我闻江南墨官有诸溪，老超尚不如庭珪。
后来承宴复秀出，喧然父子名相齐。
百年相传文断碎，仿佛尚见蛟龙背。
电光属天星斗昏，雨痕倒海风云晦。
却忆当年清暑殿，黄门侍立才人见。
银钩洒落桃花笺，牙床磨试红丝研。
同时书画三万轴，大徐小篆徐熙竹。
御题四绝海内传，秘府毫芒惜如玉。
君不见建隆天子开国初，曹公受诏行扫除。
王侯旧物人今得，更写西天贝叶书。

过廪邱(丘)

［元］范　括

一叶轻舟稳，飘飘过廪邱(丘)。
橹声摇夜月，渔火对残秋。
古迹中都近，风波昭代忧。
芦花深处听，欸乃几曾休？

诏毁寺观有感

［明］徐　舟

瞿昙尚寂灭，老氏重虚无。
诡辞以惑世，务此为良图。
虽有颇知者，骎骎入其途。
终身不知悟，奚为大丈夫？
尧舜立人极，具在典与谟。

研精究其奥，岂其欺吾徒。
云破青天在，玉石分珷玞。
人生贵穷理，勿使他道诬。

万福寺留题

［明］王崇文

十年重到志公房，种种尘缘觉尽忘。
禅榻坐高停白羽，诗坛约久对名香。
葡萄雨促秋深熟，石竹风翻午际凉。
见说南原禾黍遍，有人耘作不知忙。

青县野寺

［明］王崇文

为避风沙入宝林，焚香瀹茗下帘深。
蒲团独爱禅僧定，铁马时谈暴客临。
万国舟航经过地，一龛香火死生心。
地幽直坐斜阳后，绝胜莺花远近寻。

史大参毁曹安仁集野庙改为社学

［明］王崇献

人心不古漫多神，破却荒唐治化新。
一自梁公立法后，缙绅千载见斯人。

金山寺

［明］李廷相

金削危峰控具区，中流屹立界三吴。
潮平日照鼋鼍窟，秋霁天开海岳图。
望阙云霄悬斗极，济川舟楫在江湖。
妙高台上西风急，万里烟波一鸟孤。

九日留题西堂禅院

［明］高　显

乡国又逢重九日，一樽谁与共登高？
黄花故向风前绽，白发还从醉里飘。
息马归农忘战伐，解衣沽酒伴渔樵。
不知谁落龙山帽？远在江湖忆圣朝。

游灵岩

［明］苏　濂

丛林遥蹑远公庐，福地新停高士车。
流水曲环僧灶碧，层峦四映佛宫虚。
三生究竟欣听法，十载飘零悔上书。
莫向尘途争幻妄，好从清净悟真如。

宿崇宝寺

［明］苏　濂

雨霁投山寺，西林日近曛。
僧贫惟有衲，碑断已无文。
塔影中天见，钟声下界闻。
佛坛群动息，香霭静氤氲。

游琅琊寺二首

［明］扈永通

烟寒露白俯孤城，野寺平临望处清。
庶子泉凉空色相，琅琊山郁有阴晴。
苍松爱接餐霞侣，白发渐虚炼石情。
笑把一樽聊取醉，满川瑶草送秋声。
长松筛影度寒塘，西转崎岖路杳茫。
钟鼓报晴山寺远，川原迎客野花香。
直看紫翠浮霄汉，未许蒙茸伏虎狼。
揽秀亭边开望眼，秋风此日洒衣裳。

甘露寺

［明］龚秉德

透迤盘石磴，潇洒度珠林。
草带南朝色，云横北固阴。
波光萦户湿，树影落岩深。
清磬泠泠发，方窥静者心。

白龙湫抵灵岩

［明］龚秉德

溪回磴转入云深，古木苍藤结午阴。
烟浦疏钟来远寺，石门流水泻高岑。
山中逋客名黄绮，洞里真僧字道林。
落日松涛响空谷，疑闻鸾鹤送余音。

东林寺望天池寄孤月和尚

［明］李先芳

东林只树昼阴阴，庐阜南来苍翠深。
风刹孤云空外象，虎溪流水定中音。
长途落日淹行骑，白石青苔长道心。
旧识远公仍健否？香炉绝顶共谁寻！

虎邱（丘）寺

［明］谢　注

石径依林转，飞梁跨涧横。
琳琅开佛宇，风雾度箫笙。
剑气蒸苔湿，金精漾沼清。
绝巅仍宝塔，登眺与云平。

柏林寺寒食二首

［明］侯正鹄

春光千里动，翻觉客情阑。
鸿雁风前断，青山天外看。

酒从燕市白，食向蓟门寒。
不尽浮云意，悠悠老鹖冠。

自愧山东妙，堪调知北游。
红尘怜净域，风雨滞幽州。
寂寞看归鸟，萧条问蒯缑。
谁将燕市酒，不抵故园愁。

海珠寺

［明］武图功

争传神物抱珠游，影落龙宫碧海秋。
四壁寒光侵宝座，千峰晴色映琼楼。
载来溪月帆樯远，吹断天风箫管稠。
醉后欲骑松下鹤，暂辞合浦到瀛洲。

登洪山寺塔

［明］武图功

登高凌绝顶，四望郁苍苍。
鸟道人来少，龙江帆去长。
慈云留暗室，宝月照迷方。
空有归与叹，何年脱此缰？

题钱令公南明行乐图次韵

［明］徐　笃

忆昔南明寺，飞凫几度游。
不为鞅掌累，爱憩水云幽。
襟抱诗中见，丰标画里流。
山僧如解事，也动去思忧。

恭和钱令公宿藏华寺韵

［明］徐　笃

逃俗来萧寺，耽幽到暮烟。
酒烦僧灶煮，香就佛灯燃。

暂卧云边榻，时听梦里泉。
坡翁曾有句，无眼便成禅。

登大佛头山

［明］徐　笃

暂憩老僧舍，还登大佛头。
悬泉甘露滴，绝壁细云流。
地迥青徐接，天空海岱秋。
飘飘疑羽化，人世有丹邱。

送僧归黄陂

［明］楚　烟

水云精舍可逃禅，飞锡胡为向楚天？
几处灵峰留短偈，经过古刹叩青莲。
为僧怪尔游何早，结社看予身未闲。
何物重来持赠我？衲衣两袖带苍烟。

过黄河野寺

［明］刘大夏

花柳争春色，风尘碍景明。
王臣心独苦，禅客思偏清。
盗贼闻充斥，河防恐变更。
慈航功未满，暂冷北山盟。

定清寺仙桐

［明］邢　侗

就爨行见焦，胡然睹华茁。
物理讵有因，神功固无灭。
云液漾寒芽，阳春被枯檗。
萧寺俨蓬游，曹南表仙辙。
宜尔上圣乡，未汶冲虚诀。
白日召群灵，征年小彭戴。

过法胜寺

[清]王夺标

入寺若无僧，看竹若无寺。
忽闻钟磬音，始知寺僧至。
莲湖树外明，老鹤篱边睡。
古碣裂秦灰，宿莽伏鳌屃。
枯藤怪如龙，破镛仄拟臂。
废兴几何年？沙弥都不记。
江山仍旧时，日月未改易。

游石泉寺

[清]张彦士

山色空人事，石声咽古泉。
幽岩喧枥马，朱绂奉金仙。
香积烘茶灶，行厨飞馔烟。
间游追谢朓，佳气满西川。

游天界寺观藏经

[清]武张联

清回非尘界，游踪破瞑烟。
僧闲长补衲，寺古不知年。
云篆来西竺，芝函启上仙。
分明众香国，月满万方圆。

游河滨寺

[清]武张联

陶邱（丘）一望古河滨，圣帝曾于此寄身。
四面云霞函大冶，万家烟火藉洪钧。
熏风似听虞弦奏，梵宇犹看道气新。
翘首故墟多景慕，因知过化自存神。

游铁塔寺

［清］武张联

一入招提境，遥瞻地涌莲。
宝华浮满月，铁树傍诸天。
窅渺云幢古，岧峣法界连。
空香生静气，转觉道心坚。

游观音寺

［清］王廷柏

寻芳入古寺，缓步陟层岑。
树静闲云住，溪空积雾深。
开花成片锦，瀑水写鸣琴。
为脱尘嚣累，石门听梵音。

秺亭怀古

［清］王孙廷

幢幢古庙子城隗，遗像翻生马监哀。
欲吊忠魂椒一握，寒风淅淅逐人来。
云狩山河几度秋，贰师谁洗茂陵羞？
高风惟有祈连子，千载凭人说秺侯。

碧云寺

［清］于振翀

香山西下三里遥，重开兰若缠山腰。
寺外松杉夹衖道，涧边流水泻长桥。
入门梵寺凌空举，龙象庄严列钟虡。
塔遍苍苔不见人，但闻殿角风铃语。
谁知殿后魏珰坟，蔽日千云耸墓门？
雕龙刻凤穷工巧，规制僭拟王者尊。
游人至此三叹息，何事涂膏困民力？
遗臭山隈已百年，当此谁敢清君侧！
我朝御史奏章来，仆碑毁像山崖摧。
委鬼春寒鬼已灭，茄花零落花不开。

君不见锡山岳岳缪忠节，不肯誉墓刚如铁。
天心悔祸启后人，夺锦占鳌名不绝。
又不见应山忠烈杨都谏，二十四罪光掣电。
莫言身后等荒烟，近日文孙邀鹗荐，天佑忠良今始见。

题僧舍

［清］黄之芰

秋烟漠漠绕香林，老树围墙一径深。
莫怪山僧忘宾主，野人来去总无心。

卧佛寺

［清］李　簀

迢递西山路，孤峰响梵声。
不知风磴远，回首碧云平。
迸水深岩净，悬灯大壑明。
塔前参卧佛，大梦愧浮生。

自寒山过法螺寺南行山中作

［清］李　簀

石径去间阖，出没春云端。
春阴方霡霂，尚觉寒山寒。
午钟在林杪，镗然下危峦。
因之过西坂，天宇青漫漫。
法螺寂凡响，飞瀑喧回滩。
蚌口一呼吸，水影相轧盘。
倾耳向空谷，投足多波澜。
幽峡束松声，清风携急湍。
谱入静者琴，响促弦未安。
肩舆入曲折，硗石行蹒跚。
疏雨过岭北，万壑犹冥烟。
石门闲且邃，寂历一径穿。
欲访古人躅，惆怅东逝川。

宿佛峪寺过周书昌编修、方认庵员外两同年读书处

[清]李　簧

潇潇空山中，夜雨悬崔嵬。
渐觉秋气深，红叶吹荒崖。
石室八九间，黄犊驱已回。
山僧与白云，相依不相猜。
连壁石窗倒，流水穿其阶。
昔年读书客，今近轩辕台。
相去日以远，塞上鸿雁来。
书架遗缣缃，山僻无人开。
对此怀故人，凉夜犹徘徊。

佛　峪

[清]李　簧

秋风满大谷，乱流何处去？
蹇驴下锦屏，逦迤不得路。
南山缺处行，五里入深树。
树柯幽逾交，峦烟近亦聚。
老僧牵我衣，宛转指瀑布。
始知水所根，一曲不可渡。
却登壁上亭，蹔远频回顾。
兀坐觉衣轻，苍苍四山暮。

翻经台

[清]李　簧

台高谁危坐？康乐翻经时。
我过莲峰影，何不持军持？

韬光庵

[清]李　簧

韬光初托钵，结庵卜岩窦。

白傅从何来？石门时一扣。
江海皆混茫，于此听讽咒。
落落千百年，此僧传于后。
我复着屐齿，武林侵裾袖。
葱茜隐布谷，窈窕避猿狖。
幽崖忽纵横，修竹解去就。
路迂疑暗泉，小鸣出远岫。
稍近雷霆走，益挟风雨骤。
到庵声寂然，北岸出孤秀。
半壁书欲磨，什一存其旧。
甓道通委廊，往往逢鼪鼬。
石莲不开落，迸水自清昼。

暮雨登灵岩

［清］李　簧

疏雨洒空界，坐久爱兰若。
僧雏暮扫塔，不知松花落。

重来三元寺读书

［清］何叔带

三年无佳绪，笔砚荒而疏。
翘首白云外，古寺渺旧庐。
已分两阔绝，莫终误诗书。
结习不自持，忽复膏征车。
入门见莳花，历阶犹春蔬。
二三素人心，惠然与我俱。
盛时不再至，黾勉营所图。
惟失故窗明，余目衰何如？

双河口因果寺

［清］李登明

双河寻胜概，古刹傍桥头。

觉岸林端出，慈航水际浮。
黄鹂翻偈语，白鹭伴僧游。
雨洒尘氛净，风生五月秋。

赠李潜立读书禅院

［清］万崇谦

磬声断处续书声，寂寂青灯医复明。
幽句圆成僧舍雨，微吟细和研堂铛。
奇才定向苦中得，大慧元从静里生。
寄语闭门尘外客，力难着处更须争！

村　寺

［清］袁自钫

梵钟飞处千家晚，帽影鞭丝过板桥。
月落空塘流水去，白杨风起雨萧萧。

登佑国寺塔

［清］韦　瑞

崚嶒古塔俯中州，景物苍茫四望收。
河水西来三万里，嵩山北向几千秋。
隋堤有柳闻莺啭，宋殿无人见鹿游。
往事盛衰谁复问？暮云城上自悠悠。

登千佛山

［清］韦　瑞

济南南山山无数，此山独对济南城。
龙归古洞云常在，客到上方天始晴。
东接峰峦趋渤海，西临驿路走神京。
泺源环绕多名利［刹］，谁听岭头松柏声？

游法华寺

［清］刘晴岚

绀园苍翠里，列壁树纵横。
绕径拨云入，寻僧信杖行。
泉声喧磵谷，雨气幕轩楹。
暂借禅房宿，佛灯相对明。

自千佛山寻开化寺望大佛头

［清］崔凌霄

未逢僧眼碧，豫睹佛头青。
面是庐山未，当空唤不醒。

同仲章游灵岩

［清］李宗沆

曲径随峰转，过桥别有村。
群松撑涧底，一塔耸山根。
夕照红无际，岚光绿到门。
陂陀归路缓，皓月破黄昏。

九日游高座寺

［清］李百盈

古寺傍崇冈，庭空藓迹荒。
紫金千佛像，红叶一林霜。
竹影清尘虑，江声战夕阳。
寒花正重九，相对忆云光。

竹间寺

［清］李百盈

远望绿竹如绿云，捎空凤尾摇缤纷。
嘈嘈鸟语不可辨，如弦如管一一闻。
中间古寺精结构，琳宫绀宇高嶙峋。
木鱼丁丁出塔顶，炊烟绕绕萦竹根。
何人读书此寺中？诵声嘹亮清凡尘。

嗟我仆仆尘土里，何年此地来卜邻？
竹叶为茗笋为食，达人开士同论文。
昏然一梦返华胥，东窗冏冏升朝暾。

老　僧

［清］贾谦光

昌黎攻佛志固壮，也曾作序送文畅。
禅门亦是伶俐人，明心见性无蔽障。
老衲面壁已多年，大小乘禅空色相。
呜呼六歌兮思老僧，古佛堂中一青灯。

甘露寺

［清］朱世德

甘露千年符瑞虚，贞观兰若问遗墟。
至今秋草寒云外，梵呗声声响木鱼。

过古成邑

［清］姚体休

踏破芒鞋汗似浆，修途五月正骄阳。
山村尽日闻牛铎，花县遗风问蟹筐。
杏子黄堆晴市口，棘林青上古城墙。
汶南云物都清美，流水声中看靛秧。

隆兴寺

［清］刘　巚

瑞云浮碧瓦，灵刹薄空苍。
宝界三千阔，金身六尺强。
檐铃空际语，炉火定中香。
藉息劳人驾，暂分祇树凉。

【以上据民国六年（1917）曹县徐氏刻本《曹南文献录》】

跋

佛教自两汉之交传入中国，经过三百多年的传播，逐渐与道教玄学、儒教相互渗透、相互融合，成为中国传统文化之一。自北朝以来，菏泽境内渐有佛教文化的影响，历隋、唐、五代、宋、金、元、明、清，佛教文化已成为境内民众的精神信仰之一。直到今天，佛教思想文化仍在部分民众中有着重要影响。

为了使广大群众全面了解佛教文化和佛教在菏泽境内的传播与影响，自 2013 年起，我所开始收集、整理编辑与佛教相关的史料，梳理境内寺院名称和传世碑文，力图使读者简略而清晰地了解：第一，什么是佛教。第二，佛教如何传入中国。第三，佛教与中国文化的撞击与融合。第四，佛教中国化的历程。第五，宋元以后的佛教。第六，菏泽境内的佛教文化。

本书特别对唐末兴起的临济宗义玄禅师和赵州禅师加以重点介绍。临济、赵州两位禅师皆菏泽人，在中国佛教史上有着重大影响。特别是义玄禅师所创立的临济宗，使印度佛教彻底完成中国化的进程。自宋代以后，临济宗受到广大民众的广泛欢迎和接受，其影响又很快扩大到朝鲜半岛、日本和亚洲其他地区，是中国佛教五大宗派中信徒最多的一支。

菏泽是临济、赵州两位禅师的故乡，是出家祖庭所在之地。2009 年 5 月，中国社会科学院世界宗教研究所在菏泽市牡丹区召开临济宗故里研讨会，著名佛教学者杨曾文等三十余名专家与会，对笔者关于《曹州南华是临济宗故里》的学术发言，取得共同意见。此后，菏泽有关方面不断致力于恢复营建曹州南华临济宗祖庭，并使之尽快成为举世闻名的佛教圣地。

本书的编辑得到首都师范大学岳贤雷博士、辽宁师范大学研究生李伟（现为郓城县实验中学历史教师）和菏泽当地学者张友云先生的大力支持，并参与整理文献、点校碑文和编辑史料等工作。本所副所长孙明研究员、办公室主任牛鹏同志，定陶区史志办杨航等同志也积极投入寻觅古碑和收集史料等各种基础工作。本书编辑顺序、史料内容由潘建荣负责设计规划，起初的执行编辑岳贤雷同志，由于学业未完，时间紧迫，故辞去职务。第二任执行编辑是赵晨博士。赵晨是山东大学儒学高等研究院中国古典文献学博士，师出长江学者杜泽逊之门。2016 年元月，经市委主要领导批准，历经引进、招聘等程序，进入菏泽市历史与考古研究所工作，随即担任本书的第二任执行编辑。

由于我们水平所限，书中难免有各种不足和问题，敬请学人赐正。

菏泽市历史与考古研究所所长
菏泽历史文化与中华古代文明研究会会长

2016 年 3 月 30 日

图书在版编目(CIP)数据

临济宗故里·菏泽佛教文化纵览/潘建荣主编. —济南:
齐鲁书社,2017.5
ISBN 978-7-5333-3753-7

Ⅰ.①临… Ⅱ.①潘… Ⅲ.①佛教—宗教文化—研究
—山东 Ⅳ.①B949.2

中国版本图书馆 CIP 数据核字(2017)第 064559 号

临济宗故里·菏泽佛教文化纵览

潘建荣 主编

主管单位	山东出版传媒股份有限公司
出版发行	齊魯書社
社　　址	济南市英雄山路 189 号
邮　　编	250002
网　　址	www.qlss.com.cn
电子邮箱	qilupress@126.com
营销中心	(0531)82098521　82098519
印　　刷	山东德州新华印务有限责任公司
开　　本	787mm×1092mm　1/16
印　　张	35.25
插　　页	4
字　　数	670 千
版　　次	2017 年 5 月第 1 版
印　　次	2017 年 5 月第 1 次印刷
印　　数	1—2000
标准书号	ISBN 978-7-5333-3753-7
定　　价	**168.00** 元